특수아동교육

Teaching Exceptional Children and Youth

이소현 | 박은혜 공저

학지사

4판 서문

2011년 3판을 출간하고 얼마 지나지 않아서부터 4판 개정이 마음의 숙제로 다가왔습니다. 아마도 빠르게 변화하는 교육현장의 모습, 특히 '특수아동교육'과 관련된 정책과 제도의 변화는 물론 연구와 교육현장에서 이루어지고 있는 다양한 교수방법론적 발전이 그러한 마음의 숙제를 만들어 낸 것이 아닌가 생각해 봅니다. 더는 미룰 수 없다는 생각에 개정 작업을 시작하였으며, 그간의 학문적 발전과 교육현장의 급격한 변화로 인하여 상당히 많은 부분을 수정하고 보완하게 되었습니다. 1998년 초판이 출간된 이후 개정되어 온 책의 변화와 그 배경, 그리고 책을 집필하는 저자들의 마음에 대해서는 3판의 서문에 상세히 나와 있으므로 여기서는 4판 개정의 주요 내용만을 간략하게 소개하고자 합니다.

가장 큰 변화는 책의 구성입니다. 책의 내용 및 분량이 개론서로서 다소 과다하다는 의견을 자주 접하였기에, 4판에서는 장애 영역에 대한 이해와 그러한 이해를 기반으로 하는 교수적 접근의 핵심 내용을 중심으로 재구성하고 책의 전반적인 내용을 축소하였습니다. 이를 위해서 3판까지 유지되어 온 제3부의 '특수아동 교수방법' '특수아동 행동지원' '사회적 통합' 세 장을 과감하게 삭제하였습니다. 그러나 그 내용을 온전히 삭제했다기보다는 장애를 설명하는 각 장에 맞도록 재구성하였습니다. 예를 들어, 기능적 행동분석 및 긍정적 행동 지원과 같은 행동 지원에 대한 내용은 정서·행동장애(제6장)에서, 특수교육에서 많이 사용하는 교수전략과 장애 아동의 사회적 통합에 대한 내용은 각 장에서 유형별 장애를 소개하면서 다루었습니다. 제3부의 '통합교육을 위한 협력적 접근'은 별도의 장으로 유지하고, 통합교육 전반의 기초 내용이라는 점에서 특수아동과 통합교육을 소개하는 책의 초입 부분인 제1부로 이동하였습니다.

제1부 '특수아동과 통합교육'에서는 '특수아동과 특수교육'(제1장), '통합교육의 이해'(제2장), '통합교육을 위한 협력적 접근'(제3장) 세 장에 걸쳐 특수아동, 특수교육, 통합교육의 기본 개념과 함께 최신 학문적 동향과 교육현장의 변화 및 현황에 대하여 설명하였습니다. 또한 장애 아동을 포함한 학습자의 특성과 요구가 점점 다양해지고 있는 지금의 교실에서 교사 간 그리고 다른 전문가나 부모와 협력하는 방법과 연구 기반 사례를 제시하였습니다. 협력의 필요성과 성과에 대한 최신 연구를 반영하여 우리나라 통합교육 현장에 도움이 되고자 하였습니다. 특히 유치원, 초등학교, 중·고등학교 등 우리나라 교육현장에서 이루어진 협력 관련 연구를 최대한 소개하고자 노력하였습니다. 집필 과정에서 이러한 연구를 살펴보면서 통합교육이 잘 실행될 때 장애 아동뿐만 아니라 통합학급의 모든 아동에게 유익한 교육 성과를 가져온다는 국내 연구 결과가 누적되고 있다는 사실에 내심 설레고 기쁜 마음을 감출 수가 없었습니다. 아마도 연구의 구체적인 실행 방법 등에 대한 정보는 많은 독자에게 큰 도움이 될 수 있으리라 기대합니다.

　　제2부 '특수아동 이해와 교육'은 4장부터 12장까지 장애 영역별로 구성되어 있으며, 내용 측면에서 많은 정보가 추가되었습니다. 지적장애(제4장), 자폐 범주성 장애(제7장)와 같이 국제적으로 학문적 정의가 변경되었거나 학습장애(제5장)와 같이 그 개념과 정의에 대한 논의가 계속되고 있는 경우에 대해서는 최신 이론을 정리하여 제시하였으며, 2022년 우리나라 「장애인 등에 대한 특수교육법」의 부분 개정으로 수정된 용어(예: 지원인력) 및 추가된 장애 영역(중도중복장애) 등 최근의 변화를 반영하였습니다. 특히 모든 학생에게 최상의 교육을 제공하기 위한 학교 차원의 다층구조형 지원체계(MTSS), 학습장애 판별 이전에 특수교사와 일반교사가 협력하여 체계적 교수를 제공하는 중재 반응 모형(RTI), 보편적 학습설계(UDL)와 긍정적 행동 지원(PBS)과 같은 예방적인 측면이 강조된 다양한 교수적 접근에 대한 설명을 추가하고 강화한 것은 통합교육 현장에서 일반교사와 특수교사 모두에게 도움이 될 것으로 생각됩니다. 의사소통장애(제8장), 청각장애(제9장), 시각장애(제10장), 지체장애 및 건강장애(제11장)와 같이 언어나 신체적인 측면에서 어려움을 경험하는 아동의 학습과 자립을 효과적으로 도울 수 있는 최근의 보조공학 발달에 대한 설명을 추가하였으며, 다양한 보완대체의사소통(AAC) 활용에 대한 설

명도 포함하였습니다. 디지털 활용 교육 역시 장애 아동을 위한 중요한 교육적 접근의 하나로 설명하였습니다. 이상의 장애 유형별로 구성된 각 장을 집필하면서 특별히 관심을 기울인 것 중 하나는 장애의 개념을 정확하게 이해할 수 있도록 상세하고 구체적인 이론을 제시함과 동시에 가능한 한 현장의 교육사례를 유아부터 청소년까지 다양하게 포함하고자 노력하였다는 것입니다. 아동의 특성에 대한 이해는 교육의 가장 중요한 기초이며, 아동을 잘 이해하기 위해서는 그 아동이 보이는 장애의 특성을 정확하게 알아야 한다고 생각하였기 때문입니다.

마지막으로, 부족하지만 이 책이 미래의 통합교육을 주도할 예비 특수교사와 일반교사에게 도움이 되기를 바라는 마음입니다. 예비 특수교사에게는 특수교육 전문가의 길을 시작하는 여정에서 처음 만나는 개론서로, 예비 일반교사에게는 앞으로 교육현장에서 만나게 될 많은 장애 아동의 이해와 교육에 대한 입문서로 역할 할 수 있기를 기대합니다. 이를 위해서 집필 과정에서 이 두 가지 역할이 가능할 수 있도록, 그리하여 통합교육 현장의 발전에 조금이라도 도움이 될 수 있도록 그 내용의 방향과 깊이에 유의하며 최선을 다하였습니다. 특히 국내의 최근 연구를 반영하여 교육현장과의 연계를 높이고 동시에 국제적인 특수교육 동향도 반영하여 미래 교사를 위한 균형 있는 교재가 되도록 노력하였습니다. 장애인의 사회 통합과 통합교육을 강조한 UN 장애인권리협약을 굳이 인용하지 않더라도 장애 아동 통합교육은 세계적으로 받아들여지고 있고 지속적으로 추구되고 있는 교육 모델입니다. 이 책의 초판에서부터 강조한 바와 같이, 통합교육이 성공적으로 이루어지기 위해서는 물리적인 배치를 넘어서 사회적 통합과 의미 있는 학업 참여를 위한 적절한 개별화된 교육과 지원이 반드시 필요합니다. 이 책이 우리 모두가 꿈꾸는 이와 같은 바람직한 교육현장을 위하여 예비 교사를 준비시키는 좋은 교재가 되기를 기대합니다. 더 나아가서는 일선에서 장애 아동 교육을 위해 헌신하는 많은 특수교사와 일반교사가 신나게 일할 수 있도록 합리적인 교육행정적 기반을 갖추는 데에도 유용한 자료가 되기를 간절히 바라는 마음입니다.

세상의 모든 사람은 귀한 존재입니다. 모든 사람에는 나이 구분 없이 아동도 포함되

고, 개개인의 능력이나 특성과 상관없이 말 그대로 모두가 포함됩니다. 그래서 장애 아동도 모든 아동에 포함되는, 즉 사랑으로 교육받아야 하는 대상입니다. 통합교육 현장은 이렇게 사람의 존엄성을 존중하고 실현하는 곳입니다. 통합교육 현장의 특수교사와 일반교사는 모두 이렇게 귀하게 창조된 한 사람 한 사람을 교육하는 진짜 신나고 멋진 역할을 하는 사람들입니다. 이런 멋진 교사들에 의해서 장애 아동도 다른 아동과 함께 행복하게 살아가는 멋진 세상이 만들어지기를 꿈꾸면서, 부족하지만 이 한 권의 책이 작은 역할을 할 수 있기를 소망합니다.

우리는 그가 만드신 바라

그리스도 예수 안에서 선한 일을 위하여 지으심을 받은 자니

이 일은 하나님이 전에 예비하사

우리로 그 가운데서 행하게 하려 하심이니라

(에베소서 2:10)

2024년 2월

이소현, 박은혜

이 책의 표지는 (주)오티스타의 디자인으로 제작되었습니다. (주)오티스타는 자폐인 디자이너와 함께 아름다운 세상을 만들어 가는 사회적기업입니다(www.autistar.kr).

3판 서문

2006년도에 이 책의 개정판을 출간하면서 초판을 출간한 지 8년이라는 세월이 흘렀다는 사실이 믿기지 않는다는 고백을 한 바 있습니다. 그런데 지금은 5년의 시간이 더 흘러 13년이 지났으니 그런 느낌이 더욱 깊어진 듯도 합니다. 강산이 한 번 바뀌고도 남을 만한 시간이니 믿기지 않는 것이 당연하기도 하겠지요.

사실, 개정판을 출간하고 나서는 한동안 약간의 여유로움이 있었습니다. 아마도 그 여유로움은 당분간은 책에 대해서 더 이상 신경 쓰지 않아도 될 것만 같은 안도감에서 나왔던 것 같습니다. 초판과 개정판을 연이어 출간하면서 특수교육과 같이 빠르게 발전하고 있는 분야의 책이 지니는 최신의 정확한 정보가 얼마나 가치 있는지를 마음 깊이 깨닫고 있었으니까요. 그러나 그러한 안도감은 2007년 「장애인 등에 대한 특수교육법」이 제정되면서 그만 부서지고야 말았습니다. 계속해서 시행령이 공포되고, 특수학교 교육과정이 개정되고, 학문의 범위가 양적·질적으로 확장되는 등 다양한 변화에 발맞추어 특수교육 현장은 빠르게 변화해 가고 있는데 책의 내용은 그대로 머물러 있다고 생각하니 마음 한구석이 많이 불편하고 부담스러웠던 것이 사실입니다.

개정 원고를 시작하고 마무리하면서 몇 가지 감사의 제목이 떠올랐습니다. 무엇보다 먼저 지금까지 이 책(초판과 개정판 모두)을 아끼고 사랑해 주신 독자들의 "3판 언제 나와요?"라는 질문과 관심이 분주한 일정 중에도 작업을 시작하고 마칠 수 있게 해 준 가장 큰 원동력이 되었음을 고백하며 감사의 마음을 전합니다. 개정을 계획한 후에도 계속해서 지연되는 일정에 짜증 없이 넉넉한 마음으로 기다리고 격려해 주신 학지사 사장님께도 동일한 감사의 마음을 전합니다. 더욱 감사하는 것은 우리 두 저자가 함께 연구년을 가질 수 있었던 것입니다. 결국은 사람의 생각을 초월하는 하나님의 시간 계획 안에 우리가 있었음을 고백하며 그 은혜에 감사합니다.

원고를 개정하면서 많은 것을 배웠습니다. 국내외를 막론하고 특수교육 관련 연구가 무척이나 활발하게 진행되고 있고 다양한 측면에서 발전 또는 변화하고 있다는 사실은 학자로서 우리 저자들에게 큰 도전이 되었습니다. 특히 국외에서 이루어지고 있는 다양한 영역의 특수교육 관련 연구는 정말이지 그 양이 방대할 뿐만 아니라 속도도 따라가기 숨 가쁠 정도로 매우 빠릅니다. 연구의 범위와 깊이를 알면 알수록 부럽지 않을 수가 없었습니다. 이러한 부러움이 단순한 느낌으로만 끝나지 않고 우리나라 특수교육 현장에 깊은 영향을 미치기를 소망합니다. 그 작은 실천으로 이 책의 전반에 걸쳐 가능한 한 최신의 가장 적절한 정보를 소개하기 위하여 노력했습니다.

우리나라 특수교육의 변화도 만만치는 않았습니다. 특히 관련 자료를 검색하고 참고하면서 우리나라 특수교육이 학문과 현장 모두에서 얼마나 급속도로 발전하고 있는지는 내내 확인할 수 있었습니다. 그래서 이제는 좀 더 우리의 것들을 정착시키고 정리하고 분석하는 학문적 또는 현장 적용의 실천적 노력이 활성화되어야겠다는 생각을 하게 됩니다. 국내 특수교육이 어떻게 발전하고 있는지는 더 이상 설명하지 않겠습니다. 개정판을 출간하던 2006년에도 같은 설명을 했었으니까요. 다만 지속적으로 이루어지고 있는 그 발전의 모습을 책의 내용 중에 성실히 담고자 노력했습니다. 국내에서 이루어진 연구 결과물을 열심히 검색했고, 장애 아동의 교육을 위해서 교사에게 도움이 될 만한 내용을 가능한 한 소개하고자 노력했습니다.

결과적으로 3판에서는 최신의 특수교육 이론과 현장 적용의 실제를 제공하기 위한 노력에 중점을 두었습니다. 최근에 이루어지고 있는 법률 또는 교육과정 등의 다양한 변화, 장애 개념 또는 교수방법에서의 다양한 이론적 정립과 정교화, 특수교육과 일반교육에서 진행되고 있는 통합교육을 위한 다양한 실제적 노력 등을 반영하고자 최선을 다했습니다. 아직도 여러 가지 모습으로 부족한 점이 많이 있지만, 개정의 시기가 현장의 변화를 따라가지 못해 송구했던 마음을 뒤로 하고 이제 다시 한 번 독자들의 따뜻한 관심과 질책을 부탁하면서 조심스럽게 원고를 마무리하고자 합니다.

얼마 전 『허그』(두란노, 2010)라는 책을 읽었습니다. 사지가 없이 태어나 멋진 삶을 살고 있는 모습이 동영상을 통해서 전 세계적으로 알려진 닉 부이치치가 쓴 글입니다. 저는 장애를 극복한다는 말을 별로 좋아하지 않습니다. 장애는 극복의 대상이 아니라 그냥 지니고 사는 개인의 특성 중 하나라고 생각하기 때문입니다. 우리 각자는 지음 받은 모습 그대로 귀하고 아름다운 존재라고 믿기 때문입니다. 그래서 닉 부이치치의 책에 붙어 있는 '한계를 껴안다'라는 부제가 참 마음에 들었습니다.

팔다리가 없이 살아야 한다는 것이 얼마나 힘든 일인지 팔다리가 없어 보지 않은 사람은 감히 상상이 불가할 것 같습니다. 닉이 어린 나이에 자살까지 시도하려고 했던 것을 보면 조금은 이해할 수도 있을까요? 이런 닉이 15세 청소년 시기에 성경말씀 한 구절에 새로운 삶을 시작하게 되었다고 합니다.

> 예수님이 길을 가실 때에 날 때부터 맹인 된 사람을 보신지라. 제자들이 물어 이르되 랍비여 이 사람이 맹인으로 난 것이 누구의 죄로 인함이니이까. 자기니이까 그의 부모니이까. 예수께서 대답하시되 이 사람이나 그 부모의 죄로 인한 것이 아니라 그에게서 하나님이 하시는 일을 나타내고자 하심이라. (요한복음 9:1-3)

이 말씀을 읽으면서 닉은 가혹한 현실에 좌절하던 자신의 마음이 온통 뒤흔들렸다고 고백합니다. 자신에게 갑자기 새로운 가능성이 열렸다고, 자신이 더 이상 가까운 이들에게 짐이 되는 존재가 아니며 모자라거나 부족한 인간도 아니고 벌을 받고 있는 죄인도 아니었다고 말합니다. 오히려 자신은 하나님이 하시려는 일을 드러내려고 정교하게 설계해서 지으신 피조물이라고 당당하게 선포합니다. 그러면서 이 말씀을 읽는 동안 한 번도 경험하지 못했던 엄청난 평안이 밀물처럼 밀려왔다고 고백하고 있습니다.

닉이 읽은 말씀은 저에게도 개인적으로 의미가 깊은 말씀입니다. 특수교육에 입문하면서부터 줄곧 가슴 깊이 묻어두고 가끔씩 꺼내보는 보물과도 같은 말씀입니다. 장애인의 존재를 명쾌하게 설명해 주는 멋진 말씀입니다. 장애가 있고 없고는 상관없이 우리 모두는 하나님의 계획안에서 선한 일을 하기 위하여 지으심을 받았다는 사실을 다시 한 번 확인해 주는 말씀입니다. 세상의 양쪽 끝에 살면서 한 번도 만난 적이 없지만 성경말씀 한 구절로 서로 이렇게 깊이 교통할 수 있다는 사실이 얼마나 기쁘고 감사한지요.

장애를 가지고 살아가는 일은 결코 쉽지 않습니다. 또한 이들을 양육하거나 가르치는 가족과 교사도 참으로 힘들고 어려운 일을 많이 만나게 됩니다. 그러나 특수교육 전문인에게도 장애를 지니고 살아가는 많은 아이들과 그 가족에게도 인생의 비전을 분명하게 세울 수 있도록 도와주는 이 말씀이 참 위로가 될 수 있다는 사실은 놀라운 은혜입니다. 그래서 닉 부이치치가 말씀을 통해서 경험한 평안을 우리 모두가 누릴 수 있게 되기를 진심으로 소망하게 됩니다.

이 책은 장애 아동을 위해서 집필되었습니다. 그래서 이 책의 내용이 이들의 필요를 인식하고 특별한 도움을 제공하게 될 통합교육 현장의 교사를 통하여 이들에게 큰 도움이 되기를 소망합니다. 그것은 아마도 우리 각자의 삶을 설계하신 하나님의 섬세한 계획이 우리 모두의 역할을 통하여 하나의 크고도 온전한 그림으로 완성되어가는 과정일 것입니다. 이 한 권의 책이 이러한 과정에서 한 가닥이나마 역할 할 수 있게 되기를 또한 조심스럽게 소망합니다.

2011년 첫 달에
워싱턴 레이크가 바라보이는 시애틀에서
대표 저자 이소현

차례

제1부

특수아동과 통합교육

제1장　특수아동과 특수교육 · 18

제2장　통합교육의 이해 · 46

제12장　영재 • 504

제**1**부

특수아동과 통합교육

제1장

특수아동과 특수교육

I. 특수아동의 이해

한 학급의 구성원을 자세히 살펴보면 매우 다양한 학생으로 구성되어 있음을 알 수 있다. 이들은 학업 수행 능력에 있어서도 다양성을 보일 뿐만 아니라 성격이나 행동적인 특성에서도 매우 다양하다. 학과목 내용을 쉽고 빠르게 학습하는 학생이 있는가 하면 특별한 보조를 필요로 하는 학생도 있고, 또래와의 사회적 관계가 원만한 학생이 있는가 하면 사회적으로 위축되어 친구를 잘 사귀지 못하는 학생도 있다. 이와 같은 다양성은 개별 학생마다 내면적인 다양성으로도 나타난다. 과학 과목에는 흥미를 보이며 잘하는 반면에 국어 과목에는 흥미도 없을 뿐만 아니라 수행 수준도 낮은 학생, 학급에서는 반장으로서의 지도자 역할을 잘 수행하면서도 전체 학생회에서는 앞에 나서는 일에 소극적인 학생, 같은 수학 과목 안에서도 덧셈과 뺄셈은 쉽게 잘하면서 곱셈과 나눗셈은 지나치게 어려워하는 학생을 발견할 수 있다. 학생 간의 다양성과 개인 내면의 다양성은 학생 각자가 지니는 개별성을 설명해 준다. 다시 말해서, 모든 아동은 자신만의 독특하고도 개별적인 특성을 보인다는 것이다. 특수아동은 이와 같은 다양성이 표출되는 연속선상의 한 부분으로 설명될 수 있다. 장애가 있는 아동이나 뛰어나게 우수한 아동이 있는 학급은 학생의 다양성 측면에서 그 범위가 넓어진다고 할 수 있다. 이렇게 다양성의 범위가 커지게 되면 일반적인 방법의 교육으로는 학급 구성원 모두의 요구를 다 충족시키기 어려울 수 있다. 그러므로 이러한 학생을 위해서는 이들이 지니는 교육적인 요구에 따라 특별히 고안된 특수교육을 제공하게 되는 것이다.

1. 특수아동의 정의

특수아동은 특정 영역에서 대부분의 일반적인 아동과는 다른 아동을 의미한다. 교육의 목적을 고려할 때 특수아동의 정의는 인간으로서의 자신의 온전한 잠재력을 실현하기 위해서 특수교육 및 그와 관련된 서비스를 필요로 하는 아동을 의미한다(Kauffman et al., 2018). 이들은 대부분의 다른 아동과는 다르기 때문에 특수교육을 필요로 하는데, 예를 들어 Kirk(1962)는 이미 오래전에 장애 및 영재 아동을 모두 포함하여 특수아동을 다음과 같이 정의함으로써 이들이 보이는 일반 아동과의 차이를 설명하였다.

특수아동은 다음의 항목에서 평균 또는 전형성에서 벗어나기 때문에 자신의 잠재력을 개발하기 위해서 학교에서의 교수 방법을 수정하거나 특수교육 서비스를 필요로 하는 아동을 의미한다: (1) 정신적 특성, (2) 감각 능력, (3) 신경 근육이나 신체적인 특성, (4) 사회적 및 정서적 특성, (5) 의사소통 능력, (6) 복합적인 장애(p. 4).

이상의 정의에서 나타난 특수아동의 특성은 현재 우리가 사용하는 장애 진단명(예: 지적장애, 시각장애, 청각장애, 지체장애, 정서·행동장애, 의사소통장애, 중복장애)에서도 잘 나타나고 있다. 각각의 진단명에 따른 특수아동의 분류는 이 장의 뒷부분에서 설명하였다.

특수교육대상자를 지칭하는 또 다른 용어로 장애 아동이 사용된다. 장애 아동은 특정 영역에서의 재능이나 우수성 등 다른 아동보다 뛰어난 능력을 지닌 아동을 포함하지 않기 때문에 특수아동보다는 좁은 의미의 용어라고 할 수 있다. 장애라는 용어는 실제로 현장에서 다양한 개념으로 사용된다. 〈표 1-1〉은 장애라는 용어가 특수아동을 대상으로 어떻게 다양하게 사용되고 있는지 보여 준다. 이 표에서 살펴보면, 장애라는 용어는 사회적 관점의 영향을 받고 있는 것을 알 수 있다. 예를 들어, 무엇인가를 할 수 없다는 것은 장애(무능력)인 것이 분명하지만 이러한 무능력이 반드시 사회적인 불이익으로서

표 1-1 장애를 지칭하는 다양한 용어

용어	정의	예	비고
장애(손상) impairment	신체나 내장의 특정 부위가 상실되거나 그 기능이 감소된 상태	다리가 없는 경우	다리가 없다는 사실 및 이동이 자유롭지 못하다는 사실은 분명한 장애(손상 및 무능력)지만, 전동 휠체어를 타고 가고 싶은 곳을 자유롭게 이동할 수 있다면 장애(불이익)가 아닐 수 있음. 그러나 다리가 없는 채로 또는 의족을 착용하거나 휠체어에 앉은 채로 장애가 없는 또래와 축구 시합을 한다면 불이익을 경험할 수 있음
장애(무능력) disability	손상(impairment)으로 인하여 특정 과제를 수행할 때 사람들이 보편적으로 수행하는 방법으로 수행하기 어려운 상태	다리가 없어서 대부분의 다른 사람처럼 걸어서 이동하지 못하는 경우	
장애(불이익) handicap	손상(impairment)이나 무능력(disability)으로 인하여 환경과의 상호작용에서 문제나 불이익을 경험하게 된 상태	다리가 없는 채로, 또는 의족을 착용하거나 휠체어에 앉은 채로 또래와 함께 축구 시합을 하는 경우	

의 장애를 초래하지는 않는다. 즉, 사회 구성원의 인식이나 환경적인 지원을 통하여 특정 손상이나 무능력의 상태도 개인의 삶에 불이익을 가져다주지 않을 수 있다는 것이다. 따라서 '무장애' '장애 없는 세상' 등의 표현은 개인의 손상이나 무능력으로 인한 장애가 사회에서의 실질적인 삶에서의 장애로 연결되지 않도록 하고자 하는 노력을 내포한다고 할 수 있다. 장애에 대한 이와 같은 개념적 인식은 장애 아동을 대상으로 교육하는 교사를 포함하여 이들과 함께 살아가는 사회 구성원 모두에게 장애의 의미와 관련된 중요한 시사점을 주는 관점이라고 할 수 있다.

최근에는 특수아동 외에도 장애가 나타날 위험에 놓인 아동에 대해서도 특수교육의 대상자로서 그 적격성을 인정해야 한다는 주장이 제기되어 왔다. 장애위험 아동(at-risk children)은 현재는 장애가 있는 것으로 진단되지 않지만 앞으로 학교에서의 성취를 제한받거나 장애가 나타날 수도 있는 상태에 놓여 있는 아동을 의미한다(Spodek & Saracho, 1994). 특히 나이가 어린 영유아의 경우에는 열악한 환경적인 조건에 노출되거나 생물학적 또는 형성된 위험 조건을 지니고 있어 앞으로 발달상의 문제를 보이게 될 수도 있다. 실제로 미국의 조기교육 지원 체계는 주에 따라서 이러한 아동을 장애위험 아동으로 분류하여 특수교육대상자로 그 적격성을 인정하고 제도적인 지원을 제공하기도 한다(Shackelford, 2006). 우리나라에서도 장애위험 아동의 특수교육 적격성을 인정함으로써 특수교육의 예방적 관점에서의 역할을 강조해야 한다는 주장이 제기되어 왔다(이미선, 조광순, 2002; 이소현, 2000, 2004; 이소현, 최진희, 조윤경, 2007; 조윤경, 2013). 최근에는 유아교육기관과 보육기관을 중심으로 장애위험 아동의 수가 증가하고 있다는 사실이 인식되면서 이에 대한 적절한 지원 체계 수립의 필요성이 강조된다(강은진 외, 2022; 백선정, 배성현, 2020; 이소현 외, 2014; 최자영, 이순자, 2021). 학령기 아동의 경우에는 일반학급에서 학습이나 행동 또는 성장의 어려움을 경험함으로써 특수교육대상자로 진단될 가능성이 있는 아동을 장애위험 아동으로 분류하는데(Heward et al., 2022; Mastropieri & Scruggs, 2018), 이들은 현행 특수교육 진단 체계 내에서는 아직 특수교육대상자로서의 적격성이 인정되지 않는다. 그러나 이들이 특별한 도움을 필요로 하는 것은 사실이므로 교사는 이들이 특수교육대상자인가 하는 사실보다는 학교생활에 성공적으로 적응하기 위해서 어떠한 도움이 필요한지에 초점을 맞추고 적절한 지원을 제공할 수 있어야 한다.

특수아동은 보편적인 다른 아동과의 차이 때문에 특수아동으로 분류된다. 그러나 여기서 간과해서는 안 될 중요한 점은 이들이 다른 아동과는 다르다는 개념을 이해할 때 다음

과 같은 두 가지 측면을 고려해야 한다는 것이다. 먼저 특수아동으로 분류하기 위해서 요구되는 차이가 개인적으로 매우 다양하다는 사실을 인식해야 한다. 모든 아동은 장애 여부와 상관없이 서로 다른 신체적, 사회적, 학업적 특성을 보인다. 이러한 특성에서의 차이가 특정 기준에 의해서 특수교육 서비스를 필요로 할 정도라고 판단될 때 이들은 특수아동으로 분류된다. 그러므로 교사는 특수아동 중에는 일반 아동과의 차이가 크지 않은 경우도 있으며, 이러한 경우 외모나 외현적인 특성만으로는 장애의 식별이 어렵고 학교 입학 후 학업 또는 사회적 적응 영역에서의 실패를 경험할 때까지는 잘 발견되지 않을 수도 있다는 사실을 알고 있어야 한다. 교사가 특수아동을 이해할 때 고려해야 하는 또 다른 중요한 점은 특수아동은 일반 아동과의 차이로 인하여 특수아동으로 분류되지만, 이들도 여러 가지 측면에서 대다수의 또래와 비슷한 특성을 보인다는 사실이다. 결과적으로, 특수아동을 교육하는 교사는 이들이 보이는 여러 가지 발달상의 특성 또는 차이를 잘 발견할 수 있어야 한다. 그러나 일단 이와 같은 차이를 발견한 후에는 장애로 인한 차이점만을 보지 말고 이들이 대부분의 다른 아동과 유사한 발달 및 행동 특성도 보인다는 사실을 인식함으로써 결함(또는 장애)보다는 강점(또는 잠재력)을 고려하는 교육을 제공해야 한다.

2. 특수아동의 분류

1) 교육현장에서의 장애 분류 체계

특수아동을 분류할 때 장애 영역별로 집단화하는 것은 매우 보편적인 방법이다. 우리나라의 2007년 「장애인 등에 대한 특수교육법」은 특수교육대상자를 다음 중 어느 하나에 해당하는 사람 중 특수교육이 필요한 사람으로 진단·평가된 사람으로 정의한다: (1) 시각장애, (2) 청각장애, (3) 지적장애, (4) 지체장애, (5) 정서·행동장애, (6) 자폐성장애(이와 관련된 장애를 포함한다), (7) 의사소통장애, (8) 학습장애, (9) 건강장애, (10) 발달지체, (11) 그 밖에 두 가지 이상의 장애가 있는 경우 등 대통령령으로 정하는 장애. 미국의 「장애인교육법(Individuals with Disabilities Education Improvement Act: IDEA 2004)」은 좀 더 세밀한 분류에 따라 장애 아동(child with a disability)이란 다음의 13개 중 하나의 장애를 지님으로써 특수교육 및 관련서비스를 필요로 하는 아동으로 정의한다: (1) 자폐(autism), (2) 농-맹(deaf-blind), (3) 농(deafness), (4) 정서장애(emotional disturbance), (5) 청각장애(hearing impairment), (6) 지적장애(intellectual disability), (7) 중복장애(multiple disabilities),

(8) 지체장애(orthopedic impairment), (9) 기타 건강상의 장애(other health impairment), (10) 특정학습장애(specific learning disability), (11) 말 또는 언어장애(speech or language impairment), (12) 외상성 뇌손상(traumatic brain injury), (13) 시각장애(맹 포함, visual impairment [including blindness]). 〈표 1-2〉는「장애인 등에 대한 특수교육법 시행령」(대통령령 32722호, 2022. 6. 28.)에 제시된 특수교육대상자 선정 기준을 보여 주고 있으며, 〈표 1-3〉은 미국「장애인교육법(IDEA 2004)」에서 제시하는 장애를 나타내는 용어와 그 정의를 보여 준다.

표 1-2 「장애인 등에 대한 특수교육법」의 특수교육대상자 분류 및 선정 기준

대상자	선정 기준
시각장애를 지닌 특수교육대상자	시각계의 손상이 심하여 시각기능을 전혀 이용하지 못하거나 보조공학기기의 지원을 받아야 시각적 과제를 수행할 수 있는 사람으로서 시각에 의한 학습이 곤란하여 특정의 광학기구·학습매체 등을 통하여 학습하거나 촉각 또는 청각을 학습의 주요 수단으로 사용하는 사람
청각장애를 지닌 특수교육대상자	청력 손실이 심하여 보청기를 착용해도 청각을 통한 의사소통이 불가능 또는 곤란한 상태이거나, 청력이 남아 있어도 보청기를 착용해야 청각을 통한 의사소통이 가능하여 청각에 의한 교육적 성취가 어려운 사람
지적장애를 지닌 특수교육대상자	지적 기능과 적응행동상의 어려움이 함께 존재하여 교육적 성취에 어려움이 있는 사람
지체장애를 지닌 특수교육대상자	기능·형태상 장애를 가지고 있거나 몸통을 지탱하거나 팔다리의 움직임 등에 어려움을 겪는 신체적 조건이나 상태로 인해 교육적 성취에 어려움이 있는 사람
정서·행동장애를 지닌 특수교육대상자	장기간에 걸쳐 다음 각 목의 어느 하나에 해당하여, 특별한 교육적 조치가 필요한 사람 가. 지적·감각적·건강상의 이유로 설명할 수 없는 학습상의 어려움을 지닌 사람 나. 또래나 교사와의 대인관계에 어려움이 있어 학습에 어려움을 겪는 사람 다. 일반적인 상황에서 부적절한 행동이나 감정을 나타내어 학습에 어려움이 있는 사람 라. 전반적인 불행감이나 우울증을 나타내어 학습에 어려움이 있는 사람 마. 학교나 개인 문제에 관련된 신체적인 통증이나 공포를 나타내어 학습에 어려움이 있는 사람

자폐성장애를 지닌 특수교육대상자	사회적 상호작용과 의사소통에 결함이 있고, 제한적이고 반복적인 관심과 활동을 보임으로써 교육적 성취 및 일상생활 적응에 도움이 필요한 사람
의사소통장애를 지닌 특수교육대상자	다음 각 목의 어느 하나에 해당하여 특별한 교육적 조치가 필요한 사람 　가. 언어의 수용 및 표현 능력이 인지능력에 비하여 현저하게 부족한 사람 　나. 조음능력이 현저히 부족하여 의사소통이 어려운 사람 　다. 말 유창성이 현저히 부족하여 의사소통이 어려운 사람 　라. 기능적 음성장애가 있어 의사소통이 어려운 사람
학습장애를 지닌 특수교육대상자	개인의 내적 요인으로 인하여 듣기, 말하기, 주의집중, 지각(知覺), 기억, 문제해결 등의 학습기능이나 읽기, 쓰기, 수학 등 학업 성취 영역에서 현저하게 어려움이 있는 사람
건강장애를 지닌 특수교육대상자	만성질환으로 인하여 3개월 이상의 장기입원 또는 통원치료 등 계속적인 의료적 지원이 필요하여 학교생활 및 학업 수행에 어려움이 있는 사람
발달지체를 보이는 특수교육대상자	신체, 인지, 의사소통, 사회·정서, 적응행동 중 하나 이상의 발달이 또래에 비하여 현저하게 지체되어 특별한 교육적 조치가 필요한 영아 및 9세 미만의 아동
두 가지 이상 중복된 장애를 지닌 특수교육대상자	다음 각 목의 구분에 따른 장애를 지닌 사람으로서 제1호부터 제6호까지에 따른 특수교육대상자에 대한 각각의 교육지원만으로 교육적 성취가 어려워 특별한 교육적 조치가 필요한 사람 　가. 중도중복(重度重複)장애: 다음의 구분에 따른 장애를 각각 하나 이상씩 지니면서 각각의 장애의 정도가 심한 경우. 이 경우 장애의 정도는 법 제14조 제1항에 따른 선별검사의 결과, 제9조 제4항에 따라 제출한 진단서 및 「장애인복지법 시행령」 제2조 제2항에 따른 장애의 정도 등을 고려하여 정한다. 　　1) 지적장애 또는 자폐성장애 　　2) 시각장애, 청각장애, 지체장애 또는 정서·행동장애 　나. 시청각장애: 시각장애 및 청각장애를 모두 지니면서 시각과 청각에 의한 학습이 곤란하고 의사소통 및 정보 접근에 심각한 제한이 있는 경우

출처: 「장애인 등에 대한 특수교육법 시행령」[대통령령 제33406호] [별표] (2023. 4. 18. 일부개정)

표 1-3 미국 「장애인교육법(IDEA 2004)」의 장애 관련 용어 및 정의

장애명	정의
자폐 autism	(i) 구어와 비구어 의사소통 및 사회적 상호작용에 심각한 영향을 미치는 발달장애로, 일반적으로 3세 전에 나타나며 교육적 성취에 부정적인 영향을 미침. 함께 나타나곤 하는 기타 특성에는 반복적인 활동 및 상동적인 움직임, 환경이나 일과의 변화에 대한 저항, 감각 경험에 대한 특이한 반응이 있음 (ii) 교육적 성취에 부정적인 영향을 미치는 주요 원인이 아래에서 설명하는 정서장애인 경우는 해당되지 않음 (iii) 3세 이후에 자폐의 특성을 보이는 경우 (i)의 기준에 해당되면 자폐를 지닌 것으로 판별될 수 있음
농-맹 deaf-blindness	청각과 시각의 동시 손상으로, 그 조합이 심각한 의사소통 및 기타 발달적 · 교육적 요구를 초래함으로써 농이나 맹 중 한 가지만 지닌 아동을 위한 특수교육 프로그램에 적합하지 않음
농 deafness	보청기를 착용하거나 착용하지 않은 상태에서 청각을 통하여 언어 정보를 처리하지 못할 정도로 심각하여 교육적 성취에 부정적인 영향을 미치는 청각 손상
정서장애 emotional disturbance	(i) 다음의 특성 중 하나 이상을 오랜 시간 동안 현저하게 나타냄으로써 교육적 성취에 부정적인 영향을 미치는 상태 (A) 지능, 감각, 건강상의 요인으로 설명할 수 없는 학습상의 무능력 (B) 또래 및 교사와 만족할 만한 상호적인 관계를 형성하거나 유지하지 못함 (C) 전형적인 환경에서 부적절한 형태의 행동이나 감정을 보임 (D) 일반적으로 전반적인 불행감이나 우울감을 보임 (E) 개인적인 또는 학교 문제와 관련해서 신체적 증상이나 두려움을 보이는 경향 (ii) 정서장애는 조현병을 포함함. 이 용어는 (i)에 해당하는 정서장애로 판별되지 않는 한 사회적 부적응 아동에게 적용되지 않음
청각장애 hearing impairment	'농'의 정의에 해당하지 않으면서 교육적 성취에 부정적인 영향을 미치는 영구적이거나 변동적인 청각 손상
지적장애 intellectual disabilities	적응행동의 결함과 동시에 나타나는 심각한 평균 이하의 지적 기능으로 발달 시기에 나타나며 교육적 성취에 부정적인 영향을 미침. '지적장애'라는 용어는 이전에 '정신지체'로 사용되었음

중복장애 multiple disabilities	동시에 나타나는 손상의 조합(예: 지적장애-맹, 지적장애-지체장애)으로, 그 조합이 심각한 교육적 요구를 초래함으로써 한 가지 손상을 보이는 아동을 위한 특수교육 프로그램에 적합하지 않음. 농-맹은 포함되지 않음
지체장애 orthopedic impairment	교육적 성취에 부정적인 영향을 미치는 심각한 정형외과적인 손상으로 선천적 기형, 질병에 의한 손상(예: 소아마비, 골결핵), 기타 원인에 의한 손상(예: 뇌성마비, 절단, 근육수축을 일으키는 골절이나 화상)을 포함함
기타 건강상의 장애 other health impairment	환경 자극에 대한 지나친 각성 수준 등 제한된 강도, 체력, 각성으로 인하여 교육적 환경에 제대로 반응하지 못함 (i) 천식, 주의력결핍장애 또는 주의력결핍 과잉행동장애, 당뇨, 간질, 심장 상태, 혈우병, 납중독, 백혈병, 신장염, 류머티즘성 열병, 겸상적혈구빈혈증, 뚜렛증후군 등의 만성 또는 급성 건강 문제로 인함 (ii) 교육적 성취에 부정적인 영향을 미침
특정학습장애 specific learning disability	(i) 듣기, 생각하기, 말하기, 읽기, 쓰기, 철자, 수학 계산을 수행하는 능력의 결함으로 나타날 수 있는, 말이나 글로 표현된 언어를 이해하거나 사용하는 데 포함되는 기본적인 심리적 과정에 있어서의 한 가지 이상의 장애로, 지각장애, 뇌손상, 미세뇌기능이상, 난독증, 발달적 실어증 등의 상태를 포함함 (ii) 시각, 청각, 또는 운동기능 장애, 또는 지적장애, 정서장애, 또는 환경적, 문화적, 또는 경제적 불이익이 주원인인 학습 문제는 포함하지 않음
말 또는 언어 장애 speech or language impairment	교육적 성취에 부정적인 영향을 미치는 말더듬, 조음장애, 언어장애, 음성장애 등의 의사소통장애
외상성 뇌손상 traumatic brain injury	교육적 성취에 부정적인 영향을 미치는 전반적이거나 부분적인 기능 장애 또는 심리사회적 손상 또는 두 가지 모두를 초래하는 외부의 물리적 힘에 의해서 발생하는 후천적인 뇌손상. 인지; 언어; 기억; 주의집중; 추론; 추상적 사고; 판단; 문제해결; 감각, 지각, 운동 기능; 심리사회적 행동; 신체 기능; 정보 처리; 말 등의 영역 중 한 가지 이상의 영역에서 손상을 초래하는 개방형 또는 폐쇄형 머리 손상을 포함함. 선천적 또는 퇴행성 또는 출생 중에 발생한 뇌손상은 포함하지 않음
시각장애(맹 포함) visual impairment (including blindness)	교정을 한 후에도 교육적 성취에 부정적인 영향을 미치는 시각 손상으로 저시력과 맹을 모두 포함함

출처: Individuals with Disabilities Education Act Section 300.8 (c) (개정 2017.7.11.)

한국과 미국의 분류 체계를 살펴보면 몇 가지 측면에서 서로 다른 것을 알 수 있다. 우선 미국의 장애 유형은 13개로 한국의 11개보다 더 많다. 이것은 한국의 경우 발달지체를 제외한 10개 장애 유형이 포함된 반면에, 미국 「장애인교육법」에서는 농과 청각장애를 분리하고, 맹-농 이중감각장애를 중복장애와 분리하였으며, 외상성 뇌손상도 별도로 포함하기 때문이다. 현재 한국의 경우 미국에서 추가로 포함하고 있는 농, 맹-농, 외상성 뇌손상을 지닌 아동이 특수교육대상자로서의 적격성을 인정받는 데에는 크게 문제가 되지 않는다. 그러나 보다 세분화된 분류가 보다 정확한 진단과 보다 적절한 서비스 개발 및 제공으로 이어질 수 있을 것이라고 가정한다면 분류 체계에 대한 연구가 계속되어야 할 것이다.

두 가지 분류 체계에서 차이가 나는 두 번째 요소는 미국 「장애인교육법」에 포함되지 않은 발달지체가 「장애인 등에 대한 특수교육법」에는 포함되어 있다는 것이다. 우리나라는 2007년 「장애인 등에 대한 특수교육법」이 제정될 때 처음으로 발달지체를 특수교육대상자로 포함하였다. '발달지체(developmental delay)'는 주로 나이가 어린 영유아에게 적용되는 용어로 특정 장애로 진단되지는 않지만 자신의 연령 표준보다 더 낮은 기능을 초래하는 발달상의 차이를 의미한다(Dunlap, 2009). 이러한 용어의 사용은 유형별로 장애를 구분하여 특수교육 적격성을 인정하는 학령기 학생 중심의 제도하에서 장애로 확정 진단하기에는 아직 어린 영유아가 특정 장애로 진단되지 않고도 특수교육을 받을 수 있게 해 준다. 따라서 미국에서는 9세 이하 아동의 경우 〈표 1-3〉에 제시된 장애로 진단받지 않더라도 발달지체로 판별되면 특수교육대상자로 인정하도록 규정하고 있다. 여기서 발달지체로 판별된다는 것은 적절한 진단 도구 및 방법을 통하여 신체발달, 인지발달, 의사소통 발달, 사회적 또는 정서적 발달, 적응행동 발달 중 하나 이상의 영역에서 지체를 보임으로써 특수교육 및 관련서비스를 필요로 하는 아동으로 평가되는 것을 의미한다. 결과적으로, 아동의 나이가 어리기 때문에 특정 장애로 진단하기 어렵거나 장애 표찰의 부작용이 우려될 때 별도의 용어를 사용하게 함으로써 특수교육 적격성을 인정받을 수 있도록 배려한 것이라고 할 수 있다(이소현, 2020). 이러한 방법은 어린 아동의 발달 특성 및 장애의 조기 표찰의 부적절성을 고려한 것으로, 우리나라에서도 이에 대한 도입의 필요성이 계속해서 강조되어 왔으며(이소현, 2000, 2004; 이소현 외, 2007), 그 결과 2007년 「장애인 등에 대한 특수교육법」에 새롭게 도입되었다. 발달지체라는 용어를 사용함으로써 나이가 어린 영유아의 특수교육 적격성 인정 통로를 마련한 것은 바람직하다고 할 수 있겠으나, 법령에 다른 장애명과 대등하게 나열함으로써 나타날 수 있는 부작용에 대한 주의도 필요하다. 발달지체라는 개념은 학습장애, 정서ㆍ행동장애 등의 기타 장애와 대등한 하나의 장애명 또는 장애 유형으로 이해되어서는 안 되며, 발달상의 지체로 인하여 특수교육 적격성을 인정받아야 하는 어린 아동에게 장애로 표찰하지 않기 위해 사용하는 용어임을 이해해야 한다. 또한 발달지체는 그 진단에 연령 제한이 있으므로 기타 장애와 대등한 위치에서 출현율이나 교육 수혜율 등의 통계 수치를 비교하기 어렵다는 점에도 주의를 기울여야 할 것이다. 발달지체 개념에 대한 좀 더 상세한 내용은 이소현(2020)이나 이소현, 최진희, 조윤경(2007)을 참고하기 바란다.

장애 아동에게 적절한 교육을 제공하기 위해서는 기본적으로 각 장애의 특성을 알고 그에 따른 교육적 필요에 대하여 이해하고 있어야 한다. 그러므로 이 책에서는 특수교육 대상자의 특성과 교육적 필요에 대하여 각 장에서 장애 영역별로 살펴보았다. 「장애인 등에 대한 특수교육법」(2007)과 미국의 「장애인교육법(IDEA 2004)」의 분류를 참고하여 지적장애(4장), 학습장애(5장), 정서ㆍ행동장애(6장), 자폐 범주성 장애(7장), 의사소통장애(8장), 청각장애(9장), 시각장애(10장), 지체장애 및 건강장애(11장)로 나누어 설명하였다. 또한 장애가 있는 아동과 마찬가지로 특별한 재능이나 우수성을 보임으로써 이를 개발하기 위한 특별한 교육을 필요로 하는 영재 아동이 지니는 특성과 이들을 위한 교육에 대해서도 제12장에서 설명하였다.

2) 장애 분류에 따른 표찰

일반학급에 통합된 특수아동의 특성과 필요를 살펴보면 앞에서 제시한 장애 유형에 따른 분류가 무의미하거나 불필요한 경우도 종종 있다. 특히 일반 아동의 경우에도 장애 아동이 보이는 학습 등의 문제와 유사한 문제를 보이는 경우가 많으므로 이러한 분류 자체가 어려울 수도 있다. 이는 아동에 대한 장애 유형별 분류가 과연 필요한지에 대한 논의로 이어진다. 즉, 아동의 장애를 구체적으로 확인하고 특정 장애로 진단하는 행위 자체가 이들에 대한 낙인으로 이어져서 오히려 기회를 박탈한다는 주장이 제기된다(Lockwood & Coulter, 2017). 그러나 또한 특수아동을 확인하고 분류하는 표찰은 이들에게 필요한 지원을 제공하기 위해서 반드시 거쳐야 하는 절차로 인식되면서 보다 긍정적인 개념으로 받아들여지기도 한다(Arishi et al., 2017). 실제로 아동을 진단하여 장애명으로 표찰하는 것은 교육현장에서 여러 가지 잠재적인 혜택을 가져오기도 하고 부정적인 영향을 미치기도 한다. 예를 들어, 아동이 보이는 차이에 대해서 적절한 반응을 할 수 있게 해 주는 긍정적인 효과가 있을 수 있으며, 반대로 그러한 차이가 특정 장애로 인한 것으로 인식하게 함으로써 손상이나 결함 중심의 접근을 하게 할 수도 있다. 교육현장에서 나타날 수 있는 장애 표찰에 따른 잠재적인 혜택과 부정적인 영향은 〈표 1-4〉에서 보는 바와 같이 다양하다(Heward et al., 2022). 따라서 이들을 교육하는 교사는 특수아동의 장애명 자체에 초점을 맞추기보다는 이러한 표찰이 아동에게 필요한 특수교육 서비스를 제공하기 위한 절차의 한 부분임을 인식하고 표찰로 인해서 나타날 수 있는 부정적인 영향은 최소한으로 줄이되 표찰이 최상의 지원을 위한 시작점이 될 수 있도록 노력해야 할 것이다.

표 1-4 장애 표찰의 잠재적인 혜택과 부정적인 영향

표찰에 따른 잠재적인 혜택	표찰에 따른 부정적인 영향
• 아동의 학습이나 행동에서의 차이를 인식하게 해 주며, 이러한 차이에 대해서 책임 있게 반응할 수 있게 해 주는 매우 중요한 첫 단계로 역할한다. • 장애로 진단되지 않은 아동에게는 주어지지 않는 교수적 서비스에 접근할 수 있게 해 준다. • 또래로 하여금 아동의 장애로 인한 비전형적인 행동을 더 잘 수용하게 해 준다. • 교육현장의 전문가와 연구자가 서로 잘 소통할 수 있게 해 준다. • 연구 또는 프로그램을 위한 재정 및 자원에 접근할 수 있게 해 준다. • 특정 장애와 관련된 옹호 단체의 활동 및 관련 법률 제정에 도움을 줄 수 있다. • 장애 표찰은 대중이나 정책 입안자에게 장애에 대한 보다 명확한 정보를 제공하는 가시성을 지닌다.	• 특수교육에서 사용하는 표찰은 대체로 장애, 손상, 결함 등에 초점을 맞춤으로써 개인의 강점이나 잠재력보다는 할 수 없는 것에 우선적인 관심을 가지게 한다. • 장애명 자체가 낙인이 되어 또래의 거부나 놀림의 대상이 될 수 있다. • 교사의 기대 수준을 낮춤으로써 다른 아동과는 다르게 대하게 만들 수 있다. 이와 같은 차별적인 태도는 아동의 새로운 기술을 학습하는 속도나 수행 수준에 부정적인 영향을 미칠 수 있다. • 아동의 자존감에 부정적인 영향을 미칠 수 있다. • 장애명 자체가 아동을 설명하는 잘못된 요인으로 역할 할 수 있다(예: "○○이는 정서·행동장애라서 저렇게 행동하는 거야."). 즉, 아동의 성취가 내재적인 무엇인가의 결과라고 생각한다면 교수적 노력을 위한 체계적인 평가와 실행이 약화될 수 있다. • 특정 장애로 진단되는 아동끼리는 공통적인 특성을 보이기 때문에 아동 개개인의 개성을 찾아내고 이해하는 데에 방해가 될 수 있다.

3. 특수아동의 교육적 필요

특수아동의 교육적 필요는 장애 유형에 따른 표찰에 의해서 단순하게 결정되어서는 안 되며, 아동이 보이는 개인적인 특성과 기능에 따라 달라진다는 사실을 기억해야 한다. 교육현장에서 특수아동이 필요로 하는 도움은 그 형태나 정도가 개별적으로 다를 뿐만 아니라 매우 다양하지만, 일반적으로 학업 영역의 도움, 행동 조절의 도움, 사회적 도움, 신체적 도움의 네 가지로 나누어 살펴볼 수 있다.

대부분의 특수아동은 학업 영역에서 도움이 필요하다. 일반적으로 이들은 초등학교에 입학할 때 듣기, 말하기 등의 준비기술을 지니고 입학한 후 저학년 시기에 읽기, 쓰기, 수학 등 기초 학업 기술을 학습하고, 고학년 시기에는 과학이나 사회와 같은 내용 중심의 교과 학습을 위해 이미 습득한 기초 학업 기술의 적용 방법을 학습한다. 중·고등학교에서는 기초 학업 기술을 이미 습득하였다는 가정하에 내용 중심의 교과목 학습을 강조한 교육과정이 적용된다. 그러나 아동에 따라서는 이러한 가정이 성립되지 않는 경우도 있다. 초등학교 고학년이 되어서도 읽거나 쓰거나 계산할 수 없는 아동도 있고, 기초 학업 기술을 지니고 있으면서도 내용 중심의 교과목 학습에 적용하기 어려워하는 아동도 있다. 그러므로 이들은 학업 영역의 성공적인 성취를 위해서 특별한 도움을 필요로 한다.

행동 조절은 특수아동뿐만 아니라 일반 아동의 경우에도 자주 도움이 필요한 영역이다. 일반적으로 교사는 초등학교 이상의 학생이 교사의 지시를 따르고, 학급 규칙을 지키고, 수업이나 기타 자유로운 활동 시간(예: 점심시간, 휴식시간)에 또래와 잘 지낼 수 있다고 가정한다. 이 외에도 수업에 참여하고 독립적인 학습 활동을 하는 데 필요한 학업 기술이나 작업 습관 등을 지니고 있으며 어느 정도의 정서 조절 능력도 보일 것으로 기대한다. 그러나 많은 아동의 경우에 있어서 이와 같은 기대는 사실이 아닌 것으로 나타나며, 학급에서의 행동 조절을 위해서 특별한 도움을 필요로 하곤 한다.

학교 활동의 대부분은 정도에 있어서 차이가 있기는 하지만 사회적인 특성을 지닌다. 예를 들어, 점심시간이나 휴식시간에는 개인적인 상호작용이 일어나며, 수업 중에도 협동학습 등의 사회적 기술을 필요로 하는 활동이 진행된다. 초등학교 저학년의 어린 아동도 이러한 사회적인 활동을 통해서 어떻게 친구를 사귀고 그 관계를 유지하는지 알고 있다. 사회적 기술은 아동이 성장함에 따라 점점 더 중요해지며, 특히 중·고등학교 학생

은 우정을 형성하고 유지하며 결혼과 관련된 상호 개인적인 관계를 형성하기 시작한다. 그러나 특수아동은 여러 가지 측면에서 일반 아동과는 다를 수 있기 때문에 학급의 또래에게 수용되기 어려울 수도 있다. 특히 적절한 사회적 기술을 갖추지 못하는 경우 다른 사람과의 상호작용이나 관계 형성 및 유지를 위한 특별한 도움을 필요로 하게 된다.

시각, 청각 등의 감각이나 신체적 움직임에 어려움이 있는 아동이 학교에 입학하게 되면 이러한 어려움이 없는 아동 위주로 계획된 여러 가지 학교 활동에 참여하기 어려울 수 있다. 아동에 따라서는 다른 아동처럼 걷거나 뛸 수 없으며, 게임이나 운동경기에 참여할 수 없는 경우도 있다. 그러므로 이들은 신체적 영역에서 특별한 도움을 필요로 한다.

이 책에서는 특수아동이 보편적으로 필요로 하는 이상의 네 가지 도움에 대해서 장애유형별로 구성된 각 장에서 장애의 특성을 설명하거나 교수 방법을 제시하면서 다루고자 하였다. 또한 유형별 장애 특성에 따른 도움의 필요성을 이해하고 지원하는 데에 있어서 가장 중요한 요소라 할 수 있는 특수교육과 일반교육 간의 협력적 접근방법에 대해서는 제3장에서 설명하였다.

Ⅱ. 특수교육의 이해

1. 특수교육의 정의

우리나라 특수교육 관련법에서는 특수교육이란 특수교육대상자의 교육적 요구를 충족시키기 위하여 아동의 특성에 적합한 교육과정 및 특수교육 관련서비스를 제공함으로써 이루어지는 교육으로 정의된다(「장애인 등에 대한 특수교육법」, 제2조 제1항). 여기서 특수교육 관련서비스란 동법에 의해서 특수교육대상자의 교육을 효율적으로 실시하기 위하여 필요한 인적ㆍ물적 자원을 제공하는 서비스로서 상담지원ㆍ가족지원ㆍ치료지원ㆍ인력배치ㆍ보조공학기기지원ㆍ학습보조기기지원 및 통학지원 및 정보접근지원으로 정의된다. 〈표 1-5〉는 「장애인 등에 대한 특수교육법」 제2조(정의)에서 제시하는 특수교육 관련 용어 및 정의를 보여 준다.

표 1-5 「장애인 등에 대한 특수교육법」의 특수교육 관련 용어 및 정의

용어	정의
특수교육	특수교육대상자의 교육적 요구를 충족시키기 위하여 특성에 적합한 교육과정 및 제2호에 따른 특수교육 관련서비스 제공을 통하여 이루어지는 교육
특수교육 관련서비스	특수교육대상자의 교육을 효율적으로 실시하기 위하여 필요한 인적·물적 자원을 제공하는 서비스로서 상담지원·가족지원·치료지원·지원인력배치·보조공학기기지원·학습보조기기지원·통학지원 및 정보접근지원 등
특수교육대상자	제15조에 따라 특수교육이 필요한 사람으로 선정된 사람
특수교육교원	「초·중등교육법」제2조 제4호에 따른 특수학교 교원자격증을 가진 사람으로서 특수교육대상자의 교육을 담당하는 교원
보호자	친권자·후견인, 그 밖의 사람으로서 특수교육대상자를 사실상 보호하는 사람
통합교육	특수교육대상자가 일반학교에서 장애유형·장애정도에 따라 차별을 받지 아니하고 또래와 함께 개개인의 교육적 요구에 적합한 교육을 받는 것
개별화교육	각급학교의 장이 특수교육대상자 개인의 능력을 계발하기 위하여 장애유형 및 장애특성에 적합한 교육목표·교육방법·교육내용·특수교육 관련서비스 등이 포함된 계획을 수립하여 실시하는 교육
순회교육	특수교육교원 및 특수교육 관련서비스 담당 인력이 각급학교나 의료기관, 가정 또는 복지시설(장애인복지시설, 아동복지시설 등) 등에 있는 특수교육대상자를 직접 방문하여 실시하는 교육
진로 및 직업교육	특수교육대상자의 학교에서 사회 등으로의 원활한 이동을 위하여 관련 기관의 협력을 통하여 직업재활훈련·자립생활훈련 등을 실시하는 것
특수교육기관	특수교육대상자에게 유치원·초등학교·중학교 또는 고등학교(전공과 포함)의 과정을 교육하는 특수학교 및 특수학급
특수학급	특수교육대상자의 통합교육을 실시하기 위하여 일반학교에 설치된 학급
각급학교	「유아교육법」제2조 제2호에 따른 유치원 및 「초·중등교육법」제2조에 따른 학교
특수교육 지원인력	교사의 지시에 따라 교수학습 활동, 신변처리, 급식, 교내외 활동, 등하교 등 특수교육대상자의 교육 및 활동에 대해 보조 역할을 담당하는 사람

　　특수교육은 정의하는 사람의 관점에 따라 다양하게 정의된다. 간단하게 특수교사가 제공하는 교육으로 정의되기도 하고, 또는 교육현장에서 장애 학생을 직접교수하거나 장애 학생을 가르치는 다른 교사에게 지원을 제공하는 것으로 정의되기도 한다. 오래전 Kirk와 Gallagher(1979)는 특수교육은 "특수아동의 잠재력을 개발하고 장애를 교정하기 위해

서 제공되는 일반학교 프로그램 이상의 보충적인 서비스"(p. 22)라고 정의하였다. 그러나 최근에는 개인의 장애에 초점을 맞추어 교정한다는 개념보다는 잠재력 개발을 위하여 아동의 강점과 요구를 강조하는 정의를 제시하는데, 즉 특수교육이란 아동의 성취를 위해서 일반적인 교육적 지원과 서비스가 수정되어야 하는 경우 제공되는 교육을 의미한다는 것이다(Gallagher et al., 2023). 예를 들어, 글자를 읽기 위해 보조가 필요하거나 일반적인 수업 중에 지나치게 지루해하고 집중하지 못하거나 학급 내에서의 사회적 적응에 도움이 필요할 때 특수교육을 제공해야 한다는 것이다. 이러한 정의는 교육현장의 교사는 자신이 가르치는 모든 학생의 잠재력을 개발하기 위하여 이들 각자가 보이는 강점과 지원의 요구에 따라 교육해야 한다는 보다 포괄적인 교육의 목표와도 맥을 같이 한다고 할 수 있다.

미국의 「장애인교육법(IDEA 2004)」에서는 특수교육을 아동의 특별한 요구를 충족시키기 위하여 부모의 비용 부담 없이 학교에서 제공하는 특별히 고안된 교수로 정의한다. 이 정의에서는 '특별한 요구'와 '특별히 고안된 교수'가 두 개의 핵심적인 개념이라고 할 수 있는데, 즉 특수교육은 특수학교 또는 특수학급에서 제공되는 장소적 의미의 교육이 아니라 아동의 요구(예: 읽기 등의 학업, 의사소통 방법, 사회-정서적 안녕)에 따라 적절한 지원을 제공하는 교육으로 일반학급에서도 제공될 수 있음이 강조되는 개념이다(Turnbull et al., 2024). 이와 같은 특수교육의 정의는 "장애 또는 우수 학생을 위한 개별화된 교육 및 서비스"(Smith & Tyler, 2010, p. 22) 또는 "장애가 있는 아동이 자신의 학습 잠재력을 성취하도록 도와주기 위해서 특별히 고안된 교육"(Friend, 2023, p. 4) 등의 유사한 개념으로 제시된다. Heward 등(2022)은 특수교육을 "개별적으로 계획하고, 특별히 고안하고, 집중적으로 제공하고, 목표지향적인 성격을 지닌 교수"(p. 27)라고 좀 더 구체적으로 정의하였다. 여기서 개별적으로 계획한다는 것은 개별 아동의 교육진단 결과에 따라 그 아동의 교수 목표나 방법이 결정된다는 뜻이며, 특별히 고안한다는 것은 아동의 필요에 따라 일반교육에서는 잘 사용하지 않는 독특한 또는 수정된 교재 및 교구나 교수 방법이 사용될 수 있다는 것을 의미한다. 예를 들어, 시각장애 아동을 위해서는 크기를 확대한 문자를 사용하거나 점자를 학습시켜야 하며, 청각장애 아동과는 수어나 문자 등 청각이 아닌 통로로 의사소통을 해야 하고, 지체장애 아동을 위해서는 아동의 장애 특성에 따라 특별한 보조도구를 제공해야 하며, 정서·행동장애 또는 자폐 범주성 장애 아동을 위해서는 고도로 구조화된 교수 환경이 필요할 수도 있다. 집중적으로 제공한다는 것은 아동을 교수할 때 상세하고 정확하고 분명하게, 또한 반복적으로 제공하는 것을 의미한다. 마지막

표 1-6 특수교육의 정의에 따른 방법론적 구성요소

방법론	정의적 구성요소
개별적으로 계획하기	• 개별 아동의 교육진단 결과 및 부모/아동의 의견을 근거로 선정하는 학습 목표 • 개별 아동을 위해서 선정하거나 수정하는 교수 방법 및 자료 • 목표 기술을 학습하거나 사용할 수 있는 기회를 고려해서 결정하는 교수 장소
특별히 고안하기	• 일반학급에서는 거의 사용되지 않는 독특한 또는 수정된 교수 절차(예: 시간지연법, 자기점검법) • 아동이 학습목표를 습득하고 사용하도록 도와주는 다양한 교수 자료 및 지원 • 필요한 경우 제공되는 관련서비스 • 필요한 경우 제공되는 보조공학
집중적으로 제공하기	• 상세하고 정확하고 명확하고 구조화된 명백한 교수 • 아동의 적극적인 참여, 반복적인 연습, 체계적인 피드백
목표지향적인 교수하기	• 현재와 미래 환경에서 가능한 한 가장 높은 자부심을 성취하고 성공할 수 있도록 도와주는 목표가 있는 교수 • 아동의 학습목표 성취에 따라 결정하는 교수 효과
연구 기반의 방법론 적용하기	• 모든 교수 방법이 동등하게 효과적이지 않다는 사실 인식 • 연구 결과를 기반으로 교육 프로그램과 교수 방법 선정
성취 평가에 따라 진행하기	• 아동의 진보에 대한 체계적이고 지속적인 점검 • 아동의 학습에 대한 직접적이고 빈번한 측정 결과를 통하여 결정하는 교수적 수정

출처: Heward, W. L., Alber-Morgan, S., & Konrad, M. (2022). *Exceptional children: An introduction to special education*(12th ed., p. 28). Pearson.

으로 목표지향적인 교수란 아동이 자신의 현재와 미래 환경에서 개인적인 자기충족감과 성취감을 최대한으로 달성하도록 도와주는 것을 의미한다. 이상의 특수교육을 정의하는 네 가지 교육적 접근의 속성은 연구 기반의 과학적인 교수전략을 통하여 아동의 성취에 대한 평가를 기반으로 제공될 때 가장 효율적으로 이루어질 수 있다. 특수교육의 정의에 내포된 이상의 교육 방법론적 요소는 결과적으로 특수교육이 교육현장에서 어떠한 모습이어야 하는지를 보여 준다(〈표 1-6〉 참조).

　결론적으로 특수교육은 특수아동의 개별적인 요구를 충족시키기 위해서 특별하게 계획하고 체계적으로 실행하는 교수를 의미한다. 다시 말해서, 특수교육은 특수아동의 개

별적인 요구를 충족시킨다는 분명한 목적을 지니고 있으며, 이러한 목적을 성취하기 위해서는 사전에 잘 계획하고 체계적으로 실행해야 한다는 것이다. 그러므로 장애 아동에게 제공하는 지원으로서의 특수교육은 이들이 장애로 인하여 학교와 사회에서의 학습과 활동 참여에 방해받지 않도록 방해 요소를 제거하거나 감소시키거나 우회하도록 도와주는 역할을 해야 한다. 이를 위하여 특수교육은 직접적인 교수를 통하여 구체적으로 (1) 예방(잠재적인 또는 미세한 문제가 장애로 발전하는 것을 막아주고, 장애로 인한 문제가 심화되거나 2차적인 문제를 일으키지 않도록 막아줌), (2) 교정(학교와 사회의 일반적인 환경 내에서 독립적이고 성공적으로 기능하는 데 필요한 학업, 사회성, 자조기술, 직업 등의 기술을 교수함), (3) 보상(장애가 있어도 성공적으로 기능할 수 있도록 대체기술이나 보조도구 사용을 교수함)의 역할을 하게 된다(Heward et al., 2022).

2. 특수교육 배치: 연계적 서비스 체계

특수교육은 아동의 필요에 따라 여러 가지 배치 형태로 제공된다. 교육환경의 측면에서 볼 때 일반학급이라는 최소한의 제한적인 배치에서부터 가정이나 시설에서 교육받거나 병원에 입원하는 등의 가장 제한이 큰 배치에 이르기까지 다양한 형태가 하나의 연계적인 서비스 체계를 이루고 있다. [그림 1-1]은 이 책의 제2장에서 소개하게 될 최소제한환경(least restrictive environment: LRE)의 관점에서 연계적인 서비스 체계로서의 특수아동 배치 구조를 보여 준다. 그림에서 나타난 이러한 연속체는 특수교육을 필요로 하는 아동이 가능한 한 일반 교육환경과 유사한 환경에 배치되어야 한다는 철학을 담고 있다. 그러나 이러한 철학이 모든 특수교육대상자를 일반학급에 배치해야 한다는 의미는 아니며, 아동의 개별적인 학교생활 목표 성취를 위해서 가장 적절한 범위 내에서 최소한의 제한적인 환경에 배치하라는 의미이다. 다시 말해서, 적절한 지원을 통하여 일반학급에서 성공적으로 기능할 수 있는 아동은 특수학교나 특수학급과 같은 분리된 환경에 배치되어서는 안 되며, 같은 맥락에서 일반학교 내의 특수학급에서 성공적으로 기능할 수 있는 아동은 특수학교보다는 특수학급에 배치되어야 한다는 것이다. 이러한 원칙은 장애가 있는 아동은 기본적으로 일반교육 현장에 소속되어야 하며 타당한 특정 이유가 있는 경우에만 분리할 수 있음을 분명하게 밝히고 있는 미국의 「장애인교육법(IDEA 2004)」의 철학에도 잘 드러나 있다.

[그림 1-1] 특수교육의 연계적 서비스 체계

[그림 1-1]에서 제시한 특수교육의 연계적 서비스 체계에 포함되는 서비스를 구체적으로 살펴보면 (1) 일반학급에서 일반교사에 의해 제공되는 교육, (2) 일반교사에게 특수교사의 자문이 제공되는 일반학급 교육, (3) 일반교사와 특수교사의 협력교수로 제공되는 일반학급 교육, (4) 일반학급에서 주로 교육받으면서 시간제로 특수학급에서 특별히 계획된 교수가 제공되는 교육, (5) 특수학급에서 특수교사에 의해 제공되는 교육, (6) 특수학교에서 제공되는 교육, (7) 기숙제 특수학교에서 제공되는 교육, (8) 가정이나 병원에서 제공되는 교육으로 나누어진다.

[그림 1-2]는 다양한 특수교육 배치가 일반교육과의 관계 속에서 어떻게 구성되는지를 보여 준다. 이 그림을 살펴보면, 특수교육의 연계적인 서비스 체계는 일반학급에서 이루어지는 특수교육, 특수학급에서 이루어지는 특수교육, 좀 더 제한적인 환경인 특수학교나 병원, 기숙제 시설에서 이루어지는 특수교육의 세 가지 유형으로 분류된다. 그러나 최근에는 일반학교에서 제공되는 교육을 통합교육으로 분류하여 크게 통합교육과 분리교육의 두 가지로 나누는 것이 일반적인 경향이다. 즉, 일반학교의 일반학급 및 특수학급에서 이루어지는 교육은 통합교육에 포함되며, 특수학교, 가정, 기숙제 시설, 병원 등에서 이루어지는 교육은 분리교육에 포함된다. 그러나 일반학교 내에 설치된 특수학급의 경우에도 전일제 및 시간제 분리 배치를 통하여 분리된 교육이 이루어질 수 있으므로 이러한 교육은 진정한 의미에서의 통합교육으로 간주하기는 어렵다. 실제로 통합교육을 특수교육대상자가 일반학교에서 장애유형·장애정도에 따라 차별을 받지 아니하

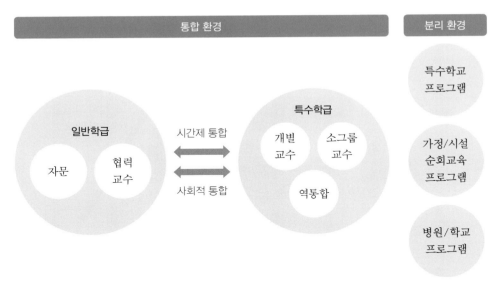

[그림 1-2] 일반학급과의 관계에 따른 특수교육

고 또래와 함께 개개인의 교육적 요구에 적합한 교육을 받는 것으로 정의한 「장애인 등에 대한 특수교육법」(제2조 제6항)을 고려하더라도 특수학급의 교육이 진정한 의미에서의 통합교육이 되기 위해서는 교육과정 운영상의 배려가 뒤따라야 할 것이다.

3. 특수교육 현황

2023년 기준 3세 미만 영아를 포함한 총 109,703명의 아동이 특수교육대상자로 총 36,288개의 학급에 소속되어 교육을 받았다(교육부, 2023). 〈표 1-7〉은 지난 5년간 「장애인 등에 대한 특수교육법」에 따른 장애 유형별 특수교육대상자의 수와 구성 비율을 보여 준다. 이 표에 의하면 2023년을 기준으로 지적장애 특수교육대상자가 55,867명으로 50.9%에 이르러 가장 많았으며, 자폐성장애가 19,275명(17.6%)으로 두 번째로 많은 것으로 나타났다. 그러나 지난 5년간의 전체 특수교육대상자 대비 구성 비율을 살펴보면 해마다 지적장애는 조금씩 감소하고 있는 반면에, 자폐성장애는 증가하고 있는 것을 알 수 있다. 학습장애는 1,037명으로 가장 적으며 그 비율도 1%가 채 되지 않는 것으로 나타났으며 해마다 조금씩 감소하고 있는 것을 알 수 있다. 각 장애 유형별 특수교육대상자 수의 변화 경향에 대한 시사점은 이 책의 나머지 장에서 각 장애에 대한 설명과 함께 제시하였다.

특수아동의 분류는 장애명으로 표찰함으로써 나타날 수 있는 긍정적인 또는 부정적인 결과에 대한 논의로 이어진다. 그러므로 교육현장의 교사는 아동을 특정 장애로 진단하고 분류함으로써 나타나는 불이익을 최소화하고 반대로 혜택을 최대화하기 위한 노력을 기울여야 할 것이다. 다양한 장애로 분류되는 아동은 실제로 장애에 따라 또는 개인에 따라 서로 다른 특성을 보일 수 있는데, 이렇게 서로 다른 특성을 보이는 특수아동이 일반학급에 통합될 때는 일반적으로 학업 영역, 행동 조절 영역, 사회적 적응 영역, 신체적 활동 영역에서 도움이 필요할 수 있다. 이와 같은 특수아동의 개별적인 필요를 충족시키기 위해서 특별히 계획하고 제공하는 교육이 특수교육이다. 특수교육은 아동의 필요에 따라 일반교육 환경에서 이루어지는 통합교육으로부터 분리된 교육환경에 이르는 연계적인 서비스 체계로 구성된다.

특수아동을 가르치는 교사는 이들의 다양성과 개별적인 교육적 필요를 이해하고 특수교육 서비스의 유형과 그 방법론적 실행요소를 잘 알고 있을 때 아동에게 가장 적절한 형태의 교육을 제공할 수 있을 것이다.

참고문헌

강은진, 권미경, 박창현, 최윤경, 박혜원, 최일선, 이경옥, 김형미, 양성은, 김영아(2022). 어린이집과 유치원 장애위험 영유아 조기발견 및 발달지원 종합 대책 방안(Ⅰ): 실태조사 및 조기선별 도구 개발. 육아정책연구소.

교육부(2019, 2020, 2021, 2022, 2023). 특수교육통계. 교육부.

백선정, 배성현(2020). 경기도 장애위험 영유아 실태 및 지원에 관한 연구(정책보고서 2020-03). (재)경기도가족여성연구원.

이미선, 조광순(2002). 장애 영·유아 조기발견의 요소 및 정책 방안 고찰. 특수교육학연구, 37(10), 291-318.

이소현(2000). 특수아 조기교육 활성화를 위한 정책적 과제 고찰. 특수교육학연구, 35(2), 115-145.

이소현(2004). 0~2세 발달지체 영아들의 특수교육 적격성 인정 및 지원 체계 개발을 위한 고찰. 특수교육학연구, 38(4), 95-122.

이소현(2020). 유아특수교육(2판). 학지사.

이소현, 김선경, 김지영(2014). 지역사회 기관 중심의 자폐 범주성 장애 선별 가능성 탐색. 특수교육, 13(3), 99-117.

이소현, 최진희, 조윤경(2007). 장애 영아 진단·평가 기준 및 무상교육 지원 방안 개발 연구. 교육인적자원부.

조윤경(2013). 장애 영아 진단 및 조기개입 서비스와 양육에 대한 부모의 인식과 지원 요구. 발달장애연구, 17(2), 103-131.

최자영, 이순자(2021). 장애위험 영유아 지도에 대한 유아교육기관 교사의 인식과 지원 요구. 유아특수교육연구, 21(3), 53-87. http://doi.org/10.21214/kecse.2021.21.3.53

Arishi, L., Boyle, C., & Louchlan, F. (2017). Inclusive education and the politics of difference: Considering the effectiveness of labeling in special education. *Educational and Child Psychology, 34*(4), 9-19. http://hdl.handle.net/10871/29377

Dunlap, L. L. (2009). *An introduction to early childhood special education: Birth to age five.* Pearson.

Freind, M. (2023). *Special education: Contemporary perspectives for school professionals* (6th ed.). Pearson.

Gallagher, H., Coleman, M. R., & Kirk, S. (2023). *Educating exceptional children* (15th ed.). Cengage.

Heward, W. L., Alber-Morgan, S., & Konrad, M. (2022). *Exceptional children: An introduction to special education* (12th ed.). Pearson.

Kauffman, J. M., Hallahan, D. P., Pullen, P. C., & Badar, J. (2018). *Special education: What it is and why we need it* (2nd ed.). Routledge.

Kirk, S. A. (1962). *Educating exceptional children.* Houghton Mifflin.

Kirk, S. A., & Gallagher, J. J. (1979). *Educating exceptional children* (3rd ed.). Houghton Mifflin.

Lockwood, A., & Coulter, A. (2017). Rights without labels: Thirty years later. *Communique, 45*(6), 29-30.

Mastropieri, M. A., & Scruggs, T. E. (2018). *The inclusive classroom: Strategies for effective instruction* (6th ed.). Pearson.

Shackelford, J. (2006). *State and jurisdictional eligibility definitions for infants and toddlers with disabilities under IDEA* (NECTAC Notes, 21. 1-16). Chapel Hill: The University of North Carolina, FPG Child Development Institute, National Early Childhood Technical Assistance Center.

Smith, D. D., & Tyler, N. (2010). *Introduction to special education: Making a difference* (7th ed.). Pearson.

Spodek, B., & Saracho, O. (1994). *Dealing with individual differences in the early childhood classroom.* Longman Pub Group.

Tunbull, A., Wdhmeyer, M. L., Shogren, K. A., Burke, M. M., & Trunbull, R. (2024). *Exceptional lives: Practice, progress, & dignity in today's schools* (10th ed.). Pearson.

제 2장

통합교육의 이해

I. 통합교육의 이론적 배경

특수아동 교육과 관련된 대부분의 전문가는 특수교육의 가장 중요한 목표 중 하나가 이들의 독립적인 삶의 성취라는 사실에 동의할 것이다. 독립적으로 생활한다는 것은 자신이 속한 일반적인 환경에서 적절하게 행동하고 적응하는 것을 의미한다. 이것은 제1장에서 이미 설명한 바와 같이 아동이 현재 및 미래 환경에서 잘 기능하게 한다는 특수교육의 정의의 한 부분을 반영한 것이라고 할 수 있다. 통합교육은 이와 같은 특수교육의 목표를 성취하게 하는 하나의 방법론적인 수단일 뿐만 아니라, 그 자체로도 이미 목표를 성취해 가고 있는 과정적인 현실이다. 다시 말해서, 통합교육은 장애의 여부와 상관없이 모든 아동이 동등한 교육적 혜택을 받을 수 있는 권리가 있다는 믿음을 실천하는 수단이며 목적 그 자체인 것이다. 어떤 아동도 장애를 지녔다는 이유만으로 일반적인 교육환경에서 배제되어서는 안 된다. 교육의 목적이라는 측면에서 통합교육은 우리가 지향하는 교육의 외형적인 형태에 있어서의 궁극적인 과제다. 또한 교육을 실천하는 과정으로서의 통합교육은 사회 적응이라는 교육의 궁극적인 목표를 성취해 나가는 과정적인 수단일 수도 있다는 것이다. 그러므로 교육의 주체자인 교사는 교육의 기본적인 목적이자 수단으로서 그 중요성이 강조되고 있는 통합교육의 개념 및 이론적 배경을 이해하고, 이를 통해서 통합교육의 당위성을 주장할 수 있어야 한다. 그리고 더 나아가서는 질적으로 우수한 통합교육 실행 주체자로서 자질을 갖추어야 할 것이다.

1. 통합교육의 정의

통합교육은 여러 전문가에 의해서 다양하게 정의되고 있으나 대부분의 정의는 특수아동을 일반교육 현장에서 교육한다는 내용을 공통적으로 포함한다. 통합교육은 다양한 교육적 필요와 능력을 지닌 학생들이 함께 교육받는 것으로 장애 아동과 일반 아동이 사회적 활동이나 교수 활동에서 의미 있는 상호작용을 하는 것으로 특징지어진다. 「장애인 등에 대한 특수교육법」에서는 "통합교육이란 특수교육대상자가 일반학교에서 장애유형·장애정도에 따라 차별을 받지 아니하고 또래와 함께 개개인의 교육적 요구에 적합한 교육을 받는 것을 말한다."(제2조 제6항)라고 명시하고 있다.

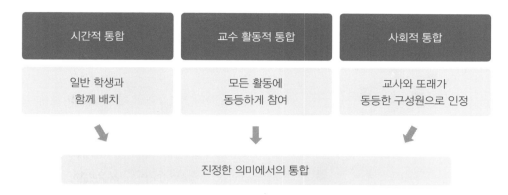

[그림 2-1] 진정한 의미에서의 통합교육

출처: 이소현(2020). 유아특수교육(2판, p. 538). 학지사.

　이미 오래전에 통합교육을 강조한 Kauffman 등(1975)의 정의에 의하면, 통합은 장애아동을 일반학급에 물리적으로 배치하는 것(시간적 통합) 외에도 학문적(교수활동적 통합)으로나 사회적(사회적 통합)으로 함께 하는 것을 포함한다. 시간적 통합이란 일정 시간 동안 장애가 없는 또래와 동일한 교육환경에 배치하는 것을 의미하며, 교수활동적 통합이란 일반학급의 학업 활동에 의미 있게 참여하는 것을 의미한다. 사회적 통합이란 통합되는 학급의 교사와 또래로부터 학급의 구성원으로 수용되는 것을 의미한다. 진정한 의미에서의 통합이 이루어지기 위해서는 이상의 세 가지 통합이 모두 이루어져야 한다. [그림 2-1]은 이와 같은 진정한 의미에서의 통합교육의 개념을 보여 준다.

　통합교육이라는 용어는 그 적용의 맥락에 따라 다양한 의미를 내포한다. 우리나라에서는 주로 주류화(mainstreaming)의 개념으로 통합교육이라는 용어를 사용해 왔으나 최근에는 포함(inclusion)의 개념이 반영된 통합교육으로 변화하고 있다. 과거에는 장애를 지닌 아동과 일반 아동을 서로 분리된 집단으로 인식하였으며, 따라서 장애 아동이 일반 아동과는 서로 다른 환경에서 교육받는 것을 당연하게 생각하였다. 그러므로 이때의 통합교육은 장애 아동이 특수교육 환경에 소속되어 있으면서 사회의 주된 교육환경인 일반학급으로 들어오는 것을 의미하였으며, 결과적으로 통합교육이라는 용어를 사용할 때는 주류화의 의미로 사용하곤 했다. 그러나 최근에는 장애 아동에게도 일반 교육환경에 소속될 동등한 자격과 권리가 있음을 강조하기 시작하면서 이들도 원래 일반교육 현장에 소속되어 있다는 '포함' 개념을 강조하는 의미로 통합교육이라는 용어를 사용하게 된 것이다. [그림 2-2]는 주류화의 개념과 포함의 개념을 나타내는 통합교육의 정의를 그림

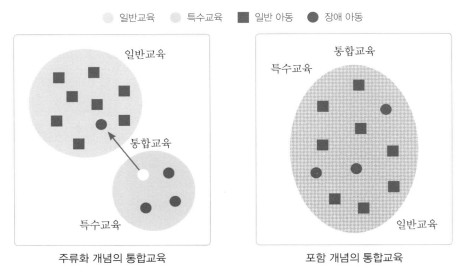

[그림 2-2] 통합교육 용어의 서로 다른 개념

으로 보여 준다. 여기서 중요한 것은 주류화의 개념이 반영된 과거의 통합교육의 개념은 장소 또는 배치의 차원에서 통합교육을 정의하지만, 포함 개념의 통합교육은 장소적 의미를 넘어서서 장애 아동이 장애가 없는 또래와 함께 교과 및 비교과 활동을 포함한 학교의 모든 활동에 참여하게 하는 그 자체를 의미한다는 것이다. 그러므로 장애 아동을 교육하는 교육현장의 교사들은 통합교육이란 이들의 다양성(diversity)과 공평함(equity)과 소속감(belonging)을 강화하고 지원하고 증진하기 위한 노력의 한 부분으로 인지해야 할 것이다(Turnbull et al., 2024). 이와 같은 변화의 흐름은 우리나라에서도 관련 법률 개정을 통하여 잘 드러나고 있는데, 즉 1994년에 제정된 「특수교육진흥법」에서 교육의 장소적인 의미를 강조하고 일시적인 혼합 프로그램까지도 통합교육으로 간주하였던 정의와는 달리, 2007년 「장애인 등에 대한 특수교육법」에서는 일반학교에서 장애와 관련된 차별 없이 개별적인 요구에 따른 적절한 교육을 받는 것으로 정의한 것을 통해서 잘 알 수 있다(이소현, 2020; 〈표 2-1〉 참조).

이 외에도 통합교육은 장애 아동과 일반 아동으로 각각 구성된 서로 다른 두 개의 집단을 합친다는 개념의 사회적 통합(social integration)이나 장애 아동을 위한 교육환경에 일반 아동을 포함시키는 역통합(reverse mainstreaming) 등의 용어로도 사용되고 있다. 〈표 2-1〉은 이와 같은 통합교육의 다양한 용어와 정의를 보여 준다.

표 2-1 통합교육 관련 다양한 용어 및 정의

용어	출처	정의
통합교육	특수교육진흥법 (1994)	특수교육대상자의 정상적인 사회적응능력의 발달을 위하여 일반학교(특수교육기관이 아닌 학교를 말한다)에서 특수교육대상자를 교육하거나, 특수교육기관의 재학생을 일반학교의 교육과정에 일시적으로 참여시켜 교육하는 것을 말한다.
	장애인 등에 대한 특수교육법(2007)	특수교육대상자가 일반학교에서 장애유형·장애정도에 따라 차별을 받지 아니하고 또래와 함께 개개인의 교육적 요구에 적합한 교육을 받는 것을 말한다.
통합(합침) (Integration)	Odom & McEvoy (1988)	두 집단의 아동을 혼합하는 적극적인 과정을 의미한다.
	Richey & Wheeler (2000)	분리와 반대되는 개념으로 장애가 있는 아동과 장애가 없는 아동을 같은 학급에 함께 있게 하기 위한 체계적이고도 주의 깊은 노력을 의미한다.
통합(주류화) (Mainstreaming)	Turnbull & Turnbull(1990)	장애 아동이 가능한 한 일반 아동의 생활 흐름에 포함되게 하는 것을 의미한다.
	Hallahan & Kauffman(2003)	장애 아동을 하루 전체나 일정 시간 동안 학급 활동 전체나 부분적으로 일반학급에 배치하는 것을 의미한다.
역통합 (Reversed Mainstreaming)	Guralnick(1981)	장애 아동을 위한 학급에 일반 아동을 배치하는 것을 말한다. 통합된 특수교육(integrated special education; Odom & Spetz, 1983)이라고도 한다.
통합(포함) (Inclusion)	Sailor(1991)	장애 아동이 일반학급 프로그램의 진정한 구성원이 되는 것으로 다음과 같은 세 가지 조건을 포함한다: (1) 장애가 없었으면 다녔을 학교에서 교육받고, (2) 학교와 학급의 배치가 연령 및 학년에 적절하며, (3) 일반학급 내에서 특수교육 지원이 이루어진다.
	Lipsky & Gartner (2000)	중도장애를 포함하는 모든 장애 아동이 거주 지역 학교의 나이에 맞는 학급에서 아동과 교사 모두에게 필요한 적절한 서비스 및 보조를 통해서 교육받는 것을 의미한다.

출처: 이소현(2020). 유아특수교육(2판, p. 540). 학지사에서 발췌하여 수정함.

2. 통합교육의 역사적 배경

장애 아동 통합교육의 역사는 비교적 최근에 시작되었으며, 교육현장에서 통합을 주창하고 그 실시를 강조하기 시작한 것은 그다지 오래되지 않았다. 그러나 장애 아동의 통합교육에 대한 필요성이 인지되기 시작하면서 그 개념 및 당위성에 대한 연구가 활발하게 이루어졌으며, 통합교육의 방법론적 실제도 계속해서 발전해 왔다. 특히 통합교육은 정상화 원리와 같은 철학적 믿음, 탈시설수용화와 같은 사회적 움직임, 최소제한환경이나 입학거부불가 등의 행정적 뒷받침을 통해서 외면할 수 없는 교육적 흐름으로 자리 잡기 시작하였으며, 방법론적인 측면에서도 최상의 실제를 제시하기 위한 노력이 기울여졌다. 여기서는 통합교육의 역사적 배경이라고 할 수 있는 기본 개념과 사회적 동향을 좀 더 자세히 살펴보고 통합교육의 실행이 어떻게 변천해 왔는지 살펴보고자 한다.

1) 철학적 믿음: 정상화 원리

장애인의 사회 통합을 향한 움직임의 가장 기본적인 원리는 정상화 원리(principle of normalization)다. '정상화'라는 용어는 1960년대 스웨덴의 Nirje(1969)가 처음 사용하기 시작하였으며, 그 이후 Wolfensberger(1972)에 의해서 장애인 서비스의 원리로 적용되기 시작하였다. 정상화란 장애(disabilities)나 기타 불이익(handicaps)을 경험하는 모든 사람에게 가능한 한 사회의 일반적인 환경 및 생활 방식과 유사하거나 실제로 동일한 삶의 형태와 일상생활의 조건을 제공하는 것을 의미한다(Nirje, 1985). 즉, 정상화 원리에서 사용하는 '정상'이라는 단어는 사람을 대상으로 정상/비정상의 관점에서 접근하는 것이 아니라 그 사람을 둘러싼 삶의 조건을 가능한 한 다른 사람과 비슷한 보편적인 조건으로 제공해 주어야 한다는 의미라 할 수 있다. 이와 같은 정상화의 기본적인 철학적 원리와 구체적인 정의를 특수교육에 적용하게 되면 장애인을 위한 교육의 목적 및 수단이 가능한 한 일반인을 위한 교육의 목적 및 수단과 같아야 한다는 것이다(Wolfensberger, 1972). 결론적으로 장애인은 가능한 한 일반 사회에 소속되어야 한다는 것이다. 여기서 말하는 교육의 목적에 있어서의 정상화란 장애인을 교육하는 목적이 일반인의 교육 목적과 마찬가지로 좀 더 큰 사회에 적응하고 생활할 수 있게 한다는 것이다. 또한, 이를 위해서는 장애인도 일반적인 교육 환경과 동일하거나 최대한으로 유사한 환경에서 교육받아야 하며, 일반인에게 사용되는 교수 방법과 동일하거나 가장 유사한 방법이 적용되어야 한

국가적 차원에서 비용을 절감할 수 있게 한다는 것이며, 교육 성과적인 혜택은 통합교육의 수혜자인 장애 아동과 일반 아동 모두에게 발달과 학습의 측면에서 긍정적인 영향을 미친다는 것이다(이소현, 2020).

통합교육을 통해서 장애 아동이나 일반 아동이 얻을 수 있는 교육 성과적인 혜택은 다양하다. 장애 아동은 또래와 함께 일반적인 교육 활동에 참여할 수 있으며, 장애 표찰로 인한 부정적인 영향도 줄일 수 있다. 장애가 없는 아동의 경우에도 장애 아동과 통합된 환경에서 교육받음으로써 사회의 현실적인 측면을 학습하는 등의 혜택을 얻을 수 있다. 통합교육의 교육적인 성과를 장애 아동과 일반 아동의 측면에서 좀 더 구체적으로 살펴보면 다음과 같다.

1. 장애 아동에 대한 성과

통합교육은 장애 아동이 일반학급에서 또래와 함께 교육받게 함으로써 장애 표찰로 인한 낙인의 부정적인 영향을 감소시킬 수 있다. 예를 들어, 지적장애 아동을 위한 특수학교에서 교육받는 장애 아동은 지적장애 때문에 특수교사의 교육을 받는 것으로 보일 수 있지만, 일반학급에서 특수교사의 도움을 받는 장애 아동은 개별적으로 특별한 도움이 필요하기 때문인 것으로 이해될 수 있다.

또한 통합교육 환경에서는 장애 아동이 전형적인 발달을 보이는 또래와 함께 교육받음으로써 이들이 보이는 적절하고도 나이에 맞는 행동을 관찰하고 학습할 뿐만 아니라, 이러한 적절한 행동을 보이는 또래와 상호작용을 하면서 사회성 및 의사소통 영역에서 가장 큰 혜택을 받게 된다(Wehmeyer et al., 2016; Westling & Fox, 2021). 사실상 많은 장애 아동이 사회성 발달 측면에서 어려움을 보이곤 한다. 구체적인 연구 결과에 의하면 발달지체 유아(Odom, 2000)를 포함해서 학습장애(Gamboa et al., 2021), 지적장애(Broomhead, 2019), 정서 · 행동장애(Mulvey et al., 2017) 등의 장애가 있는 많은 아동이 장애가 없는 아동에 비해서 또래로부터 더 무시되고 거부되는 등 낮은 사회적 위치와 부정적인 관계를 보이는 것으로 나타났다. 즉, 장애 아동은 정신연령이 동등한 또래 집단에 비해 사회성 발달이 지체되며(조윤경, 이소현, 2001), 이것은 이들의 사회적 관계 발달이 인지발달 수준을 통해서 추정할 수 있는 것보다 더 심하게 지체되어 있음을 의미한다. 장애 아동의 사회성 발달에 있어서의 어려움은 학교에서의 학업 성취 및 졸업 후 성인기 삶에서의 적응 문제로도 연계되곤 한다. 그러므로 장애 아동의 사회성 발달 촉진은 특수교육에 있어서의 주요 영역 중 하나라고 할 수 있다. 실제로 통합교육을 받은 아동의 경우 분리교육을 받은 아동에 비해서 보다 나은 사회-정서 능력과 의사소통 기술을 보이고 반사회적인 행동 문제도 덜 보이는 것으로 보고된다(Foreman et al., 2016; Woodman et al., 2016). 또한 더 큰 사회적 지원망을 갖게 됨으로써 친구를 사귀거나 친구와의 관계를 통한 학습 기회를 더 많이 가지는 것으로 보고된다(Kennedy & Itkonen, 2016). 결론적으로 통합교육을 통한 장애 아동의 사회성 및 의사소통 발달 촉진은 통합을 통해서 얻을 수 있는 가장 큰 성과 중 하나라고 할 수 있다.

통합교육이 장애 아동의 학업 성취에 미치는 영향에 대해서도 많은 관심이 기울여지고 있다. 이것은 통합 환경의 장애 아동이 학습에 있어서 적절한 진보를 보이지 않는다면 배치 또는 교육 프로그램에 대한 재고가 이루어져야 하기 때문이다. 지금까지의 연구 결과에 의하면, 통합된 장애 아동과 일반 아동 모두 학업 성취에서 긍정적인 성과를 보이는 것으로 보고된다. 예를 들어, 통합교육을 받은 장애 아동은 분리교육을 받은 아동에 비해서 더 높은 성적의 학력평가 결과를 보이고 더 높은 비율로 고등학교를 졸업하거나 대학에 진학한 것으로 나타났다(Cole et al., 2021; Kirjavainen et al., 2016). 장애 아동은 통합 환경에서 분리된 학급에서와는 달리 사회적 상호작용의 기회를 즐기면서 특정 학습 면에서도 분리된 환경과 유사하거나 더 나은 성취를 보였으며, 경도장애 아동의 경우에는 참여가 보장되는 적절한 지원이 주어진다면 일반 또래와 거의 다름없는 학업 성취를 보이는 것으로 나타났다(Kunsch et al., 2007; Rea et al., 2002). 특히 나이가 어린 아동의 경우 통합교육을 받은 시간과 읽기 및 수학 학업 성취 간에 상관관계가 있는 것으로 나타났는데(Cosier et al., 2013), 이는 장애 아동의 통합교육이 학업 성취에 긍정적인 영향을 미친다는 사실을 보여 주는 것이다. 장애가 심한 중도중복장애 아동도 통합교육을 통하여 앞에서 설명한 다양한 혜택을 얻을 수 있는데, 예를 들어 또래와의 사회적 상호작용 및 관계가 향상되고 사회적 능력, 의사소통 기술 및 기타 발달 기술 또한 향상하는 것으로 보고된다(정귀순, 2004; 표윤희, 2020; Alquraini & Gut, 2012; Woodgate et al., 2020).

결과적으로 장애 아동의 교육적 성취는 통합 환경에서도 이루어질 수 있는 것으로 결론지을 수 있다. 그러나 이와 같은 긍정적인 결과는 장애 아동을 일반학급에 배치했다는 단순한 물리적 통합에 의해서 저절로 성취되는 것이 아니라 교육과정 운영 및 교수의 질에 의해서 좌우된다. 즉, 통합교육의 성과는 일반교육과 특수교육이 이들에게 무엇을 어

떻게 가르칠 것인가에 대한 체계적인 교수적 접근을 실행할 때 가능하다는 사실을 명심해야 할 것이다(Turnbull et al., 2024).

2. 일반 아동에 대한 성과

통합교육을 실행할 때 흔히 부딪히게 되는 어려움 중 하나는 일반 아동에게 부정적인 영향을 미치지 않을까 하는 우려다. 이와 같은 우려는 일반교육의 책임을 지고 있는 교사와 학교 관리자 또는 부모에게 큰 관심사가 아닐 수 없다. 통합교육이 일반 아동의 성취에 미치는 영향에 관한 지금까지의 연구 결과를 살펴보면 통합교육이 일반 아동의 교육적 성취를 방해하지 않는다는 것을 알 수 있다. 특히 유아기 통합교육은 교육과정에 대한 체계적인 계획과 실행으로 장애 아동뿐만 아니라 함께 통합된 일반 아동의 사회성 발달에도 긍정적인 영향을 미친다(이소현, 2004; 이수정, 이소현, 2011; 장지은, 이소현, 2019). 또한 학령기 교육에서도 통합교육이 일반 아동의 교육적 수행에 부정적인 영향을 미치지 않는다는 사실이 밝혀져 왔다(Friesen et al., 2010; Ruijs & Peetsma, 2009). 오히려 통합교육을 받은 아동이 그렇지 않은 아동에 비해서 읽기와 수학 등 학업 성취가 더 높게 나타나며, 이는 일반학급에 포함된 장애 아동을 위해 특별히 제공된 추가적인 지원으로 인하여 학급 내 모든 아동의 학업 성취가 증진되었기 때문인 것으로 분석된다(Cole et al., 2021; Wehmeyer & Kurth, 2021). 결과적으로, 장애 아동에게 효과적인 것으로 입증된 많은 교수전략은 일반 아동에게도 효과적이라고 할 수 있으며, 다양한 수준의 모든 아동을 가르치기 위한 통합교육의 구체적인 접근 방법론(예: 보편적 학습설계, 다층구조형 지원 체계)은 학급 내 모든 아동의 교육적 성취에 긍정적인 영향을 미치게 될 것이다(김주영 외, 2010; 이정아, 이숙향, 2019; 최미진, 박지연, 2021; Lee & Lee, 2009).

실제로 일반 아동이 통합교육을 통해서 얻을 수 있는 가장 큰 혜택은 장애인을 사회의 구성원으로 인식하고 수용할 수 있게 되는 것이다. 사회의 한 구성원으로서 자신의 능력을 발휘하면서 여러 사람과 더불어 살아가기 위해서는 먼저 사회의 다양한 구성원을 이해하는 것이 선행되어야 한다. 일반 아동은 통합 환경에서 장애 아동과의 상호작용을 경험하면서 장애인도 나와 비슷한 한 사람의 개인으로 수용하게 되며, 학교라는 지역사회가 장애 학생도 포함하고 수용해야 한다는 일종의 사회적 책임을 학습하게 된다. 또한 통합교육을 통해서 장애에 대한 편견이나 두려움, 적대감, 차별의식이 사라짐으로써 장애가 있는 또래에 대해 좀 더 긍정적인 태도를 보이는 등(예: Georgiadi et al., 2012; Kart & Kart, 2021) 구체적인 변화를 보이기도 한다. 〈표 2-2〉는 우리나라 교육현장에서 이루어진 통합교육 관련 연구를 통해서 통합교육이 일반 아동에게 어떠한 영향을 미치는지 보여 준다. 결론적으로, 일반 아동은 통합 환경에서 장애 아동과 함께 교육받음으로 인해서 부정적인 영향을 받지 않으며, 오히려 교사의 주의 깊은 계획과 배려로 발달적, 행동적, 태도적인 측면에서 긍정적인 영향을 받게 될 것이다.

표 2-2 통합교육이 일반 아동에게 미치는 영향을 보여 주는 국내 연구의 예

저자 (연도)	연구 제목	연구 결과
이소현 (2004)	장애 유아의 사회적 통합 촉진을 위한 사회적 상호작용 증진 활동이 일반 유아들의 사회적 행동에 미치는 영향	실험집단 일반 유아들의 사회적 상호작용이 통제집단에 비해서 유의미하게 긍정적으로 변화함
박미혜 김수연 (2008)	학급 차원의 또래 지원망 프로그램이 일반 아동의 장애 아동과의 친구 관계와 장애인식에 미치는 영향	실험집단 일반 아동의 장애 아동과의 친구 관계와 장애인식 모두 통제집단에 비해 향상함
최원아 이소현 (2009)	학급공동체 의식 증진 프로그램이 초등학교 일반 학생이 지각하는 장애 학생과의 친구 관계에 미치는 영향	실험집단이 통제집단에 비해 장애 학생과의 친구 관계 지각에서 유의미하게 향상하였으며, 하위영역인 공유활동, 친사회적 행동, 친밀감에서 유의미하게 향상함
김주영 이대식 김수연 (2010)	다수준 포함 교수법을 적용한 과학 수업이 통합학급 아동의 학업 성취도와 과학 태도에 미치는 영향	통합학급 아동의 학업 성취도와 과학 태도에 긍정적인 영향을 미쳤으며, 특히 학습 수준이 낮은 학생들에게 더 유리한 것으로 나타남
이수정 이소현 (2011)	유치원 일과에 삽입된 '장애 이해 및 통합교육 활동'이 일반 유아와 장애 유아의 사회적 수용도 및 사회적 참여에 미치는 영향	실험집단 일반 유아의 사회적 수용도, 상호작용적 놀이, 또래를 인식하는 평행놀이가 통제집단에 비해 유의하게 증가하고 고립/비점유행동이 감소함
김혜선 박지연 (2015)	장애 학생의 사회적 통합을 위한 다층적 하모니 프로그램이 초등 통합학급 학생들의 친사회성, 또래 수용도와 학급 분위기에 미치는 영향	실험집단 일반 학생의 친사회성과 또래 수용도가 통제집단에 비해 유의하게 긍정적으로 변화함

김지선 방명애 성경선 (2016)	학교 차원의 사회적 통합 프로그램이 장애 중학생의 학교생활 적응 및 비장애 중학생과 일반교사의 통합교육 인식에 미치는 영향	장애가 없는 중학생 및 중학교 일반교사의 통합교육에 대한 인식이 긍정적으로 변화함
이정아 이숙향 (2019)	보편적 학습설계를 적용한 초등 사회과 수업이 통합학급 학생들에게 미치는 영향: 사회학습 흥미도, 장애 학생 수용 태도, 사회적 지위를 중심으로	실험집단 학생들의 사회학습 흥미도 및 장애 학생에 대한 수용 태도와 사회적 지위가 통제집단에 비해 유의미하게 긍정적으로 변화함
장지은 이소현 (2019)	유치원 교육과정 기반의 학급 차원 사회성 기술 중재가 일반 유아의 친사회적 행동 및 장애 유아 수용도와 장애 유아의 또래 상호작용에 미치는 영향	실험집단 일반 유아의 친사회적 행동과 장애 유아에 대한 수용도가 통제집단에 비해 유의미하게 향상함. 장애 유아와의 상호작용 발생률이 높아지고 내용도 다양해짐
허수연 이소현 (2019)	학급 차원의 긍정적 행동 지원이 통합학급 유아의 사회성 기술과 활동 참여에 미치는 영향	실험집단 일반 유아의 사회성 기술과 활동 참여가 통제집단에 비해서 유의미하게 긍정적으로 변화함
최미진 박지연 (2021)	스토리텔링 기반 사회정서 학습이 초등학교 통합학급 학생들의 사회성 기술, 교우관계 및 학교생활 만족도에 미치는 영향	실험집단 일반 학생의 교우관계와 학교생활 만족도가 통제집단에 비해 유의하게 향상함
이지원 이소현 (2023)	협력교수 기반 확장된 스킬스트리밍 교수가 일반 유아의 친사회적 행동 및 장애 유아의 사회적 상호작용에 미치는 영향	실험집단 일반 유아의 친사회적 행동이 통제집단에 비해 유의하게 향상함

III. 성공적인 통합교육 실행을 위한 과제

　지금까지 살펴본 바와 같이 통합교육은 개념의 정의와 실행 방법에 있어서 많은 논의가 이루어지고 있는 것이 사실이지만, 분명한 것은 통합교육의 실천이 교육계의 당면 과제라는 사실이다. 실제로 통합과 관련된 우리나라 교육현장의 동향을 살펴보면, 1994년에 「특수교육진흥법」이 개정되면서 처음으로 통합교육의 정의가 제시되었으며, 그 이후 장애 학생의 일반학급 또는 특수학급 배치를 강화하는 등 통합교육을 확대하는 정책이 이어져 왔다. 2007년 「장애인 등에 대한 특수교육법」에서는 통합교육의 정의를 전면적으로 변경하였으며(〈표 2-1〉 참조), 일반학급에 배치된 장애 학생에게까지 특수교육 교

원을 파견하여 지원하도록 규정하는 변화가 이루어졌다. 실제로 2023년 기준 2,397명의 일반학급 학생이 특수학교, 특수학급, 특수교육지원센터에서 파견한 특수교사의 순회 지원을 받은 것으로 나타났다(교육부, 2023). 이러한 제도적인 변화는 현재 우리나라 교육현장의 장애 아동 통합과 관련된 현황뿐만 아니라 사회 인식의 흐름을 잘 반영하는 것이라고 할 수 있다. 통합교육에 대한 이와 같은 제도적인 지원은 지금까지 이루어진 실증적 연구나 인식적이고 개념적인 변화가 그 배경에서 중추적인 역할을 해 온 것으로 평가된다. 그러므로 교육을 담당하고 있는 모든 전문가는 앞으로 질적으로 우수한 통합교육 프로그램을 운영해야 한다는 과제에 직면해 있다고 할 수 있다.

통합교육의 성공적인 운영을 위해서는 프로그램의 질적 구성요소를 먼저 갖추어야 한다. 여기서는 통합교육의 질적 향상을 위하여 갖추어야 하는 질적 구성요소로 다음과 같은 여섯 가지 과제를 제시하고자 한다: (1) 통합교육 실행을 위한 개념 정립, (2) 일반교육과 특수교육의 '공동 주인의식' 형성을 통한 통합학교 문화 형성, (3) 일반교사와 특수교사의 통합교육 관련 자질 향상, (4) 통합교육 실행을 위한 협력적 접근, (5) 통합교육 프로그램의 질적 향상을 위한 노력, (6) 학교에서 성인기 사회로 연결되는 통합.

1. 통합교육 실행을 위한 개념 정립

통합교육은 배치와 관련된 개념이다. 그러나 진정한 의미에서의 통합교육은 배치로 끝나는 것이 아니라 무엇을 어떻게 가르칠 것인가에 대한 방법론적 접근이 함께 강조되어야 한다. 따라서 분리된 특수교육이 존재하는 현행 교육체계에서의 통합교육은 배치 체계의 일환으로 인식되는 것이 사실이지만, 통합교육은 배치 후 제공되는 프로그램 운영의 질적인 부분까지도 포함하는 개념으로 정립되어야 한다(이소현, 2005).

앞에서 설명한 통합교육의 역사를 살펴보면, 통합교육은 그 정의와 해석에 따라서 실행을 위한 접근도 변화해 왔다. 이것은 교육현장에서 통합교육을 바라보는 관점이 서로 다르다면 교육의 방법론적 접근도 달라질 수 있다는 것을 보여 주는 것이다. 따라서 통합교육을 성공적으로 운영하기 위해서는 통합교육을 담당하는 전문가들이 통합교육을 무엇이라고 생각하는지가 중요하다. 교육현장의 교사뿐만 아니라 학교 관리자와 행정가, 부모 또는 학생까지도 통합교육이 무엇인지에 대한 합의가 이루어져야 일관성 있는 교육이 이루어질 수 있다. 이 장의 앞부분에서도 설명하였듯이, 주류화나 합침을 의미하는 개념과 포함을 의미하는 개념은 통합교육의 실행 측면에서 완전히 달라질 수 있다. 주류화를 강조하는 통합교육 모델은 장애 아동이 분리된 특수교육 환경에 소속된 것으로 가정하고 가능한 한 또래와 동일한 교육적 경험을 할 수 있도록 지원하는 것이지만, 포함을 강조하는 통합교육 모델은 모든 학생이 일반교육에 소속되어 있으나 반드시 필요하다고 판단될 때만 분리한다는 가정을 기초로 함으로써 명백한 차이를 보인다(Smith et al., 2020). 예

표 2-3 통합교육 개념 정립에 따른 교수적 접근의 차이

주류화 개념의 통합교육	포함 개념의 통합교육
1. 일반학급에 '적합'하지 않은 학생도 있다.	1. 모든 학생은 일반학급에서 교육받을 수 있다.
2. 교수의 주도자는 교사다.	2. 협력적인 팀이 주도적인 책임을 공유한다.
3. 학생은 교사에게 배우고 교사는 문제를 해결한다.	3. 학생과 교사는 서로에게 배우고 함께 문제를 해결한다.
4. 유사한 능력을 지닌 학생들이 소집단으로 구성된다.	4. 서로 다른 능력을 지닌 학생들이 소집단으로 구성된다.
5. 교수는 중간 정도의 성취를 보이는 학생들을 중심으로 이루어진다.	5. 교수는 학생의 모든 성취 수준에 맞도록 이루어진다.
6. 학년 배치는 교육과정의 내용과 동일한 용어로 간주한다.	6. 학년 배치와 개별적인 교육과정 내용은 개별 아동에 따라 독립적이다.
7. 교수는 주로 수동적이고, 경쟁적이고, 설명적이고, 교사-주도적으로 이루어진다.	7. 교수는 학급 구성원 간에 적극적이고 창의적이고 협력적인 형태로 이루어진다.
8. 대부분의 교수적 지원은 학급 밖에서 이루어진다.	8. 대부분의 교수적 지원은 학급 내에서 이루어진다.
9. 일반학급에 '적합'하지 않은 학생은 학급이나 활동으로부터 배제된다.	9. 활동은 참여 수준이 다르더라도 모든 학생을 포함하도록 계획된다.
10. 담임교사는 일반 학생에 대한 책임을 지고 특수교사는 장애 학생에 대한 책임을 진다.	10. 담임교사, 특수교사, 치료사, 가족은 모든 학생을 교육하기 위한 공동 책임의식을 지닌다.
11. 학생은 보편적인 기준에 의하여 평가된다.	11. 학생은 개별적으로 적절한 기준에 의하여 평가된다.
12. 학생의 성취는 보편적인 기준을 충족시킴으로써 달성된다.	12. 개별 학생의 필요가 충족될 때 교육 체계는 성공적인 것으로 고려된다. 학생의 성취는 개인 및 집단의 목표가 모두 충족될 때 달성된다.

출처: Giangreco, C. J., Cloniger, C. J., Dennis, R. E., & Edelman, S. W. (2002). Problem solving to facilitate inclusion. In J. S. Thousand, A. I. Nevin, & R. A., Villa (Eds.), *Creativity and collaborative learning: A practical guide to empowering students and teachers* (2nd ed.). Baltimore: Brookes.

를 들어, 일반교사는 통합교육을 포함의 개념으로 이해하는 데 반해 특수교사는 주류화 개념으로 이해한다면 통합교육의 실행은 어려울 수밖에 없을 것이다. 실제로 일반교사와 특수교사 간의 이와 같은 관점의 차이는 통합교육에 임하는 교사의 역할에 대한 관점의 차이로 이어질 수 있으며, 이는 교육현장에서 통합교육을 어렵게 만드는 요소로 지적되기도 한다(오민진, 임경원, 2021; 이소현 외, 2019; 이숙향, 이효정, 2017; 최승숙, 2004). 〈표 2-3〉은 통합교육의 개념을 어떻게 정립하는가에 따라 교사의 생각이 어떻게 달라질 수 있는지 보여 준다. 결론적으로 통합교육의 성공적인 실행을 위해서는 통합교육 실행과 관련된 모든 사람이 통합교육에 대한 바람직한 정의를 중심으로 공통된 관점을 수립함으로써 양질의 프로그램 운영을 위한 기반을 마련해야 할 것이다(이소현 외, 2018).

2. '공동 주인의식'을 통한 통합학교 문화 형성

성공적인 통합교육을 위해서는 무엇보다 먼저 '다름'에 대한 올바른 가치관을 표방하는 학교 문화를 정착시켜야 한다. 여기서 말하는 '다름'이란 장애 아동이 보이는 다양성을 포함한다. 장애 아동이 특수교육을 필요로 하는 것은 기본적으로 이들의 교육적인 요구가 대다수의 일반 아동과는 다르기 때문이다. 그러므로 장애 아동이 보이는 '다름'에 대한 인식과 수용 없이는 성공적인 통합교육이 이루어질 수 없다. 통합교육을 주도해 나가야 하는 교육 전문가가 개별 학생의 '다름'에 대하여 긍정적인 태도를 보이고 이들의 서로 다른 필요를 충족시키고자 하는 책임의식을 갖는 것은 통합교육을 시작하기 위한 가장 우선적인 과제라 할 수 있다.

교육을 직접 실행하는 교육 전문가로서 교사가 보이는 통합에 대한 태도는 통합교육의 성패를 좌우하는 주요 요인으로 작용한다(Flavian & Uziely, 2022; Woodcock et al., 2023). 통합교육은 그 정의상 일반교육 현장에서 이루어지며 일반교사에 의해서 주도되기 때문에 이들이 통합교육에 대한 책임의식을 지니지 않는다면 그 시작조차도 이루어질 수 없음이 분명하다. 그러나 불행하게도 오랜 시간 동안 장애 아동의 통합교육은 특수교육 분야에서 해결해야 할 과제로 인식되었을 뿐 일반교육 전문가에 의해서는 외면되어 온 것이 사실이다. 그뿐만 아니라 특수교육 분야에서도 일반교육 현장에 통합되어 있는 장애 아동의 직접적인 교육 성패에 대한 책임을 우선적으로 교육을 맡고 있는 일반교육으로 미루어 버리는 경향이 없지 않았던 것 또한 사실이다. 특히 통합교육 현장에서 장애 아동을 교육해야 하는 일반교사가 장애 학생을 교수해야 하는 교수 능력과 관련해서 두려움과 걱정 등 부정적인 태도를 보이는 경우 결과적으로 교수 효능감을 낮추는 것으로 보고된다(Desombre et al., 2018). 그러나 반대로 교사의 통합교육에 대한 확고한 신념과 긍정적인 태도는 교수 효능감과 실천 역량을 높이는 것으로 보고된다(Sharma & Sokal, 2016; Woodcock & Jones, 2020). 그러므로 교사들이 통합교육에 대한 올바른 태도를 갖출 수 있도록 교원양성 과정에서부터 근본적인 노력이 기울여져야 할 것이다.

성공적인 통합교육을 위해서는 교사뿐만 아니라 아동의 교육과 관련된 모든 사람, 특히 교육행정을 주도하는 교육 전문직 및 학교 관리자의 통합교육에 대한 태도 역시 중요하다. 이들의 긍정적인 태도 및 책임의식은 통합교육을 위한 긍정적인 학교 문화 조성에 가장 큰 역할을 하게 되며, 따라서 통합교육을 추구하는 학교 문화를 정착시키는 일은 학교 운영을 책임지는 관리자에게 중요한 도전이자 과제라고 할 수 있다. 실제로 학교 관리자의 통합교육을 위한 지원이 일반교사의 통합에 대한 태도에 영향을 미치는 가장 강력한 변인으로 인식되며(Cohen, 2015; Stephenson et al., 2021), 특수교사의 자기효능감 및 자질을 향상시키고(신수진, 이소현, 2023; Harvey, 2007), 학교 내 통합교육 프로그램이 성공적으로 운영될 수 있도록 도와주는 것으로 알려져 있다(Hoopey & McLeskey, 2013). 또한 통합교육을 성공적으로 실시하고 있는 학교를 살펴보면 적어도 한 명 이상의 관리자가 통합교육에 대한 긍정적인 신념을 가지고 있는 것으로 나타났다(Thousand et al., 1997). 이러한 긍정적인 태도와 책임의식은 결과적으로 바람직한 통합교육 제도 수립에 기여하게 되며, 더 나아가서는 교육에 직접 참여하는 일반교사와 특수교사의 프로그램 성패에 대한 태도와 자신감에 영향을 미치게 될 것이다. 그러므로 행정적인 차원에서의 장애 아동에 대한 올바른 이해와 이들의 교육에 대한 일반교육 및 특수교육의 '공동 주인의식(joint ownership)'이 선행된다면 성공적인 통합교육 운영의 기초가 되는 통합학교 문화를 형성할 수 있을 것이다.

3. 통합교육 실행을 위한 교사의 자질 향상

교사는 통합교육 환경에서 긍정적인 분위기를 조성하는 결정적인 역할을 하게 된다. 특히 교사의 태도나 기대뿐만 아니라 통합교육 실행에 필요한 교수 능력, 협력을 위한 기술, 교사 간 상호지원 능력 등은 통합교육의 성공적인 실행에 필수적인 요소라 할 수 있다. 그러나 현행 교원양성 제도를 살펴보면 일반교사와 특수교사 모두 성공적인 통합교육 실행을 위한 보다 적절한 훈련을 필요로 하는 것으로 나타난다(김주혜 외, 2020; 박명화, 2010; 이소현 외, 2019; Cameron, 2017). 실제로 특수교사들조차 교원양성 과정에서의 통합교육에 대한 준비 부족을 지적하면서 통합 중심 교육과정 운영에 대한 훈련이 도입되어야 하며 임용과정에서 그 능력을 측정할 필요가 있음을 강조한다(이소현, 이숙향 외 2017; 정평강, 김유리, 2017). 결과적으로, 특수교사는 특수교육에 대한 훈련을 주로 받을 뿐 일반교육과정에 대한 전문성이 부족하고 일반교사는 장애 아동 교육에 대한 훈련이 부족한 현재의 교원양성 제도에 대한 개선이 시급하다고 할 수 있다.

통합 환경에서의 교육 프로그램을 주도적으로 운영하게 되는 일반교사의 역할은 통합교육 실행에 있어서 가장 중요한 요소로 인식되어야 한다. 이는 통합교육 현장에서 주도적인 역할을 담당해야 하는 일반교사의 장애 아동에 대한 부정적인 인식이나 전문성 부족이 통합교육 실행에 가장 큰 걸림돌이 될 수 있기 때문이다. 이러한 문제를 해결하기 위해서 일반교사 양성과정에서 특수교육 관련 교직과목을 이수하게 하고 교원 연수를 통하여 재교육을 하는 등 제도적인 차원에서의 노력이 기울여지고 있다. 또한 이와 같은 제도가 좀 더 효율적으로 운영될 수 있도록 관련 연구도 이루어져 왔다(권현수, 2007; 김주혜, 김희규, 2020; 류영철, 2017; 이영선, 2010; 이영선, 권정민, 2010). 실제로 교원양성 과정에서 통합교육 관련 교과목 수강을 통하여 적절한 훈련을 받은 예비교사들의 통합교육에 대한 인식과 태도가 긍정적으로 변화하는 것으로 나타났다(김성화, 이인원, 2020; 남숙, 2021; 이현주, 2018). 그러나 또 한편으로는 경력 교사보다 통합교육에 대하여 더 수용적이고 긍정적인 태도를 보였던 신규 임용 교사들이 교육현장에서의 어려움을 경험하면서 그 태도가 변할 수 있는 것으로 보고되었다(Sun, 2019). 결과적으로 교원 양성과정에서부터 통합교육을 전제로 한 양성과정을 운영함과 더불어 임용 후 현장 중심 지원이 연계될 수 있도록 좀 더 본질적이고 적극적인 해결책이 마련되어야 한다. 그뿐만 아니라, 특수교사 양성과정에서도 특수아동을 직접 가르치기 위한 훈련에만 치중해서는 안 된다. 통합 환경에서 자문 또는 협력교수 등 일반교사를 지원하고 함께 교육과정을 운영해 나가는 방법론을 익힐 수 있어야 한다. 실제로 특수교사의 통합지원에 대한 역할 인식과 그 전문성은 통합교육 현장에서 매우 중요한 실행요소로 강조된다(김주혜, 김정은, 2021; 손지영, 임장현, 2021). 따라서 이상의 노력을 통해서 일반교사와 특수교사의 통합교육을 위한 자질적인 향상이 이루어지고 상호 협력 관계가 잘 이루어진다면 통합교육 프로그램의 성공적인 운영을 기대할 수 있을 것이다.

　앞에서도 설명하였듯이, 통합교육의 개념 정립에 있어서 대부분의 학자는 모든 장애 아동이 일반교육 내에서 교육받을 수 있다고 주장한다. 이러한 주장은 장애 아동이 일반 학급에서도 교육적 성취를 충분히 보장받을 수 있다는 가정에서 출발한다(Sailor, 2002; Wehmeyer et al., 2002). 이러한 가정의 배경을 살펴보면 장애 아동의 교육적 성취는 단순한 일반학급 배치를 통해서가 아니라 일반교육과정 내에서의 성취를 위한 '최고 수준의 지원(state of the art support)'이 전제되었을 때 이루어질 수 있다는 것을 강조한다. 그러므로 통합교육에서의 장애 아동의 교육 성과를 위해서는 일반교육과 특수교육이 함께 적절한 지원을 해 줄 수 있어야 한다는 전제를 기반으로 한다. 이를 위해서 일반교사와 특수교사 모두 교육과정 운영 및 교수 적용뿐만 아니라 서로 간의 협력을 위한 자질을 갖추어야 한다. 〈표 2-4〉는 장애 아동을 가르치기 위하여 모든 교사가 갖추어야 하는 기본

표 2-4　통합교육을 위한 교사의 자질

교사	자질	배경
모든 교사의 기본적인 자질	개별 아동의 요구를 충족시키기 위한 최대한의 노력	한 학급을 구성하는 학생은 다양하다. 그러므로 교사는 융통성, 수정, 조정 등의 기술을 필요로 한다. 이러한 최선의 노력이 기울여진 후에도 아동의 개별적인 요구가 충족되지 않는 때에만 특수교육이 필요하다.
	학업상의 능력과 무능력에 대한 평가	아동을 위한 적절한 평가는 교사가 학급 내에서의 성취를 진단하는 것을 포함한다. 그러므로 교사는 모든 과목에서의 아동의 성취를 정확하고 상세하게 진단할 수 있어야 한다.
	평가 의뢰	학교는 아동의 장애를 발견하고 확인하기 위한 노력을 기울여야 한다. 그러므로 교사는 장애가 의심되는 아동을 의뢰하여 전문가의 진단을 받게 해야 한다. 그러나 의뢰에 앞서 반드시 최대한의 교수적 노력을 먼저 기울여야 한다.
	특수교육 대상자 적격성 판정 과정에 참여	아동에게 특수교육을 제공하기 전에 다양한 영역의 전문가에 의한 적격성 판정이 있어야 한다. 그러므로 교사는 아동의 특수교육 적격성 결정을 위하여 다른 영역의 전문가와 함께 협력적으로 일할 수 있어야 한다.
	개별화 교육 프로그램 개발에 참여	모든 장애 아동은 개별화된 교육을 받게 된다. 그러므로 교사는 자신이 가르치게 될 아동의 개별화 교육 프로그램 개발에 참여해야 한다.

	부모 또는 후견인과의 의사소통	부모는 자녀의 특수교육대상자 판정과 개별화 교육 프로그램의 개발 및 프로그램 평가의 모든 과정 동안 정보를 제공받아야 한다. 그러므로 교사는 아동의 문제나 배치 및 진도와 관련하여 학교와 가정 간의 의사소통을 책임져야 한다.
	정당한 법적 절차와 협상에 참여	장애 아동이나 그 부모 또는 후견인이 자신들의 요구에 학교가 적절하게 반응하지 않았다고 생각하여 이의를 제기할 수 있으며, 이러한 경우 교사는 관련 법적 절차와 협상에 참여하여 의견을 제시할 수 있어야 한다.
	장애 아동의 능력을 확인하고 최대한으로 활용하기 위하여 다른 전문가와 협력	장애 아동의 교육은 어느 한 전문 영역의 책임이 될 수 없다. 일반교사와 특수교사는 장애 학생의 교육을 위하여 책임을 공유해야 한다. 뿐만 아니라, 교사는 아동의 특수성에 따라 기타 필요한 타 영역의 전문가와 협력적으로 일해야 한다. 이때 다른 영역의 전문적 성과가 교사의 교수 실행에 의하여 좌우될 수 있음을 반드시 고려해야 한다.
특수교사의 전문성	학습이 어려운 아동에게 증거 기반의 실제를 적용하여 교수	장애가 있는 대부분의 아동은 그렇지 않은 아동보다 학업 기술의 학습에 어려움을 보인다. 특히 감각장애, 지체장애, 지적장애, 정서·행동장애 등은 이들의 교과목 학습을 어렵게 한다. 그러므로 특수교사는 인내와 같은 기타 자질도 중요하지만 가장 중요하게는 장애 아동이 이해하고 적절하게 반응할 수 있도록 학업 과제를 교수하는 것이다.
	심각한 행동 문제 관리	많은 장애 아동이 행동 문제를 보이곤 한다. 때로는 행동 문제로 인하여 특수교육대상자가 될 정도로 심각한 행동 문제를 보이기도 한다. 그러므로 특수교사는 학생이 보이는 평범한 행동 문제 이상의 심각한 행동을 효과적으로 다룰 수 있어야 한다. 예를 들어, 위축된 아동을 참여시키고, 과다행동이나 공격행동을 조절하고, 적절한 사회적 기술을 가르치기 위한 특별한 기술을 지녀야 한다.
	최신의 공학 기술 활용	장애 아동의 교육과 삶의 질 향상을 위하여 점점 더 최신의 공학 기술이 적용되고 있다. 특히 감각장애나 지체장애 아동을 위한 많은 도구와 공학적 방법이 개발되고 있다. 그러므로 특수교사는 현재 개발되어 있는 공학에 대하여 잘 알고 이들의 장단점을 이해하여 장애 아동을 위하여 적절하게 사용할 수 있어야 한다.
	특수교육 관련 법률에 대한 지식	특수교육은 특정 법령에 의하여 규정되고 운영된다. 이것은 장애 아동의 다양한 권리가 법률에 의하여 보장될 수 있음을 의미한다. 그러므로 특수교사는 특수교육과 관련된 법률과 그 시행령 등을 잘 알고 있어야 하며, 더 나아가서는 장애 아동과 특수교육을 위하여 적절한 주창자의 역할을 할 수 있어야 한다.

적인 자질과 특수교사로서의 전문적인 자질에 대한 예를 보여 준다(Hallahan et al., 2023).

4. 통합교육 실행을 위한 협력적 접근

진정한 의미에서의 통합교육은 일반학급 및 특수학급 교사와 이들을 지원하는 관리자가 장애 아동 교육에 대한 책임을 공유하는 데서부터 시작된다. 앞에서 이미 서술한 학교장을 비롯한 학교 관리자의 적절한 지원을 통한 긍정적인 통합학교 문화 형성과 교사들의 통합교육 관련 자질 확보 외에도 이들 간의 긴밀한 협력에 의한 교육과정 운영은 통합교육의 질적 성패를 좌우하는 가장 핵심적인 요소라 할 수 있다. 미국 특수교육협회(Council for Exceptional Children: CEC)에서 장애 아동 교육을 위하여 교사가 반드시 알아야 할 중요도가 높은 고효율 교수전략(high-leverage practice)을 제시하면서 가장 먼저 협력 관련 기술을 포함하였으며(McLeskey et al., 2017), 동 협회의 조기교육분과(Division for Early Childhood: DEC)에서도 장애 영유아 교육을 위한 여덟 가지 추천의 실제(recommended practice) 영역 중 하나로 협력을 포함하였다(DEC, 2015). 이는 장애 아동 교육에 있어서 협력이 그만큼 중요하다는 사실을 보여 준다. 통합교육을 위한 협력이란 교사, 학생, 가족 등 통합교육에 포함된 모든 사람이 자신의 강점과 자원을 활용하여 좀 더 창의적이고 반성적인 방법으로 문제를 해결해 가는 역동적인 과정을 의미한다(Turnbull et al., 2010). 그러므로 협력은 협력에 참여하는 사람들 각자의 전문성과 관심 및 강점을 기반으로 이루어진다. 과거에는 또한 현재까지도 장애 아동의 교육은 특수교사 또는 일반교사의 개별적인 접근을 통하여 이루어져 왔으며, 각자의 전문 영역이 다르기 때문에 그렇게 해야 한다는 생각이 보편적이었다. 그러나 이제는 장애 아동의 소속을 일반학급에 두고 특수교사의 적절한 지원으로 운영되는 교육과정을 통하여 이들의 교육적 요구를 충족시킬 수 있는 것으로 인식되고 있으며, 이에 따라 일반교육과 특수교육 두 영역 간의 협력은 성공적인 통합교육의 핵심적인 요소로 강조된다.

교사 간 협력적 접근을 위해서는 먼저 협력적 접근의 의미를 알아야 한다. 협력적 접근의 가장 단순한 정의는 "공동의 목표를 향해서 두 명 이상의 사람들이 함께 일하는 것"(Snell & Janney, 2005)이다. 여기서 말하는 '공동의 목표'란 교사들이 각자 세운 목표가 아니라 서로의 동의하에 세운 목표를 의미한다. '일한다'는 것은 목표를 세우고, 문제를 확인하고, 아동의 필요와 기술을 진단하고, 정보를 교환하고, 서로의 의견을 나누고, 문제

를 해결하고, 계획을 세우고, 세운 계획을 실행하고 평가하는 등 장애 아동 통합교육 관련 업무를 수행하는 것을 의미한다. '함께' 일한다는 것은 협력하는 사람 간에 나타나는 긍정적인 상호의존성을 의미한다. 그러므로 통합교육 활성화를 위한 일반교사 및 특수교사의 '협력적 접근'이란 장애 아동의 교육을 위하여 목표를 세우는 시작 단계부터 교수활동을 수행하고 평가하는 마지막 단계까지 함께 나누고 계획하고 실행하고 평가함으로써 상호의존적인 관계를 유지하는 것을 의미한다.

일반교사와 특수교사가 협력하여 교수한다는 것은 장애 아동을 반드시 두 명의 교사가 함께 가르쳐야 함을 의미하는 것은 아니다. 협력의 가장 핵심적인 요소는 함께 계획하고 서로의 동의하에 교수 방법을 선택하여 아동을 위한 가장 좋은 방법으로 교수하고 평가하는 것이다. 예를 들어, 일반학급에서 일반교사와 특수교사가 함께 팀이 되어 가르칠 수도 있고, 한 교사는 가르치고 다른 교사는 지원하는 역할을 할 수도 있으며, 특별한 준비가 필요한 경우 일반교사에 대한 자문과 함께 특수학급에서 특수교사가 사전교수를 할 수도 있다(Zurawski, 2014). 이러한 과정에서 교사들은 상호 자문 및 지원을 통하여 자신의 전문적인 역할을 방출하여 상대방에게 전수하거나 상대방의 역할을 수용하여 자신의 역할을 확대하는 등 진정한 의미에서의 협력적 요소가 발생하게 된다. 가장 중요한 것은 누가 어디서 무엇을 어떻게 가르치는가의 사실적 요소가 아니라 이러한 교수 활동 이전의 계획 단계에서부터 실행과 평가에 이르는 전 과정에 걸쳐 두 교사 간의 진정한 협력이 실제로 이루어지는 것이다.

협력은 통합교육 현장에서 학교가 이미 가지고 있는 자원을 활용하여 장애 아동을 포함한 모든 아동의 교육적 필요를 충족시키는 과정적 요소라 할 수 있다(King-Sears et al., 2015). 즉, 학교 내 모든 학생의 교육적 성취를 위해서는 이들을 가르치는 교사들이 긍정적인 관계 형성을 통하여 함께 계획하고 함께 실행하는 협력 문화를 만들어 가야 하며, 이를 위해서는 이들의 협력을 지원하는 관리자의 협조가 반드시 필요하다(Fowler et al., 2019; Scruggs & Mastropieri, 2017). 협력을 위한 학교 차원의 적극적인 지원과 교사들의 협력하고자 하는 의지는 통합교육을 활성화하고 그 질적인 향상에 크게 기여할 수 있을 것이다.

5. 통합교육의 질적 향상을 위한 노력

통합교육은 여러 가지 다양한 형태로 진행될 수 있으며, 무조건적인 실행이나 양적 확

장만이 중요한 것은 아니다. 통합교육이 성공적으로 실행되기 위해서는 교육의 질적인 면에 대한 지속적인 평가가 뒤따라야 한다. 또한 평가 결과를 기반으로 하는 개선 작업과 새로운 방법론적 모형 개발이 뒤따라야 한다. 이를 위해서는 먼저 다양한 통합교육 프로그램이 개발되어야 하며, 개발된 프로그램의 모델 운영을 통하여 그 효과를 검증하는 연구가 이루어져야 한다. 그리고 연구 결과를 통해서 시행착오적인 측면을 개선하고 또다시 검증하는 순환적인 노력을 기울여야 한다. 우리나라에서도 통합교육 현장의 요구를 반영함으로써 구체적인 교육과정 운영을 안내하고 지원하기 위한 다양한 모형과 자료가 개발되고 있는데(예: 김주혜 외, 2020; 신현기, 2011; 이소현 외, 2017, 2018; 이숙향 외, 2017), 이러한 자료와 관련해서는 언제 어떻게 어떤 결과를 가져오는지 등에 관한 검증연구가 이어져야 할 것이다.

질적으로 우수한 통합교육 프로그램을 운영하기 위해서는 앞에서 설명한 교사 간 협력 외에도 장애 아동의 교육과정적 필요에 관심을 기울이고 효율적인 교수 방법을 적용함으로써 이들이 통합 환경의 교육 활동에 적극적으로 참여하게 해야 한다. 적절한 지원이 뒤따르는 통합교육은 실행이 가능할 뿐만 아니라 장애 아동과 일반 아동 모두를 위한 교육적 성과가 보장된다(Turnbull et al., 2024). 이를 위해서 교사는 자신이 가르치고 있는 교육과정을 상세하게 살펴봄으로써 아동이 배우고 있는 것은 무엇이며, 장애가 있는 아동이 현재의 교육과정에 접근하여 학습할 수 있는지를 주의 깊게 판단해야 한다. 만일 아동의 개별적인 교육과정상의 필요(예: 개별화교육계획)가 충족되지 않고 있다면 교육계획을 수정하거나 교육적 배치에 대한 결정을 재검토해야 한다. 개별 아동과 교육과정이 서로 맞지 않는다면 학습 자체가 어려워지는 것은 물론이며 이로 인한 행동 문제가 발생할 가능성도 있다(Jones & Jones, 2021). 그러므로 우수한 교사는 자신이 가르치고 있는 교육과정이 계획 단계에서부터 모든 아동의 개별적인 요구를 다 충족시키기 위한 노력을 기반으로 하고 있는지 살펴보아야 하며, 실제로 아동의 요구가 충족되고 있는지도 항상 점검해야 한다.

통합교육의 질적 향상을 위해서는 교육과정에 대한 배려 외에도 효율적인 학급 운영과 효과적인 교수전략의 적용이 뒤따라야 한다. 이를 위해서 교사는 학급의 물리적 환경과 행동 지원 등을 포함하는 학급의 전반적인 구성 및 관리 기술이 있어야 하고, 아동의 다양한 요구를 충족시키기 위하여 다양하고 효과적인 교수전략을 적용할 수 있어야 하며, 개별 아동의 필요에 따라 교수적 수정을 가능하게 해 주는 교구 및 교재를 적용할 수

표 2-5 통합교육 프로그램 평가를 위한 평가 항목의 예

대상자	평가 항목
장애 아동	• 일반학급에 배치됨으로 인하여 어떤 영향을 받았는가? • 교사와 또래에게 수용되었는가? (만일 아니라면 자존감의 측면에서 어떤 결과가 있었는가?) • 주요 학업, 사회성, 직업 기술 영역에서 충분한 향상을 보일 정도의 교수가 제공되었는가? • 아동의 삶 전체를 고려할 때 통합교육 프로그램이 미친 영향은 무엇인가? • 통합교육 프로그램이 지역사회 통합에도 영향을 미쳤는가?
일반 아동	• 통합교육을 통하여 얻은 사회적, 개인적 혜택은 무엇인가? • 통합교육 프로그램으로 인하여 교수의 변화가 있었는가? • 교사가 장애 아동에게 관심을 기울임으로 인하여 교수의 질이 저하되지는 않았는가? • 교사가 교육적인 문제를 해결하기 위한 새로운 기술을 습득함으로써 전반적인 교수의 질이 향상되었는가?
일반 교사	• 통합교육 프로그램은 교사에게 긍정적인 경험이었는가? 아니면 시간과 노력의 부담이 과도한 경험이었는가? • 장애 아동의 통합을 통하여 아동의 개별적인 차이를 더 잘 이해할 수 있게 되었는가? • 충분한 지원 서비스를 받았는가? 언제 어떻게 지원 서비스를 받을 수 있는지에 대하여 잘 알고 있는가? • 학생을 가르치고, 연습/학습시키고, 행동을 통제하는 능력에 있어서 통합교육 프로그램이 어떤 영향을 미쳤는가?
특수 교사	• 직접적인 교수 기능 이외의 상담, 진단, 개별화교육계획 작성 등의 역할이 어떻게 변했는가? • 특수교육이 과외학습과 같이 일반교육 프로그램을 보조하는 역할만을 수행하지는 않았는가? • 특수교사가 수행하는 상담/자문의 기능은 효과적이었는가?
학교 관리자	• 통합교육과 관련된 전문성을 개발하고 새로운 방법을 채택하는 것에 대하여 두려워하지 않는 자기 주도적 노력을 기울였는가? • 협력적인 관계 형성을 위한 추가적인 노력을 기울였는가? • 일상적으로 발생하는 문제를 다루기 위하여 교사와 학생이 항상 접근할 수 있었는가? • 통합교육과 관련된 자신의 비전과 학교의 방향, 그리고 자신과 교사가 어떻게 행동해야 하는지를 열심히 생각하고 반영하였는가? • 협력적인 팀워크를 위하여 시간을 할애하고 지도력을 발휘하였는가? • 통합교육을 위하여 설정한 목표에 따라 결정하고 목표를 수행하기 위하여 지속적인 노력을 기울였는가?

있어야 하고, 교수 상황이나 학교생활에서 어떤 문제가 발생하더라도 적절하게 반응하고 다룰 수 있는 융통성을 갖추어야 한다. 특히 통합교육 프로그램은 개별 장애 아동을 대상으로 운영하는 것이 아니며 학급 또는 학교 차원의 프로그램임을 잊지 않아야 한다. 따라서 학급에 속한 모든 아동을 대상으로 최상의 방법론을 적용할 수 있어야 하며(예: 보편적 학습설계, 다층구조형 지원 체계) 동시에 장애 아동의 개별적인 요구에 반응할 수 있어야 한다.

모든 교육 프로그램이 그러하듯이 특정 프로그램을 실시하는 것만으로는 그 목적을 달성했다고 할 수 없다. 마찬가지로 통합교육 프로그램도 그 효과를 평가함으로써 프로그램이 의도한 방향으로 효과적으로 진행되고 있는지를 살펴보아야 한다. 통합교육 프로그램의 효과를 평가하는 것은 단순한 작업이 아니다. 통합교육 프로그램의 효과를 평가하기 위해서는 프로그램의 직접적인 수혜자인 장애 아동과 일반 아동, 프로그램 실행의 협력적 주체자인 일반교사와 특수교사, 프로그램을 지원하는 학교 관리자 등 모든 관련 인력을 포함하여 이들에게 미친 영향을 알아보아야 한다. 〈표 2-5〉는 통합교육 프로그램의 평가를 위해서 포함할 수 있는 몇 가지 항목을 보여 준다.

6. 학교에서 성인기 사회로 연결되는 통합

성공적인 통합교육을 주도하기 위해서 마지막으로 고려해야 하는 과제는 통합교육 프로그램에서 교육받은 장애 아동이 학교를 떠나 사회에 진출했을 때 진정한 의미의 사회적 통합으로 연결될 수 있어야 한다는 것이다. 통합교육 프로그램을 통해서 교육받은 장애 아동이 진정한 의미에서의 직업 및 사회적 기술을 습득하여 학교 교육과정을 마친 후에 일반 사회에 수용된다면 그 프로그램은 성공한 것으로 간주할 수 있다. 학교라는 조직적이고 구조화된 사회에서는 통합이 가능하였으나 성인이 되어서 사회에 제대로 적응하지 못한다면, 그것은 통합교육 프로그램 자체에 문제가 있는 것으로 해석해야 한다. 그러므로 통합교육 프로그램이 성공하기 위해서는 현재의 통합 환경에서의 적응과 성취만을 생각해서는 안 되며, 그 이후의 환경인 궁극적인 삶의 현장에서의 통합이 함께 고려되어야 한다.

성인기 사회에서의 통합을 고려한 교육은 특히 중등교육에서 강조된다. 미국의 「장애인교육법(IDEA 2004)」은 학교를 졸업한 후의 사회 적응을 위하여 개별화 전환 프로그램(individualized transition plan: ITP)을 개발하여 개별화 교육 프로그램(individualized education program: IEP) 내에서 실시하도록 요구하고 있으며, 우리나라에서도 「장애인 등에 대한 특수교육법」을 통하여 중학교 과정 이상의 각급 학교에서 진로 및 직업교육을 실시하도록 규정하고 있다(제23조). 또한 실제로 많은 중등교사가 직업 관련 기술이나 사회적 기술 등의 교수를 포함하는 전환 프로그램을 개발하여 운영하고 있다(예: 강하늘, 이숙향, 2020; 김형완, 2010; 송은주, 이소현, 2007; 이숙향, 2014; 이현주 외, 2019; 정지희, 박지연, 2010; 홍주희, 이숙향, 2019). 그러나 이 책의 1장에서도 살펴본 바와 같이 현재 우리나라 장애 아동의 교육은 학년이 높아질수록 통합교육 비율이 낮아지고 있는 실정이다. 이러한 현상은 성인기 삶에서의 자연스러운 사회 통합을 위한 준비가 청소년기에 이루어져야 한다는 사실을 고려할 때 매우 심각한 현상이라고 할 수 있다. 따라서 각 학교급별로 이루어지는 통합교육은 아동이 진학하게 될 다음 학교로 연계되어야 하며(예: 유치원에서 초등학교 통합 준비, 초등학교에서 중학교 통합 준비), 궁극적으로는 사회 진출로 연결되어야 할 것이다.

장애 아동의 사회 통합을 위한 노력은 개별 아동의 필요에 따라 달라질 뿐만 아니라 교육기관 이외의 사회에 소속된 많은 기관이나 전문가와의 협력이 필요한 어려운 과제라 할 수 있다. 또한 사회로 통합되기 직전이 아니라 더 일찍 시작하여 지속적인 노력을 기울여야만 성공할 수 있다(Mazzotti & Test, 2020). 그러므로 교사는 학교 졸업 후 사회로의 진출이 장애가 없는 청소년에게도 어려운 과제임을 인식하고, 장애로 인하여 이러한 진출에 더 큰 어려움을 겪게 될 장애 청소년에게 최상의 지원을 제공할 수 있도록 노력을 아끼지 말아야 할 것이다.

요약

통합교육은 교육적 필요와 능력이 서로 다른 다양한 아동이 함께 교육받는 것으로 그 특징은 장애 아동과 일반 아동이 사회적 활동이나 교수 활동에서 의미 있는 상호작용을 하는 것이다. 장애 아동의 사회 통합과 독립적인 삶의 성취가 특수교육의 가장 중요한 목표 중 하나임을 고려할 때, 통합교육은 이와 같은 목표를 성취하게 해 주는 중요한 수단이자 목표 그 자체임을 부인할 수 없다. 따라서 이 장에서는 통합교육의 정의 및 관련 개념과 함께 장애 아동과 일반 아동에 대한 통합교육의 교육적 성과 등의 이론적 배경을 살펴보고, 이를 통해 통합교육의 발전적 실행 방향을 제시하였다.

　　장애인 통합의 역사는 비교적 최근에 시작되었으며, 정상화 원리와 같은 철학적 믿음, 탈시설수용화와 같은 사회적 움직임, 최소제한환경 등의 행정적 뒷받침을 통해 가속화되었으며, 관점도 주류화에서 포함의 개념으로 변화해 왔다. 이러한 역사적인 흐름과 관점의 변화에 따라 그 실천을 위한 최상의 방법론을 정립하기 위한 노력이 계속되고 있다. 또한 많은 연구를 통해서 통합교육이 장애 아동을 포함한 모든 아동에게 긍정적인 영향을 미친다는 사실이 입증되었다.

　　통합교육의 올바른 실행을 위해서는 성공적인 실행을 위한 질적 구성요소를 이해하고 이를 정립하기 위한 적극적인 방안을 모색해야 한다. 먼저 통합교육의 성공적인 실행을 위해서는 통합교육에 대한 명백한 개념 정립을 통해서 관련 전문가들의 통합교육 관점에 대한 합의가 이루어져야 한다. 또한 일반교육과 특수교육의 주체자들이 공동 주인의식을 지님으로써 통합학교 문화를 조성해야 하고, 교사의 자질 향상과 상호협력을 위하여 노력해야 하며, 특히 통합교육 프로그램이 질적으로 향상될 수 있도록 관심과 노력을 기울여야 한다. 마지막으로, 통합교육을 받은 학생이 학교를 졸업한 후 성인기로 들어서면서 사회로 온전히 통합될 수 있도록 연계하는 등의 노력이 함께 이루어져야 할 것이다.

참고문헌

강하늘, 이숙향(2020). 가족협력중심 전환교육 프로그램이 전환기 중도장애학생의 자기결정 및 전환목표달성과 가족역량강화에 미치는 영향. 장애와 고용, 30(2), 117-148. http://dx.doi.org/ 10.15707/ disem.2020.30.2.006

교육부(2023). 특수교육연차보고서. 교육부.

권현수(2007). 일반교사의 특수교육 관련 연수에 대한 인식 조사. 특수교육저널: 이론과 실천, 8(4), 477-497. http://dx.doi.org/10.19049/JSPED.8.4.20

김성화, 이인원(2020). 특수교육학개론 수강이 예비유아교사의 통합교육 인식 변화와 교사 역량에 미치는 영향. 정서·행동장애연구, 36(3), 345-361. http://dx.doi.org/10.33770/JEBD.36.3.16

김주영, 이대식, 김수연(2010). 다수준 포함 교수법을 적용한 과학수업이 통합학급 아동의 학업 성취도와 과학 태도에 미치는 영향. 교과교육연구, 14(1), 165-182. http://dx.doi.org/10.24231/rici.2010.14.1.165

김주혜, 강혜경, 박은혜(2020). 지체장애 학생 통합교육과 관련된 특수교사의 어려움과 지원 요구 탐색. 통합교육연구, 15(2), 89-113. http://dx.doi.org/10.26592/ksie

김주혜, 김정은(2021). 특수학급 교사의 통합교육 지원 역할에 대한 중요도 및 실행 수준 인식. 특수교육, 20(2), 127-147. http://dx.doi.org/10.18541/ser.2021.02.20.2.127

김주혜, 김희규(2020). 일반학급 배치 특수교육대상학생의 통합교육을 위한 일반교사 및 특수교사의 지원 필요성에 대한 인식. 특수교육연구, 27(2), 229-258. http://dx.doi.org/10.34249/jse.2020.27.2.229

김주혜, 김희규, 손지영, 임장현(2020). 학교과정별 통합교육 지원교사 역할 모델 개발. 교육부/국립특수교육원.

김지선, 방명애, 성경선(2016). 학교 차원의 사회적 통합 프로그램이 장애 중학생의 학교생활 적응 및 비장애 중학생과 일반교사의 통합교육 인식에 미치는 영향. 특수교육학연구, 50(4), 253-275. http://dx.doi.org/10.15861/kjse.2016.50.4.253

김형완(2010). 장애 학생 직업 탐색 지원을 위한 학교 연계 전환 프로그램 사례. 제13회 이화특수교육학술대회 발표 자료집: 중등특수교육에서 전환교육 적용의 최선의 실제(pp. 61-72). 이화여자대학교 특수교육연구소.

김혜선, 박지연(2015). 장애 학생의 사회적 통합을 위한 다층적 하모니 프로그램이 초등 통합학급 학생들의 친사회성, 또래 수용도와 학급 분위기에 미치는 영향. 정서 · 행동장애연구, 31(3), 177-201.

남숙(2021). 특수교육학개론 이수 전과 후 예비초등교사의 특수교육과 통합교육 이론과 실제에 대한 자기효능감 변화. 학습자중심교과교육연구, 21(24), 345-357.

류영철(2017). 통합교육연수 정책에 대한 초 · 중등교사의 인식분석: 경남 지역을 중심으로. 입법과 정책, 9(3), 511-538. http://dx.doi.org/10.22809/nars.2017.9.3.021

박명화(2010). 초등학교 통합학급교사와 예비교사의 통합교육 준비도와 교수적 통합 실태 분석. 특수아동교육연구, 12(3), 369-388. http://doi.org/10.21075/kacsn.2010.12.3.369

박미혜, 김수연(2008). 학급 차원의 또래 지원망 프로그램이 일반 아동의 장애 아동과의 친구 관계와 장애인식에 미치는 영향. 특수교육, 7(1), 51-72.

손지영, 임장현(2021). 일반학급에 배치된 장애 학생 학부모가 인식하는 통합교육 지원과 교사의 역할에 대한 탐색. 특수교육논총, 37(1), 83-106. http://dx.doi.org/10.31863/JSE.2021.02.37.1.83

송은주, 이소현(2007). 생산유통 연계 판매망 구축 프로그램이 고등부 특수학급 학생들의 직업인식과 자기결정에 미치는 영향. 특수교육연구, 14(1), 287-311. http://dx.doi.org/10.34249/jse.2007.14.2.287

신수진, 이소현(2023). ASAP 진단 기반의 활동 중심 삽입교수 지원이 통합유치원 유아특수교사의 교사 효능감과 자폐 범주성 장애 유아의 사회 의사소통 시작하기 및 놀이 참여에 미치는 영향. 유아특수교육연구, 23(1), 111-139. http://dx.doi.org/10.21214/kecse.2023.23.1.111

신현기(2011). 일반교육 교육과정의 보편적 학습설계로의 전환을 위한 통합교육 교육과정의 검토. 지체 · 중복 · 건강장애연구, 54(3), 1-29. http://dx.doi.org/10.20971/kcpmd.2011.54.3.1

안의정, 이소현(2019). 개별화 교육과정 중심의 통합교육 지원 컨설팅이 유아교사의 교사 효능감, 상호작용 행동 및 장애 유아의 교수목표 성취에 미치는 영향. 유아특수교육연구, 19(4), 141-163. http://dx.doi.org/10.21214/kecse.2019.19.4.141

오민진, 임경원(2021). 대규모 중학교 초임 특수교사의 교직 경험. 질적탐구, 7(3), 443-489. http://dx.doi.org/10.30940/JQI.2021.7.3.443

이소현(2004). 장애 유아의 사회적 통합 촉진을 위한 사회적 상호작용 증진 활동이 일반 유아들의 사회적 행동에 미치는 영향. 유아교육연구, 24(2), 159-179.

이소현(2005). 장애 유아 통합교육 활성화를 위한 정책적 과제 고찰. 유아교육연구, 25(6), 281-309.

이소현(2007). 유치원 통합교육을 위한 「개별화 교육과정」의 개발 및 실행 방안 고찰. 유아특수교육연구, 7(2), 111-135.

이소현(2011). 개별화 교육과정: 장애 유아를 위한 일반 유아교육과정 기반의 교수적 접근. 학지사.

이소현(2020). 유아특수교육(2판). 학지사.

이소현, 김미영, 노진아, 윤선아, 이명희, 이수정(2015). 장애 유아를 위한 3세 누리과정 교사용 지도서. 교육부.

이소현, 김수진, 노진아, 박병숙, 박은혜, 박현옥, 안의정, 이수정, 장지은, 허수연(2021). 특수교육대상유아를

위한 놀이 지원 자료집 1권: 놀이 중심 교육과정 운영. 교육부/국립특수교육원.

이소현, 윤선아, 이명희, 김미영, 허수연, 박병숙(2017). 유치원 통합교육 가이드북. 인천광역시교육청.

이소현, 윤선아, 이수정, 박병숙(2019). 특수교육대상유아 통합교육 현황 및 지원 요구: 통합유치원 운영 모델 개발을 위한 기초연구. 유아특수교육연구, 19(1), 1-36. http://dx.doi.org/10.21214/kecse.2019.19.1.1

이소현, 윤선아, 이수정, 박현옥(2012). 장애 유아를 위한 일반 유아교육과정 기반의 개별화교육계획 실행요소 타당화. 유아특수교육연구, 12(3), 207-228.

이소현, 이수정, 박병숙, 윤선아(2018). 통합유치원 운영 모델. 교육부/국립특수교육원.

이소현, 이수정, 박현옥, 윤선아(2012). 장애 유아를 위한 일반 유아교육과정 기반의 개별화교육계획 실행에 대한 유아특수교사의 인식: 개별화 교육과정 운영 지원 프로그램 개발을 위한 기초 연구. 유아특수교육연구, 12(1), 59-90.

이소현, 이숙향, 안의정(2017). 유아특수교사 임용시험 준비 및 응시 경험을 통한 교원양성과정과 임용시험의 개선 방안 고찰. 유아특수교육연구, 17(3), 1-31. http://dx.doi.org/10.21214/kecse.2017.17.3.1

이수정, 이소현(2011). 유치원 일과에 삽입된「장애 이해 및 통합교육 활동」이 일반 유아와 장애 유아의 사회적 수용도 및 사회적 참여에 미치는 영향. 유아특수교육연구, 11(2), 1-32.

이숙향(2014). 중등 통합교육 현장의 장애 학생을 위한 협력 중심 자기결정 교수모델의 개발 및 적용 효과. 특수교육, 13(3), 173-204.

이숙향, 이효정(2017). 통합교육 실행 매뉴얼 개발을 위한 초ㆍ중등 특수학급 교사의 역량과 지원요구 고찰. 통합교육연구, 12(2), 21-43. http://dx.doi.org/10.26592/ksie.2017.12.2.21

이숙향, 이효정, 최하영, 채수정(2017). 초ㆍ중등학교 통합교육 실행 가이드북 I, II, III. 교육부/세종특별자치시교육청.

이영선(2010). 예비일반교사의 통합교육 지원을 위한 특수교육 관련 교직과목의 효과적 교수: 개념적 구조. 특수교육, 9(1), 95-120.

이영선, 권정민(2010). 특수교육 교직과목을 수강한 예비일반교사들의 통합교육에 대한 인식의 변화. 특수아동교육연구, 12(2), 399-416.

이정아, 이숙향(2019). 보편적 학습설계를 적용한 초등 사회과 수업이 통합학급 학생들에게 미치는 영향: 사회학습 흥미도, 장애학생 수용태도, 사회적 지위를 중심으로. 초등교육연구, 32(3), 297-326. http://dx.doi.org/10.29096/JEE.32.3.13

이지원, 이소현(2023). 협력교수 기반 확장된 스킬스트리밍 교수가 일반 유아의 친사회적 행동 및 장애 유아의 사회적 상호작용에 미치는 영향. 특수교육, 22(4), 39-62.

이현주(2018). 특수교육학개론 교직과목에서의 보편적 학습설계 훈련을 통한 예비일반교사의 인식 변화. 지체ㆍ중복ㆍ건강장애연구, 61(1), 67-95. http://dx.doi.org/10.20971/kcpmd.2018.61.1.67

이현주, 이영선, 주란, 민기연(2019). 전환기 장애 청소년의 미래 계획 수립을 위한 개인중심계획 프로그램 적용. 지적장애연구, 21(2), 73-98. http://dx.doi.org/10.35361/KJID.21.2.4

장지은, 이소현(2019). 유치원 교육과정 기반의 학급 차원 사회성 기술 중재가 일반 유아의 친사회적 행동 및 장애 유아 수용도와 장애 유아의 또래 상호작용에 미치는 영향. 특수교육학연구, 54(3), 19-47. http://dx.doi.org/10.15861/kjse.2019.54.3.19

정귀순(2004). 중도 및 복합장애아동의 통합교육 효과에 대한 문헌분석 연구. 특수교육, 3(1), 57-80.

정지희, 박지연(2010). 가족 중심의 전환교육 프로그램이 고등학교 장애학생의 자기결정과 부모의 스트레스, 양육효능감, 가족역량강화에 미치는 영향. 특수교육 저널: 이론과 실천, 11(3), 77-101. http://dx.doi.org/10.19049/JSPED.11.3.04

정평강, 김유리(2017). 임용 후보자 선정 경쟁시험에 대한 초등 특수교사의 인식 및 개선 요구. 교과교육학연구, 21(4), 334-349. http://dx.doi.org/10.24231/rici.2017.21.4.334

조윤경, 이소현(2001). 통합 환경의 장애 및 일반 유아들의 행동 형태 및 이에 영향을 미치는 생태학적 변인에 대한 분석: 환경-행동적 평가를 중심으로. 유아교육연구, 21(2), 153-175.

최미진, 박지연(2021). 스토리텔링 기반 사회정서학습이 초등학교 통합학급 학생들의 사회성 기술, 교우관계 및 학교생활만족도에 미치는 영향. 특수교육연구, 28(1), 1-28. http://dx.doi.org/10.34249/jse.2021.28.1.1

최승숙(2004). 통합교육을 실시하고 있는 초등학교 교실에서의 협력교수 실제. 특수교육학연구, 39(3), 269-292.

최원아, 이소현(2009). 학급공동체 의식 증진 프로그램이 초등학교 일반학생이 지각하는 장애학생과의 친구관계에 미치는 영향. 특수교육, 8(1), 111-136.

표윤희(2020). 비장애학생과의 통합교과활동 참여가 중도중복장애학생과 비장애또래학생 간의 상호작용과 중도중복장애학생의 행복감에 미치는 영향. 지체·중복·건강장애연구, 63(1), 19-41. http://dx.doi.org/10.20971/kcpmd.2020.63.1.19

허수연, 이소현(2019). 학급 차원의 긍정적 행동지원이 통합학급 유아의 사회성 기술과 활동 참여에 미치는 영향. 정서·행동장애연구, 35(2), 1-30. http://dx.doi.org/10.33770/JEBD.35.2.1

홍주희, 이숙향(2019). 학생과 가족을 위한 전환지원 프로그램이 고등학교 발달장애 학생의 자기결정력, 진로결정 자기효능감과 가족역량강화에 미치는 영향. 장애와 고용, 29(2), 135-163. http://dx.doi.org/10.15707/disem.2019.29.2.006

Alquraini, T., & Gut, D. (2012). Critical components of successful inclusion of students with severe disabilities: Literature review. *International Journal of Special Education, 27*(1), 42-59. https://www.learntechlib.org/p/55011

Bateman, B. D. (2007). Law and the conceptual foundations of special education practice. In J. B. Crockett, M. M. Gerger, & T. J., & Landrum (Eds.), *Achieving the radical reform of special education: Essays in honor of James M. Kauffman* (pp. 95-114). Lawrence Erlbaum Associates.

Bivens, J., Garcia, E., Gould, E., Weiss, E., & Wilson, V. (2016). *It's time for an ambitious national investment in America's children.* Economic Policy Institute.

Blatt, B., & Kaplan, F. (1966). *Christmas in purgatory: A photographic essay on mental retardation.* Allyn and Bacon.

Broomhead, K. E. (2019) Acceptance or rejection? The social experiences of children with special educational needs and disabilities within a mainstream primary school. *Education 3-13, 47*(8), 877-888. http://doi.org/10.1080/03004279.2018.1535610

Brown-Chidsey, R., & Bickford, R. (2016). *Practical handbook of multi-tiered systems of support: Building academic and behavioral success in school.* Guilford Press.

Cameron, D. L. (2017). Teacher preparation for inclusion in Norway: A study of beliefs, skills, and intended practices. *International Journal of Inclusive Education, 21*(10), 1028-1044. http://doi.org/10.1080/13603116.2017.1326177

Center for Applied Special Technology (CAST). (2023). *About universal design for learning UDL*. CAST. http://www.cast.org/our-work/about-udl.html

Cohen, E. (2015). Principal leadership styles and teacher and principal attitudes, concerns and competencies regarding inclusion. *Procedia-Social and Behavioral Sciences, 186*(13), 758-764. https://doi.org/10.1016/j.sbspro.2015.04.105

Cole, S. M., Murphy, H. R., Frisby, M. B., Grossi, T. A., & Bolte, H. R. (2021). The relationship of special education placement and student academic outcomes. *The Journal of Special Education, 54*(4), 217-227. http://doi.org/10.1177/0022466920925033

Cook, B. G., Cameron, D. L., & Tankersley, M. (2007). Inclusive teachers' attitudinal ratings of their students with disabilities. *The Journal of Special Education, 40*(4), 230-238. https://doi.org/10.1177/00224669070400040401

Cosier, M., Causton-Theoharis, J., & Theoharis, G. (2013). Does access matter? Time in general education and achievement for students with disabilities. *Remedial and Special Education, 34*(6), 323-332. https://doi.org/10.1177/0741932513485448

Desombre, C., Lamotte, M., & Jury, M. (2018). French teachers' general attitude toward inclusion: The indirect effect of teacher efficacy. *Educational Psychology, 39*(1), 38-50. http://doi.org/10.1080/01443410.2018.1472219

Division for Early Childhood (DEC). (2015). *DEC recommended practices: Enhancing services for young children with disabilities and families* (DEC Recommended Practices Monograph Series No. 1). Author.

Edyburn, D. L. (2021). Universal usability and universal design for learning. *Intervention in School and Clinic, 56*(5), 310-315. http://dx.doi.org/10.1177/1053451220963082

Flavian, H., & Uziely, E. (2022). Determinants of teachers' attitudes toward inclusion of pupils with attention deficit hyperactivity disorder: The role of teacher education. *Frontiers in Education, 7*:941699. http://doi.org/10.3389/feduc.2022.941699

Foreman, P., Arthur-Kelly, M., Pascoe, S., & King, B. S. (2016). Evaluating the educational experiences of students with profound and multiple disabilities in inclusive and segregated classroom setting: An Australian perspective. *Research and Practice for Persons with Severe Disabilities, 29*(3), 183-193. http://doi.org/10.2511/rpsd.29.3.183

Fowler, S., Coleman, M. R., & Bogdan, W. (2019). The state of the special education profession survey report. *Teaching Exceptional Children, 52*(1), 8-29. https://doi.org/10.1177/0040059919875703

Friend, M., & Bursuck, W. D. (2019). *Including students with special needs: A practical guide for classroom teachers* (8th ed.). Pearson.

Friesen, J., Hickey, R., & Krauth, B. (2010). Disabled Peers and Academic Achievement. *Education Finance and Policy, 5*(3), 317-348. http://doi.org/10.1162/EDFP_a_00003

Fuchs, D., & Fuchs, L. S. (1988). Response to Wang and Walberg. *Exceptional Children, 55*(2), 138-146. https://doi.org/10.1177/001440298805500205

Fuchs, D., & Fuchs, L. S. (1994). Inclusive schools movement and the radicalization of special education reform. *Exceptional Children, 60*(4), 294-309. https://psycnet.apa.org/record/1994-27561-001

Gallagher, J., Coleman, M. R., & Kirk, S. (2023). *Educating exceptional children* (15th ed.). Cengage.

Gamboa, P., Freire, S., Anica, A., Mogarro, M. J., Moreira, M. F., & Vaz da Silva, F. (2021). Correlates of rejection by the peer group: A study comparing students with and without SEN. *International Journal of Inclusive Education.* http://doi.org/10.1080/13603116.2021.1941314

Georgiadi, M., Kalyva, E., Kourkoutas, E., & Tsakiris, V. (2012). Young children's attitudes toward peers with intellectual disabilities: Effect of the type of school. *Journal of Applied Research in Intellectual Disabilities, 25*(6), 531–541. http://doi.org/10.1111/j.1468-3148.2012.00699.x

Gersten, R., Walker, H. M., & Darch, C. B. (1988). Relationship between teachers effectiveness and their tolerance for handicapped students. *Exceptional Children, 54*(5), 433–438. https://doi.org/10.1177/001440298805400506

Giangreco, C. J., Cloniger, C. J., Dennis, R. E., & Edelman, S. W. (2002). Problem solving to facilitate inclusion. In J. S. Thousand, A. I. Nevin, & R. A., Villa (Eds.), *Creativity and collaborative learning: A practical guide to empowering students and teachers* (2nd ed.). Brookes.

Gliona, M. F., Gonzales, A. K., & Jacobson, E. S. (2005). Dedicated, not segregated: Suggested changes in thinking about instructional environments and the language of special education. In J. M. Kauffman & D. P. Hallahan (Eds.), *The illusion of full inclusion: A comprehensive critique of a current special education bandwagon* (2nd ed., pp. 135-146). Pro-Ed.

Guralnick, M. J. (1981). Programmatic factors affecting child-child social interactions in mainstreamed preschool programs. *Exceptional Children Quarterly, 1*(4), 71–91. https://doi.org/10.1177/074193258100100411

Hallahan, D. P., & Kauffman, J. M. (2003). *Exceptional learners: Introduction to special education* (9th ed.). Allyn and Bacon.

Hallahan, D. P., Kauffman, J. M., & Pullen, P. C. (2009). *Exceptional learners: Introduction to special education* (11th ed.). Allyn and Bacon.

Hallahan, D. P., Pullen, P. C., & Kauffman, J. M. (2023). *Exceptional learners: Introduction to special education* (15th ed.). Pearson.

Hallahan, D. P., Keller, C. E., McKinney, J. D., Lloyd, J. W., & Bryan, T. H. (1988). Examining the research base of the regular education initiative: Efficacy studies and the Adaptive Learning Environments Model. *Journal of Learning Disabilities, 21*(1), 29-35. https://doi.org/10.1177/002221948802100106

Harvey, V. S. (2007). Raising resiliency schoolwide. *Education Digest: Essential Readings Condensed for Quick Review, 72*(7), 33-39.

Hoopey, D., & McLeskey, J. (2013). A case study of principal leadership in an effective inclusive school. *The Journal of Special Education, 46*(4), 245-256. https://doi.org/10.1177/0022 466910390507

Jones, V. F., & Jones, L. S. (2021). *Comprehensive classroom management: Creating communities of support and solving problems* (12th ed.). Pearson.

Kart, A., & Kart, M. (2021). Academic and social effects of inclusion on students without disabilities: A review of the literature. *Education Sciences, 11*(1), 16. https://doi.org/10.3390/educsci11010016

Kauffman, J. M., Bantz, J., & McCullough, J. (2002). Separate and better: A special public school class for students with emotional and behavioral disorders. *Exceptionality, 10*(3), 149–170. https://doi.org/10.1207/S15327035EX1003_1

Kauffman, J. M., Gottlieb, J., Agard, J. A., & Kukic, M. D. (1975). Mainstreaming: Toward and explication of the construct. In E. L. Meyen, G. A. Vergason, & R. J. Whelan (Eds.), *Alternatives for teaching exceptional children* (pp. 35–54). Love.

Kauffman, J. M., & Landrum, T. J. (2007). Educational service intervention and reforms. In J. W. Jacobson, J. A. Mulick, & J. Rojahn (Eds.), *Handbook of intellectual and developmental disabilities* (pp. 173–188). Springer.

Kauffman, J. M., Mock, D. R., Tankersley, M., & Landrum, T. J. (2008). Effective service delivery models. In R. J. Morris & N. Mather (Eds.), *Evidence-based interventions for students with learning and behavioral challenges* (pp. 359–378). Lawrence Erlbaum Associates.

Kavale, K. A., & Forness, S. R. (2000). History, rhetoric, and reality: Analysis of the inclusion debate. *Remedial and Special Education, 21*(5), 279–296. https://doi.org/10.1177/074193250002100505

Kennedy, C. H., & Itkonen, T. (2016). Some effects of regular class participation on the social contacts and social networks of high school students with severe disabilities. *Journal of the Association for Persons with Severe Handicaps, 19*(1), 1–10. http://doi.org/10.1177/154079699401900101

King-Sears, M. E. (2002). Institutionalizing peer-mediated instruction and interventions in schools: Beyond "train and hope." *Remedial and Special Education, 22*(2), 89–101. https://doi.org/10.1177/074193250102200203

King-Sears, M. E., Jenny, R., & Snell, M. E. (2015). *Collaborative teaming: Teacher's guides to inclusive practices* (3rd ed.). Brookes.

Kirjavainen, T., Pulkkinen, J., & Jahnukainen, M. (2016). Special education students in transition to further education: A four-year register-based follow-up study in Finland. *Learning and Individual Differences, 45*, 33–42. http://doi.org/10.1016/j.lindif.2015.12.001

Klingner, J. K., Vaughn, S., Schumm, J. S., Cohen, P., & Forgan, J. W. (1998). Inclusion or pull-out: Which do students prefer? *Journal of Learning Disabilities, 31*(2), 148–158. https://doi.org/10.1177/002221949803100205

Kunsch, C. A., Jitendra, A. K., & Sood, S. (2007). The effects of peer-mediated instruction in mathematics for students with learning problems: A research synthesis. *Learning Disabilities Research & Practice, 22*(1), 1–12. https://doi.org/10.1111/j.1540-5826.2007.00226.x

Landsman, S., & Butterfield, E. C. (1987). Normalization and deinstitutionalization of mentally retarded individuals: Controversy and facts. *American Psychologist, 42*(8), 809–816. https://doi.org/10.1037/0003-066X.42.8.809

Lane, K. L., Kalberg, J. R., & Menzies, H. M. (2009). *Developing schoolwide programs to prevent and manage problem behaviors: A step-by-step approach*. Guilford Press.

Lee, E., & Lee, S. (2009). Effects of instructional rubrics on class engagement behaviors and the achievement of lesson objectives by students with mild retardation and their typical peers. *Education and Training in Developmental Disabilities, 44*(3), 396–408. http://www.jstor.org/stable/24233483

Lipsky, D. K., & Gartner, A. (1996). The evaluation of inclusive programs. *NCERI Bulletin, 2*(2), 1-7.

Lipsky, D. K., & Gartner, A. (2000). Inclusion: What it is, what it's not, and why it matters. *Our Children, 25*(6), 7-9.

Mazzotti, V., & Test, D. (2020). Transition from school to employment and postsecondary education. In F. Brown, J. McDonnell, & M. E. Snell (Eds.), *Instruction of students with severe disabilities: Meeting the needs of children and youth with intellectual disabilities, multiple disabilities, and autism spectrum disorders* (9th ed., pp. 525-574). Pearson.

McLeskey, J., Barringer, M. D., Billingsley, B., Brownell, M., Jackson, D., Kennedy, M., Lewis, T., Maheady, L., Rodriquez, J., Scheeler, M. C., Winn, J., & Ziegler, D. (2017). *High-leverage practices in special education*. Council for Exceptional Children and CEEDAR Center. https://highleveragepractices.org/sites/default/files/2020-10/SEBfinal.pdf

Mercer, C. D., Mercer, A. R., & Pullen, P. C. (2013). *Teaching students with learning problems: New international edition* (8th ed.). Pearson.

Mercier, C., & Picard, S. (2011). Intellectual disability and homelessness. *Journal of Intellectual Disability Research, 55*(4), 441-449. https://doi.org/10.1111/j.1365-2788.2010.01366.x

Meyer, A., Rose, D. H., & Gordon, D. (2014). *Universal design for learning: Theory and practice*. CAST Professional Publishing. https://www.cast.org/products-services/resources/2014/universal-design-learning-theory-practice-udl-meyer

Mock, D. R., & Kauffman, J. M. (2002). Preparing teachers for inclusion: Is it possible? *Teacher Educator, 37*(3), 202-215. https://doi.org/10.1080/08878730209555294

Mostert, M. P., Kavale, K. A., & Kauffman, J. M. (Eds.). (2008). *Challenging the refusal of reasoning in special education*. Love.

Mulvey, K. L., Boswell, C., & Zheng, J. (2017). Causes and consequences of social exclusion and peer rejection among children and adolescents. *Report on Emotional & Behavioral Disorders in Youth, 17*(3), 71-75. https://pubmed.ncbi.nlm.nih.gov/30100820

Murawski, W. W., & Scott, K. L. (2019). *What really works with universal design for learning*. Corwin.

Nirje, B. (1969). The normalization principle and its human management implications. In R. B. Kugel & W. Wolfensgerger (Eds.), *Changing patterns in residential services of the mentally retarded* (pp. 179-195). President Commission on Mental Retardation.

Nirje, B. (1985). The Basis and logic of the normalization principle. *Australia and New Zealand Journal of Developmental Disabilities, 11*(2), 65-68. https://doi.org/10.3109/13668258509008747

Odom, S. L. (2000). Preschool inclusion: What we know and where we go from here. *Topics in Early Childhood Special Education, 20*(1), 20-27. https://doi.org/10.1177/ 027112140002000104

Odom, S. L., & McEvoy, M. A. (1988). Integration of young children with handicaps. In S. L. Odom & M. B. Karnes (Eds.), *Early intervention for infants and children with handicaps: An empirical base* (pp. 241-268). Brookes.

Powers, R. (2017). *No one cares about crazy people: The chaos and heartbreak of mental health in America*. Hachette.

Pugach, M. C. (1995). On the failure of the imagination in inclusive schools. *Journal of Special Education,*

29(2), 212-223. https://doi.org/10.1177/002246699502900212

Rea, P. J., McLaughlin, V. L., & Walther-Thomas, C. (2002). Outcomes for students with learning disabilities in inclusive and pullout programs. *Exceptional Children, 68*(2), 203-222. https://doi.org/10.1177/001440290206800204

Reynolds, M. C., Wang, M. C., & Wallberg, H. J. (1987). The necessary restructuring of special and regular education. *Exceptional Children, 53*(5), 391-398. https://doi.org/10.1177/001440298705300501

Richey, D. D., & Wheeler, J. J. (2000). *Inclusive early childhood education.* Delmar Thompson Learning.

Rivera, G. (1972). *Willowbrook.* Random House.

Ruijs, N. M., & Peetsma, T. T. (2009). Effects of inclusion on students with and without special educational needs reviewed. *Educational Research Review, 4*(2), 67-79. http://doi.org/10.1016/j.edurev.2009.02.002

Ryndak, D., Taub, D., Jorgenwen, C. M., Gonsier-Gerdin, J., Arndt, K., Sauer, J., Ruppar, A. L., Morningstar, M. E., & Allcock, H. (2014). Policy and the impact on placement, involvement, and progress in general education: Critical issues that require rectification. *Research and Practices for Persons with Severe Disabilities, 39*(1), 63-74. http://doi.org/10.1177/1540796914533942

Sailor, W. (1991). Special education in the restructured school. *Remedial and Special Education, 12*(6), 8-22. https://doi.org/10.1177/074193259101200604

Sailor, W. (Ed.). (2002). *Whole-school success and inclusive education: Building partnerships for learning, achievement, and accountability.* Teachers College Press.

Sailor, W., McCart, A. B., & Choi, J. H. (2018). Reconceptualizing inclusive education through multi-tiered system of support. *Inclusion, 6*(1), 2-18. https://doi.org/10.1352/2326-6988-6.1.3

Sailor, W., Skrtic, T., Cohn, M., & Olmstead, C. (2021). Preparing teacher educators for statewide scale-up of multi-tiered systems of support (MTSS). *Teacher Education and Special Education, 44*(1), 24-41. https://doi.org/10.1177/0888406420938035

Saunders, R. R. (2007). Residential and day services. In J. W. Jacobson, J. A. Mulick, & J. Rojahn (Eds.), *Handbook of intellectual and developmental disabilities* (pp. 209-226). Springer.

Scruggs, T. E., & Mastropieri, M. A. (2017). Making inclusion work with co-teaching. *Teaching Exceptional Children, 49*(4), 284-293. https://doi.org/10.1177/0040059916685065

Sharma, U., & Sokal, L. (2016). Can teachers' self-reported efficacy, concerns, and attitudes toward inclusion scores predict their actual inclusive classroom practices? *Australian Journal of Special Education, 40*(1), 21-38. http://doi.org/10.1017/jse.2015.14

Siperstein, G. N., Norins, J., & Mohler, A. (2007). Social acceptance and attitude change: Fifty years of research. In J. W. Jacobson, J. A. Mulick, & J. Rpojahn (Eds.), *Handbook of intellectual and developmental disabilities* (pp. 133-154). Springer.

Smith, T. E., Polloway, E. A., Patton, J. R., Dowdy, C. A., & Daughty, T. T. (2020). *Teaching students with special needs in inclusive settings* (8th ed.). Pearson.

Snell, M. E., & Janney, R. (2005). *Teacher's guide to inclusive practices: Collaborative teaming* (2nd ed.). Brookes.

Stainback, W., & Stainback, S. (1992). Schools as inclusive communities. In W. Stainback & S. Stainback (Eds.), *Controversial issues confronting special education: Divergent perspectives* (pp. 29-43). Allyn and Bacon.

Stephenson, J., Browne, L., Carter, M., Clark, T., Costley, D., Martin, J., Williams, K., Bruck, S., Davies, L., & Sweller, N. (2021). Facilitators and barriers to inclusion of students with autism spectrum disorder: Parent, teacher, and principal perspectives. *Australian Journal of Special and Inclusive Education, 45*(1), 1-17. http://doi.org/10.1017/jsi.2020.12

Sun, C. (2019). Preparing teachers for inclusion: Attitudes, challenges and concerns of general education novice teachers from the perspective of a credential program training teacher. *Proceedings of the 2019 3rd International Conference on Economic Development and Education Management(ICEDEM 2019)*. http://doi.org/10.2991/icedem-19.2019.38

Thousand, J. S., Rosenberg, R. L., Bishop, K. D., & Villa, R. A. (1997). The evolution of secondary inclusion. *Remedial and Special Education, 18*(5), 270-284, 306. https://doi.org/10.1177/074193259701800503

Thurman, S. K., & Fiorelli, J. S. (1980). Perspectives on normalization. *Journal of Special Education, 13*(3), 340-346. https://doi.org/10.1177/002246697901300312

Turnbull, H. R., & Turnbull, A. P. (1990). The unfulfilled promise of integration: Does Part H ensure different rights and results than Part B of the Education of the Handicapped Act? *Topics in Early Childhood Special Education, 10*(2), 18-32. https://doi.org/10.1177/027112149001000203

Turnbull, R., Turnbull, A., & Wehmeyer, M. L. (2010). Exceptional lives: Special education in today's schools (6th ed.). Merrll/Prentice-Hall.

Turnbull, A., Wehmeyer, M. L., Shogren, K. A., & Turnbull, R. (2024). *Exceptional lives: Practice, progress, & dignity in today's schools* (10th ed.). Pearson.

University of Minnesota. (1999). Behavioral outcomes of deinstitutionalization for people with intellectual disabilities: A review of studies conducted between 1980 and 1999. *Policy Research Brief, 10*(1), 1-11. https://ici.umn.edu/products/prb/101

Voltz, D. L., Brazil, N., & Ford, A. (2001). What matters most in inclusive education: A practical guide for moving forward. *Intervention in School and Clinic, 37*(1), 23-30. https://doi.org/10.1177/105345120103700105

Wang, M. C. (1987). Toward achieving educational excellence for all students: Program design and student outcomes. *Remedial and Special Education, 8*(3), 25-34. https://doi.org/10.1177/074193258700800306

Wehmeyer, M. L., & Kurth, J. K. (2021). *Inclusive education in a strengths-based era: Mapping the future of the field.* W. W. Norton.

Wehmeyer, M. L., Lance, G. D., & Bashinski, S. (2002). Promoting access to the general curriculum for students with mental retardation: A multi-level model. *Education and Training in Mental Retardation and Developmental Disabilities, 37*(3), 223-234. http://www.jstor.org/stable/23880001

Wehmeyer, M. L., Shogren, K. A., Kurth, J. A., Morningstar, M. E., Kozleski, E. B., Agran, M., Jackon, L., Jameson, J. M., McDonnell, J., & Ryndak, D. L. (2016). Including students with extensive and

pervasive support needs. In J. P. Bakken, & F. Obiakor (Eds.), *Advances in Special Education (Vol. 31): General and special education inclusion in an age of change: Impact on students with disabilities* (pp.129-159). Emerald Group Publishing.

Westling, D. A., & Fox, L. (2021). *Teaching students with severe disabilities* (6th ed.). Pearson.

Will, M. (1986). Educating children with learning problems: A shared responsibility. *Exceptional Children, 52*(5), 411-415. https://doi.org/10.1177/001440298605200502

Wolfensberger, W. (1972). *The principle of normalization in human services.* National Institute on Mental Retardation.

Woodcock, S., Gibbs, K., Hitches, E., & Regan, C. (2023). Investigating teachers' beliefs in inclusive education and their levels of teacher self-efficacy: Are teachers constrained in their capacity to implement inclusive teaching practices? *Education Sciences, 13*(3). https://doi.org/10.3390/educsci13030280

Woodcock, S., & Jones, G. C. (2020). Examining the interrelationship between teachers' self-efficacy and their beliefs towards inclusive education for all. *Teacher Development, 24*(4), 583-602. http://doi.org/10.1080/13664530.2020.1803957

Woodgate, R, L., Gonzlez, M., Demczuk, L, Snow, W. M., Barriage, S., & Kirk, S. (2020). How do peers promote social inclusion of children with disabilites: A mixed-methods systematic review. *Disability and Rehabilitation: An International, Multidisciplinary Journal, 42*(18), 2553-2579. https://doi.org/10.1080/09638288.2018.1561955

Woodman, A. C., Smith, L. E., Greenberg, J. S., & Mailick, M. R. (2016). Contextual factors predict patterns of change in functioning over 10 years among adolescents and adults with autism spectrum disorders. *Journal of Autism and Developmental Disorders, 46*(10), 176-189. https://doi.org/10.1007/s10803-015-2561-z

Yell, M. L., Crockett, J. B., Shriner, J. G., & Rozalski, M. (2017). Free appropriate education and the least restrictive environment. In J. M. Kauffman, D. P. Hallahan, & P. C. Pullen (Eds.), *Handbook of special education* (2nd ed., pp. 71-86). Routledge.

Zigler, E., Hodapp, R. M., & Edison, M. R. (1990). From theory to practice in the care and education of mentally retarded individuals. *American Journal on Mental Retardation, 95*(1), 1-12. https://psycnet.apa.org/record/1991-02011-001

Zurawski, L. P. (2014). Speech-language pathologists and inclusive service delivery: What are the first step? *Perspectives of School Based Issues, 15*(1), 5. http://doi.org/10.1044/sbi15.1.5

제3장

통합교육을 위한 협력적 접근

I. 협력적 접근의 이론적 배경

　장애 아동 통합교육이 제대로 이루어지기 위해서는 특수학급 및 일반학급의 교사와 이들을 지원하는 행정가 및 기타 지원인력이 다 함께 협력해야 한다. 통합교육을 받는 장애 아동의 경우 교육의 내용과 장소가 일반학급을 중심으로 이루어지지만, 일반교사 혼자 적합한 교육과정 및 교수 방법에 대한 모든 역할을 감당할 수 없으며 특수교사 및 관련 전문가와 다양한 특수교육 지원인력의 협조가 필요하기 때문이다. 또한, 우리나라의 통합교육은 특수학급과 일반학급에서 일정 시간씩 교육받는 시간제 통합의 형태로 이루어지는 경우가 많으므로 아동의 교육이 일관성 있게 이루어지기 위해서는 통합학급 교사와 특수학급 교사 간 협력이 특별히 중요하다.

　국내에서도 통합교육이 확대되어 장애 아동의 교육적 성과가 특수학급 교사 또는 통합학급 교사 혼자만의 역할이 아니라는 점이 인식되고 있으며, 이에 따른 협력적 접근의 필요성이 더욱 강조되고 있다. 또한 특수교육 지원인력(예: 보조인력)을 증가하고 특수교육지원센터를 중심으로 통합된 장애 아동에게 각종 관련서비스를 제공하도록 법적으로 명시하는 등의 정책적인 변화도 이루어지고 있다. 이와 같은 인식과 제도의 변화는 협력적 접근을 위한 기본적인 여건을 성숙시켜 가는 과정이라 할 수 있다. 이 장에서는 협력의 중요성을 강조하고 실제로 전문가 간 협력은 어떻게 이루어질 수 있는지에 대한 구체적인 방법을 살펴보았다.

1. 협력적 접근의 정의

　협력의 가장 핵심적인 요소는 함께 계획하고 서로의 동의하에 교수 방법을 선택하여 대상 장애 아동을 위한 가장 좋은 방법으로 교수하고 평가하는 것이다. 그러므로 협력적 접근이란 장애 아동을 교실 안에서 함께 협력적으로 교수하는 것뿐만 아니라 목표를 세우고 문제를 확인하고, 학생의 필요와 기술을 진단하고, 정보를 교환하며, 서로의 의견을 나누고, 문제를 해결하고, 계획을 세우고, 세운 계획을 실행하고 평가하는 등의 장애 아동 교육을 중심으로 한 관련 업무를 함께 수행하는 것을 의미한다(이소현, 2005).

　이 책의 2장에서는 협력적 접근의 간단한 정의를 '공동의 목표를 향해 두 명 이상의 사

람들이 함께 일하는 것'(Snell & Janney, 2005)으로 소개하였다. 장애 아동의 통합교육을 위해서 이러한 협력적 접근이 사용될 때 '공동의 목표'는 장애 아동의 성공적인 통합교육이 될 것이며, '일한다'는 것은 이러한 목표를 성취하기 위해 필요한 각종 교육과정 수정 및 교수적합화의 계획과 실행, 그에 대한 평가 등을 수행하는 것으로, 앞에서 언급한 여러 과정을 포함하게 된다. 결과적으로, 누군가가 서로 협력한다는 것은 협력에 참여하는 사람들의 자발성과 동등한 기여를 전제로 공동의 목표와 의사결정 및 성과에 대한 책임과 자원을 공유하는 것을 말한다(Friend, 2023).

특수학급 및 일반학급 교사가 협력하여 교수한다는 것이 반드시 두 교사가 한 장소에서 함께 가르치는 행위 자체를 의미하는 것은 아니다. 장애 아동 교육을 위하여 함께 계획하고 가장 좋은 방법으로 교수하고자 하는 것이며, 구체적인 각 교사의 역할은 협력교수(co-teaching)가 될 수도 있고 컨설팅의 역할로 지원할 수도 있다. 그러므로 성공적인 협력이 되기 위해서는 적절한 형태의 협력을 실시하기 위한 충분한 사전 계획과 노력이 필요하다. 또한 협력하는 사람들도 아동의 장애 특성이나 연령에 따라 달라질 수 있다. 장애가 심하거나 중복장애가 있는 경우 많은 전문가가 협력 팀에 포함되어야 할 필요가 있을 수 있으며(김현진, 2022; 표윤희, 2020), 개별화전환교육계획을 수립해야 하는 중ㆍ고등학교 학생을 위해서는 전환교육 목표에 따라 지역사회 및 성인기 프로그램 담당자와도 협력할 수 있다(김지인, 이현주, 2023).

2. 협력적 접근의 중요성

특수교사 및 관련 전문가 모임인 미국 특수교육협회(Council for Exceptional Children: CEC)에서 제시한 '특수교사가 갖추어야 하는 지식과 기능' 중에는 '팀 구성원과 협력하기'가 포함되어 있으며, 가족, 보조인력, 학교 및 지역사회 전문가와 소통하고 협력하여 장애 아동을 진단하고 교육계획을 세우고 학생의 학업 및 행동적 필요를 위한 노력을 함께 해 나갈 수 있는 능력이 강조된다(CEC, 2020). 특히 나이가 어린 아동을 대상으로 하는 조기교육분과(Division for Early Childhood: DEC)에서도 장애 영유아 교육에서의 추천의 실제(recommended practices) 8개 영역 중 하나를 '팀 구성 및 협력'으로 제시한다(DEC, 2015). 이것은 전문가 간의 협력적 관계가 특수교육 분야의 최상의 실제(best practices)로 여겨지고 있음을 반영한다고 할 수 있다. 즉, 특수교사는 통합교육을 위해서 장애 아동

의 특성과 교수 방법 관련 내용뿐만 아니라 관련 전문가 간 협력의 필요성과 그 구체적인 방법에 대해서 아는 것도 중요하다는 것이다. 협력의 중요한 파트너인 일반교사도 특수교사와의 협력의 중요성을 인지하고 구체적인 협력 방법을 이해해야 한다. 장애 아동 진단이나 교육계획 수립 및 실행을 위해서는 일반교사와 특수교사 외에도 다양한 전문가 간 협력이 필요할 수 있다.

일반교사와 특수교사가 각각 고립된 상태에서 장애 아동을 교육하게 되면 같은 아동을 위한 교육임에도 불구하고 각 교사의 노력이 통합되지 못하는 결과를 가져올 수 있다. 특히 교사는 자신의 교실에서 아동을 직접교수하는 데 많은 시간을 할애하기 때문에, 부모나 다른 교사 및 전문가와 아동에 대한 관심을 공유하고 문제해결을 위하여 의사소통하기가 어려울 수 있다. 그러나 장애 아동 및 학급 내 다양한 학습자의 교육적 성과를 위하여 일반교사와 특수교사, 기타 관련 전문가가 함께 논의하고 방법을 찾아가는 협력의 과정을 통해 교사는 모든 아동을 위한 교육을 함께 공유하고 체계적으로 문제를 해결할 수 있게 되며, 그 결과는 학습자의 긍정적인 성취로 이어지게 된다. 자신의 교실에서 독립적으로 가르치던 과거에 비해 현대의 교사에게 있어서 타인과 함께 일할 수 있는 역량은 교수적 기술이나 지식 못지않게 아동을 성공적으로 교육하기 위한 중요한 부분이 되었다(Friend, 2023).

지금까지 특수교육에서 말하는 협력 팀의 개념은 주로 특수교육의 적격성을 결정하는 회의에서 이루어지는 다양한 영역의 전문가(예: 심리학자, 특수교사, 치료사 등) 간의 협력(진단을 위한 팀)과 개별화 교육 프로그램(individualized education program: IEP) 개발을 위한 팀이었다. 미국에서는 「장애인교육법(IDEA 2004)」에 의거하여 IEP 계획을 세우기 위해 협력했던 팀 구성원 중 일부가 계획을 실행하기 위한 책임도 함께 공유한다. 다시 말해서, 협력 팀은 교육의 계획 및 실행과 관련된 여러 가지 기능을 수행하게 된다(Lewis et al., 2017). 국내 「장애인 등에 대한 특수교육법」에서는 개별화교육지원팀을 구성하도록 규정하고 있다. 개별화교육지원팀은 보호자, 특수교육교원, 일반교육교원, 진로 및 직업교육 담당 교원, 특수교육 관련서비스 담당 인력 등으로 구성하며(제22조), 각각의 장애 아동에 대한 개별화교육계획을 수립하고 시행에 따른 평가를 하게 된다.

그 외에도 의뢰 전 중재를 위한 의뢰 전 팀(prereferral team)의 구성과 운영에도 협력의 개념이 적용된다. 최근 증거기반의 실제로 받아들여지고 있는 다층구조형 지원 체계(multi-tiered system of supports: MTSS)와 중재반응모형(response to instruction: RTI)을 효과적으로 실행하기 위해서도 특수학급 교사와 통합학급 교사의 협력이 필요하다. 예를 들어, 이 책의 2장에서도 설명하였듯이 다층구조형 지원 체계(MTSS)를 적용하는 학교에 서는 일반교사와 특수교사를 포함한 학교의 모든 인력이 모든 학생에게 최상의 교육과 정을 제공하기 위하여 함께 계획하고 실행하는 학교 차원의 노력을 기울이게 된다([그림 2-6] 참조). 따라서 이러한 학교 차원의 지원 체계에서는 팀 구성원 간의 긴밀한 협력이 필수적으로 요구된다(King-Sears et al., 2015). 중재반응모형(RTI) 역시 아동이 학습장애 로 판별되기 전에 특수교사와 일반교사의 협력에 따른 체계적인 교수가 제공되는 모델 이다(제4장 참조). 이와 같이 통합교육 현장에서 최근에 이루어지고 있는 교육적 접근은 아동이 특수교육대상자로 선정되기 전에 학급 전체와 소그룹을 대상으로 체계적인 지 원과 교수를 적절히 제공하기 위한 협력적 접근이 얼마나 중요한지 잘 보여 준다(Friend, 2023). 즉, 개별 장애 아동의 성공적인 통합교육뿐만 아니라 다양한 학습자가 있는 현대 의 통합학급 학생들을 효과적으로 교육하기 위해서도 협력적 접근은 그 중요성이 커지 고 있다.

국내 연구에서도 특수학급 교사의 지원에 대한 통합학급 교사의 지원 요구가 높게 나 타나고 있으며, 이러한 요구에 반응하기 위해서는 실질적인 지원을 제공할 수 있는 특수 학급 교사의 전문성 함양과 그러한 지원 역할에 대한 특수교사 인식의 중요성이 강조된 다(김주혜, 김희규, 2020; 송명숙, 이숙향, 2022; 윤신명, 이소현, 2015; 이숙향, 이효정, 2017).

II. 통합교육을 위한 협력적 접근의 실제

1. 협력 팀 구성원의 역할

통합교육을 위한 협력 팀은 적게는 일반교사와 특수교사로 구성되는 두 명의 팀으로 부터 많게는 관련 전문가가 많이 포함되는 큰 팀이 될 수도 있다. [그림 3-1]은 협력 팀 구성의 예를 보여 주는데, 이들 중 핵심 팀 구성원은 거의 항상 협력 팀에 포함되어 중요 한 역할을 담당하며 나머지 구성원은 상황 및 아동의 필요에 따라 참여할 수 있다. 이렇 게 핵심 팀 구성원 외에 다른 구성원이 더 포함되는 팀을 확장 팀이라고도 하며, 실제 교 육현장에서는 핵심인지 확장인지에 상관없이 주로 협력 팀이라는 용어를 사용한다. 우

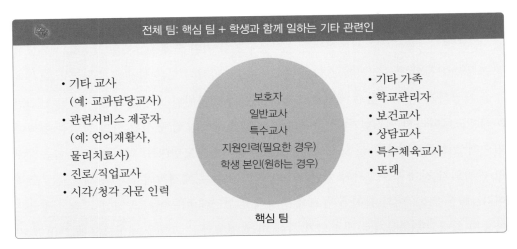

전체 팀: 핵심 팀 + 학생과 함께 일하는 기타 관련인

• 기타 교사
  (예: 교과담당교사)
• 관련서비스 제공자
  (예: 언어재활사,
  물리치료사)
• 진로/직업교사
• 시각/청각 자문 인력

보호자
일반교사
특수교사
지원인력(필요한 경우)
학생 본인(원하는 경우)

핵심 팀

• 기타 가족
• 학교관리자
• 보건교사
• 상담교사
• 특수체육교사
• 또래

[그림 3-1] 협력 팀 구성원의 예

리나라의 경우 일단 일반교사와 특수교사가 이러한 협력의 의미와 중요성을 이해하고 협력하기 시작하는 것만으로도 장애 아동 통합교육에 큰 시사점을 준다. 실제로 한 조사연구에 의하면, 통합교육 현장의 일반교사와 특수교사의 통합교육 관련 역량 및 협력을 위한 자질이 통합교육의 성공적인 실행에 가장 큰 도움이 되는 것으로 나타났다(이소현 외, 2019). 더 나아가 교사 간의 이와 같은 협력은 통합교육의 성패에 큰 영향을 미칠 수 있는 학교 관리자, 장애 아동의 가족, 특수교육 지원인력 등 다른 사람과의 협력을 조성하는 데에도 기초가 된다.

협력 팀의 구성은 장애 아동의 특성과 이들이 필요로 하는 지원의 정도 및 종류에 따라 달라질 수 있다. 과거에는 특수교사와 일반교사 외에는 협력 대상이 거의 없었으나 현재는 특수교육 지원인력 및 관련서비스 인력의 확대로 인해 좀 더 규모가 큰 협력 팀 구성이 가능해졌으며, 따라서 좀 더 실질적인 협력관계를 발전시킬 수 있게 되었다. 협력적 접근에서는 특수학급 교사뿐만 아니라 통합학급 교사와 특수교육 지원인력, 학교장을 포함한 행정가, 관련서비스 제공자 모두가 매우 중요한 역할과 책임을 지닌다. 협력 팀이 성공적으로 역할하기 위해서는 팀 구성원의 역할을 분명하게 명시하고 이에 대한 책임감을 공유해야 한다.

2000년대에 들어오면서 특수교육에서의 교사 간 협력에 관한 연구가 증가하기 시작하였다. 이들을 분석한 한 연구에 의하면, 대부분의 연구에서 협력의 필요성과 목적에 대해서는 잘 이해하고 공감대가 형성되어 있었으나 협력을 실천하는 과정에 대한 정보가 잘 서술되어 있지 않아서 실제적인 정보 교류 내용이나 서로 간의 관계, 참여교사의 역할 등이 명확하지 않은 경향이 있는 것으로 지적되었다(권현수, 2010). 또한 분석된 내용을 살펴보면 협력 과정 중 일반교사는 주로 통합학급 수업 진행, 정보교환, 교육과정 계획 및 협의를 담당하고 있으며, 특수교사는 교육계획 수립, 정보교환, 교수법과 교수전략 지도, 교육과정 수정, 자문 및 보조 형식의 지원을 담당하고 있는 것을 알 수 있다. 이 절에서는 실제로 협력 팀의 핵심 구성원인 일반교사와 특수교사가 각자 어떠한 역할을 담당해야 하는지, 또한 확장 팀에 포함될 수 있는 부모, 관련서비스 제공자, 학교 관리자, 특수교육 지원인력의 역할은 무엇인지 알아보았다.

1) 일반교사

협력 팀의 구성원 모두는 협력적인 체제 내에서 각자 맡은 역할을 담당하게 된다. 협력 팀에서의 통합학급 교사의 역할은 매우 중요하며, 통합학급 교사가 참여하지 않는다면 통합교육 노력의 효과는 감소한다. 통합학급 교사의 역할은 개별 아동을 위한 목표를 설정하고 적절한 교수방법을 개발하고 평가 방법을 수정하는 등 여러 가지 면에서 중요하며, 특히 특수교사와의 협력관계에서 의견 제시, 정보 제공, 모니터링의 역할이 필요하다. 통합학급 교사는 장애 아동에게 도움이 필요한 영역이 무엇인지 또는 교실에서의 이들의 수행이나 강점 등 여러 가지 유용한 정보를 제공할 수 있다. 또한 통합학급 교사는 협력 팀을 통해 합의된 다양한 교수 방법을 학급에 적용할 수 있을 뿐만 아니라 다른 학생들에게 장애 아동을 대하는 모델의 역할을 할 수도 있다. 통합학급에 배치되는 특수교육 지원인력과의 의사소통 및 관리 감독의 역할도 특수교사와 함께 공유하게 된다. 중·고등학교의 경우에는 한 명의 장애 학생이 여러 교사로부터 배우게 되므로 이 중 대표 교사나 상담교사가 협력 팀에 참여하고 결정된 사항을 다시 교사들에게 공유할 수도 있다(Lewis et al., 2017).

2) 특수교사

특수교사는 장애 아동에 대한 직접교수뿐만 아니라 협력적 접근을 주도하는 역할을 하게 된다. 즉, 장애 아동의 특성 및 이들이 필요로 하는 교육내용에 대한 전반적인 정보를 제공하면서 일반교사와 협력하여 통합학급에서 필요한 교수적 수정의 전반적인 내용을 개발한다. 이때 장애 아동이 일반학급 교육과정에 잘 적응하고 참여할 수 있도록 아

동과 통합학급 교사가 필요로 하는 지원의 내용을 파악하고 적절한 지원을 제공하는 통합교육 촉진자(inclusion facilitator)의 역할을 하게 되는데, 이는 특수교사의 가장 중요한 역할 중 하나라고 할 수 있다. 또한 특수교육 지원인력의 교육과 감독도 특수교사가 맡아야 하는 부분이다.

특수교사는 특수학급을 맡으면서 동시에 통합학급 교사를 위한 컨설팅과 지원을 제공하기도 하며, 학급을 맡지 않고 통합교육을 위한 컨설팅만을 제공하기도 한다(Lewis et al., 2017). 특수학급 교사의 통합교육 지원 역할은 크게 교육과정 지원(예: 개별화교육계획 및 통합교육지원계획 수립, 교수학습 및 평가 지원 등), 사회적 관계 지원(예: 행동 문제 지원, 친구 관계 지원 등), 통합교육 운영 및 관리 지원(예: 특수교육 관련서비스 지원, 학생 사례관리 코디네이터 역할, 행정적 지원 등)으로 나누어 볼 수 있다(김주혜, 김정은, 2021).

3) 가족/부모

바람직한 협력적 접근을 위해서는 특수교사와 일반교사 간 협력뿐만 아니라 가족과의 협력도 필요하다. 일반적으로 교사는 교육과정과 교수, 평가에 대해서는 가족보다 더 많이 알고 있지만 다른 부분(예: 아동의 장애, 강점 등)에 대해서는 아동 본인이나 가족이 교사보다 더욱 많은 것을 알고 있을 수 있다. 적절하다고 판단되는 경우 개별화교육지원팀 회의에 장애 아동의 참여가 권장되며, 특히 전환교육 계획이 고려되는 청소년기 장애학생의 경우에는 더욱 적극적으로 학생의 참여가 독려된다(황미정, 김유리, 2022). 부모는 적절한 교수목표 선정을 도울 수 있으며, 교육계획 중 가정에서도 지원할 수 있는 부분을 파악할 수도 있다. 즉, 협력 팀에 참여하여 아동을 위한 교육 프로그램에 대해서 잘 알게 되면 가정과 학교 간의 연계가 수월해지고 이는 아동의 교육에 긍정적인 효과를 가져오게 된다(Lewis et al., 2017). 가족과 전문가 간의 신뢰할 수 있는 파트너십을 이루기 위해서는 의사소통, 존중, 동등성, 옹호, 헌신과 같은 가치관을 공유하는 것이 중요하며, 진단, 교과 학습, 사회-정서 학습, 전환 등 다양한 기회를 통해 협력과 상호작용을 이루어 갈 수 있다(Turnbull et al., 2024).

4) 관련서비스 제공자

치료를 포함한 다양한 관련서비스 제공자 역시 장애 아동을 위한 중요한 팀 구성원이 될 수 있다. 최근에는 치료실이 아닌 교육현장에서 치료 서비스를 제공하거나 교사와 부모에게 자문을 제공하여 치료 서비스가 교육과정 운영 중에 자연스럽게 통합될 수 있게 하는 모델이 강조된다(표윤희, 2020; 표윤희, 박은혜, 2010). 따라서 다양한 치료를 포함하는 관련서비스도 일반교육과정 내에서의 아동의 성취와 연결되어야 하며, 이를 위해서는 장애 아동의 담당 교사와의 협력이 필요하다. 특수학급의 장애 아동을 위해서 배치되는 특수교육지원센터의 치료사는 이러한 협력 팀의 일원으로 치료와 교육적 접근의 통합을 위한 역할을 맡게 된다. 아직도 우리나라에서는 치료지원이 학교 밖에서 바우처 형식으로 제공되는 등 학교 중심의 관련서비스 제공 체계가 확립되어 있지 않기 때문에 치료지원 인력이 협력 팀의 주요 구성원이 되기가 어려운 상황이다. 그러나 장애 아동에게 관련서비스를 제공하는 전문 인력이 협력 팀의 일원으로 참여할 때 아동의 교육이 일관성 있고 통합적으로 이루어질 수 있음은 많은 연구를 통해 입증된 실제이다.

5) 관리자 및 행정가

학교장이나 교감 등의 학교 관리자와 장학사 같은 교육행정가는 협력 팀의 중요한 구성원으로 통합교육을 위한 협력적 접근이 잘 실행될 수 있도록 지원하는 역할을 하게 된다. 학교 관리자의 지원은 통합을 향한 일반교사의 태도에 영향을 미치고 모든 학생을 위한 학습공동체 형성을 촉진하는 결정적인 요인으로 작용한다(김경양, 박은혜, 2016; 이소현 외, 2019; 최혜리, 박승희, 2018). 학교 관리자는 학교의 정책을 조정함으로써 협력을 위한 분위기를 조성하고, 교사와 기타 학교 관련자들에게 협력적 접근의 실행을 요구할 수 있으며, 특히 협력적 접근의 실행과 관련된 재정적인 지원을 조절할 수 있다. 또한 통합을 위한 바람직한 교사 협력이 촉진될 수 있도록 교사 교육 및 일정 관리의 역할을 함으로써 협력적 통합교육의 실행에 결정적인 영향을 미칠 수 있다. 예를 들어, 대부분의 교사에게 장애 아동을 위한 협력을 계획하기 위한 시간 확보는 매우 어려운 과제이므로 교사들이 서로 시간을 할애하여 협력을 위한 계획을 세우고 실행할 수 있도록 학교 분위기를 조성하고 지지해 주는 학교장의 지원은 필수적이라고 할 수 있다.

학교 관리자뿐만 아니라 특수교육 장학사 등의 전문직 행정가도 교육현장에서의 협력적 접근을 위하여 긍정적인 영향을 미칠 수 있다. 특수교육 장학사는 장애 아동이 포함된 학교를 대상으로 특수교육 장학을 통하여 장애 아동의 잠재력 개발을 최대화하기 위하여 특수교사와 통합학급의 일반교사가 어떻게 교육과정을 운영하고 교수전략을 실행하고 있는지를 확인하고 지도하게 된다(이소현, 2005; Lewis et al., 2017). 그러므로 통합학급 장학의 내용이 통합교육을 위한 학교 전반의 분위기 조성과 통합학급 교사를 위한 연수 프로그램 및 교사 간 협력을 중점적으로 지원하는 내용으로 구성된다면 학교 현장에서의 교사 간 협력적 접근을 통한 장애 아동 교육의 성공적인 실행을 촉진하게 될 것이다.

6) 특수교육 지원인력

특수교육 팀에는 특수교육 실무사와 같은 보조인력인 특수교육 지원인력이 포함된다. 특수학급 교사가 일반학급에 통합된 장애 아동을 항상 따라다니며 지원할 수 없는 상황에서 지원인력의 역할은 매우 중요하다. 우리나라에서는 특수교육 지원인력의 역할을 「특수교육법 시행규칙」(교육부령 제269호, 2022.6.29. 일부 개정)에 명시하고 있다. 이에 따르면, 학교에 배치되는 지원인력은 교사의 지시에 따라 교수학습 활동, 신변처리, 급식, 교내외 활동, 등하교 등 특수교육대상자의 교육 및 학교 활동에 대하여 보조 역할을 담당하게 된다. 특수교육 지원인력은 장애 아동을 일대일로 지원할 수도 있고, 특정 학생을 대상으로 하기보다는 특수교육 프로그램 전반을 지원하는 역할을 맡을 수도 있다. 학습을 직접적으로 보조하는 역할, 교수학습 자료 제작이나 일상생활 지원 등 다양한 역할을 맡을 수 있다(Friend, 2021).

특수교육 지원인력이 자신의 역할을 성공적으로 수행하기 위해서는 이들에 대한 적절한 교육, 사전 계획, 사후 평가, 평가에 따른 지속적인 보완 등이 반드시 이루어져야 한다. 특수교사와 통합학급 교사는 지원인력을 적절히 활용하여 통합교육의 효과를 높일 책임이 있다. 특히 아동이 특수교사와 떨어져서 지원인력과 함께 통합학급에 있게 되는 경우 그 지원의 내용과 깊이에 대한 충분한 계획과 이에 따른 지원인력 교육 및 주기적인 자체 평가가 반드시 이루어져야 한다. 또한 동 학년 모임이나 다른 협력 시간을 통해 특수교사가 직접 통합학급 교사와 장애 아동 교육에 대한 정보를 나누도록 하여, 전문적인 특수교육 훈련을 받지 않은 지원인력이 통합교육의 중요한 책임을 혼자서 떠맡는 일이 생기지 않도록 해야 한다. 부모나 통합학급 교사도 통합교육에서의 지원인력의 역할과 역량에 대하여 정확히 이해하고 이들에게 지나치게 의존하는 일이 없어야 한다.

최근에는 장애 아동 교육현장에 배치되는 지원인력 활용과 관련하여 어려움도 지적되고 있다. 예를 들어, 지원인력 관리 업무 부담, 특수교사와 지원인력 역할 경계의 불명확성, 지원인력에 대한 학부모의 지나친 의존 등을 들 수 있다(서선진, 김주혜, 2019). 사회복

무요원이나 실무사 등 지원인력의 다양성과 역량의 차이나 업무 정체성에 대한 문제, 역할을 적절히 수행하지 못할 때 통합교육에 미치는 부정적인 영향(예: 장애 아동의 또래 관계 형성 저해, 통합학급 안에서의 분리교육 발생 등)도 지적된다(표윤희, 홍정숙, 2022).

특수교육 지원인력은 교사가 함께 협력해야 하는 대상이면서 동시에 구체적인 역할을 부여하고 관리 감독해야 하는 대상이기도 하다. 이러한 두 가지 관계를 잘 유지하기 위해서는 지원인력의 역할에 대하여 명확하게 소통하고 그들의 의견과 피드백을 경청하며, 의견의 차이가 생길 때 즉시 해결하는 것이 좋다(Friend, 2023).

이 외에도 장애 아동의 특성과 필요에 따라 상담교사, 학교 심리학자, 학교 사회복지사, 간호사도 협력 팀에 포함될 수 있다. 국내에서도 상담교사의 배치가 확대됨에 따라 과거에 비해 상담교사와의 협력을 기대할 수 있는 여건이 조성되고 있으며, 특수학교를 중심으로 건강관리가 필요한 장애 아동을 위해 간호사를 파견하는 의료적 지원도 시작되었다(김현진, 2022). 장애 아동이 어떤 교육환경에 있느냐에 따라 지원이 제한되어서는 안 되는데, 이는 아동의 개별적인 필요를 중요하게 여기는 특수교육의 기본 원칙과 맞지 않기 때문이다. 예를 들어, 의료적 지원이 필요한 학생이 통합되어 있다면 해외사례와 마찬가지로 적절한 의료적 지원이 제공되는 것이 바람직하다.

2. 협력적 접근의 계획 및 실행

성공적인 협력을 계획하고 실행하기 위해서는 팀의 구성원이 함께 모이는 시간을 확보하는 것뿐만 아니라 그러한 모임과 협력을 위한 노력이 효율적이고 성공적일 수 있도록 여러 가지 요소를 고려해야 한다. 만일 성공적인 통합교육을 위한 협력의 원래 목적이 제대로 달성되지 않는다면, 협력을 위한 모임은 형식적인 회의로 시간만 허비하게 되고 의견 차이로 서로 불편해질 수도 있다. 그러므로 이 절에서는 성공적인 협력의 계획과 실행을 위한 구성요소를 소개하고, 특히 그중에서도 협력을 위한 의사소통과 시간 관리에 대하여 좀 더 상세하게 설명하고자 한다.

1) 협력적 접근의 구성요소

협력적 접근을 위한 중요한 요소는 협력에 참여하는 구성원 각자의 전문성과 인간관계 기술, 그리고 아동의 교육적 필요를 충족시키는 일을 기꺼이 돕고자 하는 자발성이다. 자신의 영역에 대한 전문성, 다른 사람과 관계를 형성하고 의사소통하는 능력, 아동을 위해 자신의 추가적인 시간과 노력을 들이고자 하는 마음 중 어느 하나라도 부족하다면 협력은 제대로 이루어지기 어려운 것이 사실이다. 또한 협력적 접근을 통하여 공유된 목표를 설정하기 위해서는 각 구성원이 마음을 쏟아야 하고 의사소통 기술에 유의해야 하며 평등한 상호작용을 유지하도록 노력해야 한다(Friend, 2021). 일반적으로 통합교육

표 3-1 **효율적인 협력적 접근의 구성요소**

영역	요소
팀의 목표	• 팀의 목표가 명확하다. • 모든 팀 구성원이 목표를 잘 이해하고 있다. • 구성원이 함께 팀의 목표를 수립한다. • 성취 가능한 목표다. • 팀 구성원이 목표에 대해 만족한다.
팀의 역할과 구성원	• 팀 구성원이 팀 협력에 적극적이다. • 팀의 리더가 있다. • 팀의 리더가 편견이 없다. • 구성원 간에 서로의 역할에 대하여 잘 알고 있다. • 필요하면 새로운 구성원이 추가된다.
의사소통	• 의사결정은 학생을 위해서 이루어진다. • 팀 내에서 적절한 경청이 이루어진다. • 의사결정은 필요에 따라 수정된다. • 팀 구성원은 동등하게 의사 발표 권한이 있다.
팀워크/응집력	• 서로의 생각을 나누는 일에 편안함을 느낀다. • 팀 구성원 간에 신뢰가 있다. • 팀 구성원 모두 서로가 동등한 입장이라고 느낀다. • 의견 불일치를 잘 해결할 수 있다.
팀 협력의 성과	• 필요에 따라 계획을 수정한다. • 팀 구성원은 합의한 계획을 시행하는 데 적극적이다. • 구성원이 합의한 계획에서의 각자의 책임에 대하여 명확히 인식한다. • 해결책이 실제적이다. • 계획을 세운 내용이 실행된다. • 계획의 효과에 대해 검토한다.

출처: Smith, T. E. C., Polloway, E. A., Patton, J. R., & Dowdy, C. A. (2006). *Teaching students with special needs in inclusive settings* (4th ed., p. 45). Allyn and Bacon.

에서 협력을 통하여 이루고자 하는 목표는 장애 아동이 자신에게 적합한 방법으로 통합학급의 모든 활동에 의미 있게 참여하는 것이지만, 최근 통합학급이 보편적 학습설계를 통해 다양한 학습자에게 적합한 교육적 환경으로 변화하고 중재반응모형(RTI)이나 다층구조형 지원 체계(MTSS)와 같은 증거기반의 실제가 적용되고 있다는 점을 고려할 때 교사 간 협력은 더욱 중요해졌다. 따라서 이러한 일반적인 목표에 대한 구성원 간의 공감과 동의가 먼저 형성되어야 한다. 그리고 자신의 성격이나 의사소통 기술 및 스타일의 차이로 인하여 협력관계가 불편해질 수 있다는 사실을 기억하고 유의해야 한다. 협력은 상호 신뢰와 존중, 공동체 의식에 기초하므로 누구나 처음 시작할 때는 이러한 자질이 부족할 수도 있음을 이해하고 점차로 계발하도록 노력해야 한다(Friend, 2023).

　〈표 3-1〉은 협력 팀을 효율적으로 운영하기 위하여 갖추어야 하는 요소를 영역별로 보여 준다. 이 표의 내용을 구체적으로 살펴보면, 특히 협력의 목표 설정 단계부터 구성원 모두가 함께 참여하고 동의하고 만족해야 할 뿐만 아니라 협력 단계의 전반에 걸쳐 어느 한 사람의 의견이 아닌 모두의 의견이 존중되어야 한다는 사실을 알 수 있다. 좋은 의도로 시작하더라도 협력이 성공적으로 이루어지기 위해서는 구성원 각자의 자기 성찰과 타인과의 상호작용 기술, 융통성이 필요하다(Friend, 2023).

2) 협력을 위한 의사소통 기술

　협력적 접근이 효율적으로 이루어지기 위해서 필요한 요소 중 구성원 간의 의사소통은 특히 중요하다. 이것은 서로 다른 교육적 배경과 경험 또는 성격을 지닌 사람들이 모여 협력하기 위해서는 긍정적이고 성과 지향적인 의사소통을 하는 능력이 필수적이기 때문이다. 의사소통 능력은 (1) 능동적인 듣기, (2) 상황과 대상을 분리하기, (3) 공동의 목표와 해결책 찾기의 세 가지로 설명될 수 있다(Friend, 2023; Mastropieri & Scruggs, 2006). 먼저 능동적인 듣기란 상대방의 말을 잘 듣는 것뿐만 아니라 잘 듣고 있음을 상대방에게 알게 하는 것을 의미한다. 능동적인 듣기 기술은 대화 중 상대방의 말에 관심이 있으며 잘 이해하고 존중하고 있음을 알릴 수 있다. 예를 들어, 말하는 사람과 눈을 맞추고 고개를 끄덕이는 등의 행동이나, 수긍하거나 더 말해달라는 간단한 언급 또는 중간중간에 이야기의 요점을 정리하면서 확인하는 것(예: "그러니까 지금 말한 게 ~란 거지요?") 등의 행동이 능동적인 듣기 방법에 포함되며, 이러한 능동적인 듣기는 긍정적인 상호작용과 열린 의사소통 관계를 유지하는 데 도움을 준다.

상황과 사람을 분리한다는 것은 대화 중에 개인에게 상처를 주는 부정적인 언급이나 평가하는 언어를 사용하지 않고 목표를 강조하는 것이다. 예를 들어, 숙제를 제출하지 않은 학생에게 "10개 중 7개를 내지 않았네. 어떻게 보충할래?"라고 하는 경우는 상황과 사람을 분리하여 말하는 것이지만, "너는 과학은 포기했니? 과학 숙제는 신경도 안 쓰는구나."와 같은 부정적인 말은 문제의 해결에 도움이 되지 않는다. 또한 "진호는 진짜 문제아예요. 너무 무례하고 계속 큰소리를 내서 수업을 할 수가 없어요."라고 말하는 것보다 "진호는 지난주에 네 번 수업에서 분리되었는데 두 번은 욕하는 행동, 두 번은 계속 큰소리를 내며 과제를 거부하는 행동 때문이었어요."라고 말하는 것이 평가적인 표현을 배제하고 상황을 명확히 전달하는 것이다.

공동의 목표를 분명히 하는 것은 팀 구성원의 긍정적인 상호작용을 유도하여 문제의 해결책을 찾는 데 도움을 준다. 공동의 목표를 재확인함으로써 팀 구성원 간의 부정적인 상호작용으로 인한 시간 낭비를 막고, 아동을 도울 방법을 찾기 위한 회의를 효율적으로 진행할 수 있다.

여러 사람이 모여서 회의를 하다 보면 자칫 회의의 목적인 아동의 교육 문제보다는 각자의 학문적 자존심이나 주장을 내세우고 자신의 의견이 존중받지 못하는 것에 대한 불만을 표시하는 등 사소한 문제가 더 크게 작용할 수도 있다. 따라서 끊임없이 회의의 목적을 상기시키면서 회의를 잘 조율해 갈 수 있는 리더의 역할이 매우 중요하다. 자신의 의견을 남에게 강요하는 리더가 아니라, 구성원 모두의 동등한 기여를 유도하고 갈등을 중재하며, 회의의 중심을 잡는 리더가 필요하다. 회의 참여자 역시 교육경력이나 나이를 내세워 무조건 자신의 의견을 주장해서는 안 되며, 상대방의 전문성을 무시하여 스스로 옳다고 생각하는 의견을 강요하거나 무시하는 말투를 사용하지 않도록 주의해야 한다. 다시 말해서, 상대방에게 말하고자 하는 내용을 쉽고 간결하게 잘 전달하고 설득할 수 있는 능력이 중요하다. 효과적인 협력 팀은 협력의 성과를 보면 알 수 있다. [그림 3-2]는 협력적 교수활동 중 각자의 역할과 협력 수준을 평가하게 해 주는 점검표의 예를 보여 준다.

협력적 접근에 참여하는 모든 구성원은 다음의 체크리스트를 작성하고, 작성 내용을 기반으로 중요한 공통점이나 강점, 개선이 필요한 영역을 찾아내어 그에 대한 목표와 계획을 수립할 수 있다.

• 점검표

문항	1	2	3	4
나는 내 파트너의 이야기에 적극적으로 귀를 기울인다.				
나는 상황을 개인적으로 받아들이지 않고 주어진 일에 집중한다.				
나는 내 파트너와 함께 공동의 목표를 찾아내기 위해 협력한다.				
나는 내 파트너와 함께 브레인스토밍에 참여하고 가능한 해결책을 찾기 위해 협력한다.				
나는 내 파트너와 함께 목표를 설정하고 계획을 세우기 위해 협력한다.				
나는 내 파트너와 함께 목표와 계획에 따라 실행한 결과를 평가한다.				

1: 그렇지 않다, 2: 가끔 그렇다, 3: 거의 그렇다, 4: 항상 그렇다

• 협력적 접근을 위해 도출된 두 가지 목표

목표 1	
목표 2	

[그림 3-2] 협력적 교수에서의 구성원 간 점검 및 실행목표 수립을 위한 도구

출처: Scruggs, T. E., & Mastropieri, M. A. (2017). Making inclusion work with co-teaching. *TEACHING Exceptional Children, 49*(4), 284-293.

3) 협력을 위한 시간 관리

협력적 접근이 효율적으로 이루어지기 위해서는 시간 관리도 중요하다. 이는 앞에서 설명한 협력의 핵심적인 요소인 구성원 간의 의사소통을 촉진하기 위해서는 함께 만나서 계획할 수 있는 시간을 마련할 수 있어야 하기 때문이다. 어떤 형태의 협력 방법을 사용하든지 사전에 계획하는 시간을 가지는 것이 매우 중요하다. 그러나 이러한 시간이 공식적인 학교 시간표에 포함되어 있지 않기 때문에 별도의 시간을 만들어야 한다는 어려움이 있다. 특히 여러 교과 담당 교사가 있는 중·고등학교에서의 이와 같은 시간 관리는 더욱 어려운 과제일 수 있다.

점심식사 중에 시간을 정해 회의를 하거나 교내 연수 시간을 조금씩 분산하는 등의 방법으로 시간표를 조정하거나, 초청 강사 등의 교수 인력을 활용하는 등 협력 시간을 확보하기 위해 여러 가지 노력을 할 수 있다. 공식적인 회의가 아니더라도 인터넷이나 휴대전화, 공강 시간이나 등하교 시간의 간단한 만남 등의 비공식적인 방법을 사용할 수 있다. [그림 3-3]은 테크놀로지를 활용하여 협력할 수 있는 예시를 보여 준다. 또한 팀의 모든 구성원이 모든 회의에 다 모일 필요는 없으므로 필요에 따라 해당 구성원만 모이는 것도 방법이다. 주로 핵심 구성원인 통합학급 교사와 특수학급 교사는 자주 만나고 연락하는 것이 좋다. 교사의 이와 같은 노력이 현실적으로 실행되기 위해서는 학교장이나 교감 등 관리자의 이해와 지원이 필요하다.

　　회의를 위한 별도의 시간을 마련하기 어려울 때 통합학급 교사를 위해 특수교사가 주

교사들이 대면으로 만나지 못하는 경우에도 협력할 수 있는 다양한 기술적 방법이 있다. 예를 들어, 다음과 같은 구글의 앱을 사용한다면 협력을 위한 별도의 회의시간을 내기 어려운 교사들에게 유용한 도구가 될 수 있다.

- 캘린더

　협력교수를 하는 교사들이나 그 외에도 일정에 대한 정보를 공유해야 하는 경우에는 캘린더를 공유할 수 있다. 협력교수를 하는 교사들은 학습지도안을 해당 일정에 업로드하여, 특수교사가 적시에 필요한 수정을 할 수 있도록 정보를 제공할 수 있다.

- 독스(Docs)

　실시간으로 문서를 수정하고 동료들과 공유할 수 있다. 함께 문서작업을 하면서 채팅으로 의견을 나눌 수도 있다.

- 행아웃(Hangouts)

　같은 장소에 있지 않더라도 여러 사람이 동시에 영상통화를 할 수 있다. 영상대화를 하면서 문서나 사진을 공유할 수도 있다.

- 킵(Keep)

　메모용 앱으로 작성한 메모를 다른 사람들과 공유할 수 있으며, 나중에 정보를 추가하면 추가된 정보도 업로드된다. 또한 메모 노트를 독스와도 연계할 수 있다.

[그림 3-3] G-suite 앱을 활용하여 협력하기

출처: Friend, M. (2023). *Special education: Contemporary perspectives for school professionals* (6th ed., p. 110). Pearson.

간 서신을 통해 장애 학생에 대한 정보, 특수학급 운영계획이나 활동에 대한 알림, 문제
행동 지도에 대한 정보, 학급 활동이나 수업 참여를 위한 전략, 통합학급에서의 장애 학
생의 수업목표와 활동 결정에 도움을 주는 내용을 넣어서 지원하는 방법도 효과적인 것
으로 보고되었는데(김주혜, 박은혜, 2004), 최근에는 구글 공유문서 및 메신저 등을 통하
여 통합학급 교사와 특수학급 교사가 빠르게 더 많은 다양한 정보를 주고받을 수 있게 되
었다. 일정 변경이나 행동 지도, 투약 지도 및 교수적 수정에 대한 컨설팅 등 장애 학생의
교육과 관련된 다양한 의사소통을 신속하게 할 수 있는 이러한 웹 기반 의사소통 방법은
시간제 통합이 많은 국내 통합교육 현장에서 다양한 협의가 필요한 교사들 간의 효율적
인 협력이 가능하게 해 준다.

3. 협력적 교수 방법

1) 협력적 자문

자문이란 한 사람이 다른 사람을 돕고 전문성을 제공하는 구체적인 문제해결 과정을
말하며(Gargiulo & Bouck, 2021), 최근 교육현장에서는 컨설팅이라는 용어를 사용하기도
한다. 예를 들어, 시각장애 아동이 통합된 학급의 교사는 시각장애 전문가로부터 시각장
애 아동이 사용하는 다양한 광학보조기구에 대한 설명을 듣고 수업시간에 적절히 활용
할 수 있으며, 행동 지원 전문가로부터 아동의 행동 지도와 관련된 자문을 받고 실행해
볼 수도 있다.

과거에는 자문이 일방적으로 한쪽에서 다른 쪽으로 전문성과 정보를 제공해 주는 것
으로 여겨졌으나 지금은 서로 간의 역할이 바뀔 수도 있으며 다양한 전문가가 관여하게
되면서 보다 협력적인 성격이 강조되기 시작하였다(Heward et al., 2022). 즉, 과거에는 통
합학급 교사의 경우 일방적으로 자문을 받는 입장이었으나 지금은 통합학급 교사도 자
신의 전문성을 기반으로 다른 교사에게 자문을 할 수 있음을 의미한다. 예를 들어, 통합
학급 교사는 아동의 언어표현을 확장하는 법에 대하여 특수교사나 언어재활사로부터 자
문을 받을 수도 있지만 때로는 특수교사나 치료사에게 특정 일반교과의 세부 내용에 대
하여 자문해 주는 역할을 할 수도 있다.

협력적 자문을 실행하기 위해서 자문 교사는 학급을 방문하고 학생을 관찰하며 효과
적인 교수 방법에 대하여 학급 교사를 자문하게 된다. 자문 교사가 직접 학급에서 수업

을 하는 경우는 드물고, 주로 단기적인 방법으로 자문을 사용한다. 협력적 자문은 공식적이거나 비공식적 회의를 통하여 이루어질 수 있다. 이때 말이나 문서를 통해서 효과적인 의사소통을 하는 것이 중요하다. 예를 들어, 특수교사는 간단한 쪽지나 이메일 등으로 통합학급에서의 장애 아동의 상태에 대하여 문의할 수 있으며, 일반교사는 다가오는 수행평가나 프로젝트 과제에 대하여 특수교사에게 미리 알림으로써 필요한 경우 추가 지원을 하게 할 수도 있다. 〈표 3-2〉와 〈표 3-3〉은 유치원 및 초·중등학교 현장에서 협력적 접근을 적용하여 긍정적인 성과를 나타낸 연구의 예를 보여 준다. [그림 3-4]와 [그림 3-5]는 그중에서도 유치원과 초등학교 과학 수업에서 각각 적용된 협력적 자문 적용 사례를 보여 준다.

표 3-2 유아특수교육 현장에서 협력적 자문이 적용된 성공적인 사례

제1저자 (연도)	연구 장소	연구 참여자	중재(협력 내용)	결과(교육적 성과)
윤신명 (2015)	일반유치원 통합학급	만 4~5세 장애유아 3명, 특수교사 1명, 일반교사 3명	• 특수교사가 활동 중심 삽입교수를 지원하고 일반교사가 이를 실행 • 특수교사가 활동-도표 및 삽입교수계획안을 작성하고 목표기술 교수전략을 지원	• 통합된 장애 유아들의 수 세기 기술 수행률 증가 및 기술의 유지 및 일반화
안의정 (2019)	일반유치원	유아교사 12명	• 장애 유아를 지도하는 유아교사들에게 개별화 교육과정 중심의 통합교육 지원 컨설팅 제공 • 유아교육 현장에서 유아교사의 통합교육 실행을 지원하여 유아교사의 통합교육 역량 강화 및 장애 유아의 참여와 발달 촉진	• 유아교사의 교사효능감 증진 • 유아에 대한 교사의 긍정적인 상호작용 행동 향상 • 장애 유아의 교수목표 성취
정혜림 (2021)	일반유치원 통합학급	만 3~4세 장애유아 3명, 특수교사, 일반교사, 보조인력 각 2명	• 특수교사, 일반교사, 보조인력으로 협력 팀을 구성하여 협력적 접근을 통한 활동 중심 삽입교수 실시 • 가치관 공유, 정기적 협의회, 전문성 향상, 명확한 역할 분담 • 교수 기회 확인, 교수 계획, 교수 실행, 교수 평가	• 장애 유아의 개별 교수목표인 요구하기 행동의 수행 증가 • 유아 2명의 행동 일반화

표 3-3 초·중등특수교육 현장에서 협력적 자문이 적용된 성공적인 사례

제1저자 (연도)	연구 장소	연구 참여자	중재(협력 내용)	결과(교육적 성과)
김주혜 (2009)	초등학교 통합학급	통합학급교사 28명, 특수학급교사 12명	• 아동에 대한 교사 간 협력적 포트폴리오 제작(계획, 자료수집, 교수실행, 포트폴리오 자료 조직)	• 통합학급 교사의 장애 아동에 대한 교수 수행 능력과 교사효능감 증진
박미경 (2010)	중학교 통합학급 (수학)	중학교 장애학생 3명	• 수학교사, 특수교육 지원인력, 특수교사로 구성된 협력적 자문팀 구성 • 문제해결과정을 거쳐 통합 지원 실행	• 중등 통합교육의 지원 모델로서 팀 기반 통합 지원의 가능성 확인 • 학교 차원 통합지원팀의 필요성 확인
이은주 (2010)	초등학교 통합학급	통합학급 배치 장애 아동 3명	• 특수교사와 일반교사의 협력을 통해 장애 아동의 통합학급 교육과정 접근을 위한 개별화교육계획을 개발하고 실행	• 장애 아동의 성취도 향상, 과제참여행동 증가 및 도전행동 감소 • 교사들의 협력의 의미와 통합학급 수업에 대한 책무성 인식
표윤희 (2020)	통합학급 (유·초·중·고)	특수교사(유·초·중 등) 5명, 작업치료사 3명	• 작업치료사와 특수교사가 유·초·중·고등학교에 통합된 뇌성마비 학생을 대상으로 협력적 진단 및 IEP 목표 선정, 활동 매트릭스 작성 및 실행, 점검 및 평가의 과정으로 협력을 진행하고 통합학급에 적용	• 장애 아동에 대한 일반교사와 또래의 긍정적 변화 • 장애 아동의 참여 증가 • 협력 팀 구성원의 긍정적 변화(인식, 효능감)
김지민 (2023)	가정, 특수학급, 통합학급	자폐 범주성 장애 초등학생, 어머니, 특수교사, 통합학급 교사	• 특수학급교사의 주도로 어머니, 통합학급 교사와 협력하여 VSD 기반의 의사소통 중재 실행. 중재계획 수립 및 실행을 위해 협력하고, 중재는 협력 팀의 구성원이 각 중재 장소(가정, 특수학급, 통합학급)에서 제공	• 장애 학생의 수업참여 행동 증가 및 부적절한 수업 행동 감소, 발화 및 의사소통 행동 증가

통합유치원에서의 협력적 자문 사례

통합된 장애 유아의 수 세기 기술 발달 증진을 위해 만 4~5세 통합학급 일과 활동시간 중에 특수교사와 일반교사가 협력하여 활동 중심 삽입교수를 실행함

특수교사의 역할

- 유아의 수 세기 기술 관련 행동이나 질문을 끌어낼 수 있는 놀잇감 사전 배치
- 통합학급 일과 활동에서 수 세기 기술 관련 수행 및 언어적 반응을 끌어낼 수 있는 요소 사전 판별
- 활동 중심 삽입교수를 위한 활동–기술 도표 및 삽입교수 계획안 작성
- 일반교사에게 교수전략 지원

일반교사의 역할

- 특수교사의 지원을 받아 일과 중에 장애 유아에게 수 세기 기술 습득 및 향상을 위한 활동 중심 삽입교수 실행
- 일과가 끝난 후 특수교사와 함께 중재 점검 및 다음 삽입학습 기회 판별에 대해 논의

특수교사의 지원으로 일반교사가 실행하는 활동 중심 삽입교수 과정

1단계	교수목표 점검 및 수정	• 일반교육과정에서 실행하는 활동의 목표와 장애 유아의 개별적인 목표 검토 • 개별 목표를 활동 중 교수가 가능한 형태로 수정
2단계	학습 기회 구성	• 일반교사에게 활동–기술 도표의 작성 및 활용 방법 설명 • 특수교사와 일반교사가 협력하여 일과 및 활동 분석을 통한 학습 기회 판별 • 삽입교수를 위한 일과 및 활동을 선정하여 활동–기술 도표 작성
3단계	삽입교수 계획	• 활동–기술 도표를 바탕으로 특수교사와 일반교사가 협력하여 삽입교수 계획 • 특수교사가 삽입교수 계획안을 작성하여 일반교사에게 제공하고 수정된 활동 목표에 대해 안내
4단계	삽입교수 실행	• 일반교사가 일과 활동 진행 중에 삽입 교수 실행 • 특수교사는 삽입교수의 중재 충실도 점검
5단계	삽입교수 점검 및 피드백	• 일과 후 일반교사와 특수교사가 함께 교수 실행을 점검하고 피드백 제공 • 추가적으로 필요한 지원 방안을 함께 모색한 후 추후 계획 및 실행에 반영

특수교사와 일반교사의 협력교수를 통한 활동 중심 삽입교수의 의의

- 일반교사에게 특수교육 전문성을 제공하는 협력의 형태로 특수교사가 일반교사의 중재 실행을 지원함으로써 장애 유아는 자연적인 환경에서 개별화된 목표에 대한 교수를 제공받음
- 일과 전반에 걸쳐 장애 유아의 학습 기회가 보장되고 기술 수행이 향상됨

[그림 3-4] 유치원에서 실행된 협력적 자문의 예

출처: 윤신명, 이소현(2015). 특수교사 지원으로 일반교사가 실행하는 활동 중심 삽입교수가 통합된 장애 유아의 수 세기 기술에 미치는 영향. 유아특수교육연구, 15(4), 173-199.

의사소통앱을 활용한 통합학급 수업 참여 지원

통합학급 과학시간의 〈화산과 지진〉 단원(초 4학년 2학기) 수업 참여를 위하여 특수교사와 통합학급 교사가 구어 사용이 부족한 장애 학생을 위하여 다음과 같은 목표를 세우고 함께 의사소통판을 제작하고 활용하였다.

〈수업에서 사용한 의사소통판 예시〉

핵심어휘인 '용암' '화산재' 등을 학습

- 각 차시의 핵심어휘('화산재' '용암' 등) 학습하기
- 실험에 사용되는 도구 이름 학습하기
- 의사소통판을 사용하여 발표하기

교사들은 IEP 회의를 통하여 핵심어휘 중심의 통합학급 수업 참여를 목표로 정했으며 의사소통앱 사용 교육을 특수교사가 진행하고, 등하교 시간의 대면 논의 외에도 모바일 메신저를 통하여 수시로 협의하고 진행상황을 공유하였다. 수업에 활용한 '커뮤니샷'은 국내 최초로 개발된 시각적 장면 디스플레이(visual scene display: VSD)앱으로 그림이나 사진에 핫스팟을 만들고 음성출력이 가능하여 제작에 시간이 적게 걸리고 장애 학생이 직관적으로 사용하기 쉽다.

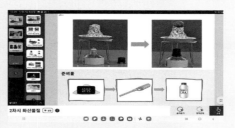

'설탕' '점화기' 등 실험에 필요한
재료와 도구의 이름 학습

화산활동의 영향에 대해 발표

결과

- 수업 참여 행동이 증가하고 도전행동이 감소하였으며, 또래들의 인식도 긍정적으로 변화하고 장애 학생이 다른 수업에 비하여 과학시간에는 덜 지루해한다고 보고하였다.
- 자발적인 의사소통 행동이 증가하고 통합학급에서의 목표도 과거의 수동적 목표(예: 잘 앉아 있기, 실험관찰 내용 보고 따라 쓰기, 페이지에 맞게 교과서 펴기)에서 보다 능동적이고 교육과정에 적합한 목표로 변화되었다(예: 각 차시에서 가장 중요한 핵심어휘 2~3개 익히기, 커뮤니샷을 사용하여 발표하기).

[그림 3-5] 초등학교 과학 수업에서의 학습 참여를 위한 협력의 예

출처: 김지민, 김주성, 이영선, 박은혜(2023). VSD를 활용한 협력적 팀 중심의 AAC 중재가 자폐 범주성 장애 초등학생의 통합학급 수업 참여도 및 의사소통 행동에 미치는 영향. 학습자중심교과교육연구, 23(18), 211-227.

특수교사와 통합학급 교사 간의 협력적 자문 외에도 장애 아동의 교육적 필요에 따라 작업치료사(표윤희, 2020), 간호사(김현진, 2022), 행동 지원 전문가(허수연, 이소현, 2019) 등 외부 전문가의 자문을 받을 수 있다. 이 경우 앞에서 언급한 여러 가지 요인 외에도 외부 전문가가 학교의 상황적 맥락을 충분히 이해하는 것이 중요하다. 외부의 치료실에서 하는 치료가 그대로 학교 내에서 이루어지기 어렵다는 것을 인식하고 학교의 학습 및 활동 맥락 속에서 장애 아동에게 필요한 지원을 제공하는 방법을 함께 찾고 교사에게 필요한 지원을 해 줄 수 있어야 한다. 일회성 자문보다는 지속적으로 성과를 모니터링하면서 초기 계획에 따른 장애 아동의 성취가 이루어지는 것을 함께 확인할 수 있도록 행정적 체계가 갖추어지는 것이 바람직하다. 즉, 외부 전문가의 협력이 교사에게 또 다른 업무나 짐이 되어서는 안 되며, 교사에게 처방만 내리기보다는 실질적으로 장애 아동에게 도움이 될 수 있도록 협력의 공동책무성을 갖는 것이 중요하다.

2) 협력교수

(1) 협력교수의 정의

협력교수는 교사들이 교실 안에서 동등한 파트너로 함께 교수하는 것을 말하며, 각 교사는 능동적인 역할을 맡는다. 협력교수는 서로 다른 전문성을 지닌 두 교사(예: 특수교사와 일반교사, 교사와 언어재활사 등)가 함께 교수하는 것으로 여기에 특수교육 지원인력은 포함되지 않는다. 통합교육의 맥락에서 많이 논의되기 때문에 주로 통합학급 교사와 특수교사가 협력하는 경우가 많다. 협력교수는 장애 아동뿐만 아니라 장애로 진단받지는 않더라도 교사의 개별적인 도움이 필요한 아동이 증가하고 있는 오늘날의 학교 현장에서 다양한 학습자 요구에 효과적으로 반응할 수 있는 접근으로, 최근 학급 내 장애 아동뿐만 아니라 영재 아동이나 이중언어 아동 등 다양한 학습자를 가르치기 위한 효과적인 교수 방법으로 확인되고 있다(Turnbull et al., 2024). 따라서 협력교수의 성공적인 실행을 위해서는 학교 차원의 지원이 중요한 역할을 하게 된다.

협력교수는 그 형식을 따르는 것만으로 목표를 달성하는 것은 아니며, 근본적인 기본 이념과 원리를 실천하고자 하는 노력이 더 중요하다. 협력교수의 기본적인 원리는 참여 교사들이 학급 내 모든 아동에 대한 교수적 책임을 공유하고, 정기적인 의사소통을 하고, 정서적 지지나 동료 장학 등의 형태로 서로를 지원하며, 모든 아동을 교수에 포함시키기 위하여 적극적으로 노력해야 한다는 것이다. 협력교수를 한다고 하면서 내 학생과 상대 교사의 학생을 구별하거나, 어느 한 사람만 계속 교수의 책임을 지고 주도하는 것은 바람직하지 않다는 것이다. 또한 협력하는 교사들의 특성과 전문성이 서로 다르기 때문에 동료 지도를 통하여 서로 유익한 지원을 주고받을 수 있다. 협력교수에서는 두 교사가 함께 교수를 계획하고 협력적으로 일할 수 있는 충분한 시간이 요구된다.

(2) 협력교수의 유형

협력교수는 교수-관찰, 스테이션 교수, 평행교수, 대안교수, 팀티칭, 교수-지원/보조 등의 여러 가지 형태로 실행할 수 있다(Friend, 2021, 2023; Friend et al., 2010; Gargiulo & Bouck, 2021). [그림 3-6]은 이와 같은 다양한 형태의 협력교수를 그림으로 보여 준다.

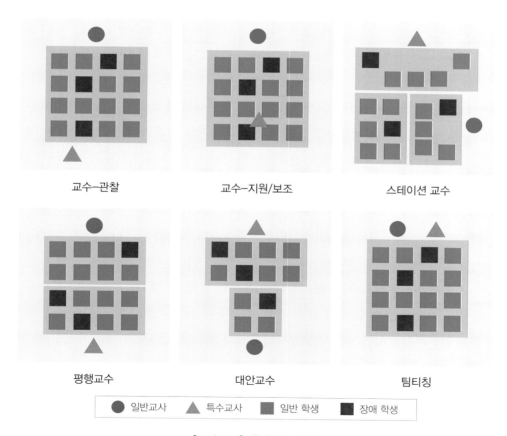

[그림 3-6] 협력교수 유형

출처: Gargiulo, R. M., & Bouck, E. C. (2021). *Special education in contemporary society: An introduction to exceptionality* (7th ed., p. 24). Sage.

교수–관찰(one teach, one observe)은 한 명의 교사가 전체 그룹을 가르치는 동안 다른 교사는 수업을 관찰하는 것이다. 관찰하는 교사는 '특정 학생이나 학급 전체에 대한 학업적, 행동적, 또는 사회적 데이터'와 같은 정해진 측면에 초점을 두고 관찰한다. 이때 관찰하는 교사는 한 명 또는 한 그룹의 학생들 또는 경우에 따라 전체 학급을 관찰할 수 있다. 교사는 이와 같은 방식의 협력을 통하여 자신의 교수 행동에 대한 피드백을 받을 수도 있다.

스테이션 교수(station teaching)는 학생들을 이질적인 그룹으로 나누어 각 교사와 함께 교실 각 스테이션에서 학습하는 형태를 말한다. 이때 각 스테이션에서 일정 시간을 보낸 후 다른 스테이션으로 이동하여(예: 수업 중간, 다음 수업일 등) 수업을 진행한다. 이 모델에서는 교사가 각자 자신의 스테이션에서 교수할 내용을 개발한다. 스테이션 교수에서의 그룹 수는 참여 교사의 수에 따라 달라지며, 교사 없이 운영되는 스테이션이 있을 수도 있다. 예를 들어, 두 개의 스테이션은 교사가 이끌고, 세 번째 스테이션에서는 독립적인 학습활동이 진행될 수 있다([그림 3–5] 참조). 학생들은 능력에 따라 그룹이 나누어질 수도 있고, 학생에 따라서는 특정 스테이션을 반복하게 할 수도 있다.

평행 교수(parallel teaching)는 교수적 차별화를 촉진하고 학생 참여를 높이기 위해서 교사들이 공동으로 수업을 계획하고 같은 시간에 같은 자료를 가지고 학급 내 절반의 학생 또는 소집단 학생에게 각자 수업을 진행하는 방식이다. 이 유형의 협력교수는 교사들이 별도의 그룹에서 작업을 할 때 동일한 방식으로 내용을 전달하기 위해 공동 계획 시간을 필요로 한다.

대안 교수(alternative teaching)는 한 명의 교사가 보다 특별한 지원이 필요한 소규모 그룹의 학생들과 함께 예습, 복습, 보충 또는 추가적인 지원이나 연습을 하는 동안 다른 교사는 대규모 그룹을 지도하는 형태이다. 이 유형의 협력교수에서는 예습이나 복습을 위한 자료가 준비될 수 있도록 더 많은 계획 시간이 필요하다. 또한 한 교사가 그룹을 맡아 복습이나 예습을 하기 위해서는 교사들이 비슷한 수준의 내용 지식을 가지고 있어야 한다.

팀티칭(team teaching 또는 teaming)은 두 교사가 협력하여 수업 계획과 교수에 대해 공유하는 형태로, 공동 계획을 위한 시간 중에 내용에 대한 동등한 지식, 공동의 철학, 그리고 학급의 모든 학생에 대한 책임을 공유하는 것이 중요하다. 특히 교사들 사이의 긴밀한 관계와 원활한 교류는 이 모델을 더 효과적으로 만들 수 있으므로, 팀티칭을 하는 두 명의 교사가 필요한 특정 교수 상황(예: 상반된 관점이나 의견에 관련된 내용을 소개하거나 두 캐릭터가 등장하는 장면을 제시할 때 등)에서 활용될 경우 효과적일 수 있다.

교수-지원/보조(one teach, one support/assist)는 한 명의 교사가 주도적으로 교수하고 다른 교사가 개인이나 소규모 그룹에 도움과 지원을 제공하는 형태로, 두 교사 모두 계획을 세워야 하지만 일반적으로 한 명의 교사가 수업 내용에 대해 계획하고 다른 교사는 학생들의 개별 학습 또는 행동 필요에 대해 구체적으로 계획한다. 가장 흔하게 사용되는 협력교수 모델 중 하나로 지원/보조를 제공하는 교사는 도움이 필요한 학생에게 반복적으로 추가적인 설명을 제공할 수 있다. 그러나 가장 효과가 낮은 유형의 협력교수로 평가되기도 하므로 적용에 주의를 기울여야 한다. 예를 들어, 수업에서 보조/지원을 제공하는 교사가 있을 때 학생의 의존도가 높아질 수도 있으므로 학생을 알아가는 초기 단계에서만 제한적으로 사용하도록 권장된다.

(3) 협력교수의 실행

다양한 능력의 장애 아동을 포함하는 통합교육을 위한 접근 중 하나인 협력교수는 그 실행이 그렇게 단순하지만은 않다. 협력교수 실행에 따른 여러 가지 어려움이 나타날 수 있는데, 예를 들어 교사들이 함께 계획을 세우기 위한 시간이 부족하고, 협력교수를 위한 학급시간표 조율이 어려우며, 교사가 협력교수에 대해 부정적인 태도를 보이거나 수행능력이 부족할 수 있다. 또한 특수교사나 전문가가 많은 학생을 지원해야 하는 경우 협력교수를 필요로 하는 모든 학급에 들어갈 수 없다는 현실적인 어려움이 존재한다. 협력교수를 실행해야 하는 통합학급의 수가 많은 경우 특수교사는 실질적인 계획과 실행 시간을 충분히 확보하지 못할 수 있으며, 이러한 경우 협력교수의 실행 효과에 부정적인 영향을 미칠 수도 있다. 한 학급에 여러 명의 장애 아동을 통합시키는 경우에는 이와 같은 문제를 해결하고 협력교수를 용이하게 할 수 있는 것이 사실이지만, 한 학급에 지나치게 많은 수의 장애 아동을 통합시키는 것은 통합교육의 기본적인 지침에서 어긋난다고 볼 수 있다. 특히 중·고등학교에서는 과목담당 교사와 특수교사 간의 협력을 위해 요구되는 협력 팀 구성원의 수가 많아지기 때문에 어느 정도의 수준에서 협력교수를 실행하는 것이 효율적인지를 잘 결정해야 한다. 따라서 협력교수의 다양한 유형을 적절하게 활용하고, 특수교육 지원인력을 효율적으로 활용하며, 교사 간 자문이나 멘토링 등의 방법으로 서로의 전문성과 역할을 방출하고 습득하는 등의 방식으로 이러한 어려움을 해결하기 위한 노력을 기울여야 한다. 이를 위하여 학교 관리자는 협력교수에 따르는 다양한 어려움을 이해하고 행정적으로 지원할 수 있어야 한다(Friend, 2021). 〈표 3-4〉는 협력교수 상황에서 경험할 수 있는 일반적인 어려움과 이에 대한 가능한 해결방법을 보여 준다.

표 3-4 **협력교수 실행의 어려움과 가능한 해결방안**

어려움	고려해 볼 수 있는 해결책
계획시간의 부족	• 협력적인 활동을 지원하기 위한 테크놀로지 활용 • 수업 시작 전/후 또는 학교 정규 일과 전, 방과 후를 포함하여 사용 가능한 시간을 파악하고 활용
특수교사의 교과 내용에 대한 지식 부족	• 일반교사가 특수교사에게 교육과정에 대한 안내 제공 • 미리 교과 학습목표와 주요 내용 및 전략 살펴보기 • 웹/디지털 기반 자료 활용 • 교재나 교수 자료 등 필요한 자원 파악 • 일반교사와의 정기적인 회의 및 논의(장소에 구애받지 않도록 가능한 곳에서 원격으로 협력하는 방안 활용) • 적극적으로 전문성을 개발할 수 있는 기회나 시간 확보
의사소통의 어려움	• 협력교수를 위한 공동의 목표 설정 • 각 목표에 대한 진행 상황 모니터링 • 각 목표에 대한 책임자 지정
권한 및 업무 영역상의 문제	• 효과적인 의사소통 전략 사용 • 모든 학생에 대한 공동 책임에 동의 • 공통적으로 중요하게 생각하는 합의점 찾기 • 모든 학생, 특히 특별한 지원 요구가 있는 학생을 위한 최상의 선택이 무엇인지 논의하여 결정
교육철학의 차이	• 효과적인 의사소통 전략 사용 • 공동의 교수 및 학습 목표 설정 • 형성평가와 자료 기반 의사결정 사용 • 학습 성과 관점에서 교수전략이나 방법 결정
행동 관리 또는 지도방법에서의 의견 충돌	• 합의점을 찾기 위한 효과적인 의사소통 전략 사용 • 효과적인 행동 관리 전략을 수립하고 실행하기 위한 형성평가 및 계획 과정에서의 합의점 찾기

출처: Scruggs, T. E., & Mastropieri, M. A. (2017). Making inclusion work with co-teaching. *TEACHING Exceptional Children, 49*(4), 284-293.

성공적인 협력교수를 위해서는 시간 관리와 의사소통 및 협력기술이 선행되어야 한다. 특히 온라인 기반 자원이나 다양한 디지털 테크놀로지를 활용하여 효율성을 높일 수 있다. 혼자 가르치는 것에 익숙해져 있는 교사는 협력교수를 실행할 때 타인이 자신의 교수를 지켜본다는 사실을 부담스러워하기 때문에 협력교수의 시작 자체가 어려울 수 있으며, 교사 간의 교육철학에 대한 차이도 함께 일할 때의 어려움으로 작용할 수 있다. 그러므로 협력교수를 실행하기 전에 교육 전반에 관한 여러 가지 이슈(예: 교육관, 행동 지도, 선호하는 교수 스타일)에 대한 서로의 견해를 충분히 나누는 것이 좋다. 〈표 3-5〉는 다양한 주제로 진행된 협력교수 연구의 예를 보여 준다. [그림 3-7]은 그중에서도 초등교육 현장에서 성공적으로 실시된 협력교수의 내용을 구체적으로 보여 준다. 최근의

표 3-5　협력교수 적용 연구의 예

제1저자 (연도)	연구 장소	연구 참여자	중재(협력 내용)	결과(교육적 성과)
김나연 (2022)	통합학급 교실	초등학교 3학년 통합학급 학생 20명	특수교사와 통합학급 교사가 함께 예절교육 프로그램을 계획, 실행, 평가하는 협력교수를 실시하여 모든 학생에 대한 교수적 책임을 공유하고 정기적으로 의사소통하며 서로를 지원함	장애 학생을 포함한 통합학급 학생들의 예절수행 및 친사회성이 향상됨
한선영 (2020)	통합학급 교실	초등학교 3학년 통합학급 2학급 학생 38명(장애 학생 2명 포함), 일반교사 2명, 특수교사 1명	특수교사와 통합학급 교사가 함께 매 회기 시작 전 협의, 실행, 평가의 과정을 거치면서 수업계획, 역할 분담, 학생 현황 파악, 수업 관련 협의 및 성찰의 시간을 가지며 보편적 학습설계를 기반으로 한 도덕과 협력교수 프로그램을 실시함	실험집단 학급의 사회적 지위 및 학교생활 만족도, 통합교육 효능감이 통제집단 학급에 비해 향상됨
정정은 (2023)	통합학급 교실	초등학교 6학년 통합학급 2학급 학생 39명(장애 학생 2명 포함), 일반교사 2명, 특수교사 1명	일반교사와 특수교사가 공동의 책무성을 갖고 서로의 전문성을 공유하며 함께 수업을 계획하고 진행함	장애 학생을 포함한 통합학급 학생들의 창의적 사고 역량과 사회적 역량 증가, 장애 학생의 수업 목표 달성

초등학교 통합학급에서 협력교수를 통한 메이커 교육 프로그램 실행 사례

협력교수를 위한 사전 준비

- 특수교사와 통합학급 교사의 지속적인 협의: 신뢰관계 구축 및 학생에 대한 정보 교환과 수업 계획
- 장애 학생이 포함된 학년의 동 학년 협의회: 2월 새학기 준비 기간부터 주 1회 이상 함께 협의하며 협력교수에 대한 철학 및 가치 공유
- 학년 교육과정을 수립할 때 특수교사가 함께 참여하여 협력교수 기반 메이커교육 프로그램을 교육과정에 삽입

협력교수 실시

- 사전 협의회: 협력교수를 실시하는 통합학급 교사와 특수교사가 매 수업 전에 만나 사전 협의회를 실시함. 교수학습지도안을 보며 누가/무엇을/어떻게 접근으로 역할과 책임을 나누고 수업 진행과 협력교수 방법을 협의함. 이때 팀티칭으로 이루어질 때는 수업 시 사용할 자료를 바탕으로 역할에 따라 시나리오를 미리 짜서 연습하며 교실 내 장애 학생 외에도 지원이 필요한 학생(예: 난독증 학생, ADHD 학생 등)에 대한 정보를 교환하며 지원 계획을 수립함.
- 수업 실시: 수업 내용에 따라 적절한 협력교수 방법을 실시함. 개념 전달 수업에서는 특수교사와 통합학급 교사가 공동의 책임을 갖고 번갈아 가며 진행하는 팀티칭으로, 모둠 활동은 전체 학급 학생을 두 그룹으로 나누어 평행교수로, 개별적인 지도가 필요한 경우에는 교수–지원으로 협력교수를 실시함.
- 사후 협의회: 수업에 대한 피드백을 교환하고 성찰하는 시간으로 다음 수업에서 보완할 점에 대해 논의하고 반영함.

협력교수 적용 결과

- 통합학급 학생 전체의 창의적 사고 역량과 사회적 역량 향상
- 장애 학생의 수업목표 달성
- 통합학급 교사들의 장애 학생의 교육적 성취에 대한 책임의식 증가, 통합교육과 협력교수에 대한 긍정적 인식

[그림 3-7] 초등학교에서의 협력교수의 예

출처: 정정은(2023). 초등 통합학급에서 실시한 협력교수 기반 메이커교육 프로그램의 효과. 이화여자대학교 대학원 박사학위 청구논문.

협력교수 관련 연구는 장애 학생뿐만 아니라 통합학급의 일반 학생들에게서도 유의미한 성과가 나타나는 것으로 보고한다(예: 김보미, 2020; 정정은, 2022).

통합교육의 방법론적 접근으로 협력교수에 대한 논의와 실행이 활발해지고 있는 현시점에서 협력교수와 통합교육의 관계에 대하여 잘 생각해 볼 필요가 있다. 통합교육의 모든 장면에서 반드시 협력교수를 실시해야 하는 것은 아니며, 협력교수는 통합교육의 효율적 이행을 위한 하나의 방법으로 생각해야 한다. 특히 협력교수는 넓은 의미의 교사 간 협력의 개념과 혼동되어서는 안 된다. 이 두 가지 개념을 동일한 개념으로 잘못 인식하게 되면 모든 수업시간에 모든 통합학급 교사와 특수교사가 협력교수를 실행해야 하는 것으로 오해할 수 있으며, 이는 불필요한 좌절과 죄책감을 초래할 수 있다. 특수교사가 담당하는 모든 장애 아동을 한 학급에 입급시키고 특수교사가 종일 그 학급에서 협력교수를 이행해야 한다고 생각하는 것도 이러한 잘못된 개념에서 기인하는 것이다. 교사 간 협력에는 이 장에서 설명한 협력교수와 자문 외에도 보다 적극적으로 실제 수행능력 습득을 돕는 코칭이나 멘토링 같은 다양한 방법이 있다. 즉, 학교와 장애 학생의 특성을 고려하여 적절하고 다양한 협력적 접근을 실행해야 하며, 중요한 것은 아무런 교육적 계획이나 지원 없이 장애 학생이 통합학급에 물리적으로 배치만 되어있는 수업 상황이 발생하지 않도록 해야 한다는 것이다. 통합학급의 수업은 통합학급 교사나 특수학급 교사 어느 한쪽의 일방적인 책임이 될 수 없다.

과거에는 통합학급 교사는 장애 아동의 교육에 대한 수동적인 입장이었으며, 따라서 이들을 위한 인식 개선과 정보 제공이 통합교육을 위한 교사 관계의 주를 이루었다. 그러나 이제는 학교의 인력 구성이 점차로 다양해지고 통합교육이 활성화되면서 통합학급 교사의 적극적인 참여가 요구되고 있고 또한 가능해졌다. 교육청이나 국립특수교육원 등 많은 곳에서 다양한 장애 이해 교수자료나 연수 프로그램, 장애 이해를 위한 교과서 보완자료 등이 개발되어 있으며(예: 방명애 외, 2020, 2021; 방명애, 최민숙, 2019; 이소현 외, 2007), 학년 초 학급 적응기간을 효율적으로 보내기 위한 연구(예: 임효경, 2022; 조아라 외, 2021)나 특수학급 교사의 통합교육 지원 역할과 방법에 대한 연구(예: 김주혜, 김희규, 2020) 등 관련 연구도 지속적으로 이루어지고 있다. 특히 국립특수교육원의 에듀에이블 홈페이지(장애공감 → 장애공감 → 교육자료 → 장애공감 콘텐츠)에는 유·초·중·고등학교에서 활용할 수 있는 장애 이해를 위한 다양한 자료(예: 수업용 콘텐츠, 교사용 매뉴얼, 통합학급 소개 및 사례 영상)가 탑재되어 있다(https://www.nise.go.kr/boardCnts/list.do?boa

rdID=697&m=060201&s=eduable). 이러한 모든 노력의 궁극적인 결과는 장애 아동이 통합
학급 내에서 자신의 능력에 맞고 각자에게 필요한 내용을 잘 학습할 수 있는 학교와 학급
을 만드는 것이며, 이 장에서 설명한 협력적 접근은 현재와 미래의 모든 교사에게 이러
한 목표를 성취하게 하는 매우 중요한 교육의 실제이다.

요약

    장애 아동의 통합교육이 바르게 이루어지기 위해서는 특수교사나 일반교사 혼자의 노력으로는
불가능하며, 관련된 모든 사람의 협력적 접근이 필요하다. 교사들은 일반교육과정 및 장애 아동이
필요로 하는 특수교육적 필요에 대한 지식을 공유해야 할 뿐만 아니라 학급 내에서 효과적으로 교
수를 진행하기 위해서 서로 협력해야 한다.

    일반교사와 특수교사 외에도 특수교육 지원인력, 치료사, 부모 등 점차로 다양한 성인 인력이 장
애 아동의 통합교육에 관여하고 있다. 이러한 이질적인 배경과 전문성을 가진 사람들이 효과적으로
협력하기 위해서는 공유된 목표 의식과 의사소통 및 팀 협력 기술이 필요하다.

    협력의 형태는 기존의 자문 형식과 좀 더 적극적인 협력교수가 대표적이다. 평행교수, 팀티칭,
대안적 교수 등의 다양한 협력교수 유형의 장단점을 고려하여 아동에게 맞는 적절한 방법을 적용해
야 한다. 협력교수 등의 특정 방법이 모든 장애 아동에게 획일적으로 적용될 수 있는 것은 아니므로
아동의 특성, 교육적 필요, 학급의 여건 등을 고려하여 융통성 있는 협력과 교육지원이 이루어질 수
있게 하는 것이 중요하다. 교육계획부터 실행, 평가와 목표 재점검 등의 일련의 교육과정 전반에 걸
쳐 특수교사와 일반교사의 지속적이고 자발적인 협력관계가 형성되고 실행될 때 장애 아동의 통합
교육은 그 성과를 보장할 수 있게 될 것이다.

참고문헌

권현수(2010). 특수교사와 일반교사의 협력에 관한 연구 고찰. 특수교육 저널: 이론과 실천, 11(3), 441–468.
김경양, 박은혜(2016). 통합교육 실태 문헌 분석: 법적 정책요소를 중심으로. 특수아동교육연구, 18(1), 171–
    199. http://dx.doi.org/10.21075/kacsn.2016.18.1.17
김나연, 이숙향(2022). 협력교수를 통한 예절교육 프로그램이 초등학교 통합학급 학생들의 예절수행과

친사회성 및 학급 분위기에 미치는 영향. 특수교육논총, 38(1), 81-110. https://doi.org/ 10.31863/ JSE.2022.02.38.1.81

김보미(2020). 협력교수 기반 인성교육프로그램이 통합학급 학생들의 인성발달 및 장애학생에 대한 태도와 장애학생의 수업참여행동에 미치는 영향. 이화여자대학교 대학원 석사학위 청구논문.

김주혜, 김정은(2021). 특수학급 교사의 통합교육 지원 역할에 대한 중요도 및 실행 수준 인식. 특수교육, 20(2), 127-147. http://dx.doi.org/10.18541/ser.2021.02.20.2.127

김주혜, 김희규(2020). 일반학급 배치 특수교육대상학생의 통합교육을 위한 일반교사 및 특수교사의 지원 필요성에 대한 인식. 특수교육연구, 27(2), 229-258. https://doi.org/10.34249/jse.2020.27.2.229

김주혜, 박은혜(2004). 통합학급교사를 위한 특수교사의 서신지원 프로그램 적용 효과. 아시아교육연구, 5(4), 81-106.

김주혜, 박은혜(2009). 특수학급교사와의 협력을 통한 교사 포트폴리오 제작이 통합학급교사의 교수수행능 력과 교사효능감에 미치는 영향. 특수아동교육연구, 11(3), 319-339.

김지민, 김주성, 이영선, 박은혜(2023). VSD를 활용한 협력적 팀 중심의 AAC 중재가 자폐범주성장애 초등 학생의 통합학급 수업참여도 및 의사소통 행동에 미치는 영향. 학습자중심교과교육연구, 23(18), 211- 227. https://doi.org/10.22251/jlcci.2023.23.18.211

김지인, 이현주(2023). 기관 간 협력 기반 취업지원 중심의 전환교육 운영 현황 분석과 발전 방향 탐구. 특수 교육, 22(3), 119-145. http://dx.doi.org/10.18541/ser.2023.08.22.3.119

김현진(2022). 중도중복장애학생의 학교 생활지원을 위한 학교 차원의 맞춤형 순회건강관리지원 실행 경 험과 교사 및 학부모의 만족도. 지체·중복·건강장애연구, 65(4), 359-382. http://dx.doi.org/10.20971/ kcpmd.2022.65.4.359

박미경(2010). 팀 기반 특수교육보조원의 통합지원이 중학교 장애학생의 수업참여행동 및 팀원 간 인식에 미치는 영향. 이화여자대학교 대학원 박사학위 청구논문.

방명애, 김은경, 박영근, 최민숙(2020). 장애 공감 문화 확산을 위한 교육자료: 고등학생용. 국립특수교육원.

방명애, 이효신, 최민숙, 박계신(2021). 장애 공감 문화 확산을 위한 유아용 교육자료: 장애 공감 활동 지원자료. 국립 특수교육원.

방명애, 최민숙(2019). 장애 공감 문화 확산을 위한 교육자료: 중학생용. 국립특수교육원.

서선진, 김주혜(2019). 특수교육 보조인력 제도 개선을 위한 학교 관리자 및 교육전문직의 인식 탐구. 특수교 육, 18(4), 221-249. http://dx.doi.org/10.18541/ser.2019.11.18.4.221

송명숙, 이숙향(2022). 통합교육 역량강화를 위한 협력교수 지원 프로그램이 일반교사와 특수교사의 협력 교수 실행능력 및 교사효능감에 미치는 영향. 특수교육, 21(3), 83-113. http://dx.doi.org/10.18541/ ser.2022.08.21.3.83

안의정, 이소현(2019). 개별화 교육과정 중심의 통합교육 지원 컨설팅이 유아교사의 교사 효능감, 상호작 용 행동 및 장애 유아의 교수목표 성취에 미치는 영향. 유아특수교육연구, 19(4), 141-163. http://dx.doi. org/10.21214/kecse.2019.19.4.141

윤신명, 이소현(2015). 특수교사 지원으로 일반교사가 실행하는 활동 중심 삽입교수가 통합된 장애 유 아의 수세기 기술에 미치는 영향. 유아특수교육연구, 15(4), 173-199. http://dx.doi.org/10.21214/ kecse.2015.15.4.173

이소현(2005). 통합교육 효율화를 위한 특수교육 장학의 방향과 과제. 제6회 특수교육 전문직 워크숍(pp. 149- 164). 국립특수교육원.

이소현, 윤선아, 이수정, 박병숙(2019). 특수교육대상유아 통합교육 현황 및 지원 요구: 통합유치원 운영 모델 개발을 위한 기초연구. 유아특수교육연구, 19(1), 1-36. http://dx.doi.org/10.21214/kecse.2019.19.1.1

이소현, 이수정, 이승연, 이명희, 원종례(2007). 유아를 위한 장애 이해 및 통합교육 활동 자료. 교육인적자원부.

이숙향, 이효정(2017). 통합교육 실행 매뉴얼 개발을 위한 초중등 특수학급 교사의 역량과 지원요구 고찰. 통합교육연구, 12(2), 21-43. https://doi.org/10.26592/ksie.2017.12.2.2

이은주(2010). 특수교사와 일반교사의 공동협력을 통한 장애학생의 일반교육과정 접근에 관한 실행연구. 특수아동교육연구, 12(2), 1-29.

임효경(2022). 중고등학교 특수학급 담당교사의 통합학급 적응 기간 운영 경험과 인식. 지체·중복·건강장애연구, 65(3), 161-192. http://dx.doi.org/10.20971/kcpmd.2022.65.3.161

조아라, 김지영, 홍경, 박은혜(2021). 지체장애학생의 통합지원을 위한 협력적 체크리스트 개발 연구. 지체·중복·건강장애연구, 64(2), 271-300.

정정은(2023). 초등 통합학급에서 실시한 협력교수 기반 메이커교육 프로그램의 효과. 이화여자대학교 대학원 박사학위 청구논문.

정혜림, 이소현(2021). 협력적 접근을 통한 활동 중심 삽입교수가 장애 유아의 요구하기 행동에 미치는 영향. 유아특수교육연구, 21(1), 61-87. http://dx.doi.org/10.21214/kecse.2021.21.1.61

최혜리, 박승희(2018). 서울 지역 초등학교의 통합교육 실행에 대한 특수교사와 일반교사의 평가: 초등 통합교육 질 지표를 중심으로. 특수교육학연구, 53(2), 23-52. http://dx.doi.org/10.15861/kjse.2018.53.2.23

표윤희(2020). 통합환경에서의 특수교사와 작업치료사의 협력적 팀 접근 중재경험과 지원방안 탐색. 지체·중복·건강장애연구, 63(2), 141-170. http://dx.doi.org/10.20971/kcpmd.2020.63.2.141

표윤희, 박은혜(2010). 운동능력 향상을 위한 협력적 팀워크 중재가 뇌성마비 학생의 대근육운동 능력 및 운동능력 관련 개별화 교육목표 성취에 미치는 영향. 특수교육학연구, 45(1), 317-340.

표윤희, 홍정숙(2022). 통합교육 환경에서의 특수교육 보조인력 제도 관련 특수학급 교사의 인식과 개선방안. 특수아동교육연구, 24(1), 75-103. http://dx.doi.org/10.21075/kacsn.2022.24.1.75

한선영, 최하영(2022). 보편적 학습설계 기반 협력교수가 통합학급 학생의 사회적 지위, 학교생활만족도 및 일반교사의 통합교육 효능감에 미치는 영향. 특수교육재활과학연구, 61(4), 113-142. http://doi.org/10.23944/Jsers.2022.12.61.4.6

허수연, 이소현(2019). 학급 차원의 긍정적 행동 지원이 통합학급 유아의 사회성 기술과 활동 참여에 미치는 영향. 정서·행동장애연구, 35(2), 1-30. http://dx.doi.org/10.33770/JEBD.35.2.1

황미정, 김유리(2022). 개별화전환계획(ITP) 참여 증진 프로그램이 고등학교 장애학생의 ITP 지식 및 회의 기술, 자기결정력에 미치는 영향. 특수교육학연구, 57(1), 75-103. http://dx.doi.org/10.15861/kjse.2022.57.1.75.

Council for Exceptional Children (CEC). (2020). 2020 Initial practice-based professional preparation standards for special educators. https://exceptionalchildren.org/standards/initial-practice-based-professional-preparation-standards-special-educators

Division for Early Childhood (DEC). (2015). DEC recommended practices: Enhancing services for young children with disabilities and their families. DEC of the CEC.

Friend, M, Cook, L., Hurley-Chamberlain, D., & Shamberger, C. (2010). Co-teaching: An illustration of the complexity of collaboration in special education. *Journal of Educational & Psychological Consultation, 20*(1), 9-27. https://doi.org/10.1080/10474410903535380

Friend, M. (2021). *Interactions: Collaboration skills for school* (9th ed.). Pearson.

Friend, M. (2023). *Special education: Contemporary perspectives for school professionals* (6th ed.). Pearson.

Gargiulo, R. M., & Bouck, E. C. (2021). *Special education in contemporary society: An introduction to exceptionality*. Sage.

Heward, W. L., Alber-Morgan, S. R., & Konrad, M. (2022). *Exceptional Children: An introduction to special education* (12th ed.). Pearson.

King-Sears, M. E., Janny, R., & Snell, M. E. (2015). *Collaborative teaming: Teachers' guides to inclusive practices* (3rd ed.). Brookes.

Lewis, R. B., Wheeler, J. J., & Carter, S. L. (2017). *Teaching students with special needs in general education classrooms* (9th ed.). Pearson.

Mastropieri, M. A., & Scrugg, T. E. (2006). *The inclusive classroom: Strategies for effective instruction* (3rd ed.). Prentice-Hall.

Scruggs, T. E., & Mastropieri, M. A. (2017). Making inclusion work with co-teaching. *TEACHING Exceptional Children, 49*(4), 284-293. https://doi.org/10.1177/0040059916685065

Smith, T. E. C., Polloway, E. A., Patton, J. R., & Dowdy, C. A. (2006). *Teaching students with special needs in inclusive settings* (4th ed.). Allyn and Bacon.

Snell, M. E., & Janney, R. (2005). *Teacher's guide to inclusive practices: Collaborative teaming* (2nd ed.). Brookes.

Turnbull, A., Wehmeyer, M. L., Shogren, K. A., & Turnbull, R. (2024). *Exceptional lives: Practice, progress, & dignity in today's schools* (10th ed.). Pearson.

제 2 부

특수아동 이해와 교육

제**4**장

지적장애

I. 지적장애 아동의 이해

1. 지적장애의 정의

지적장애는 지능이 조금 낮은 정도로 생각하기 쉽지만, 지적 기능에 있어서 다양한 정도와 특성을 보인다. 단순히 지능뿐만 아니라 연령에 맞는 적응행동의 발달 여부도 지적장애의 개념에서 중요하게 여겨지는 부분이다. 예를 들어, 학령기에는 학습 행동, 성인기에는 직업이나 주거에 관련된 행동을 올바로 수행할 수 있는가 하는 문제도 지능지수 못지않게 중요하다. 인지 능력이 낮을 뿐만 아니라 동시에 이러한 적응행동 발달에 문제를 보일 때 비로소 지적장애라고 말할 수 있게 된다. 최근에는 지적장애인 개인의 능력뿐만 아니라 주변에서 그를 도와주는 여러 가지 형태의 지원에 대한 고려도 지적장애를 정의하는 데 영향을 주는 것으로 분석되고 있으며, 이와 같은 맥락에서 지적장애 아동의 통합교육이 활발하게 추진되고 있다. 어릴 때부터 일반 아동과 함께 교육받고 생활하면서 인지 능력과 더불어 자신의 나이에 맞는 적응행동을 익힐 수 있고 나아가 주변 환경을 적절히 이용할 줄 아는 성인으로 성장하게 하는 것이 통합교육의 목적 중 하나임을 생각할 때, 학습한 내용을 일반화하는 데 어려움을 보이는 지적장애 아동일수록 분리된 환경에서 교육하기보다 장차 생활할 일반 사회와 유사한 통합학급에서 또래와 함께 배우는 교육이 여러 가지로 도움이 되기 때문이다.

1) 지적장애의 현행 정의

지적장애의 정의로는 미국 지적장애 및 발달장애협회(American Association on Intellectual and Developmental Disabilities: AAIDD)의 정의가 가장 많이 사용된다. AAIDD는 과거의 미국 정신지체협회(American Association on Mental Retardation: AAMR)가 그 명칭을 변경한 것으로, 장애명도 과거의 정신지체(mental retardation)에서 지적장애(intellectual disability)로 변경하였다. 지적장애로 판별되는 대상은 이전의 정신지체로 판별되던 대상과 동일하지만, 용어 사용의 측면에서 볼 때 정신지체는 장애를 개인 안에 내재하는 결함으로 여기는 반면에, 지적장애는 한 개인의 능력과 그 개인이 생활하고 기능해야 하는 환경 사이 그 어딘가에 장애가 존재한다고 간주하여 환경적 맥락에서의 지

표 4-1 지적장애의 다양한 정의

출처	용어	정의
장애인 등에 대한 특수교육법 (2007)	지적장애를 지닌 특수교육대상자	지적 기능과 적응행동상의 어려움이 함께 존재하여 교육적 성취에 어려움이 있는 사람
장애인교육법 (IDEA, 2004)	지적장애	적응행동의 결함과 동시에 나타나는 심각한 평균 이하의 지적 기능으로 발달 시기에 나타나며 교육적 성취에 부정적인 영향을 미침. '지적장애'라는 용어는 이전에 '정신지체'로 사용되었음
미국 지적장애 및 발달장애협회 (AAIDD, 2021)	지적장애	지적 기능성과 개념적·사회적·실제적 적응기술로 표현되는 적응행동 양 영역에서 심각한 제한성을 보임. 이 장애는 발달 시기에 발생하며, 발달 시기는 한 개인이 22세가 되기 전이라고 조작적으로 정의함

원의 중요성을 더욱 강조한다(이숙향, 2010).

〈표 4-1〉은 우리나라의 「장애인 등에 대한 특수교육법」의 지적장애 정의와 미국 「장애인교육법(IDEA 2004)」과 AAIDD의 정의를 보여 준다. 지적장애를 정의하는 데 있어서 가장 중요한 점은 첫째, 지적 기능과 개념적, 사회적 및 실제적 적응기술로 표현되는 적응행동 양 영역에서 심각한 제한이 있다는 것과 둘째, 이러한 두 가지가 모두 발달 시기인 22세 이전에 나타난 경우여야 한다는 점이다(Schalock et al., 2021). AAIDD의 지적장애 정의에서는 위와 같은 정의를 적용하기 위한 가정을 전제하고 있는데, 여기에는 (1) 평가의 타당성을 확보해야 하고, (2) 개인은 제한성만이 아니라 동시에 강점도 가지고 있으며, (3) 제한성을 기술하는 중요한 목적은 그 개인에게 필요한 지원이 무엇인지 파악하기 위함이고, (4) 개별화된 적절한 지원이 장기간 제공된다면 지적장애인의 생활기능은 일반적으로 향상될 것이라는 점이 포함된다. AAIDD(2021) 정의에서 지적장애의 발생 시기를 기존의 18세에서 22세 이하로 변경한 것은 행정적 관점에서 발달기가 서비스 및 지원을 위한 적격성과 관련된 연령이기 때문에 미국의 관련 법과 사회보장국에서의 지적장애 진단 기준 연령인 22세와 일치시킨 것이다(송준만 외, 2022).

지적 기능이 '심각하게 제한되었다.'라고 보는 기준은 주로 지능검사에 의해서 결정되며, 표준화된 지능검사에서 표준편차 2 이하(70 이하, [그림 4-1] 참조)를 기준으로 한다. 그러나 지능검사는 완벽하지 않으며, 또한 지능만이 지적장애를 정의하는 유일한 요소

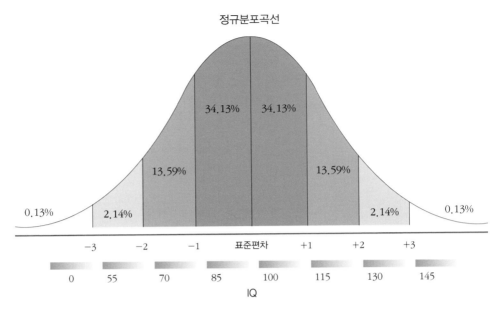

[그림 4-1] 정규분포곡선에서의 IQ 점수의 이론적 분포

출처: Hallahan, D. P., Kauffman, J. M., & Pullen, P. (2023). *Exceptional Learners: An introduction fo special education* (15th ed., p. 87). Pearson.

가 아니기 때문에 지능검사 점수 1, 2점보다는 적응행동에 대한 전문가와 주위의 임상적 판단이 더 중요할 수 있다. 예를 들어, 지능검사 점수가 70이더라도 적응행동에 문제가 없으면 지적장애로 판별되지 않으며, 이는 적응행동에 문제가 있더라도 지능이 높으면 지적장애로 분류되지 않는 것과 마찬가지다. 흔히 사용되는 검사도구에는 한국판 웩슬러 아동지능검사(K-WISC-V), 유아용 웩슬러 지능검사(K-WIPPSI-V), 카우프만 아동용 검사(K-ABC) 등이 있다.

　적응행동이란 개인이 생활환경에 적응하는 데 필요한 기술로 의사소통, 자기관리, 사회성 기술 등이 포함된다. 사회적 지능(social intelligence)과 실제적 지능(practical intelligence)이 적응행동을 구성한다고 설명하기도 한다. 사회적 지능은 타인이 화가 난 것을 알아차릴 수 있거나 쉽게 속지 않는 등 다른 사람과의 사회적 상호작용을 이해하고 해석하는 것과 관련된다. 실제적 지능은 대중교통수단을 사용하거나 인터넷을 사용하는 것 등과 같이 매일의 생활 속에서의 문제를 해결하는 능력이다(Hallahan et al., 2023).

　실제로 적응행동은 표준화된 검사도구에 의하여 측정하게 되는데, 이때 사용되는 도구는 장애가 있는 사람과 없는 사람을 모두 포함한 인구 표본을 대상으로 표준화한 측정

표 4-2 개념적, 사회적, 실제적 적응행동의 예

적응행동	예시
개념적 적응행동	• 언어(수용언어, 표현언어), 읽기 및 쓰기, 돈 개념, 자기 지시(self-direction)
사회적 적응행동	• 인간관계, 책임감, 자존감, 순수함, 속기 쉬움, 규칙 따르기, 법 지키기, 희생당하지 않기
실제적 적응행동	• 일상생활 활동: 식사하기, 이동하기, 화장실 사용하기, 옷 입기 • 일상생활의 도구적 활동: 식사 준비하기, 집 청소하기, 교통수단 이용하기, 약 먹기, 돈 관리하기, 전화 사용하기 • 직업기술 • 안전한 환경 유지하기

도구여야 하며, 이와 같은 표준화된 측정에서 적응행동의 심각한 제한이 확인되어야 지적장애로 간주한다. 표준화된 측정에서 적응행동의 심각한 제한을 결정하는 기준은 개념적, 사회적, 실제적 적응행동의 3개 영역 중 최소 1개 영역에서 표준화된 측정 점수가 표준편차 2 이하로 나타나는 것이다(Schalock et al., 2021). 〈표 4-2〉는 다양한 측면의 적응행동의 예를 보여 준다(Schalock et al., 2010). 국내에서는 이와 같은 적응행동을 측정하기 위해서 바인랜드 적응행동척도(K-VINELAND-II), 국립특수교육원 적응행동검사(NISE-K · ABS), 사회성숙도검사(Social Maturity Scale: SMS) 등의 검사도구가 사용된다.

지금까지 살펴본 지적장애의 정의는 인위적이라고 할 수 있다. 따라서 이러한 정의의 경계선에 해당하는 아동 중에는 지적장애로 판별되었다가도 몇 년 후에는 해당하지 않을 수도 있다. 또한 AAIDD의 지적장애 정의에서는 지적장애인이 얼마나 잘 기능할 수 있는가는 환경으로부터 받는 지원의 양과 직접적으로 연관되며, 이는 지적장애인의 기능성이 향상될 수 있음을 나타낸다. 지원은 다양한 형태(예: 스마트폰을 이용하여 타인과 연락할 수 있도록 하는 기술적 지원, 친구나 가족의 도움과 같은 사회적 지원, 짝꿍/버디와 같은 구조화된 지원)로 제공될 수 있다(Hallahan et al., 2023).

2) 지적장애의 분류

지적장애의 분류는 많은 변화를 거쳐왔다. 과거에 IQ 검사 결과에 기초하여 경도 (mild), 중등도(moderate), 중도(severe), 최중도(profound)로 분류했던 방식은 최근에는 추천되지 않지만 교육현장에서는 아직 사용하기도 한다. 경도 지적장애는 대략 IQ 50~ 70, 중등도 지적장애는 35~50, 중도 지적장애는 25~35, 최중도 지적장애는 20 미만 정도를 말한다(Hallahan et al., 2023). 이러한 분류는 2002년 AAIDD 지적장애의 정의에서 '지원'에 대한 중요성이 강조되면서 지원의 종류와 강도(간헐적, 제한적, 확장적, 전반적 지원)에 따라 분류하는 것으로 변화하였다. 〈표 4-3〉은 이와 같은 지원의 정도에 따른 분류 및 분류별 특성을 보여 준다. 그러나 최근에는 지적장애를 지능이나 지원 정도 등에 따라 분류하기보다 개인의 기능성과 환경적 맥락, 지원의 다양한 요소를 고려하여 지적장애인을 이해하도록 강조한다.

표 4-3 **요구되는 지원의 정도에 따른 지적장애의 분류 및 특성**

요구되는 지원	특성
간헐적 지원 (intermittent support)	필요할 때 제공되는 지원으로 간헐적 성격의 특성을 지니며 항상 지원을 필요로 하는 것은 아니지만 인생의 전환기에 단기간의 지원을 필요로 하는 경우를 의미함(예: 실직, 심각한 의료적 위기). 간헐적 지원은 고강도 혹은 저강도로 제공될 수 있음
제한적 지원 (limited support)	일정한 시간에 걸쳐 일관성 있게 주어지는 지원으로 간헐적이 아닌 시간 제한적인 것으로 특징지어짐(예: 시간 제한적인 고용 훈련 혹은 학교에서 성인기로의 전환 지원)
확장적 지원 (extensive support)	적어도 몇몇 환경(예: 직장 또는 가정)에서 정기적으로 요구되는 지원으로 시간 제한적은 아님(예: 장기간의 가정생활 지원)
전반적 지원 (pervasive support)	항구성을 지니는 고강도의 지원으로 전반적 환경에 걸쳐서 제공되며 잠재적으로 삶을 유지하는 데 필요한 성격의 특성을 지님. 일반적으로 확장적 또는 시간 제한적 지원보다 더 많은 수의 인원을 필요로 하며 개인에게는 더 개입적일 수 있는 지원을 포함함

[그림 4-2]에서 볼 수 있듯이, 2021년 AAIDD의 인간 기능성에 대한 다차원적 모델은 인간 기능성의 제한성, 즉 지적장애 상태를 이해하는 개념적 틀로서 인간 기능성 성과에 대한 다섯 가지 차원(지적능력, 적응행동, 건강, 참여, 맥락)의 요소와 중개 역할을 하는 지

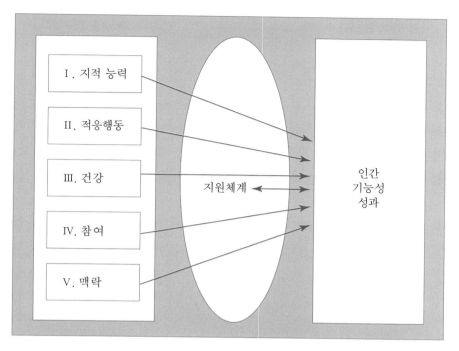

[그림 4-2] 인간 기능성의 개념적 틀

출처: 송준만 외(2022). **지적장애학생교육**(p. 29). 학지사.

원 체계로 구성되어 있다. 즉, 지적장애를 이해하기 위해서는 개인의 능력뿐만 아니라 기능에 영향을 미치는 환경적 맥락을 이해해야 하며, 또한 지원 체계도 상호영향을 줄 수 있다는 생태학적 접근을 기반으로 해야 한다. 따라서 지원강도척도(Support Intensity Scale: SIS)를 사용하여 가정, 지역사회 생활, 고용, 사회활동 등 다양한 영역과 관련된 지원 요구를 빈도, 시간, 유형의 세 가지로 구체적으로 평가하게 된다(송준만 외, 2022).

이와 같이 지적장애를 바라보는 관점이 인간 기능성에 대한 다양한 요소를 고려하게 되면서, 지적장애를 명명적으로 분류하기보다 개별적인 지원의 요구를 평가하고 실행하는 것에 중점을 두게 되었다. 그러나 이러한 학문적 입장과는 달리 현장에서는 아직도 여러 가지 이유로 지적장애를 경도 및 중도 등으로 분류하는 경우가 존재한다(예: 2022년에 특수교육대상자로 새로 추가된 '중복장애'를 정의할 때 지적장애 또는 자폐성 장애가 중도여야 한다는 규정).

2. 지적장애의 원인

　　지적장애의 원인은 다양하다. 그러나 지적장애 아동 중에는 정확한 원인을 알 수 없는 경우가 많으며, 원인을 정확히 알 수 있는 경우는 매우 드물다. 장애 정도가 심한 아동은 특정 질병이나 두뇌 손상에 기인한 생물학적인 원인에 의한 경우가 많으며, 지원이 덜 필요한 지적장애에 대해서는 환경적인 요인에 대한 논의가 활발히 이루어지고 있다. 각각에 대해 주요한 몇 가지만 살펴보면 다음과 같다.

1) 다운증후군

　　다운증후군(Down syndrome)은 염색체 이상, 즉 21번째 염색체가 2개가 아닌 3개가 됨으로써 발생한다. 다운증후군은 처음 발견한 의사인 다운의 이름을 따서 지어진 명칭이며, 출생 시 나타나는 지적장애의 가장 흔한 형태이다(Polloway et al., 2017).

　　다운증후군에는 3중 염색체(trisomy 21), 유전인자 전위(translocation), 모자이시즘(mosaicism)의 세 가지 유형이 있다. 3중 염색체는 부모에게서 염색체를 받을 때 부모 중 한쪽으로부터 21번째 염색체를 2개 받았기 때문에 결과적으로 21번째 염색체가 3개가 되는 것이다. 이는 감수분열로 난자나 정자가 형성되는 과정에서 21번째 세포가 둘로 분리되지 않는 비분리현상이 발생하기 때문에 일어난다. 유전인자의 전위 현상은 21번째 염색체의 일부가 다른 염색체 쌍과 자리를 바꾸는 현상을 말하며, 모자이시즘은 수정된 후의 초기 세포분열에서 비분리현상이 일어나 21번째 염색체가 많아지는 경우가 생기는 것을 말한다. 산모의 나이가 많을수록 다운증후군 아기를 출산할 확률이 높다(Hallahan et al., 2023).

　　다운증후군 아동은 독특한 신체적 특징을 보이기 때문에 서로 유사하게 보이기도 한다. 이러한 외모적 특징의 예를 들면, 코가 전체적으로 밋밋하고 눈꼬리가 약간 위로 올라가 있으며, 난시나 사시가 많고, 근육의 긴장도가 낮아서 축 늘어진 것처럼 보인다. 입이 작고 입천장이 낮아 혀가 입에 꽉 차는 것처럼 보이기도 한다. 쉰 듯한 목소리를 내는 경우가 많고 언어 발달도 느리다. 또한 손이 작고 네모진 것이 특징이며, 키는 평균보다 작고 종종 비만을 경험하기도 한다.

　　다운증후군 아동은 신체 및 건강상의 문제도 함께 보이는 경우가 많다. 일반인과 비교할 때 태어날 때부터 심장 기형일 확률이 높으며, 시각장애, 호흡기 질환, 백혈병 등이 발생활 확률도 높다. 이러한 요인은 이들의 평균 수명을 낮추는 원인이 되기도 한다. 건강상의 문제는 체육수업을 비롯하여 학교생활 전반에 영향을 미칠 수 있으므로 교사는 다운증후군 아동이 보이는 발달 및 건강상의 특성에 대하여 잘 알고 대처할 수 있어야 한다.

다운증후군 아동은 전반적으로 발달 수준이 지체되지만 성격이 명랑하고 사람들에게 친밀감을 보인다. 특히 조기교육을 포함한 적절한 교육과 지원을 통하여 지역사회에 통합된 개인으로 잘 살아갈 수 있는 것으로 알려져 있다.

2) 페닐케톤뇨증

페닐케톤뇨증(phenylketonuria: PKU)은 유전자에 의한 단백질 대사 이상으로, 페닐알라닌을 티로신으로 바꾸는 신진대사를 하지 못하여 축적된 페닐알라닌이 비전형적인 두뇌 발달을 초래함으로써 장애를 일으키게 된다. 신생아 때 선별검사를 통해 PKU 여부를 알아내고 페닐알라닌 성분을 조절하는 식이요법을 시행해야 하는데, 그렇게 하지 않으면 지적장애를 초래한다. 과거에는 아동기까지만 식이요법을 시행하면 된다고 알려져 왔으나, 최근에는 식이요법을 중단하면 학습장애나 행동 문제가 발생할 수도 있으므로 계속할 것을 추천한다(Hallahan et al., 2023).

3) 약체 X 증후군

약체 X 증후군(fragile X syndrome)은 23번 성염색체의 X염색체 이상으로 발생하며 여아보다 남아에게서 더 많이 나타난다. 이들은 지적장애뿐만 아니라 여러 가지 외모상의 특성을 보이기도 한다. 예를 들어, 머리가 크고 얼굴이 길고 좁으며, 이마와 턱이 약간 튀어나오고, 코가 넓으며, 손이 크고 손가락 끝이 가늘어지지 않는 등의 신체적 특성을 보인다. 지적장애를 유발하는 증후군 중 다운증후군 다음으로 많은 증후군이다(Polloway et al., 2017).

4) 프라더-윌리 증후군

프라더-윌리 증후군(Prader-Willi syndrome)은 아버지로부터 전해지는 유전적 결함으로 인하여 15번 염색체 일부가 소실됨으로써 발생한다. 신생아 때에는 근육에 힘이 없어 먹는 것도 힘들 정도지만, 생후 1년 정도가 지나면서 지나치게 음식에 집착하여 고도비만의 위험이 따르므로 음식 섭취를 조절해야 한다. 비만을 일으키는 유전적 원인 중에서 가장 빈번한 원인으로 알려져 있으므로 비만 조절을 위하여 부모 및 교사의 각별한 관심이 기울여져야 한다. 또한 성장 호르몬 이상으로 키가 작으며, 심장 문제나 척추측만 등의 신체적 문제와 함께 지적장애 및 행동 문제를 보인다. 낮 시간에 지나치게 졸거나 수면 중에 호흡이 정지되는 등의 수면장애를 보이기도 한다.

5) 윌리엄스 증후군

윌리엄스 증후군(Williams syndrome)은 1961년 심장전문의 윌리엄스에 의해 발견되었으며, 7번 유전자의 결손으로 발생한다. 경도 및 중등도 수준의 지적장애를 동반하며, 대동맥 협착과 같은 심장질환이 흔하고 요정처럼 보이는 외모(예: 치켜 올라간 코, 작은 턱)를 보인다. 어려서부터 복통과 변비·탈장이 잦고 잠을 잘 자지 않으며, 혈중 칼슘이 올라가는 증상을 보인다. 타인에 대한 경계심이 부족하여 과도한 친밀감을 보이거나 지나치게 활동적이고 산만해서 친구를 사귀기 어려운 경우가 많다. 어휘나 언어능력은 좋지만 읽고 쓰는 능력이나 시공간적 능력, 수학능력은 떨어지는 등 불균형적인 프로파일을 보인다(Smith & Tyler, 2010).

6) 엔젤만 증후군

엔젤만 증후군(Angelman syndrome)은 1965년 영국의 의사 해리 엔젤만 박사에 의해 처음 알려졌으며, 15번 염색체의 UBE3A 유전자의 문제가 원인으로 밝혀졌다. 일반적으로 엔젤만 증후군의 발달적 문제는 6~12개월경에 알아차릴 수 있게 된다. 발달이 심하게 지체되고 언어장애, 걷기나 균형의 문제, 발작 등을 보인다. 최소한의 단어만 사용하거나 말을 하지 못하는 경우가 많고 보행이나 팔다리의 움직임이 불편할 수 있다. 하지만 전반적으로 잘 웃거나 미소를 짓고 행복한 표정을 보인다. 나이가 들어감에 따라 수면 문제나 발작 등은 감소하기도 하지만, 이동의 어려움으로 인한 비만이나 척추측만이 생기기도 한다. 자폐 범주성 장애, 뇌성마비, 프라더-윌리 증후군과 유사한 특성을 보이기 때문에 잘못 진단되는 경우도 종종 있다(https://www.angelman.org).

7) 두뇌 손상

두뇌 손상은 여러 가지 요인으로 인해서 발생한다. 임신 중 임산모가 풍진이나 매독 등에 감염되면 태아가 지적장애를 보일 확률이 높아진다. 두뇌의 구조적 발달로 인해 지적장애가 나타날 수 있으며, 소두증(microcephaly)과 뇌수종(hydrocephalus)이 여기에 속한다. 뇌가 지나치게 작고 뾰족하게 생긴 소두증 아동은 대부분 매우 심한 지적장애를 보인다. 또한 뇌척수액이 원활히 순환되지 못하고 뇌실에 축적되면서 뇌에 압력을 가하게 되고 두개골이 확장되는 뇌수종(대두증)을 유발하는데, 뇌수종은 빨리 발견하여 치료하지 않으면 지적장애를 초래하게 된다. 얼마나 빨리 의료적 처치가 이루어지는가에 따라 지적장애의 정도가 달라진다(Hallahan et al., 2023).

지적장애는 유해한 환경으로 인해서 발생하기도 한다. 예를 들면, 약물남용, 영양실조, 방사선 노출, 조산 또는 출생 시 뇌손상 등이 해당한다. 특히 코카인이나 헤로인 등의 마약류와 담배와 술은 산모가 복용할 경우 태아에게 해로운 영향을 미치게 되므로 이러한 약물에 대한 주의가 요구된다. 임신 중 알코올을 섭취한 산모에게서 태어나는 아기에게 많이 나타나는 태아알코올증후군(fetal alcohol syndrome: FAS)은 지적장애와 함께 신체적 장애를 동반한다.

지적장애의 정도는 경도에서 중도까지 다양하게 나타난다. 또한 사회-경제적으로 낮은 계층의 아동이 지적장애로 판별될 가능성이 높으며(Fujiura & Yamaki, 2000) 발달에 있어서 중요한 시기인 발달 초기에 영양부족, 열악한 위생과 주거환경, 인지적 자극의 부족과 같은 환경적 박탈로 인하여 지적장애(특히 경도)가 될 가능성이 큰 것으로 보고된다(Witwer et al., 2014), 아동학대나 방임, 사고로 인한 뇌손상 등도 잠재적 지적장애 유발 요인으로 알려져 있다(Gargiulo & Bouck, 2021).

3. 지적장애 아동의 특성

이 책에서 설명하는 지적장애의 특성은 지적장애를 보이는 모든 아동에게 동일하게 적용되는 것은 아니다. 지적장애 아동 간에도 개인차가 있으며, 특히 장애의 정도나 그로 인해 지원이 필요한 정도(예: 간헐적, 제한적, 지속적 또는 확장적 지원)에 따라 아동이 보이는 특성은 다양하고 지적장애 아동 간에도 큰 차이가 있을 수 있다. 그러므로 이 책에서는 가능한 한 일반적인 특성을 중심으로 인지 및 학업 성취와 언어 및 사회성 발달의 두 부분으로 나누어 설명하였다. 지적장애 아동의 특성을 설명하다 보면 잘하지 못하는 것과 부정적인 측면에 초점을 맞추기 쉽지만, 이들도 매우 다양한 개성을 보이며, 학습에 열심히 참여하기도 하고, 타인과 잘 어울리며, 주변 사람들에게 긍정적인 영향을 미치기도 한다는 사실을 기억해야 할 것이다(Smith, 2000).

1) 인지 및 학업 성취

(1) 인지적 특성

지적장애 아동은 장애의 정의상 지능이 낮다는 특성을 보인다. 그러나 지능이 전반적으로 낮다는 것 외에도 다양한 인지적 특성을 보인다. 예를 들어, 정도에서는 차이가 있지만 주의력과 기억력에 어려움을 보인다. 적절한 곳에 주의를 기울이지 못하고 엉뚱한 곳에 주의를 기울이거나 주의집중 시간이 짧고, 장기 및 단기기억력도 일반 아동보다 부족하다. 특히 단기기억력이 많이 부족한 것으로 알려져 있으며, 장기기억력은 단기기억력에 비해 덜 손상된 것으로 보는 견해가 많다. 따라서 단기기억에서 장기기억으로 옮겨서 저장할 수 있도록 반복학습과 여러 가지 기억증진 프로그램을 사용하는 것이 효과적이다. 일반적으로 지적장애 아동은 학습 속도가 느리며, 구체적이고 의미 있는 교수자료를 사용할 때 더 효과적으로 학습하는 것으로 알려져 있다.

초인지(metacognition)에 있어서도 지적장애 아동은 일반 아동에 비해 낮은 능력을 보인다. 초인지란 특정 과제를 하기 위해 어떤 전략이 필요한지를 알고, 자신이 하는 일에 대해 계속해서 검토하며 결과와 효과성에 대해 점검할 수 있는 능력이다(Hallahan et al., 2023). 지적장애 아동은 초인지 능력이 부족하기 때문에 자기조절 능력에서도 어려움을 보이는 경우가 많으므로 다양한 자기관리 방법이 개발되어 사용되고 있다.

(2) 학업 성취

지적장애 아동은 앞에서 설명한 낮은 지능과 다양한 인지적 특성으로 인하여 학업 성취에서도 어려움을 보인다. 특히 이들 중에는 학습 동기가 높지 않아서 학업 성취에 문제가 되는 경우가 많다. 처음부터 동기유발이 잘 안 될 수도 있지만, 누적된 실패 경험으로 인해 아무리 하고자 해도 안 된다는 생각을 하게 되면서 하고자 하는 의욕이 사라진 '학습된 무기력(learned helplessness)'의 상태가 되는 경우도 빈번하다. 실패의 경험뿐만 아니라 스스로 할 수 있는 기회가 주어지지 않고 주위에서 모든 것을 대신해 주기 때문에 이러한 학습된 무기력이 생기기도 한다. 그러므로 아동의 능력에 맞는 과제를 통하여 성공적인 수행을 경험하게 하고, 시간이 걸리고 힘들어도 스스로 하는 기회를 많이 제공해야 한다.

또한 관찰이나 모방을 통하여 배우는 모방학습이나 우발학습의 능력도 부족하여 일반 아동의 경우 교사가 가르치지 않아도 스스로 알게 되는 내용에 대해서도 교사의 직접적이고 세부적인 교수를 필요로 한다. 한 가지를 배우면 배운 내용을 지나치게 여러 가지에 적용하는 과도한 일반화의 문제를 보이기도 하고, 반대로 교실에서 배운 내용을 다른 환경에서는 적용하지 못하는 일반화 부족의 문제를 나타내기도 한다. 이러한 기초적인 능력 부족은 학업 수행의 어려움을 초래함으로써 같은 연령의 또래에 비해서 학업 성취면에서 뒤떨어지게 된다. 따라서 앞에서 설명한 여러 가지 인지적인 특성을 고려하여 아동 각자에게 맞는 교수계획이 이루어져야 하며, 단순히 아래 학년의 교과서를 가르치는 것만으로는 적절한 교육이 이루어지기 어렵다.

2) 언어 및 사회성 발달

(1) 언어 및 의사소통

언어 발달에 있어서 지체되거나 비전형적인 패턴을 보이는 것은 거의 모든 지적장애 아동에게서 나타나는 특성이다. 예를 들어, 말을 정확하게 발음하지 못하는 조음의 문제는 지적장애 아동에게서 흔히 나타난다. 대부분의 지적장애 아동은 전형적인 언어 발달의 단계를 따르되, 발달 속도가 일반 아동에 비해 지체된다. 언어 발달을 촉진하고 보완하기 위해서 또는 구어가 아예 발달하지 않는 경우 구어를 대신하기 위해서 그래픽상징, 손짓기호 등의 보완대체의사소통 체계를 사용할 수 있다. 또한 언어를 통해 자기표현과 주변 환경의 통제를 충분히 할 수 없을 때 문제행동으로 표출될 수도 있으므로 꼭 말이 아니더라도 자신의 의사를 표현할 수 있는 적절한 방법을 마련해 주는 것은 매우 중요하다.

(2) 사회성

지적장애 아동은 사회성 발달에서도 다양한 문제를 보인다. 이들은 다른 사람과 어떻게 상호작용해야 하는지를 잘 몰라서 친구를 사귀지 못하는 경우가 많다. 또한 어려서부터 자신이 친구들과 다르다는 것을 인식하고 빈약한 자아개념을 형성하게 되면서 사회성 발달에도 부정적인 영향을 미치게 된다. 그러나 일찍부터 일반 아동과 함께 지내고 긍정적인 상호작용 기회를 제공해 줌으로써 지적장애 아동의 사회성 발달에 도움을 줄

수 있다. 이러한 통합환경은 지적장애 아동이 대화 시작하기, 차례 지키기 등의 다양한 사회성 기술을 연습하고 습득할 수 있도록 도와주며, 또래들이 지적장애 아동에 대해 올바르게 인식하도록 도와준다. 단 이러한 긍정적인 상호작용 결과를 만들어 내기 위해서는 교사의 긍정적이고 올바른 태도와 구조화된 중재가 있어야 한다.

Ⅱ. 지적장애 아동 교육

1. 통합교육을 위한 일반적 지침

지적장애 아동이 일반학급에 성공적으로 통합되기 위해서는 여러 가지 면에서 교사의 배려가 필요하다. 지적장애 아동이 입급하기 전에 학급의 학생들에게 적절한 오리엔테이션을 제공함으로써 또래 간에 지적장애 아동이 소외되지 않고 잘 수용될 수 있는 기초를 만드는 일도 중요하다. 다시 말해서, 장애 아동의 사회적 통합을 위한 교사의 노력이 필요하다는 것이다. 장애에 대한 지식을 갖추고 장애를 개인별 능력의 다양함으로 인정할 수 있도록 하는 등의 교수적 고려와 함께 장애인이 등장하거나 장애와 관련된 내용의 도서를 학급문고에 비치하거나, 장애인 초청 등을 통해서 장애를 접할 수 있게 하는 것도 좋은 방법이다. 장애 아동이 학급에 들어온 후에는 또래와의 상호작용이 증진될 수 있도록 또래 교수, 협동학습 등을 통하여 환경적 여건을 조성하고 기회를 만들어 주는 노력이 필요하다. 최근에는 의사소통이 어려운 장애 학생을 위한 다양한 의사소통 방법을 같이 시도해 보며 실제로 장애 학생과의 소통 능력을 키움으로써 이들에 대한 이해를 높인 사례도 보고되었다(김정연 외, 2024).

지적장애 아동이 행동 문제를 보이는 경우, 이에 대한 교사의 적절한 대처도 필요하다. 행동 문제를 단순히 '지적장애 때문에'라고 규정하지 말고, 아동의 입장에서 그러한 행동을 하는 원인을 체계적으로 분석하고자 하는 노력이 선행되어야 한다. 벌을 주는 등의 방법으로 표면적으로 나타나는 행동 자체만을 없애려고 하는 것은 장기적인 측면에서 볼 때 효과적이지 못하므로 문제행동의 기능적 분석을 통해서 근본적인 원인을 찾아 해결해야 한다. 행동 문제에 대처하기 위한 긍정적 행동 지원의 방법은 이 책의 6장을 참조하기 바란다.

　　지적장애 아동을 위한 교육내용은 다른 장애 아동의 경우와 마찬가지로 각자의 개별화 교육계획에 의거해야 한다. 지적장애 아동은 일반교육과정 이외에 장애 정도와 특성에 따라 기능적 학업기술을 학습하거나, 저학년일 경우 일반적인 학습준비기술의 습득에 중점을 두기도 한다. 장애 정도가 심하여 학업 교과의 학습이 어려운 경우에는 일상생활 중심의 교육과정을 사용한다. 개별 학생의 교육적 필요를 잘 파악하여 적절한 교육내용을 계획하는 것이 매우 중요하며, 이를 위해 특수교사와 일반교사가 긴밀히 협력하고 반드시 사전에 교육 계획을 위한 모임(예: 개별화교육지원계획 회의)을 가져야 한다. 이러한 계획이 선행되지 않으면 물리적으로는 일반학급에 통합되어 있으나 아무것도 배우지 않고 그저 앉아 있게 되는, 즉 교수 활동적 통합이 제대로 이루어지지 않는 결과를 초래하게 된다.

2. 통합학급에서의 교수 방법

　　통합학급에서 지적장애 아동이 교육받을 때 일반학급에서 주로 사용되는 교수 방법으로 학습하기 어렵다고 판단되면, 교사가 교수목표, 교수자료, 교수 환경 등 다양한 측면에서 학생에게 맞도록 수정하거나 조절해 주어야 한다. 이러한 과정은 교수적합화 또는 교수적 수정이라고 불린다. 최근에는 별도로 장애 아동을 위하여 수정해 주는 접근보다, 처음부터 보편적 학습설계를 통해 다양한 능력의 학습자가 모두 교육의 효과를 누릴 수 있도록 하는 접근으로 바뀌고 있다. 지적장애 아동이 아니라도 다양한 학습 능력과 특성을 가진 학생들로 학급이 구성되기 때문에 보편적 학습설계에 대한 교사의 이해와 적용 능력이 중요하다.

1) 보편적 학습설계

　　보편적 학습설계(universal design for learning: UDL)의 기본 아이디어는 교수자료와 학습 테크놀로지가 처음부터 장애 학생을 포함한 다양한 학생의 학습 요구에 맞도록 충분히 유연하게 설계되어야 한다는 것이다(Hallahan et al., 2023). 즉, 보편적 학습설계는 능력이 다양한 학습자에게 대안을 제공해 주는 융통성 있는 교육과정 자료와 활동으로 이루어진다(송준만 외, 2022).

　　보편적 학습설계의 주요 원리는 다음과 같다. 첫째, 서로 다른 능력과 특성을 지닌 학습자가 정보와 지식을 습득할 수 있도록 다양한 정보 제시(representation) 수단을 사용한다. 예를 들어, 글자로 된 교재뿐만 아니라 미디어 자료를 활용한 영상이나 디지털 교과서를 통해 이미지나 음성지원, 글자 크기 조절, 용어 사전 등 다양한 매체나 자료로 정보를 제시할 수 있다. 둘째, 학생이 알고 있는 것을 나타낼 때 다양한 표현(expression) 수단을 사용할 수 있게 한다. 학생이 선호하는 방식으로 자신의 의사와 학습한 결과를 표현할 수 있도록 교사는 학생의 다양한 표현 방식에 허용적인 태도를 보여야 하며, 적극적으로 이러한 표현 수단을 제공해야 한다. 예를 들어, 필기에 의한 정형화된 평가뿐 아니라 그림, 말, 음성출력 도구 등 다양한 방법으로 자신이 알고 있는 것을 나타낼 수 있게 허용한다. 셋째, 다양한 참여(engagement) 수단을 제공하여 학습자에게 학습 동기와 적절한 도전, 흥미를 유발한다. 자료나 도구의 선택권을 주고 융통성 있는 목표 수준을 제공한다. 이러한 보편적 학습설계의 정의와 설명에서 중요한 수단으로 언급되는 것이 보조공학이다(송준만 외, 2022; Center for Applied Special Technology, 2023). 다양한 그림상징과 음성출력이 가능한 보완대체의사소통 방법은 보편적 학습설계를 구현하는 수단으로 많이 활용된다(김정연 외, 2024).

2) 교수적합화

통합학급에서 보편적 학습설계가 잘 이루어지지 않고 있다면 교수자료, 교수 환경, 교육 내용 등 다양한 측면에서 지적장애 아동에게 맞도록 교육 활동을 수정해 주어야 한다. 이러한 과정은 교수적합화 또는 교수적 수정이라고 불리는데, 여기서는 교수 활동 전반에 걸친 수정을 의미한다는 점에서 교수적합화라는 용어를 사용하였으며, 교수의 내용과 방법, 교수 환경과 평가 방법의 수정을 모두 포함하는 개념으로 설명하였다. 이에 대한 자세한 내용은 효과적인 통합교육 지원 및 통합학급 운영을 위한 자료를 참고할 수 있다(예: 김명희 외, 2020; 서울 경인 특수학급 교사연구회 편, 2013).

(1) 교사의 기대 수정

학습과제의 난이도나 분량을 학생에게 맞추어 조절하거나 수행시간을 수정해 줄 수 있다. 학습활동에 참여하는 수준을 다양하게 할 수도 있는데 이때 단순히 구경만 하는 상황이 되지 않도록 유의해야 한다. [그림 4-3]은 과학 교과의 수업목표 수정과 이에 따라 수정된 학습지의 예를 보여 준다.

일부 아동의 경우에는 전체 수업목표와 다른 학습과제로 수업에 참여할 수 있다.

학습목표와 활동내용 계획 예시	
교과 및 단원	초3 과학-2학기 2.지층과 화석 1) 층층이 쌓인 지층

일반교육과정

목표	여러 가지 지층 모형을 만들고, 지층이 어떻게 만들어지는지 설명할 수 있다.
내용	-지층 사진을 보고 특징 말하기 -식빵을 쌓아 지층 만들기 -지층이 만들어진 순서 알아보기

교육과정 수정

수정된 목표	-식빵을 쌓아 지층 모형을 만들고, 지층의 단면을 관찰할 수 있다.
수정된 내용	-지층 사진을 보고 '지층'이라는 낱말 알기 -식빵을 쌓아 지층 만들기 -호명하면 앞으로 나와 친구들에게 지층 사진을 보여 주기
IEP 연계	-국어: '지층' 글자를 한 글자씩 보고 쓰기, 같은 모양의 지층끼리 연결하기 -수학: 식빵으로 쌓은 지층의 층수 세기 -지시에 따라 자신의 역할 수행하기

〈수정된 학습자료 제작〉

-지층 사진에 특징이 뚜렷하게 드러나게 표시를 한 학습지 제공

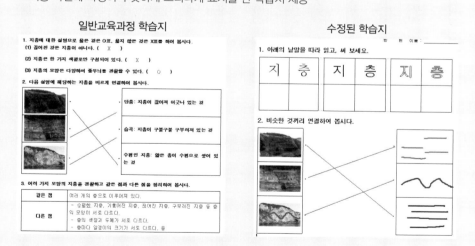

[그림 4-3] 수정된 과학 교과 학습목표와 활동자료 예

출처: 교육부(2017b). 초중등학교 통합교육 실행 가이드북 II: 초등용(pp. 46-47). 세종특별자치시교육청.

Giangreco 등(1998)은 이러한 접근을 중다수준 교육과정(multilevel curriculum)과 교육과정 중복(curriculum overlapping)의 개념으로 설명하였다. 중다수준 교육과정은 장애 아동이 다른 아동과 함께 동일한 교과 영역을 학습하되 다른 수준으로 학습하는 것이다. 예를 들어, 학급의 다른 아동들은 직육면체의 부피를 구하고 있을 때 지적장애 아동은 한 자릿수의 덧셈과 뺄셈을 학습할 수 있다. 교육과정 중복을 사용하는 것은 학급 학생들이 동일한 학습활동을 하면서 서로 다른 교과의 교수목표를 추구하는 것이다. 예를 들어, 개구리를 해부하는 실험에서 지적장애 아동은 과학목표가 아닌 의사소통 및 사회성 영역의 개별화된 목표인 지시 따르기나 다른 사람의 의견 수용하기와 같은 목표를 추구할 수 있다.

여러 가지 방법을 사용해도 일반교육과정의 학업 교과 내용을 따라가기 어렵거나 궁극적인 교육 성과로서의 의미가 적다고 판단될 경우에는 교육 내용을 보다 기능적인 것으로 변경할 수 있다. 일반교육과정을 수정하는 대신 특수교육 기본교육과정을 고려하여 개별화된 대체 교육과정을 적용하는 교육과정 변경(대체)을 할 수 있다(교육부, 2017a).

(2) 교수 자료 및 형태 수정

지적장애 아동에게는 정보의 추상성을 감소시킨 자료나 추가자료를 제공하는 것이 도움이 된다. 교과서 이외의 사진이나 구체물 등 다양한 교수자료를 활용하며, 중요한 내용을 하이라이트하거나 요약해 줄 수 있고, 오디오 자료로 변환해 줄 수도 있다. 오디오 자료는 시각장애가 없더라도 읽기에 어려움이 있는 아동에게 도움이 되며, 이때 문자를 읽어 주는 컴퓨터의 음성합성 기능을 활용할 수 있다. 과제수행 단계를 그림이나 음성, 영상으로 설명하는 자료도 도움이 된다. 학습목표나 개요를 정리한 스터디 가이드나 쉽고 짧게 요약된 소설 등을 사용할 수도 있다. 교수 형태도 개별학습, 소집단, 전체 수업, 학습센터나 협동학습 등을 다양하게 적절히 활용한다.

(3) 과제수행 방법 수정

교실에서 학생에게 주로 요구되는 반응 양식은 말하기와 쓰기이다. 이러한 반응 양식을 사용하기 어려운 장애 아동에게는 대안적인 방법으로 과제를 수행할 수 있게 해 주어야 한다. 의사소통 보조도구를 사용하거나, 말하는 대신 쓰게 하거나, 반대로 쓰기가 어려운 경우 구두로 발표하거나 시험을 볼 수 있게 해 준다.

(4) 또래 및 기타 학급 내 지원

또래 교수, 짝꿍 프로그램이나 지원그룹 등 다양한 또래 중개 교수전략을 사용할 수 있으며, 특수교육 지원인력을 적절히 활용할 수도 있다. 이 외에도 주의집중 시간이 짧거나 속도가 너무 느린 아동을 위해서는 해야 할 일을 작은 단위로 나누어 주거나 양을 줄여줄 수 있고, 수업시간을 단축하거나 활동 내용을 자주 바꾸어 주는 것도 한 방법이다. 복합문으로 구성된 지시사항을 잘 이해하지 못하거나 쉽게 잊어버리는 경우에는 지시사항을 짧고 쉽게 말해 주며, 시각적으로 간단한 표시를 해서 잘 기억할 수 있게 해 주는 것도 좋은 방법이다.

(5) 평가 방법 수정

통합된 장애 아동의 시험이나 성적 산출에도 관심을 가지고 수정해야 하는 경우가 많다. 시험을 볼 때 아동에게 적합하게 평가를 개별화하는 것이 중요하며, 다음과 같은 사항을 고려해야 한다. 첫째, 아동이 배운 내용을 근거로 평가한다. 아동이 학급의 일반 아동과 다른 내용을 학습했다면 평가도 그에 따라 다르게 실시해야 한다. 이런 이유로 장애 아동에게는 준거참조검사가 자주 사용된다. 학습 결과를 제시하는 방법도 단순한 지필검사 외에 포트폴리오나 프로젝트 결과물 등 다양하게 변화시킬 수 있다.

둘째, 필요한 경우에는 평가 절차를 수정한다. 손을 잘 사용하지 못한다면 컴퓨터를 사용하여 답안을 작성하거나 구두로 시험 볼 수 있게 해 준다. 시각의 어려움이 있다면 점자시험지나 확대시험지를 준비하고 시험시간을 연장해 준다. 그 외에도 시험지의 구성, 문장 표현 등을 알아보기 쉽게 하는 등의 고려도 필요하다. 지적장애뿐만 아니라 다양한 장애 특성을 고려하여 평가를 조정해 주는 방안에 대한 세부적인 지침은 『장애 학생을 위한 평가 조정』(국립특수교육원, 2016)을 참고할 수 있다.

마지막으로, 평가 기준도 아동에 따라 적절하게 결정한다. 누가 성적을 줄 것인지(통합학급 교사 또는 특수학급 교사), 평가의 기준을 아동의 현행 능력에 비교하여 어느 정도 진보하였는가에 맞출 것인지 또는 해당 학년의 기대수준에 기초할 것인지를 결정해야 한다는 것이다. 개별화교육의 이념에 입각해서 생각한다면 아동의 현재 능력을 기준으로 진보 정도를 평가하는 것이 더 바람직하다. 그렇지 않고 일반 학생에게 기대하는 바를 똑같이 요구한다면 특히 지적장애의 정도가 심한 경우 성취하기 어려울 수 있기 때문이다. [그림 4-4]는 통합된 장애 아동을 위한 대안적인 성적 산출방법의 예를 보여 준다.

1. 학생의 현재 교과의 학년 수준을 적고 그 학년 수준에서의 성적을 적는다.

> 이름: 김진희
>
> 학년: 4학년
>
> • 수학 학년 수준: 3학년
>
> • 3학년에서의 수학 수행 수준: B

2. 학생의 현재 교과에서의 학년 수준을 적고, 그 학년에서의 학업 성취보다, 학업 행동에 대해 성적을 매긴다.

> 이름: 김진희
>
> 학년: 4학년
>
> • 수학 학년 수준: 3학년
>
> • 독립적 학업 수행: B
>
> • 과제의 완성도: B

3. 학생의 해당 교과에서의 IEP 목표를 적고 완성한 것과 아직 더 해야 하는 부분에 대해서 평가한다.

> 이름: 김진희
>
> 학년: 4학년
>
> • 장기목표: 학년 말에 3.5학년 수준의 수학 계산문제를 풀 수 있다: 진행 중
>
> • 단기목표: 올림(내림)이 있는 두 자릿수 덧셈과 뺄셈 문제를 90% 정확도로 풀 수 있다: B
>
> • 단기목표: 올림이 있는 두 자릿수 곱셈을 90% 정확도로 풀 수 있다: 진행 중

[그림 4-4] 통합된 장애 아동을 위한 대안적인 성적 산출의 예

출처: Lewis, R. B., Wheeler, J. J., & Carter, S. L. (2017). *Teaching students with special needs in general education classrooms* (9th ed., p. 253). Pearson.

　최근 통합학급에서 이루어지는 여러 교과에서 수행평가가 실시되는데, 수행평가의 척도 역시 평가 내용과 평가의 기준(예: 배점) 등을 수정하기 위한 여러 형태를 고려해 볼 수 있다. 예를 들어, 아무런 수정 없이 일반 학생과 동일한 평가 내용과 점수 배점을 적용하는 단계부터 동일한 내용으로 평가하되 배점을 변경하는 방식([그림 4-5]의 그림 A), 내용과 배점을 모두 바꾸는 방식([그림 4-5]의 그림 B) 등이 고려될 수 있다.

과목	일반 학생의 수행평가 내용 및 점수 척도안	장애 학생의 수행평가 내용 및 점수 척도안
도덕	• 평가내용: 가족신문 만들기 −5점: 창의력, 완성도가 높으며 제시한 형식을 갖추었다. −3점: 창의력과 완성도는 있으나 제시한 형식을 갖추지 못하였다. −2점: 창의력과 완성도가 미흡하며 제시한 형식을 갖추지 못하였다.	• 평가내용: 좌동 −5점: 가족사진을 양식에 맞게 붙이고 가족의 이름을 모두 잘 적었다. −3점: 가족사진을 양식에 맞게 붙였으나 가족의 이름을 잘 못 적었다. 또는 가족사진을 양식에 어긋나게 붙였으나 가족의 이름은 잘 적었다. −2점: 가족사진을 양식에 어긋나게 붙였으며 가족의 이름을 잘 적지 못하였다.

〈 그림 A 〉

과목	일반 학생의 수행평가 내용 및 점수 척도안	장애 학생의 수행평가 내용 및 점수 척도안
사회	• 평가내용: 신문기사 속에서 사회문제를 찾아내고 그것에 대한 자신의 주장을 논술하기 −5점: 교과서에서 배운 사회문제를 찾아내었으며 정해준 양식에 맞게 논술을 작성하였다. −3점: 교과서에서 배운 사회문제를 찾지 못했으나 논술은 양식에 맞는다. 또는 사회문제는 찾았으나 논술이 양식에 맞지 않는다. −2점: 교과서에서 배운 사회문제를 찾지 못했으며 논술이 양식에 맞지 않는다.	• 평가내용: 신문에서 관심 있는 3장의 사진을 오려내어 스크랩하고 사진의 내용을 제시된 양식에 맞게 적기(예: 사람들이 차 앞에 있다[주어＋목적어 또는 보어＋서술어]) −5점: 3개의 오려낸 사진을 양식에 맞게 붙였으며 사진의 내용을 정확하게 적었다. −3점: 사진의 장수가 부족하거나, 설명한 내용이 사진과 일치하지 않는다. −2점: 사진의 장수가 부족하며, 설명한 내용이 사진과 일치하지 않는다.

〈 그림 B 〉

[그림 4-5] 통합학급 수행평가 수정의 예

출처: 강경숙, 이나영(2006). 장애학생의 교육과정적 통합을 위한 수행평가 수정 실행과정 모색. 특수교육저널: 이론과 실천, 7(2), 253-254.

3. 교육적 접근의 주요 개념

1) 학습준비기술

교실에서 실제로 학업 교과를 배우기 위해서는 자리에서 일어나지 않고 앉아서 교사에게 주의집중하기, 지시 따르기, 언어 발달, 근육 협응 능력 발달(예: 연필 쥐기, 가위질하기), 자조기술(예: 옷 입고 벗기, 화장실 사용하기), 집단 상황에서 또래와 상호작용하기 등과 같은 학습준비기술을 갖추어야 한다. 이러한 부분이 부족한 지적장애 아동의 경우에는 학급의 다른 아동과 함께 수업을 진행할 때 필요한 부분에 대하여 특별히 관심을 가지고 지도해야 한다.

그러나 이러한 준비기술을 통합교육의 선행조건으로 생각하여, 준비가 되지 않은 아동은 일반학급에 배치할 수 없다는 식의 사고는 바람직하지 않다. 학습준비기술에 대해 파악하는 것은 오히려 지적장애 학생의 수행을 이해하는 데 도움이 될 수 있다. 예를 들어, 학생이 교사의 지시를 잘 따르지 않을 때 그러한 행동이 교사에 대한 반항이 아니라 착석하여 주의집중하기 어렵고 교사의 언어적 지시를 잘 이해하지 못하기 때문이라는 사실을 알게 될 수 있다. 따라서 개별 지적장애 아동의 부족한 학습준비기술을 파악하여 어떻게 효과적으로 가르칠 것인가를 일반학급 교사와 특수교사가 함께 협의하여 계획하고 실행해야 한다.

이 외에도 학교에서 필요한 학습 태도/습관을 길러주는 것도 중요하다. 학교에서 필요한 학습 태도/습관은 주로 지각 및 결석하지 않기, 과제를 끝까지 완성하기, 타인과 협력하기의 세 가지로 나눌 수 있는데, 이러한 행동은 관련 학급 규칙을 만들어서 지키도록 하고 지켰을 때 강화를 제공하는 방법을 통하여 효과적으로 증진할 수 있는 것으로 알려져 있다(Wadsworth et al., 2015). 예를 들어, 종이 울리면 자리에 바로 앉는다거나, 주어진 과제를 완수하는 것에 대해서 스스로 기록하고 일정한 수준이 되면 강화를 받도록 한다거나, 개별적으로 수행할 내용과 그에 따른 강화 조건을 적은 합의서(또는 계약서)를 작성하는 등의 방법을 사용할 수 있다. 이상의 학습준비기술 중 주의집중력, 조직력, 반응 정확도를 향상하기 위한 구체적인 전략은 이 책의 6장 정서 · 행동장애에서 참조할 수 있다.

2) 기능적 학업 기술

초등학교 고학년이 되면서부터는 학업 기술을 중점적으로 학습하게 되는데, 이때 지적장애 아동은 기능적 학업 기술(functional academics)을 주로 배우게 된다. 다시 말해서, 일반 아동은 다른 교과 내용을 잘 습득하기 위해서 읽기를 배우지만, 지적장애 아동은 실생활에서 독립적으로 기능하기 위해서 읽기를 배울 수 있다. 예를 들어, 기사를 본다거나, 인터넷 검색을 한다거나, 지원서를 작성하는 등의 일을 직접 할 수 있기 위해서 읽기 기술이 필요하다는 것이다. 지적장애 아동에게 기능적 학업 기술을 가르치는 이유는 두 가지로 요약될 수 있다. 첫째는 이들이 학습하는 데 오랜 시간이 걸리므로 제한된 주어진 시간에 미래 생활에 가장 필요하고 또 학습이 가능한 수준의 내용을 가르치고자 하는 것이며, 둘째는 이들의 일반화 능력이 제한되므로 교과서만으로 학습하기보다는 실생활에 적용하는 교수 방법을 통하여 일반화를 촉진하고자 하는 것이다.

읽기, 쓰기, 수학 등의 과목에서 교사는 학업 기술의 다양한 기능적 연습활동을 계획할 수 있다. 읽기의 경우 특정 정보를 얻기 위해서 읽는다거나 또는 여가활동으로 읽게 할 수도 있다. 맞춤법, 글자 쓰기, 문장 표현과 같은 쓰기 관련 활동도 전화 메모 적기나 편지 쓰기 등과 같이 의사소통이 필요한 다양한 활동으로 구성할 수 있다. 〈표 4-4〉는 이러한 기능적 연습활동의 예를 보여 준다. 기능적 연습활동은 가능한 한 실생활과 연관이 높은 활동으로 계획해야 하며, 동시에 아동의 기술 수준을 근거로 필요한 지도 감독

표 4-4 학업 기술의 기능적 연습활동의 예

학업 기술	연습활동
읽기	• 건물이나 지역사회에서 흔히 볼 수 있는 표지판(예: 남, 여, 정지, 진입금지, 위험 등) • 온라인/오프라인 잡지나 신문 기사 • 학급시간표나 영화, 기차 시간표 • 물건 광고 • 음식이나 옷, 약 등의 라벨 • 요리 레시피
쓰기	• 쇼핑 목록, 해야 할 일의 목록 작성하기 • SNS에 글 올리기, 친구나 가족 SNS에 메시지 남기기, 이메일 쓰기 • 온라인 회원 가입을 위한 정보 입력하기
수학	• 물건 구매하기, 물건값 비교하기 • 측정 도구 이용하기(예: 온도계, 체중계, 키 재기) • 음식 준비하기 • 시계 보기, 달력 보기, 시간 계산하기 • 영화 보러 갈 때 비용 계산하기

의 정도 등을 고려해야 한다. 또한 이러한 활동 중에는 한 가지 기술만이 아니라 여러 가지 기초기술을 필요로 하는 경우가 많으므로 활동을 계획할 때 이러한 모든 기초기술의 수행 능력을 고려해야 한다. 예를 들어, 수학 활동 중에 읽기 능력의 부족으로 인하여 어려움을 겪는 일이 없도록 해야 한다.

기능적 학업 기술뿐만 아니라 개인위생, 지역사회 이용기술, 독립생활 기술 등 다양한 실용적 생활기술을 포함하는 내용으로 확장한 기능적 교육과정(functional curriculum)은 지적장애 학생이 학교를 졸업한 후에 만나게 되는 환경과 상황에서 성공적인 삶을 살아가는 데 필요한 생활기술을 가르치는 교육과정 접근이다(Gargiulo & Bouck, 2021). 우리나라의 특수교육 기본교육과정은 이러한 기능적 교육과정 요소를 포함하고 있다. 이러한 생활기술은 실제 상황에서 적용할 수 있는 능력이 중요하기 때문에 모의 환경보다는 가능한 한 자연적인 환경에서 교수하는 것이 효과적이다.

또한 지적장애 학생 교육을 계획할 때 생활연령 적합성을 고려하는 것이 중요하다. 실제 생활연령과 정신연령의 차이가 큰 지적장애 학생을 교육할 때, 생활연령을 고려하지 않고 너무 어린 나이의 학생용 자료를 사용하는 것은 교육에 부정적인 영향을 미친다. 예를 들어, 수 개념이 부족한 중학생에게 유아용 수 개념 지도자료를 사용하고 유아용 그림 스티커를 강화물로 사용하는 것은 자칫 지적장애 학생을 무시하는 것으로 보일 수 있으며 교육적으로도 바람직하지 않다.

3) 지역사회 중심 교수

지적장애 학생이 필요로 하는 많은 기능적인 생활기술은 교실이 아니라 실제 지역사회에서 사용하는 기술이다. 교실에서 배운 내용을 실제 환경으로 일반화하는 능력이 부족한 지적장애 학생에게는 해당 기술을 실제로 사용하는 환경에서 교육함으로써 이러한 일반화의 어려움을 줄일 수 있다. 예를 들어, 마트에서 물건 사기나 식당에서 메뉴판을 읽는 것은 교실에서 모의수업으로 가르칠 수도 있지만, 실제 환경에서 교수할 때 대부분 더 효과적이다. 자연적인 실제 환경에서 기술을 교수할 때 지적장애 학생이 더 잘 학습하고 오래 기억하는 것으로 보고된다(박은혜, 1997; Taber-Doughty, 2018). 우리나라에서도 지역사회에서의 교수가 물건 사기, 지하철 이용하기, 자판기 및 키오스크 사용하기, POS기(Point of Sale 기계: 상점에서 돈을 계산하고 영수증을 발행하는 데 사용하는 기계) 직무기술 교수 등에서 효과적인 것으로 보고된 바 있다(박지윤, 김은경, 2008; 양해수, 이태수,

2023; 이수정, 김진호, 2018; 장혜성, 2010, 2021).

　체계적인 교수계획에 의해서 반복적으로 이루어지는 지역사회 중심 교수는 일회적인 현장학습과는 차이가 있다. 또한 학교 졸업 후 성인기로의 전환을 위한 진로 및 직업교육이 강조되는 중·고등학교 시기에는 직무훈련 현장에서의 교육이나 졸업 후 성인으로서의 생활을 위한 교육 프로그램의 일환으로 학교 밖의 교육 활동이 많아질 수 있다. 지역사회 중심 교수는 학생의 졸업 이후의 긍정적인 성과를 위한 매우 효과적인 방법이다(Mazzotti et al., 2021).

4) 학습자 중심 접근: 자기결정

　최근에는 지적장애 아동의 교육에 있어서 자기결정력(self-determination) 증진을 위한 교수가 중요하게 다루어지고 있다. 지적장애 아동이 스스로 결정을 내릴 능력이 없다고 여기고 다른 사람들이 이들의 삶을 주도했던 과거에 비해, 이들에게도 자신의 교육에 대한 보다 주도적인 역할을 할 수 있도록 자기결정력을 키우는 교육을 함으로써 학교생활뿐만 아니라 성인으로서의 생활에도 도움을 줄 수 있음이 보고되고 있다(김소연, 이숙향, 2017; 방명애, 2006; Wehmeyer et al., 2010). 자기결정이란 자신의 삶의 일차적인 원인 주

표 4-5 자기결정행동 구성요소

자기결정행동을 구성하는 기술의 예
• 선택하기 기술
• 의사결정 기술
• 문제해결 기술
• 목표 설정 및 목표달성 기술
• 독립성, 위험 감수하기, 안전을 위한 기술
• 자기관찰, 자기평가, 자기강화 기술
• 자기교수 기술
• 자기옹호와 리더십 기술
• 효능성 및 성과기대에 대한 긍정적인 귀인
• 자기인식
• 자기지식

출처: Wehmeyer, M. L., Agran, M., Hughes, C., Martin, J. E., Mithaug, D. E., & Palmer, S. B. (2010). 발달장애 학생의 자기결정 증진 전략(p. 29, 이숙향 역). 학지사. (원저 2007년 출간)

체(causal agency)로서 행동할 수 있게 하고 자신의 삶의 질을 유지하거나 향상시킬 수 있
는 의지적인 행동을 말하며, 이러한 의지적 행동은 자율성, 자기 조정, 심리적 역량 강화,
자아실현의 특성을 지닌다(Wehmeyer et al., 2010). 따라서 자기결정력은 개인적 결정사
항에 대하여 스스로 선택할 수 있고, 자신의 생활을 통제할 수 있으며, 자신을 옹호할 수
있는 능력을 포함한다. 〈표 4-5〉는 자기결정 행동의 구성요소를 보여 준다.

  자기결정은 특히 장애 학생의 성공적인 성인기 전환과 일반교육과정 접근을 위해 효
과적인 교수전략으로 사용될 수 있다(이숙향 외, 2018). 장애 학생이 스스로 (1) 목표를 설
정하고(내 목표는 무엇인가?), (2) 이를 위한 계획을 세워 실행하며(나의 계획은 무엇인가?),
(3) 목표 및 계획 달성 여부를 평가하고 수정하는 단계(내가 무엇을 배웠나?)로 구성된 자
기결정 교수학습 모델(self-determined learning model of instruction: SDLMI)은 학업과 전환
관련 목표 달성에 모두 효과적인 것으로 보고된다(Lee et al., 2015; Shogren et al., 2020).

자기결정 교수학습 모델(SDLMI) 적용 사례

  SDLMI는 다양한 영역에서 적용할 수 있다는 장점이 있다. Shogren 등(2018)의 전환 관련 프로젝트
에서 교사들은 학생이 매년 적어도 3개 이상의 목표를 설정하고 달성하도록 개별화된 지원을 제공하는
것을 목표로 전체 프로젝트에 걸쳐 SDLMI를 시행하였다. 학생들은 직업 탐색, 특정 직무 관련 기술 개
발, 직장 체험 또는 인턴십 기회 식별과 같은 목표뿐만 아니라 다른 자기 선택 목표를 수립하여 수행할
수 있었고, SDLMI의 세 단계에서 문제해결 과정으로 안내하는 네 가지 질문을 제시할 수 있었다.

단계	학생 질문
1단계: 목표설정하기	• 나의 목표는 무엇인가? • 이 목표를 왜 설정했나? • 이 목표를 달성하기 위해 나는 무엇을 알아야 하는가? • 이 목표를 달성하기 위해 나는 무엇을 할 수 있는가?
2단계: 계획하기	• 계획을 세우기 위해 무엇을 할 것인가? • 계획을 실천하기 위해 어떤 도움이 필요한가? • 내 계획을 어떻게 평가할 것인가? • 내 계획에 장애물이 있을 때 나는 어떻게 대처할 것인가?
3단계: 평가하기	• 내가 설정한 목표를 달성했는가? • 내가 목표를 달성하는 과정에서 무엇을 배웠는가? • 내가 목표를 달성하지 못했다면, 그 이유는 무엇인가? • 내 다음 목표는 무엇이며, 내가 배운 것을 어떻게 적용할 것인가?

이와 같이 단계별로 문제를 해결하기 위해 기본적인 질문들이 제시되지만, 상황이나 개인의 필요에 따라 다르게 적용될 수 있는 대안적 질문도 사용할 수 있다. 이때 학생의 특별한 교육 요구나 선호, 의사소통 방법, 학습 스타일에 맞춰 조정되어 제공될 수 있다. 예를 들어, 어떤 학생은 직접적인 질문보다는 개방형 질문이나 다른 학생과의 대화를 통해 자신의 생각을 더 잘 표현할 수 있고, 어떤 학생은 구체적인 예시나 상황을 통해 질문을 이해하는 데 도움을 받을 수 있다.

이처럼 교사는 학생이 다양한 방법으로 질문과 상호작용을 하도록 지원하였고(예: 구두설명, 그림, 행동지표 관찰 등), 문제해결 과정을 진행하는 동안 정기적으로 SDLMI에 포함된 다양한 자기결정 기술(예: 사전 단서 조절, 선택, 목표설정, 문제해결, 자기옹호, 자기평가, 자기인식, 자기지시, 자기 모니터링, 일정 관리 등)에 대한 직접 지도를 제공했으며, 동시에 학생의 목표와 행동 계획을 기존의 교육과정 및 교수학습 활동에 통합하였다.

교사는 각 학생의 필요에 맞춰 개별화된 수정을 제공하였는데, 예를 들어 복잡한 의사소통 요구가 있는 학생을 가르치는 교사는 이들에게 친숙한 시각자료를 사용하여 학생 질문과 가능한 응답 옵션을 표현했고, 학생은 자신들이 선호하는 의사소통 방식을 사용하여 목표와 관련된 선택, 선호도 등을 표현하게 하였다. SDLMI의 실행에 대한 더 자세한 정보는 다음의 웹사이트를 통해 확인할 수 있다.

https://beach.ku.edu/sites/default/files/SDLMI-Teachers-Guide_4-2017.pdf

[그림 4-6] 전환 프로그램에서의 SDLMI 적용 사례

출처: Shogren et al. (2020). Examining the impact of the SDLMI and Whose Future Is It? over a two-year period with students with intellectual disability. *American Journal of Intellectual & Developmental Disabilities*, 125(3), 217-229에서 발췌하여 요약함.

[그림 4-6]은 이와 같은 자기결정 교수학습 모델의 적용 사례를 보여 준다.

국내 교육현장에서도 자기결정 교수학습 모델을 다양하게 적용하고 있다. 중등 통합 교육 현장의 장애 학생을 위해 좀 더 손쉽고 유연하게 적용할 수 있고 특수교사와 일반 교사 및 가정과의 협력을 포함하는 협력 중심 자기결정 교수 모델(collaboration-based instruction model of self-determination: CIMSD)이 개발되어 적용되고 있다(이숙향 외, 2018; 이현명, 이숙향, 2017; 전민지, 이숙향, 2021).

초등학교 저학년 지적장애 학생을 대상으로 국어 교과에 '목표설정 및 선택하기'를 적용한 연구(조명애 외, 2009)나 초등학교 특수학급 소속 지적장애 아동의 읽기 성취도와 수업참여 행동 발달을 위해 자기결정 요소에 중점을 둔 국어 수업 프로그램의 효과를 알아본 연구(강설희, 서효정, 2020)와 같이 자기결정의 구성요소를 교과수업에 적용하여 교수

위의 자기일과 계획판은 학생의 이름과 오늘의 날짜 및 요일을 포함하여 학생이 학교 또는 가정에서
의 일과를 각각 3가지 활동으로 계획할 수 있는 계획표이다. '내가 꼭 해야 하는 활동'은 빨간색, '내가
하고 싶은 공부'는 노란색, '내가 하고 싶은 놀이'는 초록색으로 분류하여 활동 카드 목록을 제시한 뒤 학
생이 선택하도록 한다. 활동 수행 시간은 활동 카드 목록 옆에 작성하되, 학생의 기초학업능력 수준에
따라 수업 시간을 글자와 그림상징 또는 과목을 나타내는 사진 등으로 나타낸다. 학생은 자기일과 계획
판을 보며 하루의 계획된 일과를 수행하고, 활동을 완수하면 붙여진 활동 카드 목록을 떼도록 한다.

[그림 4-7] 자기일과 계획하기 예시

출처: 김소연(2017). 가정과 연계한 자기일과 계획하기 교수가 지적장애 초등학생의 자기일과 계획하기 및 자기주도
　　　행동 수행과 자기결정행동에 미치는 영향. 이화여자대학교 교육대학원 미간행 석사학위 청구논문.

하는 연구가 지속적으로 이루어지고 있다.

지적장애 아동이 스스로 자기의 일과를 계획하고 이를 자기주도적으로 실행하게 하는
교수전략도 효과적인 것으로 보고되었다(김소연, 이숙향, 2017; 안혜신, 이숙향, 2015). 이러
한 교수전략을 사용하게 되면, 그림이나 사진으로 활동을 표현하여 학생이 쉽게 이해하
고 선택할 수 있게 하고, 꼭 해야 하는 활동, 하고 싶은 놀이 등과 같이 범주를 구성하여
학생의 선택을 구조화하고 활동 순서의 우선순위에 대한 규칙(예: 해야 하는 활동을 먼저
한 후에 놀 수 있어요)을 설명하는 등의 지도가 이루어진다. [그림 4-7]은 자기결정력 증진
을 위해 가정과 연계한 일과 계획하기 기술을 교수한 사례를 보여 준다.

4. 교수전략

이 부분에서는 지적장애 아동의 교육을 위해 많이 사용되는 교수 방법 중 교사 주도
교수전략, 학생 주도 교수전략, 또래 주도 교수전략을 살펴보았으며, 최근에 강조되고

있는 정보통신기술(information and communications technology: ICT) 활용 교수전략을 살펴보았다.

1) 교사 주도 교수전략

교사 주도 교수전략은 교사의 체계적인 사전 계획에 따라 진행되는 교수로, 과제분석과 모델링을 예로 들 수 있다. 과제분석은 학습과제를 작은 단위로 나누어서 가르치는 방법을 말한다. 교사는 과제분석을 하기 위해서 우선 누군가가 그 과제를 수행하는 것을 관찰한 후에 각 단계를 기록한다. 그리고 교사가 직접 기록한 단계에 따라 과제를 수행해 보면서, 각 단계에 대한 분석이 정확하고 빠진 것이 없는지 확인한다. 주로 신체 동작을 포함하는 기능적인 기술(예: 물건 사기, 가전제품 사용하기)을 가르칠 때 사용하지만, 계산하기나 읽기와 같은 학업기술을 가르칠 때도 단계별 또는 요소별로 나누어서 어떤 부분에 문제가 있는지 파악하고 가르칠 수 있다. 일반적으로 과제분석은 관찰이 가능한 작은 단계로 나누어질 수 있는 기술을 교수할 때 가장 효과적으로 사용된다. 이와 같이 세부 단계로 나누어 가르치는 방법은 가르치기 위한 목적뿐만 아니라 어떤 단계를 잘하는지 못하는지를 평가할 수 있는 점검표의 역할도 할 수 있다.

모델링은 교사가 직접 과제를 수행하는 모습을 보여 주는 방법이다. 교사가 먼저 시범을 보인 후 아동이 따라 하게 한다. 교사가 시범을 보인 기술을 아동이 모방하고 숙달되기 위해서는 연습을 많이 해야 한다. 이때 교사는 강화와 피드백을 제공해야 한다. 모델링은 눈에 보이는 행동만을 대상으로 하지는 않는다. 과제를 수행할 때의 사고과정을 소

표 4-6 | **인지적 모델링의 예**

단계	읽기 중 모르는 단어의 뜻을 추측하기 위한 인지적 모델링
1단계	문장에서 모르는 단어를 읽는다.
2단계	그 문장의 다른 단어들을 이용해서 모르는 단어의 뜻을 알아낼 수 있는지 본다.
3단계	아는 지식으로 그 단어의 뜻을 추측해 본다.
4단계	계속 읽는다.
5단계	2단계와 3단계를 반복한다.
6단계	새로운 뜻을 추측해 본다.
7단계	새 뜻이 맞는지 원래 문장에 대입해 본다.

리 내어 말해 줌으로써 인지적 모델링을 해 줄 수도 있다. 예를 들어, 문단 중 모르는 단어가 있는 경우 계속 읽어나가면서 자신의 배경지식과 문단의 내용에 기초하여 모르는 단어의 뜻을 추론하는 사고과정을 말로 표현하여 모델을 보여 줄 수 있다. 그와 동시에 사고과정을 글로 적어서 제시해 줄 수도 있다. 〈표 4-6〉은 이와 같은 사고과정 모델링의 예를 단계별로 보여 준다. 이와 같은 인지적 모델링은 다음에 제시하는 학생 주도 교수전략의 사용을 용이하게 한다.

2) 학생 주도 교수전략

학생 주도 교수전략은 아동 스스로 독립적인 학습을 하게 하는 자기주도의 교수방법으로, 인지적 전략이라고도 불린다. 자기점검(self-monitoring), 자기강화(self-reinforcement), 자기교수(self-instruction)와 같은 자기조절 기술을 사용하도록 교수하는 것이다. 자기점검은 자기감독이라는 용어로도 사용되며, 자신의 행동을 기록하게 함으로써 자기 행동에 대한 인식을 높여서 스스로 조절하도록 하는 방법이다. 주로 주의집중력이 낮고 산만한 아동에게 효과적이며, 처음 학습하는 과제보다는 어느 정도 익숙한 과제를 반복 연습시킬 때 사용하는 것이 좋다. 행동을 기록하기 위해서는 행동이 발생한 빈도를 세는 방법도 있고(예: 책상에 부착된 카드에 자리에서 이탈한 횟수를 적음), 점검표를 사용할 수도 있다(예: 글짓기를 한 후 점검표를 사용하여 문장부호나 맞춤법 등을 평가함). [그림 4-8]은 목표 설정에 대한 자기점검의 예를 보여 준다.

자기강화는 아동이 미리 약속한 목표를 달성했을 때 스스로 정해진 강화를 부여하는 것이다. 예를 들어, 저학년인 경우에는 퀴즈에서 90점을 받을 때마다 스티커를 붙이게 할 수 있고, 고학년인 경우에는 숙제를 모두 해 온 경우에 1점씩 부여한 후 주말에 점수가 4점 이상이 되면 좋아하는 게임을 하게 할 수도 있다. 스스로 목표를 정하고 목표의 성취를 인식하여 자신에게 강화를 제공할 수 있는 능력은 학교의 학습에서뿐만 아니라 성인이 되어서 여러 일상생활 영역에서도 유용하게 활용할 수 있다.

자기교수는 스스로 과제수행 단계를 말하면서 과제를 수행하게 하는 것이다. 실행방법은 (1) 교사가 먼저 과제의 각 단계를 말로 하면서 수행하는 시범을 보인 후, (2) 교사가 같은 단계를 말로 하면서 아동에게 수행하게 하고, (3) 아동이 각 단계를 말로 하면서 수행할 때 필요하다면 교사가 즉각적인 도움을 제공하여 아동이 자신감을 얻게 하며, (4) 마지막으로 아동이 각 단계를 작은 소리로 말하거나 속으로 생각하면서 수행하게 한다. 예를

학생 이름–학교 이름

나의 목표와 계획

나는 영어수업에서 성적을 올리기 위해 매일 최소 30분 동안 단어와 독해를 공부할 것이다.

날짜: 1월 셋째 주

→ 대답에 ● 표시하기

질문 ＼ 요일		월	화	수	목	금
단어와 독해를 얼마나 공부했나?	40분 이상	○	○	○	○	○
	35분	○	○	○	○	●
	30분	○	○	○	●	○
	25분	○	●	●	○	○
	20분	●	○	○	○	○
	공부 안 함	○	○	○	○	○

오늘 공부는 어땠는가?	아주 많이 배움	○	○	○	○	●
	오케이	○	●	●	●	○
	별로 좋지 않음	●	○	○	○	○

→ 한 주가 지났을 때 진보를 점검하기 위해 표시한 점을 연결하고 질문에 답하세요.

이번 주에 충분히 공부했나? 내가 공부한 것을 이해했나? 그렇다. 하지만 더 해야 한다.

만약 충분히 공부하지 못했다면 다음 주에는 무엇을 하는 게 필요할까? 더 집중해야 한다.

→ 교사 코멘트: 잘했어요. 다음 주에는 더 열심히 해 보세요. 내가 무엇을 도와줄까요?

[그림 4-8] 목표 설정에 대한 자기점검의 예

들어, 받아 올림이 있는 두 자릿수 덧셈을 가르치고자 할 때의 각 단계를 다음과 같이 분석할 수 있다: (1) 일의 자리의 수를 더한다, (2) 일의 자릿수를 더한 답의 끝수만 일의 자리에 적는다, (3) 일의 자릿수를 더한 답의 앞의 수는 십의 자릿수 위에 적는다, (4) 십의 자릿수의 세 수를 더한다, (5) 더한 합은 답의 자릿수 중 십의 자리에 적는다. 이렇게 분석한 후 교사가 먼저 단계별로 소리 내어 말하면서 모델을 보임으로써 아동이 시각과 청

각을 동시에 사용하여 학습하게 한다. 다음으로는 교사가 각 단계를 말해 주면서 아동이 시행하게 하고, 마지막으로 아동 스스로 말하면서 시행하게 한다.

3) 또래 주도 교수전략

또래 주도 교수전략은 학급의 인원수가 많고 이질적인 학생으로 구성되어 있을 때 지적장애 아동이 필요로 하는 추가적인 연습과 개인적인 도움을 제공하기 위하여 또래를 활용하는 방법이다. 또래 주도 교수전략의 대표적인 방법은 또래를 교수자로 사용하는 것이다. 같은 학급 내의 친구가 또래 교수자가 될 수도 있고 상급학년 학생이 또래 교수자의 역할을 할 수도 있다. 사전에 충분히 계획해서 실행하는 또래 교수는 또래 교수자와 또래 학습자 모두에게 학업적, 사회적, 행동적으로 유익한 영향을 주는 것으로 보고된다(김정효, 박은혜, 2009; 신혜순, 김수연, 2013). 이때 또래 교수자는 새로운 것을 가르치는 것보다는 배운 것을 복습시키거나 연습하는 것을 도와주고 피드백과 강화를 제공하는 역할을 하게 된다. 또래 교수를 효과적으로 운영하기 위해서는 또래 관계가 잘못된 교수자-학습자의 위계 관계로 변질하지 않도록 유의해야 한다. 따라서 교사의 면밀한 사전 계획이 중요하며, 또래 교수자가 정기적으로 교사와 만나 지시와 지원을 받을 수 있게 해야 한다.

다양한 능력의 아동이 소그룹으로 모여서 학습하는 협동학습 방법도 통합된 지적장애 아동을 위한 또래 주도 교수전략으로 활용될 수 있다. 협동학습은 협력학습이라고도 불리며 기존의 경쟁적이거나 개별적인 학습과 달리, 학생들이 서로 경쟁하기보다는 공동의 학습 목표를 향해 또래와 함께 학습해 갈 수 있도록 수업을 구조화하는 것이다. 또한 교사의 일방적인 수업을 수용하는 수동적인 역할이 아닌 아동의 보다 적극적인 역할이 강조된다. 협동학습은 특히 집단의 구성이 이질적일 때 효과적이며, 학습뿐만 아니라 사회성 증진을 위해서도 유용한 방법으로 보고된다. 협동학습을 적용하게 되면 학생들은 각자의 학습을 수행하면서 그룹 안의 다른 학생이 배울 수 있도록 도와야 한다. 이러한 긍정적인 상호의존성을 통해 학생들은 공동의 목표를 성취하기 위해 함께 작업할 수 있게 되며, 학습능력이 다른 친구들과 함께 공부하는 협력적 학습구조와 함께 보상이나 평가도 공동으로 받는 협력적 보상구조를 갖게 된다(Gillies, 2016). 경쟁에 익숙해져 있는 학생들을 대상으로 협동학습을 성공적으로 실행하기 위해서는 사전에 교사의 충분한 계획이 필요하다. 그렇지 않으면 오히려 다툼이 생기거나 한 명에게 일을 전부 맡기게 될 수도 있고, 능력이 떨어지는 아동은 소외되는 등의 불균형적인 참여가 나타날 수 있다.

이러한 경우 오히려 학습과 사회성 면에서 모두 부정적인 영향을 미칠 수 있으므로 교사의 각별한 주의가 필요하다. 협동학습에서는 참여하는 그룹 내 모든 학생이 학습할 수 있어야 하므로 수정된 교육내용을 배우는 지적장애 학생도 학습성과를 보일 수 있도록 활동을 설계해야 한다((Heward et al., 2022).

4) ICT 활용 교수전략

디지털 테크놀로지는 지적장애 아동의 학습을 지원하며 이들이 학습상황에서 경험하는 어려움을 해결할 수 있는 중요한 수단으로, 교육 환경에서 점점 더 활발하게 활용되고 있다. 2000년대 전후에는 지적장애 아동 교육에 있어서 컴퓨터 활용은 새로운 지식의 학습이나 교사의 교수 활동을 보충하는 기능의 개인교수형 프로그램과 이미 배운 내용의 숙달을 위한 반복연습형 프로그램을 통해 주로 이루어졌다. 이는 앞에서 살펴본 지적장애 아동의 인지적 특성인 주의집중과 기억력의 제한을 극복하기 위해 다양한 맥락에서의 반복학습을 통한 연습 기회 제공이라는 측면에서 효과적이다. 최근에는 ICT 기술의 발전과 학교 내 네트워크 환경 마련, 스마트 교수-학습 기기의 보편화 등의 영향으로 다양한 디지털 테크놀로지의 교육적 활용이 활발하게 시도되고 있으며, 그 효과 또한 여러 연구를 통해서 긍정적으로 보고되고 있다.

반복연습형 소프트웨어로는 주로 간단한 연산 연습, 어휘 학습 등에 컴퓨터 보조학습을 활용하도록 개발되고 있으며(김수연, 허승준, 2014; 김현주, 2004; 이정은, 2002), 시각, 청각 등 다중 감각을 활용하고 경험 학습을 할 수 있게 해 주는 소프트웨어도 많이 사용되고 있다. 이러한 소프트웨어는 대부분 즉각적이고 적절한 피드백을 제공하여 지적장애 아동의 주의집중 및 동기유발에 효과적이며, 능동적 학습을 유도할 수 있다(Bowe, 2005). 특히 최근에는 단순한 반복연습 기회를 제공하는 프로그램 외에도, 다양한 감각 정보를 반복적으로 제공(multiple repetition)함으로써, 맥락의 이해를 돕는 방식의 프로그램도 효과적으로 활용된다. 예를 들어, 지적장애 아동이 특정 학습 내용을 이해하는 과정에서, 비디오를 통해 먼저 배경지식을 습득하고 이야기에 익숙해진 후, 교사가 이야기를 읽어 주는 방식의 비디오를 시청하며, 이후 해당 내용에 대한 이해를 바탕으로 한 교수-학습이 진행될 수 있다. 이때에는 맥락의 이해를 확인하기 위해 다양한 방식의 반복적 질문을 변형하며 제시할 수 있는데, 이야기의 관점이나 인물 묘사, 물리적 환경 묘사에 대한 다양한 비교 형태 등에 대한 질문 등이 그 예가 될 수 있다. 글과 비디오, 오디오 등의 다양한 방식으로 자료를 반복적으로 접함으로써, 아동은 학습 내용에 대해 더 잘 이해할 수 있게 된다. 이처럼 교육의 목적으로 특별하게 개발된 기술을 프로그램 기반의 테크놀로지(program-based technology)라 하며, 개별학습자를 위한 맞춤형 학습을 제공하는 데 목적을 둔다.

반면, 교육의 목적으로 특별하게 설계되지는 않았지만, 교사 주도로 다양한 교수학습 활동에 창의적으로 활용할 수 있는 테크놀로지, 즉 툴 기반 테크놀로지(tool-based technology)가 널리 활용되고 있다. 예를 들어, 비디오, 워드프로세서, 파워포인트, 문자 메시지, 디지털 레코딩, 클래스 블로그, 구글 문서 등의 하이퍼 도큐먼트 등을 수업에 활용하는 것으로, 블로그를 활용한 쓰기 교육(최연주, 김유리, 2022), 유튜브 인터넷 동영상을 활용한 수학교육(Kwon, 2009), 웹 검색을 이용한 단어 및 어휘 교수(이원우, 2004), 이메일을 활용한 영어 교수(여광응 외, 2003) 등이 그 예이다. 이와 같이 디지털 자원을 활용하는 교육은 내용의 다양성이라는 장점뿐만 아니라 생활연령에 적합하고 사회적 공감대를 이룰 수 있는 자료를 사용한다는 면에서 지적장애 아동의 사회통합을 촉진하는 방법일 수 있다.

기술의 힘을 최대한 활용하여 디지털화, 인공지능 시대의 교수-학습을 개선하기 위한 노력은 지적장애 아동의 교육에서도 예외가 아니다. 이들의 학업적 특성을 고려하여, 인공지능(artificial intelligence: AI)을 이용한 단순화, 몰입감과 실재감을 높이기 위한 가상현실(virtual reality: VR) 및 증강현실(augmented reality: AR)이 유용하게 활용될 수 있다. 구체적으로 인지 능력이 낮은 지적장애 아동을 위해 복잡한 글에서 핵심 요소만 남기는 방식으로 단순화하는 프로그램이나 멀티미디어 시청 전 단순화된 옵션을 위한 필터링 기술 등은 AI를 활용하여 복잡한 정보나 텍스트를 단순화하는 전략을 시도하는 좋은 예이다(권정민, 이영선, 2020). 또한 사회, 수학과 같은 교과수업에서의 가상현실(VR) 및 증강현실(AR)을 활용함으로써 학습활동 참여를 돕고 과제집중도를 높일 수 있다(김민규, 한경근, 2019; 현은령 외, 2020).

짧은 주의집중이나 일반화의 어려움과 같은 지적장애 아동의 학습 경향을 고려할 때 시뮬레이션 게임과 같이 상호작용성과 실제적 느낌, 능동적 참여를 가능하게 하는 테크놀로지의 활용은 이들의 학업뿐만 아니라 일상생활 교육, 안전 교육, 직업 훈련 등에서도 효과적으로 활용될 수 있다(주란, 이영선, 2021; Kwon & Lee, 2016). 특히 직접교수할 수 없는 것은 아니지만 연습을 위한 환경 구성이 쉽지 않거나 안전의 위험성이 큰 기술을 가르칠 때, 또는 시도의 결과에 영향을 받지 않고 여러 차례 반복연습이 필요한 훈련 상황에서 이와 같은 테크놀로지의 활용은 더욱 유용할 수 있다(권정민, 조광수, 2009).

　태블릿 PC나 스마트폰, 컴퓨터 등에 비디오나 오디오, 그림자료 등을 탑재하여 자가
조작 촉진시스템(self-operated prompting system)을 만들어 활용할 수도 있다(Gargiulo &
Bouck, 2021). 목표기술을 과제분석한 후 단계별로 필요한 그림상징/자료, 구어 촉진, 영상
자료 등을 탑재하고 사용자가 이를 활용하여 과제를 수행할 수 있게 하는 것이다. 이는 효

국내 대학의 장애인 고용 사례

　학교법인 이화학당과 이화여자대학교가 운영하고 있는 장애인 표준사업장인 '이수매니지먼트'는
2023년 현재 65명의 장애인이 이화여대 캠퍼스 내의 이화상점과 이화과자를 만드는 제과팀, 그리고 이
대 서울병원에서 일하고 있다.

　이화과자팀은 마들렌, 말차초코칩쿠키, 파운드 케이크 등을 생산하고 있으며 이는 대학 내 이화상점,
카페, 온라인 쇼핑몰 등을 통해 판매된다. 의료원팀의 장애인 직원은 이화서울병원에서 휠체어를 소독하
여 제자리에 비치하고 환자들의 검체를 운반하는 한편 관리팀의 사무를 보조하는 업무 등을 맡고 있다.

　국내 대학에서 도입한 장애인 표준사업장으로서는 최대 규모이며, 직무교육과 일자리뿐 아니라 종
합대학이라는 환경을 활용하여 특수교육과와 특수체육 전공 등 장애 관련 학문 분야와의 협업을 통해
장애인 사원들에게 필요한 각종 동아리 활동을 마련하고 있다. 특수체육활동을 통해 팀워크를 강화하
고, VR과 기능성 게임을 활용하는 다양한 특수교육 활동을 통해 일상생활에 필요한 사회적 기능과 직
무기술도 키울 수 있다.

　이화여대는 2009년에 국내 대학 최초로 발달장애인 5명을 채용한 이후 지속적으로 중앙 도서관, 피
트니스센터 등 다양한 교내 직무환경에서 지적장애인의 지원고용도 시행하고 있다.

[그림 4-9] 국내 장애인 고용 사례

출처: 스마트경제(2023. 11. 3.) https://www.dailysmart.co.kr/news/articleView.html?idxno=79328
　　　파이낸셜뉴스(2018. 12. 26.) https://www.fnnews.com/news/201812261437514745

과성이 입증된 촉진체계와 과제분석 방법에 테크놀로지의 장점을 접목한 교수전략이다.

이 장에서는 학령기, 특히 초등학교 수준의 지적장애 아동의 교육에 대한 내용만 다루었으나 그 이전의 조기교육이나 중·고등학교에서의 진로교육, 졸업 후의 취업과 재활 등도 지적장애 아동의 교육을 총체적으로 이해하는 데 중요하다. 조기교육 수혜 여부나 정도에 따라 지적장애 아동의 발달은 커다란 영향을 받게 되고 동일한 능력을 지닌 아동의 경우에도 적절한 진로교육이나 학교에서 사회로의 성공적인 전환교육 여부에 따라 커다란 차이를 보일 수 있다. [그림 4-9]는 국내 한 대학교의 지적장애인 채용 사례로 성공적인 직장생활과 사회통합의 가능성을 보여 준다. 조기교육과 전환교육에 관한 상세한 내용은 『유아특수교육(2판)』(이소현, 2020)이나 『장애 학생을 위한 전환교육의 이해와 적용』(박희찬 외, 2023) 등을 참조하기 바란다.

··· 요약 ···

이 장에서는 지적장애의 개념과 지적장애 아동의 특성 및 교육 방법에 대하여 살펴보았다 지적장애의 개념과 관련해서는 지적 능력과 적응행동의 두 가지 측면으로 구성되는 전통적 정의에서 나아가, 사회적 구조 안에서 지적장애를 바라보는 시각을 설명하였다. 지적장애는 다운증후군 등의 염색체 이상이나 대사장애와 같이 정확한 원인을 알 수 있는 경우도 있으나 대부분 그 원인을 잘 알 수 없다.

지적장애 아동은 기억력이나 주의집중력, 학습 내용의 일반화 등에 있어서 또래에 비해 지체되는 특성을 보이지만, 학업적인 면이나 사회적인 면에서 볼 때 일반 아동과의 통합교육을 통해 매우 바람직한 결과를 가져올 수 있다. 학습준비기술 및 기능적 학업 기술의 교수와 지역사회 중심 교수는 지적장애 아동의 교육적 접근에서 중요하게 다루어지는 개념이며, 학습자 중심의 접근으로서 자기결정에 대한 연구가 활발하게 이루어지고 있다.

교사는 지적장애 아동의 특성과 교육 내용에 따라 다양한 교수전략을 사용할 수 있다. 과제분석과 모델링 같은 교사 주도의 전략, 아동 주도의 초인지적 전략, 협동학습과 또래 교수와 같은 또래 주도의 전략 및 ICT 활용 교수전략도 다양하게 발전하고 있다. 또한 효과적인 통합교육을 위해서는 교사 간 협력을 통한 통합학급의 보편적 학습설계의 적용과 다양한 측면의 교수적합화를 실행할 수 있어야 한다.

참고문헌

강경숙, 이나영(2006). 장애학생의 교육과정적 통합을 위한 수행평가 수정 실행과정 모색. 특수교육저널:이론과 실천, 7(2), 237-263. https://doi.org/10.19049/JSPED.7.2.12

강설희, 서효정(2020). 자기결정 향상에 중점을 둔 초등 특수학급 국어과 수업이 지적장애학생의 읽기성취도와 수업참여행동에 미치는 영향. 특수교육교과교육연구, 13(3), 57-83. https://doi.org/10.24005/seci.2020.13.3.57

권정민, 이영선(2020). 장애인을 위한 인공지능 활용 동향. 한국초등교육, 31, 187-202. http://dx.doi.org/10.20972/Kjee.31.S.202008.S187

권정민, 조광수(2009). 디지털 게임의 특수교육적 활용에 관한 문헌 연구. 특수교육연구, 44(3), 59-83.

교육부(2017a). 초중등학교 통합교육 실행 가이드북 I: 공통편. 세종특별자치시교육청.

교육부(2017b). 초중등학교 통합교육 실행 가이드북 II: 초등용. 세종특별자치시교육청.

국립특수교육원(2016). 장애학생 평가조정 매뉴얼. 국립특수교육원.

김명희, 신상미, 이원란, 이종필, 한희정(2020). 교사 통합교육을 말하다. 새로온봄.

김민규, 한경근(2019). 중도중복장애학생을 위한 지역사회 모의수업 학습매체로서 360도 가상현실(VR) 영상의 효과성 연구. 지체ㆍ중복ㆍ건강장애연구, 62(4), 231-256. http://dx.doi.org/ 10.20971/kcpmd.2019.62.4.231

김소연(2017). 가정과 연계한 자기일과계획하기 교수가 지적장애 초등학생의 자기일과계획하기 및 자기주도행동 수행과 자기결정행동에 미치는 영향. 이화여자대학교 교육대학원 미간행 석사학위 청구논문.

김소연, 이숙향(2017). 가정과 연계한 자기일과 계획하기 교수가 지적장애 초등학생의 자기일과 계획하기 및 자기주도행동 수행과 자기결정 행동에 미치는 영향. 지적장애연구, 19(1),127-153.

김수연, 허승준(2014). 반복학습형 CAI 프로그램을 활용한 단어 교수가 지적장애학생의 단어 학습에 미치는 효과. 교육혁신연구, 24(2), 79-95.

김정연, 박은혜, 김경양(2024). 보완대체의사소통교육. 학지사.

김정효, 박은혜(2009). 상급학생 또래교수가 장애 중ㆍ고등학생과 일반 고등학생에게 미치는 영향. 지적장애연구, 11(3), 259-282.

김현주(2004). 컴퓨터보조학습이 정신지체 고등학생의 지역사회 중심 어휘읽기 능력에 미치는 효과. 이화여자대학교 교육대학원 석사학위논문.

박은혜(1997). 중도장애아를 위한 지역사회중심의 교수방법. 이화특수교육학술대회: 중도장애아 교육의 기초와 방법론(pp. 79-101). 이화여자대학교 특수교육과.

박지윤, 김은경(2008). 비디오 자기모델링을 활용한 지역사회중심교수가 자폐아동의 자동판매기 이용 기술 수행에 미치는 효과. 정서ㆍ행동장애연구, 24(4), 93-120.

박희찬, 김라경, 송승민, 이정은, 이현주, 박영근, 배세진(2023). 장애학생을 위한 전환교육의 이해와 적용. 학지사.

방명애(2006). 역할놀이 중심의 자기결정 활동프로그램의 적용이 정신지체 학생의 자기결정기술과 적응행동에 미치는 영향. 특수교육연구, 13(1), 179-200.

서울 경인 특수학급 교사연구회(2013). 통합교육 지원 프로그램. 학지사.

송준만, 강경숙, 김미선, 김은주, 김정효, 김현진, 이경순, 이금진, 이정은, 정귀순(2022). 지적장애 학생 교육(3판). 학지사.

신혜순, 김수연(2013). 또래지원이 포함된 상황이야기 중재가 지적장애아동의 과제수행행동과 일반아동이 지각하는 친구관계에 미치는 영향. 발달장애연구, 17(4), 29-55.

안혜신, 이숙향(2015). 자기관리전략을 이용한 자기일과계획하기 교수가 지적장애청소년의 자기일과계획하기, 자기주도 활동 및 일과활동패턴의 다양성에 미치는 영향. 특수교육, 14(1), 99-127.

양해수, 이태수(2023). 지역사회 기반 교수 프로그램이 지적장애 학생의 패스트푸드점 키오스크 사용 능력에 미치는 영향. 특수교육재활과학연구, 62(3), 111-134. http://dx.doi.org/10.23944/Jsers.2023.09.62.3.6

여광웅, 이점조, 석종창(2003). 인터넷 전자우편을 활용한 자기주도적 학습이 고등학교 영어 학습부진 학생의 학습태도에 미치는 영향. 지적장애연구, 5(1), 1-15.

이소현(2020). 유아특수교육(2판). 학지사.

이수정, 김진호(2018). 자기관리기술을 적용한 지역사회중심 직업훈련이 지적장애 학생의 POS기 직무기술에 미치는 효과: 사례연구. 특수교육학연구, 52(4), 133-159. http://dx.doi.org/10.15861/kjse.2018.52.4.133

이숙향(2010). 정신지체학생을 위한 교수-학습 방법. 2010학년도 자격연수 제1기 특수학교(초등) 1급 정교사 과정(pp. 201-207). 국립특수교육원.

이숙향, 홍주희, 염지혜, 이정아(2018). 장애학생의 자기결정 관련 국내 연구동향 분석 및 향후 연구과제 고찰. 특수교육학연구, 53(2), 123-157. http://dx.doi.org/10.15861/kjse.2018.53.2.123

이원우(2004). 웹정보검색 훈련 프로그램 구안 적용이 특수학급 학생의 어휘 및 독해력에 미치는 효과. 현장특수교육연구보고서. 한국특수교육총연합회.

이정은(2002). 자기규제 학습전략을 적용한 웹 정보검색 훈련 프로그램이 경도 정신지체 학생의 웹 정보검색 수행능력에 미치는 효과. 한국특수교육학회 학술대회 자료집(pp. 89-122). 한국특수교육학회.

이현명, 이숙향(2017). 협력중심 자기결정 교수모델을 활용한 진로교육 프로그램이 고등학교 장애학생의 진로태도, 자기결정력 및 전환목표 달성에 미치는 영향. 장애와고용, 27(3), 57-87. 10.15707/disem.2017.27.3.003

장혜성(2010). 지역사회중심 교수가 정신지체 중학생의 지하철, 대형매장, 패스트푸드점 이용하기 기술에 미치는 효과. 재활복지, 14(4), 153-179.

장혜성(2021). 반복측정 실험설계를 사용한 지역사회중심교수가 장애 학생의 지하철 이용기술에 미치는 영향. 특수교육, 20(1), 5-26. http://dx.doi.org/10.18541/ser.2021.02.20.1.5

전민지, 이숙향(2021). 협력중심 자기결정 교수모델을 활용한 진로교육 프로그램이 초등학교 통합학급 학생의 진로자기효능감, 자기결정력 및 전환목표 달성에 미치는 영향. 정서·행동장애연구, 37(1), 2009-234. http://dx.doi.org/10.33770/JEBD.37.1.10

조명애, 박은혜, 이경순(2009). 자기결정행동 구성요소 중 목표설정과 선택하기를 적용한 국어과 수업의 효과. 특수아동교육연구, 11(1), 309-329.

주란, 이영선(2021). 성인 발달장애인 대상 고용환경 중심의 시뮬레이션 게임 프로그램이 대인관계 및 사회적 문제해결에 미치는 영향. 특수교육논총, 37(4), 1-25. https://doi.org/10.31863/JSE.2021.11.37.4.1

최연주, 김유리(2022). 디지털 리터러시 중재가 발달장애 초등학생의 블로그 포스팅 기술 및 디지털 글쓰기 기술에 미치는 영향. 특수교육교과교육연구, 15(2), 47-74. https://doi.org/10.24005/seci.2022.15.2.47

현은령, 임한빛, 유민영(2020). 지적 장애학습자를 위한 증강현실(AR) 기술 활용 화폐교육 모바일애플리케이션 개발: 2015 기본 교육과정 고등학교 '수학' 교과를 중심으로. 한국디자인문화학회지, 26(1), 547-558.

Bowe, F. (2005). *Making inclusion work*. Merrill/Prentice-Hall.

Center for Applied Special Technology (CAST). (2023). *About universal design for learning UDL*. CAST. http://www.cast.org/our-work/about-udl.html

Fujiura, J. E., & Yamaki, K. (2000). Trends in demography of childhood poverty and disability. *Exceptional Children, 66*(2), 187-199. https://doi.org/10.1177/001440290006600

Gargiulo, R. M., & Bouck, E. C. (2021). *Special education in contemporary society: An introduction to exceptionality* (7th ed.). Sage.

Giangreco, M. F., Cloninger, C. J., & Iverson, V. S. (1998). *Choosing options and accommodations for children: A guide to planning inclusive education* (2nd ed.). Brookes.

Gillies, R. M. (2016). Cooperative learning: Review of research and practice. *Australian Journal of Teacher Education, 41*(3), 3. https://doi.org/10.14221/ajte.2016v41n3.3

Hallahan, D. P., Kauffman, J. M., & Pullen, P. (2023). *Exceptional learners: Introduction to special education* (15th ed.). Pearson.

Heward, W. L., Alber-Morgan, S. R., & Konrad, M. (2022). *Exceptional Children: An introduction to special education* (12th ed.). Pearson.

Kwon, J. M. (2009). *Enhancing math instruction for Korean special education classroom students using design research to implement enhanced anchored instruction.* (Doctoral dissertation, University of Wisconsin-Madison, 2009). Dissertation Abstracts International, 70(07).

Kwon, J., & Lee, Y. (2016). Serious games for the job training of persons with developmental disabilities. *Computers & Education, 95*, 328-339. https://doi.org/10.1016/J.COMPEDU.2016.02.001

Lee, S.-H., Wehmeyer, M. L., & Shogren, K. A. (2015). Effect of instruction with the Self-Determined Learning Model of Instruction on students with disabilities: A meta-analysis. *Education and Training in Autism and Developmental Disabilities, 50*(2), 237-247. https://www.jstor.org/stable/24827538

Lewis, R. B., Wheeler, J. J., & Carter, S.L. (2017). *Teaching students with special needs in general education classrooms* (9th ed.). Pearson.

Mazzotti, V. L., Rowe, D. A., Kwiatek, S., Voggt, A., Chang, W-H., Fowler, C. H., Poppen, M., Sinclair, J., & Test, D. W. (2021). Secondary transition predictors of postschool success: An update to the research base. *Career Development and Transition for Exceptional Individuals, 44*(1), 47-64. https://doi.org/10.1177/2165143420959793

Polloway, E. A., Bouck, E., Patton, J. R., & Lubin, J. (2017). Intellectual and developmental disabilities. In J. M. Kauffman, D. P. Hallahan, & P. C. Pullen (Eds.), *Exceptional learners: Introduction to special education* (2nd ed., pp.265-285). Routledge.

Schalock, R., Luckasson, R., Shogren, K., Borthwick-Duffy, S., Bradley, V., Buntinx, W., Coulter, D., Craig, E., Gomez, S., Lachapelle, Y., Reeve, A., Snell, M., Spreat, S., Tasse, M., Thompson, J., Verdugo, M., Wehmeyer, M., & Yeager, M. (2010). *Intellectual disability: Definition, classification, and systems of supports* (11th ed.). American Association om Intellectual and Developmental Disabilities.

Schalock, R., Luckasson, R., & Tasse, M. (2021). *Intellectual disability: Definition, Diagnosis, Classification, and systems of support.* American Association on Intellectual and Developmental

Disabilities. https://doi.org/10.1352/1944-7558-126.6.439

Shogren, K. A., Hicks, T. A., Burke, K. M., Antosh, A., LaPlante, T., & Anderson, M. H. (2020). Examining the impact of the SDLMI and Whose Future Is It? Over a two-year period with students with intellectual disability. *American Journal of Intellectual & Developmental Disabilities, 125*(3), 217-229. https://doi.org/10.1352/1944-7558-125.3.217

Smith, D. D., & Tyler, N. C. (2010). *Introduction to special education: Making a difference* (7th ed.). Pearson.

Smith, J. D. (2000). The power of mental retardation: Reflections on the value of people with disabilities. *Mental Retardation, 38*(2), 70-72. https://doi.org/10.1352/0047-6765(2000)038〈0070:TPOMRR〉2.0.CO;2

Taber-Doughty, T. (2018). Life skills for elementary age students with intellectual disabilities. In R. Gargiulo & E. Bouck (Eds.), *Instructional strategies for students with mild, moderate, and severe intellectual disability* (pp. 266-300). Sage.

Wadsworth, J. P., Hansen, B. D., & Wills, S. B. (2015). Increasing compliance in students with intellectual disabilities using functional behavioral assessment and self-monitoring. *Remedial and Special Education, 36*(4), 195-207. https://doi.org/10.1177/0741932514554102

Wehmeyer, M. L., Agran, M., Hughes, C., Martin, J. E., Mithaug, D. E., & Palmer, S. B. (2010). 발달장애 학생의 자기결정 증진 전략(이숙향 역). 학지사. (원저 2007년 출간)

Witwer, A., Lawton, K., & Aman, M. (2014). Intellectual disability. In E. Mash & R. Barkley (Eds.), *Child psychopathology* (3rd ed., pp. 593-624). Guilford Press.

제 **5**장

학습장애

I. 학습장애 아동의 이해

1. 학습장애의 정의 및 판별

학습장애는 미국의 경우 특수교육대상자로 판별되는 아동의 3분의 1이 넘을 정도로 그 출현율이 가장 높은 장애 유형으로, 학령기 아동의 3~4%가 학습장애를 보이는 것으로 진단된다(U.S. Department of Education, 2022). 그러나 학습장애는 특수교육 영역 중에서는 비교적 최근에 인식되고 분류되기 시작한 장애 영역으로 장애의 개념과 관련해서 아직도 완전한 일치를 보지 못하고 있는 정의하기 어려운 영역이라고 할 수 있다. 이와 같은 개념 정립의 어려움은 국내 학습장애 아동의 교육현장에도 영향을 미치고 있다. 실제로 학습장애로 인하여 특수교육대상자로 선정되는 학생의 수는 계속 감소하여 2023년 기준 1,037명에 불과하며, 이는 전체 특수교육대상자의 0.9%에 해당하는 수치로 모든 장애 유형 중 가장 적은 것으로 보고되었다(교육부, 2023). 이러한 통계적인 수치는 학습장애의 실질적인 출현율을 의미한다기보다는 현행 학습장애 정의 및 진단 체계와 관련된 것으로 해석된다. 즉, 학습장애, 학습부진, 기초학습부진, 저성취, 학습곤란 등의 용어가 혼용되면서 학습장애와 유사용어의 차이를 분리하고 통합하는 문제가 발생하고 있다는 것이다(김동일 외, 2015). 실제로 교육현장에서는 학습장애의 특성을 보이는 많은 아동이 기타 법률(예:「초·중등교육법」,「기초학력보장법」) 및 조례(예: 난독증 학생 지원 조례)에 따라 학습부진, 학습지원대상, 난독증 등으로 지원받고 있는 실정이며(김동일, 고혜정, 2018; 김미령 외, 2022; 김애화 외, 2018), 경계선 지적 기능이나 문화적, 사회-경제적, 환경적 어려움으로 인하여 학업 성취가 어려운 아동을 학습장애를 지닌 특수교육대상자로 그 적격성을 인정해야 한다는 주장도 이루어지고 있다(양민화 외, 2020; 한국학습장애학회, 2020). 결과적으로 학습장애 아동 교육 분야는 장애의 정확한 개념에 근거한 정의와 이에 따른 진단 기준 및 실행 체계가 수립되어 적절한 특수교육적 지원으로 연계될 수 있어야 한다는 시급한 과제를 안고 있다. 여기서는 출현율에까지 영향을 미치고 있는 학습장애 정의의 역사 및 배경을 살펴보고, 현재 가장 많이 사용하고 있는 정의와 실제로 교육현장에서 장애를 판별하기 위하여 사용하는 판별 기준에 대하여 알아보고자 한다.

1) 학습장애의 정의

학습장애 아동 교육의 역사를 살펴보면 학습장애의 개념 자체는 1800년대 유럽에서부터 소개되기 시작하였으며, 1900년대에 들어와서는 지각이나 주의력 결함을 보이는 뇌손상 성인과 읽기 및 언어의 어려움을 보이는 아동에 관한 연구로 이어져 온 것을 알 수 있다(Friend, 2023). 이 당시 학습장애를 지칭하기 위하여 사용된 용어는 다양했는데, 미세뇌기능 이상(minimal brain dysfunction: MBD), 뇌손상, 지각장애, 언어지체, 중앙정보처리 기능 이상(central processing dysfunction), 신경손상 등을 포함한다(Smith et al., 2020). 학습장애라는 용어는 1961년에 처음으로 제안되었으며, 평균 이상의 지적 기능을 보이면서도 학교에서 학습상의 문제를 나타내는 아동을 지칭하는 용어로 사용되기 시작하였다(Gallagher et al., 2023). 그 후 특정 기술의 학습에 심각한 장애를 보인다는 의미로 특정학습장애(specific learning disability)라는 용어가 사용되기 시작하였으며, 그에 따른 정의가 개발되었다.

학습장애는 그 용어가 사용되기 시작한 이래 지금까지 다양한 정의가 제시되었으며, 학습장애가 실제로 무엇을 의미하는지에 대한 논의는 아직도 계속되고 있다. 〈표 5-1〉은 우리나라 「장애인 등에 대한 특수교육법」의 정의와 함께 학습장애 영역에서 현재 사용하고 있는 다양한 정의를 보여 준다. 학습장애 아동 교육에 가장 큰 영향력을 미친 대표적인 정의는 미국의 「장애인교육법(IDEA 2004)」과 학습장애공동협회(National Joint Committee on Learning Disabilities: NJCLD)에서 제시한 정의다. 「장애인교육법」의 정의는 미국 교육부에서 1968년에 처음으로 개발한 정의를 반영한 것으로 1975년 「전장애아교육법(Education for All Handicapped Children Act)」이 처음 제정될 때 공식적으로 제시되었으며, 그 후로 몇 차례에 걸쳐 약간의 자구만 수정되었을 뿐 크게 변경되지 않았다. 미국 정부에서 제시한 이 정의는 불분명한 개념을 포함하고 있을 뿐만 아니라 학습장애 아동을 판별하기 위한 목적으로 사용하기 어렵다는 이유로 비판을 받아왔다(Fletcher et al., 2019). 실제로 정의가 내포하는 불명확한 개념으로 인하여 미국의 학습장애 아동의 판별 및 출현율 산출은 주마다 큰 차이를 보이기도 한다(U.S. Department of Education, 2022).

학습장애공동협회(NJCLD)는 미국의 학습장애와 관련된 전국 규모 학회 등의 단체가 연합한 모임으로 1981년 연방정부의 법적 정의에 대한 대안으로 새로운 정의를 제시하였으며, 이후 약간의 내용을 개정하였다(NJCLD, 2016). 이 정의는 「장애인교육법(IDEA 2004)」의 정의와 비교해 볼 때 (1) 해석하기 불분명하여 논란이 되어 온 기본적인 심리적

표 5-1 학습장애의 다양한 정의

출처	용어	정의
장애인 등에 대한 특수교육법 (2007)	학습장애를 지닌 특수교육대상자	개인의 내적 요인으로 인하여 듣기, 말하기, 주의집중, 지각(知覺), 기억, 문제 해결 등의 학습기능이나 읽기, 쓰기, 수학 등 학업 성취 영역에서 현저하게 어려움이 있는 사람을 의미한다.
장애인교육법 (IDEA 2004)	특정학습장애 (Specific Learning Disability)	(i) 일반―듣기, 생각하기, 말하기, 읽기, 쓰기, 철자, 수학 계산을 수행하는 능력의 결함으로 나타날 수 있는, 말이나 글로 표현된 언어를 이해하고 사용하는 데 포함되는 기본적인 심리적 과정에 있어서의 한 가지 이상의 장애로 지각장애, 뇌손상, 미세뇌기능이상, 난독증, 발달적 실어증과 같은 상태를 포함한다. (ii) 포함되지 않는 장애―시각, 청각, 또는 운동기능 장애, 또는 지적장애, 정서장애, 또는 환경적, 문화적, 또는 경제적 불이익이 주원인인 학습 문제는 포함하지 않는다.
학습장애 공동협회 (NJCLD, 2016)	학습장애 (Learning Disability)	듣기, 말하기, 읽기, 쓰기, 추론하기 및 수학 능력의 습득과 사용에 있어서의 심각한 어려움으로 나타나는 다양한 구성의 장애 집단을 칭하는 일반적인 용어이다. 이러한 장애는 개인 내적으로 발생하며, 중추신경계의 기능장애로 인한 것으로 추정되고 있고, 일생에 걸쳐 나타날 수도 있다. 자기조절 행동, 사회적 지각, 사회적 상호작용에 있어서의 문제가 학습장애와 함께 나타날 수도 있지만, 이러한 특성만으로는 학습장애로 판별되지 않는다. 학습장애는 기타 장애(예: 감각장애, 지적장애, 정서장애)나 외부적인 영향(예: 문화적 또는 언어적 차이, 부적절하거나 불충분한 교수)과 동시에 나타날 수도 있지만, 이러한 기타 장애나 외부적인 영향의 결과에 의해서 발생하는 것은 아니다.
미국정신의학 협회 (APA, 2022)	특정학습장애 (Specific Learning Disorder)	다음의 네 가지 기준을 충족하여야 한다: A. 어려움에 대한 중재를 제공하였음에도 최소 6개월 이상 다음의 여섯 가지 중 한 가지 이상으로 나타나는 학습 및 학업 기술 사용에 있어서의 어려움 1. 부정확하거나 느리고 노력이 많이 필요한 단어 읽기 2. 읽은 내용을 이해하기 어려움 3. 철자의 어려움 4. 쓰기의 어려움 5. 수 개념, 숫자, 연산의 어려움 6. 수학 추론의 어려움

		B. 생활연령에 근거해서 기대되는 학업 기술과 실제 학업 기술 간의 상당한 차이로 인하여 학업, 직업 또는 일상적인 활동에 어려움이 있음 C. 어려움은 학령기에 시작됨. 그러나 성인기(학업, 직업, 일상생활에서의 요구가 커지는)에 이를 때까지 나타나지 않을 수도 있음 D. 학습상의 어려움은 지적장애, 시각 또는 청각 문제, 신경학적 상태(예: 소아 뇌졸중), 경제적 또는 환경적 불이익 등의 불리한 조건, 빈약한 교수, 언어 말하기/이해하기의 어려움과 같은 기타 상태에 의한 것이 아님
세계보건기구 (WHO, 2020)	발달적 학습장애 (Developmental Learning Disorder)	읽기, 쓰기 또는 수학을 포함하는 학업 기술 학습에 있어서의 심각하고 지속적인 어려움으로 특징지어지는 장애로, 영향을 받는 학업 기술에서의 개인의 성취는 생활연령과 일반적인 수준의 지적 기능에 따른 기대보다 훨씬 더 낮으며 결과적으로 개인의 학업이나 직업 기능에 심각한 손상을 초래한다. 발달적 학습장애는 학업 기술을 교수하는 학령초기에 처음 나타나며, 지적장애, 감각장애(시각 또는 청각), 신경학적 또는 운동기능 장애, 교육 기회 부족, 언어 능력 부족, 심리사회적 어려움으로 인한 것이 아니다.

과정(basic psychological processing)이라는 용어를 삭제하고, (2) 학습장애가 일생을 통하여 발생하고 계속될 수 있다는 점을 강조함으로써 성인이 배제되었던 문제를 해결하고, (3) 장애의 원인이 중추신경계의 기능 이상과 같은 개인 내적인 측면에 있음을 강조함으로써 의학적인 모델을 인정하였으며, (4) 자기조절 및 사회적 상호작용의 어려움을 경험할 수도 있음을 강조하였고, (5) 포함 기준에 해당하는 지각장애나 뇌손상과 같이 정의하기 어려운 용어를 배제하였으며, (6) 기타 장애와의 중복 출현 가능성을 시사하였고, (7) 쓰기 기술에 이미 포함된 철자를 제외함으로써 좀 더 발전된 정의로 수용되고 있다 (Hallahan et al., 2023; Heward et al., 2022).

이 외에도 미국정신의학협회의 『정신질환의 진단 및 통계 편람, 5판(Diagnostic and Statistical Manual of Mental Disorder, 5th ed., text revised: DSM-5-TR)』(APA, 2022)과 세계보건기구의 『국제질병분류표(International Classification of Disease, 11th ed.: ICD-11)』(WHO, 2020)에서 제시하는 학습장애의 정의는 장애진단을 포함한 의료 및 보건 영역에서 많이 사

용되고 있다.

　우리나라에서는 「특수교육진흥법」(1994)을 통하여 학습장애 아동이란 셈하기, 말하기, 읽기, 쓰기 등의 특정한 분야에서 학습상 장애를 지닌 자로 정의하였다가 2007년 「장애인 등에 대한 특수교육법」에서 개인의 내적 요인으로 인하여 듣기, 말하기, 주의집중, 지각(知覺), 기억, 문제 해결 등의 학습기능이나 읽기, 쓰기, 수학 등 학업 성취 영역에서 현저하게 어려움이 있는 사람을 학습장애를 지닌 특수교육대상자로 정의하였다(〈표 5-1〉 참조).

　지금까지 학습장애의 다양한 정의를 살펴보았다. 이들 정의는 다음과 같이 다섯 가지 기본적인 요소를 포함하고 있는 것을 알 수 있는데, 이러한 공통 요소를 이해함으로써 학습장애의 개념을 좀 더 명확히 정립할 수 있을 것이다(Raymond, 2017).

- 기본적인 심리적 과정에서의 장애: 정보를 효율적으로 처리하지 못함으로 인하여 학습상의 어려움이 발생함
- 언어 요소: 언어 이해 및 사용 문제가 핵심 개념으로 포함되며 듣기나 읽기 등의 수용언어와 말하기나 쓰기 등의 표현언어의 결함으로 나타남
- 능력의 결함: 적절한 교수가 제공되었음에도 예상할 수 없는 또는 설명할 수 없는 성취상의 결함이 나타남
- 포함 기준: 새로운 정의가 과거 학습장애를 지칭할 때 사용되었던 용어를 모두 포함할 수 있게 함
- 제외 기준: 학습장애가 아닌 다른 장애가 있거나 학습할 기회가 주어지지 않아서 발생하는 학업상의 어려움은 해당하지 않음

2) 학습장애의 판별

　학습장애의 정의에서 살펴본 바와 같이 학습장애 아동은 평균적인 지적 기능을 보이면서도 특정 기술의 학습에 심각한 문제를 나타내는 아동을 의미한다. 그러므로 학습장애는 아동의 잠재적인 능력과 학업 성취 간에 나타나는 심각한 차이를 통하여 판별해 왔다. 여기서 말하는 심각한 차이란 표준화된 지능검사로 측정하는 잠재력과 실제로 나타나는 성취도 간에 차이(IQ-achievement discrepancy)가 있음을 말하는 것으로 불일치 모형(discrepancy model)으로 칭한다. 불일치 모형에서는 일반적으로 지능검사와 학업성취도 검사에서 2년 이상의 차이가 있는 경우 학습장애인 것으로 진단해 왔다. 예를 들어, 지능

검사에서 100점을 받은 평균 지능의 5학년 아동이 표준화된 성취도 검사에서 3학년 이하 수준의 읽기 성적을 보인다면 지능—성취 간의 심각한 차이가 있는 것으로 보고 학습장애로 진단한다. 쉽게 말해서 잠재력에 비해 성취도가 낮으면 학습장애로 판별될 수 있다는 것이다. 그러나 이와 같은 불일치 준거에 따른 판별 기준은 그 적용에 있어서 여러 가지 문제가 있는 것으로 지적된다. 기대되는 학업성취도가 2년 이상 지체된다는 기준은 아동의 현재 연령에 따라 그 의미가 매우 달라질 수 있는데, 예를 들어 중학교 3학년 학생이 2년 지체된 경우와 초등학교 3학년 학생이 2년 지체된 경우는 그 심각성에 있어서 큰 차이가 있기 때문이다. 이와 같은 이유로 인하여 지능—성취 간 차이를 결정하기 위한 여러 가지 공식이 개발되었으나 이러한 공식도 통계학적으로 문제가 있거나 부정확한 판단을 하게 하는 원인이 될 수도 있으며, 학습장애 진단과 같은 복잡하고도 중요한 결정을 단일 공식에 의한 점수에 의존하게 한다는 단점이 지적되면서 그 사용이 반대되어 왔다(Hallahan et al., 2023). 또한 지능검사 자체가 잠재력을 측정하는 검사로서 여러 가지 문제를 지니고 있으며(Fletcher et al., 2002), 특히 초등학교 저학년의 경우 읽기나 수학 등에서 아직 많은 내용을 성취하지 않았기 때문에 지능과 성취도 간의 차이를 발견하는 일 자체가 어려운 것으로 지적된다. 실제로 지능—성취 간 차이를 판별 기준으로 삼게 되면서 교육현장에서는 학습장애의 출현율이 지속적으로 증가하였으며, 특히 사회—문화적 또는 언어적으로 소외된 아동에게서 그 출현율이 높게 나타남에 따라 진단과 배치가 정확한 개념에 의해서 이루어지고 있는지에 대한 논란이 야기되었다(Ihori & Olvera, 2015).

불일치 모형의 약점을 보완하기 위하여 인지적 강약점을 분석하여 인지 기능의 불균형한 패턴을 찾아냄으로써 학업 영역에 따른 불균형한 성취를 설명하고자 하는 이중 불일치 모형(dual discrepancy-consistency model)(Kranzler et al., 2020)이 제안되었다. 이 모형에서는 아동의 인지 과정에서의 약점이 존재하는지 판단하여 그 약점이 학업상의 약점과 일치하는지와 각각의 약점이 인지적 강점과 각각 불일치하는지를 판단함으로써 학습장애를 판별한다. 예를 들어, 단어 읽기에 약점을 보이는 학생이 이와 상관되는 인지 기능 프로파일에서의 강·약점(예: 음운 처리상의 약점 및 시공간 기술의 강점)을 보이는지 분석하는 것이다. 이 모형은 학생의 강점을 분석함으로써 교수에 도움을 받을 수 있고 약점을 보완할 수 있다는 점에서 권장되고 있지만, 관련 연구가 부족하고 실제로 특정 인지 기능의 훈련이 학업 성취와 상호작용을 하는지에 대한 한계가 보고되고 있다(Burns et al., 2016; Taylor et al., 2017).

결과적으로 불일치 모형은 학습장애를 진단하는 유일한 기준이 되어서는 안 된다는 주장과 함께 여러 가지 대안적인 주장이 제시되었으며(예: Fuchs et al., 2003), 미국「장애인교육법(IDEA 2004)」은 이와 같은 주장을 수용하여 2004년 재위임에 따른 시행령에서 불일치 모형의 대안적인 방법으로 중재반응모형(response to intervention: RTI)을 사용하도록 권장하였다(〈표 5-2〉 참조). 중재반응모형은 학생이 학업 성취 수준에서 향상을 보이지 않을 때 점점 더 강도를 높이는 다양한 수준의 교수 중재를 제공하는 과정을 거치면서 장애가 있는지를 결정하는 모델이다. 즉, 이 책의 2장([그림 2-5] 참조)과 6장([그림 6-5] 참조)에서 설명한 다층구조형 지원 체계(MTSS)를 통하여 일반학급에서의 교수(1층) → 소집단에서의 교수(2층) → 아동의 요구에 초점을 맞춘 집중적인 개별화된 교수(3층)의 순으로 과학적 기반의 교수적 실제를 단계적으로 적용하였음에도 성취의 변화가 나타나지 않는 경우에만 학습장애로 판별한다(Fuchs & Fuchs, 2007; Kavale et al., 2009).

표 5-2 「장애인교육법(IDEA 2004) 시행규칙」의 학습장애 정의

「장애인교육법(IDEA 2004) 시행규칙」에 나타난 학습장애의 판별 기준
아동이 다음에 해당하면 특정학습장애를 지닌 것임: • 아동의 연령 또는 주에서 정한 학년 규준에 적절한 학습 경험 및 교수를 제공하였음에도 다음 영역 중 하나 이상에서 연령에 적합한 성취를 하지 못하거나 주에서 정한 학년 규준에 도달하지 못한 경우: 구어 표현, 듣기 이해, 쓰기 표현, 기초 읽기 기술, 읽기 유창성, 읽기 이해, 수 연산, 수학 문제해결; 또는 • 과학적인 연구 기반의 중재에 대한 아동의 반응에 근거한 과정을 사용하였음에도 앞에서 제시한 영역 중 하나 이상에서 연령 또는 주에서 정학 학년 규준에 도달하기 위한 충분한 진보를 보이지 못하거나; 또는 특정학습장애 판별을 위한 팀이 적절한 진단 절차를 사용해서 아동이 연령, 주에서 정한 학년 규준, 지적 발달과 관련된 수행, 성취, 또는 두 가지 모두에서 강약점의 패턴을 보인다고 결정하되, 이러한 결과는 다음이 주요 원인이 아님: 시각, 청각, 운동 기능 장애; 지적장애; 정서장애; 문화적 요인; 환경 또는 경제적 불이익; 제한된 영어 능력. 특정학습장애로 의심되는 아동의 저성취가 읽기 또는 수학 영역의 적절한 교수 부재로 인한 것이 아님을 확인하기 위해서 팀은 평가의 한 부분으로 다음을 고려해야 함: • 의뢰 전 또는 의뢰 과정에서 아동에게 일반교육 환경에서 자격을 갖춘 교사에 의한 적절한 교수가 제공되었음을 입증하는 자료; 및 • 아동의 부모에게 제공된, 교수 중에 이루어지는 공식적인 진도점검을 반영하는 합리적인 간격으로 실시되는 반복적인 성취도 진단에 대한 자료 중심의 기록.

중재반응모형(RTI)은 현재 미국의 경우 대부분의 지역교육청이 그 절차를 개발하여 사용하고 있으며, 이러한 절차는 거의 모든 초등학교 및 중·고등학교에서 활용되고 있다. 학습장애 판별에 있어서 불일치 모형을 지양하고 대안적인 방법을 사용하게 하는 이와 같은 변화는 학습장애를 진단함에 있어서 장애를 결정하기 전에 다양한 방법의 교수적 시도를 하게 함으로써 학습장애의 과잉진단을 최소화할 수 있을 것으로 기대된다. 이는 중재반응모형 내에서 학습장애는 질적으로 우수한 교육과정 및 교수 방법에 반응하지 않는 경우로 정의하기 때문이다. 그러나 실제로 교육현장에서 중재반응모형을 효과적으로 실행할 수 있는지에 대한 의문은 끊임없이 제기된다. 예를 들어, 학교의 모든 학생을 대상으로 하는 대규모 단위의 실행을 어떻게 효율적으로 할 것인지, 1단계에서 모든 일반학급 교사가 증거 기반의 실제로서의 교수전략을 잘 적용하고 있는지, 2단계에서 사용되는 소집단 대상의 교수전략 형태나 교수자의 다양성으로 인하여 2단계 중재와 관련된 특정 결론에 도달할 수 있는지, 1단계에서 2단계로 넘어온 학생이 성취 향상으로 1단계로 돌아간 뒤 다시 어려움을 보여 2단계로 넘어오기를 반복하면서 3단계의 개별적인 지원의 시기를 놓치는 것은 아닌지 등이 교육현장에서 해결해야 할 과제로 남아 있다(Fuchs & Fuchs, 2017; Grigorenko et al., 2020; Pullen et al., 2020). 이와 같이 해결해야 할 과제가 남아 있음에도 현재 중재반응모형은 학교 체계 내에서 가장 많이 사용되고 있다. 그러나 이 모형 역시 단독으로 학습장애 판별의 신뢰할 수 있는 방법이 될 수는 없는 것으로 평가되며, 결과적으로 불일치 모형과 중재반응모형을 복합적으로 함께 사용하는 하이브리드 모형이 권장되기도 한다(Grigorenko et al., 2020; Miciak & Fletcher, 2020).

우리나라에서도 학습장애 판별을 위하여 불일치 모형을 단독으로 적용하는 것에 대한 부적절성과 함께 중재반응모형 적용의 현실적인 어려움에 대한 인식이 이루어지면서 우리 교육현장의 고유한 특성에 맞는 대안적인 방법을 개발하기 위한 지속적인 연구가 이루어지고 있다(예: 김동일, 정광조, 2008; 김우리, 고혜정, 2014; 김자경, 2005; 이대식, 2008; 정광조, 이대식, 2015; 홍성두, 여승수, 김동일, 2010). 특히 중재반응모형을 교육현장에서 실천하기 위한 구체적인 적용 방법론과 함께 교사교육에 대한 연구도 이어지고 있다(예: 김동일 외, 2020; 허유성, 2009).

교육의 대상자를 선정하고 이들에게 적절한 교육 프로그램을 제공하기 위해서는 장애의 정의가 가장 중요한 역할을 한다고 할 수 있다. 그러나 학습장애를 어떻게 정의하고 진단할 것인가에 대한 합의가 이루어지지 않고 있는 현실적인 어려움을 고려한다면(김동일, 고혜정, 2018) 학습장애의 판별은 결코 쉬운 일이 아니다. 학습장애를 판별하기 위해서는 명확한 정의에 기초한 진단 기준 및 절차를 안내하는 지침이 있어야 하는데, 실제로 교육현장의 교사들은 학습장애 진단 기준이나 관련 지침이 명확하지 않다는 현실적인 어려움을 보고한다(신재현, 정평강, 2021). 학습장애 진단이 제대로 이루어지지 않아 출현율이 낮아지면서 실제 학습장애 학생들이 사각지대에서 기초적인 교육권을 보장받지 못하고 있는 현재 상황의 심각성을 고려한다면 학습장애를 어떻게 정의하고 판별할 것인지 또는 학습부진 등의 학습상의 어려움을 특수교육 지원 체계 안에서 어떻게 다룰 것인지 등의 현안에 대한 지속적인 연구와 합의가 이루어져야 할 것이며, 이를 통하여 학습장애 및 학습 관련 지원이 필요한 아동을 위한 구체적이고도 타당한 진단 및 지원 체계가 시급하게 수립되어야 할 것이다(김미령 외, 2022; 민수진, 2019; 이대식, 2019; 양민화 외, 2020; 이애진, 양민화, 2018).

2. 학습장애의 원인

대부분의 학습장애의 경우 그 원인을 정확하게 알기는 매우 힘들다. 특히 학습장애를 일으키는 단일 주요 원인을 알아내기란 거의 불가능한 것으로 여겨진다. 그러나 지금까지 학습장애의 원인과 관련된 요인을 알아내기 위한 많은 연구가 진행되었으며, 그 결과 크게 생물학적 요인과 환경적 요인의 두 가지 측면에서 학습장애의 원인과 관련된 요인을 살펴볼 수 있다.

1) 생물학적 요인

학습장애의 원인과 관련된 생물학적 요인으로 두뇌 또는 중추신경계 기능 이상과 같은 신경학적 요인과 유전적 요인 등이 제시되어 왔다. 특히 신경학적 요인은 오랫동안 학습장애의 주요 원인으로 여겨져 왔는데, 실제로 신경학적 측정 자체가 완전하지 않기 때문에 중추신경계의 기능 이상에 대한 단정적인 원인을 제시하기 어려운 것이 사실이다. 그러나 뇌신경 영상 기술[예: 자기공명촬영(MRI), 양전자방출단층촬영(PET), 뇌파검사를 통한 사건관련전위(ERP) 측정]의 발달로 두뇌의 구조와 기능에서의 차이가 발견되어 왔다(Grigorenko et al., 2020). 하지만 이와 같은 두뇌의 기능 이상에 의한 신경학적 원인이 모든 학습장애 아동에게 적용되는 것은 아니다. 중요한 것은 이러한 연구를 통하여 학습장애를 일으키는 하나의 원인으로 의심의 여지가 남아 있던 중추신경계의 기능 이상이 학습장애를 일으킬 수도 있는 요인으로 받아들여지게 되었다는 것이다. 실제로 중추신경계의 기능 이상은 다음 부분에서 설명하게 될 유전적 요인이나 환경적 요인(예: 환경오염 등으로 인한 납중독) 또는 조산이나 후천성면역결핍증(AIDS) 등의 특정 의학적 요인에 의해서 발생하는 것으로 알려지고 있다(Hallahan et al., 2023).

학습장애가 가계를 따라 유전된다는 증거 역시 오래전부터 보고되어 왔으며, 현재는 관련 유전자를 밝히기 위한 연구가 활발하게 진행되고 있다(Gialluisi et al., 2021). 한 연구에 의하면 부모가 학습장애인 경우 그 자녀가 학습장애일 가능성이 40~70%까지 높아지는 것으로 보고되었다(Georgitsi et al., 2021). 특히 읽기장애의 경우 매우 강력한 유전적 요인이 보고되고 있는데, 예를 들어 읽기장애 가계력이 있는 경우 자녀가 읽기장애를 보일 가능성이 4배까지도 높아지며, 부모가 모두 읽기장애인 경우에는 그 가능성은 더 커지는 것으로 보고된다(Erbeli et al., 2019; Thomas et al., 2021). 학습장애의 유전적인 요인을 환경적인 요인과 분리하는 것은 매우 어려운 일이다. 부모가 학습장애인 경우 자녀 양육 과정에서 나타나는 장애의 영향(예: 자녀에게 제공하는 문해 환경)을 배제할 수 없기 때문이다. 그러나 쌍생아를 대상으로 이루어진 수많은 연구 결과가 누적되면서(예: Andreola et al., 2021; Gonzalez-Valenzuela et al., 2020) 유전적 요인은 환경적인 요인을 고려한다고 하더라도 학습장애를 일으키는 요인으로 받아들여지고 있다.

2) 환경적 요인

학습장애의 원인과 관련된 환경적인 요인을 규명하기는 매우 어렵다. 그러나 발달을 촉진하거나 방해하는 환경적 요인은 학습장애의 발생에도 직접적인 영향을 미칠 수 있으며, 더 나아가서 학습과 관련된 신경학적이거나 유전적인 요인에 간접적인 영향을 미칠 수도 있다. 이러한 환경적 요인에는 경제적 빈곤, 가정의 문해 수준, 학교에서의 교수의 질 등이 포함된다. 예를 들어, 가정의 낮은 사회-경제적 지위나 문해 환경은 학습장애와 관련된 위험요인으로 수용되고 있는데(Lee et al., 2015; Mascheretti et al., 2018), 즉 경제적으로 빈곤한 환경이나 사회-정서 및 지적으로 빈약한 환경으로 인한 환경적인 불이익은 학습 문제로 이어질 가능성이 있는 것으로 밝혀지고 있다(예: Esmaeeli et al., 2018; Rashid et al., 2005). 결과적으로 아동이 가정에서 경험하는 환경적 불이익은 적절한 의료 및 영양 지원이나 조기 언어 발달 및 학습 등에 영향을 미치면서 학습장애 발생 요인으로 기여할 수 있다는 것이다.

학교에서의 교수의 질 또한 학습장애 발생과 관련된 요인으로 주목받는다. 즉, 아동에 따라서는 교사가 제공하는 교수 환경으로 인하여 학습장애로 판별될 수도 있다는 것이다. 실제로 교사의 무관심이나 빈약한 교수가 초등학교 학생의 학습장애를 일으킬 수 있는 것으로 보고된 바 있다(Koradia et al., 2012; Varghese et al., 2021). 또한 학습장애로 진단받은 아동에게 가장 효과적인 지원은 적절한 학교교육을 포함한 환경적 지원임이 강조된다(Church & Lewis, 2019). 이것은 양질의 교수가 학업 실패를 예방하고 학습장애가 나타나거나 학습장애로 판별되는 것을 예방할 수도 있음을 의미한다(Fuchs et al., 2005; Graham et al., 2014). 따라서 이와 같은 가설은 학습장애를 판별함에 있어서 앞에서 설명한 중재반응모형(RTI)을 지향하게 하는 동향으로 연결되었다. 그러나 부적절한 교수가 학습장애의 원인이 될 수도 있다는 이와 같은 주장은 많은 논란으로 이어지고 있으며, 「장애인교육법(IDEA 2004)」은 환경적인 요인이 학습장애를 일으키는 잠재적인 원인이 될 수 없다고 규정한다(〈표 5-1〉 참조). 사실상 비효과적인 교수와 학습장애의 발생 간에 어떠한 관계가 있는지 정확하게 밝혀지지 않고 있을 뿐만 아니라 모든 학습장애 아동의 학습 문제가 부적절한 교수 때문이라고 볼 수 없는 것이 사실이지만, 대부분의 학습 문제는 적절한 교수를 통하여 어느 정도 향상될 수 있는 것 또한 사실이다. 따라서 교사는 학습장애 아동에게 가장 먼저 집중적이고도 체계적인 교수를 제공할 수 있어야 할 것이다.

3. 학습장애 아동의 특성

학습장애로 인한 특성은 매우 다양하다. 그러나 개별 학습장애 아동 모두가 이러한 특성을 다 보이는 것은 아니다. 여러 가지 특성을 동시에 보이는가 하면 한두 가지 특성만을 보이기도 한다. 또한, 특정 영역에서 강점을 보이기도 한다. [그림 5-1]은 학습장애 아동이 개인적으로 강점이나 어려움을 보일 수 있는 다양한 발달 영역을 보여 준다. 학습장애의 이러한 특성은 유아기에서 성인기에 이르기까지 일생을 거쳐서 나타나는데, 이것은 장애 자체가 중추신경계의 기능 이상에 의한 것이기 때문인 것으로 이해된다 (Bender, 2007). 〈표 5-3〉은 학습장애 아동이 많이 보이는 대표적인 특성을 인지 및 학업 성취, 사회-정서, 행동적 측면에서 보여 준다(Gupta, 2022; Smith & Tyler, 2018).

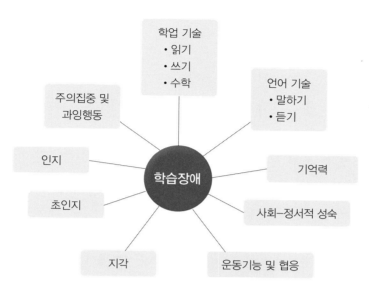

[그림 5-1] 학습장애 아동이 강점이나 어려움을 보일 수 있는 발달 영역

표 5-3 학습장애 아동이 보이는 특성의 예

인지 및 학업 성취	사회-정서	행동
• 잠재력에 비해 낮은 학업 성취 • 교육에 대한 무반응 • 가르치기 어려움 • 문제를 해결하지 못함 • 학습 능력의 불균형 • 수동적인 학습 스타일 • 지체된 언어 발달 • 읽기 또는 쓰기의 어려움 • 특정 단어/개념 습득의 어려움 • 단어-의미 연결의 어려움(단어를 다른 의미로 사용함) • 소리/글자/숫자 변별의 어려움 • 단어를 소리 내어 읽기 어려움 • 글자/숫자를 바른 순서로 나열하지 못함 • 글자를 거꾸로 쓰는 경향 • 오른쪽과 왼쪽을 혼동함	• 미성숙함 • 사회적으로 수용되지 못함 • 사회적 또는 비구어 단서를 잘못 해석함 • 잘못된 결정을 내림 • 괴롭힘을 당함 • 사회적 결과를 예측하지 못함 • 사회적 전통(예절)을 따르지 못함 • 거부됨 • 지나치게 순진함 • 수줍음, 위축, 불안정 • 의존적임 • 생각이나 감정을 잘 표현하지 못함	• 주의집중이 어려움 • 집중 시간이 짧음 • 산만함 • 과잉행동 • 충동성 • 부적절한 반응 • 눈과 손의 빈약한 협응 • 정돈되지 못함 • 동기 결여 • 의존적임 • 지시를 듣고 따르기 어려움 • 규칙을 어기거나 버릇없는 행동을 함 • 훈육하기 어려움 • 변화에 대한 저항

• 시간을 말하지 못함 • 비효율적인 정보 처리 능력 • 일반화하지 못함 • 빈약한 기억력		

1) 인지 및 학업 성취

(1) 인지적 특성

학습장애 아동은 대체로 평균 이상의 지적 기능을 보인다. 그러나 사고력, 기억력, 주의집중력, 지각 등을 포함하는 인지 영역 중 한 가지 이상에서 어려움을 보이곤 한다. 예를 들어, 정보를 처리하거나 조직적으로 사고하는 능력이 부족한 경우가 종종 있으며, 이로 인하여 자신의 생활을 계획하고 구성하는 데 어려움을 보인다. 이러한 어려움은 결과적으로 학습을 포함한 생활 전반에 걸쳐서 전략을 사용하고 문제를 해결하는 능력에 영향을 미치게 된다.

학습장애 아동은 장기기억보다는 단기기억이나 작업기억에 더 큰 어려움을 보인다(Swanson et al., 2009; Wiest et al., 2021). 단기기억이란 시각이나 청각을 통하여 제시된 정보를 보거나 들은 즉시 정확한 순서로 회상하는 것을 말하며, 작업기억이란 다른 인지적 활동을 수행하면서 동시에 특정 정보를 기억해 내는 것을 의미한다. 이들은 새로운 정보를 기억하는 데 문제가 있기 때문에 금방 읽거나 들은 내용을 반복하거나 복합지시를 따르거나 순서에 맞춰 과제를 수행하는 데 어려움이 있다. 특히 읽기장애나 수학장애는 작업기억 결함과 관련된 것으로 보고된다(조영희, 정소라, 2020; Fanari et al., 2019; De Weerdt et al., 2013). 〈표 5-4〉는 단기기억과 작업기억이 학습장애 아동의 행동에 어떠한 영향을 미치는지 보여 준다.

학습장애 아동은 지각에 있어서도 어려움을 보이는 경우가 많다(Cheng et al., 2018; Lerner & Johns, 2015). 지각은 시각, 청각, 촉각 등의 감각을 통하여 수용된 자극을 인식하고 식별하여 적절하게 해석하는 능력을 말한다. 지각상의 어려움은 시각장애나 청각장애와 같이 얼마나 정확하게 보고 들을 수 있는가 하는 감각 능력의 문제가 아니라 자극을 받아들이고 정리하고 해석하는 데 있어서의 어려움을 의미한다. 이러한 문제는 아동의 학업 성취에 부정적인 영향을 미치게 된다. 예를 들어, 시지각 문제가 있는 경우 퍼즐

표 5-4 빈약한 기억력이 학습장애 아동의 행동에 미치는 영향

단기기억	작업기억
단기기억력은 현재 활성화되어 있고 준비되어 있는 정보를 다루는 능력으로 그러한 정보를 몇 초간 저장하는 것을 말한다. 단기기억에 어려움이 있는 경우 다음과 같은 행동 특성을 보일 수 있다. • 이미 학습한 주제의 세부 정보를 기억하지 못함 • 일련의 지시사항이 주어질 때 포함된 모든 과제를 완수하지 못함 • 방금 읽거나 들은 내용을 기억하는 데 어려움을 보임	작업기억력은 저장된 정보를 관리하는 능력으로 작업기억에 어려움이 있는 경우 다음과 같은 행동 특성을 보일 수 있다. • 한 단계 이상을 포함하는 과제 수행에 어려움을 보임 • 과제 수행 중 무엇을 해야 하는지 잊어버려 수행을 중단함 • 계획하고 조직화하는 기술이 부족함 • 이전 경험으로부터 배운 내용을 새로운 상황에 적용하기 어려워함 • 구두 지시를 다 기억하지 못함 • 생각하면서 동시에 행동하기 어려워함 • 친구를 사귀고 싶어 하면서도 대화를 이어가는 데 어려움을 보임

맞추기나 도형을 기억하는 데 어려움을 보이며, 글자를 거꾸로 읽거나(예: 'ㅏ'를 'ㅓ'로 읽음, '6'을 '9'로 읽음, '46'을 '64'로 읽음) 비슷한 글자를 혼동하기도 한다. 아동에 따라서는 시각-운동의 어려움을 보이기도 하는데, 이는 운동 기술이 요구되는 신체적인 활동을 하기 위해서는 눈-손 협응과 같은 움직임과 시각의 협응이 필요하기 때문이다. 예를 들어, 뛰기, 공 던지기, 계단 오르내리기 등의 대근육 활동이나 연필 쥐기, 종이접기, 운동화 끈 매기 등의 소근육 활동 모두에서 어려움을 보일 수 있다. 이와 같은 협응에서의 문제는 읽기나 쓰기 과제를 수행하는 동안 시선이 따라가지 못하거나 이상하게 움직이는 등의 행동으로 나타날 수 있으며 연필, 가위, 풀 등의 학용품을 조작하기 힘들어하고, 때로는 시공간 인지의 어려움으로 인하여 주변을 돌아다닐 때 위험 요소를 파악하거나 안전거리를 확보하지 못해 자주 부딪히기도 한다. 또한 청지각에 문제가 있는 아동은 청각에 아무런 문제가 없음에도 소리 식별에 어려움을 보인다. 예를 들어, 특정 단어에 포함된 소리의 순서를 혼동하거나 교사의 음성을 교실 안팎의 배경 소음으로부터 구분하지 못할 수도 있다. 이러한 어려움은 결과적으로 교사의 구어 지시를 따를 수 없도록 방해하고 친구와의 사회적 대화 및 상호작용에 어려움을 초래하게 된다.

학습장애 아동의 인지 문제는 자신의 행동을 평가하고 조절하는 능력인 초인지 문제와 밀접하게 관련된다. 초인지(metacognition)는 자기 자신의 생각하기에 대해서 생각하는 능력을 의미하는 용어로 학습과 기억력에 영향을 미치며, 결과적으로 학업 성취에도 결정적인 영향을 미치게 된다(Nicolielo-Carrilho et al., 2018). 초인지 능력은 다음과 같은 몇 가지 구성요소를 지닌다(Wong & Buttler, 2014): (1) 과제를 효과적으로 수행하는 데 필요한 전략과 자원을 인식하는 능력, (2) 적절한 절차를 수행하는 능력, (3) 과제를 성공적으로 완수하기 위하여 자신의 행동을 조절하고 평가하고 적응하는 능력. 즉, 과제를 인식하고 적절한 전략을 선택해서 수행하고 그 수행 과정을 조정하는 능력을 말한다. 예를 들어, 자신의 행동을 평가해서 부적절하거나 실수로 판단될 때 자신의 행동을 조절하여 다르게 행동하는 능력은 초인지의 중요한 구성요소다. 일반적으로 기억, 인지, 초인지의 세 가지 영역 중 한 영역에서 문제를 보이면 나머지 두 영역에서도 결함을 보이기 때문에 학습장애 아동은 보편적으로 이 세 가지 영역 모두에서 어려움을 보이곤 한다.

지금까지 이루어진 연구를 종합해 보면, 학습장애 아동은 그렇지 않은 아동에 비해서 학습 전략을 잘 사용하지 못하는 것으로 보고된다(Lerner & Johns, 2015; Chevalier et al., 2017; Swanson et al., 2009). 학습 전략이란 과제를 수행할 때 계획하고 시작하고 완수하는 것을 말하는데, 학습장애 아동은 또래에 비해 비효율적인 전략을 사용한다는 것이다. 예를 들어, 학습장애 아동이 암기 과제에서 어려움을 보이는 이유는 암기를 위해서 자동적으로 암기 전략을 사용하지 않기 때문이다(Hallahan et al., 2007). 즉, 단어를 암기할 때 암기를 목적으로 연습을 하거나, 종류별로 모아서 외우거나, 정보와 관련된 시각적인 이미지를 사용하거나, 여러 단어의 첫 글자를 모아서 의미 있는 단어를 만드는 등 암기 전략을 사용하지 않기 때문에 그러한 전략을 사용하는 아동에 비해서 암기력이 떨어질 수밖에 없다는 것이다.

(2) 학업 성취

학업 성취 문제는 학습장애의 주요 특성이라 할 수 있다. 이는 "학습장애의 특징적 특성은 평균 범위의 지능과 효과적이라고 알려진 교수에도 불구하고 심각하게 낮은 학업 성취를 보이는 것이다."(Fuchs et al., 2015, p. 135)라는 표현에서도 알 수 있다. 즉, 학업 문제가 없다면 학습장애도 존재하지 않는다고 말할 수 있다.

학습장애 아동은 한두 과목만 어려워하기도 하지만 대부분의 경우 학과목 전반에 걸

쳐서 성취 문제를 보이곤 한다. 읽기는 학습장애 아동이 가장 많이 어려워하는 영역으로 대부분의 학습장애 아동은 읽기 영역에서 문제를 보인다(Fletcher et al., 2019). 이들의 읽기 문제는 단어가 음절이나 음소의 작은 단위로 나누어질 수 있다는 것을 이해하는 능력인 음운 인식(phonological awareness)과 같은 언어 기술에서의 어려움과 관련된 것으로 알려져 있다(김보배 외, 2018; 김애화 외, 2010; Verissimo et al., 2021). 이들은 또한 읽기 이해력에서도 문제를 보인다(Shelton et al., 2021). 일반적으로 초등학교 저학년 아동은 1∼2년 정도의 지체를 보이며, 중학교에 진학해서는 기대치보다 약 3년 이상의 지체를 보인다. 결과적으로 고학년이 될수록 교과의 내용을 점점 더 이해하지 못하게 되는데, 이는 읽기 문제가 더욱 심각해지면서 교과 전반의 성취에 영향을 미칠 수 있음을 의미한다. 실제로 중·고등학생의 경우 교과의 내용을 독립적으로 읽고 이해하기 어려워하는 것으로 나타나 이에 대한 적절한 교수가 요구된다(Vaughn et al., 2014).

읽기 문제가 심각한 경우에는 난독증(dyslexia)으로 불리기도 한다. 난독증은 "개인의 읽기 학습 능력에 영향을 미치는 신경생물학적, 발달적, 언어 기반의 학습장애"(Roitch & Watson, 2019, p. 81)로 정의된다. 이는 교정적인 도움이 필요한 읽기 문제와는 다른 심각한 읽기 문제를 뜻하는 용어로, 앞에서 설명한 음운 인식에서의 결함으로 인하여 단어를 인지하고 해독하거나 부호화하는 과정에 심각한 어려움을 보이는 것을 말한다. 난독증은 읽기 이해력에서도 문제를 보이지만 읽기의 초기 단계인 음운 인식에서의 어려움이 주요 문제로 확인되면서 특정단어읽기장애(specific word reading disabilities: SWRD)로 불리기도 하며, 이에 반해 음운 인식보다는 이해력 자체에 문제를 보이는 경우는 특정읽기이해장애(specific reading comprehension disability: SRCD)로 불린다(Grigorenko et al., 2020).

학습장애 아동은 쓰기 영역에서도 지속적이고도 심각한 어려움을 보일 수 있는데, 글자 쓰기, 철자, 맞춤법, 문법, 단어 사용, 작문 등 대부분의 글쓰기 과정에서 어려움을 보인다(Graham et al., 2017). 이들이 쓴 글을 살펴보면 대체로 아주 짧고 정리되어 있지 않으며, 문장의 구조가 단순하고, 기계적인 실수로 가득 차 있는 경우가 많다. 쓰기 과정을 잘 이해하지 못하기 때문에 쓰기를 계획하고 구성하고 작업하는 데 어려움을 보이며, 쓰기를 통하여 생각을 잘 나타내지 못하고, 쓴 글을 검토하는 데에도 어려움을 보인다. 쓰기 기술은 앞에서 설명한 읽기 기술과 마찬가지로 음운 인식 능력을 필요로 하기 때문에 쓰기 문제와 읽기 문제 간에 연관성이 있는 것으로 추측된다(서주영, 김자경, 2015; 양민화, 서유진, 2009; Kim 2022). 그러나 읽기 문제 없이 쓰기 문제만 보이는 아동도 있다. 대부분

정수가 책을   <u>많이않었습니다</u>

지혜가 눈물을   <u>흘리고있다</u>

[그림 5-2] 학습장애 아동의 쓰기의 예

의 학습장애 아동의 경우 특정 쓰기 기술이나 전략을 가르치고 연습할 기회를 충분히 주고 체계적인 피드백을 제공할 때 쓰기 기술이 향상되는 것으로 보고된다. 따라서 교사는 개별 아동의 쓰기 문제를 파악한 후 그에 따른 적절한 교수를 제공할 수 있어야 한다. [그림 5-2]는 한 학습장애 아동의 쓰기의 예를 보여 준다.

수학 역시 학습장애 아동이 어려움을 보이는 영역 중 하나로 읽기장애와 거의 비슷한 정도의 높은 비율로 나타나며, 난독증과도 함께 나타나는 것으로 보고된다(Grigorenko et al., 2020; Peters et al., 2020). 수학장애 아동이 어려움을 보이는 수학 개념 및 기술 영역은 기본적인 수학 개념 알기(예: 일대일 대응), 사칙연산, 0 개념, 분류, 자릿수 알기, 문제 풀기 등을 모두 포함한다. 그러나 수학에 어려움을 보이는 학습장애 아동이 모두 같은 문제를 보이는 것은 아니며 개별적으로 독특한 유형의 문제를 보이곤 한다. 예를 들어, 계산 능력이 있는데도 수리 추론을 하지 못하는 아동이 있는가 하면, 문장제 문제는 잘 풀면서도 단순한 계산에서는 많은 실수를 보이기도 한다. 숫자 쓰기, 도형 그리기, 공간 개념, 연산, 문장제 문제 등에서 어려움을 보이는가 하면 시간, 분수, 소수, 측정 등에서 어려움을 보이기도 한다. 또한 문제 푸는 능력이 있으면서도 주어진 시간 내에 과제를 완수하지 못하기도 한다. 결과적으로 이들은 주어진 정보로부터 관련 정보를 취합해서 계산 과정을 거쳐 답을 구하고 스스로 구한 답이 정확한지 결정하는 전 과정에서 어려움을 보인다. 이는 문제가 내포하는 수학 개념이 부족해서일 수도 있고 문제를 풀기 위해서 요구되는 읽기 능력이 부족해서일 수도 있다(Lein et al., 2020). 즉, 숫자에 대한 음운론적 과정에 있어서의 결함이나 숫자의 의미를 이해하지 못하는 등 단어 문제로 인하여 나타날 수도 있다는 것이다. 실제로 수학장애로 진단된 아동이 읽기장애를 보일 가능성은 수학장애가 없는 아동에 비해서 두 배 이상 높은 것으로 보고된 바 있다(Joyner & Wagner, 2020). 또한 앞에서도 설명하였듯이 학습장애 아동의 수학 문제는 작업기억 문제와도 관련된 것으로 보고된다(신미경, 김우리, 2019; Fanari et al., 2019). 예를 들어, 수학 문제를 풀기 위해서 추론하고 사고하는 동안 저장된 정보를 사용하는 데 어려움을 보인다는 것이다. 수학에 문제를 보이는 학습장애 아동의 수학 능력은 읽기나 쓰기와 마찬가지로 교사의 적절한 교수가 주어질 때 향상될 수 있는 것으로 보고된다.

학습장애 아동은 지금까지 설명한 바와 같이 읽기, 쓰기, 수학 등의 기초 학업 영역에서의 학습 기술에 어려움을 보이기 때문에 결과적으로 사회나 과학 등의 내용 중심 교과에서도 심각한 문제를 보일 수 있다.

2) 사회-정서적 특성

학습장애 아동의 사회-정서적 특성에 대한 이해는 인지 및 학업 특성에 대한 이해만큼 중요하다. 이는 학습장애의 정의(예: 미국 학습장애공동협회의 정의)에 사회-정서 문제가 포함되는 것을 통해서도 알 수 있다(〈표 5-1〉 참고). 그러나 우리나라에서는 이러한 인식이 부족한 편이며, 따라서 학습장애 아동의 교육에 있어서 이들의 사회-정서적 특성을 이해하고 사회성 증진을 위한 교육이 이루어질 수 있도록 관심을 기울여야 한다(신현기, 2008). 이 부분에서는 사회적 상황에서 자신을 어떻게 인지하는지에 대한 사회적 지각과 학습하고자 하는 동기의 측면에서 학습장애 아동의 사회-정서적 특성을 알아보고자 한다.

(1) 사회적 지각 및 능력

학습장애 아동 모두가 사회-정서적으로 심각한 문제를 보이는 것은 아니다. 특히 이들 중에는 사회적으로 잘 적응하여 또래에게 인기 있는 아동도 있다. 그러나 학습장애 아동의 많은 수가 사회-정서 측면에서 어려움을 보이는 것으로 보고된다(Pullen et al., 2017). 이들이 이러한 어려움을 경험하게 되는 이유 중 하나는 학습상의 문제로 인하여 좌절감을 경험하거나 또래로부터 거부당하는 경험을 하게 되면서 그로 인해 또래에 비하여 낮은 자존감과 빈약한 자아개념을 형성하게 되고, 결과적으로 학습된 무기력(learned helplessness)과 함께 여러 가지 사회-정서적인 문제를 보이게 되기 때문이다(Cavioni et al., 2017; Musetti et al., 2019). 특히 학습장애 아동의 낮은 자존감과 빈약한 자아개념은 우울증이나 불안장애로 연결되기도 하고, 정서·행동장애와의 공존율 또한 높은 것으로 나타난다(서주영, 김자경, 2013; Bravender, 2018; Haft et al., 2019). 그러나 정서·행동장애와는 구분되는 사회-정서적 특성을 보이므로(강은영, 2015) 개별 아동의 특성에 대한 정확한 정보를 기반으로 한 교사의 특별한 관심이 요구된다.

　학습장애 아동의 사회-정서적인 문제는 사회적 능력에서의 어려움에서도 나타난다. 예를 들어, 상대방과의 대화 등의 사회적 상호작용 중에 사회적 단서를 잘 해석하지 못하고, 다른 사람의 감정이나 느낌 상태를 잘못 해석할 수 있기 때문에 성공적인 사회적 상호작용을 유지하기 어렵다(Milligan et al., 2016). 이러한 사회-정서적 문제는 앞에서 설명한 학업 성취에서의 문제로 인하여 나타나기도 하며, 또한 사회-정서적 문제가 학업 성취에 다시 부정적인 영향을 미치기도 한다. 이것은 이와 같은 악순환이 반복되면서 청소년기나 성인기에 이르러서는 보다 심각한 어려움으로 나타날 수 있음을 의미한다. 그러므로 이들을 가르치는 교사는 학생의 학습 문제에만 초점을 맞추어서는 안 되며, 개별 학생이 보이는 사회-정서적 문제의 특성을 이해하고 이를 위하여 사회적 기술 훈련 프로그램을 적용하는 등의 노력을 기울여야 한다. 실제로 학습장애 학생의 사회적 능력을 지원하기 위한 다양한 프로그램이 개발되어 적용되고 있는데, 이들 프로그램은 상대방의 비구어 언어를 읽고 이해하는 능력이나 대화 기술 등의 친구 사귀는 방법과 함께 상대방이 놀릴 때 대처하거나 자신의 화를 다루는 방법 등을 교육과정에 포함한다(예: Halloran, 2019).

(2) 동기 및 귀인

　대부분의 학습장애 아동의 경우 학습하고자 하는 동기에 문제를 보이곤 한다. 특히 중·고등학생의 경우 학습하고자 하는 동기가 거의 없는 것으로 보고된다(Louick & Muenks, 2021). 동기는 어떤 활동에 참여하고자 하는 바람을 뜻한다. 개인의 동기는 자신의 성취나 실패의 원인에 대한 스스로의 생각을 의미하는 귀인(attribution)과 직접적으로 관련된다. 일반적으로 행동의 결과를 행운 또는 교사의 행동 등 외부적인 요인에 그 원인이 있다고 생각하는 경우는 외적 통제소(external locus of control)를 지닌 것으로 말한다. 반대로 행동의 결과가 자신의 능력이나 노력 등 자신의 내부적인 요소에 의한 것이라고 믿는 경우를 내적 통제소(internal locus of control)를 지닌 것으로 말한다. 예를 들어, 과제를 수행할 때 이 과제를 끝내면 용돈을 받을 수 있기 때문에 할 수도 있고 내가 정말 이 문제를 풀 수 있는지 보고 싶은 호기심에서 할 수도 있다는 것이다. 학습장애 아동은 대체로 자신의 삶이 자신의 능력이나 노력에 의해서가 아니라 외부적인 요소에 의하여 통제된다고 믿는 경향이 강하다(Hallahan et al., 2007). 이렇게 외적 통제소를 지닌 아동은 계속되는 실패를 경험하면서 다른 사람에게 의존하게 되고 스스로는 잘할 수 없다고 생각하는 학습된 무력감을 보이게 되며, 더는 노력할 필요가 없다는 생각을 하게 된다. 그러므로 교사는 이들의 학습 과정에서 긍정적으로 반응해 주고, 적절하게 칭찬해 주고, 과제를 완수하는 경험을 갖도록 도와주고, 이들의 수준에 맞는 자극적이고 도전적인 교수 환경을 구성해 주는 등의 노력을 통하여 동기 및 귀인에 있어서의 문제를 극복할 수 있도록 도와주어야 한다. 실제로 학습하고자 하는 동기는 노력으로 변화할 수 있으며, 이러한 노력은 아동 스스로 자신의 노력과 성취가 연계된다는 사실을 경험하게 하거나 자신이 효과적이라고 믿는 학습 전략을 습득해서 사용하게 함으로써 이루어질 수 있다 (예: 민수진, 박현숙, 2016; 한은혜, 김동일, 2022; Kampylafka et al., 2023).

3) 행동적 특성

지금까지 살펴본 인지 과정이나 학업 성취에서의 어려움 또는 사회적 능력이나 동기와 같은 사회-정서적인 어려움을 경험하는 아동이라면 행동적인 측면에서도 문제를 보일 가능성이 커지는 것이 당연하다. 실제로 상당히 많은 학습장애 아동이 행동 문제를 보이는 것으로 보고된다(Grigorenko et al., 2020). 예를 들어, 수업 중에 떠들거나 정해진 자리에 앉아 있지 못하고 언어적 또는 신체적인 공격행동을 보이기도 한다. 과제에 집중하기 어려워하거나 지나치게 많이 움직이고 활동하는 등의 과잉행동을 보이기도 하는데, 구체적으로는 과제를 수행하거나 완성하기 어려워하며 지시 따르기에 문제를 보이고 일정 시간 동안 한 가지 과제에 집중하지 못하며 쉽게 방해를 받고 산만해지는 등의 행동 특성을 보인다. 하지만 이러한 행동 문제가 앞에서 설명한 학업이나 사회적인 좌절 경험으로 인한 것인지는 명확하게 밝혀지지 않고 있다.

학습장애 아동의 행동적 특성을 설명하기 어려운 이유 중 하나는 이들 중 상당히 많은 수가 주의력결핍 과잉행동장애(attention deficit hyperactivity disorder: ADHD)를 동시에 보이기 때문이다. 학습장애와 ADHD 간의 관계는 정확하게 알려지지 않고 있지만, 학습장애 아동의 절반 정도가 ADHD를 함께 보이는 것으로 보고된다(Church & Lewis, 2019; DuPaul et al., 2013). 특히 학습장애 아동이 ADHD를 함께 보이는 경우 그렇지 않은 경우에 비해 읽기 수준이나 사회적 기술이 더 낮은 것으로 보고되고 있으므로(Wei et al., 2014) 교사의 주의 깊은 관심이 필요하다. ADHD는 특정 행동 특성에 따라 판별되는데, 구체적인 진단 기준으로는 미국정신의학협회의 『정신질환의 진단 및 통계 편람(DSM-5-TR)』(APA, 2022)의 기준이 주로 사용된다(〈표 5-5〉 참조). 이 기준에 의하면 ADHD는 과잉행동, 충동성, 산만함의 세 가지 기본적인 행동 특성을 보이는 장애로, 이러한 행동적 특성이 12세 전에 나타나 적어도 6개월 이상 계속되는 것을 의미한다. 학령기 아동의 약 10% 정도가 ADHD를 보이는 것으로 추정되며, 여학생보다는 남학생에게서 약 2~3배 정도 더 자주 나타나는 것으로 보고된다(National Center on Birth Defects and Developmental Disabilities, 2022). ADHD의 행동 특성은 성별과 상관없이 유사하게 나타나는데, 여학생의 경우 그 정도가 약하여 진단에서 제외되는 경우가 종종 있는 것으로 보고되므로 이에 대한 특별한 관심이 요구된다(Owens et al., 2015).

표 5-5 **미국정신의학협회의 주의력결핍 과잉행동장애 진단 기준**

주의력결핍 과잉행동장애(ADHD)의 진단 기준
A. 기능이나 발달을 방해하는 주의력결핍 및/또는 과잉행동-충동성의 지속적인 양상으로 (1)이나 (2)로 특징지어짐:

1. **주의력결핍**: 다음의 증상 중 여섯 가지 이상이 최소한 6개월 이상 발달 수준에 맞지 않을 정도로 나타나고 사회적 및 학업/직업 활동에 직접적으로 부정적인 영향을 미침.
   주의: 증상은 반항, 저항, 적대, 과제나 지시에 대한 이해 부족으로 인한 것이 아님. 나이가 많은 청소년이나 성인의 경우(17세 이상) 5개 이상의 증상이 요구됨.
   a. 학교, 직장, 기타 활동에서 세부사항에 대한 주의를 기울이지 못하거나 부주의한 실수를 함(예: 세부사항을 간과하거나 놓침, 과제 수행이 부정확함)
   b. 과제나 놀이 활동에 지속적으로 집중하기 어려움(예: 수업, 대화, 시간이 걸리는 읽기 중에 지속적으로 집중하기 어려워함)
   c. 자신에게 말하는 것을 잘 듣지 않는 것처럼 보임(예: 명백한 방해가 없는 경우에도 생각이 다른 곳에 있는 것 같아 보임)
   d. 지시를 따르거나 학교 과제, 집안일, 직장 업무를 완수하지 못함(예: 과제를 시작하지만 금방 초점을 잃고 쉽게 옆길로 빠짐)
   e. 과제와 활동을 조직하는 데 어려움을 보임(예: 순서대로 수행하는 과제를 어려워함, 교재와 소지품을 정리하기 어려워함, 과제 수행이 지저분하고 체계적이지 못함, 시간 관리가 어려움, 마감 시간을 지키지 못함)
   f. 지속적인 정신적 노력이 필요한 과제(예: 학교 과제나 숙제, 나이가 많은 청소년이나 성인의 경우 보고서 작성하기, 양식 작성하기, 긴 보고서 검토하기)에 참여하기를 피하거나 싫어하거나 원하지 않음

g. 과제나 활동을 위해 필요한 물건(예: 학교 교재, 연필, 책, 도구, 지갑, 열쇠, 과제물, 안경, 핸드폰)을 자주 잃어버림

h. 외부 자극에 쉽게 산만해짐(예: 나이가 많은 청소년이나 성인의 경우 관련 없는 생각을 함)

i. 일상적인 활동을 자주 잊어버림(예: 집안일, 심부름, 나이가 많은 청소년이나 성인의 경우 답전화 걸기, 고지서 납부하기, 약속 지키기)

2. **과잉행동-충동성**: 다음의 증상 중 여섯 가지 이상이 최소한 6개월 이상 발달 수준에 맞지 않을 정도로 나타나고 사회적 및 학업/직업 활동에 직접적으로 부정적인 영향을 미침:

주의: 증상은 반항, 저항, 적대, 과제나 지시에 대한 이해 부족으로 인한 것이 아님. 나이가 많은 청소년이나 성인의 경우(17세 이상) 5개 이상의 증상이 요구됨.

a. 손이나 발을 가만히 두지 못하고 의자에 앉아서도 계속 몸을 움직임

b. 자리에 앉아 있어야 하는 상황에서 자리를 벗어남(예: 교실, 사무실이나 기타 직장, 기타 제 자리에 있도록 요구되는 장소에서 자기 자리를 벗어남)

c. 부적절한 상황에서 뛰어다니거나 기어 올라감(주의: 청소년이나 성인의 경우 안절부절못하는 행동일 수 있음)

d. 조용히 놀이하거나 여가 활동에 참여하지 못함

e. 마치 "자동차에 쫓기듯이" "끊임없이 움직이는" 행동을 보임(예: 식당이나 회의 등에서 긴 시간 동안 가만히 있지 못하거나 불편해함, 다른 사람에게 안절부절못하고 함께 있기 어려운 사람으로 여겨짐)

f. 지나치게 말을 많이 함

g. 질문이 끝나기 전에 성급하게 대답함(예: 다른 사람의 문장을 완성해 줌, 대화에서 자신의 차례를 기다리지 못함)

h. 차례를 기다리기 어려움(예: 줄 서서 기다리기)

i. 다른 사람을 방해하거나 중단시킴(예: 대화, 게임, 활동에 끼어듦, 묻거나 허락받지 않고 다른 사람의 물건을 사용하기 시작함, 나이가 많은 청소년이나 성인의 경우 다른 사람이 하고 있는 것을 방해하거나 가로챔)

B. 몇 가지 주의력결핍이나 과잉행동-충동성 증상이 12세 이전에 나타난다.

C. 몇 가지 주의력결핍이나 과잉행동-충동성 증상이 두 가지 이상의 환경에서 나타난다(예: 가정이나 학교나 직장에서, 친구나 친척에게, 기타 활동에서).

D. 증상이 사회성, 학업 또는 직업 기능의 질을 방해하거나 감소시키는 증거가 명확하다.

E. 증상이 조현병 또는 기타 정신질환에 의한 것이 아니며 다른 정신장애(기분장애, 불안장애, 해리장애, 인격장애, 물질 중독 또는 위축)에 의해서 더 잘 설명되지 않는다.

출처: American Psychiatric Association (2022). *Diagnostic and Statistical Manual of Mental Disorders* (5th ed., Text Revised, pp. 59–60). American Psychiatric Publishing.

II. 학습장애 아동 교육

1. 통합교육을 위한 일반적 지침

학습장애 아동은 일반적으로 특수학교보다는 일반학교의 특수학급에 배치되는 경우가 많으므로 일반학급 교사는 통합학급의 담임교사로서, 또는 특수학급 교사와의 협력 관계를 통하여 이들의 교육을 위한 책임을 지게 된다. 특히 일반학급 교사는 학습장애를 가장 먼저 발견할 수 있으므로 학습장애가 의심되는 행동 특성을 이해하여 적절한 시기

표 5-6 학습장애 아동의 발달 시기에 따른 행동 특성

유치원	초등학교 저학년	초등학교 고학년 및 중학교	고등학교 및 성인
• 대부분의 다른 아동보다 늦게 말을 함 • 발음 문제를 보임 • 어휘 발달이 느리고 적절한 단어를 찾아 사용하기 어려워함 • 말의 운율을 만들기 어려워함 • 숫자, 글자, 요일, 색깔, 모양 등의 학습을 어려워함 • 끊임없이 움직이고 쉽게 산만해짐 • 또래와 상호작용하기 어려워함 • 지시나 일과 따르기를 어려워함 • 소근육 운동기술 발달이 느림	• 글자-소리 관계 학습이 느림 • 기본적인 단어를 혼동함 • 읽기와 맞춤법에서 같은 실수를 계속해서 보임 • 숫자의 순서를 바꾸고 수학 부호를 혼동함 • 사실을 잘 기억하지 못함 • 새로운 기술 학습이 느리고 지나치게 암기에 의존함 • 충동적이고 계획을 세우기 어려워함 • 연필을 안정되게 잡지 못함 • 시간 개념 학습을 어려워함 • 협응이 빈약하고 물리적 환경을 인식하지 못하여 사고가 잦음	• 글자의 순서를 바꿈 • 접두사, 접미사, 어근, 기타 맞춤법 전략 학습이 느림 • 큰 소리로 읽으려고 하지 않음 • 단어 문제 풀기를 어려워함 • 글자 쓰기를 어려워함 • 연필을 주먹으로 쥐거나 너무 꽉 쥐는 등 부적절하게 잡음 • 쓰기 과제를 회피함 • 사실을 잘 기억하지 못함 • 친구를 사귀기 어려워함 • 몸짓 언어나 표정을 이해하기 어려워함	• 철자가 부정확하고 하나의 글쓰기 안에서 같은 단어의 철자를 서로 다르게 씀 • 읽기나 쓰기 과제를 싫어하고 피함 • 요약하기를 어려워함 • 시험에서 주관식 문제를 어려워함 • 암기 기술이 빈약함 • 새로운 상황에 적응하기 어려워함 • 일의 속도가 느림 • 추상적인 개념을 잘 이해하지 못함 • 세부 사항에 거의 집중하지 않거나 지나치게 집중함 • 정보를 잘못 읽음

에 전문적인 도움을 제공할 수 있어야 한다. 〈표 5-6〉은 앞에서 설명한 학습장애의 특성이 발달 시기별로 어떻게 나타나는지 보여 준다(LD OnLine, 2023). 교사는 또한 이러한 특성을 보이는 학생이 진단 과정을 거쳐 특수교육 서비스를 받게 될 때 진단 자료를 수집하거나 교육 서비스에 협력하는 등의 중요한 역할을 담당하게 된다.

　　대부분의 학습장애 아동은 학업 성취, 사회-정서 발달, 신체 및 운동기능 발달, 행동 조절에 있어서 도움이 필요하며, 특히 학업 성취는 가장 많은 도움이 필요한 영역이다. 그러므로 교사는 학습장애 아동의 여러 가지 특성을 이해하는 것도 중요하지만, 개별 아동의 필요에 따라서 학교생활에 잘 적응하게 하고 학업 성취를 도와주어야 한다. 특히 읽기, 쓰기, 수학 등의 기초 교과와 사회, 과학 등의 내용 중심 교과의 성격에 따라 어떻게 교육할 것인지를 아는 것은 학습장애 아동의 성공적인 통합교육을 위해서 중요하다. 중·고등학생을 가르치는 교사는 학교 교육과정을 통하여 습득하게 되는 학습 기술이 고등학교를 졸업하고 성인이 된 후에까지 실질적인 도움이 될 수 있도록 고려해야 한다. 〈표 5-7〉은 특정 학습 기술이 학교생활과 성인이 된 후 일상생활에 어떻게 적용될 수 있는지의 예를 보여 준다.

표 5-7 학습 기술이 학교생활과 일상생활에 적용되는 예

학습 기술	학교생활에 적용되는 예	일상생활에 적용되는 예
읽기 속도	• 시험 범위의 내용을 읽으면서 시험 준비하기	• 자동차 보험 정책 검토하기 • 신문 읽기
듣기	• 현장학습에 대한 설명 듣고 이해하기 • 조회 시간에 제공되는 정보 알기	• 가전제품 구입 시 판매원의 설명 듣고 이해하기 • 라디오 방송의 교통정보 이해하기
필기하기/ 요약하기	• 개구리 해부에 대한 교사의 설명을 듣고 필요한 정보 취하기	• 모임 장소 가는 길 받아 적기 • 여름휴가 계획 세우기
보고서 작성하기	• 보고서 작성을 위한 틀 정하기 • 독후감 작성하기 • 특정 바다 생물에 대한 과학 프로젝트 완성하기	• 취업을 위한 자기소개서 작성하기 • 고소장이나 항의서 등 작성하기
발표하기	• 사회 과목 주제에 대한 개인적인 의견 전달하기 • 과학 실험의 결과 설명하기	• 자동차 정비공에게 자동차의 문제 설명하기 • 직장 상사에게 외출이나 조퇴를 할 수 있는지 물어보기

시각적 보조자료 활용하기	• 도면을 근거로 화학 실험에 필요한 도구 갖추기 • 지도에서 인구밀도가 가장 높은 지역 찾기	• 신문에서 일기예보 활용하기 • 쇼핑센터에서 안내지도 보고 원하는 가게 찾기
시험 치기	• 필기시험을 칠 때 정보를 기억해 내는 전략 개발하기 • 필기 내용을 교과서의 내용과 대조하기	• 운전면허증 발급/갱신을 위한 시험 준비하기
도서실 이용하기	• 그림 파일 사용하기 • 컴퓨터에서 자료 검색하기	• 여행안내를 위한 자료(책, 영상 등) 구하기 • 최근에 발행된 잡지 살펴보기
참고자료 활용하기	• 백과사전 사용하기 • 보고서 작성을 위하여 색인 사용하기	• 전화번호부에서 수리 센터 전화번호 찾기 • 온라인쇼핑 카탈로그에서 물건 주문하기
시간 관리하기	• 숙제를 위한 시간 할애하기 • 보고서 작성을 위한 파일 시스템 정리하기	• 매일 해야 하는 사소한 집안일 수행하기 • 소득공제를 위한 영수증 관리하기
자기관리	• 부모에게 숙제 검사받기 • 화를 참은 것에 대하여 스스로 보상하기	• 매일 운동하기 • 집수리가 잘 되었는지 점검하기

출처: Hoover, J. J., & Patton, J. R. (2007). *Teaching students with learning problems to use study skills: A teacher's guide for meeting diverse needs* (2nd ed.). Pro-Ed.

통합된 학습장애 아동을 가르치기 위하여 다양한 교수 방법이 사용된다. 모든 학습장애 아동에게 적용되는 가장 좋은 교수 방법이 존재하는 것은 아니기 때문에 교사는 개별 아동에게 적절한 방법을 사용하기 위해서 개별화 원리에 따른 진단과 교육과정을 적용해야 한다. 개별 아동은 다양한 범위의 교수 및 교육과정 수정의 요구를 지닌다. 그러므로 교사는 학습장애 아동에게 효과적으로 사용될 수 있는 교수적 접근과 함께 구체적으로 교과목 교수에서 사용될 수 있는 다양한 교수전략을 잘 알고 있어야 한다. 다음 부분에서는 학습장애 아동의 학업 성취를 증진하기 위한 일반적인 교수적 접근 방법과 이러한 방법이 기초 교과 및 내용 중심 교과에 어떻게 적용될 수 있는지에 대한 구체적인 방안을 살펴보고자 한다.

2. 일반적인 교수적 접근

학습장애 아동의 학과목 기술 교수를 위하여 많이 사용되는 교수적 접근 방법은 크게 다음과 같이 네 가지로 분류된다: (1) 명시적 교수, (2) 전략 교수, (3) 인지 훈련, (4) 또래 교수.

1) 명시적 교수

명시적 교수(explicit instruction)는 교사가 자신이 가르치고자 하는 요소를 검토하고 학생의 이해도를 지속적으로 점검할 수 있게 해 주는 단계별 교수적 접근 시스템을 말한다(Ashman, 2021). 뒷부분에서 설명하게 될 인지 훈련이 아동 주도적 특성을 지니는 것과는 달리 명시적 교수는 교사가 미리 준비한 교안에 따라 진행되는 교사 주도의 연습과 훈련을 중요시하는 방법이다. 따라서 명시적 교수는 학습자의 특성보다는 가르쳐야 할 교수의 내용에 초점을 맞추게 되는데, 주로 특정 학업 영역의 기술을 성취하게 하는 데에 사용된다. 명시적 교수를 위해서 교사는 주로 모델링과 직접교수(direct instruction: DI)를 사용하는데, 즉 학생이 학습해야 하는 새로운 기술을 습득할 때까지 기술에 대한 분명한 설명과 모델을 보여 주고 기술이 숙달될 때까지 지속적인 안내 및 피드백과 함께 연습 기회를 제공한다. 명시적 교수는 지난 수십 년간 이루어진 연구를 통하여 학습장애 학생을 교수하는 데 효과적인 교수법으로 증명되었다(Hughes et al., 2017). 특히 직접교수는 학습장애 아동의 학업 성취를 위한 가장 효과적인 방법으로 알려져 있다. 읽기, 철자, 수학, 언어 등의 다양한 교과 학습에 대한 효과가 입증되었으며(김애화, 백지은, 2020; 양민화 외, 2016; Stockard et al., 2018), 교사의 지도 능력에도 긍정적인 영향을 미치는 것으로 보고된다(김민경, 박유정, 2015).

결론적으로 명시적 교수는 다음에 설명하게 될 전략 교수와 함께 학습장애 학생을 가르치기 위한 가장 효과적이고 타당한 교수적 접근으로 알려져 있다. 특히 두 가지 교수법을 함께 사용할 때 대상 학생의 연령이나 학습장애의 유형과는 상관없이 대부분의 학습장애 학생에게 더욱 효과적인 것으로 알려진 바 있다(Gajria & Jitendra, 2016; Gerzel-Short & Hedin, 2022).

2) 전략 교수

여기서 전략은 학습을 위한 기술을 의미한다. 그러므로 전략 교수는 학습하는 방법을 가르치는 것으로, 다시 말해서 효율적인 학습자가 되는 방법을 가르치는 것이다. 학습장애 아동은 자신의 학습 행동을 조절하기 위하여 체계적인 전략을 사용하지 못하는 비효율적인 학습자로 알려져 있으며, 이러한 이유로 인하여 교과의 내용만을 교수하는 것은 적절하지 못하다는 주장이 제기된다. 학습을 위한 전략 교수는 초등학생부터 고등학생에 이르기까지 다양한 연령대 학생의 읽기, 쓰기, 수학 등의 기초 교과나 사회, 과학 등의 내용 중심 교과 학습을 보조하는 효과적인 방법으로 입증되고 있으며, 공부 기술, 듣기 기술, 필기 기술, 시험 치기, 수업내용 이해하기 등과 같은 학교 활동에도 도움이 되는 것으로 보고된다(김소희, 2004; 신미경 외, 2020; 홍성란, 박현숙, 2009; 황리리, 박현숙, 2004; Jozwik et al., 2019). 특히 앞에서 설명한 명시적 교수와 함께 사용할 때 최상의 성과를 나타낼 수 있는 것으로 알려져 있다.

학습 전략을 가르칠 때는 주로 과제를 완수하기 위한 일련의 절차를 암기하게 한 후 연습을 통하여 암기한 전략을 독립적으로 사용하게 교수한다. 이때 자기질문(self-questioning), 조직화 전략(organizational strategy), 암기법(mnemonics) 등의 전략이 사용된다. 예를 들어, 자기질문을 사용하게 되면 아동은 학습할 내용에 대하여 스스로 "문제가 무엇일까?" "나는 이제 무엇을 해야 하지?" "어떻게 할 수 있을까?" "나는 지금 계획한 대로 잘하고 있는가?" 등의 질문을 함으로써 자신의 학습과 행동을 조절하게 된다. 조직화 전략을 사용하는 경우 학습할 내용의 요점을 미리 이야기해 주고 학생으로 하여금 정리하게 할 수도 있고, 학습할 내용을 내용의 흐름에 따라 시각적 조직도(graphic organizer)로 그려보게 함으로써 주요 내용과 하위 내용의 관계를 이해하고 학습할 내용의 비교 및 대조가 가능하게 하며 원인과 결과를 연결하도록 도와줄 수도 있다. 또한 암기 전략을 사용할 때는 다양한 방법으로 암기법을 적용할 수 있다. 노래를 이용하여 알파벳의 순서를 외우거나 복잡한 역사적 사건의 순서를 기억할 수 있으며, 시각적인 연상(예: 영어 단어 look을 외울 때 가운데 두 개의 눈이 있는 것을 연상함으로써 '보다'라는 의미를 외움)이나 암기해야 할 많은 단어의 첫 글자를 따서 외우기 쉬운 단어를 만드는 등의 전략을 사용할 수도 있다. 이와 같이 학습을 위한 조직화나 암기법 등의 전략과 자기 자신의 행동을 조절하는 방법으로 구성된 전략 교수는 자기조절 전략 개발(self-regulated strategy development: SRSD)이라고도 불린다(Lienemann & Reid, 2006).

3) 인지 훈련

인지 훈련은 아동의 사고 과정에 영향을 미침으로써 수행으로 나타나는 관찰 가능한 행동에 영향을 미치고자 하는 다양한 교수전략을 총칭하는 용어다. 이 방법은 학습 과정에서 외부적으로 나타나는 행동과 함께 아동의 내면에서 진행되는 사고의 과정을 중요시한다. 따라서 이들을 위한 교수는 사고 과정을 변화시키고 학습 전략을 제공하고 학습에서의 자기 주도성을 가르치는 데 중점을 둔다(Mercer et al., 2010). 인지 훈련은 학습장애 아동이 경험하는 다양한 유형의 학업 성취 어려움을 극복하게 하는 데 효과적인 것으로 입증되고 있다(고혜정, 박현숙, 2005; 이성용 외, 2012; 정혜란, 박현숙, 2007; Hallahan et al., 2007).

인지 훈련에는 자기교수(self-instruction), 자기점검(self-monitoring), 비계교수(scaffolded instruction) 등이 있다. 자기교수는 스스로의 행동을 언어적으로 조절하면서 과제를 수행하게 하는 방법이다. 예를 들어, 수학 문제를 풀기 위한 5단계 문제풀이 전략(큰 소리로 문제 읽기 → 중요한 단어를 찾아서 표시하기 → 무슨 일이 일어나고 있는지를 설명하는 그림 그리기 → 수학 공식 쓰기 → 정답 쓰기)을 가르친 후 다음과 같이 6단계로 구성된 자기교수 절차를 통하여 스스로 문제를 풀게 할 수 있다. 이때 자기교수를 적용할 수 있도록 교수해야 하는데, 일반적으로 〈표 5-8〉의 인지 훈련 절차를 적용할 수 있다.

① 문제 정의하기: "무엇을 해야 하지?"
② 계획하기: "이 문제를 어떻게 풀 수 있을까?"
③ 전략 사용하기: "5단계 문제풀이 전략을 사용하면 중요한 단어를 찾을 수 있을 거야."
④ 스스로 평가하기: "잘했을까?"
⑤ 대처하기: "이 답은 틀린 것 같아. 다시 풀어봐야지."
⑥ 스스로 강화하기: "잘했어. 정답이야."

자기점검은 주로 자기평가와 자기기록의 두 가지 방법을 통하여 자신의 진도나 행동을 스스로 점검하게 하는 방법이다. 학습장애 아동은 일반적으로 또래에 비해서 자신의 성취를 잘 점검하지 못하는 것으로 보고된다(Klingner et al., 2015). 그러므로 아동으로 하여금 자신이 잘 이해하고 있는지 또는 수행하고 있는지 점검하도록 도와줌으로써 좀 더 효과적인 학습 패턴을 사용할 수 있게 해 주는 방법은 이들의 학업 성취에 도움이 된다. 실

표 5-8 자기교수 적용을 위한 인지 훈련 절차

교수 단계	교수 방법
1단계	교사가 다음의 내용을 큰 소리로 말하면서 과제를 수행하는 모습을 관찰한다. • 활동에 대한 질문 • 어떻게 과제를 수행할 것인가에 대한 교수 • 수행에 대한 스스로의 평가
2단계	교사가 언어로 지시하면 교사와 함께 과제를 수행한다.
3단계	큰 소리로 말하면서 스스로 과제를 수행한다.
4단계	과제 수행 방법을 조용히 말하면서 과제를 수행한다.
5단계	마음속으로 말하면서 과제를 수행한다.
6단계	자신의 수행 결과를 점검하고 스스로 평가한다(예: "참 잘했네." "다음에는 좀 더 빨리 해야지.").

제로 자기점검 기술의 교수는 학습 및 행동 문제를 보이는 많은 아동에게 매우 효율적인 방법으로 그 효과가 입증되고 있다(백은정, 김자경, 2012; Ennis et al., 2018; Feeney, 2022; Fletcher et al., 2019).

비계교수는 아동이 과제를 학습하는 동안 일시적으로 구조화나 지원을 제공한 후 점진적으로 그러한 지원을 감소시켜 궁극적으로는 독립적인 수행이 가능하게 도와주는 방법

$$\frac{1}{2} + \frac{1}{3} = \frac{3}{6} + \frac{2}{6} = \frac{\square}{6}$$

$$\frac{1}{2} + \frac{1}{3} = \frac{3}{6} + \frac{\square}{6} = \frac{\square}{6}$$

$$\frac{1}{2} + \frac{1}{3} = \frac{\square}{6} + \frac{\square}{6} = \frac{\square}{6}$$

$$\frac{1}{2} + \frac{1}{3} = \frac{\square}{6}$$

[그림 5-3] 비계교수를 적용한 분수 학습 교재의 예

으로, 읽기, 쓰기, 수학 등의 기초 교과뿐만 아니라 사회나 과학과 같은 내용 교과의 학습에도 효과적으로 적용될 수 있다(Coyne et al., 2011; Lannin et al., 2023). [그림 5-3]은 분수 덧셈 학습에서의 비계교수의 예를 보여 준다.

4) 또래 교수

학습장애 아동의 교수를 위한 접근으로 다양한 방법의 또래 교수가 사용될 수 있다. 또래 교수는 또래 학습자로 참여하는 장애 아동과 또래 교수자 모두에게 학업 및 사회성 측면에서 긍정적인 영향을 미친다(Moeyaert et al., 2021). 실제로 초등학교 학급에서 또래 교수를 실시한 결과 읽기 또는 쓰기에 어려움을 보이는 아동과 또래 교수자 모두 읽기 유창성이 향상한 것으로 나타났다(김유정, 강옥려, 2016; 이태수, 김동일, 2006). 또래 교수로 가장 많이 사용되는 방법으로는 학급 전체를 대상으로 하는 학급 차원의 또래 교수(classwide peer tutoring: CWPT)와 성취 수준이 높은 아동과 낮은 아동의 일대일 짝짓기를 통하여 이루어지는 또래 보조 학습 전략(peer-assisted learning strategies: PALS)이 있다(McMaster et al., 2006). 두 가지 방법 모두 학습장애 또는 위험 아동을 위한 연구 기반의 실제로서 그 효과가 입증되고 있으며, 특히 또래 보조 학습 전략은 음운 인식, 단어재인, 읽기 이해력 등의 읽기 학습을 위한 최상의 실제로서 그 성과가 인정된다(Talbott et al., 2017). 학습장애 아동을 위한 교수전략으로 또래 교수를 사용할 때 교사는 교수 역할이 또래에게 전가되어서는 안 된다는 사실을 명심해야 한다. 또래 교수가 성공적으로 이루어지기 위해서는 교사의 주의 깊은 계획과 실행이 뒤따라야 한다. 즉, 교수에 참여하는 또래는 반드시 훈련과 감독을 받아야 하며, 교사는 이들이 고도의 구조화된 교수 환경에서 교수자와 학습자로서 역할 할 수 있도록 총체적으로 안내하고 관리해 주어야 한다.

3. 기초 교과 영역의 교수

학교 교육과정 중 읽기, 쓰기, 수학은 기초 교과로 분류된다. 기초 교과에서 학습하는 내용은 주로 새로운 개념과 지식을 학습하는 데 필요한 도구 기술로 역할 한다. 일반적으로 아동은 초등학교 저학년 때 이러한 기초 교과 기술을 습득하게 되는데, 장애 아동 중에는 그렇지 못한 경우가 많다. 이들은 이와 같은 기초 교과 영역의 학습 기술을 습득하기 위하여 다른 아동과는 달리 특별한 보조적인 교수를 필요로 한다.

1) 읽기

읽기에 있어서 가장 중요한 하위 기술은 단어재인과 이해력이다. 단어재인이란 인쇄된 부호를 해독하는 능력이며, 이때 부호의 해독은 단순하게 단어를 한 번 쳐다보는 일견에 의해서(예: 익숙한 단어의 경우) 이루어지거나 단어의 음운학적 요소와 그 구조(예: 어두, 어미)를 분석함으로써 이루어진다. 읽기 기술 습득과 관련된 수많은 연구에 의하면 읽기에서의 문제를 예방하거나 교정하기 위해서는 음운 인식, 자소−음소 관계, 소리 내서 단어 읽기 등을 명시적으로 가르치는 등의 전략이 가장 효과적으로 사용된다(Bursuck & Damer, 2015; Vaughn & Wanzek, 2014). 예를 들어, 낱글자를 해독하는 방법(글자를 읽는 방법)을 먼저 가르치고 난 뒤에 이해력을 가르치게 되는데, 이때 자소−음소 대응 관계(낱글자와 소리 간의 관계)를 강조하면서 가르친다. 즉, 교사는 아동이 익숙하지 않은 단어를 해독할 수 있도록 집중적이고 체계적인 명시적 교수를 제공하고, 아동은 이러한 교수를 통하여 부호를 해독하는 전략을 먼저 학습하고 읽기를 연습하게 된다. 이때 아동에게 읽기를 연습시키기 위한 교재는 아동이 습득한 전략만으로도 읽을 수 있는 단어만 포함해야 한다. 이렇게 통제된 어휘를 통하여 학습하게 되면 신속하게 부호 해독 기술을 학습하고 자신감을 얻게 된다는 장점이 있다. 그러나 궁극적으로는 좀 더 자연적인 어휘를 읽을 수 있어야 하기 때문에 어휘를 통제할 때 부호 해독 수준에 맞추어 일상생활에서 많이 사용하는 단어를 선정하도록 주의를 기울여야 한다. 아동이 해독 기술을 습득하여 단어를 읽을 수 있게 되면 반복적인 문단 읽기를 통하여 읽기 유창성을 증진해야 한다. 특히 자소−음소 대응 규칙성이 높은 한글 읽기 교수에서는 음운 인식의 어려움으로 인하여 해독의 정확성이 떨어지는 경우와 처리 속도가 미흡함으로 인하여 읽기 유창성에 어려움을 보이는 경우를 구분하여 진단하고 교수하는 것이 효과적이다(신재현 외, 2020; 이대식, 신재현, 2022).

학습장애 아동은 단어를 해독하고 유창하게 읽기 위한 교수 외에도 읽기 이해력을 증진하기 위한 교수를 필요로 한다. 읽기 이해력은 읽은 내용을 이해하는 능력으로 개별 단어의 의미를 알고, 문단에서 나타나는 사건의 순서를 올바로 따라가며, 주요 내용을 파악하고, 결론을 도출하고 추론하는 과정을 모두 포함한다. 읽기 이해력을 증진하기 위한 증거 기반의 다양한 교수법이 제시되고 있는데, 예를 들어 질문에 답하기, 이해했는지 점검하기 위해서 문단이 끝날 때마다 스스로 질문하고 답하기, 그래픽 조직자 사용하기, 문단의 구조 점검하기, 요약하기 등의 교수전략이 사용된다(옥민욱 외, 2020; Gajria &

표 5-9 읽기 기술을 증진하기 위한 구체적인 방법

방법	내용
단서 사용	해독하기 어려운 단어 해독을 돕기 위해서 단서를 사용한다. 예를 들어, 아동이 읽기 어려워하는 글자/낱자를 붉은색으로 표시하거나 점을 찍어 표시한다.
줄 따라가기	읽기 도중 줄을 놓치는 아동을 위해서 손가락으로 따라갈 수 있는 선을 문장 밑에 긋는다. 또는 화살표나 읽기창이 있는 카드를 사용해서 읽을 몇 단어만 보면서 읽게 한다([그림 5-4] 참조).
내용 미리 알려주기	읽기의 목적과 읽은 후에 무엇을 할 것인지를 미리 알게 해 준다. 예를 들어, 주요 등장인물과 사건 순서를 알기 위하여 이야기책을 읽거나 중요한 내용을 학습하기 위하여 교과서의 한 장을 읽을 때 내용을 미리 점검하는 것은 읽기 이해력을 증진하는 효과적인 전략일 수 있다. 읽을 내용을 미리 안내해 주는 일련의 질문들과 답을 찾을 수 있는 쪽수를 미리 제공해 주는 것도 좋은 방법이다.
또래 교수	일견단어 연습을 위하여 또래 교수자나 자원봉사자 등의 보조인력을 활용한다.
교재의 난이도 및 흥미도 조절	내용이 흥미로우면서도 쉬운 어휘로 구성된 읽기 교재를 사용하면 특히 소리내지 않고 읽는 연습을 할 때 도움이 된다.
녹음 교재 사용	녹음 교재를 이용하여 단어의 정확한 발음과 문장의 흐름을 들으면서 읽게 한다.
컴퓨터 활용	기초 읽기 기술의 교수를 위하여 컴퓨터를 사용한다. 예를 들어, 컴퓨터 프로그램을 통하여 일견단어를 읽고 들으면서 학습하게 된다.
반복 읽기	읽기 유창성 증진을 위하여 문단을 여러 번 반복해서 읽게 한다. 반복 읽기는 읽는 속도와 정확도를 높여주기 때문에 좀 더 어려운 문단으로 넘어가는 데 도움을 준다.
읽기 이해력 연습을 위한 교재	읽기 이해력을 연습할 수 있도록 구성된 교재를 사용한다. 본문에서 단서 찾아 활용하기, 질문에 대한 대답 찾기, 지시 따르기, 주제 찾기, 결론 찾기 등을 할 수 있도록 교재에 다양한 활동을 포함하여 읽기 이해력을 연습시킨다.
대화를 사용한 상호교류적 교수	교사와 아동이 대화를 통하여 상호교류적으로 교수한다. 내용을 읽고 난 후에 교사는 문단의 내용 요약, 주제 질문하기, 이해하기 어려운 부분 찾기, 다음에 일어날 사건 예측하기의 네 가지 단계로 나누어 대화를 통하여 아동의 이해력을 증진한다.
SQ3R 방법	내용중심 교과의 설명문으로 구성된 교재를 읽을 때 도움이 되는 방법으로, SQ3R이란 조사(survey), 질문(question), 읽기(read), 암송(recite), 검토(review)를 의미하는 단어의 머리글자이다. 설명문은 이야기식의 교재보다 이해하기 어려우므로 전반적인 내용을 파악하기 위해 먼저 문단을 조사하고, 본문에 대해서 질문하고, 답을 찾기 위해서 읽고, 찾은 답을 본문을 보지 않고 암송하고, 문단 전체를 다시 검토하는 방법을 통하여 이해력을 증진할 수 있다.

〈 화살표를 이용한 줄 따라가기 카드 〉

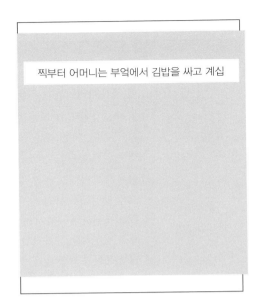

〈 읽기창이 있는 줄 따라가기 카드 〉

[그림 5-4] 화살표나 읽기창이 있는 줄 따라가기 카드

Jitendra, 2016; Rouse-Billman & Alber-Morgan, 2019).

읽기 영역에서의 문제는 학습장애 아동뿐만 아니라 기타 많은 장애 아동에게서 흔히 나타난다. 〈표 5-9〉는 장애의 유형과 관계없이 읽기에 어려움을 보이는 아동의 읽기 기술을 향상하기 위해서 효과적으로 사용할 수 있는 구체적인 방법의 예를 보여 준다(Lewis et al., 2017).

2) 쓰기

쓰기 기술은 읽기 기술을 기본으로 형성된다. 쓰기 기술은 넓은 의미에서 손으로 직접 글자나 단어를 쓰는 기술, 단어를 쓸 때 맞춤법에 맞게 쓰기, 글을 통하여 생각 표현하기(예: 작문)를 모두 포함한다. 쓰기 교수의 기본적인 목적은 적절한 속도로 다른 사람이 읽을 수 있는 글을 쓰게 하는 것이다. 특히 생각을 문장이나 단원으로 표현하기 위해서는 직접 글자를 쓰는 기술 외에도 철자, 띄어쓰기, 쉼표나 물음표 등의 문장부호 사용하기, 단어의 의미나 문법을 아는 언어 기술, 생각을 논리적으로 정리하고 순서화할 수 있는

사고력 등을 필요로 한다. 과거에는 쓰기 기술을 가르칠 때 쓰기를 통하여 생각을 표현하는 기술이 무시되는 경향이 있었으나(Freedman, 1982), 총체적 언어교수법이 보급되면서 쓰기도 언어 교육과정의 한 부분으로 인식되기 시작하였다. 총체적 언어교수법은 의미 중심의 접근법으로 읽기, 쓰기, 듣기, 말하기 등의 언어 영역을 통합적으로 교수한다(Lapp et al., 2007). 따라서 총체적 언어교수법에서는 쓰기와 읽기의 중요성이 동등한 비중으로 강조되며, 쓰기의 특정 기술보다는 의미에 더 초점을 둔다. 많은 장애 아동은 쓰기 기술을 학습하기 위하여 직접적인 교수를 필요로 하는데, 앞에서 설명한 명시적 교수나 전략 교수가 쓰기에 어려움을 보이는 대부분의 학습장애 아동에게 효과적으로 적용될 수 있다(김지은, 김애화, 2014; Datchuk et al., 2020).

〈표 5-10〉은 통합학급에서 글자 쓰기, 맞춤법, 작문 기술을 가르치고 향상시키기 위하여 사용할 수 있는 몇 가지 구체적인 방법을 보여 준다(Lewis et al., 2017). 최근에는 멀티미디어 등의 컴퓨터나 매핑 소프트웨어 등 보조공학을 기반으로 하는 교수 방법의 효과적인 적용이 보고되고 있는데, 이와 같은 보조공학 지원은 대부분의 학생에게서와 마찬가지로 학습장애 학생에게도 효과적인 것으로 보고된다(김동일, 손지영, 2008; 정광조, 홍성두, 2017; McMahon et al., 2021; Svensson et al., 2021). 쓰기는 실질적으로 저자의 역할(생각하는 능력)과 비서의 역할(생각을 글로 쓰는 능력)이 혼합된 기술이다. 학습장애 아동중 특히 비서의 역할(철자, 손으로 직접 쓰기 등)에 어려움을 보이는 경우 컴퓨터를 사용하게 함으로써 지원해 줄 수 있다. 일반적으로 학습장애 아동이 컴퓨터 자동 교정 프로그램을 사용하여 맞춤법 실수를 교정하려고 할 때 문장의 내용을 근거로 정확한 단어 제안이 어려워 그 정확도가 낮을 수 있다. 그러므로 자동 교정 프로그램을 사용할 때에는 맞춤법이 틀린 단어나 문장을 찾는 기능을 사용하되 아동 스스로 정확한 답을 찾아 교정할수 있도록 교수하는 것이 좋다.

표 5-10 쓰기 기술을 증진하기 위한 구체적인 방법

방법	내용
사전 활용	철자에 어려움을 보이는 아동에게 사전을 사용하도록 가르치고 권장한다. 특히 아동이 자주 틀리는 단어나 자주 사용하는 단어로 구성된 개인용 미니 사전을 만들어 사용하게 하는 것도 좋은 방법이다.
시험-연습-시험	철자 교수에 사용할 수 있는 방법으로, 먼저 시험을 통하여 아동이 학습해야 할 단어를 선정한 뒤 연습시키고 다시 시험으로 진도를 확인하는 방법이다.
시각적 촉진	[그림 5-5]에서 보는 바와 같이 글자를 쓰기 위한 시각적 촉진을 제공한 뒤에 가능한 한 신속하게 촉진을 제거한다.
신문지/매직펜 사용	글자를 너무 느리게 쓰는 아동들에게 매직펜으로 신문지에 쓰게 한다. 이때 너무 느리게 쓰면 잉크가 퍼져서 잘 읽을 수 없게 되며, 아동 스스로가 자신의 쓰기 속도를 평가할 수 있으므로 쓰기 속도를 증진할 수 있다.
작문 연습	매일 매일의 활동에 일기 쓰기, 친구에게 짧은 편지 보내기, 짧은 이야기 만들기 등의 활동을 포함해 작문을 연습시킨다. 처음에는 작문의 길이를 짧게 하고 흥미로운 활동으로 유지하는 것이 좋으며, 이때 분명하고 정확하게 쓰도록 유도한다.
단계별 활동	여러 단계(예: 계획, 쓰기, 내용 수정, 문법 교정, 다른 사람이 읽기)로 나누어 작문하게 한다. 예를 들어, 계획 단계에서는 다양한 활동을 통하여 작문의 주제와 정보를 생각하고 수집하게 한다.
작문의 틀 사용	작문을 위한 틀을 제공하여 틀에 맞춰 쉽게 쓰도록 도와준다. 예를 들어, 먼저 작문에서 표현하고 싶은 주요 내용으로 목록을 만들고, 목록을 각 문단에 맞는 주요 문장으로 전환하고, 각 문장을 보조하는 문장을 덧붙이게 한다.
작문지도 만들기	작문을 위한 생각을 정리하고 체계적으로 쓰게 하는 방법으로 주요 주제와 주요 단어를 나열하여 그 관계를 지도 형식으로 연결하는 방법이다([그림 5-6] 참조).
모둠 활동	학급을 여러 개의 모둠으로 나누어 자신의 글을 모둠의 구성원에게 읽어주고 이들이 작문의 강점과 약점을 평가하면서 함께 교정하게 한다.
워드프로세서 사용	작문 시 워드프로세서를 이용하여 초고 작성하기, 내용 수정하기, 문법 교정하기 등의 단계로 나누어 글을 쓰게 한다.
맞춤법 교정 프로그램 사용	워드프로세서에 내장된 맞춤법 교정 프로그램을 이용하여 스스로 맞춤법을 점검하게 한다. 이때 맞춤법의 교정을 컴퓨터에 의존하지 않고 컴퓨터가 지적한 맞춤법 오류에 대하여 스스로 정확한 답을 찾도록 교수한다.

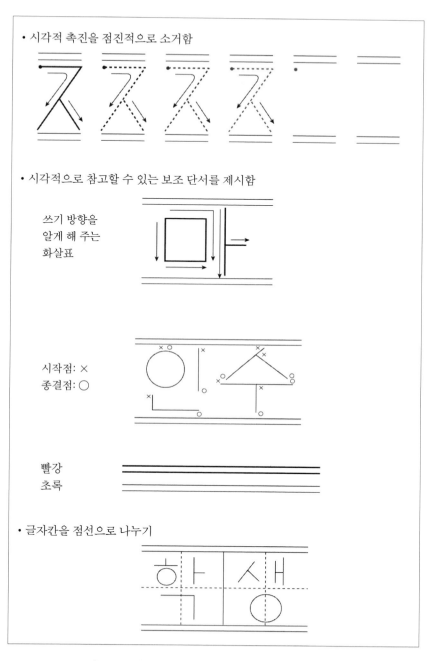

- 시각적 촉진을 점진적으로 소거함

- 시각적으로 참고할 수 있는 보조 단서를 제시함

  쓰기 방향을
  알게 해 주는
  화살표

  시작점: ×
  종결점: ○

  빨강
  초록

- 글자칸을 점선으로 나누기

[그림 5-5] 쓰기 능력 향상을 위한 시각적 촉진의 예

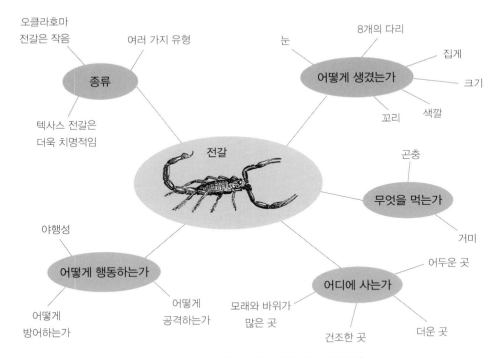

오클라호마
전갈은 작음

여러 가지 유형

종류

텍사스 전갈은
더욱 치명적임

눈

8개의 다리

집게

어떻게 생겼는가

크기

꼬리

색깔

전갈

곤충

무엇을 먹는가

거미

야행성

어떻게 행동하는가

어떻게
방어하는가

어떻게
공격하는가

모래와 바위가
많은 곳

어디에 사는가

어두운 곳

건조한 곳

더운 곳

[그림 5-6] 쓰기 기술 증진을 위한 작문지도의 예

출처: Tompkins, G. E., & Friend, M. (1986). "On your mark, get set, write!" *Teaching Exceptional Children, 18*, p.86.

3) 수학

수학은 많은 장애 아동이 문제를 보이는 교과 영역으로 크게 연산과 추론으로 구분된다. 연산 능력은 선수기술인 수 개념, 숫자 읽기와 쓰기, 수 세기를 기초로 하며, 덧셈, 뺄셈, 곱셈, 나눗셈의 기본적인 계산에서의 숫자 다루기와 계산을 포함한다. 예를 들어, 두자릿수 덧셈의 경우 37과 29라는 두 개의 숫자를 더할 때 먼저 1자리의 7과 9를 더하는 것(7+9=16)과 더했을 때 10이 넘어가기 때문에(이 경우에는 16) 6을 1자리에 쓰고 10을 10자리로 넘겨 계산하는 것을 의미한다.

수학에서의 추론은 문제를 해결하기 위하여 계산 능력을 사용하는 것을 의미한다. 예를 들어, 문장이나 이야기로 상황을 제시하는 문장제 문제를 해결하는 것이다. 아동 중에는 이러한 추론에 어려움을 보이는 경우가 있는데, 이들은 읽기 결함으로 인하여 주어진 문제를 이해하지 못하거나, 문제에서의 핵심적인 내용과 비핵심적인 내용을 구분하지 못하거나, 사용해야 할 적절한 연산을 결정하지 못하거나, 계산을 수행하지 못하는 등의 이유로 어려움을 보인다. 일반적으로 수학 교육과정을 살펴보면 단순한 계산 능력

보다는 문제해결을 위한 추리능력을 더 중요시하는 경향이 있으며(Woodward, 2004), 특히 초등학교 저학년부터 이러한 수학적 추론 과제를 해결하는 능력을 교수해야 한다는 주장이 대두된다(Midgett & Eddins, 2001). 그러므로 추론에 문제를 보이는 아동은 이를 극복하기 위한 보충적인 교수를 받아야 한다.

　수학에 어려움을 보이는 학습장애 아동의 경우 앞에서 설명한 명시적 교수, 문제해결을 위한 전략 교수, 계산과 추론의 단계를 스스로 말하면서 따라가게 하는 인지 훈련, 또래와 함께 하는 협동학습이나 또래 교수 등의 또래 중개 교수법이 효과적으로 사용될 수 있다. 국내에서도 이와 같은 구체적인 교수전략이 학습장애 아동의 수학 능력에 긍정적인 영향을 미치는 것으로 보고되고 있다(김애화, 백지은, 2020; 김애화, 이정미, 2022; 김자경 외, 2016; 백은정 외, 2023). 명시적 교수의 경우 문제해결의 각 단계를 소리 내어 분명한 모델을 보여 주면서 다양한 연습문제를 풀게 하고 즉각적인 피드백을 제공한다. 특히 새로운 개념을 소개할 때에는 구체적–표상적–추상적으로 점진적으로 진행하는 것이 효과적인데, 예를 들어 수를 이해하기 위한 구체물을 사용하다가 그림 등을 사용하고 마지막으로 숫자만으로도 문제를 해결할 수 있게 하는 것이다. 이러한 방법은 초등학생이나 중·고등학생 모두에게 효과적인 것으로 보고된다(Bouck et al., 2018; Milton et al., 2019). 〈표 5-11〉은 일반학급에서 연산 및 추론에 어려움을 보이는 아동을 위한 교수에 적용할 수 있는 구체적인 방법의 예를 보여 준다(Lewis et al., 2017).

표 5-11 | 수학 기술을 증진하기 위한 구체적인 방법

방법	내용
시각적 촉진	계산 문제를 푸는 데 도움이 되는 시각적 촉진을 제공한다([그림 5-7] 참조).
네모 칸 또는 보조선 이용	계산 문제를 풀 때 자릿수를 잘 맞추지 못하는 아동을 위하여 네모 칸이나 보조선을 이용하여 쉽게 자리를 잡을 수 있게 해 준다.
문제의 수 조절	동일한 면에 동시에 제시되는 여러 개의 문제로 인하여 혼동하는 아동을 위하여 한쪽에 2~3개의 문제만 제시한다.
자가 채점 교재	[그림 5-8]과 같이 연습문제를 푼 후에 스스로 답을 교정할 수 있는 자가 채점이 가능한 교재를 활용한다.
자동 암산	아동은 셈하기 전략에 의존하지 않게 될 때 자동적인 암산(예: 8+7을 계산할 때 자동적으로 답이 15임을 아는 것)을 할 수 있게 된다. 이를 위하여 한 번에 두세 개를 넘지 않는 연산을 제시하고 질문하면 즉시 말하도록 연습시킨다.
구체물 조작	아동에 따라서는 기본적인 수 개념 및 관계를 학습하기 위하여 구체적인 조작물을 사용하는 것이 도움이 된다. 예를 들어, 콩, 블록, 나무젓가락, 빨대, 바둑알, 껌, 사탕 등의 사물을 직접 조작하면서 셈하기, 구구단 등의 관계를 학습할 수 있다.
구어 촉진	직접 말로 계산을 도와주는 방법으로, 예를 들어 두 자릿수 곱셈에서 "먼저 오른쪽 수끼리 곱해야지" "칸을 잘 맞춰서 쓰는 것 잊지 말고" "아래위 숫자를 엇갈려 곱하는 것도 잊지 말고" 등의 구어 촉진을 제공한다.
실제 상황 활용	문제해결형 계산문제에 실제 상황을 활용하여 아동의 이해를 돕는 방법이다. 예를 들어, 아동 자신의 시험 점수나 나이 등을 연습문제에 사용할 수 있다.
단서 단어 인식	문장제 문제에서 자주 사용되는 주요 단어를 단서로 이용하게 한다. 예를 들어, '모두 합쳐서'나 '다'는 덧셈이나 곱셈에서, '남은 수'나 '나머지'는 뺄셈에서, '각각'이나 '똑같이' 등은 나눗셈에서 단서적으로 사용되는 단어임을 알게 한다.
모의 상황을 활용한 활동	학급 내에 가게나 은행 등의 모의 상황을 설정하고 수학 추론을 위한 다양한 활동을 연습하게 한다.

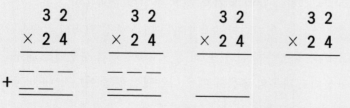

두 자릿수 더하기 한 자릿수 덧셈에서의 시각적 촉진 이용

두 자릿수 나누기 한 자릿수 나눗셈에서의 시각적 촉진 이용

두 자릿수 곱하기 한 자릿수 곱셈에서의 시각적 촉진 이용

두 자릿수 곱하기 두 자릿수 곱셈에서의 시각적 촉진의 예

[그림 5-7] 계산 문제 풀기를 위한 시각적 촉진의 예

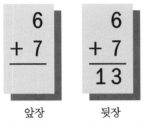

뒷면에 정답을 기재하여 스스로
점검할 수 있게 한 문제 카드

문제지 옆에 정답을 기재하여
스스로 점검할 수 있게 함

스스로 정답을 확인할 수 있는 퍼즐형 문제지

[그림 5-8] 계산 능력 향상을 위한 자기점검이 가능한 연습 교재

4. 내용 중심 교과의 교수

초등학교 고학년부터는 사회나 과학과 같은 내용 중심의 교과목이 교육과정의 많은 부분을 차지하게 되면서 기초 교과 기술의 습득보다는 내용 중심 교과의 학습을 위한 기초 교과 기술의 사용을 더욱 강조하게 된다. 특히 중·고등학교의 경우에는 대부분의 과목이 내용 중심으로 구성되고 과목의 종류도 매우 다양해질 뿐만 아니라 내용 학습을 위한 수업은 주로 교사의 강의와 교과서 읽기에 의존하게 된다. 그러므로 초등학교 고학년이나 중·고등학교 학생의 경우 수업의 내용을 잘 이해할 수 있도록 특별한 도움이 필요하다. 예를 들어, 수업의 내용을 잘 이해할 수 있도록 시각적 지원을 활용하거나(예: 그래픽 조직자, 컴퓨터 기반의 시각적 맵핑) 강의의 내용을 주요 개념 중심으로 간략하게 정리해서 강의 전에 미리 제공하거나 수업 중에 활용할 수 있도록 자신에게 맞는 필기 전략을 미리 학습하게 하는 등의 방법이 교과의 내용 이해에 도움이 될 수 있다.

특히 학습장애 아동의 경우 기초 교과 기술의 부족으로 인하여 내용 중심의 교과 교수가 더욱 어려워질 수 있다. 그러므로 이들이 내용 중심의 교과를 효율적으로 학습하기 위해서는 과목의 수정을 통한 보조적인 도움이 필요하다. 일반적으로 과제의 목표 기준을 수정하거나 과제의 성격을 수정하는 두 가지 유형의 수정이 적용될 수 있다. 과제의 목표 기준 수정은 성취 속도나 정확도, 과제의 양이 모두 포함될 수 있으며, 과제의 특성 수정은 과제 성취를 위하여 필요한 기초 기술의 수정을 의미한다. 예를 들어, 기초 기술인 읽기와 쓰기 대신 듣기와 말하기를 통하여 기초 교과 기술의 어려움을 보완해 줄 수 있다. 학습장애 아동에게 내용 중심의 교과를 가르칠 때 나타나는 읽기, 쓰기, 수학의 기초 교과 기술의 어려움은 다음과 같은 구체적인 방법을 통하여 보완될 수 있다.

1) 읽기 과제

읽기 능력은 내용 중심의 교과 학습에 영향을 미친다. 교과서를 읽을 수 없거나 아주 천천히, 매우 힘들게 읽는 아동은 정해진 시간에 다른 아동과 같은 양의 정보를 학습할 수 없게 된다. 그러므로 교사는 아동이 교과서 내용을 학습할 수 있도록 과제의 성격이나 제시 방법 등을 적절하게 수정해서 도와주어야 한다. 예를 들어, 교재의 내용을 부분적으로 읽게 하거나 가장 중요한 요소만 선정해서 읽게 하는 등의 방법으로 읽기 교재의 양을 수정할 수 있다. 또한 교재 자체를 좀 더 쉬운 수준의 교재로 대체하는 방법도 사용할 수 있다. 강의나 그룹 토론, 사진이나 지도 등의 시각적 보조 자료, 영화나 비디오 등의 시청각 자료, 녹음 교재, 대신 교재를 읽어 줄 또래 교수자나 보조인력 등을 통하여 읽기를 대체하는 다른 방법으로 정보를 습득할 수 있도록 지원할 수도 있다. 특히 미국의 경우는 「장애인교육법(IDEA 2004)」에 의하여 인쇄된 교재는 전자파일로도 제공할 수 있어야 하며, 이러한 디지털 자료는 시각장애, 지체장애, 학습장애 등으로 인하여 인쇄물을 읽기 어려운 아동(readers with print disabilities)을 위한 교재로 사용된다. 예를 들어, 웹사이트 북쉐어(http://www.bookshare.org)에서는 교과서를 포함한 120만 권 이상의 우수 도서를 한국어를 비롯한 34개의 언어로 작성된 전자파일로 접근할 수 있으며, 교사는 아동의 필요에 따라 전자파일을 다양한 형태로 전환하여 사용할 수 있다.

2) 쓰기 과제 및 시험

읽기에 어려움이 있는 아동은 지시사항이나 질문을 제대로 읽을 수 없기 때문에 쓰기 과제를 수행하거나 시험을 보는 데에도 어려움을 경험하게 된다. 이러한 아동을 위해서는 읽기 과제 부분에서 제시한 방법이 적용될 수 있다. 읽기 능력과는 상관없이 쓰기 자체에 어려움을 보이는 경우 다음과 같은 수정 방법을 적용할 수 있는데, 먼저 너무 느리게 쓰는 아동에게는 쓰기 과제의 길이를 줄이거나 과제(또는 시험)를 완성하기 위한 시간을 늘려줄 수 있다. 또한 컴퓨터를 사용하게 할 수도 있으며, 과제 수행 시 사전이나 맞춤법 교정 프로그램을 활용하게 하여 실수를 줄일 수도 있고, 선택형 질문이나 단답형 질문의 활용으로 쓰기 과제를 최소화할 수도 있으며, 교사와 단독으로 구술시험을 보거나 구두로 말한 답을 다른 사람이 답안지에 옮겨 적게 할 수도 있다. 작문과 쓰기 작업을 동시에 수행하지 못하는 아동에게는 먼저 녹음기를 사용해서 작문을 한 후에 옮겨 쓰는 방법을 사용하게 할 수도 있다.

3) 수학 과제

내용 중심의 교과 학습을 위해서 기초적인 수학 기술을 필요로 할 때도 있다. 특히 기본적인 수 개념과 연산은 대수, 기하, 과학, 상업, 기계 등의 교과 학습을 위해서 필요하다. 사회 과목에서도 그래프나 표를 이해하기 위해서는 수학적인 추론 능력이 필요하다. 수학에 어려움을 보이는 아동이 이러한 내용 중심의 교과 학습을 잘 수행하도록 도와주기 위하여 가장 많이 사용되는 방법은 보조 자료를 활용하는 것이다. 예를 들어, 기본적인 계산을 위하여 구구단 표를 사용하고, 좀 더 복잡한 계산을 위해서는 전자계산기를 사용할 수 있다. 이와 같은 보조 자료의 사용은 일반 학생도 많이 사용하는 방법이기 때문에 그 사용이 권장되며, 실제로 학습장애 아동에게 매우 유용하게 사용될 수 있다. 그러나 단순히 전자계산기를 제공하는 것만으로는 그 효과를 기대할 수 없으므로 아동이 계산기를 효율적으로 사용할 수 있도록 먼저 그 사용 방법을 구체적으로 교수해야 한다.

:··· 요약 ···:

이 장에서는 학습장애의 정의, 원인 및 특성을 설명함으로써 학습장애 아동을 이해하도록 하였으며, 특히 이들의 통합교육을 위한 일반적 지침 및 교수 방법과 기초 교과 영역의 교수, 내용 중심 교과의 교수에 대하여 설명하였다.

학습장애는 비교적 최근에 인식되고 분류되기 시작한 장애 영역으로, 아직도 하나의 공통된 정의나 진단 기준이 제시되지 못하고 있는 실정이다. 그러나 학습장애에 대한 다양한 정의는 학습장애가 평균 이상의 지적 잠재력을 지니고 있으면서 읽기, 쓰기, 말하기, 듣기, 수학 등의 학습 영역 중 한 가지 이상에서 어려움을 보이는 장애로, 중추신경계의 신경학적 기능장애와 관련되는 것으로 추정한다.

학습장애의 원인은 신경학적 요인이나 유전적 요인과 같은 생물학적 요인과 환경적 요인에서 찾아볼 수 있다. 학습장애 아동은 일반적으로 인지 및 학업 성취에 있어서 어려움을 보이며, 사회적 지각이나 동기 등의 사회-정서적인 면에서도 어려움을 보인다. 또한 주의력결핍 과잉행동장애 등의 행동 문제를 보이기도 한다. 그러나 이와 같은 문제가 모든 학습장애 아동에게서 공통적으로 나타나는 것은 아니며 개인적인 특성에 따라 문제의 유형이나 양상이 다를 수 있다.

학습장애 아동이 보이는 이와 같은 특성에 따라 이들을 위한 교육은 일반적으로 명시적 교수, 전략 교수, 인지 훈련, 또래 교수를 포함한다. 특히 읽기, 쓰기, 수학 등의 기초 교과 영역과 사회, 과학 등의 내용 중심 교과 영역에서 일반 아동과는 다른 특별한 보조적인 교수를 필요로 하기도 한다.

참고문헌

강은영(2015). 학습장애와 정서행동장애의 공통성과 차별성 고찰 및 향후 연구에의 제안: 교육적 및 사회적/행동적측면을 중심으로. **특수교육학연구, 49**(4), 27-49.

고혜정, 박현숙(2005). 이야기문법 자기평가 교수전략이 초등 쓰기장애 학생의 쓰기표현력에 미치는 효과. **특수교육학연구, 40**(1), 281-303.

교육부(2023). **2022 특수교육통계**. 교육부.

김동일, 고혜정(2018). 학습곤란(ld) 학생을 위한 교육지원의 확장적 전환: 학습장애(LD) 정의 체계 구조화. **학습장애연구, 15**(1), 1-12. https://doi.org/10.47635/KJLD.2018.15.1.1

김동일, 김희은, 송푸름(2020). 수학학습장애 위험아동의 초기수학 중재 사례연구를 통한 학교 기반 중재반응모형(RTI) 적용 가능성 탐색: 교육사각지대 학습자를 위한 효과적 교육지원 방안을 중심으로. **아시아교육연구, 21**(2), 347-372. https://doi.org/10.15753/aje.2020.06.21.2.347

김동일, 손지영(2008). 중등 학습장애 학생을 위한 테크놀로지 기반 중재에 관한 고찰. 특수교육저널: 이론과 실천, 9(3), 277-303.

김동일, 이대식, 손승현, 고혜정(2015). 미래 학습장애 교육 디자인: 한국적 과제와 전망. 학습장애연구, 12(2), 1-18.

김동일, 정광조(2008). 불일치모형과 중재반응모형을 넘어서: 학습장애의 진단을 위한 새로운 통합 모형의 제안을 중심으로. 정서·행동장애연구, 24(1), 133-161.

김미령, 길한아, 강영모, 김민서, 방동산, 손승현(2022). 국외 학습장애 전문 학술지의 학습장애 관련 대상자 및 선별·진단 특징. 학습장애연구, 19(3), 1-39. https://doi.org/10.47635/KJLD.2022.19.3.1

김민경, 박유정(2015). 국내 학습부진 및 학습장애 연구에 나타난 직접교수 중재의 특성 분석. 학습장애연구, 12(3), 173-195.

김보배, 이애진, 양민화(2018). 저학년 난독증 아동의 단어인지와 철자 능력에 대한 자모지식과 음운처리 능력의 영향력 연구. 학습장애연구, 15(2), 67-85. https://doi.org/10.47635/KJLD.2018.15.2.67

김소희(2004). 학습장애 학생의 수학 문장제 해결능력 향상에 관한 연구: 세 가지 학습전략의 효과 비교. 학습장애연구, 1(1), 63-93.

김애화, 김의정, 김자경, 정대영(2018). 학습장애, 난독증, 학습부진(경계선 지능 포함) 및 학습지원대상 학생은 누구이며, 교육적 지원은 이대로 괜찮은가?: 특수교육의 역할과 과제에 대한 소고. 특수교육학연구, 53(1), 1-21. https://doi.org/10.15861/kjse.2018.53.1.1

김애화, 백지은(2020). 직접교수 및 CSA 전략의 활용이 수학학습장애 중학생의 정수 및 유리수 계산 능력에 미치는 효과. 교육연구, 78, 69-95. https://doi.org/10.17253/swueri.2020.78._003

김애화, 유현실, 김의정(2010). 음운인식, 빠른 자동 이름대기, 자모지식, 단기기억, 작동기억과 한글 단어인지 능력 간의 관련성에 관한 연구: 읽기장애 조기선별을 위한 기초연구. 특수교육학연구, 45(1), 247-267.

김애화, 이정미(2022). 그래픽조직자를 활용한 수학 어휘 교수가 수학 학습장애 중학생의 정수와 유리수 개념 이해에 미치는 효과. 중등교육연구, 70(4), 353-389.

김우리, 고혜정(2014). 한국의 읽기학습장애 진단모형별 진단 절차 및 준거. 아시아교육연구, 15(2), 83-110. https://doi.org/10.15753/aje.2014.15.2.004

김유정, 강옥려(2016). 모방하기 전략을 통한 상급학생 또래 교수가 쓰기부진 아동과 또래 교수자의 쓰기 능력에 미치는 효과. 학습장애연구, 13(3), 91-115.

김자경(2005). 초등학교 학습장애 판별 준거에 관한 논의: 불일치 준거와 대안적인 방안을 중심으로. 특수아동교육, 7(4), 255-276.

김자경, 강혜진, 김기주(2016). PASS 기반 인지전략 중재가 수학학습장애 위험아동의 수학연산 능력 및 계획기능에 미치는 효과. 특수아동교육연구, 18(4), 21-37. https://doi.org/10.21075/kacsn.2016.18.4.21

김지은, 김애화(2014). 자기조절전략을 통한 쓰기 교수가 학습장애 학생의 설득하는 글쓰기 능력에 미치는 효과. 학습장애연구, 11(1), 173-204.

민수진(2019). 학습장애, 그들은 어디로 갔는가?: 진단, 명칭, 교육에 대한 초등 특수교사 현장 목소리. 학습장애연구, 16(1), 33-67. https://doi.org/10.47635/KJLD.2019.16.1.33

민수진, 박현숙(2016). ARCS 동기모델 적용 수업이 초등 학습장애 위험군 학생의 수학 학습동기 및 학업성취에 미치는 영향. 특수교육학연구, 51(2), 187-221.

백은정, 김자경(2012). 자기점검전략이 쓰기학습장애 학생의 철자쓰기능력에 미치는 효과. 학습장애연구,

9(1), 67-88.

백은정, 김자경, 김혜원(2023). 자기조절 전략교수가 수학학습장애 위험아동의 수학 문장제 문제해결에 미치는 효과. **특수교육논총**, 39(3), 167-191.

서주영, 김자경(2013). 학습장애 아동의 친구관계의 질과 동기 및 우울·불안에 대한 연구. **특수아동교육연구**, 15(3), 159-181. https://doi.org/10.21075/kacsn.2013.15.3.159

서주영, 김자경(2015). 쓰기장애 위험학생과 일반학생의 쓰기 하위영역별 읽기 변인과의 관련성 비교. **특수교육학연구**, 50(1), 99-119. https://doi.org/10.15861/kjse.2015.50.1.99

신미경, 김우리(2019). 수학 문장제 문제해결력과 작업기억 간 상관관계에 대한 메타분석. **특수교육학연구**, 54(1), 61-89. https://doi.org/10.15861/kjse.2019.54.1.61

신미경, 채수정, 정평강(2018). 학습장애 학생들의 문장제 문제해결력 향상을 위한 전략교수 효과: 단일대상 연구 메타분석. **학습장애연구**, 15(3), 203-230. https://doi.org/10.47635/KJLD.2018.15.3.203

신재현, 이대식, 김수연, 이희연, 이은영(2020). 예비교사에 의한 맞춤형 진단과 한글 읽기 프로그램의 체계적 적용 효과: 지역아동센터 내 읽기부진 아동을 대상으로. **특수교육학연구**, 54(4), 97-114. https://doi.org/10.15861/kjse.2020.54.4.97

신재현, 정평강(2021). 학습장애 진단 및 선정 절차의 현황과 과제: 특수교육지원센터를 중심으로. **학습장애연구**, 18(1), 1-25. https://doi.org/10.47635/KJLD.2021.18.1.1

신현기(2008). 학습장애 학생의 사회성 기술지도 방법의 반성적 고찰. **학습장애연구**, 5(1), 1-22.

양민화, 김보배, 이애진, 강소영, 정혜림(2016). 직접교수를 통한 요약하기 전략 교수가 읽기장애 학생들의 설명글 이해에 미치는 효과. **학습장애연구**, 13(2), 101-122.

양민화, 서유진(2009). 중학교 학습 저성취 학생의 읽기-쓰기능력 발달 및 상관관계 연구. **학습장애연구**, 6(2), 1-19.

양민화, 이예다나, 손승현, 나경은, 최승숙, 민수진(2020). 특수교육법 개정을 위한 학습장애 관련 법령 분석과 제안. **학습장애연구**, 17(3), 1-25. https://doi.org/10.47635/KJLD.2020.17.3.1

옥민욱, 김애화, 윤나영(2020). 그래픽 조직자와 아이패드 애플리케이션을 활용한 이야기 다시 말하기 전략이 읽기장애 학생의 읽기이해 성취도에 미치는 효과. **특수교육저널: 이론과 실천**, 21(2), 81-108. https://doi.org/10.19049/JSPED.2020.21.2.04

이대식(2008). RTI와 학습장애, 어떻게 봐야 하나?: 국내 학습장애 이론과 실제에서의 시사점. **통합교육연구**, 3(2), 25-48.

이대식(2019). 학습 어려움, 어떻게 이해하고 대처할 것인가?: 국내 학습장애 교육 발전을 위한 과제와 방향. **학습장애연구**, 16(1), 1-32. https://doi.org/10.47635/KJLD.2019.16.1.1

이대식, 신재현(2022). 초등학교 한글 난독 의심 학생의 읽기 수행 특성 및 읽기 어려움 유형. **학습장애연구**, 19(1), 1-23. https://doi.org/10.47635/KJLD.2022.19.1.1

이성용, 정해동, 정집현(2012). 자기교수 훈련이 정신지체학생의 수학 학습에 미치는 효과. **특수교육연구**, 19(2), 179-198. https://doi.org/10.34249/jse.2012.19.2.179

이애진, 양민화(2018). 교사의 학습부진, 학습장애, 일반아동 선별에 대한 근거자료 타당성 탐색: 기초학력진단평가와 표준화검사 정보를 중심으로. **학습장애연구**, 15(3), 29-55. https://doi.org/10.47635/KJLD.2018.15.3.29

이태수, 김동일(2006). 또래 중재가 읽기장애아동 및 또래교사의 읽기유창성 향상에 미치는 효과. **특수교육저널: 이론과 실천**, 7(3), 121-135.

정광조, 이대식(2015). 국내 학습장애 중재반응모형(RTI) 관련 연구의 동향과 RTI 적용 연구의 효과성 탐색: 증거 기반 정도와 메타분석을 중심으로. 특수교육재활과학연구, 54(2), 355-383. https://doi.org/10.15870/jsers.2015.06.54.2.355

정광조, 홍성두(2017). 국내 학습부진 및 학습장애 쓰기 중재 연구에 대한 효과 분석 -R을 이용한 메타분석을 중심으로. 학습장애연구, 14(1), 99-122.

정혜란, 박현숙(2007). 자기감독 중재를 이용한 읽기지도가 초등학교 저학년 읽기장애 학생의 수업 중 과제수행행동 및 읽기성취에 미치는 효과. 언어청각장애연구, 12(2), 334-358.

조영희, 정소라(2020). 작업기억과 읽기이해 간 상관관계 메타분석. 특수교육, 19(3), 5-29.

한국학습장애학회(2020). 장애인 등에 대한 특수교육법 개정 방안 연구 서면 의견서. 한국학습장애학회.

한은혜, 김동일(2022). 원격교육에서 과정 중심 쓰기 프로그램이 쓰기 학습장애 위험 학생의 쓰기능력과 쓰기동기에 미치는 영향. 특수교육학연구, 56(4), 75-104. https://doi.org/10.15861/kjse.2022.56.4.75

허유성(2009). 중재반응모형의 학교현장 적용을 위한 교사 및 예비교사 교육의 내용과 방향 탐색. 특수아동교육연구, 11(3), 413-435. https://doi.org/10.21075/kacsn.2009.11.3.413

홍성두, 여승수, 김동일(2010). 중재반응모형 활용을 위한 교육과정중심측정의 진전도 신뢰도 산출 방안 탐색: 잠재성장모형을 중심으로. 특수교육학연구, 44(4), 427-444.

홍성란, 박현숙(2009). 마인드 맵을 이용한 일기쓰기 지도가 초등 쓰기부진 학생의 작문능력 및 일기쓰기 태도에 미치는 효과. 통합교육연구, 4(2), 23-48.

황리리, 박현숙(2004). 이야기 도식화 전략 교수가 초등 고학년 읽기장애 학생의 읽기 및 듣기 이해력에 미치는 효과. 언어청각장애연구, 9(2), 156-170.

American Psychiatric Association (APA). (2022). *Diagnostic and Statistical Manual of Mental Disorders* (5th ed., Text Revised). American Psychiatric Publishing.

Andreola, C., Mascheretti, S., Belotti, R., Ogliari, A., Marino, C., Battaglia, M., & Scaini, S. (2021). The heritability of reading and reading-related neurocognitive components: A multi-level meta-analysis. *Neuroscience and Biobehavioral Reviews, 121*, 175-200. https://doi.org/ 10.1016/j.neubiorev.2020.11.016

Ashman, G. (2021). *The power of explicit teaching and direct instruction*. Corwin.

Bender, W. (2007). *Learning disabilities: Characteristics, identification, and teaching strategies* (6th ed.). Pearson.

Bouck, E. C., Satsangi, R., & Park, J. (2018). The concrete-representational-abstract approach for students with learning disabilities: An evidence-based practice synthesis. *Remedial and Special Education, 39*(4), 211-228. https://doi.org/10.1177/0741932517721712

Bravender T. (2018). Mental Disorders and Learning Disabilities in Children and Adolescents: Depression in Adolescents. *FP Essentials, 475*, 30-41.

Burns, M. K., Petersen-Brown, S., Haegele, K., Rodriguez, M., Schmitt, B., Cooper, M., Clayton, K., Hutcheson, S., Conner, C., Hosp, J., & VanDerHeyden, A. M. (2016). Meta-analysis of academic interventions derived from neuropsychological data. *School Psychology Quarterly, 31*(1), 28-42. https://doi.org/10.1037/spq0000117

Bursuck, W. D., & Damer, M. (2015). *Teaching reading to students who are at risk or have disabilitis: A*

multi-tier, RTI approach (3rd ed.). Pearson.

Cavioni, V., Grazzani, I., & Ornaghi, V. (2017). Social and emotional learning for children with learning disability: Implications for inclusion. *International Journal of Emotional Education, 9*(2), 100-109.

Cheng, D., Xiao, Q., Chen, Q., Cui, J., & Zhou, X. (2018). Dyslexia and dyscalculia are characterized by common visual perception deficits. *Developmental Neuropsychology, 43*(6), 497-507. https://doi.org/10.1080/87565641.2018.1481068

Chevalier, T. M., Parrila, R., Ritchie, K. C., & Deacon, S. H. (2017). The role of metacognitive reading strategies, metacognitive study and learning strategies, and behavioral study and learning strategies in predicting academic success in students with and without a history of reading difficulties. *Journal of Learning Disabilities, 50*(1), 34-48. https://doi.org/10.1177/0022219415588850

Church, R. P., & Lewis, M. E. B. (2019). Specific learning disabilities. In M. L. Batshaw, N. J. Roizen, & L. Pellegrino (Eds.), *Children with disabilities* (8th ed.). Brookes.

Coyne, M. D., Kame'enui, E. J., & Carmine, D. (2011). *Effective teaching strategies that accommodate diverse learners* (4th ed.). Pearson.

Datchuk, S. M., Wagner, K., & Hier, B. O. (2020). Level and trend of writing sequences: A review and meta-analysis of writing interventions for students with disabilities. *Exceptional Children, 86*(2), 174-192. https://doi.org/10.1177/0014402919873311

De Weerdt, F., Desoete, A., & Roeyers, H. (2013). Working memory in children with reading disabilities and/or mathematical disabilities. *Journal of Learning Disabilities, 46*(5), 461-472. https://doi.org/10.1177/0022219412455238

DuPaul, G. J., Gormley, M. J., & Laracy, S. D. (2013). Comorbidity of LD and ADHD: Implications of DSM-5 for assessment and treatment. *Journal of Learning Disabilities, 46*(1), 43-51. https://doi.org/10.1177/0022219412464351

Erbeli, F., Hart, S. A., & Taylor, J. (2019). Genetic and environmental influences on achievement outcomes based on family history of learning disabilities status. *Journal of Learning Disabilities, 52*(2), 135-145. https://doi.org/10.1177/0022219418775116

Ennis R. P., Lane K. L., Oakes, P. O. (2018). Empowering teachers with low-intensity strategies to support instruction: Self-monitoring in an elementary resource classroom. *Preventing School Failure, 62*(3), 176-189. https://doi.org/10.1080/1045988X.2017.1408055

Esmaeeli, Z., Lundetrae, K., & Kyle, F. E. (2018). What can Parents' Self-report of Reading Difficulties Tell Us about Their Children's Emergent Literacy at School Entry? *Dyslexia, 24*(1), 84-105. https://doi.org/10.1002/dys.1571

Fanari, R., Meloni, C., & Massidda, D. (2019). Visual and spatial working memory abilities predict early math skills: A longitudinal study. *Frontiers in Psychology, 10*, 2460. https://doi.org/10.3389/fpsyg.2019.02460

Feeney, D. M. (2022). Self-talk monitoring: A how-to guide for special educators. *Intervention in School and Clinic, 57*(5), 298-305. https://doi.org/10.1177/10534512211032575

Fletcher, J. M., Lyon, G. R., Barnes, M., Stuebring, K. K., Francis, D. J., Olson, R. K., Shaywitz, S. E., & Shaywitz, B. A. (2002). Classification of learning disabilities: An evidence-based evaluation. In R.

Bradley, L. Danielson, & D. P. Hallahan (Eds.), *Identification of learning disabilities: Research to practice* (pp. 185-250). Routledge.

Fletcher, J. M., Lyon, G. R., Fuchs, L. S., & Barnes, N. (2019). *Learning disabilities: From identification to intervention* (2nd ed.). Guilford Press.

Freedman, S. W. (1982). Language assessment and writing disorders. *Topics in Learning Disorders, 2*(4), 34-44.

Freind, M. (2023). *Special education: Contemporary perspectives for school professionals* (6th ed.). Pearson.

Fuchs, D., & Fuchs, L. S. (2017). Critique of the national evaluation of response to intervention: A case for simpler frameworks. *Exceptional Children, 83*(3), 255-268. https://doi.org/10.1177/0014402917693580

Fuchs, D., Mocks, D., Morgan, P. L., & Young, C. L. (2003). Responsiveness-to-intervention: Definitions, evidence, and implications for the learning disabilities construct. *Learning Disabilities Research & Practice, 18*(3), 157-171. https://doi.org/10.1111/1540-5826.00072

Fuchs, L. S., Compton, D., Fuchs, D., Paulsen, K. Bryant, J., & Hamlett, C. (2005). Responsiveness to intervention: Preventing and identifying mathematics disability. *Teaching Exceptional Children, 37,* 60-63.

Fuchs, L. S., & Fuchs, D. (2007). A model for implementing responsiveness to intervention. *Teaching Exceptional Children, 39,* 14-20. https://doi.org/10.1177/00400599070390050

Fuchs, L. S., Fuchs, D., Compton, D. L., Wehby, J., Schumacher, R. F., Gersten, R., & Jordan, N. C. (2015). Inclusion versus specialized intervention for very-low-performing students: What does access mean in an era of academic challenge? *Exceptional Children, 81*(2), 134-157. https://doi.org/10.1177/0014402914551743

Gajria, M., & Jitendra, A. K. (2016). Effective strategies for developing reading comprehension. In R. Schiff & R. M. Joshi (Eds.), *Interventions in learning disabilities: A handbook on systematic training programs for individuals with learning disabilities* (pp. 119-137). Springer.

Gallagher, J., Colemna, M. R., & Kirk, S. (2023). *Educating exceptional children* (15th ed.). Cengage.

Georgitsi, M., Dermitzakis, I., Soumelidou, E., & Bonti, E. (2021). The polygenic nature and complex genetic architecture of specific learning disorder. *Brain Sciences, 11*(5), 631. https://doi.org/10.3390/brainsci11050631

Gerzel-Short, L., & Hedin, L. (2022). Purposeful use of high-leverage practices to teach number sense. *Intervention in School and Clinic, 57*(3), 163-168. https://doi.org/10.1177/ 10534512211014839

Gialluisi, A., Andlauer, T. F. M., Mirza-Schreiber, N., Moll, K., Becker, J., Hoffmann, P., Ludwig, K. U., Czamara, D., Pourcain, B. S., Honbolygó, F., Tóth, D., Csépe, V., Huguet, G., Chaix, Y., Iannuzzi, S., Demonet, J. F., Morris, A. P., Hulslander, J., Willcutt, E. G., DeFries, J. C., ⋯ Schulte-Körne, G. (2021). Genome-wide association study reveals new insights into the heritability and genetic correlates of developmental dyslexia. *Molecular Psychiatry, 26*(7), 3004-3017. https://doi.org/10.1038/s41380-020-00898-x

González-Valenzuela, M. J., López-Montiel, D., Cazorla-Granados, O., & González-Mesa, E. (2020).

Type of delivery and reading, writing, and arithmetic learning in twin births. *Developmental Psychobiology, 62*(4), 484-495. https://doi.org/10.1002/dev.21932

Graham, S., Collins, A. A., & Rigby-Wills, H. (2017). Writing characteristics of students with learning disabilities and typically achieving peers: A meta-analysis. *Exceptional Children, 83*(2), 199-218. https://doi.org/10.1177/0014402916664070

Graham, S., Harris, K. R., McKweon, D. (2014). The writing of students with learning disabilities, meta-analysis of SRSD writing intervention studies, and future directions: Redux. In H. L. Swanson, K. R. Harris, & S. Graham (Eds.), *Handbook of learning disabilities* (2nd ed., pp. 323-344). Guilford Press.

Grigorenko, E. L., Compton, D. L., Fuchs, L. S., Wagner, R. K., Willcutt, E. G., & Fletcher, J. M. (2020). Understanding, educating, and supporting children with specific learning disabilities: 50 years of science and practice. *The American Psychologist, 75*(1), 37-51. https://doi.org/10.1037/amp0000452

Gupta, S. (2022). *What is a learning disabilities?* Verywell Mind. https://www.verywellmind.com/learning-disabilities-types-causes-symptoms-and-treatment-6386232#toc-symptoms-of-learning-disabilities

Haft, S. L., Duong, P. H., Ho, T. C., Hendren, R. L., & Hoeft, F. (2019). Anxiety and attentional bias in children with specific learning disorders. *Journal of Abnormal Child Psychology, 47*, 487-497. https://doi.org/10.1007/s10802-018-0458-y

Hallahan, D. P., Pullen, P. C., & Kauffman, J. M. (2023). *Exceptional learners: An introduction to special education* (15th ed.). Person.

Hallahan, D. P., Lloyd, J., Kauffman, J., Weiss, M., & Martinez, E. (2007). 학습장애: 토대, 특성, 효과적 교수 (3판, 박현숙, 신현기, 정대영, 정해진 공역). 시그마프레스. (원저 2005년 출간)

Halloran, J. (2019). *Social skills for kids.* PESI Publishing & Media.

Heward, W. L., Alber-Morgan, S. R., & Konrad, M. (2022). *Exceptional children: An introduction to special education* (12th ed.). Pearson.

Hoover, J. J., & Patton, J. R. (2007). *Teaching students with learning problems to use study skills: A teacher's guide for meeting diverse needs* (2nd ed.). Pro-Ed.

Hughes, C. A., Morris, J. R., Therrien, W. J., & Benson, S. K. (2017). Explicit instruction: Historical and contemporary contexts. *Learning Disabilities Research and Practice, 32*(3), 140-148. https://doi.org/10.1111/ldrp.12142

Ihori, D., & Olvera, P. (2015). Discrepancies, reponses, and patterns: Selecting a method of assessment for specific learning disabilities. *Contemporary School Psychology, 19*, 1-11. https://doi.org/10.1007/s40688-014-0042-6

Joyner, R. E., & Wagner, R. K. (2020). Co-occurrence of Reading Disabilities and Math Disabilities: A Meta-Analysis. *Scientific Study of Reading, 24*(1), 14-22. https://doi.org/10.1080/10888438.2019.1593420

Jozwik, S. L., Cuenca-Carlino, Y., Mustian, A. L., & Douglas, K. H. (2019). Evaluating a self-regulated strategy development reading-comprehension intervention for emerging bilingual students with learning disabilities. *Preventing School Failure, 63*(2), 121-132. https://doi.org/10.1177/8756870519892883

Kampylafka, C., Polychroni, F., & Antoniou, A.-S. (2023). Primary school students with reading comprehension difficulties and students with learning disabilities: Exploring their goal orientations, classroom goal structures, and self-regulated learning strategies. *Behavioral Sciences, 13*(2), 78. https://doi.org/10.3390/bs13020078

Kavale, K., Sapulding, L., & Beam, A. (2009). A time to define: Making the specific learning disability definition prescribe specific learning disability. *Learning Disability Quarterly, 32*(1), 39-48. https://doi.org/10.2307/25474661

Kim, Y.-S. G. (2022). Co-occurrence of reading and writing difficulties: The application of the interactive dynamic literacy model. *Journal of Learning Disabilities, 55*(6), 447-464. https://doi.org/10.1177/00222194211060868

Klingner, J. K., Vaughn, S., & Boardman, A. (2015). *Teaching reading comprehension to students with learning difficulties* (2nd ed.). Guilford Press.

Koradia, K., Devi, S., & Narang, D. K. (2012). Environmental factors influencing specific learning disabilities among children. *ZENITH International Journal of Multidisciplinary Research, 2*, 212-218.

Kranzler, J. H., Maki, K. E., Benson, N. F., Eckert, T. L., Floyd, R. G., & Fefer, S. A. (2020). How do school psychologists interpret intelligence tests for the identification of specific learning disabilities? *Contemporary School Psychology, 24*, 445-456. https://doi.org/10.1007/s40688-020-00274-0

Lannin, A., van Garderen, D., Abdelnaby, H., Smith, C., Juergensen, R., Folk, W., & Romine, W. (2023). Scaffolding learning via multimodal STEM text sets for students with learning disabilities. *Learning Disability Quarterly, 0*(0). https://doi.org/10.1177/07319487231187637

Lapp, D., Flood, J., Brock, C., & Fisher, D. (2007). *Teaching reading to every child* (4th ed.). Routledge.

LD OnLine. (2023). *Common signs of learning disabilities.* https://www.ldonline.org/getting-started/ld-basics/common-signs-learning-disabilities

Lee, I. H., Rojewski, J. W., Gregg, N., & Jeong, S. O. (2015). Postsecondary Education Persistence of Adolescents With Specific Learning Disabilities or Emotional/Behavioral Disorders. *The Journal of Special Education, 49*(2), 77-88. https://doi.org/10.1177/0022466914524826

Lein, A. E., Jitendra, A. K., & Harwell, M. R. (2020). Effectiveness of mathematical word problem solving interventions for students with learning disabilities and/or mathematics difficulties: A meta-analysis. *Journal of Educational Psychology, 112*(7), 1388-1408. https://doi.org/10.1037/edu0000453

Lerner, J. W., & Johns, B. (2015). *Learning disabilities and related disorders: Strategies for success* (13th ed.). Cengage Learning.

Lewis, R. B., Wheeler, J. J., & Carter, S. L. (2017). *Teaching students with special needs in general education classrooms* (9th ed.). Pearson.

Lienemann, T. O., & Reid, R. (2006). Self-regulated strategy development for students with learning disabilities. *Teacher Education and Special Education, 29*(1), 3-11. https://doi.org/10.1177/088840640602900102

Louick, R., & Muenks, K. (2021). Leveraging motivation theory for research and practice with students

with learning disabilities. *Theory Into Practice, 61*(1), 102–112. https://doi.org/10.1080/00405841.2021.1932154

Mascheretti, S., Andreola, C., Scaini, S., & Sulpizio, S. (2018). Beyond genes: A systematic review of environmental risk factors in specific reading disorder. *Research in Developmental Disabilities, 82*, 147–152. https://doi.org/10.1016/j.ridd.2018.03.005

McMahon, D., Hirschfelder, K., Sheridan-Stiefel, K., Henninger, E., & Buchanan, H. (2021). Technology tools for postsecondary education success. *Teaching Exceptional Children, 53*(5), 387–389. https://doi.org/10.1177/0040059920985360

McMaster, K. L., Fuchs, D., & Fuchs, L. S. (2006). Research on peer-assisted learning strategies: The promise and limitations of peer-mediated instruction. *Reading and Writing Quarterly, 22*(1), 5–25. https://doi.org/10.1080/10573560500203491

Mercer, C. D., Mercer, A. R., & Pullen, P. C. (2010). *Students with learning problems* (8th ed.). Pearson.

Miciak, J., & Fletcher, J. M. (2020). The critical role of instructional response for identifying dyslexia and other learning disabilities. *Journal of Learning Disabilities, 53*(5), 343–353. https://doi.org/10.1177/0022219420906801

Midgett, C. W., & Eddins, S. K. (2001). NCTM's Principles and standards for school mathematics: Implications for administrators. *NASSP Bulletin, 85*(623), 35–42. https://doi.org/10.1177/019263650108562305

Milligan, K., Phillips, M., & Morgan, A. S. (2016). Tailoring social competence interventions for children with learning disabilities. *Journal of Child and Family Studies, 25*(3), 856–869. https://doi.org/10.1007/s10826-015-0278-4

Milton, J. H., Flores, M. M., Moore, A. J., Taylor, J. J., & Burton, M. E. (2019). Using the concrete-representational-abstract sequence to teach conceptual understanding of basic multiplication and division. *Learning Disability Quarterly, 42*(1), 32–45. https://doi.org/ 10.1177/0731948718790089

Moeyaert, M., Klingbeil, D. A., Rodabaugh, E., & Turan, M. (2021). Three-level meta-analysis of single-case data regarding the effects of peer tutoring on academic and social-behavioral outcomes for at-risk students and students With disabilities. *Remedial and Special Education, 42*(2), 94–106. https://doi.org/10.1177/0741932519855079

Musetti, A., Eboli, G., Cavallini, F., & Corsano, P. (2019). Social relationships, self-esteem, and loneliness in adolescents with learning disabilities. *Clinical Neuropsychiatry, 16*(4), 133–140.

National Center on Birth Defects and Developmental Disabilities. (2022). *Data and statistics about ADHD.* Centers on Disease Control and Prevention. http://www.cdc.gov/ncbddd/adhd/data.html

National Joint Committee on Learning Disabilities. (2016). Learning disabilities: Issues on definition. *ASHA, 33*(Suppl. 5), 18–20.

Nicolielo-Carrilho, A. P., Crenitte, P. A. P., Lopes-Herrera, S. A., & Hage, S. R. V. (2018). Relationship between phonological working memory, metacognitive skills and reading comprehension in children with learning disabilities. *Journal of Applied Oral Science, 26*, e20170414. https://doi.org/10.1590/1678-7757-2017-0414

Owens, E. B., Cardoos, S., & Hinshaw, S. P. (2015). Developmental progressions and gender differences among individuals with ADHD. In R. A. Barkley (Ed.), *Attention deficit hyperactivity disorder: A handbook for diagnosis and treatment* (4th ed., pp. 201–222). Guilford Press.

Peters, L., Op de Beeck, H., & De Smedt, B. (2020). Cognitive correlates of dyslexia, dyscalculia and comorbid dyslexia/dyscalculia: Effects of numerical magnitude processing and phonological processing. *Research in Developmental Disabilities, 107*, 103806. https://doi.org/10.1016/j.ridd.2020.103806

Pullen, P. C., Lane, H. B., Ashworth, K. E., & Lovelace, S. P. (2017). Specific learning disabilities. In J. M. Kauffman, D. P. Hallahan, & P. C. Pullen (Eds.), *Handbook of special education* (2nd ed., pp. 286–299). Routledge.

Pullen, P. C., Ashworth, K. E., & Ryoo, J. H. (2020). Prevalence rates of students identified for special education and their interstate variability: A longitudinal approach. *Learning Disability Quarterly, 43*(2), 88–100. https://doi.org/10.1177/0731948719837912

Rashid, F. L., Morris, R. D., & Sevcik, R. A. (2005). Relationship between home literacy environment and reading achievement in children with reading disabilities. *Journal of Learning Disabilities, 38*(1), 2–11. https://doi.org/10.1177/00222194050380010101

Raymond, E. (2017). *Learners with mild disabilities: A characteristics approach* (5th ed.). Pearson.

Roitch, J., & Watson, S. (2019). An overview of dyslexia: Definition, characteristics, assessment, identification, and intervention. *Science Journal of Education, 7*(4), 81–86. https://doi.org/10.11648/J.SJEDU.20190704.11

Rouse-Billman, C., & Alber-Morgan, S. (2019). Teaching self-questioning using systematic prompt fading: Effects on fourth graders' reading comprehension. *Preventing School Failure: Alternative Education for Children and Youth, 63*(4), 352–358. https://doi.org/10.1080/1045988X.2019.1619508

Shelton, A., Lemons, C. J., & Wexler, J. (2021). Supporting main idea identification and text summarization in middle school co-taught classes. *Intervention in School and Clinic, 56*(4), 217–223. https://doi.org/10.1177/1053451220944380

Smith, D. D., & Tyler, N. C. (2018). *Introduction to special education: New Horizons* (2nd ed.). Pearson.

Smith, T. E., Polloway, E. A., Patton, J. R., Dowdy, C. A., & McIntyre, L. (2020). *Teaching students with special needs in inclusive settings* (8th ed.). Pearson.

Stockard, J., Wood, T. W., Coughlin, C., & Rasplica Khoury, C. (2018). The effectiveness of direct instruction curricula: A meta-analysis of a half century of research. *Review of Educational Research, 88*(4), 479–507. https://doi.org/10.3102/0034654317751919

Svensson, I., Nordström, T., Lindeblad, E., Gustafson, S., Björn, M., Sand, C., Almgren/Bäck, G., & Nilsson, S. (2021). Effects of assistive technology for students with reading and writing disabilities. *Disability and Rehabilitation. Assistive Technology, 16*(2), 196–208. https://doi.org/10.1080/17483107.2019.1646821

Swanson, H. L., Zheng, X., & Jerman, O. (2009). Working memory, short-term memory, and reading disabilities: A selective meta-analysis of the literature. *Journal of Learning Disabilities, 42*(3), 260–287. https://doi.org/10.1177/0022219409331958

Talbott, E., Trzaska, A., & Zurheide, J. L. (2017). A systematic review of peer tutoring for students with

learning disabilities. In M. T. Hughes, & E. Talbott (Eds.), *The Wiley handbook of diversity in special education* (pp. 321-356). Wiley-Blackwell.

Taylor, W. P., Miciak, J., Fletcher, J. M., & Francis, D. J. (2017). Cognitive discrepancy models for specific learning disabilities identification: Simulations of psychometric limitations. *Psychological Assessment, 29*(4), 446-457. https://doi.org/10.1037/pas0000356

Thomas, T., Khalaf, S., & Grigorenko, E. L. (2021). A systematic review and meta-analysis of imaging genetics studies of specific reading disorder. *Cognitive Neuropsychology, 38*(3), 179-204. https://doi.org/10.1080/02643294.2021.1969900

Tompkins, G. E., & Friend, M. (1986). On your mark, get set, write!. *Teaching Exceptional Children, 18*(2), 86. https://doi.org/10.1177/004005998601800202

U.S. Department of Education (2022). *44th Annual Report to Congress on the Implementation of the Individuals with Disabilities Education Act, 2022.*

Varghese, C., Bratsch-Hines, M., Aiken, H., & Vernon-Feagans, L. (2021). Elementary teachers' intervention fidelity in relation to reading and vocabulary outcomes for students at risk for reading-related disabilities. *Journal of Learning Disabilities, 54*(6), 484-496. https://doi.org/10.1177/0022219421999844

Vaughn, S., & Wanzek, J. (2014). Intensive interventions in reading for students with reading disabilities: Meaningful impacts. *Learning Disabilities Research and Practice, 29*(2), 46-53. https://doi.org/10.1111/ldrp.12031

Veríssimo, L., Costa, M., Miranda, F., Pontes, C., & Castro, I. (2021). The importance of phonological awareness in learning disabilities' prevention: Perspectives of pre-school and primary teachers. *Frontiers in Education, 6.* https://doi.org/10.3389/feduc.2021.750328

Wei, X., Yu, J. W., & Shaver, D. (2014). Longitudinal effects of ADHD in children with learning disabilities or emotional disturbances. *Exceptional Children, 80*(2), 205-219. https://doi.org/10.1177/001440291408000205

Wiest, G. M., Rosales, K. P., Looney, L., Wong, E. H., & Wiest, D. J. (2022). Utilizing cognitive training to improve working memory, attention, and impulsivity in school-abed children with ADHD and SLD. *Brain Sciences, 12*(2), 141. https://doi.org/10.3390/brainsci12020141

Wong, B. Y. L., & Buttler, D. L. (2014). *Learning about learning disabilities* (4th ed.). Academic Press.

World Health Organization (WHO). (2020). *International statistical classification of diseases and related health problems* (11th ed.). https://icd.who.int/

Woodward, J. (2004). Mathematics education in the United States: Past to present. *Journal of Learning Disabilities, 37*(1), 16-31. https://doi.org/10.1177/00222194040370010301

제**6**장

정서 · 행동장애

I. 정서·행동장애 아동의 이해

1. 정서·행동장애의 정의

정서·행동장애 아동을 위한 교육의 역사를 살펴보면 이들을 누가 다루어야 하는가, 다시 말해서 문제의 소속이 어디인가 하는 전문 영역에 대한 논쟁이 계속되어 왔다. 소아청소년정신의학 영역에서는 정서·행동장애를 정신의학적인 입장에서 다루어 왔으며, 심리학에서는 정서·행동장애 아동 교육의 역사를 좀 더 폭넓은 의미에서의 심리병리학적인 개념에 초점을 맞춤으로써 교육 그 자체에는 그다지 큰 관심을 두지 않는다. 또한 사회학적인 측면에서는 누가 이 영역의 장애를 다루어야 하는가를 결정하는 데에 노력을 기울여 왔으며, 특수교육 영역에서는 교육현장에서 행동 문제를 다루기 위해 적용할 수 있는 교수 방법의 개발과 적용에 그 중점을 두어 왔다. 이렇게 다양한 전문 영역에서 제각기 정서·행동장애와 관련된 나름의 노력을 기울여 온 것이 사실이지만 각 영역의 전문가는 자신의 영역이 지니는 고유의 목적에 따라 정서·행동장애를 정의하고 접근하기 때문에 이러한 영역이 하나씩 분리되어서는 정서·행동장애를 온전히 이해하기가 매우 힘들다(Kauffman et al., 2004; Landrum & Kauffman, 2003). 그러므로 교사는 먼저 정서·행동장애의 정의와 특성 등 이들을 교육하기 위해서 알아야 하는 기본적인 개념을 이해하고, 개별 아동에게 적합한 교수 방법을 적용할 수 있어야 하며, 아동의 교육과 관련된 모든 영역의 전문 인력과의 적극적인 협력관계를 이루어 나갈 수 있는 기본적인 자질을 갖추어야 한다.

1) 정서·행동장애의 용어

정서·행동장애는 지난 수십 년간 여러 가지 용어로 표현되어 왔으며 현재까지도 공식적으로 사용되는 용어는 각 단체나 개인의 견해에 따라 다양하다. 그중에서도 가장 빈번하게 사용되는 용어는 정서장애(emotionally disturbed)와 행동장애(behaviorally disordered)다. 우리나라는 2007년 「장애인 등에 대한 특수교육법」이 적용되기 전까지는 '정서장애(자폐 포함)'로 명시하였으나, 현재는 '자폐성 장애'를 별도로 규정하여 괄호를 없애고 '정서·행동장애'로 변경하여 사용하고 있다.

미국의 경우에는 「장애인교육법(IDEA)」을 통하여 오랫동안 '심각한 정서장애(seriously emotionally disturbed)'라는 용어를 사용해 왔다. 그러나 학계와 교육현장의 지속적인 비판을 수용하여 1997년 개정 시 '정서장애(emotionally disturbed)'로 변경하였다. 그러나 이 용어 역시도 비판의 대상이 되고 있다(Hallahan et al., 2023). 정서 · 행동장애 관련 대부분의 특수교육 전문가는 용어가 나타내고자 하는 대상 집단의 아동이 정서 문제나 행동 문제 중 하나 또는 두 가지 모두를 보일 수 있음을 표현하는 용어가 사용되어야 한다고 주장한다(Kauffman & Landrum, 2020). 이와 같은 배경에 따라 미국의 관련 전문단체 30여 개가 모인 국립정신건강 및 특수교육협회(National Mental Health and Special Education Coalition)에서는 이미 오래전에 '정서 · 행동장애(emotional or behavioral disorder: EBD)'를 사용할 것을 제안하였다(CCBD, 1989; Forness & Knitzer, 1992). 그 후로 현재까지 많은 전문가가 정서 · 행동장애를 가장 적절한 용어로 선호하고 있으나 미국에서는 지금까지도 공식적인 법적 용어로 채택되지 않고 있다. 최근 미국의 특수교육협회(Council for Exceptional Children: CEC)에서는 그동안 행동장애분과(Council for Children with Behavioral Disorders: CCBD)로 명명하던 관련 분과의 공식적인 명칭을 정서 · 행동건강 분과(Division for Emotional and Behavioral Health)로 변경함으로써 용어에 대한 선호도를 보여 준다. 결과적으로, 정서 · 행동장애는 우리나라 「장애인 등을 위한 특수교육법」을 포함한 학문과 교육현장에서 가장 폭넓게 사용되는 용어로 정착되어 가고 있다.

2) 정서 · 행동장애 정의의 어려움

정서 · 행동장애 아동 교육에 있어서 교육이 시작된 이래 지금까지도 계속 논의되고 있고 가장 시급하게 해결해야 하는 과제 중 하나는 장애의 개념을 정립하는 일이다. 정서 · 행동장애 아동 개인의 문제행동을 설명하는 것은 어렵지 않으나 개개의 문제행동이 모여 하나의 집단을 형성할 때 그 집단을 대표할 수 있는 정의를 내리기는 매우 어렵다. 정서 · 행동장애를 정의하기 어려운 구체적인 이유는 다음과 같이 몇 가지로 설명된다(Hallahan et al., 2023; Heward et al., 2022; Kauffman & Landrum, 2020).

첫째, 정서 · 행동장애를 정의하는 개념의 차이가 정의를 어렵게 만드는 요인으로 작용할 수 있다. 다시 말해서, 심리역동적 모델, 생물학적 모델, 사회학적 모델, 행동주의적 모델, 생태학적 모델, 심리교육적 모델, 교육적 모델, 현상학적 모델 등의 여러 가지 이론적 모델은 인간의 행동과 장애를 바라보는 견해를 서로 달리하기 때문에 정서와 행동에 있어서의 장애를 어떻게 정의하고 접근해야 하는지에 대하여 서로 다른 개념을 취할 수 있다. 그뿐만 아니라 대부분의 개념 모델은 성인을 대상으로 하는 정신병리학적인 입장을 취하기 때문에 아동의 발달상의 차이를 고려하지 않는다는 문제도 지적된다.

둘째, 정서·행동장애를 정의하고자 하는 목적이 서로 다르기 때문에 하나의 통일된 정의를 내리기 어렵다. 누가 무엇 때문에 정의하는지에 따라 그 정의는 달라질 수 있다는 것이다. 예를 들어, 교육자, 의사, 법률가 등은 그들의 업무상 필요에 따라서 정서·행동장애를 각기 달리 정의할 수 있다. 교육자는 학교에서의 성취 여부에 가장 큰 관심을 보일 것이며, 의사나 심리학자는 아동이 진단에 의뢰된 이유에 관심을 보일 것이고, 법률가는 법률 위반 행동에 관심을 보일 것이며, 가족들은 가정생활에서 나타나는 행동 문제에 관심을 보일 것이다.

셋째, 인간의 행동은 사회적 속성을 지니며 그 범위 또한 매우 다양하다. 따라서 정신건강이나 행동의 적절성을 결정하는 경계가 불분명하다. 사실상 정서·행동장애 아동이 보이는 거의 모든 행동은 일반 아동에게서도 쉽게 관찰되곤 한다. 그러나 이러한 행동이 어떠한 상황에서 어느 정도의 심각성을 지니고 나타나는가에 따라 그 문제의 정도가 달라질 수 있으며, 행동의 주체자가 그 행동을 보이는 나이에 따라서 또는 행동이 나타나는 상황에 따라서 또는 소속된 민족이나 문화의 기대 수준에 의해서 그 심각성은 달라질 수 있다. 예를 들어, 아동이 보이는 특정 행동은 그 아동이 속한 상황이나 집단과 상관없이 문제로 여겨질 수도 있지만, 때로는 사회 문화적으로 또는 개인이 포함된 생태학적 환경(예: 가정, 학교, 종교, 민족)에 따라 문제가 되지 않을 수도 있다. 즉, 정서·행동장애는 자신이 속한 집단이 보편적이라고 여기는 발달 규준이나 사회 문화적인 기대에 따라 그 정의가 달라질 수 있다는 것이다. 이것은 인간 행동의 일탈성 여부는 행동 자체의 다양함뿐만 아니라 그 행동에 영향을 미치는 환경의 다양함으로 인하여 그 경계를 설정하기 어렵다는 것을 의미한다.

넷째, 정서·행동장애를 정의하기 위해서는 인간의 감정과 행동을 측정해야 하는 어려운 문제에 부딪히게 된다. 행복, 외로움, 분노 등 사람의 감정이나 행동을 측정하기 위해서는 모든 사람에게 공통으로 적용할 수 있는 측정 기준이 있어야 한다. 그러나 이러한 기준 자체를 개발하기가 어려우며, 따라서 이를 측정하기 위해서는 많은 부분이 관찰자의 주관적인 판단에 의존하게 된다는 어려움이 발생한다. 측정에서의 이와 같은 어려움은 결국은 장애의 객관적인 정의를 제시하기 어려운 이유로 작용한다.

　정서 · 행동장애를 정의하기 어려운 다섯째 이유는 기타 장애와의 관계에서 오는 문제 때문이다. 경도 지적장애와 학습장애, 정서 · 행동장애 사이에는 많은 유사점이 존재한다. 또한 이들 세 영역에 속하는 중도장애 역시 그 행동 특성에 있어서 많은 공통점을 지닌다. 실제로 많은 경우에서 지적장애, 학습장애, 의사소통장애 아동이 정서 · 행동장애를 함께 보이는 것으로 보고된다(강은영, 2015; 김윤희, 박지연, 2003; 김자경 외, 2014; Ageranioti-Belanger et al., 2012). 특히 자폐 범주성 장애나 지적장애는 그 행동 특성상 정서 · 행동장애와 구분하기 어려운 경우가 많으며, 청각장애나 시각장애 또는 뇌손상 아동의 경우에도 중도 정서 · 행동장애와 유사한 행동 특성을 보이곤 한다. 또한 한 가지 이상의 장애가 동시에 복합적으로 나타나는 경우가 많은데, 그중에서도 특히 정서 · 행동장애는 다른 장애와 중복되어 나타나는 비율이 높기 때문에 정서 · 행동장애 하나만을 다른 장애 상황과 분리해서 정의하는 일 자체가 비현실적일 수도 있다.

　여섯째, 문제로 지적되는 정서나 행동의 특성이 지속적이지 못하고 일시적인 경우가 종종 있으며, 이러한 행동의 일시성은 정서 · 행동장애를 정의하기 어렵게 만든다. 즉, 정서 · 행동장애의 정의는 특정 연령이나 발달 시기에 나타나지만 장시간 지속되지는 않을 수도 있는 전형적인 행동 문제까지 고려해야 한다는 어려움을 지닌다.

　마지막으로, 장애의 정해진 정의에 의해서 아동을 표찰하는 것은 교육이나 사회 적응 또는 취업 기회 등에서 불이익을 줄 수도 있기 때문에 이상행동의 정의 자체를 회피하려는 태도가 정서 · 행동장애의 정의를 어렵게 만들 수 있다. 실제로 표찰에 의한 낙인을 줄이기 위해서는 장애를 설명하는 표찰 자체를 변경하기보다는 표찰에 대한 사회의 태도를 변화시켜야 하는 것이 사실이지만, 용어와 정의 자체에도 아동에 대한 부정적인 영향을 최소화하려는 노력이 반영되어야 한다.

　결론적으로 정서 · 행동장애 아동을 정의하고 판별하는 일은 그 과정이 비록 아동의 행동에 대한 객관적인 관찰을 근거로 한다고 할지라도 매우 주관적인 절차라고 말할 수 있다. 이는 아동이 보이는 행동 그 자체가 장애를 대표하는 것은 아니며, 오히려 행동이 발생하는 환경과 주변의 성인이나 또래의 기대가 행동의 적절성 여부를 결정하는 요인으로 작용하기 때문이다. 실제로 지금까지의 연구에 의하면 정서 · 행동장애를 정의하기 위해서는 환경적인 접근이 반드시 이루어져야 하며, 아동의 행동과 그 행동을 받아들이는 주변인의 반응 간의 상호작용 등이 고려되어야 한다. 그러므로 정서 · 행동장애를 정의하고 아동의 장애 여부를 판별하는 과정은 환경을 무시한 상태에서 그 아동의 행동이

장애인지 아닌지를 결정하는 단순한 판단으로 이루어져서는 안 되며, 그 아동을 포함하고 있는 환경 전체가 하나의 단위로 인식된 상태에서 아동의 행동을 관찰하는 과정이어야 한다.

3) 정서·행동장애의 현행 정의

교수 방법을 개발하고 교육과정을 작성하는 일 등과 비교해 볼 때 장애의 개념을 정립하는 일이나 공용어를 결정하는 일 자체는 그다지 중요한 의미를 지니지 않는 것처럼 생각될 수 있다. 그러나 질병의 의학적인 정의가 그 병을 치료하기 위한 의학적인 접근의 시작에 중요한 역할을 하듯이 장애의 교육적인 측면에서의 정의가 제대로 이루어질 때 그 장애가 지닌 문제의 객관적인 개념화에 따른 적절한 교수 활동이 뒤따를 수 있다. 그러므로 정서·행동장애를 정의하고 공통으로 사용할 수 있는 적절한 용어를 결정하는 일은 성공적인 교육의 정착을 위해서 가장 먼저 이루어져야 할 선결 과제라 할 수 있다.

일반적으로 정서·행동장애를 정의하는 전문가들은 정서·행동장애가 다음을 의미한다는 사실에 대체로 동의한다(Hallahan et al., 2023): (1) 보편적인 기준에서 약간 벗어나기보다는 심각하게 벗어나는 행동을 보임, (2) 일시적으로 나타났다가 사라지기보다는 만성적인 문제로 나타나는 행동을 보임, (3) 사회적 또는 문화적인 기대에 준하여 수용할 수 없을 정도로 벗어나는 행동을 보임. 실제로 현재 특수교육 현장에서 사용하고 있는 정의를 살펴보면 이와 같은 내용이 반영되고 있는 것을 알 수 있다. 예를 들어, 〈표 6-1〉에서 알 수 있듯이「장애인 등에 대한 특수교육법」의 정의는 만성적인 특성('장기간에 걸쳐')과 사회적 또는 문화적 부적절성(다섯 가지 항목)을 포함한다.「장애인교육법 (IDEA 2004)」은 만성적인 특성('오랜 시간 동안')과 행동의 부적절성 외에도 행동의 심각한 정도('현저하게')도 포함한다.

이 두 가지 정의 모두 1980년대 초에 Bower(1981)가 정서장애 진단 기준으로 제시한 5개 항목을 근거로 유사하게 구성되어 있는 것을 볼 수 있는데, 다음과 같은 몇 가지 측면에서 진단 및 교육지원 체계 내에서의 부적절성이 지적된다. 먼저 문제의 책임을 아동에게 둠으로써 변화의 대상이 학습 환경이기보다는 아동인 것으로 규정한다(Gallagher et al., 2023). 이와 같은 견해는 아동의 정서 또는 행동에 결정적인 영향을 미치는 가정, 학교, 지역사회 등을 포함하는 환경적인 맥락과의 상호작용을 고려하지 않은 것으로 정서·행동장애의 정의로는 부적절하다고 할 수 있다. 둘째, '만족할 만한' '부적절한' 등

표 6-1 정서 · 행동장애의 다양한 정의

출처	용어	정의
장애인 등에 대한 특수교육법	정서 · 행동장애를 지닌 특수교육대상자	장기간에 걸쳐 다음 각 목의 어느 하나에 해당하여, 특별한 교육적 조치가 필요한 사람 가. 지적 · 감각적 · 건강상의 이유로 설명할 수 없는 학습상의 어려움을 지닌 사람 나. 또래나 교사와의 대인관계에 어려움이 있어 학습에 어려움을 겪는 사람 다. 일반적인 상황에서 부적절한 행동이나 감정을 나타내어 학습에 어려움이 있는 사람 라. 전반적인 불행감이나 우울증을 나타내어 학습에 어려움이 있는 사람 마. 학교나 개인 문제에 관련된 신체적인 통증이나 공포를 나타내어 학습에 어려움이 있는 사람
장애인교육법 (IDEA 2004)	정서장애 (emotional disturbance)	(i) 다음의 특성 중 하나 이상을 오랜 시간 동안 현저하게 나타냄으로써 교육적 성취에 부정적인 영향을 미치는 상태를 의미한다: (A) 지능, 감각, 건강상의 요인으로 설명할 수 없는 학습상의 무능력 (B) 또래 및 교사와 만족할 만한 상호적인 관계를 형성하거나 유지하지 못함 (C) 전형적인 환경에서 부적절한 형태의 행동이나 감정을 보임 (D) 일반적이고 전반적인 불행감이나 우울감을 보임 (E) 개인적인 또는 학교 문제와 관련해서 신체적 증상이나 두려움을 보이는 경향 (ii) 정서장애는 조현병을 포함한다. 이 용어는 (i)에 해당하는 정서장애로 판별되지 않는 한 사회적 부적응 아동에게 적용되지 않는다.
특수교육협회 행동장애분과 (CCBD, 2000)	정서 · 행동장애 (emotional or behavioral disorder)	(i) 학교생활에서의 행동이나 정서적 반응이 적정 나이, 문화, 민족의 표준으로부터 매우 달라서 결과적으로 학업, 사회성, 직업, 개인적인 기술을 포함한 교육적 성취에 부정적인 영향을 미치게 되는 것으로 특징지어지는 장애로, 다음과 같은 특성을 보인다. (A) 일시적인 현상으로 나타나는 것이 아니며, 환경 내의 스트레스성 사건에 대해서 예측이 가능한 반응을 보이고; (B) 두 개의 다른 환경에서 지속적으로 나타나고 적어도 그중 하나는 학교생활과 관련된 환경이며;

		(C) 평가팀이 아동의 교육력에 근거하여 교수 방법이 적절하지 않다는 판단을 하지 않았는데도 교육 프로그램 내에서의 개별화된 중재에도 불구하고 지속적으로 나타난다.
		(ii) 정서 · 행동장애는 기타 장애와 중복되어 나타날 수 있다.
		(iii) 항목 (i)에서 명시한 대로 교육적인 성취에 부정적인 영향을 미치는 경우 조현병, 정동장애, 불안장애, 품행이나 적응에 문제를 보이는 아동이 포함될 수 있다.

의 모호한 표현을 사용함으로써 장애를 판별할 때 개인의 주관적인 판단이 개입될 수밖에 없다. 실제로 아동의 행동에 대한 교사의 인내 정도는 개인마다 모두 다르며 교사, 부모, 문화에 따라 아동에게 기대하는 행동 수준도 달라질 수 있다(An et al., 2019; Olson et al., 2018). 그러므로 이러한 모호한 기준은 정서 · 행동장애 의뢰 및 판별 과정의 객관성을 확보하기 어렵게 만든다. 셋째, 「장애인교육법」의 경우 조현병은 포함하고 사회적 부적응은 포함하지 않는다는 기준을 두고 있는데, 이와 같은 추가기준은 불필요하다. 즉, 조현병은 이미 다섯 가지 항목만으로도 기준을 충족하며, 사회적 부적응 아동은 장애로 진단되어야 함에도 배제하고 있다는 것이다. 실제로 미국의 특정 주에서는 사회적 부적응을 공격행동, 방해행동, 반사회적 행동 등을 포함하는 품행장애로 해석함으로써 특수교육이 필요한 많은 아동을 특수교육대상자에서 배제하고 있다(Costenbader & Buntaine, 1999; Landrum, 2017). 마지막으로, 정의에 의하면 다섯 가지 행동 특성이 오랜 시간 동안 아동의 교육적인 성취에 부정적인 영향을 미치는 경우 정서장애로 진단되는데, 이때 교육적 성취를 학업 성취로 해석하게 되면 많은 정서 · 행동장애 아동이 진단에서 제외될 수 있다. 특히 「장애인 등에 대한 특수교육법」은 항목마다 행동 특성이 '학습상의 어려움'으로 연계되도록 반복해서 표현하고 있다. 예를 들어, '나' 항목을 살펴보면 '또래나 교사와의 대인관계에 어려움이 있어 학습에 어려움을 겪는 사람'으로 명시함으로써 대인관계의 어려움으로 인하여 학습에까지 어려움을 겪는 경우에만 정서 · 행동장애로 그 적격성을 인정받을 수 있다. 즉, 교육적인 성취를 학습상의 어려움으로 한정함으로써 적격성 인정의 폭을 제한하고 있다는 것이다. 이는 정서 · 행동장애의 주요 행동 특성으로 여겨지는 행동상의 어려움을 보이는 아동이 학업 성취에서 문제를 보이지 않는다면 특수교육대상자로서 적절한 도움을 받을 수 있는 통로 자체가 차단되는 문제를 초래하는 결과

를 가져왔다. 이러한 내용은「장애인 등에 대한 특수교육법」제정 이전의「특수교육진흥법」에는 없었던 것으로 이를 바로잡기 위한 관심이 시급하게 요구된다. 실제로 교육현장에서는 일반학급 내에서 정서 또는 행동 문제를 보이지만 특수교육 지원을 받지 못하고 있는 아동에 대한 우려가 지적되고 있으며, 이를 위하여 장애의 정의를 명확히 하고 지원 체계의 방향성을 재정립해야 한다는 요구가 이루어지고 있다(신윤희 외, 2014; 이상복, 2008; 이상훈, 2013; 이효신, 신윤희, 2013).

미국의 경우 이미 오래전에 현행법상의 용어 및 정의의 문제점을 인식하고 이를 대체하기 위하여 새로운 용어와 정의가 제안되었다(CCBD, 1989, 2000, 〈표 6-1〉 참조). 이 정의는 30여 개의 관련 전문단체로 구성된 국립정신건강 및 특수교육협회에서 제시한 정의로(Forness & Knitzer, 1992), 현재는 정서 · 행동장애라는 용어와 함께 정부의 법적 정의로 채택될 수 있도록 공식적인 지지를 받고 있다. 이 정의를 구체적으로 살펴보면,「장애인교육법」에서 애매하게 표현한 '교육적 성취'라는 문구를 '학업, 사회성, 직업, 개인적인 기술을 포함한 교육적 성취'로 상세하게 명시함으로써 학업 성취로만 제한하지 않도록 배려하고 있으며, 사회적 부적응 아동을 배제하지 않기 위해서 품행이나 적응 문제를 보이는 아동을 포함할 수 있도록 구체적으로 명시하였다. 또한 현행 정의가 문제의 책임을 아동에게 둠으로써 변화의 대상이 마치 아동인 것처럼 명시한 것과는 달리, 아동의 현재와 과거의 환경 및 환경에 대한 아동의 반응 등을 포함한다.

4) 정서 · 행동장애의 분류

정서 · 행동장애는 그 정의에서도 알 수 있듯이 매우 다양한 특성을 보이는 대상자를 포함하는 이질적인 집단이라 할 수 있다. 그러므로 이들을 좀 더 잘 이해하고 교육하기 위하여 하위 집단으로 분류하기 위한 노력이 이루어졌으며, 이러한 노력에 의하여 몇 가지 분류 체계가 개발되어 사용되고 있다. 그러나 모든 사람이 동의하는 하나의 분류 체계는 제시되지 않고 있으며, 사용하는 사람과 그 목적에 따라 서로 다른 분류 체계가 사용된다.

정서 · 행동장애를 분류하기 위해서 가장 많이 사용되는 분류 체계는 미국정신의학협회(Americal Psychiatric Association: APA)에서 발행한『정신질환의 진단 및 통계 편람(Diagnostic and Statistical Manual of Mental Disorders: DSM-5-TR)』(APA, 2022)에 따른 분류 체계로 정신의학과 심리학 영역에서 주로 사용된다. 이 분류 체계는 교육현장과의 관련성이 적은 것으로 인식되며, 특히 교육의 목적을 위해서는 이러한 분류 체계에 따른 진단에 의존하기보다는 개별 아동의 행동 특성이나 유형 등을 통계적으로 분석하도록 권장된다(Richardson et al., 2000). 그러나 또 한편으로는 진단에서부터 적절한 지원 서비스를 제공하는 전 과정에 걸쳐 의료진 등 관련 전문가 간의 의사소통이 원활하게 이루어지기 위해서는 교사도 이러한 분류 체계에 대한 지식을 갖추는 것이 좋다(Smith et al., 2020).

정서 · 행동장애 아동을 위한 교육적 접근이 생태학적 접근으로 변화하면서 기능분석과 그에 따른 중재의 적용이 활성화되고 있다. 이러한 교육적 접근에서의 변화는 정서 · 행동장애의 분류 체계 자체의 중요성을 감소시키는 결과를 가져왔다. 따라서 장애의 유형을 구분하여 진단하기 위한 목적으로 개발 · 사용되고 있는 DSM-5-TR의 분류 체계와는 달리 겉으로 드러나는 행동적 측면에 초점을 맞추는 분류 체계가 사용되기도 한다. 행동 측면에서의 분류 체계는 행동의 유형이 나타나는 정도에 따라 분류하는 체계로

표 6-2 외현적 및 내재적 행동 문제의 예

외현적 행동 문제	내재적 행동 문제
• 사람이나 사물을 향한 공격적 양상을 반복적으로 보인다. • 과도하게 언쟁한다. • 신체적이거나 언어적인 방법으로 다른 사람에게 복종을 강요한다. • 합리적인 요청에 응하지 않는다. • 지속적인 탠트럼의 양상을 보인다. • 지속적인 거짓말 또는 도벽의 양상을 보인다. • 자기조절력이 부족하고 과도한 행동을 자주 보인다. • 만족할 만한 인간관계를 개발하고 유지하는 데 방해가 될 정도로 다른 사람이나 교사 또는 물리적 환경을 방해하는 기타 특정 행동을 보인다.	• 슬픈 감정, 우울함, 자기비하 감정을 보인다. • 환청이나 환각을 경험한다. • 특정 생각이나 의견이나 상황에서 벗어나지 못한다. • 반복적이고 쓸모없는 행동에서 벗어나지 못한다. • 갑자기 울거나, 자주 울거나, 특정 상황에서 전혀 예측하지 못한 비전형적인 감정을 보인다. • 공포나 불안의 결과로 심각한 두통이나 기타 신체적인 문제(복통, 메스꺼움, 현기증, 구토)를 호소한다. • 자살에 대하여 말한다-자살 생각을 이야기하고 죽음에 대하여 몰두한다. • 이전에 흥미를 보였던 활동에 대한 관심이 줄어든다. • 과도하게 놀림을 당하거나, 언어적으로나 신체적으로 학대를 당하거나, 무시되거나 또래에 의하여 기피된다. • 신체적, 정서적 또는 성적 학대의 증후를 보인다. • 활동 수준이 심각하게 제한된다. • 만족할 만한 개인적인 관계 형성 및 유지에 방해가 될 정도의 위축, 사회적 상호작용 회피 또는 개인적인 돌봄 결여와 같은 기타 특정 행동을 보인다.

(Waldman & Lillenfeld, 2000), 주로 행동평가를 통한 요인분석 등의 통계적인 방법을 통하여 같은 범주에 속하는 행동을 묶어서 분류하는 방법이다. 주로 외현적(externalizing) 행동과 내재적(internalizing) 행동의 두 가지로 분류한다(Kauffman & Landrum, 2020; Vaughn et al., 2023). 〈표 6-2〉는 외현적 문제와 내재적 문제에 해당하는 행동의 예를 보여 주며, 각 행동 특성에 대한 좀 더 상세한 내용은 이 장의 뒷부분에서 설명하였다.

2. 정서 · 행동장애의 원인

정서 · 행동장애의 원인은 크게 생물학적 요인과 가정 및 학교를 포함하는 환경적 요인의 두 가지로 살펴볼 수 있다. 정서 · 행동장애의 원인과 관련해서 어떠한 요인도 직접적으로 장애를 일으키는 것으로 결론지을 수 있을 만한 임상적인 증거를 제시하지 못한다. 그러나 아동에게 문제를 일으킬 수 있는 성향을 제공하거나 이미 성향을 지닌 아동이 문제를 일으키도록 영향을 미치는 요인으로서 여러 가지 원인이 주목된다. 특히 원인에 있어서 중요한 개념 중 하나는 기여 요인(contribution factors)으로, 이것은 장애를 일으키는 직접적인 단일 원인을 밝히기는 어려우며 일반적으로 여러 가지 요인이 동시에 문제의 발생에 기여한다는 개념이다. 그러므로 여기서는 정서 · 행동장애 발생에 기여할 수 있는 여러 가지 요인을 살펴보고자 한다.

1) 생물학적 요인

정서나 행동은 유전적, 신경학적 또는 생화학적 요인에 의해서 영향을 받을 수 있다. 신체와 행동 사이에 분명한 관계가 있는 것이 사실이기 때문에 정서 · 행동장애를 일으키는 생물학적 요인을 찾아보는 것은 이론적으로 합리적이라고 할 수 있다. 그러나 실제로 특정 생물학적 요인과 정서 · 행동장애 사이의 관계를 입증할 수 있는 경우는 매우 드물다. 중도장애의 경우 생물학적인 요인이 장애 상태에 기여할 수 있다는 증거가 제시되고는 있지만, 대부분의 정서 · 행동장애에 있어서 생물학적 요인이 장애의 단일 근거인 경우는 거의 없는 것으로 알려져 있다.

이와 같이 정서 · 행동장애를 일으키는 생물학적 요인에 대해서 정확하게 밝혀지지는 않고 있지만 대부분의 전문가는 유전, 뇌손상, 질병, 영양결핍, 기타 체질상의 요인(예: 출산 전 상태) 등 많은 요인이 특정 행동 양상을 발달시키는 상황을 조성해 준다는 사실에

동의한다. 예를 들어, 사람에게는 기질(temperament)이라고 불리는 출생 시부터 지니고 태어나는 행동 양상이 있으며(예: 자극에 대한 민감성이나 정서적 반응), 모든 아동은 생물학적으로 형성된 기질을 가지고 태어나는 것으로 주장된다(Rothbart & Bates, 2006; Shiner et al., 2012). 이러한 주장에 의하면 두 아동이 동일한 상황에 처했을 때 각각의 아동이 지닌 독특한 생물학적 요소에 의해서 서로 다르게 반응할 가능성이 있다는 것이다. 실제로 영아기에 난기질(difficult temperament)을 보이는 아동이 이후에 정서·행동에서 어려움을 보인다는 연구 결과를 통해서 기질이 행동 문제의 초기 위험요인으로 인식되기도 한다(Abulizi et al., 2017; Derauf et al., 2011). 그러나 아동의 기질은 양육의 질에 따라 결과적으로 다르게 나타날 수 있으므로 기질과 장애와의 관계는 단순하게 추정되어서는 안 된다.

정서·행동장애를 일으키는 생물학적 요인으로 유전에 대한 관심이 높아지고 있다. 예를 들어, 조현병은 유전적인 요소가 그 발생에 직접적으로 작용하는 것으로 입증되고 있다(Imamura et al., 2020; van Haren et al., 2012). 기분장애, 불안장애, 우울증, 반항장애, 품행장애, 주의력결핍 과잉행동장애, 뚜렛증후군 등도 유전적인 요인에 의하여 영향을 받는 것으로 알려져 있다(APA, 2022; Wesseldijk et al., 2018). 이와 같이 유전을 포함한 생물학적 요소가 사람의 신체적인 특성뿐만 아니라 행동적인 특성에도 영향을 미치는 것으로 입증되고 있는 것은 사실이지만, 그 발생 과정에 대해서는 정확하게 알려지지 않고 있다. 유전적인 요소가 조현병을 포함한 대부분의 정서·행동장애의 발생에 미치는 영향은 중간 정도 이하인 것으로 지적된다(Cullinan, 2007). 유전 외에도 질병, 사고, 독극물 중독 등의 다양한 요인이 신경 발달에 영향을 미치거나 뇌손상을 일으킴으로써 정서·행동장애 출현과 관련되는 것으로 보고된다(Breedlove & Watson, 2019; Quinn et al., 2017). 그러나 뇌손상이나 두뇌의 기능 이상 역시 정서·행동장애를 일으키는 단일 원인이라고 말하기 어려우며, 실제로 정서·행동장애 발생에 미치는 영향은 환경적인 요인에 따라 달라질 수 있는 것으로 강조된다(Kauffman & Landrum, 2020).

장애를 일으키는 원인의 한 부분으로 생물학적인 요인을 밝히는 것은 그 치료에 있어서 중요한 역할을 할 수 있다는 점에서 매우 중요하다(예: 우울증 치료에 항우울제가 효과적으로 사용됨). 그러나 이러한 의학적인 치료가 단일 접근으로 사용되어서는 안 되며(Forness & Beard, 2017) 아동의 심리적, 사회적, 교육적인 측면을 모두 고려한 접근이 이루어져야 한다.

2) 환경적 요인

(1) 가정 요인

환경과 문화는 사람의 행동에 영향을 미친다. 아동은 성인과 마찬가지로 가정과 그 외의 다양한 지역사회 구성원으로 살아가게 되며, 이렇게 아동이 속한 다양한 환경은 개인의 성장과 발달에 긍정적이거나 부정적인 영향을 미치게 된다. 그러나 한 가지 환경적인 요소가 독자적으로 정서 · 행동 문제를 일으키는 경우는 매우 드물며, 빈곤, 학대, 방치, 부모의 스트레스, 일관적이지 못한 기대, 사회적 불안 등 여러 가지 요소가 복합적으로 영향을 미치게 된다. 특히 빈곤의 경우는 아동의 삶의 질에 결정적인 영향을 미치며(Park et al., 2002), 정서 · 행동장애를 일으키는 기여 요인으로도 입증되고 있다(Reiss et al., 2019; Yoshikawa et al., 2012). 그러나 빈곤층 가정에서 성장한 아동이 모두 다 정서 · 행동 문제를 일으키는 것은 아니며, 유사한 환경에서 성장한 많은 아동이 긍정적인 정서 · 행동 발달을 보인다는 사실을 기억해야 한다.

부모의 양육 방법은 자녀의 행동에 영향을 미치는 요소로 인식된다. 그러나 아동의 행동 특성 역시 부모의 양육 방법에 영향을 미치기 때문에 부모의 양육 태도가 아동에게 미치는 영향에 대해서 일반화하기란 매우 어려운 일이다. 그럼에도 자녀 양육에서의 몇 가지 서로 다른 태도가 아동의 행동 발달에 어떻게 다르게 영향을 미치는지에 대해서는 일반화된 주장이 이루어지고 있다(Fishbein et al., 2019; Reuben et al., 2016). 예를 들어, 아동의 필요에 민감하게 반응하고, 잘못된 행동에 대해서는 사랑이 담긴 방법으로 대처하며, 적절한 행동에 관심과 칭찬을 아끼지 않는 양육 태도는 아동의 바람직한 행동을 발달시킨다. 반면에, 자녀의 소재나 활동에 무관심하고 적절한 행동에는 거의 관심을 보이지 않으며 자녀와 함께 친사회적인 활동에는 잘 참여하지 않으면서 지나치게 가혹한 체벌을 하는 등 적대적이고 거부적이고 일관성 없는 태도로 양육하는 부모 밑에서는 정서 · 행동 문제가 발생할 수 있다는 것이다.

아동의 부적절한 행동을 완전히 예방하는 것은 불가능하다고 말할 수 있다. 대부분의 아동은 호기심이 많고 창의적이며 부모나 기타 양육자가 기대하지 않는 행동을 하는 경우가 많다. 따라서 이와 같은 특성이 부적절한 행동으로 이어지지 않기 위해서는 적절한 양육 전략이 필요하다. 〈표 6-3〉은 자녀의 부적절한 행동을 예방하기 위한 긍정적인 훈육과 지도 방법의 예를 보여 준다(Fletcher, 2016). 그러나 여기서 중요한 것은 가정환경이

표 6-3 **가정에서의 긍정적인 훈육과 지도 방법**

가정에서의 긍정적인 훈육과 지도 방법의 예
• 분명하고 일관성 있는 규칙을 정한다.
• 환경이 안전한지 확인한다.
• 자녀의 활동에 관심을 보인다.
• 적절하고 매력적인 놀잇감을 제공한다.
• 의미 있는 선택을 할 수 있게 함으로써 자기조절력을 키워준다.
• 해서는 안 되는 행동보다는 바람직한 행동에 초점을 맞춘다.
• 신뢰할 수 있고 책임감 있고 협조적인 사람으로서의 자아상을 형성하도록 도와준다.
• 자녀가 최선을 다하도록 기대한다.
• 한 번에 한 가지씩 분명하게 지시한다.
• 가능하거나 적절하다고 여겨지는 때는 늘 "그래"라고 말한다.
• 자녀가 올바른 일을 하는 때는 주목하고 관심을 기울인다.
• 통제가 어려운 상황이 되기 전에 행동을 취한다.
• 늘 격려한다.
• 좋은 본보기가 된다.
• 자신의 행동이 다른 사람에게 영향을 미친다는 사실을 깨닫도록 도와준다.

가족 단위로 모든 자녀에게 같은 영향을 미치는 것은 아니며, 각 자녀는 개별적으로 자기 나름의 방법으로 가족 관계를 경험하고 반응하기 때문에 상호적인 영향에 의해서 행동 특성이 결정된다는 것이다. 그러므로 교사는 정서 · 행동장애 아동을 자녀로 둔 부모역시 자녀가 잘되기를 원하고 이들을 돕기 원한다는 사실을 먼저 인식해야 한다. 비록아동의 장애가 가족 요인에 의해서 발생했을 가능성이 있다고 할지라도 교사는 부모를비난해서는 안 되며, 특히 교육의 주체자로서의 자격을 무시해서도 안 된다. 오히려 교사는 이들이 부모 역할을 잘 수행하도록 지원하고 부모와 함께 아동의 행동 문제에 적절하게 대처하기 위해서 협력해야 한다.

가정 내 폭력이나 아동학대(예: 신체적, 정서적, 성적 학대)는 정서 · 행동장애와 관련된또 하나의 심각한 환경적 요인이라 할 수 있다(Steele et al., 2019; Strathearn et al., 2020). 실제로 학대를 경험한 아동은 정서 · 행동장애로 진단될 가능성이 커지는 것으로 나타난다(Mattison et al., 2021). 학대를 경험한 아동은 빈약한 자아상을 형성할 뿐만 아니라, 다른 사람을 신뢰하거나 의지하지 못하고, 공격적이고 파괴적인 행동을 보이며, 수동적이고 위축된 행동을 보이면서 새로운 관계나 활동을 시작할 때 두려움을 나타내고, 학교에서의 학업 성취가 낮으며, 약물이나 알코올 중독 등을 경험하게 되는 등의 행동 특성을 보인다(American Federation of Teachers & AFL-CIO, 1996). 아동학대는 아동이 성장한 후까지 장기적으로 심각한 영향을 미침으로써 신체 및 정신 건강과 사회-정서 발달에 지속적인 해를 끼치는 것으로 보고된다(Al Odhayani et al., 2013). 특히 부모에게 학대받은 아동은 우울증과 같은 내재적인 문제와 품행장애 같은 외현적인 문제를 모두 포함하는 다양한 유형의 정서 · 행동장애를 보일 위험을 지니게 된다(Widom, 2009). 가정폭력과 아동학대는 겉으로 드러나지 않게 이루어지기 때문에 그 정확한 출현율을 알기 어려울 뿐만 아니라 피해 아동을 발견하기도 쉽지 않다는 문제가 있다. 그러므로 교사는 학대를 당했거나 당하고 있는 아동이 보이는 행동 특성을 잘 알고 조기에 이들을 발견하여 적절한 지원을 제공해 줄 수 있어야 한다.

(2) 학교 요인

교사와 학교는 학생의 행동에 심각한 영향을 미칠 수 있다(Tolan et al., 2001). 정서 · 행동장애 아동 중에는 학령기가 되기 전에 이미 문제를 보이기 시작하는 아동도 있지만 많은 경우 학교에 입학한 후에 장애가 발견된다. 앞에서 설명한 생물학적 요인이나 가정 및 지역사회 환경 요인과 마찬가지로 학교에서의 부정적인 경험이 직접적으로 아동의 정서 · 행동 문제를 일으킨다고 단순하게 말할 수는 없지만, 아동의 특성이 학교 환경과 상호작용하면서 정서 · 행동 문제를 일으키는 데 기여하는 것으로 가정할 수는 있다. 실제로 이미 정서 · 행동장애를 보이기 시작한 아동이 학교에 입학하게 되면 이들이 학교에서 어떠한 경험을 하는가에 따라 행동 문제가 좋아지기도 하고 더 나빠지기도 한다(McKenna, 2022; Walker & Gresham, 2014).

학교생활이 정서 · 행동 문제에 기여하는 몇 가지 특정 요인을 살펴보면 다음과 같다: (1) 다양한 학습자의 개별성에 대한 교사의 무감각, (2) 아동의 성취나 품행에 대한 교사 및 부모의 너무 높거나 낮은 기대, (3) 학업 실패를 초래하는 비효율적인 교수, (4) 학업이나 사회적 행동에 대해 칭찬하지 않는 교사, (5) 적절한 행동에 대한 명확하지 않은 규칙이나 기대, (6) 일관성 없고 체벌적인 훈육 방법, (7) 잘못된 행동은 관심을 받고 바람직한 행동은 무시되는 분위기, (8) 교사나 또래의 잘못된 행동을 모방할 수 있는 기회. 교사는 이러한 요소가 아동의 정서나 행동상의 문제를 일으킬 수도 있다는 인식을 통해서 자신의 교수 방법, 아동을 향한 기대 수준, 훈육 방법, 학교 환경 및 분위기 등을 검토해 볼 필요가 있으며, 특히 문제를 보이는 아동 개인에게만 문제의 근원이 있다고 생각해서는 안된다. 교사의 행동은 아동의 문제를 호전시킬 수도 있고 악화시킬 수도 있다. 예를 들어, 학급 운영을 잘하지 못하고 학생의 개인차에 민감하지 못한 교사는 공격행동이나 좌절, 위축 등의 반응을 초래할 수 있지만, 반면에 학급 운영을 잘하고 개별 학생에게 맞는 교수 방법을 체계적으로 선택하여 일관성 있게 사용하는 교사는 학생의 성취를 높이는 것으로 보고된 바 있다(Rivera & Smith, 1997). 문제를 예방하기 위해서는 교사가 항상 학생과 학습 환경 간의 관계를 분석하고 문제가 발생할 가능성에 대하여 관심을 기울여야 한다. 학교에서 정서 · 행동 문제를 예방하기 위한 효율적인 대처방안에는 다음과 같은 것들이 있다(Sprague & Walker, 2022; Walker & Gresham, 2014).

- 학교 전반에 걸친 규칙, 기대, 결과의 일관성
- 긍정적인 학교 분위기
- 갈등을 해결하고 소외된 학생을 다루기 위한 학교 차원의 전략
- 학교의 모든 상황에서의 강도 높은 감독
- 문화적인 민감성
- 학생이 학교에 대한 강한 정체감, 소속감, 친밀감을 느낄 수 있는 분위기
- 부모의 적극적인 참여
- 적절한 공간 활용 및 과밀학급 해소

지금까지 살펴본 가정과 학교 요인 외에도 대중매체를 통하여 전달되고 있는 폭력성, 다문화권 내에서의 문화적인 행동 규범 간의 차이, 지역사회 내 또래 집단의 부정적인 영향, 사회적 계층, 지역사회의 도심화, 범죄조직이나 알코올 및 약물에 대한 노출 등의 환경적 요인이 반사회적 행동을 포함한 정서 · 행동에 영향을 미치는 요인으로 알려져 있다.

3. 정서 · 행동장애 아동의 특성

1) 인지 및 학업 성취

(1) 인지적 특성

정서 · 행동장애 아동의 지능은 평균 이하에서부터 영재에 이르기까지 다양할 수 있지만 대체로 하위 평균에서 평균 정도의 지능을 보이는 것으로 보고된다(Mattison, 2015; Wagner et al., 2005). [그림 6-1]은 지금까지의 연구 결과에 의해서 보고된 정서 · 행동장애 아동의 지능을 가상적인 분포곡선으로 보여 준다. 이 그림을 살펴보면, 정규분포곡선과 비교해 볼 때 하위 평균 또는 지적장애의 범위에 속하는 아동이 더 많으며 상위에 속하는 지능을 보이는 아동은 상대적으로 더 적은 것을 알 수 있다. 그러나 실제로 정서 · 행동장애 아동의 지능이 장애가 없는 아동의 지능보다 더 낮은지에 대해서는 단정적으로 결론짓기가 어렵다(Heward et al., 2022). 이것은 지능검사 자체가 특정 과제를 수행함으로써 점수를 산출하게 되는데, 정서 · 행동장애 아동은 장애의 특성 자체가 과제와 관련된 과거의 학습 기회에 영향을 미칠 뿐만 아니라 검사 상황에서의 과제 수행에도 영향을 미치기 때문이다. 예를 들어, 과제 수행과 관련된 한 연구에 의하면 일반적으로 아동이 교사나 과제에 집중하는 시간이 85% 정도인 것에 반해, 정서 · 행동장애 아동의 경우 60% 이하인 것으로 나타났는데(Rhode et al., 2020), 이와 같은 장애로 인한 특성은 지능

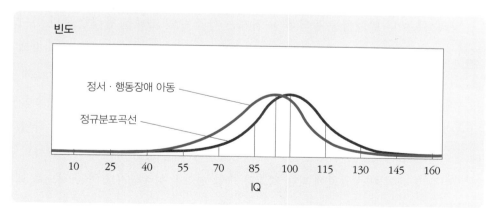

[그림 6-1] 지능의 정규분포곡선과 정서 · 행동장애 아동의 가상분포곡선

출처: Kauffman, J. M., & Landrum, T. J. (2020). **정서행동장애**(11판, p. 172, 방명애, 김은경, 박지연, 이효신 공역), 시그마프레스. (원저 2018년 출간)

검사 수행에 영향을 미칠 수 있다는 것이다.

(2) 학업 성취

낮은 학업 성적은 정서 · 행동장애 아동이 보이는 주요 특성 중 하나로, 이들은 자신의 잠재적인 지적 능력과는 상관없이 학교에서 낮은 학업 성취를 보이곤 한다(Mitchell et al., 2019; Siperstein et al., 2011). 대부분의 정서 · 행동장애 아동은 교실에서의 학업 활동 수행에 어려움을 겪는다. 특히 이들은 거의 모든 과목에서 성취 문제를 보이며, 다른 장애 영역에 비해서 가장 낮은 학업 성취를 보이는 것으로 보고된 바 있다(Lane et al., 2006; Popham et al., 2019). 대부분의 아동이 읽기와 수학 등 기초 과목에서 어려움을 보이며, 기초학업기술을 습득한 경우에도 일상생활 중에 적용하지 못하는 등 기능적인 측면에서의 어려움을 보인다(Lane & Menzies, 2010; Nelson et al., 2015). 정서 · 행동장애 아동 중 많은 수가 학습장애나 언어장애를 동시에 보이기도 하며, 이로 인하여 학업 기술 및 내용의 습득에 더 큰 어려움을 보이기도 한다(Bichay-Awadalla et al., 2020; Chow & Wehby, 2018).

정서 · 행동장애가 학업 문제를 일으키는 것인지 학업 성취의 어려움이 정서 또는 행동 문제를 일으키는 것인지에 대한 명백한 해답은 존재하지 않는다. 그러나 행동 문제와 학업 성취 간에는 높은 상관관계가 보고되고 있으며, 이는 정서 · 행동장애가 심할수록 학업 성취도가 낮아지는 것을 의미한다(Kremer et al., 2016; Savage et al., 2017). 즉, 학업과 사회적 행동이 상호적인 관계를 지님으로써 부적절한 행동이 빈약한 학업 성취를 초래하거나 빈약한 학업 성취로 인해서 부적절한 행동이 나타날 수 있다는 것이다. 예를 들어, 방해행동이나 반항행동 등의 행동 문제는 학급 수업 자체를 방해할 뿐만 아니라 수업에 참여할 때 교사에게 집중하거나 활동을 수행하거나 과제를 완성하는 데 방해가 된다. 이는 결과적으로 아동의 학업 결손을 초래하게 되며 좌절을 경험하게 함으로써 결국은 수업 장면이나 학업을 회피하기 위한 더욱 부적절한 행동을 보이는 악순환으로 이어지면서 학업적으로 점점 더 뒤처지게 만든다. 그러나 정서 · 행동장애 아동이 학업 과제에 참여하는 동안에는 방해행동 등의 문제행동이 감소할 뿐만 아니라 특수교사의 적절한 지원을 통하여 학년 규준에 맞는 읽기와 수학 성적을 성취하기도 하는 것으로 보고된 바 있으므로(Lane, 1999; Mattison, 2011), 교사는 아동의 문제행동에 대한 지원뿐만 아니라 학업 기술 교수에도 관심을 기울여야 한다. 특히 정서 · 행동장애 아동이 학교에서 보이는 학교생활과 관련된 보편적인 문제를 미리 알고 이에 대한 적절한 지원을 제공해 주어야 한다. 다음은 정서 · 행동장애 아동이 학교에서 흔하게 보이는 학교–관련 행동 문제를 보여 준다(Mitchell et al., 2019; Werts et al., 2007).

- 장기간 결석하거나 자주 지각함
- 과제를 완성하지 않음
- 과제를 늦게 제출하거나 더럽히거나 엉터리로 제출하고, 때때로 교사에게 불손한 말을 적어서 제출함
- 지시 따르기에 어려움을 보임
- 학교 과제에 대한 주의집중에 어려움을 보임
- 대부분의 학과목에서 낙제함
- 자신의 학년에 해당하는 규준에 도달하지 못함
- 다른 장애에 비해서 더 낮은 학업 성취를 보이곤 함
- 학년이 올라갈수록 학업 성취 문제가 심각해짐
- 고등학교를 졸업하지 못하고 탈락하는 비율이 높음

2) 사회–정서적 특성

정서 · 행동장애는 사회–정서 및 행동적 특성으로 인하여 장애가 진단되기 때문에 다양한 유형의 정서 · 행동장애 특성을 살펴봄으로써 사회–정서적 특성을 알 수 있다. 정서 · 행동장애의 유형을 분류하고 진단하기 위하여 가장 많이 사용되고 있는 진단 체계인『정신질환의 진단 및 통계 편람(DSM-5-TR)』(APA, 2022)에서 정서 · 행동장애로 진단되는 가장 보편적인 증상은 불안장애, 기분장애, 반항장애, 품행장애, 조현병, 뚜렛증후군 등이다. 이 중에서 뚜렛증후군은 「장애인교육법(IDEA 2004)」에 의해서 기타 건강상의 장애로 구분되기도 한다.

(1) 불안장애

불안장애는 아동기에 가장 흔하게 나타나는 정서 · 행동장애로(Walter et al., 2020) 지나친 두려움과 걱정 등에 의하여 부적응적인 정서 상태나 행동을 보이는 것으로 특징지어진다. 범불안장애, 사회적 불안장애, 공포증, 강박장애, 공황장애, 거식증 및 폭식증을 포함하는 섭식장애, 외상후 스트레스 장애, 반응성 애착장애, 선택적 함묵증 등이 포

함된다. 일반적으로 불안장애를 보이는 아동은 학업이나 사회성 및 기타 일상적인 기능에서의 심각한 어려움을 보이곤 한다(de Lijster et al., 2018). 그러므로 교사는 이들의 학업 성취를 포함한 학교생활 전반과 사회적 적응을 위하여 특별한 관심을 기울여야 한다. 〈표 6-4〉는 불안장애의 다양한 유형과 각 유형에서 나타나는 행동 특성을 보여 준다.

표 6-4 ┃ 불안장애의 유형 및 관련 증상

유형	행동 특성
범불안장애 (generalized anxiety disorder)	과도하고 비현실적인 걱정과 두려움, 긴장 상태를 보이며 6개월 이상 지속됨. 만성적인 불안 외에도 초조함, 피로, 집중의 어려움, 근육통, 불면증, 메스꺼움, 어지러움, 높은 심장 박동수, 과민성 등의 특성을 보임. 이러한 행동 특성으로 인하여 자신에게 엄격하고 완벽함을 추구하며, 때로는 과제를 반복적으로 다시 수행하고, 끊임없이 다른 사람의 인정이나 확인을 요구함. 주로 6~11세 아동에게서 나타남.
사회적 불안장애 (social anxiety disorder)	사회적인 상황(예: 회의, 새로운 사람과의 만남, 대중을 상대로 하는 연설)에서 다른 사람이 자신을 부정적으로 평가하는 것에 대해 두려움을 보이며, 이로 인하여 사회적 상황을 회피함.
공포증 (phobia)	특정 사물이나 상황에 대한 극심한 두려움(예: 개, 뱀, 높이)을 나타냄. 두려움의 정도가 상황에 비해 부적절하며 다른 사람에게 비합리적으로 보임. 이로 인하여 평범하고 일상적인 상황을 피하게 됨. 대부분의 공포증은 체계적인 탈민감화나 자기조절 등의 행동 중재를 통해서 감소하거나 사라질 수 있음.
강박장애 (obsessive/ compulsive disorder: OCD)	과도한 불안이나 두려움을 반영하는 생각(강박)을 반복적으로 계속함. 감염, 부적절한 행동, 폭력적인 행위에 대한 걱정 등이 포함됨. 강박에 의한 불안에서 벗어나기 위해 손 씻기, 같은 구절 반복해서 말하기, 물건 비축하기 등 정해진 의례나 일과에 집착함. 강박장애는 청소년기나 초기 성인기에 주로 나타나며, 대부분의 경우 자신의 강박이 비현실적이고 과도하다고 인지함. 행동 중재나 약물치료가 이루어지고 있음.
공황장애 (panic disorder)	10분 이내의 시간 동안 강력하게 경험하는 불쾌함과 스트레스, 불합리한 공포와 관찰 가능한 신체적 증상이 나타남. 이때 신체적 증상은 심장 두근거림, 발한, 떨림, 호흡 곤란, 메스꺼움, 현기증, 마비 등을 포함함.
거식증 (anorexia nervosa)	자신의 나이나 키에 적합한 체중의 최소기준을 넘어서기를 거부함. 체중이나 체형에 강박적인 관심을 보임. 극도의 저체중인데도 체중 증가나 살찌는 것에 대한 강도 높은 불안감을 나타냄. 음식물을 아예 섭취하지 않거나 폭식 후 제거하는 두 가지 유형이 있음. 청소년기 여학생에게 주로 나타나며, 우울증, 불안, 강박적인 운동, 사회적 위축, 약물 남용 등의 증상을 동반하기도 함.

2. 행동 지도: 긍정적 행동 지원

행동 문제와 관련된 교사의 목표는 문제행동의 발생을 예방하고, 문제행동을 직접 다루며, 필요한 경우 문제행동과 관련해서 장기적인 지원을 제공하는 것이다. 이러한 목표를 성취하기 위해서는 아동이 보이는 행동 문제의 특성을 알고 그 기능을 이해해야 한다. 〈표 6-6〉은 행동 발생과 관련된 네 가지 기본적인 원리를 보여 준다. 교사는 이와

표 6-6 │ 행동 발생의 기본적인 원리

원리	설명
행동은 특정 법칙에 따라 발생한다.	행동은 임의로 발생하는 것이 아니라 특정 법칙에 따라 나타난다는 원리로, 이는 행동의 발생 원인을 이해하고 행동에 영향을 미치는 변인을 이해하기 위한 노력이 가능하다는 것을 의미함. 행동 발생과 관련된 대표적인 법칙에는 정적 강화의 원리와 부적 강화의 원리가 있음. 정적 강화의 원리란 행동이 발생한 직후에 강화가 주어지면 그 행동의 미래 발생률이 증가한다는 것이며, 부적 강화의 원리는 행동이 발생할 때 싫어하는 자극이 제거됨으로써 앞으로 그 행동이 다시 나타날 가능성이 커지는 것을 의미함.
행동은 기능을 지닌다.	모든 행동에는 이유가 있다는 뜻으로, 아동의 행동 문제를 행동 그 자체의 문제로 인식하기보다는 목적을 지닌 기능적인 행동으로 인식해야 함을 의미함. 문제행동은 목적을 성취할 수 있는 더 좋은 방법을 알지 못하기 때문에 나타나는 기능적인 행동으로 인식해야 하는데, 문제행동의 기능은 일반적으로 (1) 관심, 돌봄, 위로, 도움 얻기, (2) 물건 또는 좋아하는 활동 얻기, (3) 감각 자극 얻기(예: 압박감, 시각적 자극), (4) 과제나 활동 회피하기, (5) 관심이나 사회적 상호작용 회피하기, (6) 감각 자극 회피하기(예: 소리, 가려움, 고통, 배고픔) 등으로 구분됨(Bambara et al., 2015).
행동은 그 행동이 발생하는 상황의 영향을 받는다.	행동은 환경 내 특정 상황과 관련해서 발생한다는 원리로, 여기서 상황이란 개인의 행동에 영향을 미칠 수도 있는 내적 또는 외적 상태나 사건을 의미하며, 구체적으로는 생리학적인 상태(예: 고통, 배고픔, 두려움, 피로, 각성)와 주변의 자극에 의한 모든 경험(예: 시각적 경험, 청각적 경험)을 포함함. 일반적으로 행동 발생과 관련된 상황은 선행사건(행동이 발생하기 직전에 나타남으로써 행동 발생에 직접적인 영향을 미치는 환경적인 사건으로 과제 요구나 좋아하는 놀잇감 제거 등이 포함됨)과 배경사건(선행사건에 대한 반응 가치를 높임으로써 행동의 발생 가능성을 높이는 환경적 사건이나 자극으로 피로감이나 질병 등이 포함됨), 후속결과(행동이 발생한 직후에 주어지는 환경적인 사건으로 행동에 대한 기능을 부여함으로써 그 행동이 유지되게 만듦)의 개념으로 이해됨.

행동은 환경의 영향을 받는다.	환경 내 모든 요소는 문제행동의 정도나 발생 빈도에 영향을 미친다는 원리로, 교실의 환경적 요소는 교실의 물리적인 구조, 교실 내에서의 이동 반경, 교수의 질 등 학급 운영과 관련된 모든 요소를 포함함. 환경적인 요소가 아동의 행동에 영향을 미친다는 사실을 이해하는 것은 환경의 구조화를 통하여 행동이 발생하는 상황을 통제할 수 있다는 것을 의미하며, 이와 같은 환경의 구조화는 특정 행동을 일으키거나 지속시키는 환경적 자극이나 행동의 선행사건을 수정하는 예방적인 접근이라 할 수 있음.

같은 기본적인 원리 및 이를 기반으로 하는 교수 방법을 이해함으로써 적절한 행동 지원 체계를 수립하고 적용할 수 있게 된다. 여기서는 행동 문제를 예방하고 대처하기 위한 체계적이면서도 일관성 있는 지원 체계로 긍정적 행동 지원에 대해 알아보고자 한다.

1) 긍정적 행동 지원의 정의 및 특성

긍정적 행동 지원(positive behavior support: PBS)은 아동의 기본적인 삶의 목표를 성취하는 데 방해가 되는 문제행동을 감소시킴과 동시에 이러한 목표를 성취하는 데 필요한 물리적, 사회적, 교육적, 의학적, 기술적인 지원을 제공하는 폭넓은 접근으로 정의된다(Dunlap & Carr, 2007). 즉, 아동의 행동 문제를 다루기 위해서 문제행동에만 초점을 맞추고 지도하기보다는 협력적 시스템 안에서 체계적이고 전반적인 접근을 통하여 문제행동을 예방하고 대체행동을 교수함으로써 아동이 자신의 삶 속에서 긍정적인 관계를 형성하고 성공적으로 참여할 수 있도록 개별적으로 지원한다는 것이다. 긍정적 행동 지원은 많은 연구를 통하여 그 효과와 경제적 효용성이 입증되고 있으며(Bequiraj et al., 2022; Iemmi et al., 2016), 미국의 「장애인교육법(IDEA 2004)」은 아동의 문제행동을 위한 접근이 기능적 행동진단(functional behavioral assessment: FBA)을 근거로 한 개별화 행동 지원 계획을 통하여 이루어지도록 규정함으로써 긍정적 행동 지원의 요소를 적용하도록 강조한다.

긍정적 행동 지원은 성과가 입증된 실제로서 다음과 같은 네 가지 핵심 특성을 지닌다(Carr et al., 2002; Dunlap et al., 2009). 첫째, 긍정적 행동 지원은 행동과학을 기반으로 한다. 이는 바람직한 행동을 촉진하고 문제행동의 발생을 최소화하는 환경을 구성하기 위하여 행동, 인지, 사회, 발달, 환경 심리학 등 모든 행동과학 분야를 종합적으로 적용함을 의미한다. 이와 같은 응용행동과학 내에서 긍정적 행동 지원은 특히 (1) 개인의 필요에 맞는 지원을 알아내기 위한 기능적 행동진단(FBA)을 실시하고, (2) 환경 재구성을 통하여 문제행동을 예방하며, (3) 바람직한 행동(특히 문제행동의 기능을 대체할 수 있는)을 학습시키기 위하여 적극적으로 교수하고, (4) 바람직한 행동에 대한 후속결과를 구성하고 문제행동에 대한 보상은 제거한다.

둘째, 긍정적 행동 지원은 실제적이면서도 중다요소적인 중재로 구성된다. 기본적으로 자연적인 환경에서 가족과 교사를 포함하는 자연적인 주변인에 의해서 지원이 제공될 수 있어야 하며, 아동이 소속된 생활환경 전반에서의 행동 변화에 초점을 맞춘다. 이러한 폭넓은 성과를 위해서는 다양한 요소의 중재가 사용되며, 특히 자료 수집과 활용이 반드시 뒤따라야 한다.

셋째, 긍정적 행동 지원은 아동의 삶의 스타일을 변화시키는 데 기여한다. 이를 위해서는 행동 지원이 장기적으로 제공되어야 하며, 아동이 생활하는 모든 시간, 상황, 활동에서의 변화를 위하여 종합적이어야 하고, 시간이 지나도 변하지 않는 변화를 만들어 낼 수 있어야 한다. 이것은 긍정적 행동 지원의 실행이 문제행동의 감소에만 영향을 미치는 것이 아니라 개인의 삶을 변화시키는 긍정적인 행동을 학습하도록 영향을 미쳐야 함을 의미한다. 따라서 긍정적 행동 지원이 성공했는지는 아동의 삶의 질을 평가함으로써 이루어진다.

마지막으로, 긍정적 행동 지원은 조직적이고 문화적인 '체제'를 강조하는 시스템 접근이다. 행동 지원의 성과는 아동의 삶의 현장에서의 사건을 조작하는 것 이상의 체제상의 요소, 즉 물리적 환경, 예산, 문화적 기대, 학교 정책 등에 의해서도 영향을 받는다. 긍정적 행동 지원이 성공적으로 이루어지기 위해서는 학교 관리자의 결정이 교사의 결정만큼 중요하다. 효과적인 중재를 개발하고 지속하기 위해서 요구되는 시스템상의 요소는 긍정적 행동 지원이 다른 중재와 다른 특성이라고 할 수 있다.

2) 긍정적 행동 지원의 실행 방법

아동의 행동을 지원하기 위한 긍정적 행동 지원은 다음과 같은 구체적인 절차를 통하여 실행될 수 있다(Bambara, 2008): (1) 문제가 되는 목표행동의 식별 및 정의, (2) 행동에 대한 기능진단, (3) 행동 발생에 대한 가설 수립, (4) 행동 지원 계획 수립, (5) 계획의 실행-평가-수정. [그림 6-2]는 이와 같은 실행 절차를 조금 더 상세하게 보여 준다.

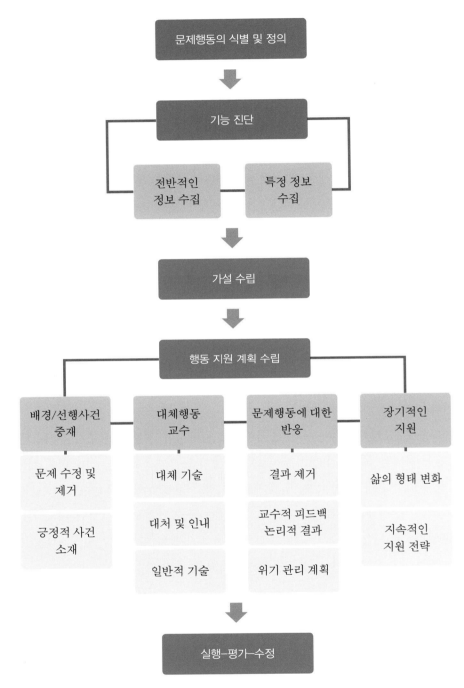

[그림 6-2] 긍정적 행동 지원의 실행 절차

(1) 문제행동의 식별 및 정의

긍정적 행동 지원을 실행하기 위해서는 가장 먼저 문제가 무엇이며 주어진 문제를 해결하기 위하여 개별화된 행동 지원 계획이 필요한지를 결정한다. 일반적으로 지속적인 행동 문제를 보이는 아동의 경우 다양한 유형의 문제행동을 동시에 보이곤 한다. 그러므로 우선적으로 대처해야 하는 문제행동을 먼저 결정해야 하는데, 이를 위해서는 문제행동의 심각성이나 관심의 정도를 고려해야 한다. 문제행동의 심각성은 자신이나 다른 사람에게 해를 입히는지, 학습에 부정적인 영향을 미치는지, 활동 참여를 방해하는지, 긍정적인 사회적 관계나 수용에 방해가 되는지 등의 요소에 따라 결정된다. 예를 들어, 자신이나 다른 사람의 안전을 위협하거나 해를 입히는 자해행동이나 공격행동, 음식물 섭취를 거부하거나 무기 등의 위험물을 소지하는 등의 행동은 우선적인 중재의 대상이 된다. 즉각적인 해를 입히지는 않더라도 일상적인 활동이나 경험을 방해하는 행동(예: 교실에서 큰 소리로 울기, 과제 수행을 거부하기, 친구를 때리겠다고 위협하기) 역시 학습이나 가정 및 지역사회 활동을 방해하고 다른 사람과의 긍정적인 관계를 방해할 수 있으므로 중재의 대상으로 고려된다. 동일 연령의 또래에게서 기대되는 전형적인 행동에서는 벗어나지만 실제로 일상적인 활동 참여와 학습을 방해하지는 않는 행동(예: 교실로 들어올 때 반드시 특정 통로를 통해야만 하는 행동, 흥분할 때 손을 흔드는 상동행동, 나이에 맞지 않는 옷차림)의 경우에는 이후에 방해행동으로 발전될 가능성이 있거나 사회적 수용에 영향을 미친다고 판단될 때 중재가 필요하다.

문제행동이 식별된 후에는 그 행동을 분명하게 정의해야 한다. 문제행동의 정확한 정의는 아동의 교육과 관련된 사람들 간의 의사소통에 영향을 미칠 뿐만 아니라 기능진단 및 중재 중에 이루어지는 행동 관찰 및 측정에 영향을 미친다. 그러므로 문제행동을 정의할 때에는 행동의 대략적인 측면을 설명하기보다는 누가 무엇을 어떻게 하는지에 대한 정확하고 상세한 설명을 제시해야 한다. 예를 들어, "영호는 교사가 과제를 지시하면 따르지 않는다."라고 정의하기보다는 "영호는 교사가 과제를 지시하면 책상에 엎드려 칭얼거리거나 연필이나 지우개로 장난을 치거나 집어던지고 과제를 수행하지 않는다."라고 정확하고 상세하게 설명해야 한다.

(2) 기능적 행동진단

문제행동을 식별하고 정의한 후에는 기능적 행동진단(FBA)을 실시한다. 기능적 행동

진단은 아동의 행동이 어떤 기능을 지녔는지에 대한 체계적인 정보를 수집함으로써 적절한 행동 중재를 계획하고 지원하게 해 주는 방법으로 과학적 기반의 실제로서 그 효과와 타당성이 입증되고 있다(Gage et al., 2012; Scott & Cooper, 2017). 기능적 행동진단은 단일 진단도구인 것처럼 잘못 이해되기도 하는데, 실제로는 문제행동의 이유를 알아내고 이러한 문제행동을 지속시키는 환경적인 상황을 정확하게 판별하기 위하여 정보를 수집하는 과정을 의미한다. 예를 들어, 교사나 친구의 관심을 받고 싶은지, 사회적 상호작용을 끝내고 싶은지, 특정 물건을 가지고 싶은지, 특정 활동에 접근하고 싶은지, 하기 싫은 과제로부터 피하고 싶은지 등의 기능을 파악하게 된다(Hill et al., 2020). 따라서 기능적 행동진단의 주요 목적은 아동을 진단하는 것이 아니라 아동의 환경을 변화시키고 대체기술을 교수하고 좀 더 나은 삶을 촉진하기 위하여 필요한 정확한 정보를 알아내는 것이다.

기능진단을 위해서는 아동의 교육적 배경이나 생육사, 건강 상태, 현행 기술 및 능력, 가정과 학교에서의 전반적인 삶의 질(예: 또래 관계, 가족과의 관계, 지역사회 참여 정도) 등을 포함한 전반적인 정보와 문제행동 발생과 직접적으로 관련된 환경적 사건에 대한 특정 정보(예: 문제행동 발생과 관련된 선행사건/배경사건, 후속결과)를 수집하여 분석한다. 기능적 행동진단은 학급 내에서 교사가 쉽게 사용할 수 있으며 정서 · 행동장애 아동의 성공적인 통합교육에 긍정적인 영향을 미칠 수 있다. 이에 대한 상세한 내용은 이소현 외(2009) 및 번역서 Kern et al. (2008)을 참조할 수 있다.

(3) 가설 수립

세 번째 단계는 문제행동이 왜 발생하며 아동에게 어떤 기능을 충족시키고 있는지에 대하여 정확하게 설명하는 단계로 문제행동에 대한 가설을 수립하게 된다. 가설 수립은 그 정확도에 따라 수집된 진단 정보와 중재를 연결하고 긍정적 행동 지원에서 다루게 될 환경적 상황을 알게 해 주기 때문에 매우 중요한 과정이다. 문제행동에 대한 가설은 일반적으로 특정 선행사건이나 배경사건을 제시하고 문제행동을 설명한 뒤 행동의 기능을 설명한다(예: "○○은 △△을 할 때 □□을 얻기/피하기 위하여 ◇◇을 한다."). 이것은 행동 발생의 연속적인 고리를 통하여 행동을 이해함으로써 수정해야 할 환경적인 요소(예: 선행사건, 후속결과)를 알게 해 주고 교수해야 할 대체행동을 결정하는 데 중요한 역할을 하게 된다.

(4) 행동 지원 계획 수립

문제행동에 대한 가설이 수립되면 다음 단계에서는 행동 지원 계획을 세운다. 이 과정에서는 수립된 가설과 기타 관련된 진단 정보를 고려하여 어떤 행동을 감소시키고 어떤 대체행동을 교수해야 할지를 결정하게 된다. 일반적으로 전통적인 행동수정 프로그램에서는 단일 중재를 적용하는 데 반하여, 긍정적 행동 지원은 복수의 중재나 지원 전략을 사용함으로써 종합적인 접근을 하게 된다. 여기서 종합적인 계획은 (1) 선행사건/배경사건 중재, (2) 대체행동 교수, (3) 문제행동에 대한 반응, (4) 장기적인 지원의 네 가지 요소로 구성된다([그림 6-2] 참조). 이 네 가지 주요 중재 요소는 동시에 수행될 수도 있고 그렇지 않을 수도 있다. 예를 들어, 선행사건 중재를 통하여 문제행동의 변화를 보이는 경우 대체행동 교수와 장기적인 지원을 바로 실행할 수 있다. 또한 삶의 형태를 변화시키는 장기 지원 계획을 먼저 실행하고 선행사건 중재 및 대체행동 교수를 실시할 수도 있다. 중요한 것은 문제행동에 대한 반응만을 단독으로 사용해서는 안 된다는 것이다. 이것은 긍정적 행동 지원이 결과 중심의 반응적인 중재가 아니라 예방적이고 교수적인 측면의 요소를 강조하기 때문이다.

(5) 실행-평가-수정

마지막 단계에서는 계획을 실제로 실행하고 평가하고 필요한 경우 수정한다. 이 단계에서는 행동 지원 계획이 효과가 있는지, 원하는 변화가 나타나고 있는지, 좀 더 효과적이기 위해서는 어떤 수정이 필요한지 등을 결정하게 된다. 긍정적 행동 지원은 다양한 상황에서 다양한 사람을 통하여 이루어지기 때문에 관련인 모두와의 협력과 일관성 있는 실행이 매우 중요하다. 또한 실행하면서 자료를 수집하고 새로운 진단 정보를 계속 수집하여 수정 여부를 결정하거나 성과를 평가하는 일 역시 매우 중요하다. 특히 행동 지원의 성과를 평가하기 위해서는 절대적인 기준이 적용되어서는 안 되며, 개별 아동의 상황이나 특성 등에 따라 그 기준을 달리 적용할 수 있다. 긍정적 행동 지원의 성과는 일반적으로 다음과 같은 세 가지 기준에 대한 평가를 통하여 결정된다: (1) 문제행동이 만족할 만한 정도로 변화했는가? (2) 대체행동을 사용하도록 교수하였는가? (3) 사회적 및 학업 성과에 좀 더 폭넓은 영향을 미쳤는가? 긍정적 행동 지원은 아동의 행동 및 삶의 질에서 나타나는 변화 외에도 지원을 제공한 교사와 학교 전반에 걸쳐 긍정적인 영향을 미치게 된다. 〈표 6-7〉은 긍정적 행동 지원을 통하여 일반적으로 기대할 수 있는 포괄적

표 6-7　긍정적 행동 지원의 성과

성과 요소	성과 내용
아동의 행동 변화	• 문제행동 감소 및 유지 • 의사소통 기술 향상 • 사회적 기술 및 자기관리 기술 증가
아동의 삶의 질 변화	• 가정, 학교, 지역사회에서의 활동 참여 증가 • 또래 상호작용 및 관계 증가 및 향상 • 자율성을 위한 더 많은 기회 • 건강 증진
개별 교사의 변화	• 교수전략 향상 • 의사소통 기술 향상 • 문제해결력 향상
기관 차원의 효율성	• 팀 효율성 증진 • 상호작용적 문제해결력 증진 • 행동 문제 예방을 위한 체계 향상

출처: Janney, R., & Snell, M. E. (2008). *Behavioral support: Teachers' guides to inclusive practices* (2nd ed., p. 10). Brookes.

인 성과 요소를 보여 준다.

지금까지 설명한 긍정적 행동 지원 실행의 전 과정은 자료를 기반으로 진행된다. 즉, 아동의 행동이나 학업 관련 자료 수집은 행동 지원을 위한 필수적인 조건이다. 수집된 자료는 현행수준을 결정하고, 행동에 영향을 미치는 선행사건/배경사건과 후속결과를 식별하고, 지원의 효과를 평가하는 데 사용되며, 부모와의 대화를 위해서도 사용된다. 일반적으로 교사는 직접 관찰 등의 비공식적인 방법을 통하여 아동의 행동에 대한 정보를 수집하곤 한다. 직접 관찰은 학생의 행동이나 학업 관련 정보를 수집하는 가장 유용한 방법으로 교사나 보조원 또는 학생 스스로에 의해서 비교적 손쉽게 행해질 수 있다. 그러나 주의 깊은 계획 없이 진행되는 관찰은 정확하거나 체계적이지 못하기 때문에 교사의 시간만 낭비하게 할 뿐, 행동 지원을 계획하거나 평가할 수 있을 만한 충분한 정보를 제공해 주지 못한다. 그러므로 행동 지원 계획을 위한 자료 수집 및 분석은 체계적으로 이루어져야 하는데, 이러한 체계적인 자료 수집 및 분석을 위해서는 이소현, 박은혜, 김영태(2000) 및 이소현 외(2009, 2021)를 참고하기 바란다.

3) 학교 차원의 긍정적 행동 지원

많은 학교가 오랫동안 아동의 문제행동을 다루기 위해서 행동 자체에만 초점을 맞추는 방식의 접근을 해왔다. 그러나 이러한 접근보다는 문제행동의 원인을 이해하고 긍정적인 행동으로 대체하도록 강화하고 친사회적인 행동을 할 수 있도록 학교 분위기를 조성해 주는 것이 훨씬 더 효과적일 수 있다는 인식하에 학교 차원의 긍정적 행동 지원(school-wide positive behavior intervention and support: SWPBIS)이 소개되었다. 학교 차원의 긍정적 행동 지원은 학교 내 모든 학생을 위한 건강하고 효과적인 학습 환경을 제공하는 데 필요한 사회적 문화와 개별화된 행동 지원을 수립하기 위한 예방적 차원의 시스템 접근으로, 학생의 필요에 따라 중재 대상 행동과 중재의 강도가 달라지는 일련의 교수적 중재 및 행동 지원을 포함한다(Sugai & Horner, 2020). 즉, 학교 차원의 긍정적 행동 지원은 특정 교육과정이나 교수전략 또는 프로그램이 아니며, 오히려 행동 또는 학급 관리 및 학교 훈육 체계와 관련된 과학적 기반의 방법론을 채택하고 실행하고 유지하기 위해서 고안된 체제라 할 수 있다. 따라서 이를 실행하기 위해서는 다음과 같은 네 가지 핵심적인 요소를 고려해야 한다: (1) 학생의 성과에 강조점을 둔다, (2) 과학적으로 입증된 증거 기반의 실제를 사용한다, (3) 효과적인 방법론을 유지하기 위하여 시스템을 강조한다, (4) 의사결정을 위한 자료를 적극적으로 수집한다. [그림 6-3]은 이와 같은 네 가지 주요

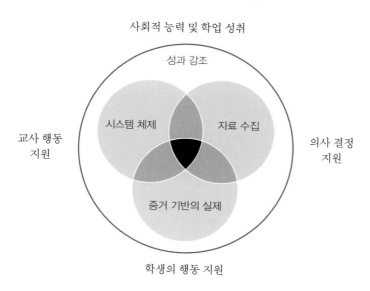

[그림 6-3] 학교 차원의 긍정적 행동 지원의 기본 요소 및 요소 간 관계

출처: Center on PBIS (2023). Positive behavioral interventions and supports [Website]. www.pbis.org.

요소가 서로 어떻게 연계되어 하나의 접근 체제로 작동하는지 보여 준다.

학교 차원의 긍정적 행동 지원은 학교 내 모든 학생의 행동을 다루기 위하여 앞에서 설명한 긍정적 행동 지원의 기본적인 요소를 학교 차원으로 적용한다. 이것은 이 책의 2장에서 설명한 다층구조형 지원 체계([그림 2-6] 참조)에서와 같이 다단계 접근(전체 → 소집단 → 개별)을 위한 3층 모델로 이루어지며, 여기서는 특별히 학교 내 모든 학생에게 적절한 행동을 교수하는 데 초점을 맞추게 된다. 그러나 [그림 2-6]에서 볼 수 있듯이 행동이 학업이나 사회-정서 기술과 분리될 수 없으므로 지원 체계 내에서는 아동의 전반적인 학교생활을 지원하게 된다. [그림 6-4]는 학교 차원의 긍정적 행동 지원을 위한 다층구조형 예방 모델을 보여 준다(Friend, 2023; Horner & Sugai, 2010). 그림을 살펴보면 각 층에서 제공되는 중재의 예시를 볼 수 있으며, 이와 같은 지원은 누적되는 형태로 제공된다. 즉, 2층 지원을 필요로 하는 학생에게는 1층 지원이, 3층 지원을 필요로 하는 학생에게는 1층과 2층 지원이 함께 제공되는 구조다. 각 층의 지원에 대한 구체적인 내용은 〈표 6-8〉과 같다.

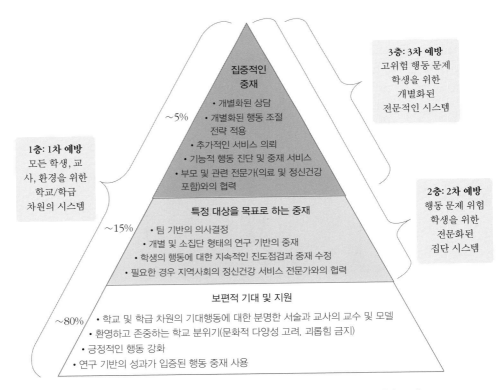

[그림 6-4] 학교 차원의 긍정적 행동 지원을 위한 다층구조형 예방 모델

표 6-8) 학교 차원의 긍정적 행동 지원의 단계별 지원 내용

지원 단계		내용
1층	1차 예방	긍정적인 학급 분위기를 조성하고 행동을 관리하기 위하여 일반적인 전략을 사용하는 단계로 (1) 안전하고 반응적인 학교 환경, (2) 훈육을 위한 학교 차원의 통일된 접근, (3) 문제해결 및 갈등해결을 위한 기술 교수, (4) 효과적인 학업 교수가 이루어진다. 예를 들어, 학생의 긍정적인 행동에 대한 분명한 기준을 제시하고, 이러한 긍정적인 행동 발생을 격려하거나 보상하고, 문제가 일어나기 쉬운 환경(예: 복도, 식당)의 변화를 강조함으로써 학생 간의 긍정적인 상호작용을 촉진한다. 이러한 방법은 모든 학생에게 적용된다는 맥락에서 보편적 전략이라 할 수 있으며, 보편적 전략은 심각한 행동 문제를 예방하고 개별적인 행동 지원이 필요한 학생의 수를 줄일 수 있다. 이와 같은 보편적인 전략은 심각한 문제행동에 대한 1차 예방의 단계로, 전체 학생의 약 80~90% 정도의 필요를 다루게 된다.
2층	2차 예방	추가적인 지원이 필요한 5~15% 학생을 위하여 개별 또는 소집단 형태로 지원한다. 이 단계의 지원은 행동 문제를 일으킬 위험이 있지만 개별화된 집중적인 중재가 필요하지는 않은 학생에게 제공된다. 이때 사용되는 중재는 사회적 기술 교수, 상담, 멘토링 등으로 다양하며, 일반학급 내에서 또는 특수학급과 같은 기타 장소에서 이루어진다. 중요한 것은 학업 교수에서와 마찬가지로 성과가 입증된 증거 기반의 실제를 사용해야 한다는 것이다. 또한 진도를 점검하기 위한 체계적인 자료 수집을 통해서 3단계 중재가 필요한지 주의 깊게 결정해야 한다. 실제로 이 단계에서 제공되는 일련의 중재 프로그램은 비슷한 수준의 지원을 필요로 하는 소집단 학생에게 효과적이며, 이러한 노력을 통하여 많은 학생이 학업 및 사회성 측면에서의 긍정적인 변화를 경험하는 것으로 알려져 있다.
3층	3차 예방	1단계 및 2단계 지원에서 만족할 만한 진보를 보이지 않는 5% 이내의 학생을 대상으로 개별적인 중재가 이루어진다. 이들은 지속적이고도 심각한 규칙 위반 행동을 보이거나 자신이나 타인에게 해가 되는 행동을 보이기 때문에 가장 집중적인 행동 지원이 필요하다. 따라서 적절한 인력과 자원을 활용하여 좀 더 구체적인 행동진단 및 자료 수집을 기반으로 하는 지원 계획을 수립하고 실행하는 종합적인 지원을 통하여 이들의 행동을 변화시키게 된다. 이를 위해서는 이 장에서 설명한 기능적 행동진단을 근거로 개별화 행동 지원 프로그램을 수립하고 실행해야 한다.

결론적으로 학교 차원의 긍정적 행동 지원은 행동 지도를 위한 개별적인 노력을 격려하고 유지할 수 있도록 학교 문화를 조성하는 역할을 하며, 학교 관리자가 긍정적 행동 지원의 중요성과 가치에 대하여 이해하고 수용할 수 있게 해 준다. 특히 개별 학교 및 교육청 단위로 학교 차원의 긍정적 행동 지원을 효과적이고도 비용 효율적으로 실행하기 위한 많은 연구가 진행되어 왔으며(예: Lee & Gage, 2020), 우리나라에서도 유치원부터 고등학교까지 학교나 학년 또는 학급 차원으로 실행된 긍정적 행동 지원이 장애 아동을 포함한 모든 학생과 교사에게 긍정적인 영향을 미치는 것으로 보고되고 있다(예: 김미선, 박지연, 2005; 김영란, 박지연, 2014; 김지영, 박지연, 2023; 심현양 외, 2019; 이선아, 이효신, 2015; 최하영, 2017; 허수연, 이소현, 2019). 학교 차원의 긍정적 행동 지원에 대한 다양한 연구 및 관련 자료는 미국 교육부 지원으로 개발된 긍정적 행동 중재 및 지원 센터(Center on Positive Behavior Intervention and Supports)의 웹사이트(http://www.pbis.org)에서 찾아볼 수 있다. 국내에서도 교육청 단위로 운영하는 웹사이트에서 학교 차원의 긍정적 행동 지원에 대한 자료를 참조하거나 실행을 지원받을 수 있다(예: 서울특별시교육청 긍정적 행동 지원[Seoul PBS] 웹사이트-https://seoulpbs.sen.go.kr/home/kor/contents.do?menuPos=1).

3. 사회-정서 기술 교수

대부분의 정서·행동장애 아동은 부적절하거나 부족한 사회-정서 기술로 인하여 어려움을 경험한다. 따라서 사회-정서 기술 교수는 이들을 위한 교육과정의 주요 구성요소로 포함된다. 일반적으로 사회-정서 기술은 매우 복잡한 기술로 눈에 보이는 관찰 가능한 외현적인 행동과 눈에 보이지는 않지만 문제해결과 관련된 내재적인 행동의 두 가지를 모두 포함한다(〈표 6-2〉 참조). 이러한 기술에 있어서 어려움을 보이는 아동은 교사나 또래와의 만족할 만한 사회적 관계를 형성하거나 유지하지 못한다. 예를 들어, 친구와 싸우고 욕하고 교사의 지시를 따르지 않고 다른 사람을 적대하는 등의 공격적인 행동을 보이기도 하며, 반대로 교사나 학급 또래와의 상호작용이 제한될 뿐만 아니라 신체적인 접촉이나 언어적 의사소통을 회피하는 등 위축된 행동으로 사회적 관계에 어려움을 겪기도 한다. 이들은 또한 학업 활동 중에도 집단 활동에 참여하여 적절한 대화를 나누고 감정을 표현하며 긍정적이고 건설적인 방법으로 비판하거나 비판을 수용하는 등의 기술이 부족한 경우가 많다. 이와 같은 사회적 및 비학업 기술의 학습은 정서·행동장애 아동의 일반학급 적응에 매우 중요한 역할을 하게 된다.

　실제로 한 예를 살펴보자. 영호는 초등학교 5학년에 다니는 11세 아동으로 하루에 세 시간씩 특수학급에서 부족한 학과목 공부를 한다. 그러나 담임교사는 영호가 전일제 특수학급으로 옮겨야 한다고 생각한다. 이유는 학급에서 또래와 제대로 사회적 관계를 형성하지 못하고, 상호작용도 거의 하지 않으며, 또래에게 놀림을 당하고, 놀림을 당할 때마다 심한 정서 반응과 행동 문제를 보인다는 것이다. 그러나 특수학급에서는 학과목 성적도 향상되고 일반학급에서 보이는 행동 문제도 보이지 않을 뿐만 아니라 교사의 지시도 잘 따르기 때문에 전일제 특수학급이 영호에게는 더 적절하다는 것이다. 영호와 같은 사례는 흔하게 발견된다. 많은 경도장애 아동이 빈약한 사회−정서 기술 때문에 통합교육 현장에서 외면당하고 제대로 자신의 능력을 발휘하지 못하곤 한다. 실제로 지적장애, 학습장애, 정서 · 행동장애를 포함하는 대부분의 경도장애 아동은 사회−정서 기술 습득과 사용에 어려움을 보이며 이를 위한 교수를 필요로 한다(Jacob et al., 2022; Walker & Barry, 2018). 교사는 장애가 심하지 않으면 사회적 통합에도 별 어려움이 없을 것으로 생각하기 쉬운데, 통합이 성공적으로 실시되기 위해서는 아동의 현행 사회−정서 기술을 고려해야 한다. 실제로 정서 · 행동장애 아동의 사회적 수용도를 높이고 일반학급에서의 적응을 돕기 위한 사회적 기술 중재 사례가 계속 보고되고 있다(박혜향, 김은경, 2017; 허수연 외, 2010).

　사회−정서 기술은 교사가 주도하거나 또래가 주도하는 다양한 방법에 의하여 교수될 수 있다. 특히 또래의 적절한 기술 수행을 관찰함으로써 가장 잘 학습된다. 따라서 통합 환경은 사회−정서 기술 학습을 위한 가장 바람직한 환경이라 할 수 있다. 그러나 아동에 따라서는 관찰 이상의 교수적 개입이 필요하다. 정서 · 행동장애 아동에게 사회−정서 기술을 교수하기 위해서는 가장 먼저 아동의 현재 능력이 어느 정도인지를 정확하게 진단해야 하며, 정확한 진단을 통하여 개별 아동에게 가장 적절한 교수전략을 선택해야 한다. 또한 교수가 필요한 특정 기술을 선정하고 이러한 기술이 언제 어떻게 수행되어야 하며 어떠한 행동 요소로 구성되는지를 알아야 한다. 기술을 선정할 때는 그 기술이 기능적으로 사용될 수 있는 기술인지를 반드시 고려해야 한다. 그렇지 않으면 기술 교수가 끝난 후 자연적인 상황에서 유지되기가 어렵다. 예를 들어, 공동의 관심을 함께 나누기, 이야기할 때 미소 짓거나 눈 맞추기, 도움 청하기, 고맙다고 인사하기 등의 사회적 행동은 자연적인 학급 상황에서 또래에 의해서 강화되고 지속적인 상호작용을 촉진할 확률이 높은 행동이다. 〈표 6−9〉는 지금까지 목표행동으로 교수되어 온 사회−정서

표 6-9   사회적 기술 및 하위 기술의 예

사회적 기술	하위 기술
대화 기술	• 대화에 참여하기 • 대화 중단하기 • 대화 시작하기 • 대화 계속하기 • 대화 종료하기 • 적절한 어조의 음성 사용하기 • 적절한 거리를 유지하고 눈 맞추기
주장하기	• 설명 요청하기 • 요구하기 • 요구 거절하기 • 요구 협상하기 • 정중하게 표현하기
'놀이' 상호작용 기술 (예: 친구 사귀기)	• 다른 사람과 나누기 • 함께 놀자고 청하기 • 다른 사람 격려하기 • 다른 사람 칭찬하기
문제해결 및 협력 기술	• 조용하고 편안하게 있기 • 가능한 해결 방안에 대하여 듣기 • 최선의 해결책 선택하기 • 자신에 대하여 책임지기 • 놀림을 당할 때 대처하기 • 문제를 일으키지 않기
자조기술	• 몸단장하기(깨끗하고 단정하게) • 적절하게 옷 입기(맞는 옷 입기) • 식탁에서 예의 바르게 행동하기 • 식사 예절 갖추기
학급 과제 관련 행동	• 과제 수행하기 • 과제에 집중하기 • 과제 완수하기 • 지시 따르기 • 최선을 다하여 노력하기
자기 관련 행동	• 자신에게 긍정적인 피드백 주기 • 감정 표현하기 • 부정적인 피드백 수용하기 • 결과 인정하기

직장 인터뷰 기술	• 준비하기(복장, 태도 등) • 정중하게 행동하기 • 듣기 기술 • 설명 요청하기 • 말하기 전에 생각하기

출처: Mastropieri, M. A., & Scruggs, T. E. (2005). *Effective instruction for special education* (3rd ed., p. 252). Pearson.

기술과 그 하위 기술의 예를 보여 준다. 일단 가르칠 기술이 선정되면 교사나 또래를 통하여 시범을 보여야 하는데, 이때 직접적인 행동 시범을 보일 수도 있고 사진이나 영상 등의 자료를 사용할 수도 있다. 행동 시범이 제시된 후에 교사는 아동에게 보여 준 기술에 대하여 질문하고 행동 수행에 필요한 단계에 대하여 함께 이야기한 후에 직접 기술을 수행하도록 기회를 제공한다. 아동이 기술을 수행할 때 교사는 촉진, 칭찬, 교정 피드백 등의 교수전략을 적절하게 사용한다. 또한 학습 상황이 아닌 다양한 자연적인 상황에서 적용하고 다양한 예와 다양한 대상자를 포함시킴으로써 기술의 일반화도 촉진해야 한다. 사회−정서 기술 교수는 아동이 보이는 문제의 성격이나 유형에 따라서 달라진다. 예를 들어, 사회적 기술이 부족한 아동에게는 사회적 기술 훈련 프로그램(예: 문회원, 박지연, 2014; McGinnis, 2011a, 2011b, 2011c)을 사용할 수 있으며, 사회적 기술은 있지만 행동 통제력이 부족한 아동에게는 자기조절 프로그램(예: 박윤아, 박지연, 2008; 박인선, 박지연, 2014; 천한나, 박지연, 2013; Lee et al., 2023)을 적용할 수 있다.

직접교수 외에도 인지 훈련이 사용될 수 있는데, 특히 초등학교 고학년이나 중·고등 학생에게 효과적으로 사용될 수 있다. 인지 훈련이란 아동의 사고 전략을 변화시킴으로써 행동을 향상하는 데 초점을 두는 방법으로 다양한 상황에서 최소한의 도움으로 기술을 수행할 수 있게 하는 전략이다. 인지 훈련 프로그램에서는 (1) 문제를 해결하기 위한 일련의 단계를 사용하고(자기교수), (2) 상황에 따른 몇 가지 해결 방법을 고려하고(문제해결), (3) 자신의 행동에 대한 자료를 수집하여 결과를 평가하고(자기점검/자기평가), (4) 수용할 만한 행동에 대해서는 스스로 강화하는(자기강화) 전략을 학습하도록 훈련한다. 이러한 인지 훈련 프로그램이 성공적으로 실시되기 위해서는 교사의 적절한 교수와 연습 기회가 충분히 주어져야 하며, 특히 아동의 정확한 자기평가에 대한 보상이 반드시 주어져야 한다(Zirpoli, 2015). 인지 훈련 프로그램은 아동 스스로가 어느 정도로 자신의 학습 활동에 대한 책임을 지게 되고 교사는 감독 역할만을 수행하기 때문에 교사에게는 매우 효율적인 접근일 수 있다.

4. 학습준비기술 교수

정서 · 행동장애 아동의 학업 지도는 교사에게 있어서 매우 도전적인 과제임이 분명하다. 그러나 많은 연구를 통하여 이들을 효과적으로 교수할 수 있는 다양한 방법이 제시되고 있다(예: 유나리, 박지연, 2006; 윤준희 외, 2019; 임진희, 방명애, 2016; Kelly & Shogren, 2014). 특히 학습준비기술이 부족한 학생은 일반학급에서 수업에 참여할 때 여러 가지 면에서 불이익을 경험하게 된다. 학습준비기술이 부족하다는 것은 수업에 집중하지 못하여 과제를 수행하지 못하거나 과제 수행을 위한 작업 자체를 계획하고 조직화하지 못하거나 정확한 반응을 보이지 못하는 등의 행동으로 설명된다. 이러한 문제는 아동의 학업 성취에 부정적인 영향을 미치며, 교사의 가르치고자 하는 노력에도 방해가 된다. 예를 들어, 주어진 숙제나 수업 중 과제를 완수하지 못하는 아동의 경우 현행수준이나 진도를 정확하게 평가할 수 없으므로 수업을 진행하기 어렵다. 또한 이러한 아동이 그대로 방치되면 성취도가 점차 떨어지게 되므로 교사는 좌절감을 경험하게 되고 아동 역시 학교생활 적응이나 품행에서 문제를 보이게 될 가능성이 커진다.

일반적으로 학교에 입학하는 아동의 대다수는 학업 수행에 필요한 기본적인 기술을 익히고 들어오거나 입학 후 특정 기간 동안의 훈련을 거쳐서 이러한 학습준비기술을 익히게 된다. 그러므로 교사는 학습준비기술을 체계적으로 가르치지는 않는다. 그러나 최근에는 이러한 기술을 가르치는 것에 대한 중요성이 강조된다. 예를 들어, 노트 정리하기, 날짜와 요일에 맞추어 활동하기, 깨끗하게 필기하기, 숙제나 수업 중 과제 완성하기 등의 기본적인 기술을 가르치기 위한 구체적인 방법과 교재가 제시되고 있다(Archer & Gleason, 2003; Goldberg & Zwiebel, 2006; Kerr & Nelson, 2010). 여기서는 학습준비기술의 중요한 세 가지 요소인 주의집중력, 조직력, 반응 정확도를 높이기 위하여 사용할 수 있는 구체적인 교수전략을 소개하고자 한다.

1) 주의집중력

행동 문제를 보이는 아동 중 많은 수가 수업 시간에 수업 내용과 관계없는 행동을 보이곤 한다. 다시 말해서 수업 활동을 위해서 필요한 행동이 아닌 부적절한 행동을 보인다는 것이다. 허공을 응시하기도 하고, 아무런 목적 없이 다른 아동을 쳐다보기도 하며, 낙서하거나 수업과는 상관없는 일에 열중하기도 한다. 이러한 아동은 주어진 특정 시간에 주어진 과제에 집중하지 못하기 때문에 수업 중 교사의 설명을 잘 듣지 못할 뿐만 아니라 자신에게 주어진 독립적인 자율학습 시간도 유용하게 활용하지 못한다. 이와 같이 산만하고 집중하지 못하는 경우 다른 아동의 집중에까지 영향을 미치게 되므로 이들은 수업에 방해가 되는 학생으로 여겨지곤 한다. 아동이 수업에 좀 더 집중할 수 있도록 주의집중력을 높이기 위해서 교사는 〈표 6-10〉의 전략을 참고할 수 있다(Lewis et al., 2017).

표 6-10　주의집중력 향상을 위한 구체적인 교수전략

교수전략	내용
주의집중을 위한 신호 사용	중요한 정보를 제공하기 전에 주의를 집중하도록 알려주는 신호를 사용한다. 예를 들어, "준비되었니?" "자, 수업을 시작할 시간이다" "자, 잘 들어봐" 등의 언어적 단서를 사용할 수 있다. 수업의 시작을 알리는 문구나 특정 신호를 정해놓고 아동의 주의집중이 필요할 때마다 사용하는 것이 좋다.
강화	아동이 주의집중 행동을 보일 때 관심을 보이고 적절한 강화를 제공한다. 주의집중 문제가 심각한 아동의 경우에는 즉각적인 강화물의 제공이 필요할 수도 있다. 이러한 방법은 집중하지 않는다고 야단치는 것보다 훨씬 더 효과적이다.
좌석 배치	교사가 모든 아동의 시선을 확인하고 서로 마주 볼 수 있도록 좌석을 반원이나 U자로 배치한다.
지시 전달	지시는 분명하게 전달한다. 주의집중에 문제가 있는 아동은 여러 개의 지시가 포함된 복합지시를 따르기 어려우므로 지시내용을 단순하게 만들어야 하며, 각 단계의 지시를 따를 때마다 강화를 제공한다. "모두 자리에 돌아가 앉아서 수학책을 꺼내 28쪽을 편 후에 첫 번째 문제를 풀고 답을 적어보자"와 같은 지시는 적절하지 않으며, "모두 자리에 돌아가 앉자"라고 지시한 후에 지시를 따른 것에 대해서 강화하고 다음 단계로 넘어가는 것이 좋다.
수업 진행	수업은 속도감 있게 진행한다. 중요하지 않은 내용이나 이미 습득한 기술에 대해서는 주의집중이 잘 이루어지지 않을 수 있으므로 그러한 내용에 시간을 오래 할애할 필요가 없으며, 생동감 있고 활기차게 수업을 진행한다.
지속적인 점검	아동이 수업에 주의집중하고 있는지 계속 점검한다. 만일 아동이 수업 내용을 혼동하고 있거나 집중하지 않고 있거나 교재가 너무 어렵다고 판단될 때는 교수 방법을 수정한다.
신체적 근접성	아동과의 거리를 가깝게 유지한다. 아동이 주의를 다른 곳으로 돌리기 시작하면 좀 더 가까이 접근하여 자신의 행동에 대해서 인식하게 한다.

수업 진행의 다양화	수업 진행을 다양하게 변화시켜 아동이 교사의 행동을 예측하기 어렵게 만든다. 다양한 유형의 질문을 하고, 음성의 억양을 다양하게 조절하며, 언제라도 질문이 주어질 수 있음을 인식시킨다.
개별 학습 공간	산만한 자극을 최대한으로 감소시킨 개인 학습 공간을 제공한다. 시청각적으로 주변 자극이 최소화된 자리를 선정하여 개별 학습을 위한 공간으로 사용할 수 있다.
교재의 단순화	교재를 단순하게 만들어 필요한 정보만 제공한다. 읽기 교재에 포함된 그림이나 사진이 읽기 활동을 방해하는지 점검한다.
학습 여부 확인	수업에 집중하고 있는지 또는 제시된 교재로 학습하고 있는지를 확인한다. 아동이 이해했는지 확인하기 위해서 질문 등의 방법을 중간중간 사용할 수 있다.
보조도구 활용	읽기 또는 읽기 이해력에 어려움을 보이는 아동의 경우 내용 이해나 학습 기술을 보조할 수 있도록 컴퓨터 등의 보조도구를 활용한다.

2) 조직력

아동 중에는 해야 할 일을 미리 계획하는 등 행동을 조직적으로 관리하고 수행하는 능력이 부족한 아동이 있다. 이들은 과제를 수행하기 위한 지시사항 중 중요한 부분을 놓치기도 하고, 과제 수행과 관련해서 필요한 질문을 잘하지 못하며, 연필이나 기타 필요한 준비물 가져오는 것을 쉽게 잊어버리기도 한다. 또한 이들은 시험을 치를 때도 준비를 제대로 하지 못하며 시험시간을 효율적으로 분배해서 사용하는 기술도 부족하다. 이러한 아동을 위해서는 〈표 6-11〉의 구체적인 교수전략(Lewis et al., 2017)을 통해서 행동수행에 있어서 미리 계획하고 관리하는 방법을 학습시킬 수 있다.

표 6-11 조직력 향상을 위한 구체적인 교수전략

교수전략	내용
시간 분배	수업을 작은 시간 단위로 나눈 시간표를 만들어 각 단위의 시간마다 완수해야 할 활동의 목록을 만든다. 아동이 활동을 한 가지씩 완수할 때마다 강화한다. 아동이 직접 독립적으로 시간표를 작성할 수 있을 때까지 점진적으로 도와준다. 일단 각 활동을 완수할 수 있게 되면 강화 기준을 점점 더 어렵게 만든다(예: 한 가지 활동 대신 두 가지 활동을 완수했을 때 강화하기).
지시 전달	숙제나 교실 활동을 위한 지시를 전달할 때는 필요한 말만 하되 분명하고 정확하게 한다. 활동이 종료되기 전에 알려주고, 특히 고학년 학생의 경우에는 매주 과제 일정표를 제시해 주는 것이 좋다.

교재 정리	자신의 물건을 정리하도록 도와준다. 책상을 정리하는 방법과 필기 등의 공책 사용법을 가르친다. 공책에는 매일의 날짜와 숙제 마감일 등을 기록하는 공간이 있어야 하며, 각 과목의 필기를 할 수 있도록 영역을 나누거나 각 권의 공책을 구분해서 사용하게 한다. 정기적으로 공책을 검사하여 제대로 하고 있는지 점검하고 강화하거나 다시 가르친다. 부모에게도 공책 사용법을 알려주고 아동의 수행에 대해서 칭찬하도록 격려한다.
과제 전달	숙제나 학급 활동을 전달할 때는 구두와 문자로 동시에 전달한다. 이때 아동은 처음에는 듣고 필기하는 것을 통하여 연습하고 다음에는 문서로 전달된 과제와 자신의 필기가 맞는지를 점검함으로써 자신의 지시 수용 정확도를 확인할 수 있다.
난이도 조절	단순한 지시부터 시작해서 점차 복잡한 지시를 사용한다. 과제 완성에 걸리는 시간도 처음에는 짧은 것부터 시작하여 점점 길게 한다. 과제 완수의 정확도 기준도 처음에는 낮게 시작하여 점점 높인다.
질문하기	교사의 지시나 숙제에 대해서 적절하게 질문하도록 가르친다. 이때 교사는 어떤 것이 적절한 질문인지 직접 예를 들어 가르쳐주고, 과제 지시가 불분명할 때 할 수 있는 여러 가지 질문의 목록을 만들어 제시할 수 있다. 가상 과제를 제시하고 적절한 질문을 사용하도록 연습시킨다.
집단 강화	개별 과제를 완성하기 위한 모둠을 구성한다. 모둠 내 모든 아동이 각자 자신의 과제를 기준에 맞게 완수하면 모둠 전체가 강화 받을 수 있다는 것을 미리 알려준다.
교재 준비	과제 완성에 필요한 준비물 목록을 작성하여 과제를 시작하기 전에 직접 준비하게 한다. 점차 아동 스스로 준비물 목록을 작성하게 한다. 완성한 과제를 채점할 때 준비물 목록도 함께 채점한다.
숙제하기	집에서 조용한 시간을 정하여(TV나 컴퓨터, 전화 등의 방해가 없는 시간) 공부하거나 숙제할 수 있도록 부모의 협조를 구한다.
가정학습	부모와 협력하여 가정학습 활동을 진행한다. 매주 알림장 등을 통하여 가정에서 정해진 시간에 적절한 학습이 이루어지고 있는지 점검한다.

3) 반응 정확도

과제를 수행하거나 교사가 질문할 때 아동은 여러 가지 이유로 부정확한 반응을 보이곤 한다. 정서·행동장애 아동이 이렇게 부정확한 반응을 보이는 가장 큰 이유는 충동성 때문이다. 충동성은 주의 깊은 생각이나 목적 없이 발생하는 행동으로, 충동성을 보이는 아동은 정답을 생각하지 않고 답을 말하는 등 반응하기 전에 생각하지 않고 충동적으로 행동하기 때문에 부정확한 반응을 하게 된다. 특히 수업 중에 부정확한 반응을 보일 때가 많다. 예를 들어, 교사의 질문이 끝나기도 전에 큰 소리로 답을 말하거나 과제를 수행할 때 머리에 떠오르는 대로 마구 적기도 한다. 이들은 학급 토론 시간에도 토론 주제나 문제에 대해서 주의 깊게 생각하지 않고 충동적으로 발언하곤 한다. 이와 같이 충동성으로 인하여 부정확한 반응을 보이는 아동의 반응 정확도를 높이기 위해서 교사는 〈표 6-12〉에서 제시한 방법을 시도해 볼 수 있다(Lewis et al., 2017).

표 6-12 반응 정확도 향상을 위한 구체적인 교수전략

교수전략	내용
정확도 점검	과제를 제시할 때 과제의 일부분으로 정확도를 점검하게 한다. 예를 들어, 수학 문제를 푼 후에 검산하는 활동을 과제에 포함한다. 점검하는 활동 자체를 강화할 수도 있다.
강화	정확한 반응을 강화한다. 예를 들어, 정확하게 반응할 때마다 토큰을 주고 나중에 원하는 물건이나 활동과 교환하게 한다.
교정 연습	스스로 교정하는 방법을 연습하도록 적절한 시범을 보인다. 여러 가지 유형의 실수가 포함된 문장을 사용해서 어떻게 고쳐야 하는지를 연습하게 한다.
적절한 교재	성취율을 높이기 위하여 적절하게 고안된 교재를 사용한다. 잘못 고안된 교수 자료는 좌절감을 경험하게 하고 낮은 수행률의 원인이 될 수 있다.
시험 연습	시험을 치르는 방법을 연습시킨다.
생각하기	말하기 전에 먼저 생각하게 한다. 예를 들어, 질문이 주어진 뒤에 약 5~10초 정도의 '생각하는 시간'이 지난 후에 대답하도록 규칙을 정한다. 아동은 대답하기 전에 주의 깊게 생각하는 방법을 학습하게 되며, 서서히 '생각하는 시간'을 줄여 간다.
또래 교수	정확한 반응을 연습하도록 또래를 교수자로 활용한다. 예를 들어, 교사는 또래에게 학급에서 많이 제시되는 질문을 제공하고 또래와 아동은 함께 그 질문에 대해서 연습한다. 이때 또래 교수자는 아동이 대답하기 전에 생각할 수 있도록 격려한다.

요약

이 장에서는 정서·행동장애의 용어 및 정의를 살펴보았으며, 장애의 원인과 특성을 살펴봄으로써 정서·행동장애 아동을 이해하기 위한 기본적인 지식을 제공하였다. 또한 이들의 통합교육을 위한 일반적인 지침과 함께 행동 지도, 사회-정서 기술 교수, 학습준비기술 지도에 대해서 살펴보았다.

정서·행동장애 아동을 위한 교육 영역에서 지금까지도 계속해서 논의되고 있는 과제 중 하나는 장애의 용어를 통일하고 그 개념을 정의하는 것이다. 따라서 이 장에서는 정서·행동장애의 개념을 정의하기 어려운 이유와 함께 현재 많이 사용되고 있는 정의 및 분류 체계에 대하여 알아보았다. 또한 국내에서 사용하고 있는 정의의 내용과 함께 교육현장에서의 적용에 따른 문제점에 대해서도 살펴보았다.

정서·행동장애의 원인은 크게 유전적, 신경학적, 생화학적 요인을 포함하는 생물학적 측면과 가정 및 학교 요인을 포함하는 환경적 측면의 두 가지로 살펴볼 수 있다. 정서·행동장애 아동은 일반적으로 인지 및 학업 성취에서 낮은 수행을 보이고, 사회-정서적인 문제와 행동적인 문제를 보이곤 한다. 그러므로 이들의 통합교육을 위해서 교사는 행동 문제, 사회적 기술의 습득, 학과목 학습을 균형 있게 고려한 교육을 계획해야 한다. 특히 긍정적 행동 지원을 통하여 행동 문제를 다루고, 부족한 사회-정서 기술로 인한 사회적 관계 형성의 어려움을 도와주며, 주의집중력, 조직력, 반응 정확도 등의 학습준비기술 향상을 통해서 학교생활에 적응할 수 있도록 도와주어야 한다.

참고문헌

강은영(2015). 학습장애와 정서행동장애의 공통성과 차별성 고찰 및 향후 연구에의 제안: 교육적 및 사회적/행동적 측면을 중심으로. 특수교육학연구, 49(4), 27-49.

김미선, 박지연(2005). 학급차원의 긍정적인 행동지원이 문제행동을 보이는 초등학교 장애 학생과 그 또래의 문제행동에 미치는 영향. 특수교육학연구, 40(2), 355-376.

김영란, 박지연(2014). 학교차원의 긍정적 행동지원이 특수학교 장애 학생의 수업참여행동과 문제행동, 개별화교육목표 성취에 미치는 영향. 특수교육학연구, 49(3), 1-28. http://doi.org/10.15861/kjse.2014.49.3.1

김윤희, 박지연(2003). 정서 및 행동장애 아동이 보이는 언어적 어려움에 대한 중재 방안 고찰. Communication Sciences and Disorders, 8(2), 196-211.

김자경, 강혜진, 강영심, 박재국, 안성우, 황순영(2014). 학습장애 위험아동, 정서·행동장애 위험아동, 학습장애와 정서·행동장애 공존 위험아동, 일반아동 간의 행동적 특성 비교. 특수아동교육연구, 16(4), 263-285. http://doi.org/10.21075/kacsn.2014.16.4.263

김지영, 박지연(2023). 학년차원의 긍정적 행동지원 실행이 초등학교 5학년 학생들의 학업참여 행동, 사회정서역량 및 학교 분위기에 대한 인식에 미치는 영향. 특수교육학연구, 57(4), 79-112. http://doi.org/10.15861/kjse.2023.57.4.79

김태영(2020). 유아의 문제행동 지도를 위한 교사의 협력 전략. 학습자중심교과교육연구, 20(23), 573-596. http://doi.org/10.22251/jlcci.2020.20.23.573

문회원, 박지연(2014). 학급차원의 확장된 스킬스트리밍 교수가 정서 · 행동장애 위험 유아의 사회성 기술, 문제행동, 일반유아와의 상호작용에 미치는 영향. 특수교육, 13(1), 29-57.

박윤아, 박지연(2008). 분노조절 프로그램이 정서 및 행동장애 위험 아동의 공격성 및 정서적 능력에 미치는 영향. 정서 · 행동장애연구, 24(1), 23-42.

박인선, 박지연(2014). 마음 다스리기 프로그램이 정서 · 행동장애 위험학생을 포함한 통합학급 초등학생들의 정서안정과 자기조절력에 미치는 영향. 정서 · 행동장애연구, 30(3), 35-56.

박혜향, 김은경(2017). 정서 · 행동장애 위험학생을 위한 중재 관련 국내 연구 동향 분석. 정서 · 행동장애연구, 33(4), 81-107.

서유진(2010). 해결중심 단기상담이 정서 · 행동장애 학생의 정서문제, 수업 중 부적절한 행동, 공격행동 및 긍정적 상호작용에 미치는 영향. 특수아동교육연구, 12(2), 377-398. http://doi.org/10.21075/kacsn.2010.12.2.377

신윤희, 이효신, 정대영, 이상훈(2014). 포커스그룹 인터뷰를 통한 정서 · 행동장애 개념정립. 정서 · 행동장애연구, 30(1), 231-286.

심현양, 김은경, 이미영(2019). 연속적 지원체계를 적용한 학급차원 긍정적 행동지원이 특수학교 중학생의 수업참여행동과 문제행동에 미치는 영향. 정서 · 행동장애연구, 35(2), 107-134. http://doi.org/10.33770/JEBD.35.2.6

유나리, 박지연(2006). 국어과 학급차원의 또래교수가 정서 및 행동장애 위험아동과 일반아동의 받아쓰기 과제성취도 및 사회성에 미치는 영향. 정서 · 행동장애연구, 22(4), 35-54.

윤준희, 김옥주, 방명애(2019). 국어과와 연계한 사회정서학습프로그램이 정서 · 행동장애 위험중학생의 수업참여도와 비장애학생의 정서지능에 미치는 영향. 정서 · 행동장애연구, 35(2), 177-196. http://doi.org/10.33770/JEBD.35.2.9

이상복(2008). 개정된 장애인 등에 대한 특수교육법과 정서 · 행동장애 관련 교육 과제. 정서 · 행동장애연구, 24(4), 1-18.

이상훈(2013). '정서 · 행동장애'의 명칭과 정의에 대한 특수교육학적 고찰. 정서 · 행동장애연구, 29(3), 1-29.

이선아, 이효신(2015). 초등학교 학생의 수업 중 문제행동 개선을 위한 학급차원의 긍정적 행동지원의 적용. 정서 · 행동장애연구, 31(2), 61-84.

이소현, 김수진, 노진아, 박병숙, 박은혜, 박현옥, 안의정, 윤선아, 이수정, 장지은, 허수연(2021). 특수교육대상유아를 위한 놀이 지원 자료집 2. 놀이 중심 관찰 · 기록. 교육부/국립특수교육원.

이소현, 김수진, 박현옥, 부인앵, 원종례, 윤선아, 이수정, 이은정, 조윤경, 최윤희(2009). 교육진단 및 교수 계획을 위한 장애 유아 진단 및 평가. 학지사.

이소현, 박은혜, 김영태(2000). 교육 및 임상 현장 적용을 위한 단일대상연구. 학지사.

이효신, 신윤희(2013). 정서 · 행동장애 정의, 진단, 분류에 대한 적절성 조사연구. 정서 · 행동장애연구, 29(3), 31-59.

임진희, 방명애(2016). 도덕과와 연계한 사회정서학습 프로그램이 초등 정서 · 행동장애 위험학생의 수업참

여도와 비장애 학생의 정서지능에 미치는 영향. 정서 · 행동장애연구, 32(1), 191-211.

천한나, 박지연(2013). 동영상을 활용한 분노조절 프로그램이 통합학급 초등학생의 공격성, 분노조절 능력, 사회적 기술에 미치는 영향. 정서 · 행동장애연구, 29(3), 61-84.

최하영(2017). 일반 초 · 중 · 고등학교에서 보편적 차원의 긍정적 행동지원을 적용한 국내 실험 연구 분석. 행동분석 · 지원연구, 4(2), 23-43. https://doi.org/10.22874/kaba.2017.4.2.23

표윤희(2008). 정서행동장애 학생을 위한 학교 기반의 교사-관련서비스 전문가 간 협력적 팀 중재 고찰. 특수교육, 7(2), 81-102.

허수연, 강수연, 정정은, 박지연(2010). 정서 및 행동 문제를 가진 아동과 청소년의 사회적 기술 중재에 대한 고찰. 정서 · 행동장애연구, 26(4), 43-72.

허수연, 이소현(2019). 학급 차원의 긍정적 행동 지원이 통합학급 유아의 사회성 기술과 활동 참여에 미치는 영향. 정서 · 행동장애연구, 35(2), 1-30. https://doi.org/10.33770/JEBD.35.2.1

Abulizi, X., Pryor, L., Michel, G., Melchior, M., van der Waerden, J., & EDEN Mother-Child Cohort Study Group (2017). Temperament in infancy and behavioral and emotional problems at age 5.5: The EDEN mother-child cohort. *PloS one, 12*(2), e0171971. https://doi.org/10.1371/journal.pone.0171971

Ageranioti-Bélanger, S., Brunet, S., K'Anjou, G., Tellier, G., Boivin, J., & Gauthier, M. (2012). Behaviour disorders in children with an intellectual disability. *Pediatrics & Child Health, 17*(2), 84-88. https://doi.org/10.1093/pch/17.2.84

Al Odhayani, A., Watson, W. J., & Watson, L. (2013). Behavioural consequences of child abuse. *Canadian Family Physician: Medecine de Famille Canadien, 59*(8), 831-836.

American Federation of Teachers & AFL-CIO. (1996). *Full inclusion for special needs students*. Author.

American Psychiatric Association (APA). (2022). *Diagnostic and statistical manual of mental disorders* (5th ed., Text Revised). American Psychiatric Publishing.

An, X., Curby, T. W., & Brock, L. L. (2019). Is the Child Really What's Being Rated? Sources of Variance in Teacher Ratings of Socioemotional Skills. *Journal of Psychoeducational Assessment, 37*(7), 899-910. https://doi.org/10.1177/0734282918808618

Archer, A. L., & Gleason, M. M. (2003). *Advanced skills for school success module 1: School behaviors and organizational skills*. Curriculum Associates.

Bambara, L. M. (2008). 행동지원 절차. L. M. Bambara & L. Kern (Eds.), 장애 학생을 위한 개별화 행동지원(이소현, 박지연, 박현옥, 윤선아 공역, pp. 22-53). 학지사. (원저 2005년 출간)

Bambara, L. M., Jenney, R., & Snell, M. E. (2015). *Behavior support: Teachers' guides to inclusive practices* (3rd ed.). Brookes.

Beqiraj, L., Denne, L. D., Hastings, R. P., & Paris, A. (2022). Positive behavioural support for children and young people with developmental disabilities in special education settings: A systematic review. *Journal of Applied Research in Intellectual Disabilities, 35*(3), 719-735. https://doi.org/10.1111/jar.12989

Bichay-Awadalla, K., Qi, C. H., Bulotsky-Shearer, R. J., & Carta, J. J. (2020). Bidirectional relationship between language skills and behavior problems in preschool children from low-income families. *Journal of Emotional and Behavioral Disorders, 28*(2), 114-128. https://doi.org/10.1177/1063426619853535

Bower, E. M. (1981). *Early identification of emotionally handicapped children in school* (3rd ed.). Charles C. Thomas Publishing.

Breedlove, S. M., & Watson, N. V. (2019). *Behavioral neuroscience* (9th ed.). Sinauer Associates.

Carr, E. G., Dunlap, G., Horner, R. H., Koegel, R. L., Turnbull, A. P., Sailor, W., Anderson, J. L., Albin, R. W., Koegel, L. K., & Fox, L. (2002). Positive behavior support: Evolution of an applied science. *Journal of Positive Behavior Interventions, 4*(1), 4-16. https://doi.org/10.1177/109830070200400102

Center on PBIS (2023). *Positive behavioral interventions and supports* [Website]. www.pbis.org.

Chow, J. C., & Wehby, J. H. (2018). Associations between language and problem behavior: A systematic review and correlational meta-analysis. *Educational Psychology Review, 30*, 61-82. https://doi.org/10.1007/s10648-016-9385-z

Costenbader, V., & Buntaine, R. (1999). Diagnostic discrimination between social maladjustment and emotional disturbance: An empirical study. *Journal of Emotional and Behavioral Disorders, 7*(1), 1-10. https://doi.org/10.1177/106342669900700101

Council for Children with Behavior Disorders (CCBD). (1989). Best assessment practices for students with behavioral disorders: Accommodation to cultural diversity and individual differences. *Behavioral Disorders, 14*(4), 263-278.

Council for Children with Behavior Disorders (CCBD). (2000). *Draft position paper on terminology and definition of emotional or behavioral disorders.* Author.

Cullinan, D. (2007). *Students with emotional and behavioral disorders: An introduction for teachers and other helping professionals* (2nd ed.). Pearson.

de Lijster, J. M., Dieleman, G. C., Utens, E. M. W. J., Dierckx, B., Wierenga, M., Verhulst, F. C., & Legerstee, J. S. (2018). Social and academic functioning in adolescents with anxiety disorders: A systematic review. *Journal of Affective Disorders, 230*, 108-117. https://doi.org/10.1016/j.jad.2018.01.008

Derauf, C., LaGasse, L., Smith, L., Newman, E., Shah, R., Arria, A., Huestis, M., Haning, W., Strauss, A., Della Grotta, S., Dansereau, L., Lin, H., & Lester, B. (2011). Infant temperament and high-risk environment relate to behavior problems and language in toddlers. *Journal of Developmental and Behavioral Pediatrics, 32*(2), 125-135. https://doi.org/10.1097/DBP.0b013e31820839d7

Dunlap, G., & Carr, E. G. (2007). Positive behavior support and developmental disabilities: A summary and analysis of research. In S. L. Odom, R. H. Horner, M. E. Snell, & J. Blacher (Eds.), *Handbook of developmental disabilities* (pp. 467-482). Guildford.

Dunlap, G., Sailor, W., Horner, R. H., & Sugai, G. (2009). Overview and history of positive behavior support. In W. Sailor, G. Dunlap, G. Sugai, R. H. Horner (Eds.), *Handbook of positive behavior support* (pp. 3-16). Springer.

Fairchild, G., Hawes, D. J., Frick, P. J., Copeland, W. E., Odgers, C. L., Franke, B., Freitag, C. M., & De Brito, S. A. (2019). Conduct disorder. Nature reviews. *Disease Primers, 5*(1), 43. https://doi.org/10.1038/s41572-019-0095-y

Fishbein, D. H., Michael, L., Guthrie, C., Carr, C., & Raymer, J. (2019). Associations between environmental conditions and executive cognitive functioning and behavior during late childhood: A pilot study. *Frontiers in Psychology, 10*, 1263. https://doi.org/10.3389/fpsyg.2019.01263

Fletcher, A. (2016). Positive discipline and child guidance. *University of Missouri Extension*, GH6119.

Forness, S. R., & Beard, K. Y. (2017). Strengthening the research base in special education: Evidence-based and interdisciplinary collaboration. In J. Crockett, M. Gerber, & T. Landrum (Eds.), *Achieving the radical reform of special education: Essays in honor of James M. Kauffman* (pp. 169-188). Routledge.

Forness, S. R., & Knitzer, J. (1992). A new proposed definition and terminology to replace "serious emotional disturbance" in Individuals With Disabilities Education Act. *School Psychology Review, 21*(1), 12-20. https://doi.org/10.1080/02796015.1992.12085587

Friend, M. (2023). *Special education: Contemporary perspectives for school professionals* (6th ed.). Pearson.

Gage, N. A., Lewis, T. J., & Stichter, J. P. (2012). Functional behavioral assessment-based interventions for students with or at risk for emotional and/or behavioral disorders in school: A hierarchical linear modeling meta-analysis. *Behavioral Disorders, 37*(2), 55-77. https://doi.org/10.1177/019874291203700201

Gallagher, J., Coleman, M. R., & Kirk, S. (2023). *Educating exceptional children* (15th ed.). Cengage.

Goldberg, D., & Zwiebel, J. (2006). *The organized student: Teaching children the skills for success in school and beyond.* Touchstone.

Hallahan, D. P., Pullen, P. C., & Kauffman, J. M. (2023). *Exceptional learners: Introduction to special education* (15th ed.). Pearson.

Heward, W. L., Alber-Morgan, S. R., & Konrad, M. (2022). *Exceptional children: An introduction to special education* (12th ed.). Pearson.

Hill, D. A., Mantzoros, T., & Taylor, J. C. (2020). Understanding motivating operations and the impact on the function of behavior. *Intervention in School and Clinic, 56*(2), 119-122. https://doi.org/10.1177/1053451220914901

Horner, R. H., & Sugai, G. (2010). *School-wide positive behavior support: Implementers' blueprint and self assessment.* Center on Positive Behavioral Interventions and Support.

Iemmi, V., Knapp, M., & Brown, F. J. (2016). Positive behavioural support in schools for children and adolescents with intellectual disabilities whose behaviour challenges: An exploration of the economic case. *Journal of Intellectual Disabilities, 20*(3), 281-295. https://doi.org/10.1177/1744629516632402

Imamura, A., Morimoto, Y., Ono, S., Kurotaki, N., Kanegae, S., Yamamoto, N., Kinoshita, H., Tsujita, T., Okazaki, Y., & Ozawa, H. (2020). Genetic and environmental factors of schizophrenia and autism spectrum disorder: Insights from twin studies. *Journal of Neural Transmission, 127*(11), 1501-1515. https://doi.org/10.1007/s00702-020-02188-w

Jacob, U. S., Pillay, J., & Oluwawumi, O. O. (2022). Social skills development among adolescents with mild intellectual disability: Predictive factor analysis. *Interchange 53*, 457-473. https://doi.

org/10.1007/s10780-022-09465-5

Janney, R., & Snell, M. E. (2008). *Behavioral support: Teachers' guides to inclusive practices* (2nd ed.). Brookes.

Kauffman, J. M., Brigham, F. J., & Mock, D. R. (2004). Historical to contemporary perspectives on the field of behavioral disorders. In R. B. Rutherford, M. M. Quinn, & S. R. Marthur (Eds.), *Handbook of research in emotional and behavioral disorders* (pp. 15-31). Guilford Press.

Kauffman, J. M., & Landrum, T. J. (2020). 정서행동장애(11판, 방명애, 김은경, 박지연, 이효신 공역). 시그마프레스. (원저 2018년 출간)

Kelly, J. R., & Shogren, K. A. (2014). The impact of teaching self-determination slills on the on-task and off-task behaviors of students with emotional and behavioral disorders. *Journal of Emotional and Behavioral Disorders, 22*(1), 27-40. https://doi.org/10.1177/1063426612470

Kern, L., O'Neill, R. E., & Starosta, K. (2008). 기능진단을 위한 정보 수집. L. M. Bambara & L. Kern (Eds.), 장애 학생을 위한 개별화 행동지원(이소현, 박지연, 박현옥, 윤선아 공역, pp. 189-230). 학지사. (원저 2005년 출간)

Kerr, M. M., & Nelson, C. M. (2010). *Strategies for addressing behavior problems in the classrooms* (6th ed.). Pearson.

Kostewicz, D. E., & Kubina, R. M. (2008). The national reading panel guidepost: A review of reading outcome measures for students with emotional and behavioral disorders. *Behavioral Disorders, 33*(2), 62-74. https://doi.org/10.1177/019874290803300201

Kremer, K. P., Flower, A., Huang, J., & Vaughn, M. G. (2016). Behavior problems and children's academic achievement: A test of growth-curve models with gender and racial differences. *Children and Youth Services Review, 67*, 95-104. https://doi.org/10.1016/j.childyouth.2016.06.003

Kurzban, S., Davis, L., & Brekke, J. S. (2010). Vocational, social, and cognitive rehabilitation for individuals diagnosed with schizophrenia: A review of recent research and trends. *Current Psychiatry Reports, 12*(4), 345-355. https://doi.org/10.1007/s11920-010-0129-3

Landrum, T. J. (2017). Emotional and behavioral disorders. In J. M. Kauffman, D. P. Hallahan, & P. C. Pullen (Eds.), *Handbook of special education* (2nd ed., pp. 312-324). Routledge.

Landrum, T. J., & Kauffman, J. M. (2003). Education of emotionally disturbed. In J. W. Guthrie (Ed.), *Encyclopedia of education* (2nd ed., pp. 726-728). Tompson Gale.

Lane, K. L. (1999). Young students at risk for antisocial behavior: The utility of academic and social skills interventions. *Journal of Emotional and Behavioral Disorders, 7*(4), 211-223. https://doi.org/10.1177/106342669900700403

Lane, K. L., Carter, E. W., Pierson, M. R., & Glaeser, B. C. (2006). Academic, social behavioral characteristics of high school students with emotional disturbances or learning disabilities. *Journal of Emotional and Behavioral Disorders, 14*(2), 108-112. https://doi.org/10.1177/10634266060140020101

Lane, K. L., & Menzies, H. M. (2005). Teacher-identified students with and without academic and behavioral concerns: Characteristics and responsiveness. *Behavioral Disorders, 31*(1), 65-83. https://doi.org/10.1177/019874290503100103

Lane, K. L., & Menzies, H. M. (Eds.). (2010). Academic problems. *Behavioral Disorders* [special issues].

Lee, A., & Gage, N. A. (2020). Updating and expanding systematic reviews and meta-analyses on the effects of school-wide positive behavior interventions and supports. *Psychology in the Schools, 57*(5), 783-804. https://doi.org/10.1002/pits.22336

Lee, E. O., Anson, L. E., Tindol, K. V., & Chirimwami, V. (2023). How mindfulness strategies can support social and emotional learning skill development for elementary grade students with emotional and behavioral disorders. *Beyond Behavior, 32*(1), 45-52. https://doi.org/10.1177/1074295622145198

Lewis, R. B., Wheeler, J. J., & Carter, S. L. (2017). *Teaching students with special needs in general education classrooms* (9th ed.). Pearson.

Lillig, M. (2018). Conduct disorder: Recognition and management. *American Family Physician, 98*(10), 584-592.

Lipscomb, S., Haimson, J., Liu, A. Y., Burghardt, J., Johnson, D. R., & Thurlow, M. L. (2017). *Preparing for life after high school: The characteristics and experiences of youth in special education. Findings from the National Longitudinal Transition Study 2012. Volume 2: Comparisons across disability groups: Full report*(NCEE 2017-4018). Department of Education, Institute of Education Sciences, National Center for Education Evaluation and Regional Assistance.

Mastropieri, M. A., & Scruggs, T. E. (2005). *Effective instruction for special education* (3rd ed). Pearson.

Matthys, W., & Lochman, J. E. (2017). *Oppositional defiant disorder and conduct disorder in childhood* (2nd ed.). Wiley-Blackwell.

Mattison, R. E. (2011). Comparison of students classified ED in self-contained and a self-contained school. *Education and Treatment of Children, 34*(1), 15-33. https://doi.org/10.1353/etc.2011.0003

Mattison, R. E. (2015). Comparison of students with emotional and/or behaviral disorders as classified by their school districts. *Behavioral Disorders, 40*(3), 196-209. https://doi.org/10.17988/0198-7429-40.3.196

Mattison, R, E., Benner, G, J., & Kumm, S. (2021). Characteristics and predictors for students classified with emotional and behavioral disorder who have also experience maltreatment. *Educational Considerations, 47*(1), Art. 6. https://doi.org/10.4148/0146-9282.2239

McGinnis, E. (2011a). *Skillstreaming in early childhood: New strategies and perspectives for teaching prosocial skills* (3rd ed.). Research Press.

McGinnis, E. (2011b). *Skillstreaming the adolescent: A guide for teaching prosocial skills* (3rd ed.). Research Press.

McGinnis, E. (2011c). *Skillstreaming the elementary school child: A guide for teaching prosocial skills* (3rd ed.). Research Press.

McKenna, J. W. (2022) *Inclusive instruction for students with emotional and behavioral disorders: Pulling back the curtain.* Lexington Books.

Mitchell, B. S., Kern, L., & Conroy, M. A. (2019). Supporting students with emotional or behavioral disorders: State of the field. *Behavioral Disorders, 44*(2), 70-84. https://doi.org/10.1177/0198742918816518

Mooney, P., & Ryan, J. B. (2021). Effective strategies for students with emotional and behavioral disorders. *Beyond Behavior, 30*(1), 3-3. https://doi.org/10.1177/10742956211004242

National Institute of Mental Health. (2018). *Teen depression.* Author. https://www.nimh.nih.gov/health/publications/teen-depression_20-mh-8089_150205.pdf

Nelson, J. R., Benner, G. J., & Bohaty, J. (2015). Addressing the academic performance problems and challenges of EBD students. In H. M. Walker & F. M. Gresham (Eds.), *Handbook of evidence-based practices for students having emotional and behavioral disorders: Applications in schools* (pp. 363-377). Guilford Press.

Olson, S. L., Davis-Kean, P., Chen, M., Lansford, J. E., Bates, J. E., Pettit, G. S., & Dodge, K. A. (2018). Mapping the growth of heterogeneous forms of externalizing behavior between early childhood and adolescence: A comparison of parent and teacher ratings. *Journal of Abnormal Child Psychology, 46*(5), 935-950. https://doi.org/10.1007/s10802-018-0407-9

Park, J., Turnbull, A. P., & Turnbull, H. R., III. (2002). Impacts of poverty on quality of life in families of children with disabilities. *Exceptional Children, 68*(2), 151-170. https://doi.org/10.1177/001440290206800201

Popham, M., Counts, J., Ryan, J. B., & Katsiyannis, A. (2019). A systematic review of self-regulation strategies to improve academic outcomes of students with EBD. *Journal of Research in Special Educational Needs, 18*(4), 239-253. https://doi.org/10.1111/1471-3802.12408

Povenmire-Kirk, T. C., Diegelmann, K. M., Crump, K., Schnorr, C. I., Test, D. W., Flowers, C., & Aspel, N. (2015). Implementing CIRCLES: A new model for interagency collaboration in transition planning. *Journal of Vocational Rehabilitation, 42*(1), 51-65. https://doi.org/10.3233/JVR-140723

Quinn, P. D., Rickert, M. E., Weibull, C. E., Johansson, A. L. V., Lichtenstein, P., Almqvist, C., Larsson, H., Iliadou, A. N., & D'Onofrio, B. M. (2017). Association between maternal smoking during pregnancy and severe mental illness in offspring. *JAMA Psychiatry, 74*(6), 589-596. https://doi.org/10.1001/jamapsychiatry.2017.0456

Reiss, F., Meyrose, A. K., Otto, C., Lampert, T., Klasen, F., & Ravens-Sieberer, U. (2019). Socioeconomic status, stressful life situations and mental health problems in children and adolescents: Results of the German BELLA cohort-study. *PloS One, 14*(3), e0213700. https://doi.org/10.1371/journal.pone.0213700

Reuben, J. D., Shaw, D. S., Neiderhiser, J. M., Natsuaki, M. N., Reiss, D., & Leve, L. D. (2016). Worm parenting and effortful control in toddlerhood: Independent and interactive predictors of school-age externalizing behavior. *Journal of Abnormal Child Psychology, 44*(6), 1083-1096. https://doi.org/10.1007/s10802-015-0096-6

Rhode, G., Jenson, W. R., & Williams, N. A. (2020). *The tough kid book: Practical classroom management strategies* (3rd ed.). Sopris West.

Richardson, G. A., McGauhey, P., & Day, N. L. (2000). Epidemiologic considerations. In M. Hersen & R. T. Ammerman (Eds.), *Advanced abnormal child psychology* (2nd ed., pp. 37-48). Routledge.

Rivera, D. P., & Smith, D. D. (1997). *Teaching students with learning and behavioral problems* (3rd ed.) Allyn and Bacon.

Robb, A. S., & Caldwell, G. S. (2019). Bejavoral and psychiatric disorders. In M. L. Batshaw, N. J.

Roizen, & L. Pellegrino (Eds.), *Children with disabilities* (8th ed., pp. 555-582). Brookes.

Rothbart, M. D., & Bates, J. E. (2006). Temperament. In W. Damon & R. M. Lerner (Eds.), *Handbook of child psychology: Vol 3 Social, emotional, and personality development* (6th ed., pp. 99-166). Wiley.

Rowe, R., Costello, E. J., Angold, A., Copeland, W. E., & Maughan, B. (2010). Developmental pathways in oppositional defiant disorder and conduct disorder. *Journal of Abnormal Psychology, 119*(4), 726-738. https://doi.org/10.1037/a0020798

Rubin, K. H., Coplan, R. J., & Bowker, J. C. (2009). Social withdrawal in childhood. *Annual Review of Psychology, 60*, 141-171. https://doi.org/10.1146/annurev.psych.60.110707.163642

Savage, J., Ferguson, C. J., & Flores, L. (2017). The effect of academic achievement on aggression and violent behavior: A meta-analysis. *Aggression and Violent Behavior, 37*, 91-101. https://doi.org/10.1016/j.avb.2017.08.002

Scott, T. M., & Cooper, J. T. (2017). Functional behavior assessment and function-based intervention planning: Considering the simple logic of the process. *Beyond Behavior, 26*(3), 101-104. https://doi.org/10.1177/1074295617716113

Sheaffer, A. W., Majeika, C. E., Gilmour, A. F., & Wehby, J. H. (2021). Classroom behavior of students with or at risk of EBD: Student gender affects teacher ratings but not direct observations. *Behavioral Disorders, 46*(2), 96-107. https://doi.org/10.1177/0198742920911651

Sher, L., & Kahn, R. S. (2019). Suicide in schizophrenia: An educational overview. *Medicina, 55*(7), 361. https://doi.org/10.3390/medicina55070361

Shiner, R. L., Buss, K. A., Mcclowry, S. G., Putnam, S. P., Saudino, K. J., & Zentner, M. (2012). What is temperament now? Assessing progress temperament research on the twenty-fifth anniversary of Goldsmith et al. *Child Development Perspectives, 6*(4), 436-444. https://doi.org/10.1111/j.1750-8606.2012.00254.x

Siperstein, G. N., Wiley, A. L., & Forness, S. R. (2011). School context and the academic and behavioral progress of students with emotional disturbance. *Behavioral Disorders, 36*(3), 172-184. https://doi.org/10.1177/019874291003600303

Skoulos, V., & Tryon, G. S. (2007). Social skills of adolescents in special education who display symptoms of oppositional defiant disorder. *American Secondary Education, 35*(2), 103-115.

Smith, T. E., Polloway, E. A., Patton, J. R., & Dowdy, C. A. (2020). *Teaching students with special needs in inclusive settings* (8th ed.). Pearson.

Sprague, J. R., & Walker, H. M. (2022). *Safe and healthy schools: Practical prevention strategies* (2nd ed.). Guilford Press.

Steele, K. R., Townsend, M. L., & Grenyer, B. F. S. (2019). Parenting and personality disorder: An overview and meta-synthesis of systematic reviews. *PloS One, 14*(10), e0223038. https://doi.org/10.1371/journal.pone.0223038

Strathearn, L., Giannotti, M., Mills, R., Kisely, S., Najman, J., & Abajobir, A. (2020). Long-term cognitive, psychological, and health outcomes associated with child abuse and neglect. *Pediatrics, 146*(4), e20200438. https://doi.org/10.1542/peds.2020-0438

Sugai, G., & Horner, R. H. (2020). Sustaining and scaling positive behavioral interventions and supports: Implementation drivers, outcomes, and considerations. *Exceptional Children, 86*(2), 120–136. https://doi.org/10.1177/0014402919855331

Tolan, P., Gorman-Smith, D., & Henry, D. (2001). New study to focus on efficacy of "whole school" prevention approaches. *Emotional & Behavioral Disorders in Youth, 2*, 5–6, 22–23.

Tourette Syndrome Association (2020). *What Is Tourette?* http://www.tsa-usa.org/Medical/whatists_cov.html

Vaughn, S. R., Bos, C. S., & Schumm, J. S. (2023). *Teaching students who are exceptional, diverse, and at risk in the general education classroom* (8th ed.). Pearson.

van Haren, N. E., Rijsdijk, F., Schnack, H. G., Picchioni, M. M., Toulopoulou, T., Weisbrod, M., Sauer, H., van Erp, T. G., Cannon, T. D., Huttunen, M. O., Boomsma, D. I., Hulshoff Pol, H. E., Murray, R. M., & Kahn, R. S. (2012). The genetic and environmental determinants of the association between brain abnormalities and schizophrenia: The schizophrenia twins and relatives consortium. *Biological Psychiatry, 71*(10), 915–921. https://doi.org/10.1016/j.biopsych.2012.01.010

Wagner, M., Kutash, K., Duchnowski, A. J., Epstein, M. H., & Sumi, W. C. (2005). The children and youth we serve: A national picture of the characteristics of students with emotional disturbances receiving special education. *Journal of Emotional and Behavioral Disorders, 13*(2), 79–96. https://doi.org/10.1177/10634266050130020201

Waldman, I. D., & Lillenfeld, S. O. (2000). Diagnosis and classification. In M. Hersen & R. T. Ammerman (Eds.), *Advanced abnormal child psychology* (2nd ed., pp. 21–36). Routledge.

Walker, H. M., & Gresham, F. M. (Eds.) (2014). *Handbook of evidence-based practices for students having emotional and behavioral disorders: Applications in schools*. Guilford Press.

Walker, J. D., & Barry, C. (2018). Assessing and supporting social-skill needs for students with high-incidence disabilities. *TEACHING Exceptional Children, 51*(1), 18–30. https://doi.org/10.1177/0040059918790219

Walter, H. J., Bukstein, O. G., Abright, A. R., Keable, H., Ramtekkar, U., Ripperger-Suhler, J., & Rockhill, C. (2020). Clinical practice guideline for the assessment and treatment of children and adolescents with anxiety disorders. *Journal of the American Academy of Child and Adolescent Psychiatry, 59*(10), 1107–1124. https://doi.org/10.1016/j.jaac.2020.05.005

Werts, M. G., Culatta, R. A., & Tompkins, J. (2007). *Foundations of special education: What every teacher needs to know* (3rd ed.). Merrill.

Wesseldijk, L. W., Bartels, M., Vink, J. M., van Beijsterveldt, C. E. M., Ligthart, L., Boomsma, D. I., & Middeldorp, C. M. (2018). Genetic and environmental influences on conduct and antisocial personality problems in childhood, adolescence, and adulthood. *European Child & Adolescent Psychiatry, 27*(9), 1123–1132. https://doi.org/10.1007/s00787-017-1014-y

Widom, C. S. (2009). Child abuse, neglect, and witnessing violence. In D. M. Stoff, J. Brelling, & J. D. Maser (Eds.), *Handbook of antisocial behavior* (pp. 159–170). Wiley.

Wigfield, A., & Ponnock, A. (2020). The relevance of expectancy-value theory to understanding the motivation and achievement on depression and anxiety. In A. J. Martin, R. A. Sperling, & K. J.

Newton (Eds.), *Handbook of educational psychology and students with special needs* (pp. 388–425). Routledge.

Yoshikawa, H., Aber, J. L., & Beardslee, W. R. (2012). The effects of poverty on the mental, emotional, and behavioral health of children and youth: implications for prevention. *The American Psychologist, 67*(4), 272–284. https://doi.org/10.1037/a0028015

Zirpoli, T. J. (2015). *Behavior management: Positive applications for teachers* (7th ed.). Pearson.

제**7**장

자폐 범주성 장애

I. 자폐 범주성 장애 아동의 이해

1. 자폐 범주성 장애의 정의

1) 개념 및 정의의 변천

자폐는 1943년 Kanner에 의해 처음으로 소개된 이래 지금까지 지속적인 관심을 받으면서 연구되어 온 장애 영역이다. 당시 소아정신과 의사였던 Kanner는 자신이 맡은 11명의 아동이 사람이나 상황과 일반적인 방법으로는 관계를 형성하지 못하는 특성을 보이는 것으로 설명하면서, 이들을 '유아 자폐(early infantile autism)'라고 칭하였다(Kanner, 1943). '자폐(autism)'라는 용어는 1911년 스위스의 정신과 의사인 Bluer가 조현병 환자에게서 나타나는 자신만의 세계로 위축되는 현상을 설명하기 위하여 '자기(self)'라는 의미를 지닌 그리스어 'autos'라는 단어를 근거로 사용하기 시작한 용어다. Kanner는 자폐가 (1) 생애 초기부터 시작되는 심각한 사회적 고립, (2) 사물에 대한 애착, (3) 고립과 동일성에 대한 지나친 집착의 세 가지 측면에서 조현병과는 다르다고 설명하였지만, 정신의학에서 사용하는 용어를 그대로 사용함으로써 장애의 속성에 대한 오해를 일으키기도 하였다(Powers, 2000). Kanner는 초기 연구에서 자폐의 개념에 대한 잘못된 가설을 포함하기도 했지만, 자폐를 체계적으로 설명한 최초의 학자로 자폐의 현행 정의에 근원적인 통찰력을 제시한 것으로 평가된다(Harris, 2018). 특히 모든 자폐 아동은 각자의 개별성에 따라 교육받아야 함을 강조함으로써 자폐 분야의 역사적인 선각자로 인정받고 있다.

Kanner 이후 자폐 관련 연구와 교육적 접근은 몇 차례 변화의 시기를 맞게 된다. 가장 먼저는 과학적인 자료가 누적되면서 '냉담한 어머니(refrigerator mother)'가 자폐를 일으킨다는 가설(Bettleheim, 1967)이 종식되었으며, 신경생물학적인 원인에 강조점을 두면서 보다 정확한 장애의 속성을 기반으로 한 교육적 접근의 노력이 시작되었다. 1980년대에 들어서면서 사회성 결함이 자폐의 장애 특성 연구의 주요 대상이 되기 시작하였으며, 그 후 많은 연구를 통하여 장애의 핵심 특성으로 사회성 장애를 고려하게 되었다(이소현, 1999; Rutter, 1983). 1990년 미국 「장애인교육법(IDEA)」이 자폐를 독립된 장애 영역으로 분류하면서부터 장애의 속성을 파악하고 적절한 중재를 제공하기 위한 연구가 활발하게 이루어지기 시작하였다. 현재까지도 원인을 규명하고, 진단 기준으로서의 사회 의사소통과 제한적이고 반복적인 행동 특성을 밝히고, 그 외 다양한 관련 특성을 이해하기 위한 연구가 계속되고 있으며, 이를 기반으로 교육현장에서 최상의 지원을 위한 노력도 계속되고 있다.

자폐의 개념 정립과 관련해서 최근에 나타난 가장 주목할 만한 변화는 자폐를 범주성 장애로 인식하기 시작하였다는 것이다. 1943년 자폐라는 장애가 처음으로 소개된 이래 상당히 오랜 시간 동안 자폐는 정확하게 분류되는 장애(categorical disorder), 다시 말해서 장애가 있다/없다로 양분되는 것으로 인식되었다. 그러나 자폐는 명확하게 구분되는 장애라기보다는 '자폐적 성향(autistic propensity)'의 연속선으로 이해되기 시작하였는데 (Rutter, 1999), 예를 들어 다른 사람과 상호작용하는 데 있어서의 어려움과 구어 및 비구어 의사소통의 결함, 환경의 동일성에 대한 고집, 상동행동이나 기타 자기자극행동, 감각 자극에 대한 특이한 행동 등의 다양한 측면에서 다양한 강도와 유형의 특성을 보인다는 것이다. 동시에 전형적인 신체적 성장과 발달을 보이는 경우가 많으며, 독특한 기술이나 지식 및 능력을 보이는 경우도 보고된다. 특히 이들은 평균 또는 그 이상의 지능 및 언어 능력에서부터 지적장애나 구어의 완전한 결손과도 같은 심각한 장애에 이르기까지 폭넓은 범위의 기능과 능력을 보인다(Maenner et al., 2023). 이와 같이 폭넓은 범주로 나타나는 다양한 특성을 보이는 장애를 지칭하기 위하여 자폐 범주성 장애(autism spectrum disorders: ASD)라는 용어가 등장하였으며, 이 용어는 자폐의 범주에 해당하는 폭넓은 범위의 하위유형 및 심각도를 모두 지칭하는 용어로 전문가 사이에 가장 많이 사용되고 있다(Strock, 2004; Vivanti, 2020).

자폐 범주성 장애라는 용어가 폭넓게 사용되기 시작하면서 2013년 미국정신의학협회 (American Psychiatric Association: APA)의 『정신질환의 진단 및 통계 편람, 5판(Diagnostic and Statistical Manual of Mental Disorders, DSM-5)』(APA, 2013)에서도 공식 용어로 채택되었다. 이와 같은 용어 사용에서의 변화는 그 개념 정립에도 변화를 가져왔는데, DSM-IV-TR(APA, 2000)에서 유사한 의미로 사용되었던 전반적 발달장애(pervasive developmental disorders: PDD)를 대체하면서 그 하위유형으로 분류되었던 자폐성 장애, 레트장애, 소아기 붕괴성 장애, 아스퍼거 장애, 달리 분류되지 않는 전반적 발달장애(pervasive developmental disorder-not otherwise specified: PDD-NOS)의 다섯 가지 장애와의 관계도 정리되었다. 유전적 원인이 규명된 레트장애를 제외하고 나머지 유형은 모두 자폐 범주성 장애로 흡수되었다. 전반적 발달장애의 하위유형을 모두 삭제하고 자폐 범주성 장애라는 새로운 개념을 도입한 이와 같은 변화에 대해서는 그 적절성에 대해 계속 논의되고 있다 (Jackson & Volkmar, 2019; Rosen et al., 2021). 예를 들어, 기존에 전반적 발달장애로 진단되었던 모든 아동이 자폐 범주성 장애로 다 포함될 수 있는지에 대한 우려가 제기되기도 하였는데(Lord & Bishop, 2015), 즉 사회 의사소통의 손상만으로도 PDD-NOS로 진단될 수 있었던 아동은 자폐 범주성 장애로는 진단되지 않기 때문에 서비스 접근이 어려울 수도 있다는 것이다. 따라서 이러한 서비스 접근권을 해결하기 위하여 사회 의사소통 장애 (social communication disorder: SCD)라는 새로운 장애 개념이 등장하였다(APA, 2013). 그러나 지금까지 이루어진 많은 연구 결과를 통하여 자폐의 범주성 개념은 수용되고 있으며, 결과적으로 '자폐 범주성 장애'는 장애의 특징적인 특성을 반영한 용어라 할 수 있다.

장애의 개념을 정립하기 위해서는 장애가 지니는 특성을 먼저 확인해야 한다. 지금까지 장애의 특성을 확인한다는 것은 일반적으로 발달이나 기능에 있어서 전형성의 범위에서 벗어나는 정도와 속성을 파악하기 위한 노력이었으며, 이러한 노력을 통하여 각 장애의 특성에 따라 적절한 지원을 제공하게 된다. 그러나 장애를 이해할 때 지체, 일탈, 결함 등의 관점으로만 바라보기보다는 개인이 지닌 능력과 강점에 대해서도 함께 고려해야 한다. 특히 자폐의 경우 범주성 장애의 특성으로 인하여 다양한 측면에서 폭넓은 범위의 발달이나 기능을 보이며, 이러한 장애 특성은 개인의 특성과 맞물려 더욱 풍부한 다양성으로 드러난다. 이와 같은 다양성은 인간 사회의 여러 측면에서의 다양성의 한 줄기로 이해되어야 한다는 신경다양성(neurodiversity)의 개념(Baron-Cohen, 2017; Pellicano & den Houting, 2021)으로도 이어진다. 또한 이들이 보이는 독특한 인지 처리 과정이나 특별한 관심 등 장애로 인한 특성 및 개인적인 특성을 반영한 강점 중심의 접근이 강조되면서(Donaldson et al., 2017; Jones et al., 2022) 교육에서의 보다 긍정적인 접근 방법론 역시 강조된다. 그러므로 자폐 범주성 장애 아동을 가르치는 교사는 이들의 다양성을 인정하면서 개인의 강점 또는 선호 기반 잠재력을 최대한 발휘할 수 있도록 적절한 지원을 제공할 수 있어야 할 것이다.

2) 현행 정의 및 진단 기준

우리나라는 1994년 「특수교육진흥법」 개정으로 정서장애를 '정서장애(자폐 포함)'으로 명시하면서 자폐라는 진단명으로 특수교육 적격성을 인정하기 시작하였다. 그 후 2007년에 「장애인 등에 대한 특수교육법」에서 자폐를 '자폐성장애'라는 용어로 기타 장애 영역

표 7-1 우리나라와 미국의 특수교육 관련 법률에 따른 자폐의 정의

법률	용어	정의
장애인 등에 대한 특수교육법 (2007)	자폐성장애를 지닌 특수교육대상자	사회적 상호작용과 의사소통에 결함이 있고, 제한적이고 반복적인 관심과 활동을 보임으로써 교육적 성취 및 일상생활 적응에 도움이 필요한 사람
장애인교육법 (IDEA 2004)	자폐 (autism)	(i) 구어와 비구어 의사소통 및 사회적 상호작용에 심각한 영향을 미치는 발달장애로, 일반적으로 3세 전에 나타나며 교육적 성취에 부정적인 영향을 미침. 함께 나타나곤 하는 기타 특성에는 반복적인 활동 및 상동적인 움직임, 환경이나 일과의 변화에 대한 저항, 감각경험에 대한 특이한 반응이 있음 (ii) 교육적 성취에 부정적인 영향을 미치는 주요 원인이 아래에서 설명하는 정서장애인 경우는 해당하지 않음 (iii) 3세 이후에 자폐의 특성을 보이는 경우 (i)의 기준에 해당하면 자폐를 지닌 것으로 판별될 수 있음

과는 다른 독립된 장애 영역으로 분류하고 관련 정의를 제시하였다. 미국에서도 자폐를 정서장애 또는 기타 건강상의 장애(other health impairment)로 특수교육 적격성을 인정하던 시기를 거쳤으나, 우리보다 앞서 1990년 「장애인교육법(IDEA)」 개정에서 자폐를 독립된 장애 영역으로 분류하였다. 〈표 7-1〉은 현재 우리나라와 미국의 특수교육 관련 법률에서 사용하는 자폐 관련 용어와 정의를 보여 준다.

〈표 7-1〉에서도 알 수 있듯이 특수교육 관련 법률에서 명시하는 정의는 사회 의사소통에서의 어려움과 제한적이고 반복적인 행동을 핵심적으로 포함한다. 현재 자폐 범주성 장애를 진단하기 위해서, 또는 관련 연구를 수행하는 학문 분야에서 가장 많이 사용되는 정의는 미국정신의학협회(APA)의 DSM-5-TR에서 제시하는 진단 기준이다. 이 진단 기준에서는 자폐 범주성 장애를 다음과 같이 다섯 가지로 설명한다(APA, 2022): (1) 사회적 의사소통 및 사회적 상호작용의 결함, (2) 제한적이고 반복적인 행동, 관심, 활동, (3) 초기 발달 시기에 발현, (4) 현재의 기능 손상, (5) 지적장애나 발달지체로 설명되지 않음. 이 외에도 현재 증상의 정도를 명시할 수 있도록 심각도 기준을 제시하고 있으며, 지능과 언어에서의 손상 여부, 알려진 위험요인, 기타 신경발달·정신·행동 문제와 긴장증 여부도 명시하게 하였다(〈표 7-2〉 참조).

표 7-2 DSM-5-TR의 자폐 범주성 장애 진단 기준

자폐 범주성 장애 (autism spectrum disorder: ASD)

A. 다양한 분야에 걸쳐 나타나는 사회적 의사소통 및 사회적 상호작용의 지속적인 결함으로 현재 또는 과거력상 다음의 특징 모두에서 나타난다.

1. 사회-정서적 상호성의 결함(예: 비전형적인 사회적 접근과 전형적인 주고받는 대화의 실패, 관심사나 정서 또는 감정 공유의 감소, 사회적 상호작용의 시작 및 반응 실패)

2. 사회적 상호작용을 위한 비구어 의사소통 행동의 결함(예: 구어와 비구어 의사소통의 불완전한 통합, 비전형적인 눈 맞춤과 몸짓 언어 또는 몸짓 이해 및 사용의 결함, 얼굴 표정과 비구어 의사소통의 전반적 결여)

3. 관계 형성 및 유지와 관계에 대한 이해의 결함(예: 다양한 사회적 상황에 맞게 행동을 조정하기 어려움, 상상놀이를 공유하거나 친구 사귀기 어려움, 또래에 대한 관심 결여)

B. 제한적이고 반복적인 행동이나 관심 또는 활동이 현재 또는 과거력상 다음 중 적어도 2가지 이상에 의해서 나타난다.

1. 상동적이거나 반복적인 운동성 동작, 물건 사용 또는 말하기(예: 단순한 운동성 상동행동, 놀잇감을 정렬하거나 물건 튕기기, 반향어, 특이한 문구 사용)

2. 동일성에 대한 고집, 일과에 대한 융통성 없는 집착, 의례적인 구어 또는 비구어 행동 양상(예: 작은 변화에 대한 극심한 고통, 변화의 어려움, 완고한 사고방식, 의례적인 인사, 같은 길로만 다니기, 매일 같은 음식 먹기)

3. 강도나 초점에 있어서 비전형적으로 심하게 제한되고 고정된 관심(예: 특이한 물건에 대한 강한 애착 또는 집착, 과도하게 국한되거나 고집스러운 관심)

4. 감각 정보에 대한 과잉 또는 과소 반응, 또는 환경의 감각적인 속성에 대한 특이한 관심(예: 통증/온도에 대한 명백한 무관심, 특정 소리나 감촉에 대한 부정적 반응, 과도한 냄새 맡기 또는 물건 만지기, 빛이나 움직임에 대한 시각적 매료)

C. 증상은 반드시 초기 발달 시기부터 나타나야 한다(그러나 사회적 요구가 개인의 제한된 능력을 넘어서기 전까지는 증상이 완전히 나타나지 않을 수 있고, 나중에는 학습된 전략에 의해 증상이 가려질 수 있다).

D. 이러한 증상은 사회성이나 직업 또는 기타 중요한 현재의 기능 영역에서 임상적으로 뚜렷한 손상을 초래한다.

E. 이러한 장애는 지적 발달 장애(지적장애) 또는 전반적 발달지체로 더 잘 설명되지 않는다. 지적장애와 자폐 범주성 장애는 자주 동반된다. 자폐 범주성 장애와 지적장애를 함께 진단하기 위해서는 사회적 의사소통이 전반적인 발달 수준에서 기대되는 것보다 낮아야 한다.

주의: DSM-Ⅳ의 진단 기준상 자폐성 장애, 아스퍼거 장애 또는 달리 분류되지 않는 전반적 발달
　　장애로 진단된 경우는 자폐 범주성 장애로 진단해야 한다. 사회 의사소통에 뚜렷한 결함이
　　있으나 자폐 범주성 장애의 다른 진단 항목을 충족시키지 못하는 경우는 사회(화용) 의사소
　　통 장애로 평가한다.

사회 의사소통 손상 및 제한적이고 반복적인 행동이나 관심 또는 활동을 근거로 현재의 심각도를 명시할 것:
　　상당히 많은 지원을 필요로 함
　　많은 지원을 필요로 함
　　지원을 필요로 함

다음의 경우 명시할 것:
　　지적 손상을 동반하거나 동반하지 않는 경우
　　언어 손상을 동반하거나 동반하지 않는 경우

다음의 경우 명시할 것:
　　알려진 의학적 또는 유전적 상태 또는 환경적 요인과 연관된 경우
　　(부호화 시 주의점: 관련된 의학적 또는 유전적 상태를 식별하기 위하여 추가 부호를 사용할 것)
　　다른 신경발달, 정신 또는 행동 문제와 연관된 경우

다음의 경우 명시할 것:
　　긴장증을 동반한 경우(정의에 대해서는 다른 정신장애와 관련이 있는 긴장증의 기준을 참조할
　　것)(부호화 시 주의점: 공존 긴장증이 있는 경우에는 자폐 범주성 장애와 관련이 있는 긴장증
　　에 대한 추가적인 부호 F06.1을 사용할 것)

출처: American Psychiatric Association (APA). (2022). *Diagnostic and Statistical Manual, Fifth edition* (DSM-5-TR. pp. 56-57). American Psychiatric Publishing.

　　DSM-5-TR의 진단 기준에서는 자폐 범주성 장애를 진단할 때 장애의 심각도를 구분하여 명시하게 하는데, 교육현장에서는 이러한 심각도를 해석할 때 주의를 기울여야 한다. 자폐 범주성 장애의 심각도는 환경적인 지원의 맥락 등 기타 관련 변인을 고려하지 않고 판단하기가 매우 어렵다. 특히 이 심각도 기준은 장애의 심각도를 평가하기보다는 이들의 행동이 얼마나 의존적이고 지원이 필요한지 알게 해주는 단순한 지표로 개발되었기 때문에(Martin et al., 2018) 장애 증상의 심각도로 이해해서는 안 되며 개발의 의도에 맞게 해석해야 한다. 즉, 자폐 범주성 장애가 매우 이질적인 집단을 구성할 뿐만 아니라 발달에 따른 변화가 나타나기도 한다는 사실을 기억하고 명시된 심각도를 장애의 고정된 증상으로 이해하기보다는 현재 필요한 지원의 맥락에서 이해해야 한다는 것이다.

표 7-3   DSM-5-TR에서 제시하는 자폐 범주성 장애의 심각도 수준

심각도 수준	사회 의사소통	제한적이고 반복적인 행동
3단계 '상당히 많은 지원이 필요한 수준'	구어 및 비구어 사회 의사소통 기술에서의 심각한 결함으로 인하여 기능에 있어서의 심각한 손상, 매우 제한된 사회적 상호작용의 시작, 다른 사람의 사회적 제안에 대한 최소한의 반응을 보인다. 예를 들어, 알아들을 수 있는 말을 거의 하지 않는 사람으로 상호작용을 거의 시작하지 않으며, 상호작용을 시작하는 경우에도 필요를 충족시키기 위해서만 이상한 방식으로 하고 매우 직접적인 사회적 접근에 대해서만 반응한다.	융통성 없는 행동, 변화에 대처하는 데 있어서의 극심한 어려움, 제한적/반복적인 행동이 모든 분야에서의 기능을 현저하게 방해한다. 초점이나 행위를 변경하는 데에 극심한 고통/어려움이 있다.
2단계 '많은 지원이 필요한 수준'	구어 및 비구어 사회 의사소통 기술에서의 현저한 결함, 지원이 주어질 때도 나타나는 명백한 사회적 손상, 제한된 사회적 상호작용의 시작, 다른 사람의 사회적 접근에 대한 감소된 또는 비전형적인 반응을 보인다. 예를 들어, 간단한 문장으로 말할 수 있는 사람으로 상호작용이 편협한 특정 관심사에만 제한되고 현저하게 이상한 비구어 의사소통을 보인다.	융통성 없는 행동, 변화에 대처하는 데 있어서의 어려움, 제한적/반복적인 행동이 우연히 목격하는 사람도 알아차릴 수 있을 정도로 자주 나타나며, 다양한 상황에서의 기능을 방해한다. 초점이나 행위를 변경하는 데에 고통 및/또는 어려움이 있다.
1단계 '지원이 필요한 수준'	지원이 주어지지 않으면 사회 의사소통에서의 결함이 분명한 손상을 야기한다. 사회적 상호작용을 시작하는 데 어려움을 보이며, 다른 사람의 사회적 접근에 대한 반응이 비전형적이거나 성공적이지 못하다. 사회적 상호작용에 대한 관심이 별로 없는 것 같아 보일 수도 있다. 예를 들어, 완전한 문장으로 말할 수 있는 사람으로 의사소통에 참여는 하지만 다른 사람과 대화를 주고받는 데에는 실패할 수 있으며 친구를 사귀려는 시도가 이상하고 대체로 성공적이지 못하다.	융통성 없는 행동이 한 가지 이상의 상황에서의 기능을 심각하게 방해한다. 활동 간 전환이 어렵다. 조직력과 계획력의 문제가 독립을 방해한다.

〈표 7-3〉은 〈표 7-2〉의 항목 A와 B에서 말하는 표 2에 해당하는 심각도 수준으로 사회 의사소통과 제한적이고 반복적인 행동 각각에 대한 3단계 수준을 보여 준다.

3) 자폐 범주성 장애 관련 용어

장애의 개념을 이해하는 데 있어서 장애를 지칭하기 위하여 사용하는 용어를 이해하는 것은 중요하다. 특히 자폐 범주성 장애의 경우 그 개념이 정립되는 과정에서 다양한 변화가 있었으며, 그로 인하여 다양한 용어가 사용되면서 교육과 임상 현장에 개념에 대한 혼동을 초래하거나 소통의 어려움을 일으키기도 하였다. 그러므로 장애의 개념을 정확하게 이해하기 위해서는 자폐와 관련해서 사용되고 있는 각각의 용어가 어떤 배경과 맥락에서 어떤 뜻으로 사용되어 왔는지 먼저 이해할 필요가 있다.

현재 자폐, 자폐성 장애, 자폐 범주성 장애, 자폐 스펙트럼 장애, ASD(autism spectrum disorder), 전반적 발달장애(PDD), 달리 분류되지 않는 전반적 발달장애(PDD-NOS), 아스퍼거 장애 등의 다양한 관련 용어가 사용되고 있다. 이 중에서 자폐 스펙트럼 장애와 ASD는 자폐 범주성 장애를 전체 또는 부분적으로 영어 표기한 것으로 같은 의미의 용어라 할 수 있으며, 전반적 발달장애(PDD)는 앞에서도 설명하였듯이 2013년 DSM-5 개정 시 자폐 범주성 장애로 대체되었다. 자폐성 장애, 아스퍼거 장애, 달리 분류되지 않는 전반적 발달장애(PDD-NOS)는 전반적 발달장애의 하위유형 장애로 전반적 발달장애가 자폐 범주성 장애로 대체되면서 모두 흡수 포함되었다. 이 중에서 자폐성 장애의 경우 현재 우리나라 교육부 및 보건복지부의 공식 용어로 사용되고 있다. 그러나 자폐성 장애는 과거 전반적 발달장애 다섯 가지 하위유형 중 하나를 지칭하기 위하여 사용되었던 용어로 현재 자폐 관련 폭넓은 증상과 정도를 모두 포함하는 자폐 범주성 장애와는 달리 그 의미가 제한될 수 있으므로 그 사용에 주의를 기울여야 한다(이소현, 2020).

아스퍼거 장애도 DSM-5의 진단 기준에서 사라진 용어로 아스퍼거 증후군(Asperger syndrome)으로도 불린다. 아스퍼거 장애는 언어 발달이 지체되지 않고 평균 또는 그 이상의 지적 기능을 보인다는 점에서 자폐성 장애와 구분되는 것으로 강조되었지만, 실제로는 아스퍼거 장애로 진단되는 대부분의 아동이 자폐성 장애의 진단 기준을 충족하는 것으로 지적되면서(Williams et al., 2008) 자폐 범주성 장애 안으로 흡수되기에 이르렀다. 현재 아스퍼거 장애는 장애진단 체계에서는 사용되지 않지만, 삶의 현장에서는 공동체의 정체성을 유지하는 차원에서 당사자와 그 가족 및 관련 연구자에 의해 계속 사용되

표 7-4 자폐 범주성 장애의 관련 용어

용어	설명
자폐 (autism)	미국 「장애인교육법(IDEA)」에서 사용하는 용어로 3세 이전에 나타나 구어 및 비구어 의사소통과 사회적 상호작용에 심각한 영향을 미침으로써 아동의 교육적 성취에 부정적인 영향을 미치는 발달장애로 정의됨. 그러나 대화 중에 누군가가 '자폐'라는 용어를 사용한다면 대체로 아래의 자폐 관련 장애를 포괄적으로 포함하는 자폐 범주성 장애의 의미로 사용할 가능성이 큼.
자폐성 장애 (autistic disorder)	DSM-IV의 전반적 발달장애 5개 하위영역 중 하나인 전형적인 자폐를 나타내는 용어로 사용되었으나 자폐의 개념이 폭넓은 범주성 장애로 정립되기 시작하면서 그 사용이 제한되고 있으며, DSM-5에서 자폐 범주성 장애로 흡수되면서 현재 공식적인 진단 체계에서는 사용되지 않음. 그러나 우리나라 「장애인 등에 대한 특수교육법」과 「장애인복지법」에서는 현재 공식적인 용어로 사용하고 있으므로 이에 대한 개선이 요구됨.
자폐 범주성 장애 (autism spectrum disorder: ASD)	DSM-IV의 전반적 발달장애(PDD)를 대체하기 위해서 DSM-5에서 채택한 용어로, 자폐가 범주성 장애로 그 개념이 정립되면서 다양한 기능과 유형의 자폐 관련 장애를 모두 포함하는 포괄적인 의미를 지니며 학계에서 가장 많이 사용되고 있음.
아스퍼거 장애 (Asperger's disorder)	DSM-IV의 전반적 발달장애 5개 하위영역 중 하나로 자폐의 행동 특성을 보이지만 언어 및 인지 발달에 이상이 없는 경우를 칭하는 용어로 사용되었음. DSM-5에서는 자폐 범주성 장애로 흡수되었으며 현재는 사용되지 않음. 그러나 정보 전달 및 의사소통의 목적으로 또는 당사자와 그 가족 및 옹호 집단의 주장으로 아직도 용어가 병용되고 있으며, 고기능 자폐와 동일한 개념인지에 대한 논의도 아직 진행되고 있음. 아스퍼거 증후군으로도 불림.
전반적 발달장애 (pervasive developmental disorder: PDD)	DSM-IV에서 자폐성 장애, 아스퍼거 증후군, 레트장애, 소아기 붕괴성 장애, 달리 분류되지 않는 전반적 발달장애(PDD-NOS)의 5개 하위유형을 포괄하는 의미로 사용된 용어로 DSM-5에서 자폐 범주성 장애로 대체됨.
달리 분류되지 않는 전반적 발달장애 (pervasive developmental disorder-not otherwise specified: PDD-NOS)	DSM-IV의 전반적 발달장애(PDD) 5개 하위영역 중 하나로 자폐성 장애 또는 아스퍼거 증후군과 유사한 특성을 보이지만 장애진단상 유의한 측면에서 달라서(예: 발생 시기) 진단 기준에는 부합하지 않는 경우를 칭하는 용어로 DSM-5에서는 자폐 범주성 장애로 흡수됨.

고 있으며(Giles, 2014), 자폐와의 관계를 규명하고자 하는 연구도 계속 진행되고 있다(예: Chiang et al., 2014; Edelsen, 2022). 〈표 7-4〉는 지금까지 설명한 자폐 범주성 장애 관련 용어와 그 설명을 보여 준다.

2. 자폐 범주성 장애의 원인

자폐 범주성 장애는 신경발달장애로 그 증상은 생애 초기에 나타나기 시작한다. 지금까지 그 원인을 규명하기 위한 수많은 노력이 기울여져 왔으며 지금도 그러한 노력이 계속되고 있는 것은 사실이지만 아직도 대다수 사례에 있어서 정확한 원인이 밝혀지지 않고 있는 것 또한 사실이다. 그러나 지금까지 이루어진 연구의 결과를 통하여 자폐 범주성 장애가 어머니의 양육 태도와 같은 정서적 또는 행동주의적 요인에 의하여 발생한다는 주장(예: Bettleheim, 1967)은 수용되지 않으며, 부모는 문제의 원인이기보다는 오히려 교육현장에서 문제를 해결하는 데 기여하는 파트너로 인식된다(Turnbull et al., 2024). 현재 자폐 범주성 장애의 원인을 이해하기 위해서 그 발생과 관련된 것으로 여겨지는 여러 가지 요인에 관한 연구가 이루어지고 있는데, 주로 두뇌 발달 측면에서의 차이를 규명하거나 유전 가능성에 대해서 알아보거나 이러한 생물학적 기반에 영향을 미치는 환경적 요인이 있는지를 살펴보는 등의 측면에서 이루어지고 있다. 그러므로 여기서는 두뇌 또는 유전과 관련된 생물학적 요인과 환경적 요인으로 나누어 자폐 범주성 장애 발생의 위험요인을 알아보고자 한다.

1) 생물학적 요인

두뇌와 관련해서는 뇌간, 소뇌, 전두엽, 측두엽, 대뇌피질 등 두뇌의 다양한 영역에서의 기능이 자폐 범주성 장애와 연관된 것으로 보고된다. 두뇌가 크고 무겁다거나 생애 초기에 지나친 성장으로 구조적인 이상을 보이는 등의 외형적인 요인에 대해서도 장애의 원인과 관련해서 연구되고 있다(Hazlett et al., 2017). 또한 두뇌 및 중추신경계의 특정 신경전달물질의 관련성에 대해서도 연구되고 있는데, 예를 들어 많은 사례에서 신경전달물질인 세로토닌이 과다하게 발견되거나, 거울신경 또는 신경세포의 연접부인 시냅스에서의 기능 이상이 발견된다(Anderson, 2014; Lynn et al., 2018). 즉, 사회적 상호작용이 잘 이루어지기 위해서는 두뇌의 신경세포가 서로 잘 연결되어야 하는데 자폐 범주성 장애의 경우 이와 같은 연결성에서 다양한 형태의 기능 이상이 발견된다는 것이다. 현재는 두뇌의 너무 많은 부분이 자폐 범주성 장애와 관련되는 것으로 나타나고 있으므로 특정 부위의 기능 이상에 대해서보다는 두뇌 체계의 사회성 및 언어 등 복잡한 행동의 학습을 지원하는 특정 네트워크 이상에 관심이 기울여지고 있다. 실제로 사회성 및 정서 조절을 담당하는 두뇌에 대한 연구가 활발하게 이루어지면서 사회적 자극을 처리할 때 이상이 나타나는 등과 관련된 사회적 두뇌 이상 가설이 지지되기도 한다(Peng et al., 2020; Wataru & Shota, 2019).

유전의 경우 자폐 범주성 장애 발생에 직접적인 영향을 미치는 것으로 입증할 만한 자료가 보고되어 왔다. 이들 연구에 의하면 가족 중 한 사람이 자폐로 진단되는 경우 다른 가족이 자폐일 확률은 매우 높아진다. 예를 들어, 일란성 쌍생아의 경우 이란성 쌍생아보다 그 확률이 더 높아지며(Perry et al., 2017), 쌍생아가 아니더라도 형제자매가 자폐인 경우 자폐로 진단될 확률이 높아진다(Waye & Cheng, 2018). 또한 자폐 아동의 가족은 자폐로 진단받지 않더라도 자폐적인 행동 특성을 더 많이 보이는 것으로 보고된다(Stone et al., 2007; Wood et al., 2015). 유전자 변이 역시 자폐 범주성 장애 발생 요인으로 연구되고 있다(Li et al., 2020). 이와 같이 자폐 범주성 장애 발생과 관련된 유전적 요인은 장애 발생 위험요인으로 수용되기 시작하였지만, 어떤 유전자가 어떻게 장애의 원인으로 기여하는지를 보여 주는 경로에 대한 정확한 정보는 아직 부족한 실정이다. 밝혀진 유전자의 경우도 발달에 미치는 영향력은 개인마다 모두 다를 수 있다. 그러므로 더욱 많은 연구를 통하여 자폐 범주성 장애에 대한 유전적 기여 요인을 확인하기 위한 노력이 계속되어야 할 것이다.

2) 환경적 요인

자폐 범주성 장애의 발생과 관련된 환경적 요인 역시 생물학적 요인만큼 복잡하고 다양하다. 조산이나 임산모의 감염, 출생 전후 특정 약물이나 화학물질에 대한 노출, 방사선이나 중금속 노출 등 다양한 요인이 자폐 범주성 장애 발생에 어떠한 영향을 미치는지 연구되고 있다. 그러나 이러한 환경적 요인은 현재 장애 발생의 단일 원인으로 제시되지는 않고 있으며, 앞에서 설명한 유전적 요인이나 기타 신경생물학적 요인과 상호작용하면서 개인에 따라 자폐 범주성 장애의 발생에 영향을 미치는 것으로 이해된다(Gernert et al., 2020; Kumar et al., 2019). 즉, 동일한 환경적 요인에 노출되었다고 해서 모두가 자폐

범주성 장애를 보이는 것은 아니며, 이는 개인에 따라 특정 환경적 요인이 특정 유전자에 상호적인 영향을 미치면서 유전자의 활동을 변형시키는 정도가 다르기 때문이다. 그러므로 특정 환경적 요인이 자폐 범주성 장애 발생과 관련이 있다고 해서 인과관계가 있는 것으로 해석해서는 안 되며, 인간 발달의 복잡한 생물학적 현상에 영향을 미치는 요인으로 이해해야 한다. 특히 과학적으로 입증되지 않은 원인론의 경우 잘못된 치료적 접근으로 이어질 수도 있으므로 각별한 주의를 기울여야 한다. 예를 들어, 티메로살 성분이 포함된 MMR(홍역, 유행성 이하선염, 풍진) 백신 접종이 자폐 범주성 장애의 발생에 직접적인 영향을 미친다는 주장은 부모로 하여금 자녀의 예방 접종을 피하게 함으로써 아동을 특정 질병에 노출하는 위험한 결과를 초래하기도 하였다(Glickman et al., 2017). 그러나 지금까지 이루어진 수많은 연구는 백신 접종이 자폐의 발생과 아무런 관련이 없는 것으로 밝히고 있다(DeStefano & Shimabukuro, 2019).

　　결론적으로, 자폐 범주성 장애의 원인과 관련해서는 아직 정확한 이론을 단정적으로 제시할 수 없다. 그러나 지금까지 이루어진 연구의 결과에 근거해서 자폐 범주성 장애는 복합 유전자의 조합으로 인하여 장애 발생 위험에 노출된 상태에서 특정 환경적 요인(알려지지 않은)이 결합할 때 발생한다는 가설이 설득력 있게 제시된다(Bernier et al., 2020; Interactive Autism Network, 2007). 결과적으로 자폐 범주성 장애는 복합적인 생물학적 원인에 의하여 발생하는 행동적 증후군(behavioral syndrome)으로 가장 잘 설명될 수 있다(Berney, 2000; Mueller & Courchesne, 2000). 따라서 자폐 범주성 장애 아동을 교육하는 교사는 원인에 따른 치료적 접근보다는 행동적 증후로 인하여 발생하는 다양한 교육적 필요에 따라 개별적으로 접근하는 것이 가장 바람직한 방법임을 인식해야 한다. 특히 부모나 가족이 장애 발생과 관련해서 죄책감을 느끼지 않도록 해야 하며, 장애의 원인과는 상관없이 과학적으로 효과가 입증된 증거 기반의 실제를 통한 효과적인 교수가 가능하다는 사실을 잊지 않아야 할 것이다.

3. 자폐 범주성 장애 아동의 특성

　　자폐 범주성 장애는 비교적 최근까지 인구 10,000명 중 약 2~5명에게서 나타나는 매우 드문 장애로 알려져 왔으나(APA, 2000), 현재는 우리나라를 포함한 전 세계적으로 출현율 급증 현상이 보고되고 있다(Chiarotti & Venerosi, 2020; Kim et al., 2014; Salari, 2022).

이러한 현상은 우리나라 특수교육 현장에서도 나타나고 있는데, 2023년 기준 19,275명의 학생이 자폐성 장애로 특수교육 적격성을 인정받아 전체 특수교육대상자의 17.6%에 이르는 것으로 보고되었다(교육부, 2023). 이는 자폐가 독립된 장애 영역으로 분류되어 출현율이 보고되기 시작한 2009년 4,647명에 비해 약 4배가 넘게 증가한 것으로 지적장애 다음으로 많은 수를 차지한다. 이와 같은 출현율 증가는 자폐 범주성 장애의 개념이 정립되면서 진단 기준의 폭이 넓어지고 진단의 절차나 방법이 더욱 정교해졌을 뿐만 아니라 관련 전문가를 포함한 대중의 장애 관련 인식이 확장되었기 때문인 것으로 이해된다(Mazumdar et al., 2013; Shattuck, 2006). 그러나 이러한 증가 요인 외에도 실제 사례 수를 증가시키는 아직 알려지지 않은 요인이 존재할 가능성도 배제할 수는 없는 것으로 보고된다(Hertz-Picciotto & Delwiche, 2009). 결론적으로, 자폐 범주성 장애의 출현율은 예전보다 증가하고 있지만, 그 이유를 다 밝히지는 못하고 있으며 출현율 자체도 정확하게 제시할 수 없는 실정이다. 장애의 출현율 증가와 관련해서 가장 중요한 것은 교육현장에서 자폐 범주성 장애로 인하여 특별한 지원이 필요한 특수교육대상자가 늘어나고 있다는 사실이며, 더 나아가서는 이들을 정확하게 진단하고 판별하여 적절한 지원을 제공할 수 있어야 한다는 것이다. 그러므로 교사는 자폐 범주성 장애로 진단받는 아동이 인지 및 학업뿐만 아니라 사회-정서 및 행동적 측면에서 보일 수 있는 다양한 특성을 먼저 이해하고, 교육과정 내에서 이러한 특성에 따른 개별적인 요구에 대응할 수 있어야 할 것이다.

1) 인지 및 학업 성취

(1) 인지적 특성

장애의 정의에서 살펴보았듯이, 지적 기능은 자폐 범주성 장애를 진단하는 기준으로 포함되지 않는다. 그러나 실제로 자폐 범주성 장애를 진단할 때 지적 손상을 동반하는지 명시하도록 한 진단 기준(APA, 2022)을 고려한다면 지적 기능이 이들의 삶에 미치는 영향력을 추측할 수 있다. 자폐 범주성 장애 아동의 지적 기능은 이들의 자폐 증상의 심각도를 예측하게 해 주는 가장 강력한 변인 중 하나로 강조된다(Mehling & Tasse, 2016). 실제로 한 연구에 의하면, 3세 및 9세에 측정한 지적 기능이 이후의 학업 성취 및 성장을 예측하는 것으로 나타났다(Kim et al., 2018). 결과적으로 이들의 지적 기능은 학교 및 지역사회 적응과 성인기 예후에 상당한 영향을 미치기 때문에 이들을 교육할 때 자폐 고유의

특성과 함께 지적 기능을 반드시 고려해야 한다.

자폐 범주성 장애 아동의 지적 능력은 장애가 지니는 '범주성(spectrum)' 특징에 따라 다양한 수준으로 분포하며, 지능지수(IQ)에 따라 저기능 자폐(low-functioning autism: LFA)와 고기능 자폐(high-functioning autism: HFA)로 분류하기도 한다. 과거에는 자폐 범주성 장애로 진단되는 아동의 약 70~85%가 지적장애를 함께 보이는 것으로 알려져 왔으나(APA, 2000; Fombonne, 2005), 현재는 상당히 많은 아동이 평균 이상의 지능을 보이는 것으로 보고된다. 전 세계적으로 이루어진 2012년 이후의 출현율 연구를 검토한 최근의 연구에 의하면 지적장애 중복 자폐는 약 33%인 것으로 나타났다(Zeidan et al., 2022). 지능에서의 이와 같은 변화는 크게 두 가지로 그 이유를 추측해 볼 수 있는데, 첫째 앞에서도 언급하였듯이 장애의 개념이 범주성 장애로 확장되고 진단 절차가 정교화되면서 고기능 아동이 점점 더 많이 진단되기 때문이며(Takayanagi et al., 2022), 둘째 진단 연령이 빨라졌을 뿐만 아니라 생애 초기에 시작되는 집중적이고도 포괄적인 조기개입을 통하여 실제로 이들의 지능검사 점수가 향상되기 때문이다(Lord et al., 2006; Rogers & Vismara, 2008).

자폐 범주성 장애 아동은 지능검사를 통하여 정확한 지적 능력을 파악하기 어려울 수 있다. 그러므로 이들의 지능을 검사할 때에는 장애로 인한 특성이 이들의 잠재력을 가리지 않도록 주의를 기울여야 한다. 최근 자폐 범주성 장애 아동의 전반적인 지적 능력과 이를 구성하는 인지 프로파일을 이해하기 위한 노력이 이루어지고 있으며(이소현 외, 2022; Takayanagi et al., 2022), 우리나라에서도 국내 아동을 대상으로 관련 연구가 진행되고 있다(예: 박정훈 외, 2021; 이소현, 윤선아 외, 2023; 조은영 외, 2017). 그 결과를 살펴보면 측정 대상자의 연령이나 능력 또는 검사도구에 따라서 점수 분포나 하위검사 점수에서 차이가 있는 것은 사실이지만, 대체로 이들의 지능검사 점수는 불균형하며 이러한 불균형 양상은 저기능 집단과 고기능 집단에서 서로 다르게 나타나는 것으로 이해된다. 예를 들어, 저기능 집단의 경우 언어성 검사보다 동작성 검사에서 점수가 높게 나타나는가 하면, 고기능 집단에서는 동작성 검사보다 언어성 검사에서 더 균형 있는 점수가 나타나는 경향을 보이는데, 이러한 경향에서도 상당한 개인차가 보고된다. 또한 세부과제 수행에서도 불균형이 나타나는데, 예를 들어 지각추론에서는 높은 점수를 보이면서 작업기억에서는 낮은 점수를 보이기도 한다. 결론적으로 자폐 범주성 장애 아동의 지적 기능을 평가하기 위해서는 이들의 장애 특성을 고려하여 사회적 기술이나 언어 기술을 최소한으로 요구하는 도구를 사용하는 등 검사도구 선정이나 점수 해석에 주의를 기울여야 한

다. 특히 인지 프로파일상의 약점뿐만 아니라 상대적인 강점을 파악하여 지원 계획에 활용할 수 있어야 한다.

(2) 재능과 강점

자폐 범주성 장애 아동 중에는 특정 영역에서 자신의 일반적인 기능 수준에 비해 뛰어난 능력이나 기술을 보이기도 하는데, 이는 기능적이기보다는 '고립된 기술(splinter skills)'로 여겨진다(Heaton et al., 2008). 이렇게 특별한 능력을 보이는 아동 중에는 감탄을 자아낼 정도로 놀랄 말한 재능을 보이기도 하는데, 이러한 재능은 '서번트 증후군(savant syndrome)'으로 설명된다. 서번트 증후군은 지적장애 또는 기타 발달장애가 있는 사람에게서 나타나는 현상으로 이들 중 절반 정도가 자폐 범주성 장애인 것으로 보고된다(Treffert, 2014). 서번트 증후군은 공식적인 진단 기준이 있는 것은 아니지만 대체로 자신의 전반적인 능력에 비해 특정 분야에서만 높게 나타나는 비범한 능력을 말한다. [그림 7-1]은 서번트 증후군의 대표적인 예로 알려진 영국인 스티븐 월셔의 모습으로 짧은 시간 도시를 둘러본 후 정확하고 상세하게 그림으로 표현해 내는 놀라운 능력을 볼 수 있다. 이 외에도 음악, 미술, 수학, 암기력, 기계 조작 등의 특정 영역에서 뛰어난 능력을 보이는 사례가 보고되고 있는데(Treffert, 2006, 2009), 달력의 날짜와 요일을 순간적으로 계산하거나, 역사의 특정 내용을 모두 암기하거나, 복잡한 기계를 분해하고 조립하거나,

[그림 7-1] 자폐인이 보이는 서번트 증후군의 예

출처: 필립스 컬렉션(https://blog.phillipscollection.org/2018/11/29/progression-stephen-wiltshire/)

복잡하고 어려운 연산을 빠르고 정확하게 수행하거나, 접해본 적 없는 특정 언어를 단기간에 학습하여 사용하거나, 처음 들은 음악을 바로 악기로 연주하거나, 한 번 본 사물을 시각적으로 기억하여 그대로 표현해 내는 등의 능력을 포함한다. 서번트 증후군으로까지 불리는 능력은 매우 드물게 나타나는 것으로 이해되고 있지만, 실제로는 능력이나 기술을 어떻게 정의하는가에 따라서 많게는 30%까지도 이르는 것으로 보고되기도 한다(Howlin et al., 2009; Hughes et al., 2018; Treffert, 2009).

　자폐 범주성 장애 아동의 서번트 증후군을 설명하기 위한 다양한 가설이 연구되고 있지만 아직은 모두가 합의하는 타당한 이론이 제시되지 않고 있다. 중요한 것은 특정 영역에서의 뛰어난 능력을 보이는 아동의 경우 이러한 능력이 자신의 전반적인 지적 능력이나 일반적인 기능과는 무관하게 나타나며, 기타 영역에서는 매우 낮은 수행을 보일 수 있다는 것이다. 다시 말해서, 이들이 보이는 특정 능력이나 기술은 일반적인 인지 능력을 기반으로 나타나는 것이 아니며, 오히려 정보처리 과정에서 지각 또는 기억력에 의존하거나 자극과다선택 또는 세부사항에 대한 중앙응집력 등과 관련해서 나타나는 것으로 해석된다(Hughes et al., 2018; Mottron et al., 2006). 그러므로 교사는 서번트 증후군과 같은 자폐적 우수성이 삶의 현장에서는 그 기능성과 유용성이 떨어질 수 있다는 사실을 인지하고 이와 같은 특성을 이들이 지닌 강점으로 활용하여 좀 더 기능적이고 유용한 기술로 연계될 수 있도록 노력해야 한다.

　자폐 범주성 장애 아동 중에는 서번트 증후군은 아니어도 특정 분야에 대한 특별한 관심과 재능을 보이는 경우가 많다. 앞에서 설명한 특정 분야의 우수한 능력뿐만 아니라 장애의 속성으로 인하여 가지게 된 인지적 과정에서의 특성 또한 이러한 재능이 될 수 있다. 예를 들어, 시각적 학습자로서의 시각적 표현 능력, 기계적인 암기력을 통한 우수한 기억력, 특정 주제에 대한 끊임없는 관심과 방대한 지식, 동일한 작업에 대한 지치지 않는 관심과 열정, 세부적인 내용에 대한 선택적 집중 또는 신속한 파악 능력 등을 들 수 있다. 최근 이러한 관심과 재능을 학교 교육과정에 삽입하여 교과 내용에 대한 흥미를 유발하거나 진로 및 전환교육에 삽입하여 취업으로 연계하는 등 좀 더 적극적인 관심이 주어지고 있다. 이와 같은 변화는 앞에서 설명한 바와 같이 자폐 범주성 장애 아동에 대한 강점 중심의 접근이 강조된 것으로(Jones et al., 2022) 교사는 아동이 보이는 장애로 인한 특성과 개인적인 특성을 재능 또는 강점으로 인지하고 이를 적극적으로 활용하고 효율적으로 지지할 수 있어야 할 것이다.

(3) 학업 성취

학업 및 학교생활과 관련해서 일반적으로 자폐 범주성 장애 아동 중 지적장애를 함께 보이는 아동은 그렇지 않은 아동에 비해서 더 낮은 수행 수준을 보인다. 이것은 자폐 범주성 장애로 인하여 나타나는 특성에 지적장애로 인한 어려움이 가중되기 때문이다. 결과적으로 지적장애를 함께 보이는 아동을 위해서는 자폐 범주성 장애의 고유한 특성이 학업 성취에 미치는 영향을 고려해 주면서 동시에 지적 기능 수준에 따라 나타나는 학업 성취에서의 어려움도 함께 고려해야 하며, 더 나아가서는 다양한 수준의 지적 기능이 장애의 고유한 특성과 어떻게 상호작용적인 영향을 주고받는지도 주의를 기울여야 할 것이다.

지적 기능에 있어서 평균 이상의 능력을 보이는 고기능 자폐(HFA) 아동의 경우도 학업 성취에서 여러 가지 어려움에 직면한다. 이는 지적 기능과는 상관없이 자폐 범주성 장애로 인한 특성이 영향을 미치기 때문이다. 예를 들어, 기계적인 암기력이 뛰어나 학업 성취에서 우수한 결과를 보이기도 하지만, 특정 관심 영역에 대한 집착이나 융통성 없는 사고 스타일, 문제해결력이나 조직력에서의 어려움 등의 특성으로 인하여 과제 수행에서 심각한 문제를 경험하기도 한다. 특히 계획하기, 유연성, 억제력, 작업기억 등의 실행기능에서의 어려움은 과제를 조직적으로 수행하지 못하고 과제 및 시험을 정해진 시간 내에 완수하지 못하는 등의 학업 성취와 관련된 문제를 초래할 수 있다(이소현, 이귀남 외, 2023; Demetriou et al., 2019). 또한 주의집중의 어려움, 자극과다선택, 충동성, 과잉행동, 상동행동, 감각과 관련된 특이한 반응(예: 특정 감각에 대한 집착이나 회피) 등 장애로 인하여 나타나는 여러 가지 행동 특성은 학업 성취에 직접적인 영향을 미치게 된다. 때로는 성인과 같은 말투를 사용하고 내용은 이해하지 못하면서도 단어 회상력이 뛰어나 진보된 어휘력을 보이며 실제로는 이해하지 못하는 개념을 기계적으로 암기해서 사용하는 등의 특성을 보이면서 학습상의 어려움이 가려지기도 한다. 이러한 경우는 도움이 필요하다고 여겨지지 않아서 방치되거나 학습장애로 진단되기도 한다(Volkmar et al., 2014). 〈표 7-5〉는 자폐 범주성 장애 아동에게서 흔하게 나타나는 학습 및 성취상의 특성을 교과목별로 보여 준다.

자폐 범주성 장애 아동은 적절한 지원이 주어지면 학교에서의 학업 성취에 도움을 받을 수 있다. 이들은 특히 일반적인 학업 성취에 있어서 개인마다 특정 영역에서의 강점과 약점을 보일 뿐만 아니라 그 성과에서도 편차를 보이기 때문에 개별적인 프로파일에 대한 정확한 진단과 이를 기반으로 하는 교수적 접근이 중요하다. 그러므로 교사는 이들

| 표 7-5 | 자폐 범주성 장애 아동의 교과목 학습 및 성취상의 특성 |

교과	특성
읽기	• 자신의 지적 수준으로 설명되지 않는 어려움을 보이기도 함 어려서부터 글자나 숫자와 같은 문자에 특별한 관심을 보이고 조숙한 발달을 보이기도 함(예: 과독증) • 저학년에서 또래보다 우수했던 아동도 추상적인 개념이 많아지는 고학년 이후에는 성취도가 떨어지기도 함 • 읽기와 이해력 간의 편차를 보이며 읽기나 맞춤법에는 문제가 없는 경우에도 이해력에서 문제를 보이는 경우가 많음
쓰기	• 글자 쓰기에 어려움을 보이며 다른 사람이 읽기 어려운 경우가 많음 • 작문의 경우 또래와 유사한 정도로 문장을 쓸 수 있는 경우에도 문장의 질적인 측면에서 차이를 보이며, 창작 활동을 특히 어려워함 • 작문의 문장은 매우 간단하고 문법상의 구조가 복잡하지 않으며 상세한 설명이 부족함
수학	• 수학 능력은 매우 다양하게 나타나는데, 매우 우수한 수학적인 성취를 보이는가 하면 수학의 기초 개념조차 이해하지 못하기도 함 • 대부분의 경우 계획하고 정리하고 주의집중하고 문제를 해결하는 인지 기능의 문제와 읽기 이해력의 결함으로 인해서 수학 성취에 문제를 보임 • 달력을 계산하거나 특정 공식을 암기하고 푸는 등의 우수성(서번트 증후군)을 보이기도 함 • 기계적인 암기력으로 기초 수학 공식을 이해하는 데에는 문제가 없는 경우에도 기본 원리를 이해하는 데에는 어려움을 보임 • 우수한 계산 능력이 있는 경우에도 실생활에 적용하는 계산은 잘하지 못함
내용 교과	• 읽기 이해력의 문제와 동기 유발의 어려움 등의 특성으로 인해서 낮은 성취를 보이곤 함 • 주제에 대한 특별한 관심을 보이는 경우 그 과목의 성취가 뛰어나기도 함 • 기계적인 암기력으로 인해서 단순한 사실이나 구체적인 개념을 학습하는 데에는 문제가 없는 경우에도 추상적인 개념이나 문제해결력을 요구하는 영역에서는 어려움을 보임

출처: 이소현, 윤선아, 박현옥, 이효정, 이영선(2016). 자폐성 장애 특성을 반영한 특수교육 운영 모델 개발 연구(p. 42). 인천광역시교육청.

이 보이는 학업 성취에서의 핵심적인 특성과 이러한 특성이 개인마다 또는 개인 내적으로 모두 다를 수 있음을 이해하고 개별적으로 가장 적절한 지원을 제공할 수 있어야 한다. 실제로 고기능 자폐인 중에는 학업 성취 면에서 우수한 성적을 보이고 대학에 진학하거나 성공적인 직장생활을 하는 경우가 점차 증가하고 있다(Elias & White, 2018). 우리나라에 번역되어 소개된『어느 자폐인 이야기』(Grandin, 2005)와『나는 그림으로 생각한다』(Grandin, 2006)의 저자 템플 그랜딘은 대표적인 고기능 자폐인으로 알려져 있으며, 동물

심리학 전문가로 박사학위를 취득하고 현재 대학에서 활발하게 교육 및 연구 활동을 하고 있다. 국내에서도 대학에 진학하는 사례가 증가하고 있으며, 박사학위를 취득하고 관련 분야에서 활동하는 사례도 보고된 바 있다(예: 윤은호, 2023). 그러나 대학에 진학한 자폐인의 경우에도 성공적인 대학생활을 위한 학업 및 사회−정서적 지원이 필요하다(강혜경, 박현옥, 2018; 이소현 외, 2013; McLeod et al., 2019). 그러므로 고기능 자폐 아동을 교육하는 중·고등학교 교사는 이들의 전환교육을 계획하고 실행할 때 고등교육에 대한 가능성을 배제하지 않아야 하며, 아동에 따라 진학 관련 지원을 제공할 수 있어야 할 것이다.

2) 사회−정서적 특성

사회−정서적 행동에서의 비전형적인 발달은 자폐 범주성 장애의 특징적인 특성이다. 자폐 범주성 장애 아동은 장애의 진단 기준상 사회적 상호작용 및 사회적 의사소통에 있어서 다음과 같은 어려움을 보인다(APA, 2022): (1) 사회−정서적 상호성의 결함, (2) 사회적 상호작용을 위한 비구어 행동의 결함, (3) 관계 형성 및 유지와 관계에 대한 이해의 결함. 이상의 세 가지 사회 의사소통 행동에서의 어려움은 자폐 범주성 장애로 진단되는 모든 아동에게서 나타나는 행동으로, 이는 진단 기준에서 세 가지 영역 모두에서 반드시 관련 행동 특성을 보여야 한다고 규정하고 있기 때문이다(〈표 7−2〉참조). 〈표 7−6〉은

표 7−6   자폐 범주성 장애의 진단 기준에 따른 사회 의사소통 행동 특성

행동 영역	행동의 예
사회−정서적 상호성	• 비전형적인 사회적 접근 • 전형적인 형태의 주고받는 대화의 실패 • 관심사나 정서 또는 감정 공유의 감소 • 사회적 상호작용의 시작 및 반응 실패
사회적 상호작용을 위한 비구어 행동	• 구어와 비구어 의사소통의 불완전한 통합 • 비전형적인 눈 맞춤 • 몸짓 언어 또는 몸짓 이해 및 사용의 결함 • 표정 및 비구어 의사소통의 전반적 결여
관계 형성 및 유지와 관계에 대한 이해	• 다양한 사회적 상황에 맞게 행동을 조정하기 어려움 • 상상놀이를 공유하기 어려움 • 친구를 사귀기 어려움 • 또래를 향한 관심 결여

이상의 세 가지 영역에서 나타나는 행동의 구체적인 예를 보여 준다.

(1) 사회-정서적 상호성

상호적인 행동, 즉 사회적 상호작용은 두 사람이 서로에게 관심을 가지고 서로를 주목하고 반응하면서 보이는 행동으로 다른 사람에게 접근하고 상호작용을 시작하거나 상대방의 시작행동에 반응하거나 대화를 주고받으며 서로의 관심이나 감정을 공유하는 등의 행동을 포함한다. 자폐 범주성 장애 아동의 경우 이와 같은 상호적인 행동의 어려움이 생후 초기부터 분명하게 드러난다. 사람을 향한 관심, 호명 반응, 공동관심, 가상놀이, 모방 등에서의 어려움은 이후에 자폐 범주성 장애로 진단되는 만 2세 이하의 아동에게서 일관성 있게 보고된다(이소현, 2009; Jones et al., 2014).

자폐 범주성 장애 아동은 다른 사람을 따라 하는 모방에 어려움을 보이는데, 이는 결국 사회-정서 또는 의사소통 기술을 발달시키는 데 방해가 된다. 이것은 사회적 동기에서의 근본적인 결함으로도 설명될 수 있는데, 다시 말해서 사회적 보상에 대한 민감성이 부족하여 다른 사람의 말, 표정, 몸짓 등 사회적 정보를 선호하거나 적극적으로 관심을 기울이지 않는다는 것이다(심세화, 신수진 외, 2023; Chevallier et al., 2012). 즉, 사회적 상호작용 발달에서 중요하게 역할 하는 모방 기술의 어려움은 모방과 관련된 사회적 동기가 부족하고 사회적 단서에 대한 주의집중이나 상대방의 의도를 파악하지 못하는 등의 이유와 관련된 것으로 이해된다(Peters-Scheffer et al., 2018). 결과적으로 다른 사람의 음성이나 행동, 표정을 따라 하는 모방 기술의 발달에서 자신의 필요를 충족시키는 기능 모방(예: "이것을 주세요.")보다는 표현적이거나 상호교환적인 기능 모방(예: "이것 좀 보세요.")에 더 큰 결함을 보임으로써 모방 기술의 어려움이 인지적인 측면보다는 사회적 측면에서의 발달적 일탈로 나타나는 것을 알 수 있다.

이와 같이 다른 사람을 관찰함으로써 학습하는 능력이 부족한 것은 공동관심의 어려움으로도 설명된다. 공동관심은 일반적으로 영아기에 발달하는 사회 의사소통 기술로 자신이 관심을 보이는 사물이나 사건으로 다른 사람의 관심을 끌어오기 위해서 보이는 행동을 뜻하며, 협동적인 공동주시, 사물 보여 주기, 공유하기 위해 건네주기, 흥미로운 장면을 공유하기 위해 가리키기 등의 행동을 모두 포함한다(Kasari et al., 2006). 자폐 범주성 장애 아동은 일반적으로 이와 같은 공동관심을 시작하고 반응하는 행동 모두에서 어려움을 보이는 것으로 보고되는데, 특히 공동관심 시작하기 행동에서의 어려움은 자폐 범주성 장애를 전형적인 발달이나 기타 발달장애와 구별해 주는 가장 신뢰할 수 있는 지표로 알려져 있다(Boucher, 2022). 자폐 범주성 장애 아동이 영유아기에 보이는 공동관심 능력은 초등학교 입학 후 교우 관계와도 상관이 있는 것으로 보고되고 있으며(Freeman et al., 2015), 교육현장에서 이들의 공동관심 기술을 증진하기 위한 다양한 중재 전략이 개발되어 사용되고 있다(예: 서민경, 이소현, 2022; 장지은 외, 2016; Kasari et al., 2023).

자폐 범주성 장애 아동에게서 나타나는 사회-정서적 상호성의 결여는 다른 사람의 생각을 이해하는 측면에서도 나타난다. 이것은 생각의 원리(theory of mind: ToM)에 의해서 설명될 수 있는데, 생각의 원리란 다른 사람의 정신 상태를 해석하고 사회적 행동을 추측하는 조망 수용 능력을 의미한다(Baron-Cohen, 1997; Happé & Frith, 1995). 다른 사람과 공감하기 위해서는 그 사람의 생각이나 감정이 어떤지 인지적으로 이해할 수 있어야 할 뿐만 아니라 그에 따라 감정적으로 적절하게 반응할 수도 있어야 한다. 그러나 자폐 범주성 장애 아동은 정신연령이 같은 일반 아동이나 지적장애 아동에 비해서 다른 사람이 자신과는 다르게 생각할 수 있다는 사실을 이해하는 데 어려움을 보인다(방명애, 김윤미, 2006; 성경선, 방명애, 2021; Lecheler et al., 2021). 이러한 어려움은 결과적으로 다른 사람의 정서나 바람이나 의도를 추론하기 어렵게 만들며, 더 나아가서는 그 사람과의 사회적 상호작용에서도 어려움을 경험하게 한다. 예를 들어, 자폐 범주성 장애 아동이 상대방이 관심을 보이지 않는 주제에 대하여 끊임없이 이야기하는 장면을 흔히 볼 수 있는데, 이는 다른 사람의 생각이나 느낌을 추론하지 못하기 때문이라는 것이다. 다른 사람이 어떤 생각을 하고 있는지를 이해하고 그 사람의 의도나 정서에 따라 자신의 행동을 조절하는 것은 공감 능력을 기반으로 하는데, 자폐 범주성 장애 아동은 이와 같은 공감에 어려움을 보이면서 사회-정서적 상호성에서도 어려움을 보이게 된다. 따라서 교육현장에서는 이들이 다른 사람의 입장을 이해하고 자신의 행동에 반영할 수 있도록 생각의 원리 기술을 교수하기 위한 다양한 전략이 사용된다(예: 박현옥, 이소현, 2002; Lovett & Rehfeldt, 2014; Peterson & Thompson, 2018).

(2) 사회적 상호작용을 위한 비구어 행동

자폐 범주성 장애 아동은 말을 하지 못하거나 말의 발달이 지체되는 등 구어 발달에서도 어려움을 보일 수 있지만, 이러한 말 또는 언어 발달의 지체 그 자체가 자폐 범주성 장애의 진단적 특성으로 포함되지는 않는다. 실제로 언어 발달에 심각한 지체를 보이는 많은 아동이 자폐 범주성 장애로 진단되지 않으며, 자폐 범주성 장애로 진단되는 아동 모두가 언어 발달상의 지체를 보이는 것도 아니다(Potvin & Ratto, 2019). 오히려 언어 문제는 장애의 진단 기준인 사회 의사소통 측면이나 제한적이고 반복적인 행동과 관련된 특성으로 고려된다. 예를 들어, 말을 잘하는지보다는 사회적 상호작용 맥락에서 의사소통의 기능으로 사용할 수 있는지를 고려해야 한다.

  비구어 행동은 의사소통의 수단으로 중요한 역할을 한다. 일반적으로 사람들은 자신의 감정을 나타내는 여러 가지 비구어 행동을 보이는데, 이때 눈 맞춤, 표정, 몸짓, 자세, 웃고 우는 등의 발성 등을 사용한다. 이와 같은 비구어 행동은 의사소통 상황에서 상대방에게 메시지를 전달하는 매우 중요한 역할을 하게 되는데, 즉 이야기를 듣는 사람의 감정 이입을 도와주는 등 실제로 정서나 감정을 표현하는 가장 효율적인 방법이라고 할 수 있다. 그러나 자폐 범주성 장애 아동은 말을 잘하고 못하는 것과는 상관없이 이러한 비구어 의사소통 행동을 사용하지 않거나 매우 제한되게 사용하며 다른 사람의 비구어 의사소통 행동을 이해하지 못하는 등 표현과 수용 모두에서 어려움을 보인다. 예를 들어, 눈 맞춤 행동에서 질적인 차이를 보이며, 감정을 표현하는 데 표정을 사용하지 못하고, 의미 있는 몸짓을 사용하지 않을 뿐만 아니라, 특히 공동관심을 위한 가리키거나 시선 따라가기 행동에서 결정적인 어려움을 보인다.

  말을 잘하는 경우도 이러한 말을 의사소통의 목적으로 사용하기 위하여 지켜야 하는 규칙과 관습에서 어려움을 보인다. 이러한 화용론적 측면에서의 어려움은 자폐 범주성 장애 아동의 의사소통 특성이라고 할 수 있다. 예를 들어, 말의 운율과 같은 비구어적 요소에서 어려움을 보일 수 있다. 언어의 운율학이란 말의 강세, 높낮이, 리듬 형태 등을 말하는 것으로 이야기를 듣는 사람에게 이해를 돕는 단서를 제공하며 동시에 심리적인 상태나 기분 등을 알려주는 역할을 한다(Bogdashina, 2022). 그러므로 언어의 이와 같은 비구어적 요소를 정확하게 사용하기 위해서는 문법적인 능력뿐만 아니라 말의 사회적인 요소에도 주의를 기울이고 해석하는 능력이 필요하다. 결국, 언어의 운율학적 측면에서 어려움을 보인다는 것은 사회적 맥락에 따른 비구어 행동 사용의 어려움을 보여 주는 것이다.

(3) 관계 형성 및 유지

앞에서 설명한 사회–정서적 상호성과 비구어 의사소통에서의 어려움은 결과적으로

세 번째 사회 의사소통 행동 특성인 관계 형성 및 유지의 어려움으로 이어진다. 따라서 사회 의사소통 발달에서의 일탈적인 행동 특성은 또래 관계가 두드러지기 시작하는 유아기에 이르러 더욱 분명해진다. 예를 들어, 또래에게 관심을 보이지 않거나 친구를 사귀기 어려워하고 관계가 형성된 후에도 상황 단서를 읽거나 사회적 맥락에 적절한 행동을 보이지 못하는 등 발달 수준에 적절한 관계를 개발하거나 유지하지 못하는 경우가 많다. 또래 관계에서 나타나는 이와 같은 사회적 어려움은 놀이 중에 쉽게 발견된다. 자폐 범주성 장애 아동의 놀이 행동은 인지적 및 사회적 측면에서 모두 비전형적인 특성을 보이는데, 즉 사회적인 참여가 부족하고 사물을 반복적이고 상동적으로 조작하거나 비기능적으로 활용하는 등의 특성을 보인다(심세화, 이귀남 외, 2023; 이귀남 외, 2022; Wolfberg et al., 2024). 예를 들어, 자동차 놀이 중에 자동차의 기능을 드러내는 굴리기 등의 행동을 통하여 또래와 어울리기보다는 혼자 고립되어 바퀴와 같은 특정 부분에 집착하거나 자동차를 뒤집어 놓고 바퀴를 돌리는 등의 행동에 몰두하는 것을 볼 수 있다. 또한 또래와의 자발적인 상징놀이나 사회적 놀이를 거의 보이지 않으며, 보이더라도 그 다양성이나 융통성 또는 창의성이 매우 부족하여 상당히 경직되고 상동행동적인 형태의 상징놀이를 보이곤 한다. 그러나 개별 아동의 발달 수준이나 교육적 경험에 따라 이러한 어려움의 정도나 형태는 달라지며, 특히 질적으로 우수한 조기교육을 통하여 긍정적인 예후를 보이기도 하므로 이와 관련해서 영유아기 지원의 중요성이 강조된다(Kasari et al., 2023; Landa, 2018; Rogers & Vismara, 2008).

이렇게 유아기에 명백하게 드러나기 시작한 또래 관계에서의 어려움은 학령기가 되어서도 계속된다. 특히 일반 아동과 마찬가지로 동성 동년배 아동에게 관심을 보이면서도 친구의 수나 우정의 질적인 측면은 더 낮은 것으로 보고된다(Taheri et al., 2016). 200명이 넘는 자폐 청소년과 성인을 대상으로 또래 관계를 조사한 한 연구에 의하면 이들의 8%만이 집 밖에서 어울릴 수 있는 한 명 이상의 친구가 있었으며, 21%는 친구는 아니지만 함께 활동에 참여하는 관계가 이루어지고 있었고, 나머지는 또래 관계가 없거나 구조화된 환경에서만 관계가 이루어지는 것으로 나타났다(Osmond et al., 2004). 또 다른 연구에서는 서로 친구라고 부르면서 상호적인 관계를 형성하고 유지하는 사례가 4%밖에 되지 않는 것으로 나타났으며, 이들은 친구 또는 지인과 함께 시간을 보내는 일이 거의 없는 것으로 나타났다(DaWalt et al., 2019). 특히 다른 장애(예: 지적장애, 학습장애)에 비해서 친구를 어떻게 사귀어야 하는지에 대해서 알지 못하고 자발적으로 지역사회 활동에 참여하는 비율도 매우 낮은 것으로 보고된다(Chou et al., 2017; Matthias et al., 2021). 그러나 자폐 범주성 장애 아동과 그 대상이 되는 자폐 또는 자폐가 아닌 친구들이 자신들의 우정에 대하여 매우 만족하는 것으로 보고되고 있다는 사실을 고려한다면(Petrina et al., 2017) 교사는 이들의 우정 형성과 유지를 위한 지원을 제공할 수 있어야 할 것이다.

　관계 형성을 포함하는 사회 의사소통에서의 어려움은 학교에서의 집단 따돌림이나 괴롭힘으로 이어질 수도 있다. 즉, 사회적으로 상호작용하는 기술이 부족한 경우 또래로부터 외면되거나 거부당하기 쉽고 더한 경우에는 학교폭력으로까지 이어지기도 한다. 실제로 자폐 범주성 장애 학생은 국내외를 막론하고 일반 학생에 비해서 학교폭력의 피해자가 되는 비율이 훨씬 더 높은 것으로 보고되는데(Park et al., 2020), 국내 초등학교에서도 자폐 범주성 장애 학생은 또래보다 놀리기, 따돌리기, 괴롭히기, 위협하기, 때리기 등의 학교폭력을 더 많이 경험하는 것으로 나타났다(Hwang et al., 2018). 특히 사회 의사소통 기술이 가장 빈약한 집단이 학교폭력을 경험할 가능성이 가장 높기 때문에(Matthias et al., 2021) 교사는 장애의 속성상 이와 같은 어려움에 노출될 수밖에 없는 자폐 범주성 장애 아동이 통합교육 현장에서 학교폭력의 피해자가 되지 않도록 각별한 주의를 기울여야 할 것이다.

3) 행동적 특성

　자폐 범주성 장애 아동은 진단 기준상 사회 의사소통의 어려움 외에도 다음과 같은 네 가지 영역에서 제한적이고 반복적인 행동 특성을 보인다(APA, 2022): (1) 상동적이고 반복적인 행동, (2) 동일성에 대한 고집과 융통성 없고 의례적인 행동, (3) 제한적이고 고정된 관심, (4) 감각 정보에 대한 특이한 반응과 관심. 이상의 네 가지 행동 특성은 모든 아동이 다 보이는 것은 아니며, 보이더라도 개별 아동마다 서로 다른 다양한 형태로 나타날 수 있다. 특히 네 가지 영역의 행동 특성 중 과거 또는 현재 두 가지 이상에 해당하는 특성을 보이는 경우 진단 기준을 충족하기 때문에 개인별로 표출되는 행동은 그 유형과 정도에서 훨씬 더 다양해진다고 할 수 있다. 따라서 교사는 자폐 범주성 장애 아동이 장애로 인하여 어떠한 행동을 보일 수 있는지에 대한 지식을 갖추고 개별 아동의 행동을 이해하고자 노력해야 할 것이다. 〈표 7-7〉은 이상의 네 가지 영역의 행동이 어떠한 모습으로 나타날 수 있는지 진단 기준에서 제시하는 구체적인 행동의 예를 보여 준다.

표 7-7 자폐 범주성 장애의 진단 기준에 따른 제한적이고 반복적인 행동 특성

행동 영역	행동의 예
상동적이고 반복적인 운동성 동작, 물건 사용, 말하기	• 단순한 운동성 상동행동 • 놀잇감 정렬하기 • 물건 튕기기 • 반향어 • 특이한 문구 사용
동일성에 대한 고집, 융통성 없는 집착, 의례적인 구어 또는 비구어 행동 양상	• 작은 변화에 대한 극심한 고통 • 변화의 어려움 • 완고한 사고방식 • 의례적인 인사 • 같은 길로만 다니기 • 매일 같은 음식 먹기
강도나 초점에 있어서 비전형적으로 심하게 제한되고 고정된 관심	• 특이한 물건에 대한 강한 애착 또는 집착 • 과도하게 국한되거나 고집스러운 관심
감각 정보에 대한 과잉 또는 과소 반응, 또는 환경의 감각적인 속성에 대한 특이한 관심	• 통증/온도에 대한 명백한 무관심 • 특정 소리나 감촉에 대한 부정적 반응 • 과도한 냄새 맡기 또는 물건 만지기 • 빛이나 움직임에 대한 시각적 매료

(1) 상동적이고 반복적인 행동

상동적이고 반복적인 행동은 동작, 물건 사용하기, 말하기 행동으로 나타난다. 예를 들어, 손가락을 튀기거나 꿈틀거리기, 손 흔들기, 몸을 앞뒤로 흔들기, 제자리에서 돌기, 특이한 자세 취하기 등은 동작에 해당하며, 놀잇감을 한 줄로 늘어놓거나 놀잇감 자동차를 한 장소에서 계속 앞뒤로 굴리거나 손으로 바퀴를 돌리는 등 특정 사물을 반복적인 동작으로 조작하는 행동은 물건 사용하기에 해당한다. 말하기에서도 상동적이고 반복적인 행동이 나타나는데, 소리, 단어, 문장 또는 노래를 반복하거나 같은 질문을 계속해서 반복하는 등의 행동을 들 수 있다. 아동에 따라서는 다른 사람의 말을 반복하는 반향어를 보이기도 하고 특정 문구를 집요하게 반복해서 말하기도 한다. 특정 문구를 반복하는 행동은 질문의 형태로 나타나기도 하는데, 질문에 대한 답이 주어진 후에도 같은 말을 계속 반복하곤 한다. 이러한 행동은 기능적인 목적이 없이 불안이나 각성 수준으로 인하여 또는 정보처리가 어려울 때 나타나는 것으로 해석되기도 한다(Prelock, 2019). 그러나 상

동적인 말하기는 의사를 표현하는 데 사용되기도 하는데, 예를 들어 배가 고플 때 "반찬은 골고루 먹어야지"라는 문구를 반복해서 사용하는 경우를 들 수 있다. 따라서 반향어를 포함하는 이러한 상동적이고 반복적인 말하기는 그 기능을 이해하기 위한 노력과 함께 접근해야 한다(Blackburn et al., 2023).

(2) 동일성에 대한 고집

융통성 없는 사고와 동일성에 대한 집착 역시 제한적이고 반복적인 행동에 속한다. 이러한 행동은 아동으로 하여금 특정 일과나 순서에 집착하게 하고 의례적인 의식을 고집하게 하며 변화에 저항하게 만든다. 예를 들어, 교내에서 이동할 때 같은 길로만 다녀야 하고 매일 또는 요일에 따라 정해진 음식만 먹으려고 하며 식사를 하거나 잠자리에 들 때 나름의 의식을 거쳐야 하고 교실 환경이 달라지거나 예고 없이 시간표가 변경될 때 매우 힘들어한다. 이러한 융통성 없는 사고나 동일성에 대한 집착은 일상생활에서의 변화나 전환(또는 이동)에 대한 극도의 어려움을 초래하며, 결과적으로는 끊임없이 변화하는 속성을 지닌 사회적 환경에 더욱 적응하기 어렵게 만든다. 실제로 일과에 집착하는 자폐 범주성 장애 아동은 변화에 대한 불안을 다루기 위해서 융통성 없이 일과를 고집하는 것으로 보고되기도 하는데(Gal & Yirmiya, 2021), 이는 이들을 위한 교육환경에서 구조화와 예측 가능성이 중요한 이유라 할 수 있다.

(3) 제한적이고 고정된 관심

자폐 범주성 장애 아동 중에는 제한적이고 고정된 관심을 보이는 경우가 있다. 이러한 관심은 강도가 지나치게 높아 마음을 온전히 빼앗기는 제한된 관심(restricted interest: RI)과 관심의 초점 자체가 평범하지 않은 특이한 관심(unusual interest: UI)의 두 가지 형태를 모두 포함한다(Spackman et al., 2023). 즉, 제한된 관심이란 동일 연령대의 아동 누구나가 보일 수 있는 관심이지만 그 강도가 지나치게 높은 경우를 말하며(예: 10세 아동의 비디오 게임에 대한 관심, 7세 아동의 공룡에 대한 관심), 특이한 관심은 다른 아동이 별로 관심을 보이지 않는 특정 주제에 지나친 관심을 보이는 것을 말한다(예: 5세 아동의 엘리베이터에 대한 관심과 해박한 지식, 12세 아동의 문자 A에 대한 관심). 지나치게 제한되고 고정된 관심은 일상생활을 방해하고 학습이나 사회적 상호작용에도 부정적인 영향을 미칠 수 있다. 그러나 최근에는 제한되었다는 부정적인 표현보다는 개인의 관심 영역을 존중한다는 의미에서 특별한 관심(special interest: SI) 또는 특별한 관심 영역(special interest area: SIA)이
라는 용어를 사용함으로써 이러한 관심을 학습 활동을 위한 동기 유발 등의 교육과정 접
근 통로로 활용하기도 한다(Nowell et al., 2021). 실제로 자폐 범주성 장애 아동의 특별한
관심을 교육과정에 삽입하여 다양한 학업 활동에 참여하고 학습하도록 지원하거나, 사
회 의사소통 발달을 지원하기 위한 매개적 교육과정으로 활용하거나, 직무와 연계해서
고용을 증진하는 등의 사례가 보고되고 있다(김미화 외, 2020; 이귀남 외, 2023; 이소현, 윤선
아, 박혜성 외, 2019; 이종희, 김은경, 2015; 이현정, 이소현, 2022).

(4) 감각에 대한 특이한 반응

제한적이고 반복적인 행동의 마지막 유형은 감각과 관련된다. 감각 처리에서의 특이
한 행동은 과거에는 진단 기준이기보다는 관련 증상으로 이해되었으나 2013년 DSM-5
개정으로 핵심적인 진단 기준으로 포함되었다. 대부분의 자폐 범주성 장애 아동은 감각
처리에서 어려움을 경험하는 것으로 나타나는데, 그 형태나 정도는 연령, 성별, 발달 수
준, 자폐 심각도 또는 상황적 맥락에 따라 다양하다. 예를 들어, 자폐적 성향이 심각하고
발달적 기능 수준이 낮을수록 감각 처리의 어려움이 더 큰 것으로 보고된다(Kadwa et al.,
2019). 이들의 감각적 특이함은 과민반응, 과소반응, 감각적 속성에 대한 특이한 관심의
세 가지로 구분된다(APA, 2022). 과민반응은 소리, 맛, 접촉 등의 자극에 지나치게 민감하
게 반응하는 것을 말한다. 즉, 감각 자극에 대한 행동 역치가 낮아 주변 자극에 과도하게
반응하는 것으로 소리가 날 때 양손으로 두 귀를 완전히 막아버리거나 특정 질감의 옷을
입으려고 하지 않거나 교실의 불을 계속 끄려고 하는 등의 행동을 들 수 있다. 과소반응
은 확실하게 자극이 주어졌는데도 반응하지 않는 것을 말한다. 즉, 자극에 대한 행동 역
치가 높아 주변 자극에 대한 반응이 부족하거나 지연되는 것으로 이름을 불러도 쳐다보
거나 대답하지 않고 다쳐도 아프지 않은 것처럼 행동하는 경우를 들 수 있다. 자극에 대
한 과잉반응과 과소반응은 시각, 청각, 후각, 미각, 촉각, 전정감각, 고유수용감각 등 모
든 유형의 감각에서 나타나며, 두 가지 반응이 상반된 행동으로 보이지만 실제로 같은
아동이 두 가지 반응을 모두 보이기도 하고 같은 행동이 두 가지 기능을 동시에 지니기
도 한다(Ashburner et al., 2008). 예를 들어, 양손으로 두 귀를 두드리면서 계속 "아~" 하
고 소리를 내는 아동의 경우 환경으로부터 과도하게 투입되는 자극을 막기 위해서 보이
는 행동일 수도 있고 주변 자극이 역치에 미치지 않아서 스스로 자극을 추구하는 행동일

수도 있다는 것이다. 감각적 특이함의 세 번째 요소인 감각적 속성에 대한 특이한 관심은 특정 감각 자극에 지나친 관심을 보이거나 완전히 매료되는 행동을 말한다. 이는 특이한 형태 또는 강도로 감각을 추구하는 행동으로 나타나는데, 예를 들어 빛이나 사물 응시하기, 특정 소리에 귀 기울이기, 냄새 맡기, 손뼉치기, 물건 돌리기 등의 다양한 행동이 포함된다. 다음은 자폐 범주성 장애 청년이 감각에 대한 자신의 경험을 소개한 글로, 이들이 경험하는 감각적 특이함이 어떠한지 그 예를 보여 준다.

> "나는 다른 사람들이 듣지 못하는 소리를 들을 수 있습니다. 예를 들어, 어머니가 다른 방에서 문을 닫고 전화로 말하는 소리를 들을 수 있습니다. 하지만 어떤 소리는, 예를 들어 전자레인지 돌아가는 소리, 전화벨 울리는 소리, 잔디 깎는 기계 소리, 낙엽을 날리는 기계 소리, 블렌더가 돌아가는 소리, 아기가 우는 소리, 진공청소기 돌아가는 소리, 어머니가 자동차 시동을 거는 소리는 듣기가 매우 고통스럽습니다." (Fihe, 2000)

(5) 기타 행동 특성

자폐 범주성 장애 아동은 지금까지 살펴본 제한적이고 반복적인 행동 외에도 다양한 행동 특성을 보인다. 예를 들어, 운동기능에서의 어려움을 보이기도 하고 공격행동, 자해행동, 탠트럼, 기물 파손 등의 행동 문제를 보이기도 한다. 특히 자신이나 다른 사람에게 심각한 해를 끼칠 수도 있는 자해행동이나 공격행동은 신속하고도 적절한 교수를 필요로 한다.

주의력결핍 과잉행동장애(ADHD) 역시 자폐 범주성 장애 아동에게서 많이 나타나는 행동 특성이다. 이들은 주의력결핍, 과잉행동, 충동성과 함께 기타 관련 행동 특성을 보이곤 하는데, 과잉행동은 학령기가 되어서 감소하기도 하지만 주의력결핍의 문제는 지속적으로 남아 학업 성취에 부정적인 영향을 미치게 된다. 과거에는 주의력결핍 과잉행동장애는 자폐 범주성 장애와 함께 진단되지 않았지만, 현행 진단 체계(예: DSM-5-TR)에서는 동시에 진단될 수 있다. 자폐 범주성 장애는 동반장애를 보이는 비율이 가장 높은 장애로 알려져 있으며(Magiati & Howlin, 2019), 실제로 주의력결핍 과잉행동장애 외에도 불안장애, 강박장애, 우울증, 조현병, 반항장애, 품행장애 등 다양한 장애가 함께 나타나곤 한다(Brooks et al., 2022).

이 외에도 약 20%에 이르는 자폐 범주성 장애 아동이 경련장애를 보이는 것으로 보고된다(Besag, 2018). 또한 밤에 잠을 잘 자지 못하는 수면 문제를 보이기도 하며, 편식이 심하고 음식을 먹으려고 하지 않거나 뱉어내는 등의 섭식 관련 문제와 함께 음식을 소화시키지 못하는 문제를 보이기도 하고, 아동에 따라서는 음식물 이외의 물질을 섭취하는 이식증을 보이기도 한다(Bernier et al., 2020).

Ⅱ. 자폐 범주성 장애 아동 교육

1. 통합교육을 위한 일반적 지침

자폐 범주성 장애 아동은 사회 의사소통의 어려움이라는 장애의 특성으로 인하여 통합교육이 더욱 강조된다. 이것은 사회성이나 의사소통의 발달이 또래와의 자연스러운 경험을 통하여 습득될 수 있으며, 습득된 특정 기술도 또래와의 자연적인 상호작용 맥락에서 사용되어야 하기 때문이다. 실제로 유아기 및 학령기 자폐 범주성 장애 아동은 또래를 통하여 모방, 우발학습, 협동학습 등의 다양한 방법으로 새로운 기술을 학습하거나 사회성 및 놀이 행동을 습득하는 것으로 알려져 있다. 그러나 이와 같은 통합교육의 중요성에도 불구하고 자폐 범주성 장애 아동은 일반학급보다는 분리된 교육현장에 배치된 비율이 더 높은 것으로 나타난다(U. S. Department of Education, 2022). 우리나라에서도 자폐 범주성 장애 아동은 전체 특수교육대상자의 통합교육 비율보다 훨씬 더 낮은 비율로 통합교육을 받고 있으며, 시각장애와 지체장애 다음으로 높은 비율로 특수학교에 배치되어 있는 것으로 보고된다(교육부, 2023). 이러한 현상은 이들을 위한 통합교육의 성공적인 실행이 현실적으로 어려운 과제임을 보여 주는 것이라 할 수 있다.

통합교육은 또래와의 자연스러운 사회생활 경험을 제공함으로써 사회 의사소통의 어려움이라는 장애의 특성으로 인한 어려움을 보완하고 미래를 준비할 수 있게 해 준다. 실제로 통합교육은 자폐 범주성 장애 아동을 위한 다양한 프로그램에서 이들의 성공적인 교육을 위한 필수적인 요인으로 포함된다(Schwarts et al., 2017; Vivanti et al., 2017). 자폐 범주성 장애 아동의 성공적인 통합교육을 위해서는 다음과 같이 장애의 특성을 고려한 몇 가지 원칙을 적용해야 한다(이소현, 1999). 첫째, 사회 의사소통에서의 어려움과 행동 측면에서의 어려움이 복합적으로 나타나면서 개인적인 특성과 수준이 다양하므로 개별 아동을 위하여 체계적으로 계획하고 실행하는 개별화 통합을 전제로 해야 한다 (Martins et al., 2014; Myles et al., 2010).

둘째, 통합 환경의 사회적 맥락과 활동이 아동의 흥미와 관심을 유발할 수 있어야 한다. 예를 들어, 사회적 자극이 너무 복잡하여 흥미를 상실하게 해서는 안 되며, 활동의 유형이 또래와의 협력이나 상호작용을 유발하는 것이어야 하고, 물리적 환경도 사회적 접촉이 활발하게 이루어질 수 있도록 근접성을 고려해서 구성해야 한다. 또한 일상생활 중에 자연적인 사회적 통합이 발생할 수 있도록 휴식시간이나 점심시간 등의 자연 발생 상황을 잘 활용한다면 더욱 효과적인 통합의 성과를 기대할 수 있을 것이다.

셋째, 통합 환경 내의 성인과 또래가 적절한 역할을 할 수 있어야 한다. 또래의 경우 사회적 기술 및 언어 발달에 있어서 훌륭한 모델의 역할을 할 수 있다. 그러나 물리적인 근접성만으로는 모델의 역할이 충분하지 않을 수 있으므로 필요하다면 훈련을 통하여 실제로 모델이나 또래 교수자로 역할 할 수 있도록 지원해야 한다. 특히 또래는 의사소통과 상호작용의 주요 상대이므로 교사는 학생 간에 바람직한 상호작용이 이루어지고 이를 기반으로 우정이 형성될 수 있도록 적절한 또래 교육이나 훈련을 제공할 수 있어야 한다. 간혹 성인이 또래 간 상호작용에 방해가 되는 경우가 있는데, 교사는 학급 내 성인 보조인력이 있는 경우 이러한 현상이 발생하지 않도록 주의를 기울여야 한다.

마지막으로, 자폐 범주성 장애 아동의 통합교육이 성공적으로 실행되기 위해서는 가능한 한 조기에 통합의 경험이 시작되어야 한다. 이것은 이들의 장애 특성이 사회 의사소통 영역에서 두드러지게 나타나며 이러한 사회성 및 의사소통의 발달은 출생 직후부터 시작되어 유아기에 정점을 이루기 때문에 가능한 한 이른 시기부터 전형적인 발달을 촉진하는 환경에서 자연스러운 발달을 증진할 수 있어야 하기 때문이다. 실제로 장애로 인한 어려움을 보완하고 전형적인 발달을 돕기 위한 서비스를 시작하는 시기가 빠를수록 더욱 긍정적인 성과가 나타나는데(Rogers & Vismara, 2008), 예를 들어 통합교육의 형태로 이루어진 조기교육을 받은 아동의 경우 그렇지 않은 아동에 비해서 초등학교 통합 비율이 더 높은 것으로 보고된다(McGee et al., 2008). 이는 생애 초기부터 통합교육을 통하여 자연적인 상황에서 사회 의사소통 기술을 습득하고 활용하게 함으로써 장애의 일탈적 발달 특성을 최소화할 수 있다는 조기특수교육의 예방적 측면을 보여 주는 것이다 (이소현, 2020). 국내 교육현장에서는 유아기 통합교육 비율이 높은 것으로 나타나 바람직한 현상이라 할 수 있다. 그러나 특수학교 대비 통합교육 비율이 유치원에서 가장 높았다가 초등학교, 중학교, 고등학교로 점차 진학함에 따라 낮아지고 있는 현실을 고려한 다면(1장의 [그림 1-4] 참조) 유치원에서 시작된 통합교육이 상급학교로 이어질 수 있도록 학교급 간 전환을 지원하는 체계도 마련되어야 할 것이다.

이상의 적절한 지원을 통하여 이루어지는 통합교육을 통하여 자폐 범주성 장애 아동은 일반학급에서 일반교육과정에 접근하여 또래와 함께 또는 또래로부터 많은 것을 배울 수 있게 될 것이다.

2. 장애 특성을 고려한 교육

1) 장애 특성을 고려한 교육적 접근

일반적으로 아동은 자연적인 교수 환경에서 교사나 또래와의 상호작용(예: 교사의 수업, 또래와의 놀이)을 통하여 발달과 학습을 성취한다. 그러나 자폐 범주성 장애 아동의 경우에는 사회 의사소통의 어려움으로 인하여 이와 같은 자연적인 교수 환경만으로는 발달과 학습을 촉진하기 어렵다. 이러한 맥락에서 단일 목표행동을 습득시키는 행동주의 접근은 한계가 있으며, 일탈적 발달 현상을 보이는 특성으로 인하여 단순한 발달주의 접근도 한계가 있다. 그러므로 자폐 범주성 장애 아동을 위해서는 분리된 개별 교수 목표만을 학습시키기보다는 장애의 주요 특성에 초점을 맞추어 좀 더 폭넓은 행동 변화를 가져올 수 있도록 접근해야 한다. 최근에는 이와 같은 접근의 프로그램과 교수전략이 다양하게 제시되고 있는데, 이들은 과학적으로 성과가 입증된 행동과학 및 발달과학을 기반으로 한다는 공통점으로 인하여 자연적 발달적 행동적 중재(natural developmental behavioral intervention: NDBI)로 불린다(Schreibman et al., 2020). 이러한 접근에는 중심축 반응 중재(pivotal response treatment: PRT), 강화된 환경 교수(enhanced milieu teaching: EMT), 월든유치원의 우발교수(incidental teaching/Walden Preschool), 조기 덴버 모델(Early Start Denver Model: ESDM), 의사소통 교사로서의 부모 향상 프로젝트(Improving Parents as Communication Teachers: Project ImPACT), JASPER(Joint Attention, Symbolic Play, Engagement, and Regulation), LEAP(Learning Experiences Alternative Program), The DATA Model(Developmentally Appropriate Treatment for Autism), SCERTS(Social Communication, Emotioanl Regulation, Trasactional Support) 등이 있으며, 이 중에서 몇몇 프로그램은 국내에도 소개되어 교육현장에서 적용되고 있다(예: 나지회, 이소현, 2020; 서민경, 이소현, 2022;

표 7-8 자연적 발달적 행동적 중재(NDBI)의 공통적인 특성

영역	구성요소
핵심적인 특성	• 응용행동분석을 통하여 개발된 잘 정립된 원리를 근거로 함 • 모든 아동을 위해서 개별화된 발달목표를 안내하기 위하여 발달에 근거한 중재 전략 및 순서를 사용함
절차상의 특성	• 중재 절차에 대한 분명하고 상세한 안내 지침을 자료로 제시함 • 중재 충실도를 평가하기 위한 절차를 포함함 • 교육하는 동안 지속적으로 진보를 측정함
교수전략	• 아동이 원하는 자료, 좋아하는 활동, 익숙한 일과에 접근하기 위해서 성인에게 시작행동을 하거나 상호작용을 할 수 있게 해 주는 환경 구성 방법을 상세하게 제시함 • 자연적 강화 및 기타 동기 유발 전략을 활용함 • 새로운 기술 학습을 위해서 촉진 및 촉진 소거를 사용함 • 교수 중에 균형 있는 차례를 적용함 • 모델링을 사용함 • 성인은 아동의 언어, 놀이 또는 몸짓을 모방함 • 아동의 관심 초점을 확장하기 위하여 노력함 • 다양한 형태의 아동 주도 교수 장면을 포함함

출처: Schreibman, L., Jobin, A. B., & Dawson, G. (2020). Understanding NDBI. In Y. Bruinsma, M. MInjarez, L. Schreibman, & A. Stahmer (Eds.), *Naturalistic developmental behavioral interventions for autism spectrum disorder*(p. 11). Brookes.

윤라임, 이소현, 2020; 이상아, 최진혁, 2018; 이소현, 안의정 외, 2023; 이후명, 정경미, 2020). 〈표 7-8〉은 이와 같은 NDBI를 기반으로 하는 성과가 입증된 다양한 교육 프로그램이 공통으로 지니는 구성요소를 보여 준다.

2) 장애 특성을 고려한 환경 구성

자폐 범주성 장애 아동을 위한 학교의 전반적인 또는 교실 환경은 기본적으로 안전하고 접근이 가능하며 반응적이고 참여를 촉진한다는 일반적인 교육 환경과 크게 다르지 않다. 그러나 장애 고유의 독특한 특성으로 인하여 질적으로 우수한 기본적인 교육환경에 더해서 다음과 같은 환경적인 속성도 함께 고려하는 것이 좋다(이소현 외, 2016).

• 감각적 특성을 고려한 편안한 환경

- 예측이 가능하고 참여를 증진하는 구조화된 환경
- 변화와 이동에 적응하게 하는 융통성 있는 환경

환경의 감각적 속성은 다양하다. 자폐 범주성 장애 아동이 환경으로부터 받게 되는 모든 정보는 이들을 지나치게 자극하여 각성시키기도 하고 전혀 각성시키지 못하는 수준에 머무를 수도 있다. 따라서 이들이 감각 정보를 처리할 때 앞에서 설명한 바와 같이 과민반응이나 과소반응 등 비전형적이거나 특이한 특성을 보일 수 있다는 사실을 고려하여 환경의 감각적 속성을 조절해 줄 수 있어야 한다. 〈표 7-9〉는 시각이나 청각 등 감각

표 7-9 감각에 따른 특이한 행동 및 이를 위한 환경 구성의 예

감각 영역	특이한 행동 및 환경 구성의 예
시각	• 빛에 민감하게 반응할 수 있으므로 조도가 낮은 조명을 사용함 • 조명의 색이나 위치 또는 불빛의 방향 등을 조절함 • 형광등이 켜진 환경에서 힘들어하는 경우 등을 교체함 • 형광등은 낡을수록 깜빡임이 심해지기 때문에 다른 등으로 교체하지 못하는 경우 새 형광등으로 교체함 • 등을 교체하는 등 시설을 변경하지 못하는 경우 선글라스를 쓰게 하거나 좌석 배치 등으로 반사 빛을 줄임 • 조명이 켜진 장소에서 하얀색 종이를 사용하기 어려워하는 경우 미색 등 학생이 선호하는 적절한 색상의 종이로 대체함
청각	• 교실 내 소음을 내는 물건(예: 선풍기, 냉방기)이 방해가 되는지 살펴보고 좌석을 소리 근원지로부터 멀리 배치하거나 귀마개 또는 이어폰을 활용함 • 교실 내 일상적인 소리(예: 판서하는 소리, 연필로 글을 쓰는 소리, 복도에서 들리는 발자국 소리)에도 과민한 반응을 보일 수 있으므로 이에 대처할 수 있도록 조절 전략을 교수함 • 일상적인 청각 자극(예: 학교 종, 청소기)이나 갑작스러운 자극(예: 소방 훈련)에 대처할 수 있도록 사전에 교육함 • 큰 소리에 둔감하거나 작은 소리에도 민감하게 반응하는 등 개인적으로 반응이 다양하므로 개별적인 관찰을 통하여 청각 반응이나 선호도를 진단하고 대처함(예: 헤드셋 착용하기, 카펫을 까는 등 환경음 줄이기, 소리 근원지에서 멀리 떨어진 곳으로 좌석을 정하거나 스스로 이동하기) • 선호하는 청각 자극이 있는 경우(예: 음악) 자기조절이나 학습을 위하여 활용할 수 있음(예: 시끄럽고 소란한 환경에서 잔잔한 음악을 틀어놓거나 헤드폰으로 좋아하는 음악을 듣게 함)

후각	• 크레용 등의 학용품, 음식, 교사가 사용하는 화장품 등의 냄새에 과민하게 반응하는 경우 가능한 한 냄새 없는 물건을 사용하거나 좌석을 냄새로부터 멀리 배치함 • 특정 활동이나 사람을 거부할 때 냄새가 원인인지 살펴볼 필요가 있으며, 이러한 경우 냄새를 제거하거나 조절 전략을 사용하도록 함 • 특정 냄새를 선호하여 지나치게 냄새를 맡으려고 하는 경우 이러한 냄새가 안정을 위해 필요한지 환경적으로 적절한지 등을 판단하여 대처함
촉각	• 책상에 앉지 않으려고 하는 경우 책상의 나무나 금속 재질에 과민한 반응을 보이는지 관찰함 • 바닥 활동을 거부하는 경우 교실 바닥의 특정 재질(예: 나무, 카펫, 고무매트)에 과민한 반응을 보이는지 관찰함 • 특정 재질을 선호하여 특정 자리에만 앉으려고 하거나 바닥이나 표면을 문지르는 등의 행동을 보일 수 있으므로 활동에 방해가 되지 않도록 대처함
전정감각 및 고유수용감각	• 신체 움직임과 자세가 특이할 수 있음 • 의자에 오랜 시간 앉아 있지 못하는 경우 책상과 의자가 신체 크기에 적절한지 또는 다리를 펴지 못하고 구부리는 자세를 취해야 하는지 등을 살핌 • 아동의 감각적 편안함을 고려하여 서서 공부하는 책상, 다양한 재질이나 모양의 책걸상, 푹신한 소파나 빈백 의자, 흔들의자, 짐볼 등 선택의 폭을 넓힘 • 넓은 교실에 배치된 여러 좌석 중 편안하게 느끼는 자리에 앉을 수 있도록 선호 좌석이 있는지 살펴보고 허용함

영역별로 편안한 환경을 구성해 주기 위한 몇 가지 예를 보여 준다. 표에서 제시한 것과 같은 다양한 방법으로 환경의 감각적 속성을 조절하여 편안한 환경을 구성해 주고자 할 때 주의해야 할 점은 아동이 보이는 감각적 반응이나 특이함이 개별적으로 모두 다를 수 있으므로 한 가지 전략을 모두에게 일반화할 수 없으며 반드시 진단을 근거로 접근 전략을 개별화해야 한다는 것이다.

  예측이 가능하고 참여를 강화하는 구조화된 환경은 자폐 범주성 장애 학생의 교육에서 매우 중요한 의미를 지닌다. 이것은 이들이 실행기능이나 상상력 또는 조직화의 어려움을 보이기 때문인데, 예를 들어 학교라는 큰 공간에서 시간에 따라 교실을 찾아 이동하거나 교실 내에서 정해진 시간에 맞추어 자리에 앉거나 더 나아가서는 시간 맞춰 등교하는 것도 힘들어할 수 있다. 그러므로 이들의 학교생활 적응을 도와주기 위해서는 예측이 가능한 구조화된 환경을 구성하는 것이 좋다. 구조화된 환경을 구성하기 위해서는 공간 내 물리적인 구조를 통제하고 규칙적인 일과를 수립하며 지켜야 할 규칙을 정하는 것이 중요하다. 이렇게 환경을 구조화함으로써 언제 어디서 무엇을 어떻게 해야 하는지에 대한 중요한 정보를 제공할 수 있다. 구조화된 환경은 독립적이고 적극적인 참여를 증진하고 학습 성과를 높이는 매우 효율적인 전략이다. 여기서 구조화의 정도나 구체적인 방법은 아동의 연령이나 지적 기능 또는 자폐적 성향(예: 동일성에 대한 고집, 특정 사물이나 활동에 대한 집착, 감각 처리 방식)에 따라 달라진다. 가장 대표적인 전략은 시각적 지원으로, 이는 공간 구성이나 일과의 흐름을 시각적으로 미리 보게 하는 방법이다. 특히 유치원에서 초등학교로 또는 초등학교에서 중학교로 진학하는 경우 교육환경이 상당히 크게 달라질 수 있으므로 이에 대한 사전교육과 함께 새로운 환경에서의 구조화 전략을 통하

표 7-10 환경 구조화를 위한 시각적 지원 전략의 예

전략	내용
학교 및 학급 지도 제공하기	공간과 공간 내 위치를 쉽게 식별할 수 있도록 학교와 교실 공간에 대한 지도를 만들어 게시판이나 수첩에 붙여주거나 개인 스마트폰에서 볼 수 있게 하여 독립적인 이동을 촉진하고 공간 구성의 변화에 대한 이해를 도움
경계 명확히 하기	교실 내 가구나 카펫을 이용하여 활동 영역을 구분하고 테이프를 붙이거나 책상보 등을 활용하여 구분해야 하는 영역 간 경계를 명확하게 알려줌으로써 활동 중에 어디에 머물러야 하는지를 알게 해 주고 활동 변경에 대한 단서를 제공함
시작과 종료 분명히 하기	활동이나 과제가 진행되는 동안 시간의 흐름을 구체적으로 인지할 수 있도록, 특히 언제 끝나는지와 끝났는지를 알게 해 주는 다양한 수준의 단서를 사용함으로써 독립적이고 안정적으로 현재의 수행에 집중할 수 있도록 도움
시각적 단서 사용하기	교실 내 가구, 영역, 사물 등에 다양한 상징 수준의 라벨을 붙이거나 개인의 의자나 교재 등에 색깔로 표시하는 등의 단서를 활용하여 환경에 대한 이해를 높이고 독립적인 행동을 촉진함
시각적 스케줄 활용하기	일과나 활동 또는 과제의 순서와 진행 정도를 보여 주는 다양한 수준의 시각적 표상을 제공함으로써 추상적인 시간 개념을 구체적이고 관리가 가능한 형태로 제공하는 방법으로, 학급 시간표, 활동스케줄, 미니스케줄, 과제구성도 등 다양하게 활용됨
활동 관련 의사소통 지원하기	학급 내에서 진행되는 다양한 교과 및 비교과 활동과 관련해서 수행해야 하는 아동의 행동을 알려주는 시각적 자료를 통하여 아동의 학급 내 의사소통 행동을 강화하고 행동을 지원하는 전략으로, 필요한 의사소통 내용을 모아 그림카드 파일, 미니북, 노트 형태로 교사가 직접 제작하여 제공함

여 순조로운 전환을 도와주어야 한다(예: 홍경, 이소현, 2022). 〈표 7-10〉은 환경을 구조화하기 위한 다양한 시각적 지원 전략의 예를 보여 준다.

예측이 가능한 구조화된 환경이 아동에게 안정감을 주고 독립적으로 행동하게 도와주는 것은 사실이다. 그러나 모든 환경이 항상 고정되어 있지는 않으며 고정된 일과도 그 안에서 끊임없는 변화가 일어나고 예기치 못한 방해요인이 나타나곤 한다. 자폐 범주성 장애 아동은 작은 변화에도 불안해하는 특성을 보이는데, 특히 동일성에 대한 집착이나 융통성 없는 사고 또는 상상력의 부족은 학급의 일상적인 일과 변경이나 장소 이동에도 매우 민감한 반응을 보이게 하며 심한 경우 강한 분노와 함께 과도한 거부 행동으로도 이어진다. 그러므로 이들을 위한 환경 지원은 예측이 가능한 구조화된 환경을 구성함과 동시에 변화에 적응하고 융통성을 발휘할 수 있도록 도와주어야 한다. 학급에서 일어나는 일상적인 변화(예: 시간의 흐름에 따라 나타나는 변화로 교과에 따른 교실 이동이나 활동 종료에 따른 다음 활동으로의 전이 또는 장소 변경)는 예측 가능한 형태로 발생하기 때문에 앞에서 설명한 다양한 구조화 및 시각적 지원을 통하여 적응을 도울 수 있다. 그러나 비가 와서 체험학습을 하지 못하게 되었거나 친구가 아파서 결석하는 등의 갑작스러운 변화 등 모든 변화를 미리 다 예상하고 준비하기는 쉽지 않다. 따라서 이러한 변화에 적응하고 다룰 수 있도록 스스로 자신의 행동을 조절하는 대처방안을 교수해야 한다. 이를 위해서는 아동이 수용할 만한 작은 변화부터 차근차근 계획하고 소개함으로써 점차 큰 변화에도 융통성 있게 적응할 수 있게 해주어야 하는데, 예를 들어 교실 내 책상 배치를 살짝 바꾸거나 좌석의 위치를 조금씩 옮기거나 시간표상의 교과 순서를 살짝 바꾸는 등의 작은 변화에 익숙하도록 교수할 수 있다.

3) 장애 특성을 고려한 교육과정

(1) 교육과정 강조점

교육과정은 학생이 소속된 학교의 교육과정을 따르는 것을 원칙으로 한다. 일반학교에 통합된 경우 일반교육과정을 따라야 하며, 특수학교에 재학 중인 경우는 학교의 선택에 따라 특수교육 교육과정이나 학교의 자체적인 교육과정을 따른다. 그러나 자폐 범주성 장애의 특성을 고려할 때 교수 내용 및 방법에 있어서 수정이나 보완 없이 기존의 교육과정만을 그대로 적용하게 된다면 최상의 교육적 성과를 기대하기 어려울 수 있다. 따라서 현재 소속된 학교의 교육과정을 사용하되 장애의 특성을 고려한 교육과정 강조점을 반영하여 사용하는 것이 중요하다.

장애의 특성을 고려한 교육과정 강조점은 여러 가지가 있을 수 있는데, 먼저 교수 내용을 구성할 때 자폐 범주성 장애의 주요 어려움인 사회 의사소통과 정서 및 행동 조절 영역을 강조해야 하며, 이러한 발달적 지원은 기타 발달영역 및 학업 지원과 함께 종합적으로 구성되어야 한다. 즉, 특정 기술을 가르치거나 행동을 조절하기 위한 단편적인 교수가 아닌 모든 발달영역과 학업 영역을 총체적으로 지원하면서 사회 의사소통 및 행동 조절에 대한 교수를 강조해야 한다.

둘째, 생애주기에 따라 지원 요구가 달라진다는 사실을 이해하고 교육과정에 반영해야 한다. 예를 들어, 가정에서 양육자와의 상호작용을 통해서 발달이 촉진되는 시기와 학교 중심의 교육현장에서 또래 관계 및 학업 교과가 강조되는 시기와 성인기의 독립적인 삶을 준비해야 할 청소년기에 요구되는 교수의 내용은 달라질 수밖에 없으므로 장애의 핵심적인 어려움인 사회 의사소통 기술조차도 생애주기별로 교수의 내용이 달라진다 (〈표 7-11〉 참조).

셋째, 아동이 경험하는 어려움 및 아동이 지닌 재능 또는 강점의 다양함을 인식하고 이들이 개별적으로 적절한 교육을 받을 수 있도록 개별화된 접근을 할 때 개인의 지원 요구뿐만 아니라 이들이 지닌 강점 기반의 접근이 이루어질 수 있도록 노력해야 한다. 여기서 말하는 강점이란 앞에서 설명한 자폐적 우수성인 서번트 기술을 비롯한 특정 재능일 수도 있고, 개인 내적으로 보이는 인지적 프로파일상의 특성일 수도 있고, 특별한 관심 영역(SIA)일 수도 있으며, 개인적인 성품이나 성향일 수도 있다.

표 7-11 사회 의사소통 및 정서-행동 조절을 위한 생애주기별 교육과정 강조점

영유아기	학령기	청소년기
• 조기발견 및 조기개입 • 상호작용을 촉진하는 가정 환경 • 공동관심 증진 • 양육자와의 관계 형성 • 특별한 관심을 활용한 사회적 관계 형성 및 유지 • 가족 참여	• 교과 학업 지원 • 학교생활 적응 지원 • 또래 관계 형성을 위한 사회성 기술 • 감각 특이성을 고려한 성교육 • 특별한 관심을 활용한 전환기 교육 • 지역사회 적응 기술	• 청소년기 신체적 변화에 대한 적응 지원 • 특별한 관심을 활용한 직업 기술 준비 • 성인기 사회 적응을 위한 사회적 관계 형성 기술 • 지역사회 적응을 위한 독립적인 기술

　　마지막으로, 자폐 범주성 장애의 특성을 고려하여 교류 지원에 강조점을 두어야 한다. 교류 지원이란 아동을 지원하기 위하여 그 아동과 교류하는 대상자를 지원 범위 내에 포함하는 것이다. 자폐 범주성 장애 아동을 위한 지원은 매일의 일과 내에서 포괄적으로 이루어진다. 그러므로 교류 지원의 대상이 되는 일차적인 집단은 가족이며 연령이 증가할수록 또래와 교사의 역할이 커진다. 특히 학교에서는 자폐 범주성 장애 아동과 상호작용을 하는 모든 교직원과 또래가 교류 지원의 대상이 되어야 한다. 따라서 교사는 자신 스스로뿐만 아니라 이들 모두가 자폐 범주성 장애 아동의 장애와 개인적인 특성을 잘 이해하고 민감하게 반응하는 상대가 될 수 있도록 지원해야 한다.

(2) 교육과정 구성 및 운영

　　교육과정의 구체적인 내용 구성 및 운영에서도 장애의 특성을 고려해야 한다. 이와 같은 고려는 학업, 사회성, 언어, 행동 등 교육과정 전반에 걸쳐 적용된다. 먼저 학업과 관련해서는 이들이 지니는 장애의 특성에 따른 강점을 강화하고 약점을 보완하는 개별화된 지원을 통하여 성취를 높일 수 있다. 교과 학습 지원을 위해서 다양한 전략이 사용될 수 있는데, 특별히 장애의 특성을 고려하여 시각적으로 지원해 주는 방법이 보편적으로 사용된다. 예를 들어, 읽기 학습을 지원하기 위해서 이들의 시각적 강점을 고려하여 다양한 시각적 매체를 이용할 수 있다(장영선 외, 2021). 시각적 지원은 이들의 교육 전반에 활용되는 가장 효율적인 방법으로 학업 성과를 높이는 데에도 효과적으로 사용될 수 있다(Knight et al., 2015). 학습 성과를 높이기 위한 특정 단서나 정보를 제공해 주고 학습 환경을 구조화시키는 데에도 활용되어 독립적인 학업 수행을 가능하게 해 준다. 예를 들어, 〈표 7-10〉에서 제시한 물리적 환경의 구조화를 위한 다양한 시각적 지원은 학습 활동을 지원하는 방법으로도 사용될 수 있다. [그림 7-2]는 다양한 유형의 시각적 지원으로 자폐 범주성 장애 아동의 학습을 도와주기 위하여 교사가 제작한 교재의 예를 보여 준다. 시각적 지원 외에도 뒷부분에서 설명하게 될 효과가 입증된 다양한 교수전략이 학업 교과 향상을 위한 방법으로 적용될 수 있다.

　　또한 기능 수준과는 상관없이 학업 수행에 대한 동기 유발이 어려운 경우가 많으므로 앞에서 설명한 특별한 관심 영역(SIA)을 교육과정에 삽입하여 과제에 대한 흥미를 높이고 과제 수행 행동을 증진할 수 있다(예: 이현정, 이소현, 2022). 예를 들어, 수학에 관심을 보이지 않는 아동에게 수 개념이나 단위 비교 등의 학습에 자신의 관심 분야인 공룡을 구

몸단장 기술 학습을 위하여 실물/모형을
사용한 활동 스케줄

일과의 진행 순서와 종료 여부를
알게 해 주는 시간표

한 달간의 일정 및 변경 가능성에 대한
수업 지원 자료

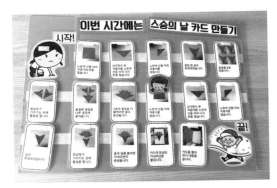

독립적인 활동이 가능하도록 과제의
순서를 설명해 주는 자료

수영 준비물과 활동 및 뒷정리의 내용과 순서를 안내해 주는 방수 교재

[그림 7-2] 교사가 제작한 다양한 시각적 지원 자료의 예

체물로 적용할 수 있게 한다면 수학 교과에 대한 흥미를 높일 수 있다. 이와 같은 특별한 관심 영역(SIA)은 진로 지도 및 전환교육에 특별히 적용될 수 있는데, 이는 성인기 전환교육에서 가장 중요한 직무 관련 동기 유발을 통하여 취업에 긍정적인 영향을 미칠 수 있기 때문이다. 즉, 다양한 관심 영역과 관련된 직업을 목표로 하는 전환교육은 성인기 취업과 고용 유지로 연결될 수 있다는 것이다. 최근 이와 같은 재능 기반 취업은 재능 재활

미술작가 조영배

U BASE 인사기획팀 소속 직원으로 전문적인 작품 활동을 하는 미술작가
(옆의 사진은 전시회에서 자신의 작품 옆에서 포즈를 취하고 있는 조영배 작가)

㈜오티스타

자폐 범주성 장애인의 재능 재활을 추구하는 사회적기업으로, 시각적 학습자로서 시각적 표현력이 우수하고 그림 및 디자인 관련 업무에 특별한 관심을 보이는 자폐 범주성 장애인을 디자이너로 고용하는 디자인 회사
(옆의 사진은 자폐인 디자이너의 재능을 보여 주는 오티스타의 다양한 제품 및 디자인)

출처: www.autistar.kr

[그림 7-3] 특별한 관심 영역을 반영한 직무 개발 및 고용 사례

(talents rehabilitation)이라고도 한다(이소현, 윤선아, 박혜성 외, 2019). 실제로 [그림 7-3]은 이와 같은 관심 분야를 진로에 활용한 예로, 시각적 표현력이 우수하고 그러한 활동을 좋아하는 자폐 범주성 장애인을 디자이너로 채용하여 성공적인 직장생활을 하도록 지원하는 모델 회사의 사례와 대학의 관련 학과에 진학하여 전문가로 활동하는 개인의 사례를 보여 준다.

사회성과 관련된 교육과정은 일반적으로 학교 또는 실제 사회에서 살아가는 데 필요한 연령에 적합한 행동을 배우는 것을 의미한다. 자폐 범주성 장애는 사회 의사소통의 어려움이 장애의 주요 특성이기 때문에 교육과정에 일상생활 기술, 자조기술, 기능적 의사소통 기술, 사회적 상호작용 기술 등의 사회 의사소통 관련 기술이 포함되어야 한다. 또한 이들은 자신의 정서를 표현하고 조절하기 위해서도 구체적인 교수를 필요로 하며(이소현 외, 2022), 표정이나 몸짓을 통해서 상대방의 감정을 이해하고 비유적인 언어를 이해하며 사회적 규칙을 이해하기 위한 해석적 기술도 학습해야 한다. 특히 또래와의 긍정적인 관계를 수립하고 유지하는 데에도 어려움을 보이기 때문에 또래와의 우정을 형성할 수 있도록 도와주어야 한다. 예를 들어, 유아기 아동을 위한 교육과정은 대부분이 놀이로 진행된다. 그러나 자폐 범주성 장애 아동은 또래와의 놀이 기술에 명백한 어려움을 보이며, 이러한 어려움은 또래 관계의 어려움으로 이어진다. 그러나 이들의 놀이 기술은 다양한 교수전략을 통해서 증진될 수 있는 것으로 보고되고 있으므로(심세화 외, 2023; 이귀남 외, 2022) 놀이 및 또래 관계 증진을 위한 교육과정상의 배려가 이루어져야 한다. 또래와의 관계 형성을 지원하기 위해서는 일반적인 친구 사귀기 기술(예: 차례 주고받기, 안부 묻기, 친구의 관심사에 대해 함께 관심 보이기)과 함께 갈등 해결 기술, 긍정적인 상호작용 기술(예: 친구의 말을 적극적으로 듣기, 긍정적인 피드백 제공하기, 질문하기, 친구의 요구에 반응하기), 상대방의 입장 이해하기, 친구에 대한 신의 지키기(예: 친구와의 약속 지키기, 친구의 권리 인정하기, 친구의 비밀 지켜주기) 등의 구체적인 기술을 개별화교육계획의 교수목표로 포함하고 가르쳐야 한다. 사회 의사소통 기술을 가르치기 위해서 또래 중개 지원이나 중심축 반응 훈련 또는 상황이야기나 비디오 모델링 등 다양한 교수전략이 사용될 수 있으며, 스킬스트리밍(김은경, 2022)이나 사회 기술 훈련(Programs for the Education and Enrichment of Relational Skills: PEERS)(유희정 외 공역, 2013, 2021) 등의 체계적인 중재 프로그램도 개발되어 사용되고 있다. 앞에서 설명한 특별한 관심 영역(SIA)도 사회적 기술이나 또래 상호작용을 증진하는 데에 효과적으로 적용될 수 있다(이귀남 외, 2023).

언어와 관련된 교육과정은 화용론을 기반으로 하는 기능성 중심의 의사소통 교육이어야 한다. 이것은 자폐 범주성 장애의 의사소통 문제가 사회인지 맥락에서 이해되어야 하기 때문이다. 그러므로 교사는 말이나 언어의 형태를 습득시키는 것보다는 습득한 기술을 자신의 환경에서 어떻게 기능적으로 사용하게 할 것인가 하는 점을 더욱 중요하게 고려해야 한다. 예를 들어, 아동에게 "우유"라고 발음하게 하는 것보다는 우유가 마시고 싶을 때 우유를 가리키거나 "우유"라고 말하게 함으로써 우유를 마실 수 있는 기술을 가르치는 것이 더 중요하다는 것이다. 이와 같은 기능성 중심의 사회 의사소통 기술을 가르치기 위해서 교사는 강점과 어려움을 모두 포함하는 현행 발달 수준을 파악할 수 있어야 하며 일상적이고 자연적인 상황에서 언어 및 의사소통의 기능성이 얼마나 손상되었는지에 대한 포괄적인 진단을 근거로 중재해야 한다(McCauley et al., 2021). 특히 앞에서도 설명하였듯이 교류 지원의 맥락에서 주변의 상호작용 대상이 아동을 이해하고 대화할 수 있도록 함께 교육하는 것도 필요하며, 행동 문제를 다루기 위한 행동 지원 프로그램과 통합해서 운영해야 한다.

행동을 지원하기 위한 교육과정은 바로 앞에서 설명한 바와 같이 기능성 중심의 의사소통 교육과 통합된 형태로 이루어져야 한다. 이것은 사회 의사소통의 어려움으로 인하여 나타나는 부적절한 행동 또는 비전형적인 방법의 의사소통 행동을 위한 교육적 접근이 함께 이루어져야 함을 뜻한다. 장애 아동의 행동을 지도하기 위해서는 기능진단을 통하여 문제행동의 기능을 분석한 후에 행동이 발생하는 환경을 조절하고 대체행동을 교수하는 긍정적 행동 지원의 방법이 적용된다. 특히 의사소통 기능을 지닌 문제행동과 동등한 기능을 발휘하는 대체행동의 교수는 자폐 범주성 장애 아동의 사회 의사소통 교육과정과 연계해서 이루어져야 한다. 예를 들어, 원하는 물건을 얻거나 다른 사람의 관심을 끌기 위한 의사소통 기능을 지닌 문제행동의 경우, 그와 동등한 기능을 지닌 적절한 형태의 의사소통 수단을 사용하도록 학습시키는 것이다. 그러나 이와 같은 대체행동으로서의 기능적인 의사소통 학습이 고립된 훈련으로만 이루어져서는 안 되며, 아동의 일상생활 중 반응적인 환경 내에서 이루어져야 한다. 행동 지원의 구체적인 방법은 이 책의 제6장 정서·행동장애의 행동 지도 부분을 참고할 수 있다.

3. 과학적으로 입증된 교수 방법

자폐 범주성 장애는 장애의 고유한 특성으로 인하여 오랫동안 다양한 중재와 치료의 대상이 되어 왔다. 즉, 논란 중인 중재와 확증되지 않은 치료, 특히 과장된 성과를 약속하는 타당화되지 않은 방법론이나 치료가 성행해 왔다(권정민, 2022; Simpson, 2005). 이와 같은 현상에 대한 정확한 이유는 알려지지 않고 있지만 한 가지 가능성 있는 대답은 자폐 범주성 장애의 특성이 완전히 이해되지 않고 있을 뿐만 아니라 이들이 보이는 고도

로 발달된 서번트 증후군이나 기타 비기능적인 능력이 진보된 기능으로 오해되기 쉽기 때문인 것으로 보인다(Simpson et al., 2010). 특히 과학적인 타당화 과정을 거치지 않은 많은 중재는 성과가 입증된 기존의 방법에서 기대할 수 없는 그 이상의 희망을 심어주고 심지어는 완치에 대한 잘못된 희망까지도 주기 때문에 많은 부모와 교사가 쉽게 관심을 기울이게 되는 것이 사실이다. 따라서 자폐 범주성 장애 아동을 가르치는 교사는 이들의 교육과 관련된 연구 기반의 실제, 즉 과학적인 방법을 통하여 그 성과가 입증된 방법론을 잘 알고 적용해야 할 뿐만 아니라 부모에게도 올바른 안내자의 역할을 할 수 있어야 한다.

과학적으로 입증된 교수전략이란 과학적인 방법을 통하여 일정 기준을 만족시킴으로써 그 성과가 입증된 방법을 의미하며, 증거 기반의 실제(evidence-based practice: EBP), 과학적 기반의 실제(scientifically-based practice), 연구 기반의 실제(research-based practice) 등의 다양한 용어로 불린다. 앞에서도 설명하였듯이, 자폐 범주성 장애는 장애가 지니는 근본적인 특성으로 인하여 수많은 중재와 치료의 대상이 되고 있다. 따라서 이들을 위한 과학적으로 입증된 교수 방법을 알아내기 위한 노력도 함께 이루어져 왔다. 과학적 기반의 실제로 인정하기 위한 다양한 측면에서의 기준이 개발되고 이를 통하여 개별 중재 방법에 대한 성과 검증 결과가 지속적으로 보고되고 있다. 우리나라에서도 자폐 범주성 장애 아동을 대상으로 국내 교육현장에서 사용되고 있는 교수전략에 대한 성과를 분석하는 등 한국형 증거 기반의 실제를 분석하기 위한 노력이 이루어지고 있다(고영숙, 김은경, 2007; 이소현, 안의정, 2017).

자폐 범주성 장애 아동의 효과적인 교육을 위한 연구는 이들을 위한 프로그램 차원에서의 구성요소와 개별적인 교수전략의 측면으로 나누어 각각에 대한 최상의 방법론적인 실제를 보고한다. 즉, 성과가 입증된 연구 기반의 실제로서 종합적인 중재 모델(comprehensive treatment models: CTMs)과 개별 교수전략(focused intervention: FI)의 두 가지 측면에서 그 방법론이나 질적인 특성을 설명한다. 이것은 자폐 범주성 장애 학생을 위한 교육적 접근으로서의 포괄적인 프로그램은 어떠해야 하는지와 실제로 교육과정 내에서 구체적으로 사용할 수 있는 단일 교수전략에는 어떠한 것들이 있는지를 설명하는 것이다.

먼저 종합적인 중재 모델(CTMs)의 경우 프로그램의 내용을 구체적으로 설명하는 이론적 체계를 갖춘 프로그램으로 자폐 범주성 장애의 핵심적인 어려움을 포함해서 아동의 전반적인 발달과 행동을 다루는 강도 높은 연간 교육과정을 포함하는 프로그램을 의미한다(신수진 외, 2021; Odom et al., 2010). 이러한 모델로 그 성과가 인정된 프로그램은 앞에서 설명한 NDBI 접근의 프로그램을 포함해서 다수 보고되고 있으나 모두 해외에서 개발되었으며, 그중 ESDM(정경미 외 공역, 2018)이나 SCERTS(이소현, 윤선아, 박현옥 외 공역, 2019, 이소현, 윤선아, 이은정 외 공역, 2019) 등 소수의 모델이 국내에 번역 소개되어 있다.

특정 기술 교수를 위한 개별 교수전략(FI)에 대한 효과 검증 연구도 활발하게 진행되고 있다. 예를 들어, 자연적 중재, 모델링, 과제분석, 촉진, 기능적 의사소통 훈련, 비디오 모델링, 시각적 지원 등의 다양한 방법이 효과 검증을 위한 일정 기준을 충족시킴으로써 성과가 입증된 교수전략으로 보고된다. 이와 같은 개별적인 교수전략은 특정 기술의 증가나 감소에 초점을 맞추게 되는데, 한 연구에 의하면 주로 학업/전학문, 적응행동/자조기술, 문제/방해 행동, 인지, 의사소통, 공동관심, 정신건강, 운동기능, 놀이, 학교준비, 자기결정, 사회성, 직업 등의 다양한 발달 및 학습 영역을 대상으로 하는 것으로 나타났다(Hume et al., 2021). 이 연구에서는 영유아기부터 청소년기에 이르기까지 다양한 연령층의 자폐 범주성 장애 아동에게 이와 같은 다양한 발달 및 학습 영역의 교수목표를 교수하는 데 효과적이라고 입증된 28개의 증거 기반의 실제(EBP) 교수전략을 발표하였으며, 그 내용은 〈표 7-12〉에서 보는 바와 같다. 표에서 채색된 칸은 연령대별로 특정 교수전략이 어떤 교수 영역에서 구체적인 성과를 보였는지 보여 준다. 즉, 증거 기반의 실제 기준을 충족하는 연구가 1편 이상 보고된 경우 해당 연구의 참여자 연령대를 색으로 표시한 것이다. 예를 들어, 시각적 지원(VS) 전략은 정신건강과 자기결정을 제외한 9개 목표 영역에서 효과가 입증되었으며, 특히 학업, 적응행동, 놀이, 학교준비, 사회성에서는 전 연령대에 걸쳐 그 효과가 입증되었다. 이들 교수전략은 구체적인 방법론에 대한 조작적인 정의에 따라 국내 교육현장에서도 활발하게 적용되고 있으며(〈표 7-13〉참조), 각 교수전략의 구체적인 내용에 대해서는 Steinbrenner 등(2020)을 참고하기 바란다. 이 외에도 다양한 연구진에 의해 더 많은 교수전략이 증거 기반의 실제로 보고되고 있다(예: National Autism Center, 2015). 따라서 자폐 범주성 장애 아동을 가르치는 교사는 이들을 위한 다양한 종류의 성과가 입증된 과학적 기반의 교수전략에 대하여 잘 알고 아동과 가르칠 교수목표에 따라 적절한 전략을 선택해서 사용할 수 있어야 할 것이다.

표 7-12 연령별 교수목표 영역에 따른 증거 기반의 실제 교수전략

EBP	학업/전학문			적응/자조			문제/방해행동			인지			의사소통			공동관심		
	0–5	6–14	15–22	0–5	6–14	15–22	0–5	6–14	15–22	0–5	6–14	15–22	0–5	6–14	15–22	0–5	6–14	15–22
ABI																		
AAC																		
BMI																		
CBIS																		
DR																		
DI																		
DTT																		
EXM																		
EXT																		
FBA																		
FCT																		
MD																		
MMI																		
NI																		
PII																		
PBII																		
PP																		
R																		
RIR																		
SM																		
SI																		
SN																		
SST																		
TA																		
TAII																		
TD																		
VM																		
VS																		

〈표 7-12〉 계속

EBP	정신건강			운동기능			놀이			학교준비			자기결정			사회성			직업		
	0-5	6-14	15-22	0-5	6-14	15-22	0-5	6-14	15-22	0-5	6-14	15-22	0-5	6-14	15-22	0-5	6-14	15-22	0-5	6-14	15-22
ABI		■	■					■			■						■				
AAC						■	■				■						■				
BMI											■						■				
CBIS		■	■								■						■				
DR					■						■										
DI											■										
DTT								■			■						■			■	
EXM					■						■										
EXT											■										
FBA											■										
FCT								■			■						■				
MD											■						■				■
MMI					■						■										
NI		■						■			■						■				
PII							■				■						■				
PBII	■										■						■				■
PP					■			■			■						■		■	■	
R					■			■			■						■				
RIR											■						■				
SM					■						■						■				■
SI					■						■										
SN								■			■						■				
SST	■	■						■						■			■				
TA					■												■			■	
TAII		■									■						■				
TD											■						■		■		
VM					■			■			■						■				
VS					■		■	■			■										

출처: Hume et al. (2021). Evidence-based practices for children, youth, and young adults with autism: Third generation review (p. 4028). *Journal of Autism and Developmental Disorders, 51,* 4013-4032. https://doi.org/10.1007/s10803-020-04844-2

표 7-13 자폐 범주성 장애 아동을 위한 증거 기반의 실제 교수전략

자폐 범주성 장애 아동을 위한 증거 기반의 실제 교수전략의 예

- 선행사건 중재
  Antecedent-Based Intervention (ABI)
- 보완대체의사소통
  Augmentative and Alternative Communication (AAC)
- 행동 모멘텀 중재
  Behavioral Momentum Intervention (BMI)
- 인지적 행동/교수 전략
  Cognitive Behavioral/Instructional Strategies (CBIS)
- 대체행동/상반행동/타행동 차별강화
  Differential Reinforcement of Alternative Incompatible or Other Behaviors (DR)
- 직접교수
  Direct Instruction (DI)
- 비연속 개별시도 훈련
  Discrete Trial Training (DTT)
- 운동 및 동작
  Excercise and Movement (EXM)
- 소거
  Extinction (EXT)
- 기능적 행동진단
  Functional Behavioral Assessment (FBA)
- 기능적 의사소통 훈련
  Functional Communication Training (FCT)
- 모델링
  Modeling (MD)
- 음악 매개 중재
  Music-Mediated Intervention (MMI)
- 자연적 중재
  Naturalistic Intervention (NI)

- 부모 실행 중재
  Parent-Implemented Intervention (PII)
- 또래 기반 교수 및 중재
  Peer-Based Instruction and Intervention (PBII)
- 촉진
  Prompting (PP)
- 강화
  Reinforcement (R)
- 반응 방해/재지시
  Response Interruption/Redirection (RIR)
- 자기관리
  Self-Management (SM)
- 감각통합
  Sensory Integration® (SI)
- 사회적 담화
  Social Narratives (SN)
- 사회적 기술 훈련
  Social Skills Training (SST)
- 과제분석
  Task Analysis (TA)
- 테크놀로지 기반 교수 및 중재
  Technology-Aided Instruction and Intervention (TAII)
- 시간지연
  Time Delay (TD)
- 비디오 모델링
  Video Modeling (VM)
- 시각적 지원
  Visual Supports (VS)

⋯ 요약 ⋯

　이 장에서는 자폐 범주성 장애의 정의, 원인, 특성을 살펴보고, 이를 기반으로 한 교육적 접근에 대해서 알아보았다. 현재 자폐 범주성 장애는 사회 의사소통에서의 어려움과 제한적이고 반복적인 행동 특성이 생애 초기에 나타나는 장애로 정의된다. 또한 신경생물학적인 이상으로 인하여 발생하는 것으로 알려지고 있으나 그 발생 경로나 구체적인 원인은 정확하게 규명되지 않고 있으며, 발생 과정에서의 환경적인 요인의 영향에 관한 연구도 계속 진행되고 있다.

　자폐 범주성 장애 아동은 많은 경우 지적장애를 함께 보이기도 하며, 학업 성취에서도 어려움을 보인다. 특히 사회 의사소통 영역에서의 일탈적인 발달과 행동 문제로 인하여 통합 환경에서의 적응에 많은 어려움을 보이기 때문에 교사의 적절한 관심과 지원이 필요하다. 특히 장애의 특성을 고려한 교육적 접근이 필수적인데, 이를 위해서는 장애 특성을 고려한 교육 환경을 구성하고 그에 따른 교육과정을 구성하고 운영해야 한다. 또한 장애의 특성을 반영하여 사회 의사소통과 정서-행동 조절 영역을 포함하는 발달 및 학습 전반에 걸친 종합적인 프로그램으로 구성하되 생애주기별로 지원의 강조점을 달리해야 한다. 교육과정을 운영할 때는 아동의 개별적인 강점과 요구를 반영하여 개별화된 접근을 해야 하는데, 이때 개별 아동의 지원 요구뿐만 아니라 재능 및 강점을 기반으로 교육과정을 구성해야 한다. 또한 아동의 주변에서 상호작용의 대상이 되는 가족, 교직원, 또래가 지원의 역할을 할 수 있도록 교류 지원도 포함해야 한다.

　자폐 범주성 장애는 장애가 지닌 특성으로 인하여 수많은 중재와 치료의 대상이 되어 왔다. 그러나 이러한 방법 중에는 효과나 효율성 측면에서의 가치가 낮아 아동의 전반적인 교육에 역효과를 가져오는 경우도 보고된다. 따라서 이들의 교육을 위해서는 과학적 기반의 연구를 통하여 그 성과가 입증된 방법이 적용되어야 한다. 특히 최근에는 많은 연구를 통하여 장애의 특성을 고려한 종합적인 중재 모델이 제시되고 있으며, 특정 기술의 교수를 목표로 하는 다양한 교수전략이 개발되어 그 성과가 입증되고 있다. 결과적으로 자폐 범주성 장애 아동의 교육적 성과를 위해서는 아동이 속한 환경 내의 모든 사람, 다시 말해서 가족, 교사, 또래를 포함하는 모든 사람이 장애의 특성을 잘 이해하고 이를 고려한 과학적 기반의 교육적 접근을 계획하고 실행해야 한다.

참고문헌

강혜경, 박현옥(2018). 자폐 범주성 장애 학생의 대학생활 경험과 인식. 특수교육, 17(1), 31-56. http://doi.
　　org/10.18541/ser.2018.02.17.1.31

고영숙, 김은경(2007). 근거 기반의 실제를 구축하기 위한 메타분석: 자폐 범주성 장애인의 사회성과 의사소
　　통을 중심으로. 정서·행동장애연구, 23(1), 1-27.

교육부(2023). 2023 특수교육통계. 교육부.

권정민(2022). 자폐성장애 아동의 부모는 왜 사이비 치료를 선택하는가. 자폐성장애연구, 22(2), 115-151.
　　http://doi.org/10.33729/kapa.2022.2.5

김미화, 최윤희, 박나리(2020). 특별한 관심을 반영한 시각적 지원이 통합된 자폐성 장애유아의 참여행동에
　　미치는 영향. 유아특수교육연구, 20(1), 1-19.

김은경(2022). 초등 국어과에서 자폐성장애 학생의 사회적 의사소통 지도를 위한 증거기반실제의 실행 방
　　안 탐색. 특수교육논총, 38(4), 23-54. http://doi.org/1010.31863/JSE.2022.11.38.4.23

나지회, 이소현(2020). 중심축 반응 중재의 동기 향상 전략을 적용한 개별화된 또래 놀이 활동이 자
　　폐 범주성 장애 초등학생의 또래 상호작용에 미치는 영향. 자폐성장애연구, 20(3), 1-26. http://doi.
　　org/10.33729/kapa.2020.3.1

박정훈, 박수현, 최항녕, 천근아(2021). 자폐스펙트럼장애 아동의 K-WISC-IV 프로파일: 임상적 적용. 한국
　　심리학회 학술대회 자료집, 153-153. http://doi.org/10.15207//JKCS.2017.8.7.314

박현옥, 이소현(2002). 생각의 원리를 적용한 사회-인지 프로그램' 개발 연구. 특수교육학연구, 37(3), 221-
　　244.

방명애, 김윤미(2006). 정신연령을 통제한 자폐아동, 정신지체아동 및 비장애 아동의 생각의 원리 비교. 지
　　적장애연구, 8(2), 61-92.

서민경, 이소현(2022). SCERTS 모델 기반의 가정 일과 중심 부모 실행 중재가 자폐 범주성 장애 영아의 공
　　동관심 및 놀이 기술과 부모의 양육효능감에 미치는 영향. 특수교육연구, 29(1), 199-233. http://doi.
　　org/10.34249/jse.2022.29.1.199

성경선, 방명애(2021). 자폐성 장애 학생의 개인 변인에 따른 생각의 원리와 사회불안 분석. 특수교육논총,
　　37(4), 65-95. http://doi.org/10.31863/JSE.2021.11.37.4.65

신수진, 남보람, 이소현(2021). 자폐 범주성 장애 유아를 위한 종합적인 중재 모델 탐색: 통합교육 환경에서
　　실행한 국외 연구 중심으로. 자폐성장애연구, 21(1), 33-56. http://doi.org/10.33729/kapa. 2021.1.2

심세화, 신수진, 이귀남, 이소현(2023). 자폐 범주성 장애 영유아의 모방 증진 관련 국외 중재연구 분석. 특수
　　교육연구, 30(1), 100-132. http://doi.org/10.34249/jse.2023.30.1.100

심세화, 이귀남, 이소현(2023). 자연적 환경에서 실시한 자폐 범주성 장애 영유아 놀이 중재 연구의 동향 및
　　분석. 정서·행동장애연구, 39(1), 29-56.

유희정, 반건호, 조인희, 서전성, 김은경, 전상신, 김주현, 조수철, 신민섭, 김붕년, 김재원, 박수빈, 박민현,
　　김효진, 성남시 소아청소년정신건강증진센터 공역(2013). PEERS: 부모와 함께하는 자폐스펙트럼장애 청소
　　년 사회기술훈련. 시그마프레스.

유희정, 김주현, 오미애, 이경아, 김지윤, 이승하 공역(2021). PEERS: 성인을 위한 사회기술훈련. 시그마프레스.

윤라임, 이소현(2020). 어머니가 실행하는 SCERTS 모델 기반의 사회 의사소통 중재가 자폐 범주성 장애
　　유아와 어머니의 상호작용에 미치는 영향. 자폐성장애연구, 20(3), 57-80. https://doi.org/ 10.33729/

kapa. 2020. 3. 3

윤은호(2023). 조력의사결정 제도와 관점에서 본 자폐인 당사자 이야기. 2023년도 한국자폐학회 춘계학술대회. 성인 자폐인의 생애과정 이해: 최신 연구, 당사자 및 가족 경험을 중심으로(pp. 148-161). 한국자폐학회.

이귀남, 심세화, 이소현(2022). 자폐 범주성 장애 영유아를 위한 놀이 기술 교수 중재의 동향: 국외 단일대상 연구를 중심으로. 특수교육, 21(4), 37-64.

이귀남, 심세화, 이소현(2023). 자폐 범주성 장애 아동의 특별한 관심 영역을 활용한 사회적 기술 중재 연구 분석. 특수교육학연구, 58(1), 25-52. https://doi.org/10.15861/kjse.2023.58.1.25

이상아, 최진혁(2018). 강화된 환경중심 언어중재가 자폐스펙트럼장애 아동의 자발화와 기능적 의사소통에 미치는 효과. 특수아동교육연구, 20(3), 131-157. https://doi.org/10.21075/kacsn.2018.20.3.131

이소현(1999). 자폐 장애의 일탈적 특성 고찰을 통한 특수교육적 접근의 방향성 정립: 사회성 발달장애를 중심으로. 특수교육학연구, 34(2), 227-256.

이소현(2009). 자폐 범주성 장애의 조기발견 및 조기개입의 역할 및 과제. 유아특수교육연구, 9(1), 103-133.

이소현(2020). 유아특수교육(2판). 학지사.

이소현, 남보람, 장영선, 윤라임, 윤선아(2022). 자폐 범주성 장애 아동의 인지 프로파일 연구 동향: DSM-5 적용 이후를 중심으로. 자폐성장애연구, 22(1), 55-80. https://doi.org/10.33729/kapa.2022.1.55

이소현, 안의정(2017). 자폐 범주성 장애 학생을 위한 증거 기반의 실제 탐색: 국내 연구에 대한 질적지표 분석을 중심으로. 자폐성장애연구, 17(3), 1-28.

이소현, 안의정, 윤라임, 장영선, 정혜림(2022). 자폐 범주성 장애 유아의 정서 조절 관련 중재연구의 동향 및 과제. 자폐성장애연구, 22(3), 1-36. https://doi.org/10.33729/kapa.2022.3.1

이소현, 안의정, 윤선아, 이수정(2023). SCERTS 기반의 종합적 중재 실행 지원 프로그램에 대한 통합유치원 유아특수교사의 참여 경험 및 인식. 유아특수교육연구, 23(4), 61-92.

이소현, 윤선아, 박현옥, 이수정, 이은정, 박혜성, 서민경, 정민영 공역(2019). SCERTS 모델: 자폐 범주성 장애 아동을 위한 종합적 교육 접근. 1권 진단. 학지사. (원저 2006년 출간)

이소현, 윤선아, 박현옥, 이효정, 이영선(2016). 자폐성 장애 특성을 반영한 특수교육 운영 모델 개발 연구. 인천광역시교육청.

이소현, 윤선아, 박혜성, 나지회, 이이림(2019). 재능 재활을 통한 정규직 취업과 자폐 범주성 장애인의 삶에 대한 질적 연구: 오티스타 디자이너와 부모의 경험과 인식을 중심으로. 자폐성장애연구, 19(2), 1-37. https://doi.org/10.33729/kapa.2019.2.1

이소현, 윤선아, 우숙정, 심세화, 남보람(2023). 자폐 범주성 장애 아동의 인지 프로파일 분석: K-CARS 2 표준화 연구 참여자를 대상으로. 자폐성장애연구, 23(1), 27-54. https://doi.org/10.33729/kapa.2023.1.1.

이소현, 윤선아, 이은정, 이수정, 서민경, 박현옥 공역(2019). SCERTS 모델: 자폐 범주성 장애 아동을 위한 종합적 교육 접근. 2권 프로그램 계획 및 중재. 학지사. (원저 2006년 출간)

이소현, 이귀남, 봉귀영, 이해나(2023). 자폐 범주성 장애 아동의 실행기능 중재 연구의 동향 및 과제. 자폐성장애연구, 23(2), 1-30. https://doi.org/10.33729/kapa.2023.2.1

이소현, 이숙향, 윤선아, 김지영(2013). 자폐 범주성 장애학생의 성공적인 대학생활을 위한 지원 요구 및 방안: 대학생 및 부모의 경험과 인식을 중심으로. 특수교육학연구, 48(3), 175-205.

이종희, 김은경(2015). 자폐성장애 학생의 제한적이고 반복적인 관심과 활동에 관한 특수교사의 인식 및 중재 실태. 자폐성장애연구, 15(1), 121-146.

이현정, 이소현(2022). 특별한 관심 영역을 활용한 전략 교수가 자폐 범주성 장애 학생의 수학 문장제 과제 수행률 및 정확도에 미치는 영향. 자폐성장애연구, 22(3), 37-60. https://doi.org/10.33729/kapa.2022.3.2.

이후명, 정경미(2020). 자폐스펙트럼장애 아동의 부모를 위한 조기덴버모델(Early Start Denver Model) 부모훈련의 효과성 검증: 예비연구. 자폐성장애연구, 20(1), 23-49. https://doi.org/10.33729/kapa.2020.1.2.

장영선, 홍경, 이소현(2021). 자폐 범주성 장애 학생을 위한 읽기 이해 중재 연구의 동향 및 분석: 단일대상 연구를 중심으로. 특수교육연구, 28(1), 95-130. https://doi.org/10.34249/jse.2021.28.1.95

장지은, 이소현, 이지연(2016). 자폐 범주성 장애 및 장애위험 영아의 공동관심 관련 연구 활성화를 위한 연구동향 및 과제. 특수교육, 15(2), 5-30. https://doi.org/10.18541/ser.2016.05.15.2.5

정경미, 신나영, 김민희, 김주희 공역(2018). 어린 자폐증 아동을 위한 ESDM: 언어, 학습, 사회성 증진시키기. 학지사. (원저 2009년 출간)

조은영, 김현미, 송동호, 천근아(2017). 고기능 자폐 스펙트럼 장애 아동의 K-WISC-IV 프로파일 분석 및 융합적 적용. 한국융합학회논문지, 8(7), 341-348. https://doi.org/10.15207/JKCS.2017.8.7.341

홍경, 이소현(2022). 자폐 범주성 장애 특성을 반영한 중학교 전환 지원 프로그램이 자폐 범주성 장애 학생의 자기효능감 및 학교적응도와 어머니의 중등 전환 양육스트레스에 미치는 영향. 특수교육학연구, 57(3), 49-80.

American Psychiatric Association (APA). (2000). *Diagnostic and statistical manual of mental disorders, Fourth edition, Text revision* (DSM-IV-TR). Author.

American Psychiatric Association (APA). (2013). *Diagnostic and statistical manual of mental disorders, Fifth edition* (DSM-5). Author.

American Psychiatric Association (APA). (2022). *Diagnostic and statistical manual of mental disorders, Fifth edition, Text revision* (DSM-5-TR). Author.

Anderson, G. M. (2014). Biochemical biomarkers for autism spectrum disorders. In F. R. Volkmar, R. Paul, S. Rogers, & K. A. Pdlphrey (Eds.), *Handbook of autism and pervasive developmental disorders: Vol. 2. Assessment, interventions, and policy* (4th ed., pp. 457-481). Wiley.

Ashburner, J., Ziviani, J., & Rodger, S. (2008). Sensory processing and classroom emotional, behavioral, and educational outcomes in children with autism spectrum disorder. *American Journal of Occupational Therapy, 62*(5), 564-573. https://doi.org/10.5014/ajot.62.5.564

Baron-Cohen, S. (1997). *Mindblindness: An essay on autism and theory of mind.* MIT Press.

Baron-Cohen, S. (2017). Editorial perspective: Neurodiversity –a revolutionary concept for autism and psychiatry. *Journal of Child Psychology and Psychiatry, 58*(6), 744-747. https://doi.org/10.1111/jcpp.12703

Berney, T. P. (2000). Autism: An evolving concept. *British Journal of Psychiatry, 176*(1), 20-25. https://doi.org/10.1192/bjp.176.1.20

Bernier, R. A., Dawson, G., & Nigg, J. T. (2020). *What science tells us about autism spectrum disorder: Making the right choices for your child.* Guilford Press.

Besag F. M. (2018). Epilepsy in patients with autism: Links, risks and treatment challenges.

Neuropsychiatric Disease and Treatment, 14, 1–10. https://doi.org/10.2147/NDT.S120509

Bettleheim, B. (1967). *The empty fortress*. Free Press.

Blackburn, C., Tueres, M., Sandanayake, N., Roberts, J., & Sutherland, R. (2023). A systematic review of interventions for echolalia in autistic children. *International Journal of Language & Communication Disorders, 58*(6), 1977–1993. https://doi.org/10.1111/1460-6984.12931

Bogdashina, L. (2022). *Communication issues in autism and Asperger syndrome: Do we speak the same language?* (2nd ed.). Jessica Kingsly Publishers.

Boucher, J. (2022). *Autism spectrum disorders: Characteristics, causes & practical issues* (3rd ed.). Sage.

Brooks, S. J., Harris, S. D., Geib, E., & Norris, M. (2022). Differential diagnoses, common co-occurring conditions and assessment considerations for autism spectrum disorder. In K. N. Banneyer & R. Fein (Eds.), *Autism spectrum disorder: Symptoms, diagnosis and types of treatment* (pp. 21–66). Nova Science Publishers.

Chevallier, C., Kohls, G., Troiani V., Brodkin, E. S., & Schultz, R. T. (2012). The social motivation theory of autism. *Trends in Cognitive Sciences, 16*(4), 231–239. https://doi.org/10.1016/j.tics.2012.02.007

Chiang, H. M., Tsai, L. Y., Cheung, Y. K., Brown, A., & Li, H. (2014). A meta-analysis of differences in IQ profiles between individuals with Asperger's disorder and high-functioning autism. *Journal of Autism and Developmental Disorders, 44*, 1577–1596. http://doi.org/10.1007/s10803-013-2025-2

Chiarotti, F., & Venerosi, A. (2020). Epidemiology of autism spectrum disorders: A review of worldwide prevalence estimates since 2014. *Brain Sciences, 10*(5), 274. https://doi.org/10.3390/brainsci10050274

Chou, Y.-C., Wehmeyer, M. L., Palmer, S. B., & Lee, J. (2017). Comparisons of self-determination among students with autism, intellectual disability, and learning disabilities: A multivariate analysis. *Focus on Autism and Other Developmental Disabilities, 32*(2), 124–132. https://doi.org/10.1177/1088357615625059

DaWalt, L. S., Usher, L. V., Greenberg, J. S., & Mailick, M. R. (2019). Friendships and social participation as markers of quality of life of adolescents and adults with fragile X syndrome and autism. *Autism, 23*(2), 383–393. https://doi.org/10.1177/1362361317709202

Demetriou, E. A., DeMayo, M. M., & Guastella, A. J. (2019). Executive function in autism spectrum disorder: History, theoretical models, empirical findings, and potential as an endophenotype. *Frontiers in Psychiatry, 10*, 753. http://doi.org/10.3389/fpsyt.2019.00753

DeStefano, F., & Shimabukuro, T. T. (2019). The MMR Vaccine and Autism. *Annual Review Virology, 6*(1), 585–600. http://doi.org/10.1146/annurev-virology-092818-015515.

Donaldson, A. L., Krejcha, K., & McMillin, A. (2017). A strengths-based approach to autism: Neurodiversity and partnering with the autism community. *Language Learning and Education, 2*(1), 56–68. https://doi.org/10.1044/persp2.SIG1.56

Edelsen, S. M. (2022). Evidence from Characteristics and comorbidities suggesting that Asperger syndrome Is a subtype of autism spectrum disorder. *Genes, 13*(2), 274. https://doi.org/10.3390/genes13020274

Elias, R., & White, S. W. (2018). Autism goes to college: Understanding the needs of a student population on the rise. *Journal of Autism and Developmental Disorders, 48*, 732–746. https://doi.org/10.1007/

s10803-017-3075-7

Fihe, T. (2000, November). *Speech in an abnormal psychology class*. Paper presented at University of California in Santa Cruz.

Fombonne, E. (2005). Epidemiological studies of pervasive developmental disorders. In F. R. Volkmar, R. Paul, A. Klin, & D. Cohen (Eds.), *Handbook of autism and pervasive developmental disorders, volume one: Diagnosis, development, neurobiology, and behavior* (3rd ed., pp. 42-69). Wiley.

Freeman, S. F., Gulsrud, A., & Kasari, C. (2015). Brief report: Linking early joint attention and play abilities to later reports of friendships for children with ASD. *Journal of Autism and Developmental Disorders, 45*(7), 2259-2266. https://doi.org/10.1007/s10803-015-2369-x

Gal, E., & Yirmiya, N. (2021). Introduction: Repetitive and restricted behaviors and interests in autism spectrum disorders. In E. Gal & N. Yirmiya (Eds.), *Repetitive and restricted behaviors and interests in autism spectrum disorders* (pp. 1-11). Springer Nature Switzerland AG.

Gernert, C., Falkai, P., & Falter-Wagner, C. M. (2020). The generalized adaptation account of autism. *Frontier Neuroscience, 14,* https://doi.org/10.3389/fnins.2020.534218

Giles, D. C., (2014). 'DSM-5 is taking away our identity': The reaction of the online community to the proposed changes in the diagnosis of Asperger's disorder. *Health, 18*(2), 179-195. https://doi.org/10.1177/1363459313488006

Glickman, G., Harrison, E., & Dobkins, K. (2017). Vaccination rates among youngster siblings of children with autism. *The New England Journal of Medicine, 377*(11), 1099-1101. https://doi.org/10.1056/NEJMc1708223

Grandin, T. (2005). 어느 자폐인 이야기(박경희 역). 김영사. (원저 1996년 출간)

Grandin, T. (2006). 나는 그림으로 생각한다(홍한별 역). 양철북. (원저 1995년 출간)

Happé, F., & Frith, U. (1995). Theory of mind in autism. In Learning and cognition in autism (pp. 177-197). Springer.

Harris, J. C. (2018). Leo Kanner and autism: A 75-year perspectives. *International Review of Psychiatry, 30*(1), 1-15. https://doi.org/10.1080/09540261.2018.1455646

Hazlett, H. C., Gu, H., Munsell, B C., Kim, S. K., Styner, M., Wolff, J. J., Elison, J. T., Swanson, M. R., Zhu, H., Botteron, K. N., Collins, D. L., Constantino, J. N., Dager, S. R., Estes, A. M., Evans, A. C., Fonov, V. S., Gerig, G., Kostopoulos, P., McKinstry, R. C., Pandey, J., Paterson, S., Pruett, J. R., Schutz, R. T., Shaw, D. W., Zwaigenbaum, L., & Piven, J. (2017). Early brain development in infants at high risk for autism spectrum disorder. *Nature, 542*(7641), 348-351. https://doi.org/10.1038/nature21369

Heaton, P., Williams, K., Cummins, O., & Happé, F. (2008). Autism and pitch processing splinter skills: a group and subgroup analysis. *Autism, 12*(2), 203-219. https://doi.org/10.1177/1362361307085270

Hertz-Picciotto, I., & Delwiche, L. (2009). The rise of autism and the role of age at diagnosis. *Epidemiology, 20*(1), 84-90. http://doi.org/10.1097/EDE.0b013e3181902d15

Howlin, P., Goode, S., Hulton, J., & Rutter, M. (2009). Savant skills in autism: Psychometric approaches and parental reports. *Philosophical Transactions of the Royal Society, B, 364*, 1359-1367. https://doi.org/10.1098/rstb.2008.0328

Hughes, J. E. A., Ward, J., Gruffydd, E., Baron-Cohen, S., Smith, P., Allison, C., & Simner, J. (2018). Savant syndrome has a distinct psychological profile in autism. *Molecular Autism 9*, 53. https://doi.org/10.1186/s13229-018-0237-1

Hume, K., Steinbrenner, J. R., Odom, S. L., Morin, K. L., Nowell, S. W., Tomaszewski, B., Szendrey, S., McIntyre, N. S., Yücesoy-Özkan, S., & Savage, M. N. (2021). Evidence-based practices for children, youth, and young adults with autism: Third generation review. *Journal of Autism and Developmental Disorders, 51*, 4013-4032. https://doi.org/10.1007/s10803-020-04844-2

Hwang, S., Kim, Y. S., Koh, Y. J., & Leventhal, B. L. (2018). Autism spectrum disorder and school bullying: Who is the victim? Who is the perpetrator? *Journal of Autism and Developmental Disorders, 48*(1), 225-238. https://doi.org/10.1007/s10803-017-3285-z

Interactive Autism Network. (2007). *IAN research report*. Kennedy Krieger Institute.

Jackson, S. L., & Volkmar, F. R. (2019). Diagnosis and definition of autism and other pervasive developmental disorders. In F. R. Volkmar (Ed.), *Autism and pervasive developmental disorders* (pp. 1-24). Cambridge University Press.

Jones, E. H., Gliga, T., Bedford, R., Charman, T., & Johnson, M. (2014). Developmental pathways to autism: A review of prospective studies of infants at risk. *Neuroscience and Biobehavioral Reviews, 39*(100), 1-33. https://doi.org/10.1016/j.neubiorev.2013.12.001

Jones, M., Falkmer, M., Milbourn, B., Tan, T., Bolte, S., & Girdler, S. (2022). The core elements of strength-based technology programs for youth on the autism spectrum: A systematic review of qualitative evidence. *Review Journal of Autism and Developmental Disorders*, https://doi.org/10.1007/s40489-022-00302-0

Kadwa, R. A., Sahu, J. K., Singhi, P., Malhi, P., & Mittal, B. R. (2019). Prevalence and characteristics of sensory processing abnormalities and its correlation with FDG-PET findings in children with autism. *Indian Journal of Pediatrics 86*, 1036-1042 https://doi.org/10.1007/s12098-019-03061-9

Kanner, L. (1943). Autistic disturbance of affective contact. *Nervous Child, 2*, 217-250. https://doi.org/10.1901/jaba.2000.33-559

Kasari, C., Freeman, S., & Paparella, T. (2006). Joint attention and symbolic play in young children with autism: A randomized controlled intervention study. *Journal of Child Psychology and Psychiatry, 47*(6), 611-620. https://doi.org/10.1111/j.1469-7610.2005.01567.x

Kasari, C., Shire, S., Shih, W., Landa, R., Levato, L., & Smith, T. (2023). Spoken language outcomes in limited language preschoolers with autism and global developmental delay: RCT of early intervention approaches. *Autism Research, 16*(6), 1236-1246. https://doi.org/10.1002/aur.2932

Kim, S. H., Bal, V. H., & Lord, C. (2018). Longitudinal follow-up of academic achievement in children with autism from age 2 to 18. *The Journal of Child Psychology and Psychiatry, 59*(3), 258-267. https://doi.org/10.1111/jcpp.12808

Kim, S. H., Paul, R., Tager-Flusberg, H., & Lord, C. (2014). Language and communication in autism. In F. R. Volkmar, S. J. Rogers, R. Paul, K. A. Pelpherey (Eds.), *Handbook of autism and pervasive developmental disorders, Vol. 1: Diagnosis, development, and brain mechanisms* (4th ed., pp. 230-262). Wiley.

Knight, V., Sartini, E., & Spriggs, A. D. (2015). Evaluating visual activity schedules as evidence-based practice for individuals with autism spectrum disorders. *Journal of Autism and Developmental Disorders, 45*(1), 157-178. https://doi.org/10.1007/s10803-014-2201-z

Kumar, S., Reynolds, K., Ji, Y., Gu, R., Rai, S., & Zhou, C. J. (2019). Impaired neurodevelopmental pathways in autism spectrum disorder: A review of signaling mechanisms and crosstalk. *Journal of Neurodevelopmental Disorders, 11,* 10. https://doi.org/10.1186/s11689-019-9268-y.

Landa R. J. (2018). Efficacy of early interventions for infants and young children with, and at risk for, autism spectrum disorders. *International Review of Psychiatry, 30*(1), 25-39. https://doi.org/10.1080/09540261.2018.1432574

Lecheler, M., Lasser, J., Vaughan, P. W., Leal, J., Ordetx, K., & Bischofberger, M. (2021). A matter of perspective: An exploratory study of a theory of mind autism intervention for adolescents. *Psychological Reports, 124*(1), 39-53. https://doi.org/10.1177/0033294119898120

Li, Y., Qiu, S., Shi, J., Guo, Y., Li, Z., Cheng, Y., & Liu, Y. (2020). Association between MTHFR C677T/A1298C and susceptibility to autism spectrum disorders: A meta-analysis. *BMC Pediatrics 20,* 449. https://doi.org/10.1186/s12887-020-02330-3

Lord, C., & Bishop, S. L. (2015). Recent advances in autism research as reflected in DSM-5 criteria for autism spectrum disorder. *Annual Review of Clinical Psychology, 11,* 53-70. https://doi.org/10.1146/annurev-clinpsy-032814-112745

Lord, C., Risi, S., DiLavore, P. S., Shulman, C., Thurm, A., & Pickles, A. (2006). Autism from 2 to 9 years of age. *Archives of General Psychiatry, 63*(6), 694-701. https://doi.org/10.1001/archpsyc.63.6.694

Lovett S., & Rehfeldt, R. A. (2014). An evaluation of multiple exemplar instruction to teach perspective-taking skills to adolescents with Asperger syndrome. *Behavioral Development Bulletin, 19*(2), 22-36. https://doi.org/10.1037/h0100575

Lynn, A. C., Padmanabhan, A., Simmonds, D., Foran, W., Hallquist, M. N., Luna, B. N., O'Hearn, K. (2018). Functional connectivity differences in autism during face and car recognition underconnectivity and atypical age-related changes. *Developmental Science, 21.* http://doil.org/10.1111/desc.12508.

Maenner, M. J., Warren, Z., Williams, A.R., et al. (2023). Prevalence and characteristics of autism spectrum disorder among children aged 8 years – Autism and Developmental Disabilities Monitoring Network, 11 Sites, United States, 2020. *MMWR Surveillance Summaries, 72*(2), 1-14. http://dx.doi.org/10.15585/mmwr.ss7202a1

Magiati, I., & Howlin, P. (2019). Adult life for people with autism spectrum disorders. In F. R. Volkmar (Ed.), *Autism and pervasive developmental disorders* (pp.220-248). Cambridge University Press.

Martin, C., Pepa, L., & Lord, C. (2018). DSM-5 Diagnosis of autism spectrum disorder. In S. Goldstein & S. Ozonoff (Eds.), *Assessment of autism spectrum disorder* (2nd ed., pp. 72-95). Guilford Press.

Martins, M. P., Harris, S., & Handleman, J. (2014). Supporting inclusive education. In F. R. Volkmar, S. J. Rogers, R. Paul, & K. A. Pelphrey (Eds.), *Handbook of autism and pervasive developmental disorders, Vol. 2: Assessment, intervention, and policy* (4th ed., pp. 858-870). Wiley.

Matthias, C., LaVelle, J. M., Johnson, D. R., Wu, Y. C., & Thurlow, M. L. (2021). Exploring predictors of bullying and victimization of students with autism spectrum disorder (ASD): Findings from NLTS 2012. *Journal of Autism and Developmental Disorders, 51*(12), 4632-4643. https://doi.org/10.1007/s10803-021-04907-y

Mazumdar, S., Winter, A., Liu, K. Y., & Berman, P. (2013). Spatial clusters of autism births and diagnoses point to contextual drivers of increased prevalence. *Social Science Medicine, 95*, 87-96. https://doi.org/10.1016/j.socscimed.2012.11.032

McCauley, R. J., Bean, A., & Prolock, P. A. (2021). Assessment for treatment planning and progress monitoring. In P. A. Prelock & R. J. McCauley (Eds.), *Treatment of autism spectrum disorder: Evidence-based intervention strategies for communication and social interactions* (2nd ed., pp. 19-50). Brookes.

McGee, G., Morrier, M., & Daly, T. (2008). The Walden early childhood programs. In J. Handlemans & S. Harris (Eds.), *Preschool education programs for children with autism* (3rd ed., pp. 157-190). Pro-Ed.

McLeod, J.D., Meanwell, E. & Hawbaker, A. (2019). The experiences of college students on the autism spectrum: A comparison to their neurotypical peers. *Journal of Autism and Developmental Disorders, 49*, 2320-2336 https://doi.org/10.1007/s10803-019-03910-8

Mehling, M. H., & Tassé, M. J. (2016). Severity of autism spectrum disorders: Current conceptualization, and transition to DSM-5. *Journal of Autism and Developmental Disorders, 46*(6), 2000-2016. https://doi.org/10.1007/s10803-016-2731-7

Mottron, L., Dawson, M., Soulieres, I., Hubert, B., & Burack, J. (2006). Enhanced perceptual functioning in autism: An update and eight principles of autistic perception. *Journal of Autism and Developmental Disorders, 36*, 27-43. https://doi.org/10.1007/s10803-005-0040-7

Mueller, R. A., & Courchesne, E. (2000). Autism's home in the brain: Reply. *Neurology, 54*, 270.

Myles, B. S., & Simpson, R. L., & deBoer, S. (2010). 자폐 범주성 장애 학생의 통합교육. R. L. Simpson & B. S. Myles, 자폐 아동 및 청소년 교육(pp. 377-402, 이소현 역). 시그마프레스. (원저 2008년 출간)

National Autism Center. (2015). *Findings and conclusions: National standards project, Phase2: Addressing the need for evidence-based practice guidelines for autism spectrum disorder*. Author.

Nowell, K. P., Bernardin, C. J., Brown, C., & Kanne, S. (2021). Characterization of special interests in autism spectrum disorder: A brief review and pilot study using the special interests survey. *Journal of Autism and Developmental Disorders, 51*(8), 2711-2724. https://doi.org/10.1007/s10803-020-04743-6

Odom, S. L., Boyd, B. A., Hall, L. J., & Hume, K. (2010). Evaluation of comprehensive treatment models for individuals with autism spectrum disorders. *Journal of Autism and Developmental Disorders, 40*(4), 425-436. https://doi.org/10.1007/s10803-009-08235-1

Osmond, G. I., Krauss, M. W., & Seltzer, M. M. (2004). Peer relationships and social and recreational activities among adolescents and adults with autism. *Journal of Autism and Developmental Disorders, 34*(3), 245-256. https://doi.org/10.1023/b:jadd.0000029547.96610.df

Park, I., Gong, J., Lyons, G. L., Hirota, T., Takahashi, M., Kim, B., Lee, S. Y., Kim, Y. S., Lee, J., & Leventhal, B. L. (2020). Prevalence of and factors associated with school bullying in students with autism spectrum disorder: A cross-cultural meta-analysis. *Yonsei Medical Journal, 61*(11), 909-922. https://doi.org/10.3349/ymj.2020.61.11.909

Pellicano, E., & den Houting, J. (2021). Annual research review: Shifting from 'normal science' to neurodiversity in autism science. *The Journal of Child Psychology and Psychiatry, 63*(4), 381-396. https://doi.org/10.1111/jcpp.13534

Peng, Z., Chen, J., Jin, L., Han, H., Dong, C., Guo, Y., Kong, X., Wan, G., & Wei, Z. (2020). Social brain dysfunctionality in individuals with autism spectrum disorder and their first-degree relatives: An activation likelihood estimation meta-analysis. *Psychiatry Research. Neuroimaging, 298*, 111063. https://doi.org/10.1016/j.pscychresns.2020.111063.

Perry, A., Koudys, J., Dunlap, G., & Black, A. (2017). Autism spectrum disorder. In M. L. Wehmeyer, I. Brown, M. Perch, K. A. Shogren, & W. L. A. Fung (Eds.), *A comprehensive guide to intellectual and developmental disabilities* (2nd ed., pp. 219-230). Brookes.

Peters-Scheffer, N., Didden, R., Korzilius, H., & Verhoeven, L. (2018). Understanding of intentions in children with autism spectrum disorder and intellectual disability. *Advances in Neurodevelopmental Disorders, 2*(1), 3-15. https://doi.org/10.1007/s41252-017-0052-2

Peterson, L. C., & Thompson, R. H. (2018). How teaching perspective taking to individuals with autism spectrum disorders affects social skills: Findings from research and suggestions for practitioners. *Behavior Analysis in Practice, 11*(4), 467-478. https://doi.org/10.1007/s40617-018-0207-2

Petrina, N., Carter, M., Stephenson, J., & Sweller, N. (2017). Friendship satisfaction in children with autism spectrum disorder and nominated friends. *Journal of Autism and Developmental Disorders, 47*(2), 384-392. https://doi.org/10.1007/s10803-016-2970-7

Potvin, D., & Ratto, A. B. (2019). Autism spectrum disorder. In M. L. Batshaw, N. J. Roizen, & L. Pellegrino (Eds.), *Children with disabilities* (8th ed., pp. 317-346). Brookes.

Prelock, P. A. (2019). *Autism spectrum disorders: Issues in assessment and intervention* (2nd ed.). Pro-Ed.

Powers, M. D. (2000). What is autism? In M. D. Powers (Ed.), *Children with autism: A parent's guide* (2nd ed., pp. 1-44). Woodbine House.

Rogers, S. J., & Vismara, L. A. (2008). Evidence-based comprehensive treatments for early autism. *Journal of Clinical Child and Adolescent Psychology, 37*(1), 8-38. https://doi.org/10.1080/15374410701817808

Rosen, N. E., Lord, C., & Volkmar, F. R. (2021). The diagnosis of autism: From Kanner to DSM-III to DSM-5 and beyond. *Journal of Autism and Developmental Disorders, 51*, 4253-4270. https://doi.org/10.1007/s10803-021-04904-1

Rutter, M. (1983). Cognitive deficits in the pathogenesis of autism. *Journal of Child Psychology and Psychiatry, 24*(4), 113-131. http://doi.org/10.1111/j.1469-7610.1983.tb00129.x

Rutter, M. (1999). The Emmanual Miller Memorial Lecture 1998. Autism: Two-way interplay between research and clinical world. *Journal of Child Psychology and Psychiatry, 40*(2), 169-188.

Salari, N., Rasoulpoor, S., Rasoulpoor, S., Shohaimi, S., Jafarpour, S., Abdoli, N., Khaledi-Paveh, K., & Mohammadi, M. (2022). The global prevalence of autism spectrum disorder: A comprehensive

systematic review and meta-analysis. *Italian Journal of Pediatrics, 48*, 112. https://doi.org/10.1186/s13052-022-01310-w

Schreibman, L., Jobin, A. B., & Dawson, G. (2020). Understanding NDBI. In Y. Bruinsma, M. MInjarez, L. Schreibman, & A. Stahmer (Eds.), *Naturalistic developmental behavioal interventions for autism spectrum disorder* (pp. 3-20). Brookes.

Schwartz, I., Ashmun, J., McBride, B., Scott, C., & SAndall, S. R. (2017). *The DATA model for teaching preschoolers with autism*. Brookes.

Shattuck, P. T. (2006). The contributions of diagnostic substitution to the growing administrative prevalence of autism in U. S. Special education. *Pediatrics, 117*(4), 1028-1037. https://doi.org/10.1542/peds.2005-1516

Simpson, R. L. (2005). 자폐 범주성 장애: 중재와 치료(이소현 역). 시그마프레스. (원저 2005년 출간)

Simpson, R. L., Myles, B. S., & Ganz, J. B. (2010). 자폐 범주성 장애 아동을 위한 효과적인 중재와 치료. R. L. Simpson & B. S. Myles, 자폐 아동 및 청소년 교육(pp. 500-540, 이소현 역). 시그마프레스. (원저 2008년 출간)

Spackman, E., Smillie, L., D., Frazier, T. W., Hardan, A. Y., Alvares, G. A., Whitehouse, A., & Uljarevic, M. (2023). Profiles of circumscribed interests in autistic youth. *Frontiers in Behavioral Neuroscience, 17*. https://doi.org/10.3389/fnbeh.2023.1037967

Stone, W. L., McMahon, C. R., Yoder, P. J., & Walden, T. A. (2007). Early social-communicative and cognitive development of younger siblings of children with autism spectrum disorders. *Archives of Pediatric and Adolescent Medicine, 161*(4), 384-390. https://doi.org/10.1001/archpedi.161.4.384

Strock, M. (2004). *Autism spectrum disorders(pervasive developmental disorders)*. US Department of Health and Human Services, National Institutes of Health, National Institute of Mental Health.

Taheri, A., Perry, A., & Minners, P. (2016). Examining the social participation of children and adolescents with intellectual disabilities and autism spectrum disorder in relation to peers. *Journal of Intellectual Disability Research, 60*(5), 435-443. https://doi.org/10.1111/jir.12289

Takayanagi, M., Kawasaki, Y., Shinomiya, M., Hiroshi, H., Okada, S., Ino, T., Sakai, K., Murakami, K., Ishida, R., Mizuno, K., & Niwa, S. (2022). Review of cognitive characteristics of autism spectrum disorder using performance on six subtests on four versions of the Wechsler Intelligence Scale for Children. *Journal of Autism and Developmental Disorders, 52*, 240 - 253. https://doi.org/10.1007/s10803-021-04932-x

Treffert, D. A. (2006). *Extraordinary people: Understanding savant syndrome*. Authors Guild Backprint Bookstore.

Treffert D. A. (2009). The savant syndrome: An extraordinary condition. A synopsis: Past, present, future. *Philosophical Transactions of the Royal Society of London, Series B, Biological Sciences, 364*(1522), 1351-13577. http://doi.org/10.1098/rstb.2008.0326

Treffert D. A. (2014). Savant syndrome: Realities, myths and misconceptions. *Journal of Autism and Developmental Disorders, 44*(3), 564-571. https://doi.org/10.1007/s10803-013-1906-8

Turnbull, A., Wehmeyer, M. L., Shogren, K. A., & Turnbull, R. (2024). *Exceptional lives: Practice, progress, & dignity in today's schools* (10th ed.). Pearson.

U. S. Department of Education. (2022). *44th Annual report to congress on the implementation of the Individuals with Disabilities Education Act*. https://sites.ed.gov/idea/files/44th-arc-for-idea.pdf

Vivanti, G. (2020). Autism and autism treatment: Evolution of concepts and practices from Kanner to contemporary approaches. In G. Vivanti, K. Bottema-Beutel, & L. Turner-Brown (Eds.), *Clinical guide to early interventions for children with autism* (pp. 1-24). Springer Nature Switzerland AG.

Vivanti, G., Duncan, E., Dawson, G., & Rogers, S. (2017). *Implementing the group-based Early Start Denver model for preschoolers with autism*. Springer.

Volkmar, F. R. Klin, A., & McPartland, J. C. (2014). Treatment and intervention guidelines for individuals with Asperger Syndrome. In J. C. McPartland, A. Klin, & F. R. Volkmar (Eds.), *Asperger Syndrome: Assessing and treating high-functioning autism spectrum disorders* (2nd ed., pp. 143-178). Guilford Press.

Wataru, S., & Shota, U. (2019). The atypical social brain network in autism: Advances in structural and functional MRI studies. *Current Opinion in Neurology, 32*(4), 617-621. https://doi.org/10.1097/WCO.0000000000000713

Waye, M. M. Y., & Cheng, H. Y. (2018). Genetics and epigenetics of autism: A review. *Psychiatry and Clinical Neurosciences, 72*(4), 228-244. https://doi.org/10.1111/pcn.12606

Williams, K., Tuck, M., Helmer, M., Bartak, L., Mellis, C., & Peat, J. K. (2008). Diagnostic labelling of autism spectrum disorders in NSW. *Journal of Paediatrics and Child Health, 44*(3), 108-113. https://doi.org/10.1111/j.1440-1754.2007.01232.x

Wolfberg, P., McCracken, H., & Phillips, F. (2024). Play, friendship, and autism: Co-creating culture of inclusion with peers. In P. Wolfbert & K. D. Buron (Eds.), *Learners on the autism spectrum: Preparing educators and related practitioners*. Routledge.

Wood, C. L., Warnell, F., Johnson, M. Hames, A., Pearce, M. S., McConachie, H., & Parr, J. R. (2015). Evidence for ASD recurrence rates and reproductive stoppage from large UK ASD research family databases. *Autism Research, 8*, 73-81. http://doi.org/10.1002/aur.1414

Zeidan, J., Fombonne, E., Scorah, J., Ibrahim, A., Durkin, M. S., Saxena, S., Yusuf, A., Shih, A., & Elsabbagh, M. (2022). Global prevalence of autism: A systematic review update. *Autism Research, 15*(5), 778-790. https://doi.org/10.1002/aur.2696

제8장

의사소통장애

I. 의사소통장애 아동의 이해

1. 의사소통장애의 정의

의사소통이란 생각이나 감정, 정보 등을 교환하는 것을 의미한다. 그러므로 의사소통이 이루어지기 위해서는 메시지를 전달하는 사람과 전달받는 사람이 필요하다. [그림 8-1]은 전달하는 사람과 전달받는 사람 간의 의사소통 과정을 그림으로 보여 준다. 사람들은 상대방과 의사소통하기 위하여 말과 같은 언어를 사용한다. 그러나 모든 사람이 의사소통을 위해서 항상 말을 사용하는 것은 아니다. 예를 들어, 몸짓, 자세, 눈 맞춤, 표정, 머리 움직임 등의 비구어 행동을 통해서도 의사소통을 할 수 있다. 동물도 소리나 몸짓을 통해서 서로의 의사를 교환하기도 한다. 그러나 동물이 사용하는 의사소통은 진정한 의미에서의 언어가 아니며, 사람의 언어는 사람을 동물로부터 구분해 주는 가장 중요한 행동 특성 중 하나라고 할 수 있다. 개인의 의사소통 능력은 인간의 다른 행동에서와 마찬가지로 사람에 따라서 매우 다양하게 나타난다. 이 장에서 말하는 의사소통장애는 이러한 다양한 범위 중에서 가장 낮은 쪽에 속하는 능력을 의미한다. 즉, 언어, 지역, 문화를 공유하는 다른 사람과 비교할 때 상대방에게 정보를 전달하거나 상대방으로부터 정보를 수용하고 이해하는 의사소통의 과정에 심각한 어려움을 보이는 것을 의사소통장애로 정의한다(Justice, 2014).

언어란 사람들이 의사소통을 위해서 사용하는 의미를 부여해 주는 복잡한 규칙을 지닌 상징체계를 의미한다(Newman, 2013). 다시 말해서, 생각이나 개념을 표현할 때 표현하고자 하는 대상을 나타내는 특정 상징, 즉 부호를 사용하는 것이다. 그러므로 언어를 안다는 것은 언어를 구성하는 소리, 단어, 문장, 의미, 사용하는 방법 등과 관련되는 복잡한 규칙을 아는 것을 의미한다.

일반적으로 사람들은 생각할 때 언어를 사용하며, 이때 사용되는 언어는 음성 언어인 말의 형태를 취한다. 말이란 인간 사회에서 의사소통을 위해서 사용되는 가장 보편적인 상징체계로 음성을 구성하고 나열하는 행위다. 말을 하기 위해서는 호흡, 발성, 조음 등의 생리학적이고 신경근육학적인 기능이 뒤따라야 한다. 그러나 모든 언어가 말로 구성되는 것은 아니다. 예를 들어, 수어는 음성을 사용하지 않으면서도 소리를 듣지 못하는

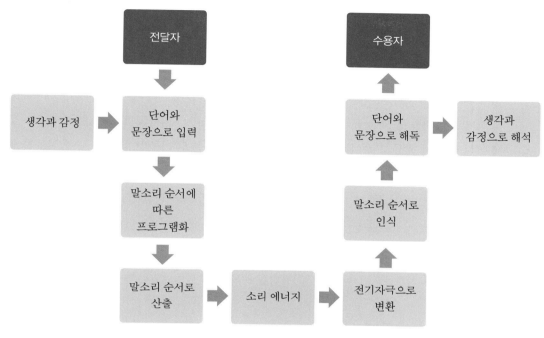

[그림 8-1] 전달자와 수용자 간의 의사소통 과정

사람들의 의사소통 도구로 사용된다.

교사가 학급에서 만나게 되는 모든 아동은 말 또는 언어 능력에 있어서 일반적으로 다음과 같은 네 가지 유형으로 나누어진다: (1) 앞으로의 교육적, 사회적, 직업적 필요를 충족시키기 위한 적절한 말/언어를 사용하는 아동, (2) 잘못된 말이나 언어 기술을 보이지만 성장함에 따라 점차 교정되는 아동, (3) 언어적 자극이 필요한 아동, (4) 언어병리학적인 지원이 필요한 좀 더 심각한 어려움을 보이는 아동. 이 중에서 (3)과 (4)는 교사와 언어재활사의 협력적인 접근을 통한 효율적인 언어 중재가 필요한 아동이다.

의사소통 문제를 지닌 모든 아동이 임상적인 지원이 요구되는 말장애나 언어장애를 보이는 것은 아니다. 교사는 지역에 따른 사투리나 발음 또는 언어 사용에서의 차이를 보이는 아동도 있음을 인식해야 하며, 이들이 보이는 의사소통상의 어려움이 진정한 의미에서의 장애로 인한 것이 아님을 또한 인식해야 한다. 최근에는 언어상의 차이가 언어장애로 잘못 진단되지 않도록 다양한 측정 방법이 개발 적용되고 있다(Oetting et al., 2021). 그러나 사투리와 같이 단순한 언어상의 차이로 인한 것이라고 할지라도 아동의 전형적인 의사소통 기술을 방해하거나 미래 환경에서의 적응을 방해할 것으로 예상한다면 기능적인 사용

의 측면에서 언어 경험을 충분히 할 수 있도록 배려해 주어야 한다. 이들이 보이는 언어상
의 차이는 학업 성취에 부정적인 영향을 미칠 수도 있으므로 교사의 각별한 주의가 필요
하다. 또한 한국어가 모국어가 아닌 아동에 대한 관심도 증가하고 있는데(모경환 외, 2015;
서혁, 2007; 오소정 외, 2009; 장세영, 김라경, 2020), 이것은 국내 다문화가정이 증가하면서 한
국어와 모국어를 동시에 습득하고 사용해야 하는 아동이 늘어나고 있으며 학교에서의 이
중언어 아동에 대한 교육이 요구되고 있기 때문이다. 특히 이중언어 아동 중에서도 장애
가 있는 아동은 이중언어로 인하여 장애가 간과될 수도 있으므로 이에 대한 교사의 특별
한 관심이 필요하다(박유정, 김병건, 2014; 봉귀영, 이소현, 2013; Payne & Taylor, 2011).

결과적으로 의사소통장애는 말 또는 언어의 사용에 있어서 장애를 보이는 것을 의
미한다. 따라서 이 장에서는 말장애와 언어장애에 있어서 각각의 유형과 그에 따른 정
의를 살펴보고자 한다. 〈표 8-1〉은 의사소통과 관련된 주요 용어의 정의를 보여 주며,

표 8-1 ┃ 말, 언어, 의사소통의 정의

용어	정의
말(speech)	언어의 음성 산출
언어(language)	생각을 표현하는 신호와 부호를 이해하고 사용하는 방법을 포함하는 규칙을 지닌 의사소통의 방법
의사소통(communication)	구어 또는 비구어 언어(예: 몸짓)를 통하여 지식, 생각, 의견, 감정 등을 교환하는 과정

표 8-2 ┃ 우리나라와 미국의 특수교육 관련 법률에 따른 의사소통장애의 정의

	용어	정의
장애인 등에 대한 특수교육법 (2007)	의사소통장애	다음 각 목의 어느 하나에 해당하여 특별한 교육적 조치가 필요한 사람 가. 언어의 수용 및 표현 능력이 인지능력에 비하여 현저하게 부족한 사람 나. 조음능력이 현저히 부족하여 의사소통이 어려운 사람 다. 말 유창성이 현저히 부족하여 의사소통이 어려운 사람 라. 기능적 음성장애가 있어 의사소통이 어려운 사람
장애인교육법 (IDEA 2004)	말 또는 언어장애 (speech or language impairment)	교육적 성취에 부정적인 영향을 미치는 말더듬, 조음장애, 언어장애, 음성장애 등과 같은 의사소통장애

표 8-3 미국말-언어-청각협회의 의사소통장애의 정의

의사소통장애의 분류 및 정의

I. 의사소통장애(communication disorder)는 개념이나 구어, 비구어 및 그래픽 상징체계를 수용하고 전달하고 처리하는 능력에 있어서의 손상을 의미한다. 의사소통장애는 청각, 언어, 또는 말의 처리 과정에서 분명하게 나타날 수도 있다. 의사소통장애는 경도에서 최중도에 이르는 범위를 보이며, 발달적이거나 후천적으로 나타난다. 한 가지 이상의 의사소통 장애가 혼합적으로 나타나기도 한다. 의사소통 장애는 주장애로 또는 기타 장애의 2차적인 장애로 나타날 수 있다.

A. 말장애(speech disorder)는 말소리의 발성, 흐름, 음성에 있어서의 손상을 의미한다.

　1. 조음장애(articulation disorder)는 말의 이해를 방해하는 대치, 탈락, 첨가, 왜곡으로 특징지어지는 말소리의 비전형적인 산출을 의미한다.

　2. 유창성장애(fluency disorder)는 비전형적인 속도, 리듬, 또는 음절, 어절, 단어, 구절의 반복으로 특징지어지는 말하기 흐름의 방해를 의미한다. 유창성장애는 과도한 긴장, 힘들여 애쓰는 행동, 2차적인 매너리즘과 함께 나타날 수 있다.

　3. 음성장애(voice disorder)는 자신의 나이나 성별에 부적절한 음성의 질, 높이, 크기, 공명, 지속시간에 있어서의 비전형적인 산출이나 결여를 의미한다.

B. 언어장애(language disorder)는 말, 문자, 기타 상징체계의 이해 및 활용에 있어서의 손상을 의미한다. 언어장애는 (1) 언어의 형태(음운론, 형태론, 구문론), (2) 언어의 내용(의미론), (3) 언어의 의사소통 기능(화용론)에 있어서의 손상을 포함한다.

　1. 언어의 형태

　　a. 음운론(phonology)은 언어의 소리 체계와 소리의 합성을 규정하는 규칙을 의미한다.

　　b. 형태론(morphology)은 단어의 구조와 단어 형태의 구성을 규정하는 체계를 말한다.

　　c. 구문론(syntax)은 문장을 만들기 위한 단어의 순서와 조합 및 문장 내에서의 요소들 간의 관계를 의미한다.

　2. 언어의 내용

　　a. 의미론(semantics)은 단어와 문장의 의미를 규정하는 체계를 말한다.

　3. 언어의 기능

　　a. 화용론(pragmatics)은 기능적이고 사회적으로 적절한 의사소통을 위해서 이상의 언어요소들을 조합하는 체계를 말한다.

II. 의사소통의 다양성(Communication Variations)

A. 의사소통상의 차이/방언은 지리적, 사회적, 문화/민족적 요소를 반영하고 이들에 의해서 결정되는 개인의 집단이 사용하는 상징체계의 다양성을 의미한다. 상징체계의 지리적, 사회적, 문화/민족적 다양성은 말이나 언어장애로 간주되어서는 안 된다.

B. 보완/대체 의사소통 체계는 심각한 표현 및 언어 이해의 장애를 지닌 개인의 손상과 장애 패턴을 위해서 일시적이거나 영구적으로 보상하고 촉진하려고 시도하는 의사소통 체계다.

출처: American Speech-Language Hearing Association (1993). Definitions of communication disorders and variations. *ASHA, Supplement, 35*(Suppl. 10). 40-41.

〈표 8-2〉는 2007년 「장애인 등에 대한 특수교육법」과 미국 「장애인교육법(IDEA 2004)」에서 사용하는 용어 및 정의를 보여 준다. 이 두 가지 정의에 포함된 하위 장애의 구체적인 정의는 〈표 8-3〉의 미국말-언어-청각협회(American Speech-Language-Hearing Association: ASHA)에서 제시한 의사소통장애의 정의에서 살펴볼 수 있다.

1) 말장애

말은 알아들을 수 없거나 듣기가 매우 거북하거나 의사소통을 방해하는 경우에 비전형적인 것으로 여겨진다(Hall et al., 2001). 그러므로 말장애는 말소리를 산출하거나(조음), 말의 흐름을 유지하거나(유창성), 목소리를 조절하는 데 있어서(발성) 어려움을 보이는 세 가지 형태의 장애를 모두 포함한다. 이들은 중복되어 나타나기도 하며 기타 언어장애 유형과 함께 나타나기도 하는데, 각 유형의 정의는 다음과 같다.

(1) 조음장애

조음장애는 말소리 산출에 어려움이 있는 장애로, 일반적으로 첨가, 생략, 왜곡, 대치 등 단어 산출과 관련된 실수를 의미한다. 예를 들어, 아버지를 발음할 때 '아바버지'라고 발음하거나(첨가), '아지'라고 발음하거나(생략), '아봐지'라고 발음하거나(왜곡), '아러지'라고 발음하는(대치) 등의 음운 산출과 관련된 실수를 포함한다. 이러한 음운 산출에서의 어려움은 말을 하는 데 필요한 골격이나 근육 또는 신경근육상의 해부학적이거나 생리학적인 문제에 의하여 나타나기도 하고, 뇌성마비나 청각장애와 같은 기타 요인에 의해 나타나기도 한다.

조음장애가 진정한 의미에서의 장애인가 하는 결정은 실수의 빈도, 유형, 일관성, 연령, 발달 특성, 말의 이해 가능성 등을 고려한 전문가의 주관적인 판단에 의해서 이루어진다(Bankson et al., 2021b). 또한 같은 유형의 실수도 아동의 연령이나 문화 등의 환경적인 요소에 따라 문제가 될 수도 있고 그렇지 않을 수도 있기 때문에 교사는 아동이 이와 같은 발음상의 실수를 보일 때 전문가의 체계적인 진단을 받을 수 있도록 배려해 주어야 한다. 예를 들어, 대부분의 아동은 8~9세가 되어서야 모든 말소리를 정확하게 발음할 수 있게 된다. 따라서 조음장애를 결정할 때 아동의 연령은 특별히 고려해야 하는 요인이라고 할 수 있다. 일반적으로 아동이 말을 할 때 가족이나 교사, 또래가 그 말을 이해하지 못할 정도라면 심각한 조음장애로 간주한다.

아동 중에는 조음장애와 유사한 형태의 장애를 보이지만 조음장애가 아닌 경우가 있다. 예를 들어, 음운장애가 있는 아동의 경우가 이에 해당한다. 음운장애는 조음장애와는 달리 특정 말소리를 산출할 수는 있지만 상황에 따라 말소리를 식별하고 만들어서 정확하게 발음하지 못하는 경우를 의미한다. 음운장애는 주로 9세 이전의 어린 아동에게서 나타나며, 말소리 산출을 위한 규칙을 이해하지 못함으로 인하여 발생한다. 즉, 알아들을 수 있는 단어를 구성하기 위해서는 언어의 낱소리를 구분하고 산출하는 방법을 알아야 하는데, 그렇지 못함으로 인하여 나타나는 장애라고 할 수 있다. 음운장애는 개념적으로 조음장애와 구분하기가 매우 어려우나, 일반적으로 조음장애의 경우 정확하게 소리를 내지 못하는 장애인 반면에, 음운장애는 소리에 대한 내적 표상이 빈약하기 때문에 나타나는 장애로 이해된다(Owens et al., 2018). 음운장애와 조음장애는 교육이나 치료의 목표 또는 전략이 매우 다를 수 있으므로 전문가의 정확한 진단이 선행되어야 한다(Bankson et al., 2021a). 음운 인식에 문제가 있는 아동은 말소리 산출과 함께 학업상의 어려움을 경험하게 될 가능성이 높다. 특히 이후의 읽기 또는 쓰기 문제를 일으키거나 학습장애 등의 기타 장애와 연관될 수도 있으므로(Dockrell et al., 2007; Justice, 2014; Sawyer, 2006) 교사의 각별한 주의가 필요하다.

(2) 유창성장애

유창성이란 말의 속도와 흐름을 의미한다. 그러므로 유창성장애는 부적절한 속도나 부적절한 리듬으로 말하는 것을 의미하며, 말이 너무 빠르거나 문장의 잘못된 곳에서 쉬거나 부적절한 형태의 강세를 사용하거나 흐름이 부드럽지 못하여 음절이나 단어를 반복하는 등의 특성을 보인다. 일반적으로 유창성 문제는 전형적인 말 발달을 보이는 아동에게서도 흔하게 발견되며, 특히 5세 이전에 구어 의사소통과 언어를 학습해 가는 과정에서 나타나는 비유창성 문제는 전형적인 발달상의 특성으로 여겨지기도 한다(Smith et al., 2018). 유창성에서의 문제는 흥분하거나 낯선 상황 또는 스트레스 상황에서 더 빈번하게 나타난다(Conture, 2001; Pollard, 2011). 아동기에 나타나는 유창성 문제는 유창성장애의 진단 기준에 부합되는 경우라고 할지라도 그 회복률이 높아 많은 경우 성인이 되기 전에 해결되는 것으로 보고된다(Walsh et al., 2020; Ward, 2008). 따라서 아동기에 유창성장애를 지속시키는 요인에 대한 정확한 진단을 통해서 지원이 필요한 아동을 선별하고 적절한 지원을 제공해야 한다.

표 8-4 | 말더듬과 관련된 질문과 대답

질문	대답
말더듬이란 무엇인가?	말더듬이란 소리나 음절의 비전형적인 멈춤(소리가 없음), 반복(어-어-엄마), 오래 끌기(어————엄마)에 의하여 말의 흐름이 끊어지는 것을 의미하며, 말을 할 때 이상한 표정이나 신체의 움직임이 동반되기도 한다.
사람은 누구나 어느 정도는 유창하지 못할 수도 있지 않은가?	대부분의 아동은 초기 말 발달에 있어서 유창하지 못한 단계를 거치게 되며, 성인도 "음~" 등의 삽입음을 사용하거나 소리, 단어, 구절 등을 반복하기도 한다. 그러나 이러한 비유창성은 전형적인 행동으로 간주한다.
말더듬을 일으키는 원인은 무엇인가?	말더듬의 정확한 원인은 알려지지 않고 있다. 사람에 따라서 그 원인이 다르거나 여러 가지 요인이 복합적으로 작용하는 것으로 알려져 있으며, 시작과 악화의 원인이 다를 수도 있는 것으로 알려져 있다. 잠재적인 원인으로는 발성기관 근육의 비협응, 언어 발달의 속도, 부모 등의 성인이 아동에게 말을 하는 방식, 기타 형태의 의사소통 및 생활 스트레스 등이 있다.
말더듬은 정서적이거나 심리적인 문제에 의하여 발생하는가?	말을 더듬는 아동이 그렇지 않은 아동에 비하여 심리적인 문제를 보이는 경우가 더 많다는 보고는 없으며, 정서적인 상처가 말더듬을 일으킨다는 증거도 보고되지 않고 있다.
말더듬은 언제 나타나는가?	일반적으로 2~5세에 나타나며, 때로는 학령기에 나타나기도 한다. 드물지만 성인이 되어서 나타나는 사례도 있다.
말더듬이 시작될 때 즉시 전문적인 도움을 받아야 하는가 아니면 기다려 보아야 하는가?	대부분의 아동은 곧 유창성을 회복하게 되지만 그렇지 않은 사례도 있으므로 전문적인 진단을 받을 필요가 있다. 말더듬은 초기에 대처하는 경우 심각하게 발전하기 전에 예방할 수 있다.
말더듬이 시작되고 난 후 교정이 가능한가?	아동과 성인을 위한 많은 성공적인 방법들이 보고되고 있다.
말더듬은 치료할 수 있는가?	말더듬은 질병이 아니다. 그러므로 '치료'라는 용어를 사용하기보다는 유창성을 증진하고 성공적인 의사소통을 할 수 있도록 교수목표를 세워야 한다.
아동이 말을 더듬을 때 어떻게 해야 하는가?	아동은 스스로 말을 더듬는다는 사실을 인식하지 못하는 경우가 많다. 그러므로 말을 더듬는 것 자체에 관심을 보이지 않는 것이 좋다. 또한 "다시 말해봐." "말하기 전에 먼저 생각부터 하렴." "천천히 말해라." 등의 말을 해서는 안 된다. 아동이 하는 말을 주의 깊게 인내심을 가지고 들어야 하며, 어떻게 말해야 하는지에 대해서 초점을 맞추지 않는 것이 좋다.
성인이 말을 더듬을 때 어떻게 해야 하는가?	말을 더듬지 않는 사람과 이야기하는 것처럼 말의 내용에 관심을 기울이고 인내심을 가지고 들어주어야 한다. 말하는 도중에 다른 곳을 쳐다보거나 재촉하거나 단어를 대신 말해 주는 등의 행동은 상대방을 불안하게 하고 문제를 더 악화시킬 수도 있으므로 삼가는 것이 좋다.

유창성장애의 가장 보편적인 형태는 말더듬(stuttering)으로, 여아보다 남아에게서 더 자주 나타난다(Sugathan & Maruthy, 2021). 말을 더듬는 아동은 일반적으로 말을 할 때 소리를 반복하거나 오래 끌거나 멈추는 등의 1차적인 행동 특성을 보이며, 동시에 이러한 말을 더듬는 행동을 다루거나 피하기 위한 노력으로 나타나는 눈 깜빡이기, 입 벌리기, 입술 다물기, 쉬운 단어로 대체하기, 삽입음 넣기 등의 2차적인 행동 특성도 함께 보인다(이혜란 외, 2008; 이혜란, 심현섭, 2009; Byrd & Gillam, 2021). 말더듬 행동은 대화 상대를 포함한 환경적인 영향을 크게 받기 때문에 교사는 환경 조성을 통하여 아동의 말더듬 행동을 감소시키는 중요한 역할을 할 수 있다. 예를 들어, 대화 상대가 말더듬 아동보다 느린 속도로 말을 하는 등 자신의 행동과 태도를 조절할 때 아동의 말더듬 발생 비율이 감소한다는 사실은(김윤숙, 신문자, 2016; 이경재 외, 2003) 이들과의 대화 행동을 조절함으로써 아동에게 긍정적인 영향을 미칠 수 있음을 시사한다. 〈표 8-4〉는 말더듬 행동을 좀 더 잘 이해하고 도와주기 위한 관련 질문과 그 대답을 보여 준다.

유창성장애는 말더듬 외에도 말빠름증(cluttering)의 형태로 나타나기도 한다. 말빠름증은 말의 속도가 너무 빠르고 음을 추가하거나 잘못 발음함으로써 말을 이해하기 힘든 경우를 말한다. 말빠름증을 보이는 사람은 말더듬과 비교할 때 자신의 유창성 문제를 잘 인지하지 못할 뿐만 아니라 스스로 말을 조절하기 위한 주의를 기울임으로써 향상될 수 있다는 점에서 차이가 있다(Fahey et al., 2018).

유창성장애는 다른 유형의 말장애나 언어장애와 비교할 때 학급 교사에 의해서 초기에 발견되기 쉽다. 그러나 초기에 발견하더라도 전형적인 발달의 한 부분으로 여겨 의뢰하지 않는 경우가 많은데, 이러한 증세가 1~2년 이상 지속되면 심각한 장애를 초래할 수도 있다. 즉, 장기적으로 심리적, 정서적, 사회적, 기능적인 측면에서 부정적인 영향을 미칠 수 있으므로(Blood & Blood, 2016) 초기 진단을 통하여 정확한 문제를 알고 대처하는 것이 중요하다. 그뿐만 아니라 대부분의 다른 장애와 마찬가지로 유창성장애 역시 가족과 함께하는 조기교육을 통하여 상당한 효과를 가져올 수 있으므로 초기에 적절한 관심을 기울이는 것이 매우 중요하다(Kelman & Nicholas, 2020). 특히 아동이 유창성 문제를 보이기 시작할 당시에는 그 예후를 쉽게 알 수 없으므로 전문가의 도움을 받아야 하며, 필요한 경우 언어치료를 받아야 한다. 교사는 아동의 유창성 문제가 심각한지 결정하기 위해서 다음과 같은 질문을 해보는 것이 좋다(Smith et al., 2020).

- 아동의 유창성 문제가 점점 더 심해지거나 말을 하기 위하여 더 많은 노력과 힘을 들이기 시작하는가?
- 아동이 말을 더듬는 특정 유형의 상황이 있는가?
- 말을 더듬는 것 때문에 사회적 문제를 경험하고 있는가?
- 아동이 자신의 말이 유창하지 못한 것에 대하여 스스로 인식하고 있는가?
- 말을 더듬을 것을 걱정해서 말하기를 피하는가?

(3) 음성장애

음성장애는 성대 결함으로 인하여 목소리의 질, 높낮이, 크기에 있어서의 변형으로 나타나는 발성장애(phonation disorder)와 발성 시 코와 입 사이를 폐쇄하지 못해서 나타나는 공명장애(resonance disorder)를 모두 포함한다. 음성장애는 후두의 결함이나 손상 또는 후두로 연결되는 신경 손상 등의 생물학적이거나 비생물학적인 원인에 의하여 발생하며(Pindzola et al., 2016), 음성을 지나치게 많이 사용하거나 잘못 사용하는 경우에도 일시적으로 나타날 수 있다(Campbell et al., 1998). 또한 심리적인 문제로 인하여 음성이 완전히 상실되거나(무성증, aphonia) 심각한 음성 변형이 나타나기도 한다. 음성장애는 아동보다는 주로 성인에게서 더 자주 나타나는 장애지만, 아동에게서도 의미를 이해하기 어렵거나 듣기 거북한 음성을 사용하는 경우가 발견된다(Sapienza & Hicks, 2011).

음성장애의 구체적인 특성을 살펴보면, 목소리의 질과 관련해서 (1) 콧소리, (2) 숨이 새는 소리, (3) 거친 소리, (4) 쉰 소리를 포함한다. 또한 목소리가 전혀 나오지 않을 수도 있다. 이러한 문제는 일반적으로 교사가 다룰 수 있는 장애가 아니기 때문에 교사가 직접적인 교정의 책임을 지지는 않는다. 그러므로 교사는 목소리의 질적인 면이 지속적으로 비전형성을 보일 때 전문가에게 반드시 의뢰해야 한다. 음성의 높낮이나 억양과 관련해서는 말소리의 음률적인 요소가 부족하고 변화 없는 억양으로 말하는 것을 포함한다. 이러한 아동은 치료가 필요한지에 대해서 전문가의 진단을 받아야 한다. 음성의 강도 또는 크기는 크게 말하는 사람부터 아주 작게 말하는 사람까지 사람마다 매우 다양하게 나타난다. 소리 크기와 관련해서는 주로 청각장애와 연관되어 나타나곤 하는데, 이들 역시 전문가의 진단을 받도록 의뢰하는 것이 바람직하다.

음성장애는 정확한 정의와 진단 기준을 제시하기 어렵기 때문에 아동의 연령이나 성별, 문화적인 배경에 비추어 볼 때 심각하게 차이가 난다면 관심을 기울이는 것이 좋다

(Robinson & Crowe, 2001). 특히 교사는 어린 나이에 이와 같은 비전형적인 음성을 사용하는 경우 성장 후에 이러한 비전형성이 의사소통상의 심각한 문제가 될 수도 있으므로 적절한 관심을 기울여야 한다. 아동이 음성장애를 보이는지를 진단하도록 의뢰하기 위해서 교사는 먼저 다음과 같은 질문을 해보는 것이 좋다(Smith et al., 2020).

- 아동의 음성이 듣기 거북하여 또래로부터 놀림을 당하거나 활동에서 소외되고 있는가?
- 습관적으로 음성을 과도하게 사용하거나 잘못 사용하는가?
- 기타 의학적인 상태와 관련해서 음성장애를 보일 가능성이 있는가?
- 음성 문제로 인하여 다른 사람이 아동을 이해하기 어려워하는가?
- 최근에 음성의 질에 주목할 만한 변화가 있었는가?
- 음성의 질이 청각 손상과 관련되었을 가능성이 있는가?

2) 언어장애

의사소통장애 영역에 있어서 과거 언어병리학의 관심은 말장애에 있었다. 그러나 현재는 언어장애로 그 관심의 초점이 변하였다. 이와 같은 변화의 주된 원인은 말장애 그 자체보다는 의사소통에 있어서의 어려움이 훨씬 더 심각한 문제임을 인식하기 시작하였기 때문이다. 예를 들어, 말을 잘하는 사람 중에도 다른 사람과의 의사소통이 전혀 안 되는 사람이 있는 반면에, 말을 정확하게 할 수 없어도 의사소통에는 아무런 문제를 보이지 않는 사람도 있다는 것이다. 말이란 내용의 알아들을 수 있는 음성적 입력을 의미하는 반면에, 언어는 내용의 형성과 해석 모두와 관련된다. 다시 말해서, 언어는 생각이나 의견을 다른 사람과 소통하기 위하여 사용하는 체계를 의미하며, 따라서 듣기와 말하기, 읽기와 쓰기, 기술적인 대화, 사회적 상호작용을 모두 포함한다.

(1) 언어의 구성요소

언어는 몇 가지 규칙 체계가 복합적으로 조합되어 이루어진다. Bloom과 Lahey(1978)는 언어가 형태, 내용, 사용의 세 가지 주요 구성요소로 이루어진다고 하였다. 먼저 형태란 소리를 의미가 있는 기호와 연결하는 언어적 요소를 말하는데, 소리 및 이들의 조합을 규정하는 규칙인 음운론, 단어의 구성을 규정하는 규칙인 형태론, 다양한 유형의 문장을 만들기 위해서 단어를 배열하는 규칙인 구문론의 세 가지를 포함한다. 언어의 또 다른 구성요소인 내용은 언어의 의미를 뜻하며, 의미론이 이에 속한다. 언어에서의 의미는 단어를 사용함으로써 전달되며, 특히 사물, 사건, 사람과 이들 간의 관계를 알게 해 주는 역할을 한다. 마지막으로 언어의 사용은 사회적 상황에서의 언어 활용을 규정하는 규칙이다. 이러한 규칙은 화용론이라고 불리며, 의사소통 시 사용할 기호의 선택과 관련된 규칙뿐만 아니라 의사소통을 하고자 하는 이유(의사소통적 기능 또는 의사소통의 의도)를 규정하는 규칙도 포함한다. 언어의 기능은 말하는 사람의 의도나 목적과 관련되는데, 예를 들어 인사하기, 질문하기, 대답하기, 정보 요구하기, 정보 제공하기 등이 이에 속한다. 또한 화용론은 대화와 관련된 규칙도 포함한다. 예를 들어, 대화자는 대화를 시작하거나 끼어들거나 유지하기, 차례 주고받기, 상대방에게 적절하게 반응하기, 주제와 관련된 내용의 대화를 이끌어 가기 등의 여러 가지 기술을 갖추어야 하며, 이러한 기술을 습득함으로써 효과적인 의사소통을 할 수 있게 된다.

이상에서 살펴본 언어의 구성요소는 〈표 8-5〉에서와 같이 정리될 수 있다. 이들 구성요소는 각각이 독립된 요소이면서도 [그림 8-2]에서 보는 바와 같이 서로 상호 연관된 관계로 구성된다. 언어적 요소들이 어떻게 서로 연관된 형태로 구성되는가 하는 것은 다

표 8-5 **언어의 하위체계 구성요소**

구성요소	하위체계	정의	사용의 예	
			수용언어	표현언어
형태 (form)	음운론 (phonology)	말소리 및 말소리의 조합을 규정하는 규칙	말소리를 식별함	말소리를 만들어서 분명하게 발음함
	형태론 (morphology)	단어의 구성을 규정하는 규칙	단어의 문법적인 구조를 이해함	단어 내에서 문법을 사용함
	구문론 (syntax)	단어의 배열, 문장의 구조, 서로 다른 유형의 문장 구성을 규정하는 규칙	단어의 의미와 단어 간의 관계를 이해함	단어의 의미와 단어 간의 관계를 사용함
내용 (content)	의미론 (semantics)	의미(단어 및 단어의 조합)를 규정하는 규칙	문구와 문장을 이해함	문구와 문장 내에서 문법을 사용함
사용 (use)	화용론 (pragmatics)	사회적 상황에서의 언어 사용과 관련된 규칙	사회적 또는 상황적 단서를 이해함	다른 사람에게 영향을 미치기 위하여 언어를 사용함

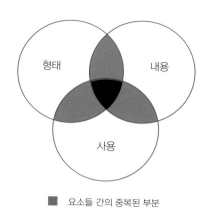

　　　　　　　　■ 요소들 간의 중복된 부분

[그림 8-2] 언어의 구성 요소 간의 관계

출처: Bloom, L., & Lahey, M. (1978). *Language development and language disorders*. Macmillan.

음의 예에서 쉽게 알 수 있다. 책을 읽고 있는 엄마의 옆에 앉아 창밖을 내다보던 30개월 된 민호가 지나가는 고양이를 보고 "엄마, 고양이."라고 말할 때 민호는 언어의 세 가지 구성요소를 모두 성취한 것이다. 먼저, "엄마."라고 말함으로써 엄마의 주의를 끌고 "고양이."라고 말함으로써 자신이 본 것을 설명하는 두 가지 의사소통적인 의도를 성취하였다. 또한 자신이 본 동물에 대한 지식을 언어적으로 입력하였으며 적절하게 배열된 단어를 발성하였다. 결론적으로 민호는 "엄마, 고양이."라고 말함으로써 화용론, 구문론, 의미론의 규칙을 모두 수행한 것이다.

(2) 언어장애의 분류

언어장애 아동에게 적절한 교육을 제공하기 위한 과학적 접근의 일환으로 하위유형으로 분류하기 위한 여러 가지 시도가 이루어져 왔다. 그러나 인간의 언어 및 언어장애는 그 자체가 분류하기 매우 어려운 대상이므로 어떤 분류 체계를 사용하더라도 모든 언어장애를 포함하기에는 부족하다. 예를 들어, 한 아동이 언어장애로 진단되는 경우 특정 분류 체계 내에서 어떤 범주에도 속하지 않을 수도 있고 여러 범주에 중복해서 속할 수도 있다는 것이다. 따라서 언어장애를 분류하고 진단하는 것보다는 개별 아동의 언어 발달과 그 장애를 이해하고 교수하기 위해서 개별적으로 접근하는 것이 더 중요하다(Owens, 2022).

지금까지 제시된 분류 체계 중 가장 보편적으로 사용되고 있는 분류 체계는 미국말-언어-청각 협회(ASHA)에서 제시한 것으로, 앞에서 설명한 언어의 구성요소에 따라 음운론(소리), 형태론(단어 구성), 구문론(단어 순서 및 문장 구조), 의미론(단어 및 문장 내용), 화용론(언어의 사회적 사용)의 다섯 가지 하위체계에 있어서의 장애로 분류한다(〈표 8-5〉 참조). 즉, 이상의 다섯 가지 요소 중 한 가지에서 문제를 보일 때 장애로 정의하는데, 실제로는 한 가지에서 문제를 보이게 되는 경우 나머지에서도 복합적으로 문제를 보이기도 한다.

언어장애를 분류하는 또 다른 방법은 장애를 일으키는 원인 또는 관련 조건에 따라 1차 장애와 2차 장애로 구분하는 것이다. 1차 장애는 그 원인을 알 수 없는 경우를 말하는데, 인지 또는 신체적인 조건으로 예측하거나 설명할 수 없는 언어장애를 말한다(McGregor et al., 2020). 즉, 언어에 있어서 심각한 어려움을 보이지만 이러한 어려움이 지적장애나 청각 문제, 언어 학습을 어렵게 하는 지각상의 문제 등에 의해서 나타나는 것은 아니다. 따라서 1차 장애는 발달적 언어장애(developmental language disorder: DLD) 또는 특정언어장애(specific language impairment: SLI)라는 용어로 불리기도 한다(Westby, 2021). 2차 장애는 지적장애, 청각장애, 자폐 범주성 장애, 뇌성마비, 외상성 뇌손상 등의 기타 장애로 인하여 2차로 나타나는 경우를 의미한다. 즉, 인지 또는 감각에서의 손상을 보이거나 사회적 상호작용에서 언어 사용을 어려워하는 특성을 보이는 다양한 장애에서 의사소통의 어려움이 보고된다. 이것은 특수교육 현장에서 의사소통장애로 인한 지원이 필요한 아동의 수가 실제 의사소통장애 진단을 받은 아동의 수보다 훨씬 더 많다는 사실을 설명해 준다(Heward et al., 2022). 〈표 8-6〉은 다양한 유형의 장애에 의하여 2차로 나타나는 언어 문제를 언어의 하위체계별로 보여 준다.

언어장애는 전형적인 언어 발달과 비교함으로써 분류되기도 하는데, 다음과 같이 네 가지로 살펴볼 수 있다(Naremore, 1980): (1) 구어(말소리)의 결여, (2) 질적으로 다른 언어, (3) 발달이 지체된 언어, (4) 발달이 중단된 언어.

첫 번째 유형은 3세 이후까지도 언어를 이해하는 징조가 나타나지 않고 자발적으로 언어를 사용하지 않는 경우로, 이것은 구어의 결여로 볼 수 있다. 이때 아동에 따라서는 소리내기나 몸짓 등 언어 전 의사소통(prelinguistic communication)의 방법으로 의사소통을 하기도 한다. 아동에 따라서는 음성 언어가 결여된 경우에도 매우 숙달된 의사소통을 하기도 하지만, 일반적으로 대부분의 비구어 아동은 언어 결함 외에도 청각장애, 지적장애, 지체장애, 자폐 범주성 장애 등의 기타 장애를 함께 보이기도 한다. 청각장애가 아니면서 언어가 전혀 발달하지 않는 경우는 주로 심각한 정서ㆍ행동장애나 기타 중도 발달

표 8-6 기타 장애로 인한 2차 언어장애의 특성

장애	기타 장애로 인하여 나타날 수 있는 언어장애의 특성
지적장애/발달지체	• 언어 발달상의 지체가 보편적인 특성으로 나타남 • 말 산출의 모든 측면과 표현언어 및 수용언어 모두에서 장애가 나타날 수 있음
뇌성마비	• 근육 조절 및 호흡의 어려움으로 조음장애 등의 말장애를 보일 수 있으며 말을 전혀 하지 못할 수도 있음 • 보완대체의사소통이 필요할 수 있음 • 많은 경우에 언어 발달이 지체됨
학습장애	• 언어의 어려움은 읽기, 쓰기, 맞춤법, 수학 학습의 어려움을 초래함 • 사회적 단서, 맥락적 요구를 이해하지 못하고 문자대로가 아닌 언어를 해석하기 어려워함
중도중복장애	• 말 산출이 어려움 • 언어 발달이 지체됨 • 보완대체의사소통이 필요할 수 있음
자폐 범주성 장애	• 사회적 단서, 표정, 몸짓 등을 읽고 해석하지 못함으로 인하여 의사소통의 어려움을 보임 • 문자대로가 아닌 언어를 해석하기 어려워함 • 언어 발달이 지체될 수 있음
청각장애	• 언어 발달이 일반적으로 지체됨 • 대체 의사소통이 필요함(예: 수어, 독화, 단서 언어)
시각장애	• 읽기에서 언어 수용이 어려움 • 점자 또는 청각 사용이 필요함 • 사회적 단서, 표정, 몸짓 등을 보지 못할 때 의사소통이 어려울 수 있음 • 추상적인 개념(예: 색깔)에 대한 소통이 어려움
정서 · 행동장애	• 사회적 단서를 적절하게 읽지 못하고 자기조절의 어려움에 의한 충동성으로 인하여 의사소통이 어려울 수 있음 • 언어 발달상의 지체가 좌절 경험으로 이어지고 따라서 기존의 문제를 악화시킬 수 있음

출처: Gallagher, J., Coleman, M. R., & Kirk, S. (2023). *Educating exceptional children* (15th ed., p. 314). Cengage.

장애를 의심해 볼 수 있다. 음성 언어가 결여된 아동에게 있어서 말과 언어 기술의 교수는 교육의 우선 목표가 되어야 하는데, 이때 언어의 기능적인 측면을 교수해야 하기 때문에 언어재활사의 단독 책임으로 돌려서는 안 되며 학급 교사와 부모가 함께 팀을 이루

어 기능적인 말을 습득하고 사용할 수 있도록 도와주어야 한다.

두 번째 유형은 질적으로 다른 언어로, 말소리를 내거나 광범위한 어휘 발성에 있어서 문제가 없으면서도 말을 사용하는 방법이 전형적인 방법과는 매우 다른 경우를 의미한다. 다시 말해서, 상대방과 의사소통을 하기 위한 목적으로 말을 사용하지 못하는 것을 의미한다. 예를 들어, 자폐 범주성 장애 아동이 많이 보이는 반향어(자신이 들은 말을 기능적인 의미 없이 반복하는 말), 사회적 상황에 맞지 않는 의미 없는 말, 이치에 맞지 않는 단어 사용, 반복을 요구할 때 의미를 전달하지 못하는 것 등이 이에 속한다. 주로 심한 정서·행동장애, 지적장애, 자폐 범주성 장애 등의 장애와 연관되어 나타나곤 하며, 학습장애 아동의 언어도 이와 유사한 특징을 보이는 것으로 보고된다(Hallahan et al., 2007; Elksnin & Elksnin, 2001; Fahey, 2008). 언어란 항상 사회적인 상황과 연결되어 나타나며, 상대방과의 의사소통이 이루어지지 않으면 그 의미를 상실하게 된다. 질적으로 다른 언어는 의미를 왜곡하거나 불분명하게 하여 언어의 화용론적인 가치를 잃게 만들기 때문에 매우 심각한 결과를 초래한다. 이들의 언어를 교정하기 위해서는 언어의 기능적인 측면에 초점을 맞추고 이해와 표현을 위한 전략을 사용하는 것이 좋다(Nelson, 1998; Westby, 2020).

세 번째 유형은 발달이 지체된 언어로, 이것은 전형적인 언어 발달 단계를 거치지만 그 발달 속도가 또래에 비해서 느린 경우를 말한다. 언어 발달이 지체된 아동은 언어 기술의 습득이 전반적으로 느리지만 특정 기술의 습득에 있어서는 일탈적인 문제를 보이지 않을 뿐만 아니라 전형적인 발달을 보이는 아동과 동일한 순서로 진행하기 때문에 언어 발달이 지체되었다고 해서 모두 언어장애를 지녔다고 말하기는 어렵다(Reed, 2018). 그러나 이들은 언어 지체와 함께 전반적인 발달상의 지체를 보이는 경우가 많으며, 지적장애나 청각장애 등의 기타 장애를 함께 보이기도 한다. 또한 경험 부족으로 인하여 언어 자극이 결핍된 환경에서 성장하는 아동의 경우에도 언어 발달이 지체될 수 있다. 따라서 이들의 언어 발달을 촉진하기 위해서는 교사의 주의 깊은 관심이 주어져야 한다. 〈표 8-7〉은 전형적인 발달을 보이는 아동의 연령에 따른 발달지표를 보여 준다.

표 8-7 0~6세 아동의 연령에 따른 언어 발달

연령 (개월)	수용언어	표현언어
0~3	• 사람 목소리에 조용해진다. • 말하는 사람의 눈과 입을 본다. • 소리 나는 곳을 눈으로 찾는다.	• 배가 고프거나 불편할 때 운다. • 편안할 때 목구멍소리, 목구멍을 꾸르르 울리는 소리를 낸다.
3~6	• 엄마 목소리에 조용해진다. • 친절한 목소리와 화난 목소리를 구분한다. • 자신의 이름에 반응한다. • 구어/말을 경청한다. • "안 돼."라고 말하면 짧은 순간이라도 하던 행동을 멈추고 목소리에 반응한다.	• 다양한 모음 소리를 낸다. • 소리 내어 웃는다. • 주고받기 차례를 지킨다. • 다른 사람의 말에 목소리로 반응한다. • 싫음과 흥분을 표현한다.
6~9	• 사진을 잠깐 동안 쳐다본다. • 가족이나 애완동물의 이름을 부르면 이름 불린 사람/동물을 찾는다. • 몸짓으로 간단한 요구에 반응한다. • 일상용품 단어를 인식한다. • 말을 하면 가만히 듣는다.	• 사람에게 옹알이를 한다. • 옹알이 중에 다양한 자음 소리를 낸다. • 성인의 억양으로 옹알이를 한다. • "마마." "바바." 등의 음절을 반복해서 따라하며 옹알이를 한다. • 주의를 끌기 위해서 울음보다는 말소리를 사용한다.
9~12	• "아니." "안 돼."를 이해한다. • 친숙한 단어를 선별적으로 듣는다. • 책 보기를 좋아한다. • 간단한 지시를 이해한다.	• "바"와 같은 단일 자음 음절 옹알이를 한다. • 특정 언어(예: "바이바이 해봐.")에 적절한 몸짓으로 반응한다. • 요구를 표현하기 위해서 행동과 음성을 사용한다.
12~18	• 간단한 언어 요구에 반응한다. 하나의 신체 부위를 식별한다. • 많은 명사를 이해한다. • 요구하면 다른 방에 있는 물건을 가지고 온다.	• 다양한 의사소통 기능을 위해서 몸짓과 음성을 함께 사용한다. • "마마." "빠빠." 등의 어절을 목적을 가지고 사용한다. • 단일 단어를 사용한다. • 감탄사를 사용한다. • "아니."를 의미 있게 사용한다. • 10~15 단어를 사용한다(18개월).

18~24	• 3~6개의 신체 부위를 식별한다. • 소리와 동물을 짝짓는다. • 인칭 대명사와 행위 동사와 몇 개의 형용사를 이해한다. • 동요를 즐긴다. • 이야기 듣는 것을 즐긴다. • 2단계 지시를 수행할 수 있다. • 300개 이상의 수용 어휘를 습득한다.	• 낯선 사람에게 약 25~50%의 구어 명료도를 보인다. • 자곤과 말을 사용해서 경험을 이야기한다. • 자곤보다 낱말을 더 자주 사용한다. • 두 단어 문장을 말한다. • 가사로 노래 부르기를 시도한다. • 3~4단어 문장을 모방한다. • 50~100개 이상의 표현 어휘를 습득한다. • 단어의 끝 억양을 높임으로써 질문의 형태로 말한다.
24~36	• 이름을 말하면 일상의 물건을 그림에서 찾는다. • 쓰임새를 말하면 물건을 식별한다. • 무엇과 어디의 질문을 이해한다. • 부정문을 이해한다. • 간단한 이야기책 듣기를 좋아하고 반복해서 읽을 것을 요구한다. • 500~900개 이상의 수용 어휘를 습득한다. • '안에' '위에' '밑에' '뒤에' 중에서 두 가지 이상의 뜻을 이해한다.	• 알고 있는 단어들을 두 단어 문장으로 만든다. • 이름을 성과 함께 말한다. • 무엇과 어디의 질문을 한다. • 부정문을 사용한다. • 자신을 이해해 주지 못하면 좌절감을 보인다. • 2~3차례 주고받는 대화를 한다. • 50~250개 이상의 표현 어휘를 습득한다. • 3~4 낱말 구를 사용한다.
36~48	• 시간 개념이 포함된 문장을 이해하기 시작한다(예: "내일 동물원에 갈 거야."). • 크다, 더 크다 등의 크기 비교를 이해한다. • 만일에, 왜냐하면 등의 표현에 의한 관계를 이해한다. • 일련의 2~4개의 관련된 지시를 수행한다. • "…척하자."라고 말하면 이해한다. • 1,200~2,400개 이상의 수용 어휘를 습득한다. • 물건의 기능을 이해한다. • 상대적인 의미를 이해한다(예: 큰-작은). • 간단한 농담이나 빗댄 말의 뜻을 알아차린다.	• 주어-행위-목적(예: "엄마가 책을 보았어요.")이나 주어-행위-장소(예: "아빠가 의자에 앉았어요.")의 형태로 세 단어 이상의 문장을 말한다. • 과거의 경험을 말한다. • 복수 명사를 사용한다. • 과거 시제를 사용한다. • '~할 거예요.' '~하고 싶어요.'와 같이 미래에 일어날 일을 상황에 맞게 표현한다. • '-은' '-는' '-이' '-가'와 같은 조사를 적절히 사용하여 문장을 완성한다(예: "고양이는 '야옹'하고 울어요." "친구가 좋아요."). • 자신을 '나'라고 표현한다. • 한 가지 이상의 동요를 반복하고 노래 부를 수 있다. • 낯선 사람에게 알아들을 수 있는 말을 하되 아직 발음상의 실수가 보인다. • 800~1,500개 이상의 표현 어휘를 습득한다.

| 48~60 | • 세 개의 관련된 지시를 적절한 순서로 수행한다.
• 예쁘다, 더 예쁘다, 제일 예쁘다 등의 비교를 이해한다.
• 긴 이야기를 듣는다. 그러나 아직 잘못 이해하기도 한다.
• 말로 지시하면 놀이 활동에 적용한다.
• 이야기해 준 사건의 순서를 이해한다(예: "먼저 가게에 갔다 와서 과자를 만들고 내일 먹을 거야.").
• 2,800개 이상의 수용 어휘를 습득한다. | • 언제, 어떻게, 왜 질문을 한다.
• 문장을 함께 사용한다(예: "가게에 갔어요. 그리고 과자를 샀어요.").
• 왜냐하면, 그래서 등을 사용해서 원인에 대한 이야기를 한다.
• 이야기의 내용을 이야기한다. 그러나 아직 내용을 혼동한다.
• 900~2,000개 이상의 표현 어휘를 습득한다.
• 가족 이외의 사람도 이해할 수 있을 정도로 모든 단어의 발음이 정확하다.
• '만일 ~라면 무슨 일이 일어날까?'와 같이 가상의 상황에 대한 질문에 대답한다(예: "동생이 있으면 어떨까?").
• 이름이나 쉬운 단어 2~3개를 보고 읽는다.
• 자신의 이름이나 2~4개의 글자로 된 단어를 보지 않고 쓸 수 있다(예: 동생, 신호등, 대한민국). |
| 60~72 | • 전학문 기술을 보인다.
• 추상적인 개념을 이해하기 시작한다. | • 성인의 문법과 유사한 문법을 사용한다.
• 대화 중 적절한 차례를 유지한다.
• 정보를 주고받는다.
• 가족, 친구, 또는 낯선 사람과 의사소통을 잘한다.
• 그림책의 이야기를 정확하게 다시 이야기한다.
• 과거와 현재의 사건들을 논리적인 순서로 설명한다.
• 끝말잇기를 한다.
• 간단한 속담을 이해하고 사용한다(예: '누워서 떡 먹기'와 같은 속담을 적절하게 사용함). |

출처: 이소현 (2020). 유아특수교육(2판, pp. 95-98). 학지사.

　마지막으로 발달이 중단된 언어는 일정 시간 동안 전형적인 언어 발달을 보인 후에 청각이나 두뇌 기능의 손상으로 언어장애를 보이게 되는 경우를 말한다. 청각이나 두뇌 기능의 심각한 손상은 주로 산소 결핍, 감염, 사고 등의 원인에 의해서 나타나며, 이때 손상의 정도나 성격, 손상되었을 때의 아동의 연령은 이러한 손상이 언어 발달에 미치는 영향을 좌우하게 된다. 예를 들어, 청각이 손상되기 전에 말을 많이 배우면 배울수록 또는 언어 경험을 많이 하면 할수록 그 아동의 의사소통 기술 습득의 예후는 좋아질 것이

표 8-8 ┃ 전형적인 언어 발달과의 비교에 따른 언어장애의 유형 및 원인

유형	정의	원인 및 관련 상태
구어의 결여	3세가 될 때까지 언어를 이해하거나 자발적으로 사용하는 증거가 나타나지 않음	• 선천적 또는 발달 초기에 발생한 농 • 뇌손상 또는 중도 지적장애/자폐 범주성 장애 • 중도 정서 · 행동장애
질적으로 다른 언어	특정 발달 단계에서 장애가 없는 또래와 비교할 때 언어가 다름. 의사소통을 위한 의미와 유용성이 거의 없거나 전혀 없음	• 청각적 자극을 이해하지 못함 • 중도 정서 · 행동장애 • 학습장애 • 지적장애/자폐 범주성 장애 • 청각장애
발달이 지체된 언어	언어 발달이 전형적인 단계를 거치기는 하지만 나이가 같은 또래에 비하여 지나치게 지체됨	• 지적장애 • 경험 박탈 • 언어 자극의 결여 • 청각장애
발달이 중단된 언어	전형적인 언어 발달이 시작된 후에 질병, 사고 및 기타 손상으로 인하여 중단되고 언어장애가 나타남	• 후천적 청각장애 • 산소 결핍, 신체적 손상, 감염에 의한 뇌손상

다. 그러나 반면에, 뇌손상의 경우에는 아동의 나이가 어리면 중추신경체계가 유연하기 때문에 손상의 시기가 빠를수록 손상으로 인한 장애를 좀 더 쉽게 보상할 수 있다. 이와 같이 뇌손상을 일으키는 질병이나 사고로 인하여 언어 발달이 중단된 경우는 후천성 신경학적 언어장애로 불리며, 대표적으로는 좌뇌 손상으로 인한 실어증이 이에 속한다 (Marquardt & Munoz, 2021).

〈표 8-8〉은 앞에서 설명한 전형적인 언어 발달과의 비교에 따른 언어장애 유형의 정의와 관련 원인 및 상태를 보여 준다.

2. 의사소통장애의 원인

말 또는 언어장애는 두뇌 및 신경 손상, 구개파열 등의 구강 기관의 이상, 입과 얼굴의 기형 등 밝혀진 생물학적 원인에 의해서 나타나기도 하지만 대다수의 경우 그 원인이 정확하게 밝혀지지 않고 있다. 말이나 언어에서의 어려움은 서로 관련된 수많은 요소 간 상호작용의 영향을 받기 때문에 단적으로 원인을 제시하기는 매우 어렵다(Owens et al., 2018). 일반적으로 의사소통장애의 원인은 매우 복잡한 것으로 알려져 있으나, 구개파열과 같이 기질적 결함과 관련되는 생물학적 요인과 스트레스와 같이 신체적인 결함이 동반되지 않는 환경적 요인의 두 가지로 설명할 수 있다(Gargiulo & Bouck, 2021; Friend, 2023).

1) 생물학적 요인

신체적인 상태는 인간의 행동에 심각하고도 지속적인 영향을 미친다. 따라서 교사는 아동을 위한 교육을 계획할 때 아동이 교수목표를 달성하도록 아동의 신체적인 상태를 고려함으로써 현실적인 기대 수준을 설정하고 필요한 수정을 결정할 수 있어야 한다. 교사는 또한 아동의 신체적인 상태가 상황적인 스트레스 등의 환경적인 요소와 분리되어 독립적으로 영향을 미치지는 않는다는 사실을 인식해야 한다.

말 또는 언어장애를 일으키는 생물학적 원인은 중추신경계나 입, 후두 등에 손상을 가져오는 질병이나 사고에 의한 것으로 출산 전, 출산 중, 출산 후 또는 아동기나 성인기 모든 시기에 걸쳐서 발생할 수 있다(Murdoch, 2011; Stipdonk et al., 2018). 일단 이와 같은 손상을 입게 되면 그 시기와는 상관없이 비전형적인 반사운동이나 운동기능의 장애를 보이기도 하고, 말을 하는 데 필요한 움직임을 정확하게 할 수 없게 되며, 감각장애나 환경과의 제한된 시 · 청각적 상호작용을 보이기도 한다(Webb & Adler, 2023). 예를 들어, 실어증과 같은 언어장애는 뇌손상으로 인하여 나타나며, 만성적인 중이염도 결정적인 언어 발달 시기에 청각 손상을 일으키면서 언어 발달에 심각한 영향을 미칠 수 있다. 특히 뇌성마비와 같이 말하는 데 필요한 근육 조절의 어려움이 따르는 지체장애나 자폐 범주성 장애, 주의력결핍 과잉행동장애, 정서 · 행동장애, 청각장애, 시각장애의 경우도 말 또는 언어의 지체나 장애를 동반할 수 있다. 많은 사례에서 유전적인 요인이 언어장애와 관련된 것으로 보고되기도 한다(신문자, 이성은, 2002; 이남희, 2019; Peter et al., 2016; Rice et al., 2020).

2) 환경적 요인

말 또는 언어장애의 발생은 유전을 포함하는 생물학적인 요인만으로는 다 설명할 수 없다. 앞에서 설명한 생물학적 요인과 관련되지 않은, 즉 그 원인을 알 수 없는 말 또는 언어장애는 환경적 요인에 의한 것이라고 할 수 있다. 특히 발달 초기에 제공되는 언

어의 질과 양은 아동의 어휘 및 언어 발달에 분명한 영향을 미친다(Clarke et al., 2012; Harwood et al., 2002). 빈곤 등의 이유로 자극이 부족하거나 인지 발달과 언어 학습을 위한 적절한 경험이 제공되지 않는 경우(Perkins et al., 2013; Sonik et al., 2017), 또는 양육자나 또래와의 상호작용 기회가 주어지지 않아 사회 의사소통을 학습할 수 없는 경우(Ratner, 2004; Toseeb et al., 2020) 등의 환경적인 요소는 빈약한 언어 발달의 원인이 된다. 아동에 따라서는 적절한 언어를 학습할 수 있는 모델이 없어서 언어를 발달시키지 못하는 경우도 있으며, 언어 자극이 없이 방치되거나, 너무 많은 말을 듣거나, 의사소통의 시도가 벌을 받거나 무시되는 등의 여러 가지 요인으로 인하여 적절한 언어 발달이 이루어지지 않기도 한다. 이러한 경우 대부분의 아동은 말을 해야 할 이유를 상실하게 되거나 누군가와 나누고 싶은 경험의 부족으로 말을 할 이유가 없어지게 된다. 예를 들어, 신생아의 울음이나 옹알이 등과 같은 의사소통적인 시도에 부모가 적절하게 반응해 주지 않는 경우 좀 더 조직화된 의사소통 능력의 발달이 지체될 수 있다. 이러한 아동은 소리내기나 목소리를 이용한 놀이 행동을 강화받지 못하였기 때문에 나중에 구강 기관을 움직이는 기술이나 다양성에서도 지체되는 경향을 보이곤 한다. 또한 환경 내 가까운 가족이 신생아에게 말을 하지 않는 경우에도 말이나 언어 습득의 속도가 지체된다. 아동이 새로운 소리를 습득하여 산출하기 시작할 때 성인의 미소나 모방 등에 의해서 강화되지 않으면 그 새로운 소리는 사라질 수도 있는 것으로 보고된다(Bernstein & Tiegerman-Farber, 2009). 결과적으로 아동기 전반에 걸친 환경적인 요소는 적절한 말과 언어 기술을 통한 의사소통 능력의 발달을 촉진하기도 하고 저해하기도 한다.

3. 의사소통장애 아동의 특성

1) 언어적 특성

언어는 자신을 향한 메시지의 내용을 이해하는 능력인 수용언어와 다른 사람에게 의미 있는 내용으로 이해되는 메시지를 산출하는 표현언어로 나누어진다. 따라서 언어장애가 있는 아동은 자신에게 전달된 다른 사람의 생각을 이해하거나 자신의 생각을 표현하기 어려워한다. 앞에서 설명한 바와 같이 언어의 모든 하위체계 구성요소는 수용언어와 표현언어로 사용되는데(〈표 8-5〉 참조), 수용언어에서의 어려움은 반응, 추상, 암기, 기억 등의 기술에서 나타나며, 표현언어에서의 어려움은 문법, 구문론, 유창성, 어휘, 따라 하기 등에서 나타난다. 예를 들어, 교사의 지시를 잘 따르지 못하는 아동은 수용언어의 문제를 지녔을 가능성이 있으며, 불충분한 어휘나 불분명한 발음, 부정확한 문법 등

표 8-9 언어장애 아동의 수용언어 및 표현언어에서 관찰되는 일반적인 문제

수용언어	표현언어
• 소리나 말에 일관성 있게 반응하지 못한다. • 질문에 적절하게 반응하지 못한다. • 몸짓이 무엇을 의미하는지 잘 이해하지 못한다. • 추상적으로 생각하지 못하거나 관용구에 포함된 추상적인 개념을 이해하지 못한다. • 말해 준 정보를 기억하지 못한다. • 간단한 지시를 따르기 어려워한다. • 의사소통이 중단되는 것을 인식하지 못한다. • 말로 설명해 준 내용 중 관사와 같이 덜 구체적인 단어나 조동사 및 시제를 나타내는 단어를 놓친다. • 말로 설명한 이야기의 순서를 기억하지 못한다. • 비슷한 소리의 글자를 혼동하거나 단어의 소리나 음절의 순서를 바꿔서 이해한다. • 새로운 단어 학습을 어려워한다. • 단어가 중복 의미를 지닐 때 이해하기 어려워한다. • 대화 중 차례 지키기를 이해하지 못한다. • 유머나 은유적인 표현을 이해하기 어려워한다. • 양, 기능, 크기 비교, 시·공간적 관계를 나타내는 개념을 이해하기 어려워한다. • 2개 이상의 문장이 연결된 중문이나 하나 이상의 종속절을 지닌 복합문을 이해하기 어려워한다. • 다른 사람이 한 말을 반복해서 중얼거린다. • 대화 중에 환경적인 소음에 의해서 쉽게 방해받는다.	• 부정확한 문법을 사용한다. • 정확하게 설명하지 못한다. • 대명사를 부정확하게 사용한다. • 말을 하지 않고 지나치게 조용하다. • 노래나 리듬을 배우기 어려워한다. • 말을 할 때 자주 멈칫거린다("있잖아, 저기, 음" 등의 주저하는 말을 자주 사용함). • 주제를 이것저것 바꾸면서 말한다. • 제한된 어휘를 사용한다. • 말을 할 때 매우 간단하고 짧은 문장을 사용한다. • 정확한 의미를 전달하기 위한 적절한 단어를 찾기 어려워한다. • 어휘력이 또래보다 전반적으로 낮다. • 사회적 언어 사용이 빈약하다(특정 상황에 맞도록 의사소통 스타일을 변화시키지 못하며, 대화가 끊어질 때 회복시키지 못하고, 대화의 주제를 유지하지 못함). • 질문하기를 두려워하며, 무슨 질문을 해야 하는지를 잘 모르고, 어떻게 질문해야 하는지도 모른다. • 학급 토론에 거의 참여하지 않는다. • 숙제 등을 잘 이해하지 못할 때 도움을 청하거나 질문하지 않는다. • 대화 중에 같은 정보를 반복해서 말한다. • 추상적이거나 시·공간적 개념에 대하여 말하기 어려워하고 구체적인 개념을 나타내는 단어에 지나치게 의존한다. • 상대방에게 충분한 정보를 제공하지 못한다. • 학급 친구들과 쉽게 상호작용하지 않는다.

으로 인하여 또래와의 의사소통에 어려움을 보이는 아동은 표현언어장애일 가능성이 있다. 〈표 8-9〉는 언어장애 아동이 흔히 보이는 수용언어 및 표현언어에서의 문제를 보여 준다.

2) 인지 및 학업 성취

말이나 언어상의 어려움을 보이는 의사소통장애 아동은 일반적으로 지적 능력이나 성취도 평가에서 평균보다 낮은 점수를 보이곤 한다(김유 외, 2007; 임동선 외, 2016; Schuele & Young, 2017; Watson et al., 2003). 그러나 의사소통장애 아동은 지적장애나 학습장애 또는 기타 장애를 복합적으로 보이는 경우가 많으므로 이러한 결과만을 가지고 순수하게 의사소통장애가 지능이나 학업 성취에 영향을 미치기 때문이라고는 말하기 어렵다. 더욱이 의사소통장애 아동 중에는 또래와 견줄 만한 학업 성취를 보이는 아동도 있다. 그러나 의사소통의 문제는 일반적으로 단어 인지력이나 독해력, 연산 능력 등과 같이 거의 모든 교과 학습에 필요한 기술 습득을 방해할 수 있다. 실제로 의사소통 기술과 학업 성취 간에는 높은 상관관계가 있는 것으로 보고된다(Thatcher et al., 2008).

조음장애, 유창성장애, 음성장애 등의 말장애 아동의 대부분은 일반학급에서 또래와 함께 학교생활을 하게 된다. 대체로 이들의 장애는 학업 성취에 영향을 미치지 않는 것으로 알려져 있다. 그러나 말장애가 심각하게 지속되는 경우에는 학급의 또래에 비해 학업 성취가 낮게 나타나는 것으로 보고되기도 한다(Wehby et al., 2015). 그러므로 말장애가 지속되는 아동의 경우 학업 성취가 잘 이루어지고 있는지에 대한 교사의 관심이 주어져야 한다.

언어는 인지 발달의 기초가 되기 때문에 언어장애는 말장애와는 달리 아동의 인지 발달 및 학업 성취에 영향을 미치게 된다. 언어장애는 학습장애와도 분명한 연관이 있는 것으로 알려져 있으며(Botting, 2020; Gillam et al., 2021), 많은 수의 학습장애 아동이 학업 성취 문제의 근거가 되는 언어장애를 동시에 보이는 것으로 보고된다(Adlof, 2020; Alonzo et al., 2020). 특히 말이나 언어에서 심각한 문제를 보이는 아동은 이후 읽기에서도 문제를 보일 가능성이 매우 높으며(Roth, 2011; Snowling et al., 2021), 유아기에 언어장애로 진단된 아동은 초등학교에 입학한 후 읽기를 학습하거나 나중에 학식을 갖추는 데 심각한 어려움을 보이곤 한다(Catts et al., 2005; DeThorne et al., 2010). 우리나라에서도 언어장애 아동이 읽기의 다양한 측면에서 문제를 보인다는 사실이 보고되었다(강시내, 임동선, 2018;

김화수, 김영태, 2006; 오효진, 이윤경, 2007). 결론적으로 읽기 기술은 학교생활에서의 거의 모든 교과 학습의 기초가 되기 때문에 언어장애는 성공적인 학업 성취를 저해하게 된다.

3) 사회-정서적 특성

의사소통장애가 있는 많은 아동이 사회적 또는 정서적인 어려움을 경험하는 것으로 보고된다(Arts et al., 2022; Blood & Blood, 2016). 말장애 아동은 흔히 상대방으로부터 거절당하거나, 창피를 당하거나, 열등감을 경험하게 된다. 이로 인하여 많은 아동이 낮은 자존감을 지니게 되며, 이러한 부정적인 경험은 이들로 하여금 좌절과 분노를 경험하게 하고 때로는 사회적으로 고립되게 만든다(Lee et al., 2017). 특히 자신의 요구를 적절하게 표현하지 못하는 아동의 경우 부적절한 방법으로 의사소통을 시도하게 된다. 예를 들어, 어린 아동의 경우 원하는 놀잇감을 가지려고 또래의 팔을 물거나 밀치는 등의 공격적인 행동을 보일 수 있다. 의사소통장애 진단을 받은 4~7세 아동을 대상으로 한 한 연구에 의하면, 이들의 언어적 기능 저하는 사회성 기술 부족을 초래하면서 문제행동의 발현으로 연결되는 것으로 나타났다(임은주, 정문자, 2010). 이와 같은 부적절한 행동은 학령기 아동에게서도 유사하게 나타날 수 있다. 실제로, 말 또는 언어장애가 있는 학령기 아동은 또래보다 행동 문제를 일으킬 위험이 더 높고, 많은 수가 정서·행동장애로까지 진단되는 것으로 보고된다(Matte-Landry et al., 2020; Nelson et al., 2005).

말장애 중에서도 특히 말더듬 아동은 사회적인 어려움을 심각하게 경험할 수 있다(Pollard, 2011; Ramig & Dodge, 2010). 말더듬은 아동의 자신감과 자존감에 부정적인 영향을 미친다. 그러나 교사와 또래는 적절한 행동을 통하여 이들에게 큰 도움을 줄 수 있다. 일반적으로 교사는 의사소통장애로 인하여 행동 문제를 보이는 아동에게 자신의 행동에 대한 책임을 지게 하고 행동을 변화시키도록 노력하게 만들기 위하여 전문가의 도움을 받는 것이 좋다. 이러한 아동은 교사를 통하여 전문가의 도움을 받으면서 상대방과 좀 더 성공적으로 상호작용하는 방법을 학습하게 되며, 불필요한 부정적인 경험을 하지 않게 됨으로써 대인관계에 긍정적으로 적응할 수 있게 된다. 또한 또래가 어떻게 반응하는가에 따라 자아 개념 및 독립심 발달에 미치는 영향이 달라질 수 있으므로(Van Riper & Erickson, 1996) 교사는 장애 아동뿐만 아니라 학급 구성원 모두에 대한 관심을 기울여야 한다.

언어는 학습에서뿐만 아니라 사회적 관계를 형성하고 유지하는 데에도 결정적인 역할을 한다. 그러므로 언어장애 아동은 또래와 사회적 관계를 형성하고 유지하는 데 있어

서 장애가 없는 아동에 비해 더 큰 위험요인을 지니게 된다(문주희, 임동선, 2021; Asher & Gazelle, 1999). 다른 사람이 하는 말을 이해하고 상대방과 의사소통하는 능력은 또래와의 상호작용에서 매우 중요한 요소다. 특히 학교, 가정, 지역사회의 일상생활을 통하여 많은 갈등이 발생하며, 이러한 갈등은 문제를 해결하고, 다른 사람의 입장을 이해하고, 생각이나 감정을 분명하게 표현하는 등의 다양한 기술을 통하여 해결되어야 한다. 언어장애 중에서도 화용론적 사용에 어려움을 지닌 아동은 이러한 성공적인 갈등 해결을 위한 기술 발달에 부정적인 영향을 받게 된다(Fujiki et al., 1999). 또한 성공적인 의사소통 기술을 지니지 못한 아동은 불편한 상황을 회피하기 위하여 상호작용 자체를 거부하기도 한다. 이들은 대화를 시작하지 않으려고 하며, 언어적 상호작용에서 지나치게 성인에게 의존하려는 태도를 보이기도 한다. 따라서 이들은 또래에게 무시되거나 낮은 사회적 지위를 보이게 된다.

Ⅱ. 의사소통장애 아동 교육

일반적으로 교사는 학교에 입학하는 아동은 누구나가 의사소통을 할 수 있다고 기대하곤 한다. 그러나 이와 같은 기대는 말이나 언어에 어려움을 보이는 아동에게는 적용되지 않는다. 의사소통장애란 가장 빈번하게 나타나는 장애 중 하나로 교사나 또래와의 상호작용 능력 발달에 영향을 미치게 된다. 말에 문제가 있는 아동은 소리나 단어를 다르게 발음하기도 하고, 더듬거리면서 말하기도 하며, 이상한 목소리로 말하기도 하기 때문에 결과적으로 말을 듣는 상대방이 이해하기가 어렵다.

또한 언어에 문제가 있는 아동은 다른 사람이 말하는 것을 이해하지 못하거나 생각을 언어로 표현하는 데 어려움을 보이곤 한다. 물론 이와 같은 말과 언어상의 문제는 지적장애나 학습장애와 같은 기타 장애와 중복되어 나타나기도 하지만 대부분의 의사소통장애 아동은 주로 일반학급에서 교육을 받으면서 특수교사나 언어재활사 등 전문가의 도움을 받게 된다. 그러므로 교사는 의사소통장애의 특성을 잘 이해하고 이들의 학업 및 사회적 적응을 도와주어야 하며, 더 나아가서는 의사소통 영역의 발달을 촉진하기 위한 구체적인 교수전략을 잘 알고 적용할 수 있어야 한다.

1. 통합교육을 위한 일반적 지침

일반적으로 의사소통장애 아동이 통합된 학급의 교사는 이들의 필요를 충족시키기 위해서 교실 환경이나 수업 운영 방식을 크게 변화시킬 필요가 없다. 이들은 말이나 언어 상의 어려움을 보이기는 하지만 대체로 일반교육의 모든 교육과정에 참여할 수 있다. 교사는 이러한 아동을 위해서 말 또는 언어 기술의 촉진과 사회적인 수용의 두 가지 측면에 관심을 기울여야 한다.

말장애 아동은 발성, 음성의 질 또는 말의 유창성을 향상해야 한다. 이를 위해서는 특수교사나 언어재활사에 의한 개별화된 특수교육 및 관련서비스 프로그램을 제공해야 한다. 이들을 위한 일반학급에서의 가장 중요한 교수목표는 음성 언어를 이용한 의사소통 기술을 연습하는 것이다. 교사는 아동이 습득한 새로운 언어 기술을 연습할 수 있도록 수용적인 환경을 만들어 주어야 하며, 언어재활사와의 협력 관계를 통하여 학급에서도 목표 기술이 강화될 수 있도록 노력해야 한다. 특히 교사는 장애 아동이 학급 활동에 잘 참여하고 있는지 주의를 기울이고, 활동 중에 이루어지는 말을 통한 의사소통 시도가 학급 또래에게 긍정적으로 수용될 수 있도록 관심을 기울여야 한다.

언어장애 아동은 수용언어 및 표현언어 모두에서 어려움을 경험하곤 한다. 말장애와 마찬가지로, 이들을 위한 언어 교수는 언어재활사와의 적극적인 협력 과정을 통하여 이루어질 수 있다. 교사는 적절한 문법을 사용해서 말의 모델을 제시하고, 교육과정을 통해서 어휘 발달을 촉진할 수 있도록 노력해야 하며, 교실 활동과 숙제를 아동의 언어 특성에 맞추어 적절히 수정해 주는 등의 관심을 기울여야 한다. 실제로 특수교사와 언어재활사 간 협력을 통하여 교실 중심 언어 중재가 효과적으로 실시될 수 있음이 보고되고 있다(강혜경, 박은혜, 2006; 김경양 외, 2015).

2. 의사소통 증진을 위한 교수 방법

1) 말을 활용한 의사소통 기술 촉진

말이나 언어에 어려움을 보이는 아동은 일반학급에서 교육받는 것이 가장 바람직하다. 그 이유는 일반학급에서 또래가 사용하는 정확한 말을 들을 수 있기 때문이다. 그러므로 교사는 말 또는 언어장애를 지닌 아동이 학급에서 새롭게 학습한 의사소통 기술을

충분히 연습할 수 있도록 편안한 분위기를 만들어 주어야 하는데, 이를 위해서는 적절한 언어 모델을 제공하고, 수용적인 환경을 만들어 주어야 하며, 더 나아가서는 말을 통한 의사소통 기술을 연습할 수 있도록 충분한 기회를 제공해야 한다.

(1) 모델 제공

먼저 말장애 아동은 말로 의사소통을 잘하는 모델을 필요로 한다. 교사는 이들에게 가장 중요한 모델의 역할을 하는 위치에 있기 때문에 항상 적절한 억양과 분명한 발음으로 유창하게 말하도록 주의를 기울여야 한다. 교사는 자신의 말 속도를 조절할 수 있어야 하는데, 특히 문장의 길이나 복잡한 정도도 조절할 수 있어야 하며, 한 번에 제시하는 지시의 수도 조절할 수 있어야 한다. 또한 학급의 또래도 이들에게 모델로 역할하고 있다는 사실을 인식하고 적절한 말의 시범자가 될 수 있도록 관심을 기울여야 한다.

(2) 수용적인 환경 조성

말장애나 언어장애 아동을 위해서 수용적인 학급 분위기를 조성하는 것은 매우 중요하다. 아동이 말을 하는 도중에 실수하는 경우 교사나 학급 또래가 그 실수에 대해서 어떻게 반응하는가에 따라서 아동의 말하는 행동은 큰 영향을 받는다. 특히 말장애 아동이 말로 의사소통을 하고자 하는 시도를 보일 때 상대방의 말에 대해 존중하는 마음과 인내심을 가지고 대하는 태도는 그 아동이 앞으로도 계속해서 말을 시도하게 하는 데 결정적인 영향을 미친다. 만일 교사나 또래가 수용적인 청취자가 되어준다면 아동은 누군가에게 말을 하는 것에 대해서 편안하게 느끼고 많은 시도를 할 수 있게 될 것이다. 의사소통장애 아동을 위한 수용적인 학급 분위기를 만들기 위한 구체적인 방법은 〈표 8-10〉에서 보는 바와 같다(Lewis et al., 2017; Vaughn et al., 2023).

표 8-10 의사소통장애 아동을 위한 수용적 학급 분위기 조성 방법

방법	내용
환경 조성하기	편안한 환경을 조성하도록 노력한다. 특히 시간에 쫓기거나 긴장감을 느끼지 않도록 환경을 조성한다.
말할 때 관심 보이기	말장애 아동이 이야기할 때 교사는 온전한 관심을 보이면서 이야기를 들어야 하며, 특히 학급의 다른 학생들이 잘 듣고 있는지 주의를 기울여야 한다. 아동의 표현에 문제가 있다고 해서 말하는 내용 자체를 무시해서는 안 된다.

실수 허용하기	교사나 학급 친구들은 아동의 말실수에 대해서 비판하지 않아야 한다. 교사는 아동이 한 말을 반복함으로써 정확한 말을 시범 보일 수 있다. 예를 들어, 아동이 "이 이야기는 죽은 투끼에 대한 유기에요."라고 말할 때 교사가 "그래, 맞았어. 이 이야기는 작은 토끼에 대한 이야기지."라고 반응해 줄 수 있다.
말의 내용에 관심 보이기	교사는 아동의 말실수 자체에 관심을 보이지 않는 것이 좋다. 교사가 아동의 잘못된 발음이나 유창성 문제에 관심을 보이지 않고 수용하면서 아동이 말하고자 하는 내용에 관심을 보인다면 학급 또래들도 교사와 같이 행동할 가능성이 커진다. 이와 같은 방법은 유창성장애 아동에게 특히 중요한데, 그 이유는 관심을 보이면 유창성 문제가 더 심각해질 수 있기 때문이다.
또래의 이해 증진하기	학급 또래들이 아동의 말실수에 대하여 웃거나 놀리지 않도록 주의를 기울여야 한다. 교사는 이러한 행동이 부적절한 행동임을 분명히 가르쳐야 한다. 다른 사람의 말실수를 놀리지 않도록 학급 규칙으로 정할 수도 있고, 말장애의 어려움을 이해할 수 있도록 장애를 가상적으로 경험해 보게 할 수도 있다(예: 녹음기를 이용해서 속도나 높낮이를 조절해 보기).
장애 특성에 따른 활동 참여 고려하기	아동의 말장애가 의사소통 문제를 일으킬 수 있는 특정 상황을 고려해야 한다. 예를 들어, "세 명의 사람이 삼십 개의 사과를 사이좋게 나누어 먹으려면…"의 문장은 "ㅅ"을 발음할 수 있는 아동이 읽게 한다. 반면에, 교사는 말장애 아동이 어떤 활동에 참여할 수 있는지도 함께 고려한다.
다양한 활동으로 말하기 연습하기	의사소통 상황을 변화시키는 것만으로도 말을 더듬는 아동의 말하기 기술을 향상시킬 수 있다. 예를 들어, 노래하기, 다 함께 큰 소리로 읽기, 속삭이기, 음률의 변화 없이 말하기, 목소리 높낮이를 다양하게 변화시키기, 박자 맞추는 기계에 맞추어 말하기 등의 활동을 통하여 말을 더듬는 문제가 감소하거나 사라질 수 있다(Kumari et al., 2014).
집단 구성하기	소집단이나 짝짓기 활동을 통해서 의사소통 기술을 연습할 기회를 충분히 제공한다.
인내심 보이기	의사소통에 어려움이 있는 아동 중에는 말하는 속도가 매우 느리고 힘들어하는 경우가 많다. 특히 말을 더듬는 아동은 한 문장을 완성하는 데 오랜 시간이 걸리며, 뇌성마비 아동은 얼굴까지 찌푸려 가면서 힘들게 각 단어를 발성하고, 의사소통판 등의 보조도구를 사용하는 아동은 말할 내용을 선택하는 데 시간이 걸린다. 이들은 인내심을 가지고 들어주는 대화 상대를 필요로 한다. 왜냐하면, 빨리 말하려고 서두르다 보면 오히려 더 느려지는 역효과가 날 수 있으며, 특히 문장을 대신 끝내줌으로써 도움을 주고자 하면 도움보다는 오히려 좌절감을 경험하게 할 수 있기 때문이다.

(3) 말을 통한 의사소통 기술의 연습

교사는 앞에서 언급한 바람직한 모델을 제공하고 수용적인 학급 분위기를 만드는 것 외에도 아동이 말을 통한 의사소통 기술을 연습하도록 충분한 기회를 제공해 주어야 한다. 이때 연습 기회는 학교의 일과 전체를 통해서 다양한 상황에서 주어져야 한다. 말을 통한 의사소통의 연습은 국어, 수학, 사회 등 거의 모든 과목을 통하여 실시될 수 있다. 특히 점심시간이나 휴식시간은 교실에서 여러 가지 자유로운 활동을 할 수 있는 시간이므로 친구와 이야기하는 등 사회성 향상을 위한 자연적인 기회가 많은 시간이다.

의사소통 기술을 연습할 수 있도록 기회를 제공할 때는 다음과 같은 네 가지 원칙을 적용한다(Culatta & Culatta, 1993): (1) 아동의 필요를 예측해서 먼저 도와주지 않는다(예: 크레용 없이 종이만 가지고 있는 아동에게 크레용이 필요할 것이라고 예측하여 아동이 말하기 전에 주어서는 안 됨), (2) 새롭거나 평범하지 않은 사건을 일으킨다(예: 과자 상자를 벽에 붙여 놓거나 젓가락으로 국물을 먹으려고 시도하는 등의 행동을 통하여 아동이 말을 시도하도록 기회를 제공함), (3) 다른 사람에게 정보를 전달해야 하는 기회를 제공한다(예: 점심시간에 식단을 설명하게 하거나 지정석을 알려 주는 역할을 하게 함), (4) 선택의 기회를 제공한다(예: 간식시간에 어느 자리에 앉을지 또는 무엇을 먹을지 선택하여 말하게 함).

통합교육에서 가장 중요한 것은 통합된 장애 아동이 가능한 한 많은 학급 활동에 참여하게 해 주는 것이다. 특히 말장애 아동은 사회적 활동과 교과 활동 모두에 참여할 수 있

교사 가까이에 배치	또래 사이에 배치

▲ = 장애 아동

[그림 8-3] 장애 아동 좌석 배치의 예

어야 한다. 아동의 의사소통 기회를 최대한으로 확장하면서 또래의 수용도를 증진할 수 있는 한 가지 방법은 장애 아동의 자리를 또래들 중간에 배치하는 것이다([그림 8-3] 참조). 일반적으로 많은 교사가 장애 아동을 교사와 가까이 앉도록 배치하는데 이러한 배치는 아동 간의 상호작용을 방해할 수 있다. 특히 장애 아동을 담당하는 성인 보조인력 (예: 자원봉사자, 특수교육 지원인력)이 있는 경우 자칫 잘못하면 장애 아동의 또래 상호작용 기회를 차단할 수 있으므로 각별한 주의를 기울여야 한다. 만일 의사소통장애 아동이 비슷한 연령의 훌륭한 시범자에게 둘러싸여 자연적인 의사소통의 기회를 충분히 가질 수 있다면 이러한 환경은 의사소통장애 아동을 위한 가장 바람직한 학급 환경이 될 수 있을 것이다.

2) 언어 기술 교수

교사는 의사소통장애 아동에게 적절한 문법 사용을 시범 보이고, 말하기 기술과 듣기 기술을 확장하도록 도와주며, 언어 기술을 필요로 하는 활동과 숙제를 적절히 수정함으로써 아동을 도와줄 수 있다. 특히 초등학교 교사에게 언어 교수는 전반적인 교육과정 내에 삽입되는 활동이어야 한다. 즉, 국어, 수학, 사회, 과학 등의 모든 교과목 시간을 통하여 언어 발달을 촉진하기 위한 삽입교수가 이루어져야 한다. 언어 발달을 위한 삽입교수는 일과 전체를 통하여 수업에 사용되는 언어뿐만 아니라 사회적 상호작용을 위한 언어를 듣고 말하고 이해하도록 촉진하는 전략으로 언어 학습을 강화하는 효과적인 방법이다(Haed Zauche et al., 2016; Justice et al., 2018). 이와 같은 삽입교수는 생각이나 의견을 말하게 하는 개방형 질문하기, 아동의 언어를 정확한 문법으로 다시 말하기, 아동의 언어에 단어나 구를 추가해서 문법적으로 약간 더 복잡한 형태로 확장해서 말하기, 아동의 주도에 따라 주제나 문법 등을 확대하기 등의 구체적인 전략을 포함하며, 장애 유무와 상관없이 모든 아동에게 유익한 방법으로 특히 언어장애 아동에게는 필수적으로 권장된다.

언어의 형태(문법)에 어려움이 있는 아동을 위해서는 교사가 문법적으로 정확한 문장을 일관성 있게 사용하는 모습을 보여 주어야 한다. 특히 아동이 문법적으로 잘못된 말을 사용하는 경우 이를 수정한 정확한 모델을 제시해 주어야 한다. 예를 들어, 아동이 "내일 학교에 안 왔어요."라고 말한다면 교사는 "왜?"라고 단순하게 반응하기보다는 "아, 내일 학교에 안 올 거니? 왜 안 올 거지?"라고 정확한 모델을 제시하면서 대화를 이끌어 나갈 수 있다. 이러한 방법은 아동의 부족한 언어 기술을 지적하지 않고도 문법적으로 정확한 모델을 제시해 주고, 또한 자연스럽게 대화를 진행할 수 있다는 장점을 지닌다.

　언어장애 아동 중에는 어휘가 부족하여 특별히 어휘 발달에 신경을 써 주어야 하는 아동이 있다. 이들은 교사나 또래가 사용하는 어휘에 익숙하지 않을 수도 있고, 또래에게서 기대되는 수준으로 생각을 표현하지 못할 수도 있다. 교사는 이러한 아동의 수용언어와 표현언어 발달을 도와주어야 하는데, 이를 위해서 구체적으로 〈표 8-11〉에서 제시하고 있는 방법을 사용할 수 있다(Lewis et al., 2017; Vaughn et al., 2023).

표 8-11　**언어 발달 촉진을 위한 방법**

수용언어 및 표현언어 발달 촉진을 위한 구체적인 방법의 예
• 아동이 이해하지 못하는 단어에 대하여 질문하도록 가르친다. • 전치사나 동사 등의 단어는 단어만으로는 의미를 가르치기 어려우므로 단어의 의미를 직접 시범 보이면서 가르친다. • 각 단어에 대하여 정의와 설명과 보기를 함께 활용해서 가르친다. 예를 들어, '보관함'이라는 단어를 가르칠 때 '무엇인가를 넣어 둘 수 있는 통'이라고 정의하여 설명한 후 실제로 무엇인가를 보관할 수 있는 통과 그렇지 않은 사물의 예를 보여 주면서 가르친다. • 단어의 의미를 나타내는 다양한 보기를 사용해서 가르친다. 예를 들어, '먹는다.'라는 단어를 가르칠 때 '사과를 먹는다.' 한 가지 보기만을 사용하는 것보다는 '밥을 먹는다.' '과자를 먹는다.' '사탕을 먹는다.' '약을 먹는다.' 등의 여러 가지 보기를 함께 사용한다. • 모든 교과목 시간에 어휘를 가르친다. 사회나 과학 과목의 새로운 어휘나 새로운 수학 용어 등을 가르친다. • 잘 모르는 단어를 접했을 때 사전(또는 그림사전)을 사용하도록 가르친다. • 새로운 단어를 가르칠 때 가능하다면 실제 자연적인 상황을 이용한다. 실제 상황을 조성하기 어려운 경우에는 가상 환경이나 역할놀이 등을 이용한다. • 언어 발달 촉진을 위해서 이해력과 표현력을 모두 가르친다. 즉, 새롭게 학습한 형태(문법), 단어(내용), 사용(기능)을 이해하고 표현할 수 있게 한다. • 학교 일과 전체를 통하여 아동이 새롭게 배운 어휘를 사용하도록 충분한 연습 기회를 제공한다. • 아동의 의사소통을 강화한다. 즉, 아동이 의사소통을 시도할 때 격려하고 지지하고 관심을 보여 준다. • 아동이 한 말을 더 확장하거나 정교화하도록 격려한다(예: 정말 재미있구나. 어디 좀 더 말해 볼래? 좀 더 자세히 설명해 줄래? 그래서 어떻게 되었니?).

　　교사는 언어장애 아동을 위해서 정확한 문법과 새로운 어휘를 학습하도록 도와주는 것 외에도 학급 활동이나 과제를 아동에게 맞게 수정할 수 있다. 말을 듣고 이해하는 수용언어에 어려움이 있는 아동에게는 과제를 위한 지시사항을 요점만 간단하게 전달하거나 전달해야 할 내용을 정확하게 표현해 준다. 예를 들어, "지난 시간에 배운 두 자릿수 곱셈을 계속해서 공부할 테니 책상 위에 놓인 물건을 모두 치우고 수학책을 꺼내서 오늘 진도 나갈 부분을 펴세요."라고 복잡하게 말하거나 "책을 펴세요."라고 불분명하게 지시하는 것보다는 "빨간색 수학책 76쪽을 펴세요."라고 간결하면서도 정확하게 말하는 것이 아동의 지시 따르기를 도와줄 수 있다. 생각을 표현하는 표현언어에 어려움이 있는 아동에게는 열린 형태의 질문보다는 '예/아니요'의 대답을 요구하는 질문이 더 적절할 수 있다. 예를 들어, "코끼리는 어떤 종류의 동물이지?"라고 질문하는 것보다 "코끼리는 포유동물이니?"라고 질문하는 것이 더 대답하기 쉬운 질문이다.

　　일반적으로 학급 교사는 의사소통장애 아동의 교육에 있어서 매우 중요한 역할을 한다. 의사소통장애 아동에게 말 또는 언어 기술을 학습하고 연습할 수 있는 분위기가 조성된 교실 환경이 제공된다면, 이들의 학교와 가정생활에서의 성공적인 성취를 기대할 수 있다. 말 또는 언어 문제는 그 특성상 발달적인 경우가 많으므로 아동이 성장함에 따라, 또는 적절한 교육을 받음에 따라 사라질 수도 있다. 특수교육적 지원은 의사소통장애 아동을 위한 적절한 교육의 한 부분일 뿐이다. 교사는 이들을 위한 적절한 교육의 또 다른 중요한 요소가 아동이 통합된 학급 담임교사의 교수와 지원이라는 사실을 인식하고 이를 위하여 최대한의 노력을 기울여야 할 것이다.

3) 사회 의사소통 기술 교수

　　언어 교수에 있어서 교사의 가장 중요한 역할 중 하나는 학습한 언어를 사회적인 목적으로 사용하게 하는 것이다. 아동이 말 또는 언어의 특정 요소에 있어서 어려움을 보인다고 해서 이들을 위한 교수가 말이나 언어의 형태나 구조 또는 내용에만 한정되어서는 안 된다. 오히려 언어 교수는 아동이 다른 사람에게 자신을 이해시키고 다른 사람의 말을 이해한다는 관점에서 접근해야 하며, 결과적으로 자신의 환경 안에서 언어를 어떻게 사용할 수 있는지에 대한 사회 의사소통 기술에 초점을 맞추어야 한다. 예를 들어, '사과'라는 단어를 학습함으로써 바르게 발음하여 명명하고 그 뜻을 이해하여 다른 단어와 구분하고 실제 사과와 짝지을 수 있는 경우에도 사과가 먹고 싶을 때 사과를 달라고 표현하기 위해서 단어를 적절하게 사용하지 못한다면 언어의 화용론적 측면에서 여전히 어려움이 남아 있는 것이라고 할 수 있다.

언어의 사용에 어려움을 보이는 아동의 사회적 능력을 강화하기 위해서는 다음과 같은 사회 의사소통 발달에 초점을 맞추어야 한다(Fujiki & Brinton, 2017).

- 사회적 상호작용: 정서 공유 및 공동관심
- 언어 처리 과정: 수용언어 및 표현언어
- 화용론: 사회 의사소통을 지원하는 대화 행동
- 사회인지: 정서 조절 및 정서 이해

아동의 사회 의사소통 발달을 촉진하기 위해서는 자연적인 맥락을 활용한 중재 접근이 중요하다. 일과와 활동으로 진행되는 학교 환경은 이와 같은 사회 의사소통 발달을 촉진하는 자연적인 교수 환경으로 매우 중요한 역할을 하게 되는데, 특히 교실, 운동장, 식당 등 또래와 함께하는 모든 학교 환경은 의사소통장애 아동이 언어 사용을 학습하고 사회적으로 적용할 수 있게 해 주는 최적의 교수 환경이라 할 수 있다. 이러한 환경에서 아동은 정확한 단어를 듣고 학습하며 맥락에 적절한 대화 문장을 익히고 자신의 감정을 표현하거나 상대방의 정서 상태를 구별하기도 하고 사회적인 상호작용을 하면서 언어 사용 기술을 극대화하게 된다.

또래 중개 교수전략은 사회 의사소통 기술의 발달을 지원하는 자연적인 방법의 하나로 그 효과가 입증되고 있다(윤라임 외, 2021; Thiemann-Bourque et al., 2017). 일반적으로 또래 중개 교수전략은 장애 아동의 학습과 발달을 촉진하기 위하여 또래를 활용하는 모든 전략을 의미하는데, 예를 들어 또래로 하여금 다른 아동의 학습이나 참여를 촉진하게 하는 또래 주도 교수(예: 또래 교수, 또래 시범, 또래 상호작용 훈련, 집단 강화)나 다양한 학습자로 구성된 소규모 집단이 함께 활동을 성취하게 하는 협동학습을 포함한다. 즉, 학급 상황에 자연적으로 포함되는 또래와의 일대일 또는 소집단 환경을 구성하여 구조화된 교수전략을 제공함으로써 장애 아동의 학업 성취나 사회 의사소통 기술을 증진하는 방법으로 유아부터 고등학생에 이르는 전 연령대에 걸쳐 효과적인 것으로 보고된다(Carter et al., 2017; Pyle et al., 2017). 특히 또래 중개 교수전략이 학업 기술 증진을 목표로 하는 경우에도 중재의 특성상 또래 상호작용이 발생하게 되며, 이로 인하여 아동의 사회 의사소통 능력이 강화된다. 또래와의 상호작용은 통합교육 현장에서 사회 의사소통 발달을 지원하고 의사소통장애 아동에 대한 또래 수용도를 증진할 수 있는 매우 효과적인 방법이므로(Therrien & Light, 2018) 교육과정 내에서 또래 상호작용을 자연스럽게 증가시키는 또래 중개 교수전략은 언어 사용의 어려움을 경험하는 아동의 사회 의사소통 능력을 강화하기 위한 효율적인 방법이라 할 수 있다.

4) 보완대체의사소통 활용

보완대체의사소통(augmentative and alternative communication: AAC)은 말로 하는 의사소통의 어려움을 보상하거나 대체하기 위하여 사용하는 다양한 중재 접근을 의미하는 용어로, 여기서 '보완'이란 개인의 말을 보충하고 강화하기 위하여 사용되는 방법과 도구를 의미하며 '대체'란 말을 습득하지 못하였거나 습득할 수 없는 사람을 위하여 말을 대신하는 기술을 사용하는 것이다(McCormick, 2003). 따라서 보완대체의사소통 체계는 보조도구를 사용하거나(예: 의사소통판, 지갑, 폴더, 음성출력기, 컴퓨터) 사용하지 않는(예: 자연적인 몸짓, 손짓기호, 발성) 특정 방법을 통하여 아동의 의사소통 성과를 향상하고자 하는 모든 시도를 포함한다(Mirenda, 2001). 최근 보완대체의사소통 체계는 점점 더 많은 말장애 또는 언어장애 아동에게 사용되고 있으며 실제로 그 효과가 입증되고 있다(이예다나, 2019; 정소영 외, 2022; Chaver et al., 2022; O'Neill et al., 2018). 특히 지체장애나 중복장애의 경우 그 사용이 더욱 증가하고 있으며, 최근에는 자폐 범주성 장애 아동의 의사소통을 위해서도 사용된다.

보완대체의사소통 체계는 (1) 표현을 위한 일련의 상징 또는 어휘 목록, (2) 상징을 선택하기 위한 방법, (3) 상징을 전달하는 방법의 세 가지 구성요소로 이루어진다(Lloyd & Kangas, 2011). 이 요소들은 각각에 있어서 매우 다양하다. 즉, 아동이 메시지를 입력하기 위하여 조작하는 방법과 그 수준이 다양할 뿐만 아니라 메시지를 표현하는 상징체계 자체도 다양하다. 예를 들어, 스위치, 헤드 포인터, 조이스틱 등으로 단순하게 조작함으로써 선택하거나 예/아니요 답변으로 자신의 의사를 표현할 수도 있으며, 상징 조합으로 문장을 만들거나 타자를 치는 등 더 높은 수준의 신체 또는 인지 능력이 필요할 수도 있다. 또한 표현 방법도 그림, 사진, 단어나 문장, 상징, 음성 출력 등 다양한 방법으로 사용된다. 따라서 교사가 간단하게 제작해서 사용할 수 있는 단순한 형태로부터 고도의 기술이 적용된 시판 제품에 이르기까지 매우 다양한 도구가 사용된다. 특히 시판되는 복잡한

도구를 사용하는 경우에는 도구에 대하여 잘 이해한 후 아동의 의사소통을 적절하게 지원할 수 있어야 한다. 최근에는 크고 무거운 상업용 의사소통 도구 대신 휴대폰 등의 모바일 기기에서 의사소통을 지원하는 다양한 프로그램이 활용되고 있는데, 이는 보완적인 의사소통 전략에 대한 접근성과 실효성을 높일 뿐만 아니라 비용 절감의 효과도 가져다 준다(Grace & Raghavendra, 2019). 우리나라에서도 한국형 보완대체의사소통 체계를 보급하기 위한 노력이 기울여지고 있으며(권선영, 홍기형, 2020; 박은혜 외, 2016; 유세희 외, 2022), 그림상징형 앱 등 한국어 기반의 보완대체의사소통 모바일 어플리케이션도 다양하게 개발되고 있다(연석정, 2017). [그림 8-4]와 [그림 8-5]는 교사가 제작한 도구 및 시판되는 도구의 예를 보여 준다. 보완대체의사소통과 관련된 내용은 이 책의 제11장에서도 설명하였다.

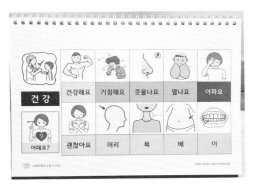

[그림 8-4] 교사가 제작한 보완대체의사소통 도구의 예

진소리 플러스 (v.2.0)		• 안드로이드 운영체계 • 무료 다운로드 가능 • 글자 기반 AAC • 읽기와 쓰기가 가능한 학생에게 적합함 • 식당, 쇼핑 외 16개 상황에서 사용할 수 있는 문장 제공
나의 AAC		• 안드로이드, iOS, 윈도우 운영체계에서 사용 • 무료 다운로드 가능 • 나의 AAC 기초, 나의 AAC 아동, 나의 AAC 일반 3가지 유형의 앱으로 사용자의 연령, 장애 유형, 언어 능력에 따라 앱을 선택하여 사용할 수 있음
엔젤톡 플러스		• 안드로이드 운영체계 • 무료 다운로드 가능 • 엔젤만 증후군 아동을 위한 사진과 그림상징 기반의 AAC • 다양한 장애 유형에 적용할 수 있음
마이토키 스마트	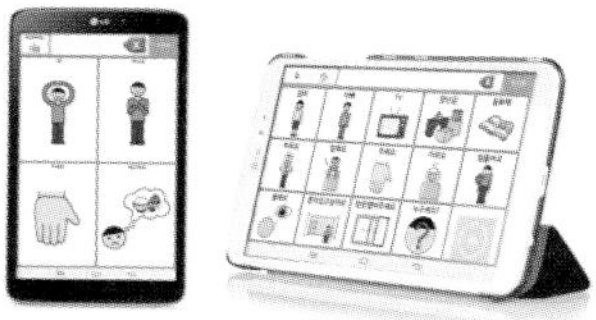	• KAAC 상징 10,000개 탑재 • 6개의 음성합성 음색 • 다양한 환경에서 사용할 수 있는 사용자 수준별 의사소통판 제공 • 예측판의 경우 한국어 특징에 따른 사용 방법 제공(예: 존대/하대, 긍정/부정, 시제, 의문/평서)
KAAC 상징 시스템		• 한국 문화와 생활 환경에 맞는 그림상징 약 10,000개 제공 • 그림 및 단어 편집 가능 • 비상업적 용도의 경우 무료 사용 가능(http://symbol.ksaac.or.kr/searchsymbols/index.jsp)
고우 톡 4 (Go Talk 4)	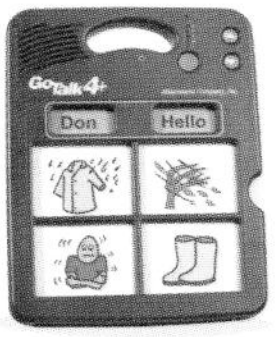	• 4개의 키와 5단계로 구성되어 총 20개 메시지를 저장할 수 있음 • 쉽게 녹음하여 저장할 수 있음 • 손잡이가 있어 휴대와 이동이 편리함

[그림 8-5] 시중에 판매되는 보완대체의사소통 도구의 예

3. 의사소통 증진을 위한 협력적 접근

일반적으로 아동의 말 또는 언어 발달 및 의사소통 능력을 지원하기 위해서는 교사뿐만 아니라 언어재활사나 부모와의 협력이 매우 중요하다. 특히 말이나 언어 전문가로서의 언어재활사의 역할은 다양하다. 예를 들어, 아동의 구어와 조기 문해력 간의 관계를 강화하고, 음운 인식 및 암기를 위한 중재를 제공하며, 교과서를 포함한 학교 교육과정에서 필요로 하는 언어를 분석하고, 개별 아동의 요구를 진단함으로써 적절한 중재 계획을 세우는 등의 구체적인 활동을 통하여 예방, 진단, 중재, 교수 계획, 자료 수집 및 분석, 관련 법령에 따른 의무 수행 등의 다양한 역할을 할 수 있다(ASHA, 2010). 최근에는 언어재활사의 역할이 치료실에서 독립적으로 일하기보다는 교사와 협력함으로써 직접적인 서비스 제공을 줄이고(특히 경도 장애인 경우) 교사가 언어 기반 학과목(예: 쓰기, 읽기)을 통하여 아동의 언어 발달을 촉진할 수 있도록 지원하는 것으로 변화하고 있다(최승숙, 김수진, 2006; Schraeder & Seider, 2020; Sunderland, 2004). 이와 같은 변화는 말이나 언어를 위한 교수가 학생의 일반교육과정 및 학급 활동과 연계되어야 한다는 중요성을 인식함으로써 이루어지게 되었다(Smith et al., 2018). 이러한 동향에 따라 미국말-언어-청각협회(ASHA, 2002)에서는 언어재활사가 학교에서 수행해야 하는 역할을 다음과 같이 네 가지로 제시하였다.

- 아동을 대상으로 하는 직접 서비스
- 아동의 교육 계획을 실행하기 위한 간접 서비스
  (예: 보완대체의사소통 도구의 고안 및 적용 계획과 이를 사용하기 위한 보조인력 훈련)
- 일반교육과정 내에서 아동을 지원하기 위한 간접 서비스
  (예: 개별화교육계획 회의 참석, 일반교육과정 내에서의 진보를 위한 교수전략 계획)
- 교직원 중 한 사람으로의 역할
  (예: 교직원 회의나 학교위원회 참석 등 모든 교사에게 요구되는 동등한 역할)

언어재활사의 역할이 학교교육 현장에서 긍정적인 성과를 가져오기 위해서는 일반교사 및 특수교사와의 협력이 필수적으로 요구된다(박승희, 장혜성, 2003; 박찬희, 2020; Glover et al., 2015). 특히 의사소통장애가 심각하거나 교사의 도움만으로는 충분한 도움

을 받을 수 없는 아동은 언어재활사의 전문적인 도움을 받게 된다. 언어재활사와 교사는 함께 협력적으로 모든 아동을 위한 긍정적인 언어 학습 환경을 구성해야 하며, 이를 통하여 말장애 또는 언어장애 아동은 언어치료를 지지하고 확장해 주는 학교생활을 할 수 있게 된다. 언어재활사는 아동의 개별적인 능력을 진단하고 평가하여 교수목표를 세우는 역할을 하며, 그 과정에서 교사는 학교에서 나타나는 아동의 의사소통 어려움이나 학교 교육과정에 대한 정확한 정보를 제공하는 등의 협력적인 역할을 하게 된다. 이때 아동의 교수목표는 주로 실생활에서 기능적으로 사용되는 언어 능력을 포함하기 때문에 구체적인 교수 활동은 아동이 생활하는 학교나 가정 등의 생활현장에서 교사를 중심으로 이루어지는 것이 바람직하다.

언어재활사 외에도 부모는 아동의 교수 계획을 세우고 실행하고 평가하는 전 과정에 걸쳐 중요한 역할을 하게 된다. 특히 부모는 아동의 자연적인 환경 안에 존재하는 주요 의사소통 상대로 아동의 교육 성과에 결정적인 영향을 미칠 수 있다. 일반적으로 성인이 아동의 주도를 따르면서 이들이 관심을 보이는 주제에 대한 이야기를 나눌 때 아동은 대화에 더 잘 참여하면서 더 많은 어휘 또는 언어 기술을 학습하게 된다. 특히 환경 내 자연적인 맥락에서 언어의 사회적인 사용에 초점을 맞추고 기능적인 의사소통을 강조할 때 아동은 진정한 의미에서의 의사소통 능력을 발달시킨다. 그러므로 교사는 부모가 자연적인 환경에서 아동의 언어 발달을 촉진할 수 있도록 정확한 단어와 언어를 사용하고 자녀와의 놀이, 식사, 시장보기 등의 일상생활 중에 의사소통 상대로 상호작용적 중재자의 역할을 잘할 수 있도록 지원해야 한다. 이를 위해서는 부모가 아동의 언어 관련 교수목표를 이해하고 교사가 사용하는 말 또는 언어 기술 교수의 다양한 전략을 일관성 있게 사용할 수 있도록 관련 정보를 공유한다. 부모뿐만 아니라 형제자매 역시 의사소통장애 아동의 언어 발달에 긍정적으로 기여할 수 있다(Douglas et al., 2018). 교사는 부모와의 협력을 통하여 전형적인 발달을 보이는 형제자매가 바람직한 의사소통 상대로서의 기술(예: 상대방의 대답 기다리기, 상대방의 관심과 관련된 대화 나누기, 질문하기)을 습득하고 실행하도록 다양한 방식의 지원을 제공할 수 있다.

··· 요약 ···

　　인간이 인간으로서 지니는 특징 중 하나가 의사소통 기술임을 고려할 때, 의사소통장애가 개인의 삶에 얼마나 많은 영향을 미칠 것인지를 이해하는 것은 어려운 일이 아니다. 이 장에서는 이러한 의사소통에서의 어려움을 보이는 장애의 정의 및 원인, 특성을 살펴보고, 이들의 통합교육을 위한 일반적 지침과 말/언어 기술 교수를 통한 의사소통 기술의 촉진 방법, 언어재활사 및 부모와의 협력 방안 등을 살펴보았다.

　　의사소통장애는 말과 언어의 사용에 있어서 장애를 보이는 것을 의미하며 크게 조음장애, 유창성장애, 음성장애로 분류되는 말장애와 언어의 형태, 내용, 사용에 있어서의 어려움을 포함하는 언어장애의 두 가지가 있다. 의사소통장애의 발생에 영향을 미치는 원인으로는 이미 알려진 기질적인 결함과 관련된 생물학적 요인과 신체적인 원인을 동반하지 않는 환경적인 요인의 두 가지를 고려할 수 있다.

　　일반적으로 의사소통장애 아동은 의사소통 기술의 부족으로 인하여 지적 능력이나 성취도 평가에서 낮은 성취를 보이며, 사회–정서적으로도 어려움을 보일 수 있기 때문에 이들의 교육을 위해서는 말이나 언어 기술의 촉진과 사회적인 수용의 두 가지 측면에서 모두 관심을 기울여야 한다. 이를 위해서는 의사소통의 바람직한 모델을 제공하거나 수용적인 환경을 조성하고, 말을 통한 의사소통 기술을 연습하도록 기회를 제공하며, 수용언어 및 표현언어 기술을 지도하고, 사회 의사소통 능력을 강화하는 등 여러 가지 방법을 사용할 수 있다.

　　마지막으로 교사의 교수만으로는 불충분한 말장애 또는 언어장애 아동을 위하여 언어재활사의 전문적인 도움이 필요할 수 있다. 언어재활사는 아동에게 직접적으로 치료를 제공하기보다는 교사와의 적극적인 협력을 통하여 풍부한 언어 학습 환경을 제공해 줌으로써 아동이 자신의 환경에서 실제로 사용할 수 있는 의사소통 기술을 습득할 수 있도록 진단, 계획, 실행, 평가 전반에 걸쳐 전문적인 지원을 제공해야 한다. 교사는 또한 아동의 자연적인 환경에서 가장 중요한 의사소통 상대로 역할 하는 부모나 형제자매와의 협력을 통해서도 이들의 말 또는 언어 발달을 지원할 수 있어야 한다.

참고문헌

강시내, 임동선(2018). 시선 추적기를 활용한 학령기 단순언어장애 아동의 이야기 읽기 이해력과 읽기 처리 과정 연구. Communication Sciences and Disorders, 23(4), 914-928.

강혜경, 박은혜(2006). 특수교사와 치료교사 간 협력적 접근을 통한 교실중심 언어중재가 장애유아의 의사소통에 미치는 영향. 특수교육학연구, 41(2), 173-197.

권선영, 홍기형(2020). 한국형 AAC 기본상징 검색 시스템: 로우테크 보완대체의사소통 도구 제작을 위한 웹서비스 개발. 보완대체의사소통연구, 8(2), 29-50. http://dx.doi.org/10.14818/aac. 2020.12.8.2.29

김경양, 한선경, 박은혜(2015). 통합학급에서 협력적 AAC 지원이 발달장애 학생의 수업 참여도 및 또래 상호작용에 미치는 효과에 관한 사례연구. 자폐성장애연구, 15(1), 19-44.

김유, 안성우, 박원경(2007). 단순언어장애 초등학생의 학습능력에 관한 연구. 언어치료연구, 16(4), 75-102.

김윤숙, 신문자(2016). 부모교육이 학령전기 말더듬 아동의 비유창성 감소에 미치는 효과. 특수교육, 15(3), 59-74. http://dx.doi.org/10.18541/ser.2016.08.15.3.59

김화수, 김영태(2006). 단순언어장애 아동의 읽기특성 변인. Communication Sciences and Disorders, 11(3), 47-63.

모경환, 이재분, 홍종명, 임정수(2015). 다문화가정 학생 언어교육의 국내외 현황 및 언어교육 강화 방안. 다문화교육연구, 8(3), 197-226. http://dx.doi.org/10.14328/MES.2015.9.30.197

문주희, 임동선(2021). 단순언어장애 아동 및 일반아동의 사회성 기술 및 집행기능과 이야기 이해 능력 간의 관계. Communication Sciences and Disorders, 26(1), 34-53.

박승희, 장혜성(2003). 교실 중심 언어중재를 위한 교사와 언어재활사의 협력적 역할 수행. Communication Sciences and Disorders, 8(1), 117-143.

박유정, 김병건(2014). 다문화·언어적 배경을 지닌 장애위험아동을 위한 중재반응모형(Response-to-Intervention)의 교실 적용 및 교사교육 방안 연구. 특수교육저널: 이론과 실천, 15(3), 1-27.

박은혜, 김영태, 홍기형, 연석정, 김경양, 임장현(2016). 이화-AAC 상징체계 개발 연구: 어휘 및 그래픽상징의 타당화. 보완대체의사소통연구, 4(2), 19-40.

박찬희(2020). 의사소통장애를 위한 협력적 팀 접근에서 언어치료에 대한 인식 조사. 한국청각언어장애교육연구, 11(2), 21-40. http://dx.doi.org/10.24009/ksehli.2020.11.2.002

봉귀영, 이소현(2013). 반응적 상호작용 전략 중심의 부모교육 프로그램이 다문화가정 내 자폐 범주성 장애 유아의 모아 상호작용에 미치는 영향. 특수교육학연구, 47(4), 113-138.

서혁(2007). 다문화가정 현황 및 한국어 교육 지원 방안. 인간연구, 12, 1-24.

신문자, 이성은(2002). 한국의 유창성장애의 유전적 요인에 관한 연구. Communication Sciences and Disorders, 7(1), 155-166.

신수진, 이소현(2014). 통합유치원에서 실시한 학급 차원의 단짝친구 기술 중재가 장애 유아의 또래 상호작용에 미치는 영향. 유아특수교육연구, 14(3), 221-241.

연석정(2017). 한국어 기반의 보완대체 의사소통 모바일 애플리케이션 분석 연구. 특수교육, 16(2), 81-109.

오소정, 김영태, 김영란(2009). 서울 및 경기지역 다문화가정 아동의 언어특성과 관련변인에 대한 기초 연구. 특수교육, 8(1), 137-161.

오효진, 이윤경(2007). 초등 저학년 단순언어장애 아동의 읽기 능력. 언어치료연구, 16(4), 61-74. http://dx.doi.org/10.15724/jslhd.2007.16.4.005

유세희, 홍기형, 김경양(2022). 한국형 보완대체의사소통상징 학습 시스템 개발과 사용성 평가. 보완대체의사
    소통연구, 10(1), 45-74.

윤라임, 윤혜준, 이숙향(2021). 자폐성장애 학생을 위한 통합교육 환경에서의 또래 매개 중재 문헌 연구. 특
    수교육연구, 28(3), 151-181. http://dx.doi.org/10.34249/jse.2021.28.3.151

이경재, 신지철, 김향희, 심현섭(2003). 대화 상대자의 말속도 변화에 따른 말더듬 아동의 변화.
    Communication Sciences and Disorders, 8(3), 134-148.

이남희(2019). FOXP2 Gene and the Nature of Language. 한국어학, 85, 77-115. http://dx.doi.
    org/10.20405/kl.2019.11.85.77

이소현(2020). 유아특수교육(2판). 학지사.

이예다나(2019). 보완・대체의사소통 중재 효과성에 관한 단일대상연구 메타분석. 특수교육교과교육연구,
    12(1), 173-196. http://dx.doi.org/10.24005/seci.2019.12.1.173

이혜란, 박은숙, 김향희, 심현섭(2008). 3~5세 말더듬 아동의 비유창성에 동반되는 수반행동의 특성.
    Communication Sciences and Disorders, 13(4), 654-676.

이혜란, 심현섭(2009). 3~5세 말더듬 아동의 비유창성 종류 및 수반행동의 종류가 수반행동의 시작시점에
    미치는 영향. 특수교육학연구, 44(2), 139-155.

임동선, 곽아람, 이여진, 한우주, 이지혜, 천소연, 이슬기, 한지윤(2016). 일차성 언어장애(PLI)아동의 통계
    적 학습능력. 언어치료연구, 25(3), 61-69. http://dx.doi.org/10.15724/jslhd.2016.25.3.005

임은주, 정문자(2010). 의사소통장애 아동의 문제행동에 영향을 미치는 요인. Communication Sciences and
    Disorders, 15(1), 79-93.

장세영, 김라경(2020). 국내 다문화가정 아동대상의 언어중재관련 문헌분석 연구. 특수교육저널: 이론과 실천,
    21(1), 33-56. http://dx.doi.org/10.19049/JSPED.2020.21.1.03

정소영, 김주영, 이영선, 박은혜(2022). 장애 학생의 일반교육과정 접근을 위한 AAC 활용에 관한 국내외 문
    헌분석. 교육정보미디어연구, 28(2), 292-318.

최승숙, 김수진(2006). 통합교육 현장에서의 협력적 언어치료 서비스에 대한 교사들과 치료사의 인식. 특수
    교육학연구, 41(3), 275-293.

Adlof, S. M. (2020). Promoting reading achievement in children with developmental language disorders:
    What can we learn from research on specific language impairment and dyslexia? Journal of Speech,
    Language & Hearing Research, 63(10), 3277-3292. https://doi.org/10.1044/2020_JSLHR-20-00118

Alonzo, C. N, McIlraith, A. L., Catts, H. W., & Hogan, T. P. (2020). Predicting dyslexia in children with
    developmental language disorder. Journal of Speech, Language, and Hearing Research, 63(1), 151-
    162. http://doi.org/10.1044/2019_JSLHR-L-18-0265.

American Speech-Language Hearing Association (ASHA). (1993). Definitions of communication disorders
    and variations. ASHA, Supplement, 35(Suppl. 10), 40-41.

American Speech-Language Hearing Association (ASHA). (2002). A workload analysis approach for
    establishing speech-language caseload standards in the schools: Position statement. http://doi.
    org/10.1044/policy.PS2002-00122

American Speech-Language-Hearing Association (ASHA). (2010). Roles and responsibilities of speech-
    language pathologists in schools: Professional Issues Statement. http://doi.org/10.1044/policy.

PI2010-00317

Arts, E., Orobio de Castro, B., Luteijn, E., Elsendoorn, B. A., & Vissers, C. T. (2022). Improving social emotional functioning in adolescents with Developmental Language Disorders: A mini review and recommendations. *Frontiers in Psychiatry, 13*. https://doi.org/10.3389/fpsyt.2022.966008

Asher, S. R., & Gazelle, H. (1999). Loneliness, peer relationships, and *language disorder in childhood. Topics in Language Disorders, 19*(2), 16-33. https://doi.org/10.1097/00011363-199902000-00004

Bankson, N. W., Bernthal, J. E., & Flipsen, P. (2021a). Assessment: Data collection. In J. E. Bernthal, N. W. Bankson, & P. Flipsen (Eds.), *Articulation and phonological disorders: Speech sound disorders in children* (8th ed., pp. 150-175). Allyn and Bacon.

Bankson, N. W., Bernthal, J. E., & Flipsen, P. (2021b). Introduction to the study of speech sound disorders. In J. E. Bernthal, N. W. Bankson, & P. Flipsen, *Articulation and phonological disorders: Speech sound disorders in children* (8th ed., pp. 1-6). Allyn and Bacon.

Bernstein, D. K., & Tiegerman-Farber, E. (2009). *Language and communication disorders in children* (6th ed.). Pearon.

Blood, G. W., & Blood, I. M. (2016). Victims seeking help from speech-language pathologists: Bullying, preparedness, and perceptions. *International Journal of Phoniatrics, Speech Therapy and Communication Pathology 68*(1), 29-36. https://doi.org/10.1159/000447060

Bloom, L., & Lahey, M. (1978). *Language development and language disorders*. John Willey & Sons. https://doi.org/10.7916/D8QZ2GQ5

Botting, N. (2020). Language, literacy and cognitive skills of young adults with developmental language disorder (DLD). *International Journal of Language and Communication Disorders, 55*(2), 255-265. https://doi.org/10.1111/1460-6984.12518

Byrd, C. T., & Gillam, R. B. (2021). Fluency disorders. In R. B. Gillam & T. P. Marquardt (Eds.), *Communication sciences and disorders: From science to clinical practice* (4th ed., pp. 163-190). Jones & Bartlett Learning.

Campbell, S. L., Reich, A. R., Klockars, A. J., & McHenry, M. A. (1998). Factors associated with dysphonia in high school cheer-leaders. *Journal of Speech and Hearing Disorders, 53*(2), 175-185. https://doi.org/10.1044/jshd.5302.175

Carter, E., Sisco, L., & Chung, Y. (2017). 또래 중개 지원 중재. 자폐 범주성 장애: 의사소통 및 사회적 상호작용을 위한 증거 기반의 중재(pp. 321-365, 이소현, 박혜진, 윤선아 공역). 학지사. (원저 2012년 출간)

Catts, H., Adlof, S., Hogan, T., & Ellis-Weismer, S. (2005). Are specific language impairment and dyslexia distinct disorders? *Journal of Speech, Language and Hearing Research, 48*(6), 1378-1396. https://doi.org/10.1044/1092-4388(2005/096)

Chavers, T. N., Schlosser, R. W., Cheng, C., & Koul, R. (2022). Effects of interventions involving speech output technologies on communication outcomes for individuals with developmental disabilities: A scoping review. *American Journal of Speech-Language, 31*(5), 2248-2267. https://doi.org/10.1044/2022_AJSLP-22-00039

Clarke, M., Newton, C., Petrides, K., Griffiths, T., Lysley, A., & Price, K. (2012). An examination of relations between participation, communication and age in children with complex communication needs. *Augmentative and Alternative Communication, 28*(1), 44-51. https://doi.org/10.3109/07434 618.2011.653605

Conture, E. G. (2001). *Stuttering: Its nature, diagnosis, and treatment*. Pearson.

Culatta, B. K., & Culatta, R. (1993). Students with communication problems. In A. E. Blackhurst & W. H. Berdine (Eds.), *An introduction to special education* (3rd ed., pp. 238-269). Harper Collins.

DeThorne, L. S., Petrill, S. A., Schatschneider, C., & Cutting, L. (2010). Conversational language use as a predictor of early reading development: language history as a moderating variable. *Journal of Speech, Language, and Hearing Research, 53*(1), 209-223. https://doi.org/10.1044/1092-4388(2009/08-0060)

Dockrell, J. E., Lindsay, G., Connelly, V., & Mackie, C. (2007). Constraints in the production of written text in children with specific language impairments. *Exceptional Children, 73*(2), 147-164. https://doi.org/10.1177/001440290707300202

Douglas, S. N., Kammes, R. R., Nordquist, E., & D'Agostino, S. R. (2018). A pilot study to teach siblings to support children with complex communication needs. *Communication Disorders Quarterly, 39*(2), 346-355. https://doi.org/10.1177/1525740117703366

Elksnin, L.K., & Elksnin, N. (Eds.). (2001). *Assessment and Instruction of Social Skills: A Special Double Issue of Exceptionality*. Routledge. https://doi.org/10.4324/9781410608086

Fahey, K. (2008). Oral language problems. In R. J. Morris & N. Mather (Eds.), *Evidence-Based Interventions for Students with Learning and Behavioral Challenges* (pp. 135-162). Routledge.

Fahey, K. R., Hulit, L. M., & Howard, M. R. (2018). *Born to talk: An introduction to speech and language development* (7th ed.). Pearson.

Freind, M. (2023). *Special education: Contemporary perspectives for school professionals* (6th ed.). Pearson.

Fujiki, M., Brinton, B., Hart, C. H., & Fitzgerald, A. H. (1999). Peer acceptance and friendship in children with specific language impairment. *Topics in Language Disorders, 19*(2), 34-48. http://10.1097/00011363-199902000-00005

Fujiki, M., & Brinton, B. (2017). Social communication intervention for children with language imparment. In R. McCauley, M. Fey & R. Gillam (Eds.), *Treatment of language disorders in children: Conventional and controversial intervention* (2nd ed., pp. 155-186). Brookes.

Gallagher, J., Coleman, M. R., & Kirk, S. (2023). *Educating exceptional children* (15th ed.). Cengage.

Gargiulo, R. M., & Bouck, E. C. (2021). *Special education in contemporary society: An introduction to exceptionality* (7th ed.). Sage Publications.

Gillam, S. L., Gillam, R. B., & Perterson, D. B. (2021). Language disorders in children. In R. B. Gillam & T. P. Marquardt (Eds.), *Communication sciences and disorders: From science to clinical practice* (4th ed., pp. 253-284). Jones & Bartlett Learning.

Glover, A., McCormack, J., & Smith-Tamaray, M. (2015). Collaboration between teachers and speech and language therapists: Services for primary school children with speech, language and communication needs. *Child Language Teaching and Therapy, 31*(3), 363-382. https://doi.org/10.1177/02656590156037

Grace, E., & Raghavendra, P. (2019). Cross-age peer e-mentoring to support social media use: A new focus for intervention research. *Communication Disorders Quarterly, 40*(3), 167-175. https://doi.org/10.1177/1525740118760216

Haed Zauche, L., Thul, T., Darcy Mahoney, A., & Stapel-Wax, J. (2016). Infaluences of language nutrition on children's language and cognitive development: An integrated review. *Early Childhood Research Quarterly, 36*(3), 318-333. http://doi.org/10.1016/j.ecresq.2016.01.015.

Hall, B. J., Oyer, H. J., & Haas, W. H. (2001). *Speech, language, and hearing disorders: A guide for the teacher* (3rd ed.). Pearson.

Hallahan, D., Lloyd, J., Kauffman, J., Weiss, M., & Martinez, E. (2007). 학습장애: 토대, 특성, 효과적 교수(3판, 박현숙, 신현기, 정대영, 정해진 공역). 시그마프레스. (원저 2005년 출간)

Harwood, L., Warren, S. F., & Yoder, P. (2002). The importance of responsivity in developing contingent exchanges with beginning communicators. In J. Reichle, D. R. Beukelman, & J. C. Light (Eds.), *Exemplary practices for beginning communicators: Implications for ACC* (pp. 59-96). Brookes.

Heward, W. L., Alber-Morgan, S. R., & Konrad, M. (2022). *Exceptional children: An introduction to special education* (12th ed.). Pearson.

Justice, L. M. (2014). *Communication sciences and disorders: A clinical evidence-based approach* (3rd ed.). Pearson

Justice, L. M., Jiang, H., & Strasser, K. (2018). Linguistic environment of preschool classrooms: What dimensions support children's language growth? *Early Childhood Research Quarterly, 42*(1), 79-92. http://doi.org/10.1016/j.ecresq.2017.09.003

Kelman, R., & Nicholas, A. (2020). *Palin parent-child interaction therapy for early childhood stammering.* Routledge.

Kumari, S., Spain, R., Mndel, S., & Sataloff, R. T. (2014). The neurology of stuttering. In J. S. Rubin, R. T. Sataloff, & G. S. Kovin (Eds.), *Diagnosis and treatment of voice disorders* (4th ed., pp. 153-164). Plural.

Lee, A., Gibbon, F. E., & Spivey, K. (2017). Children's attitudes toward peers wit unintelligible speech associated with cleft lip and/or palate. *The Cleft Palate-Craniofacial Journal. 54*(3), 262-268. https://doi.org/10.1597/15-08

Lewis, R. B., Wheeler, J. J., & Carter, S. L. (2017). *Teaching students with special needs in general education classrooms* (9th ed.). Pearson.

Lloyd, L. L. & Kangas, K. A. (2011). Augmentative and alternative communication. In N. B. Anderson & G. H. Shames (Eds.), *Human communication disorders: An introduction* (8th ed., pp. 406-439). Pearson.

Marquardt, P. M., & Munoz, M. (2021). Acquired neurogenic language disorders. In R. B. Gillam & T. P. Marquardt (Eds.), *Communication sciences and disorders: From science to clinical practice* (4th ed., pp. 285-316). Jones & Bartlett Learning.

Matte-Landry, A., Boivin, M., Tanguay-Garneau, L., Mimearu, C., Brendgen, M., Vitaro, F., Tremblay, R. E., & Dionne, G. (2020). Children with persistent versus transient early language delay: Language, academic, and psychosocial outcomes in elementary school. *Journal of Speech, Language &*

Hearing Research, 63(11), 3760-3774. https://doi.org/10.1044/2020_JSLHR-20-00230

McCormick, L. (2003). Supporting augmentative and alternative communication. In L. McCormick, D. F. Loeb, & R. L. Schiefelbusch (Eds.), *Supporting children with communication difficulties in inclusive settings* (2nd ed., 433-466). Pearson.

McGregor, K. K., Goffman, L., Van Horne, A. O., Hogan, T. P., & Finestack, L. H. (2020). Developmental language disorder: Applications for advocacy, research, and clinical service. *Perspectives of the ASHA Special Interest Groups, 5*(1), 38-46. https://doi.org/10.1044/2019_PERSP-19-00083

Mirenda, P. (2001). Autism, augmentative communication, and assistive technology: What do we really know? *Focus on Autism and other Development Disabilities, 16*(3), 141-151. https://doi.org/10.1177/108835760101600302

Murdoch, B. E. (2011). Neurogenic disorders of speech in children and adults. In N. B. Anderson, & G. H. Shames (Eds.), *Human communication disorders: An introduction* (8th ed., pp. 272-304). Pearson.

Naremore, R. C. (1980). Language disorders in children. In T. J. Hixon, L. D. Shriberg & J. H. Saxman (Eds.), *Introduction to communication disorders*. Prentice-Hall.

Nelson, J. R., Benner, G. J., & Cheney, D. (2005). An investigation of the language skills of students with emotional disturbance served in public school settings. *Journal of Special Education, 39*(2), 97-105. https://doi.org/10.1177/00224669050390020501

Nelson, N. W. (1998). *Childhood language disorders in context: Infancy through adolescence* (2nd ed.). Allyn and Bacon.

Newman, M. (2013). Definitions of literacy and their consequences. In H. Luria, D. M. Seymour, & T. Smoke (Eds.), *Language and linguistics in context: Readings and applications for teachers* (pp. 243-255). Routledge.

Oetting, J. B., Riviere, A. ., Berry, J. R., Gregory, K. D., Villa, T. M., & McDonald, J. (2021). Marking of tense and agreement in language samples by children with and without specific language impairment in African American English and southern white English: Evaluation of scoring approaches and cut scores across structures. *Journal of Speech, Language, and Hearing Research, 64*(2), 491-509. https://doi.org/10.1044/2020_JSLHR-20-00243.

O'Neill, T., Light, J., & Pope, L. (2018). Effects of interventions that include aided augmentative and alternative communication input on the communication of individuals with complex communication needs: A meta-analysis. *Journal of Speech, Language, and Hearing Research, 61*(7), 1743-1765. https://doi.org/10.1044/2018_JSLHR-L-17-0132

Owens, R. E., Jr. (2022). *Language disorders: A functional approach to assessment and intervention* (7th ed.). Plural Publishing Inc.

Owens, R. E., Jr., Farinella, K. E., & Mets, D. (2018). *Introduction to communication disorders: A life span evidence-based perspective* (6th ed.). Pearson.

Payne, K. T., & Taylor, O. L. (2011). Multicultural differences in human communication disorders. In N. B. Anderson & G. H. Shames (Eds.), *Human communication disorders: An introduction* (8th ed., pp. 93-124). Boston: Allyn and Bacon.

Perkins, S. C., Finegood, E. D., & Swain, J. E. (2013). Poverty and language development: Roles of parenting and stress. *Innovations in Clinical Neuroscience, 10*(4), 10–19.

Peter, B., Wijsman, E. M., Nato, A. Q., Jr, University of Washington Center for Mendelian Genomics, Matsushita, M. M., Chapman, K. L., Stanaway, I. B., Wolff, J., Oda, K., Gabo, V. B., & Raskind, W. H. (2016). Genetic Candidate Variants in Two Multigenerational Families with Childhood Apraxia of Speech. *PloS one, 11*(4), e0153864. https://doi.org/10.1371/journal.pone.0153864

Pindzola, R., Plexico, L. W., & Hayes, W. O. (2016). *Diagnosis and evaluation in speech pathology* (9th ed.). Pearson.

Pollard, R. (2011). Stuttering and other disorders of fluency. In N. B. Anderson, & G. H. Shames (Eds.), *Human communication disorders: An introduction* (8th ed., pp. 164–201). Pearson.

Pyle, D., Pyle, N., Lignugaris, B., Duran, L., & Akers, J. (2017). Academic effects of peer mediated interventions with English Language Learners: A research synthesis. *Review of Educational Research, 87*(1), 103–133. http://doi.org/10.3102/0034654316653663.

Ramig, P. R., & Dodge, D. (2010). *The child and adolescent stuttering treatment and activity resource guide* (2nd ed.). Cengage Learning.

Ratner, N. B. (2004). Caregiver–child interactions and their impact on children's fluency: Implications for treatment. *Language, Speech, and Hearing Services in Schools, 35*(1), 46–56. https://doi.org/10.1044/0161–1461(2004/006)

Reed, V. A. (2018). *An introduction to children with language disorders* (5th ed.). Pearson.

Rice, M. L., Taylor, C. L., Zubrick, S. R., Hoffman, L., & Earnest, K. K. (2020). Heritability of Specific Language Impairment and Nonspecific Language Impairment at Ages 4 and 6 Years Across Phenotypes of Speech, Language, and Nonverbal Cognition. *Journal of speech, language, and hearing research: JSLHR, 63*(3), 793–813. https://doi.org/10.1044/2019_JSLHR-19-00012

Robinson, R. L., & Crowe, T. A. (2001). Fluency and voice. In D. M. Ruscello (Ed.), *Tests and measurements in speech-language pathology* (pp. 163–183). Butterworth-Heinermann.

Roth, F. P. (2011). Emergent literacy to literacy: Development and disorders. In N. B. Anderson, & G. H. Shames (Eds.), *Human communication disorders: An introduction* (8th ed., pp. 361–379). Pearson.

Sapienza, C., & Hicks, D. M. (2011). Voice disorders. In N. B. Anderson, & G. H. Shames (Eds.), *Human communication disorders: An introduction* (8th ed., pp. 222–253). Pearson.

Sawyer, D. J. (2006). Dyslexia: A generation of inquiry. *Topics in Language Disorders, 26*, 95–109.

Schraeder, T., & Seider, C. L. (2020). *A guide to school services in speech-language pathology* (4th ed.). Plural Publishing.

Schuele, C. M., & Young, K. (2017). On the cusp of middle school... With minimal reading and writing skills. *Perspectives of the ASHA Special Interest Groups, 2*(1), 138–150. https://doi.org/10.1044/persp2.SIG1.138

Smith, D. D., Tyler, N., & Skow, K. (2018). *Introduction to contemporary special education: New horizons* (2nd ed.). Pearson.

Smith, T. E., Polloway, E. A., Patton, J. R., Dowdy, C. A., & Daughty, T. T. (2020). *Teaching students with special needs in inclusive settings* (8th ed.). Pearson.

Snowling, M. J., Moll, K., & Hulme, C. (2021). Language difficulties are a shared risk factor for both reading disorder and mathematics disorder. *Journal of Experimental Child Psychology, 202,* 105009. https://doi.org/10.1016/j.jecp.2020.105009

Sonik, R. A., Parish, S. L., Akobirshoev, I., Son, E., & Rosenthal, E. (2017). Population estimates, health care characteristics, and material hardship experiences of US children with parent-reported speech-language difficulties: Evidence from three nationally representative surveys. *Language, Speech, and Hearing Services in Schools, 48*(4), 286-293. https://doi.org/10.1044/2017_LSHSS-16-0072

Stipdonk, L. W., Franken, M. J. P., & Dudink, J. (2018). Language outcome related to brain structures in school-aged preterm children: A systematic review. *PloS one, 13*(6), e0196607. https://doi.org/10.1371/journal.pone.0196607

Sugathan, N., & Maruthy, S. (2021). Predictive factors for persistence and recovery of stuttering in children: A systematic review. *International Journal of Speech-Language-Pathology, 23*(4). http://doi.org/10.1080/17549507.2020.1812718

Sunderland, L. C. (2004). Speech, language, and audiology services in public schools. *Interventions in School and Clinic, 39*(4), 209-217. https://doi.org/10.1177/10534512040390040201

Thatcher, K. L., Fletcher, K., & Decker, B. (2008). Communication disorders in the school: Perspectives on academic and social success an introduction. *Psychology in the School, 45*(7), 579-581. https://doi.org/10.1002/pits.20310

Therrin, M., & Light, J. (2018). Promoting peer interaction for preschool children with complex communication needs and autism spectrum disorder. *American Journal of Speech Language Pathology, 27*(1), 207-221. http://doi.org/10.1044/2017_AJSLP-17-0104.

Thiemann-Bourque, K. S., McGuff, S., & Goldstein, H. (2017). Training peer partners to use a speech-generating device with classmates with autism spectrum disorder: Exploring communication outcomes across preschool context. *Journal of Speech, Language, and Hearing Research, 60*(9), 2648-2662. https://doi.org/10.1044/2017_JSLHR-L-17-0049

Toseeb, U., Gibson, J. L., Newbury, D. F., Orlik, W., Durkin, K., Pickles, A., & Conti-Ramsden, G. (2020). Play and prosociality are associated with fewer externalizing problems in children with developmental language disorder: The role of early language and communication environment. *International Journal of Language & Communication Disorders, 55*(4), 583-602. https://doi.org/10.1111/1460-6984.12541

Van Riper, C., & Erickson, R. L. (1996). *Speech correction: An introduction to speech pathology and audiology* (9th ed.). Allyn and Bacon.

Vaughn, S., Bos, C. S., & Schumm, J. S. (2023). *Teaching students who are exceptional, diverse, and at risk in the general education classroom* (8th ed.). Pearson.

Walsh, B., Bostian, A., Tichenor, S. E., Brown, B., & Weber, C. (2020). Disfluency characteristics of 4- and 5-year-old children who stutter and their relationship to stuttering persistence and recovery. *Journal of Speech, Language, and Hearing Research, 63*(8), 2555-2566. https://doi.org/10.1044/2020_JSLHR-19-00395

Ward, D. (2008). The aetiology and treatment of developmental stammering in childhood. *Archives of

disease in childhood, 93(1), 68–71. https://doi.org/10.1136/adc.2006.109942

Watson, C. S., Kidd, G. R., Horner, D. G., Connell, P. J., Lowther, A. E., Krueger, D. A., Goss, D. A., Rainey, B. B., Gospel, M. D., & Watson, B. U. (2003). Sensory, cognitive, and linguistic factors in the early academic performance of elementary school children: The Benton-IU project. *Journal of Learning Disabilities, 36*(2), 165–197. https://doi.org/10.1177/002221940303600209

Webb, W. G., & Adler, R. K. (2023). *Neurology for the speech–language pathologist* (7th ed.). Elseveir.

Wehby, G. L., Collett, B. R., Barron, S., Romitti, P. A., & Ansley, T. N. (2015). Children with oral clefts are at greater risk for persistent low achievement in school than classmates. *Archives of Disease in Childhood, 100*(12), 1148–1154. http://dx.doi.org/10.1136/archdischild-2015-308358

Westby, C. E. (2020). Social-emotional base of communication development. In N. C. Singletone & B. Shulman (Eds.), *Language development: Foundations, processes, and clinical applications* (3rd ed., pp. 111–148). Jones and Bartlett Learning.

Westby, C. E. (2021). Falling to identify hildren with language disorder. *World of Mouth, 32*(3), 8–12. https://doi.org/10.1177/1048395020978336b

제 9 장

청각장애

Ⅰ. 청각장애 아동의 이해

1. 청각장애의 정의

청각장애인으로 일반인에게 널리 알려진 인물에는 헬렌 켈러, 베토벤 등 쉽게 떠올릴 수 있는 사람들이 있다. 이들이 사회의 일원으로 당당히 존경받는 사람이 되기까지는 자신의 끝없는 노력과 더불어 헌신적이고 적절한 교사의 지도가 밑받침이 되었을 것이다. 청각의 장애는 교육의 기본 수단인 말을 통한 의사소통의 어려움을 초래하므로 청각장애를 효과적으로 보완하고 아동의 잠재력을 최대한으로 키워 주기 위한 교사의 노력이 요구된다. 학업 성취뿐 아니라 일반학급에서 또래와의 사회적 통합이 원활히 이루어지기 위해서도 의사소통의 문제가 대두되며, 동시에 이를 효과적으로 지도해야 하는 교사의 책임도 커지게 된다. 청각장애 아동은 외관상으로는 장애를 알아보기 어렵기 때문에 다른 장애 영역보다 통합교육이 더 용이할 것으로 생각될 수도 있으나, 실제로는 청각장애 아동의 통합교육을 저해하는 여러 가지 요인이 존재한다. 그러므로 교사는 이에 대한 올바른 이해와 적절한 대처 방법을 지니고 있어야 한다.

청각장애에 대한 정의는 두 가지 관점에서 이루어질 수 있다. 첫째는 생리학적인 관점으로 소리의 강도를 기준으로 한다. 즉, 어느 정도 크기의 소리를 들을 수 있는지를 기준으로 하는 것이다. 일반적으로 청력역치가 90dB 이상일 때를 청각장애로 보고 그보다 낮은 수준의 청력역치를 가진 경우를 난청으로 분류한다. 청력역치는 최초로 음을 탐지하는 수준을 말한다. 그러나 보다 일반적인 교육적 관점은 단순히 소리의 강도를 기준으로 삼기보다는 청력 손실이 아동의 말과 언어능력에 얼마나 영향을 미치는가를 기준으로 삼는다. 청력의 손실과 언어 능력의 발달은 밀접하게 연관되므로 구어의 발달에 따라 분류하는 것이다. 청각장애는 농과 난청을 포함하는 용어이다. 〈표 9-1〉은 이와 같은 관점을 반영하는 정의를 보여 준다(Hallahan et al., 2023).

표 9-1 **청각장애의 용어 및 정의**

용어	정의
청각장애 (hearing loss, hearing impairment)	경도에서 최중도에 이르는 청력 손실을 모두 지칭하는 일반적인 용어로 농과 난청이 모두 포함됨
농 (deaf)	청력 손실이 심하여 보청기를 착용하고도 청각을 통해 언어적 정보를 주고받지 못하는 사람을 지칭함
난청 (hard of hearing)	대개 보청기를 착용했을 때의 잔존 청력의 정도가 청각을 통해 언어적 정보를 처리할 수 있는 사람을 말함

이와 같은 관점에 따라 미국「장애인교육법(IDEA)」은 농과 청각장애를 구분하여 정의한다. 우리나라는 2007년「장애인 등에 대한 특수교육법」을 통하여 청각장애를 지닌 특수교육대상자를 〈표 9-2〉와 같이 규정함으로써 농과 난청을 모두 포함한다. 이는 과거의「특수교육진흥법」(1994)에 포함되었던 '두 귀의 청력 손실이 각각 90dB 이상인 자'라는 내용을 삭제하고 교육적인 관점만을 반영한 정의로 변화한 것이다. 그러나「장애인복

표 9-2 **우리나라와 미국의 현행법에 따른 청각장애의 정의**

출처	용어	정의
장애인 등에 대한 특수교육법	청각장애를 지닌 특수교육대상자	청력 손실이 심하여 보청기를 착용해도 청각을 통한 의사소통이 불가능 또는 곤란한 상태이거나, 청력이 남아 있어도 보청기를 착용해야 청각을 통한 의사소통이 가능하여 청각에 의한 교육적 성취가 어려운 사람
장애인복지법	청각장애	가. 두 귀의 청력 손실이 각각 60데시벨(dB) 이상인 사람 나. 한 귀의 청력 손실이 80데시벨 이상, 다른 귀의 청력 손실이 40데시벨 이상인 사람 다. 두 귀에 들리는 보통 말소리의 명료도가 50퍼센트 이하인 사람 라. 평형 기능에 상당한 장애가 있는 사람
장애인교육법 (IDEA 2004)	농 (deafness)	보청기를 착용하거나 착용하지 않은 상태에서 청각을 통하여 언어 정보를 처리하지 못할 정도로 심각하여 교육적 성취에 부정적인 영향을 미치는 청각 손상
	청각장애 (hearing impairment)	'농'의 정의에 해당하지 않으면서 교육적 성취에 부정적인 영향을 미치는 영구적이거나 변동적인 청각 손상

지법」에서는 표에서 볼 수 있듯이 생리학적 관점을 반영한 정의를 사용하고 있다.

청각장애는 청력 손실이 언제 발생했는가에 따라 언어 발달에 미치는 영향이 절대적으로 달라진다. 선천적이거나 언어 형성 이전인 1~2세 때 청각장애가 발생한 경우에는 교육적으로도 심각한 영향을 받게 된다. 반면에, 어휘나 언어 구조, 읽기 능력 등이 어느 정도 갖추어진 10세경에 청각장애가 발생한 경우에는 지속적인 발전을 기대할 수 있다. 이와 같이 발생 시기에 따라 언어 습득 전 청각장애와 언어 습득 후 청각장애로 나누며, 언어 습득 전과 후를 나누는 시기는 일반적으로 12~24개월을 기준으로 한다(Hallahan et al., 2023). 출생 시 청각장애 유무에 따라 선천적 농과 후천적 농으로 구분하기도 한다. 또한 청각 체계의 어느 부분의 이상으로 인해 청각장애가 일어났는가에 따라 전음성, 감각신경성, 혼합형 등으로 구분하기도 하는데 여기에 대한 설명은 청각장애의 원인을 설명한 다음 절에서 자세히 소개하였다.

2. 청각장애의 원인

청각의 손상은 소리 파장을 신경적 충동으로 바꾸어 두뇌에 정보로 전달해 주는 일련의 과정 중 어느 부분에 방해를 받을 때 일어난다. 이러한 손상은 여러 가지 요인에 의하여 일어날 수 있으며, 청각 체계의 어느 부분에 결함이 있는가에 따라 청력 손상의 유형이 달라진다. 여기서는 귀의 구조와 기능에 대해서 알아보고 청력 손상의 원인과 그 측정 방법에 대해서 알아보았다.

1) 귀의 구조와 기능

귀는 매우 복잡한 신체 기관으로 크게 외이, 중이, 내이로 나누어진다([그림 9-1] 참조). 외이는 바깥귀라고도 하며, 외부에 돌출된 귓바퀴, 즉 이개와 귀 내부의 고막, 고막까지의 통로인 외이도로 구성되어 있다. 귓바퀴는 소리를 모으는 역할을 하며, 고막은 소리가 닿으면 진동하는 얇은 막으로 소리의 진동을 중이로 전달하는 역할을 한다. 중이는 세 개의 작은 뼈가 연결된 이소골과 난원창으로 되어 있으며, 이소골은 고막의 진동을 증폭시켜 난원창에 전달함으로써 내이로 연결하는 기능을 한다. 내이는 완두콩만한 작은 기관이지만 매우 정밀한 여러 조직이 모여 있는 곳이다. 내이에는 균형감각을 주로 담당하는 전정기관과 청각에 중요한 역할을 하는 와우각(달팽이관)이 있다. 와우각에서

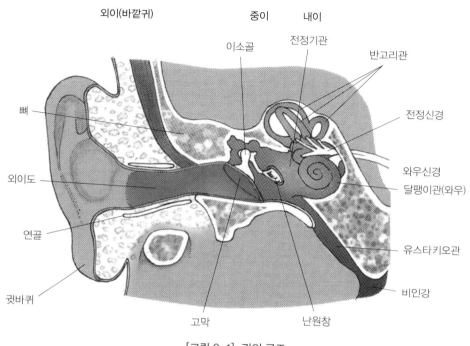

외이(바깥귀)   중이   내이

이소골   전정기관   반고리관

뼈   전정신경

외이도   와우신경
달팽이관(와우)

연골

유스타키오관

귓바퀴   비인강

고막   난원창

[그림 9-1] 귀의 구조

는 중이의 기계적 자극을 청신경의 전기적 자극으로 바꾸는 역할을 한다. 중이의 이소골의 영향으로 난원창이 흔들리게 되면 와우각 내의 액체가 흔들리게 되며, 코르티 기관의 유모세포와 섬모세포의 움직임을 일으켜 와우신경, 즉 청신경의 신호를 일으킨다. 이러한 청신경의 자극이 두뇌 측두엽에 위치한 청각중추에 도달하게 되면 이곳에서 청각 정보를 지각, 기억, 분석한다.

소리가 공기를 통해 외이, 중이, 내이로 전달되는 경로를 '기도 전도'라고 한다. 이와는 별개로 소리는 머리뼈의 울림을 통해 내이로 전달되기도 하는데, 이 경로를 '골도 전도'라고 한다. 우리는 녹음된 자신의 목소리가 낯설게 느껴지는 경험을 하곤 하는데, 이는 기도와 골도 전도로 듣는 자신의 목소리와 기도 전도로만 듣는 목소리의 차이인 셈이다.

2) 청력 손상의 원인

청각장애는 앞에서 설명한 귀의 구조 중 외이, 중이, 내이의 손상으로 인하여 발생할 수 있다. 일반적으로 외이의 손상만으로 청각장애가 되는 경우는 드물다. 그러나 귓바퀴나 외이도가 형성되지 않거나 외이도에 염증이 생기는 외이염, 고막이 파열되는 경우 등의 문제가 생길 수 있다. 중이의 이상은 대개 외이의 경우보다 심각한 청력 손실을 가져온다. 그러나 대개 농보다는 난청으로 구분되는 경우가 많다. 중이의 이상은 대부분 이소골의 기계적인 작용에 결함이 있는 경우로 의학적인 치료나 수술 등으로 교정이 가능한 경우가 많다. 중이의 장애를 일으키는 가장 흔한 원인은 중이염이다. 중이염은 박테리아나 바이러스에 의한 감염으로 주로 아동기에 많이 나타나며, 치료하지 않고 방치하면 만성 중이염이 되어 청각장애를 일으킬 수 있다. 중이염은 유스타키오관이 제대로 기능하지 않을 때(예: 코감기 등으로 유스타키오관이 부었을 때) 생기기 쉽다(Hallahan et al., 2023). 내이의 손상은 치명적이며 다시 회복되기 어려운 경우가 많다. 내이의 이상으로 인한 청각장애는 그 정도도 심하고 의학적, 교육적으로도 큰 문제가 된다.

이상에서 설명한 청각기관의 손상이 없어도 청각중추의 손상에 의하여 청각적 지각과 기억에 결함을 보일 수 있으며, 그 원인으로는 뇌막염이나 뇌의 산소 부족, 조산이나 약물, 출생 전 감염 등이 포함된다(Mahshie et al., 2006).

귀의 구조 중 어느 부분이 손상되었는가에 따라 청각장애의 유형을 나눌 수 있다. 전음성 청각장애(conductive hearing loss)는 전도성이라고도 불리며, 외이나 중이의 이상으로 인해 내이에까지 도달하는 소리의 양이 줄어들어 청각에 장애가 생기게 되는 것을 말한다. 중이염 등에 의해서 일시적으로 생기는 경우가 많으며, 신속한 의학적 처치에 의해서 쉽게 사라진다. 지속적인 청각장애를 보이는 경우에도 보청기를 사용하여 소리를 확대해 주면 어느 정도 청각장애가 감소한다. [그림 9-2]는 전음성 청각장애 아동과 감각신경성 청각장애 아동의 청력도 검사 결과를 비교하여 보여 주는데, 그림에서 볼 수 있듯이 전음성 청각장애의 경우 기도검사 결과는 낮지만 골도는 전형적인 범위에 가깝게 나온다.

감각신경성 청각장애(sensorineural hearing loss)는 달팽이관이나 청신경에 손상을 입은 경우로 전음성보다 청력 손실 정도도 심하고 예후도 좋지 않다. 감각신경성 청각장애는 풍진, 뇌(막)염, 홍역, 수두 등의 바이러스성 질환이나 RH 부적합 또는 유전적인 요인 등에 의해서 초래된다. 노화 현상이나 큰 소리에 오래 노출되어 감각신경성 장애가 발생하는 경우도 있다. 최근에는 이어폰을 착용하고 최대 음량의 음악을 오래 들음으로 인하여 이와 같은 난청 증상을 보이는 청소년이 증가하고 있으며, 고령화 사회로 인한 노인성 난청 인구도 증가하고 있다. 일반적으로 감각신경성 청각장애는 수술 등의 의학적 치료로 회복이 안 되기 때문에 재활치료적인 접근이 필요하다. 그러나 최근에는 인공와우이식 수술 방법이 도입되면서 치료 가능성이 넓어지고 있다. 인공와우이식은 양측 귀에 고 전음성 청각장애의 청력도의 특징은 기도와 골도의 차이가 많이 난다는 것이다. 소리의 전도가 어렵기 때문에 기도 검사는 낮지만 내이의 장애가 적으므로 골도를 이용한 검사결과에서는 소리인지가 높게 나타난다. 감각신경성의 경우에는 기도와 골도 모두가 매우 낮게 나타난다. 전반적인 청각손실 정도도 감각신경성이 더 심하다.

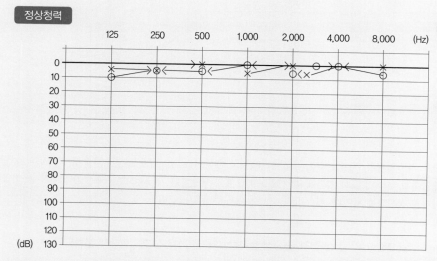

• 좌우 기도역치와 좌우 골도역치가 모두 20dB 이하이기 때문에 정상청력에 해당한다. 일반적으로 기도청력검사에서 역치가 20dB 이하일 경우에는 골도청력검사를 시행할 필요가 없다.

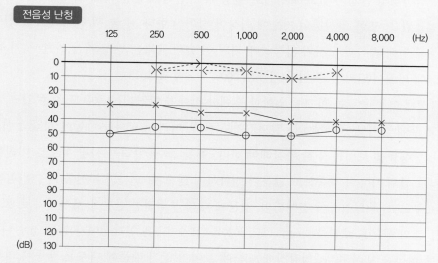

• 좌우 기도역치는 비정상이지만 좌우 골도역치는 정상 범위에 있기 때문에 전형적인 전음성 난청에 해당한다.

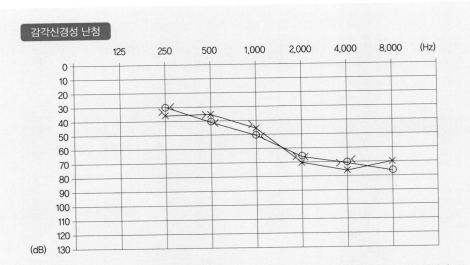

감각신경성 난청

125   250   500   1,000   2,000   4,000   8,000   (Hz)

- 좌우 기도역치가 비정상이며, 골도역치에서도 손실이 있다. 이때 모든 주파수에서 기도역치와 골도역치의 차이가 없기 때문에 감각신경성 난청에 해당한다. 그리고 고주파수로 갈수록 청력이 약해지는 경사형을 보인다. 이는 노인성 난청에서 주로 나타난다.

[그림 9-2] 정상 청력, 전음성 청각장애와 감각신경성 청각장애의 청력도의 예
출처: 고은(2017). 청각장애아교육(pp. 151-152). 학지사.

도의 감각신경성 난청이 있고 보청기로 일정 기간 청력 재활을 해도 효과가 없는 경우에 주로 적용된다. 또한 청신경의 기능에 이상이 없어야 한다. 수술 후 언어치료 및 청능훈련을 통해 언어 습득과 구사가 가능하게 되며, 수술의 효과는 난청 기간, 수술 시기 등 여러 요인에 의해서 달라질 수 있다(이광선, 2000; 유은정 외, 2013).

청각장애 아동 중에는 학교에 입학한 후에야 장애가 발견되는 경우도 종종 있고, 병이나 사고 후에 곧바로 청각장애를 일으키기도 한다. 따라서 교사는 아동이 청각의 이상을 나타내는 행동을 보이는지 잘 관찰해야 한다. 예를 들어, 말하는 사람 쪽으로 머리를 돌린다거나 어휘 사용이 부족하고 발음이 정확하지 않으며, 교사의 지시를 자주 반복해 달라고 요구하고, 주의집중이 결여되며, 질문에 대해 부적절한 반응을 보이거나 큰 소리로 말하는 등의 행동을 보인다(Smith et al., 2020). 〈표 9-3〉은 청각장애가 있는 경우 나타날 수 있는 현상을 보여 준다. 청각장애는 눈에 보이지 않기 때문에 대부분 행동에 의해 알게 되므로 이러한 징후가 계속 나타나면 교사는 가족이나 특수교사 등의 전문가에게 의뢰하여 정밀진단을 받게 하는 것이 좋다.

표 9-3   청각 이상을 의심해 볼 수 있는 징후

영역	청각 이상의 징후가 될 수 있는 행동
행동	• 부드럽게 부르면 처음 불렀을 때 돌아보지 않는다. • 주변 환경음에 반응하지 않는다. • 소리에 반응하지 않거나 어디서 소리가 나는지 잘 알지 못한다. • 발음이나 구어 사용이 같은 연령대의 아동과 다르다. • 구어 지시를 잘 알아듣지 못한다. • 주의집중을 하지 못하는 것처럼 보인다. "네?" "뭐라고요?" 등의 질문을 다른 아동보다 많이 한다. • 언어 이해 및 의사소통을 위한 어휘 사용에서 일관성 있는 발달을 보이지 않는다.
외모	• 계속 귀를 잡아당긴다. • 입으로 숨을 쉰다. • 귀에서 체액 또는 혈액이 흘러나온다.
불평	• 잘 들리지 않는다고 불평한다. • 피곤하다고 말한다.

출처: Lewis et al. (2017). *Teaching students with special needs in general education classrooms* (9th ed.). Pearson.

3) 청력의 측정

청력검사 및 보청기 처방은 전문자격증을 소지한 청각사(audiologist)에 의해 이루어진다. 국내에도 청각 전문가 양성과정과 자격증 제도가 있으며, 해당 분야에서의 자격과 경력을 갖춘 청각 전문가가 주로 이비인후과나 언어치료실, 보청기나 난청 센터 등에서 청력검사를 실시한다. 청력검사 중 가장 많이 사용되는 방법은 순음청력검사(pure tone audiometry)이다. 순음청력검사는 소리의 높이(주파수, Hz)와 강도(데시벨, dB)를 변화시키면서 개인의 청력역치(각 주파수대에서 처음 소리를 인식하는 데시벨 수준)를 측정하는 방법이다. 순음청력검사에서는 일반적으로 1~110dB 사이의 소리 강도와 125Hz(저음)에서 8,000Hz(고음) 사이의 소리 주파수에 대한 반응을 측정한다. 0dB은 일반인이 소리를 들을 수 있는 최저 수준이다. 사람이 들을 수 있는 소리는 125~8,000Hz 사이지만, 대부분의 말소리는 500~2,000Hz 사이에 해당한다. 청각장애 학생이 보청기 등의 청각 보장구를 통해 말소리 범주의 소리를 어느 정도 들을 수 있는지가 발달 예후에 중요하다. [그림 9-3]은 다양한 환경음의 소리 수준을 보여 준다.

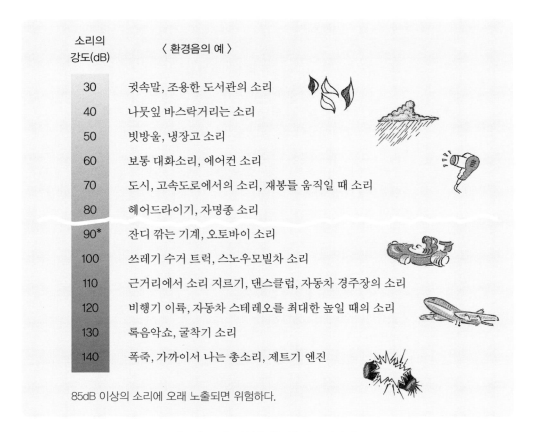

소리의 강도(dB)	〈 환경음의 예 〉
30	귓속말, 조용한 도서관의 소리
40	나뭇잎 바스락거리는 소리
50	빗방울, 냉장고 소리
60	보통 대화소리, 에어컨 소리
70	도시, 고속도로에서의 소리, 재봉틀 움직일 때 소리
80	헤어드라이기, 자명종 소리
90*	잔디 깎는 기계, 오토바이 소리
100	쓰레기 수거 트럭, 스노우모빌차 소리
110	근거리에서 소리 지르기, 댄스클럽, 자동차 경주장의 소리
120	비행기 이륙, 자동차 스테레오를 최대한 높일 때의 소리
130	록음악쇼, 굴착기 소리
140	폭죽, 가까이서 나는 총소리, 제트기 엔진

85dB 이상의 소리에 오래 노출되면 위험하다.

[그림 9-3] 다양한 환경음의 소리 수준

출처: Smith, D. D., & Tyler, N. C. (2010). *Introduction to special education: Making a difference* (7th ed.). Pearson.

각 주파수대에서의 개인의 청력역치(dB)를 그래프로 표시한 것을 청력도(audiogram)라고 한다([그림 9-2] 참조). 청력도는 청각장애가 전음성인지 감각신경성인지를 알게 해 주고, 특별히 청력의 제한이 심하거나 심하지 않은 음역 등 개인의 장애 특성을 파악할 수 있게 해 준다. 순음청력검사는 대개 기도(또는 기전도)청력검사와 골도(또는 골전도)청력검사의 두 가지를 실시한다. 기도청력검사는 이어폰을 끼고 외이와 중이를 통하여 소리가 전달되는 순음청력을 측정하는 것이며, 골도청력검사는 골도 이어폰을 사용하여 진동이 직접 두개골을 통해서 내이에 전해지게 하여 검사하는 방법이다.

외이나 중이에 장애가 있고 내이의 기능이 손상되지 않은 경우 기도청력은 떨어지나 골도청력에는 이상이 없는 것으로 나타난다. 반면, 내이에 이상이 있는 경우는 기도청력이나 골도청력이 거의 비슷하게 낮게 나타난다. 순음청력검사 외에도 말소리를 순음 대신 이용한 어음청력검사(speech audiometry), 너무 어리거나 기타 장애로 인해 청력검사가 어려운 경우에 실시하는 놀잇감을 사용하는 청력검사, 신체 반사를 실시하는 검사, 뇌파를 이용하는 검사 등이 있다. 그중 뇌파나 내이에서 방사되는 음을 측정하는 기기를 통해 신생아의 청력 이상 유무를 판별할 수 있는 신생아청각선별검사가 보급됨에 따라 청각장애의 조기 판별이 가능해졌다.

3. 청각장애 아동의 특성

청각장애는 난청부터 농까지를 포함해서 매우 다양한 정도로 나타난다. 또한 청력 손실이 청각장애 아동의 기능과 특성에 미치는 영향도 여러 가지 요인에 의해서 달라질 수 있다. 청각장애 아동의 기능과 특성에 영향을 미치는 요인으로는 청력손실의 정도와 유형, 청력 손실 발생연령, 아동의 지능, 가정과 지역사회가 청각장애를 대하는 태도 및 지원 정도, 청각장애 아동의 언어 및 교육 경험 정도 등이 포함된다. 난청은 대개 청각을 통해 어느 정도 말을 들을 수 있는 경우로 장애가 드러나지 않을 수도 있기 때문에 이들의 특수한 요구가 간과되기 쉽다. 그러나 일상적인 상호작용에는 무리가 없어도 어휘력의 부족이나 문법상의 오류를 보일 수도 있다. 농인 경우에는 구어 사용 능력에 제한이 있을 수 있지만, 수어와 독화, 필담 등 시각적인 소통 방식을 통해 타인의 언어를 이해할 수 있다.

1) 말과 언어의 발달

아동마다 개인차가 있지만, 청각장애 아동이 경험하는 가장 큰 어려움은 사회에서 일반적으로 사용하는 언어로 의사소통하기 힘들다는 것이다. 언어표현 능력이 생기기 전에 청력이 손실된 경우(언어전 청력손실)에는 구어 기술을 습득하는 데 어려움이 따른다. 따라서 생후 3~4년이 지난 후 최중도의 청각장애가 생긴 경우가 출생 시부터 경도의 청각장애가 있었던 경우보다 말, 언어, 읽기, 쓰기 능력에서 더 높은 기능을 보일 수도 있다.

청각장애 아동의 국어, 특히 말하기 능력은 같은 연령의 일반 아동에 비해 많이 뒤떨어질 수 있다. 일반 아동은 다른 사람의 말을 들으면서 자연스럽게 말과 언어를 습득하지만, 청각장애 아동은 이 모든 것들을 직접 반복과 교정훈련 등을 통해 배워야 하기 때문이다. 일반적으로 경도나 중등도의 청력 손실을 보이는 아동의 말이 중도나 최중도의 청각장애 아동의 말보다 더 알아듣기 쉽다. 이들의 말에서는 특정 음소를 탈락시키거나 다른 음소로 대치하기, 말의 억양이나 높이의 어색함, 속도나 운율의 부적절함 등을 포함하며 비음이나 지나치게 탁한 소리를 내거나 숨찬 소리를 내는 등의 문제가 나타나기도 한다. 청각장애 아동은 이러한 말의 조음 문제뿐만 아니라 어휘와 문장구조 습득에도 어려움을 겪을 수 있다. 같은 나이의 또래에 비해 농이나 난청 아동은 어휘력이 떨어진다. 문법적인 지식이 부족하거나, 한 단어에 두 가지 뜻이 있음을 모르는 경우도 자주 관찰된다(예: 떨어지다−위에서 떨어지다, 간장이 떨어지다).

　수어는 일반 구어와 다른 또 하나의 언어체계이므로 수어에 익숙한 청각장애 아동이 수어통역사가 있는 일반 학교에서 공부한다고 하더라도 한국어인 구어와 문어로 이루어지는 학습에서 어려움을 겪을 수 있다. 이러한 한국어 능력의 결여는 국어 교과뿐 아니

표 9-4 청력 손상 정도와 의사소통 능력 간의 관계

청력 수준	손상 정도	의사소통에 미치는 영향
15dB 이하	없음	• 의사소통에 아무 영향이 없다.
16~25dB	미도	• 조용한 환경에서는 알아듣는 데 아무 어려움이 없으나, 시끄러운 곳에서는 작은 말소리를 잘 알아듣지 못한다.
26~40dB	경도	• 조용한 환경에서 알고 있는 주제에 대해 일반적인 어휘 수준으로 이야기할 때 의사소통의 어려움을 느끼지 않는다. • 조용한 곳이라도 희미하거나 먼 곳에서 나는 소리는 듣기 어렵다. • 교실에서의 토론을 따라가기 쉽지 않다.
41~55dB	중등도	• 대화하는 말은 가까운 거리에서만 들을 수 있다 • 학급 토론과 같은 집단 활동에서는 의사소통의 어려움을 겪는다.
56~70dB	중등도~중도	• 대화할 때 크고 분명한 말소리만 들을 수 있으며, 여러 명이 있을 때 어려움이 더 커진다. • 말할 때 다른 사람이 알아들을 수는 있지만 명료하지 않다.
71~90dB	중도	• 큰 소리로 말하지 않으면 대화하는 말을 알아듣지 못하고, 알아들을 때도 알아듣지 못하는 단어가 많다. • 환경음은 감지하지만 항상 그런 것은 아니다. • 말할 때 대체로 알아듣기 어렵다.
91dB 이상	최중도	• 아주 큰 소리는 들을 수 있지만 대화하는 말은 전혀 듣지 못한다. • 시각이 주요 의사소통 수단이 된다. • 말을 할 수 있는 경우에도 알아듣기가 어렵다.

출처: Hallahan et al. (2023). *Exceptional children: An introduction to special education* (15th ed., p. 263). Pearson.

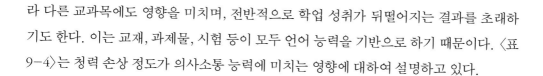

라 다른 교과목에도 영향을 미치며, 전반적으로 학업 성취가 뒤떨어지는 결과를 초래하기도 한다. 이는 교재, 과제물, 시험 등이 모두 언어 능력을 기반으로 하기 때문이다. 〈표 9-4〉는 청력 손상 정도가 의사소통 능력에 미치는 영향에 대하여 설명하고 있다.

2) 사회-정서적 특성

청각장애 아동의 사회-정서 발달은 일반 아동의 발달과 유사하다. 유아기에는 청각장애 아동과 일반 아동 간에 차이가 별로 없이 잘 어울리지만, 나이가 많아질수록 서로 간의 상호작용과 친밀한 친구 관계를 유지하기 어려워진다. 이는 언어를 이용한 의사소통이 관계 형성과 사회-정서 발달에 점차 큰 역할을 하게 되기 때문이다. 청각장애 아동에게는 사소한 사회적 관습이나 태도도 구체적으로 가르쳐야 하는 경우가 많다. 일반 아동은 주변에서 일어나는 일을 관찰하고 들음으로써 꼭 교사로부터 배우지 않아도 알게 되지만, 청각장애 아동에게는 그러한 기회가 없거나 적기 때문이다. 이 때문에 청각장애 아동이 또래에 비해 미성숙하거나 덜 사회적인 것으로 보이기도 한다. 수어로 의사소통을 하는 청각장애 아동은 수어를 이용하는 아동이 거의 없는 일반학급에 통합되어 있을 때 사회적 고립을 경험할 수 있고, 구어로 소통하는 청각장애 아동도 제한적인 청력으로 인한 의사소통의 어려움이 있을 수 있으므로, 교사는 일반 아동이 청각장애 아동과 좀 더 쉽게 의사소통을 하고, 서로에 대한 이해를 넓힐 수 있도록 다양한 노력을 기울여야 한다. 예를 들어, 학기 초에 오리엔테이션을 준비한다든가 수어 동아리를 만드는 것 등을 들 수 있다.

3) 청각장애인의 사회와 문화

청각장애인은 자신들만의 유대가 매우 깊을 뿐만 아니라, 청각장애인 문화 또는 농 문화(deaf culture)라는 용어가 생길 정도로 자신들만의 고유한 사회문화를 형성하고 있다. 이들은 수어를 공통적으로 사용함으로써 서로 효과적인 의사소통을 하고 공동체 의식을 형성하면서 스스로의 자부심과 긍정적인 자아개념을 발달시킨다. 또한 자신들만의 행동 규범과 가치관을 수립하며 청각장애인 사회를 위한 많은 자발적인 단체와 지원망을 가지고 있다. 예를 들어, 청각장애인 올림픽이 별도로 개최되고 있으며 청각장애인을 위한 극장이나 대학(예: Gallaudet University) 등이 운영되고 있다. 즉, 이들은 자신을 장애인이 아니라 수어라는 언어를 가진 별개의 문화집단으로 간주하며, 자신을 장애인으로 대하

는 사회 인식을 거부한다(Hallahan et al., 2023). 영어에서 소문자 deaf(농)는 의학적 관점에서 듣기 능력의 정도에 따라 설명되지만, 대문자 Deaf는 농인들이 자신들의 정체성을 드러내는 용어로 사용한다. 다시 말해서, 청각장애인 사회는 일반 사회에 포함된 하나의 소수 사회로서 기능한다고 할 수 있다(Reiman & Bullis, 1989). 국내에서도 같은 맥락에서 법적인 용어인 '청각장애인'보다 '농인'이라는 명칭 사용을 선호하며, 자신들을 말 대신 시각적 언어인 '수어'로 소통하는 사람들로 생각한다.

우리나라의 경우 아직 소수 사회로서의 분리 의식이 두드러지지는 않지만, 농인의 주체성에 대한 인식과 더불어 수어를 기반으로 한 농인의 의사소통 권리를 주장하는 움직임이 농인 사회를 중심으로 강해지고 있다. 이러한 움직임은 2016년 「한국수어법」(현 「한국수화언어법」)을 통과시키는 배경이 되었다. 「한국수어법」은 한국수어가 국어와 동등한 자격을 가진 농인의 고유한 언어임을 밝히고, 한국수어의 발전 및 보전의 기반을 마련하여 농인과 한국수어 사용자의 언어권과 삶의 질을 향상시키는 것을 목적으로 2016년에 제정되었다(법률 제13978호, 2016. 2. 3. 제정). 이로써 한국수어는 한국어와 더불어 한국의 공식 언어로 인정되었고, 매해 2월 3일은 '한국수어의 날'로 지정되었다. 한국농아인협회나 한국난청인교육협회 등의 단체는 수어통역사를 양성하거나 통합학교에서의 청각장애이해교육 등을 통해 청각장애인의 사회적응 및 통합된 청각장애 학생의 교육 지원을 돕고 있다.

II. 청각장애 아동 교육

청각장애 아동의 통합교육이 성공적으로 이루어지려면 먼저 청각장애 학생을 위한 교육 지원이 부족하고 학생 개인의 수고와 노력이 과중하게 요구되고 있는 교육 현실이 개선될 필요가 있다. 통합된 청각장애 아동의 효과적인 교육 프로그램을 위해서는 (1) 성공적인 통합교육을 위한 부모와 교사의 확고한 의지가 전제되어야 하며, (2) 교장 및 교육청 특수교육 관계자가 핵심적인 역할을 해야 하고, (3) 청각장애 아동이 필요로 하는 적절한 지원서비스(예: 수어통역사, 지원인력, 언어재활사, 컴퓨터, 교수자료/도구 구입 지원)가 제공되어야 하며, (4) 청각장애 전문교사의 직접교수가 필요한 경우 일반학급 내에서 팀 티칭 형태로 교수가 제공될 수 있어야 한다(Schirmer, 2001). 통합교육 환경에 배치하는

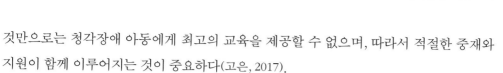

것만으로는 청각장애 아동에게 최고의 교육을 제공할 수 없으며, 따라서 적절한 중재와 지원이 함께 이루어지는 것이 중요하다(고은, 2017).

다른 장애와 마찬가지로 청각장애 아동 중에도 청각장애뿐 아니라 지적장애, 자폐 범주성 장애, 뇌성마비 등과 같이 다른 장애를 중복으로 가지고 있는 아동이 있다. 이들은 단순히 청각장애 아동의 교육을 위한 고려사항뿐만 아니라 해당되는 중복장애의 특성에 대한 이해와 교육적 지원을 함께 필요로 한다(이현주, 이소현, 2015; 최상배, 조성하, 2023). 즉, 청각장애 아동을 교육할 때 개별 아동의 특성에 대한 이해를 우선으로 해야 하며, 이러한 중복장애로 인한 교육적 필요에도 적절하게 대처할 수 있어야 할 것이다.

1. 통합교육을 위한 일반적 지침

신생아청각선별검사의 보급, 인공와우이식 등의 기술 발달, 국내외의 장애 학생 통합교육을 지원하는 특수교육 관련법 등에 힘입어 청각장애 아동의 통합교육 비율은 점차 증가하고 있다(이현주, 박은혜, 2018). 특수학급과 일반학급에서 통합교육을 받는 청각장애 아동의 비율은 국내의 경우 전체 청각장애를 지닌 특수교육대상자의 약 80.3%(교육부, 2023), 미국은 6~21세 학령기 청각장애 아동의 약 87.6%[1](U.S. Department of Education, 2023)로 보고되었다. 특히 국내의 전일제 통합학급인 일반학급에 배치된 경우도 57%에 이른다(교육부, 2023). 따라서 통합학급의 또래 학생에 대한 청각장애 이해교육을 통해 청각장애 아동과의 긍정적인 관계 형성을 돕고, 청능 보장구의 사용과 유지에 대한 지원과 더불어 교실의 소음을 개선하여 학생이 말소리를 최대한 잘 들을 수 있도록 유의해야 한다. 이것은 이들이 작은 배경소음에도 말소리를 듣기 어려워하기 때문이다. FM 송수신기 사용을 통해 부족한 청능 환경을 보완할 수 있다(이현주, 박은혜, 2018). 통합교육 환경에 배치된 청각장애 중·고등학생의 학교생활 만족도와 교육적 요구를 살펴본 연구에 의하면 연구에 참여한 학생들은 '잘 들을 수 있는 물리적 환경 지원', 청각장애 특성을 고려한 '수업과 평가 방식의 변화' '당당하게 지원을 요구할 수 있는 분위기 조성' '청각장애에 대한 정보에 대한 손쉬운 접근'과 같은 교육적 요구를 보였다(이동화, 김자경, 2022).

---

1) 일반학급에서 보내는 시간이 80% 이상(64%), 40~79%(13.8%), 40% 이하로 보내는 경우(9.8%)

청각장애 아동 중에는 일반교육 현장에서 특별한 지원 없이도 잘 적응하는 경우도 있으나, 제한된 듣기 능력으로 인한 어려움을 극복하기 위한 안내와 지원이 필요한 경우도 많다. 잘 적응하는 아동의 경우 성장해서 대학에 진학하고 성공적인 사회인으로 살아가는 사례가 많이 보고되고 있다([그림 9-4]와 [그림 9-5] 참조). 이러한 사실은 통합된 청각장애 아동을 위한 적절한 특수교육적 지원을 통하여 좀 더 많은 학생이 훨씬 더 수월하게 자신의 잠재력을 발휘하고 원하는 진로를 택할 수 있을 것이라는 예측을 가능하게 한다.

"내 친구를 위한 배려, 당연하잖아요?"

온양여고 2학년 5반의 염유리 양과 유리 양의 도우미 역할을 하는 최은비, 서유정, 김재희 학생. 이들은 단순히 의무감에서 비롯된 봉사로 어울리는 것이 아닌 서로 마음을 주고받는 진정한 친구들이다. 학생들이 우정을 나누는 모습에는 결코 계산도 대가도 없었다.

"고마워, 사랑해!"

반 전체 학생들이 수화를 배우게 된 것은 최은비 양이 몰고 온 '수화 배우기' 바람 때문이었다. 친한 친구와 소통하기 위해 배운 수화. 반 친구들도 하나둘씩 수화를 배워나갔다. 박소라 담임교사는 유리 양을 위해 2년째 담임을 맡아 생활, 학습도우미까지 지정했다. 또한 동료교사들에게도 알려 유리 양이 듣지 못해서 생기는 오해가 없도록 배려했다. 생활도우미인 재희 양은 유리 양의 귀를 담당하여 학교 전달사항이나 숙제 등을 꼭꼭 전달했다. 유정 양은 학습도우미로 필기공책이나 프린트물을 보면서 수업내용을 유리 양에게 가르쳐 주고, 유리 양의 현재 실력도 점검하며 무엇을 도와줄지 체계적으로 접근했다.

"친구를 돕는 게 나를 위한 거더라."

유리 양이 적응을 잘할수록 친구들은 책임감이 늘었고, 세상을 보는 긍정적인 시각도 발달했다. 착하고 활발한 유리의 참모습을 알게 된 세 친구들은 "우리랑 똑같은 친구, 유리가 있어 즐겁다."고 말했다. 친구들은 다시 말했다. "오히려 유리에게 고맙다. 우리의 인식을 바꿔줘서…"

유리 양과 가장 친한 은비 양은 "노력하는 유리를 보면 나도 최선을 다하려는 마음이 생긴다."며 유리 양을 바라봤다. 활달한 재희 양은 "내가 돕는다기보다 유리 덕분에 수화를 배울 수 있어 좋다."며 활짝 웃었다. 장래희망이 초등교사인 유정 양은 "유리를 도와주는 것이 내게 더 큰 도움"이라며 눈웃음을 지었다.

박 교사의 도우미 제안에 잠시의 망설임 없이 '당연하다'고 답했던 친구들. 이 친구들의 미래는 순수한 쪽빛 하늘처럼 푸르렀다.

[그림 9-4] 청각장애인의 통합교육 사례

출처: 지역내일(2012. 5. 12.). "내 친구를 위한 배려, 당연하잖아요?" https://www.localnaeil.com/News/View/523878

언어 능력은 교수학습의 중요한 요소이기 때문에 청각장애 아동에게는 일반적인 통합 학급의 교수 방법이 적합하지 않을 수도 있으므로 특수교사 또는 청각장애교육 전문가의 도움이 필요하다((Smith et al., 2020). 청각장애 아동은 사회적 통합의 기초가 되는 의

"청각장애인 최초 국제개발협력 분야의 전문가가 되고 싶어요"

국제개발협력 비정부기구(NGO) 밀알복지재단 필리핀 마닐라 지부 장애인 고용증진사업 '포 프로젝트(4 Project)' 담당자 임서희 씨(27). 국내 청각장애인으로는 처음으로 국제개발협력(ODA) 사업에 참여하였다.

임 씨는 포 프로젝트 관련 자료를 조사해 수집한 뒤 사업을 기획해 현지 직원들과 소통하는 일을 하고 있다. 그녀가 담당하는 '포 프로젝트'는 필리핀 현지 장애인 근로자의 권리 보장과 업무환경 조성을 위한 네 가지 활동을 말한다. ▲장애인을 고용하려는 회사를 대상으로 한 장애 인식 설문조사 콘텐츠 개발 ▲비장애인·고용주 등을 대상으로 한 장애 인식 개선 교육 콘텐츠 개발 ▲장애인 근로자의 고용 유지를 위한 시스템 개발 ▲장애 인식 개선 행사 콘텐츠 개발 등이다.

남을 돕는 일에 관심이 많았던 임 씨는 특수학교 졸업 후 비영리단체에서 3년간 활동하며 ODA 분야 전문가가 되겠다는 꿈을 갖게 됐다. 여러 NGO에 지원해 면접을 보았으나, "청각장애인은 업무지원에 많은 어려움이 있을 것 같아 함께 일하기 힘들다."는 답변과 함께 퇴짜를 맞기 일쑤였다.

그러나 현재 일하고 있는 재단에서는 임 씨가 청각장애인이지만 비장애인들과 일하는 데는 전혀 문제가 없다고 말한다. 업무 관련 요청이나 피드백은 회사 메신저나 컴퓨터 메모장으로 동료들이 타이핑해 알려주기도 한다며 회의할 때는 음성 통역기를 사용해 음성을 문자로 볼 수 있어 소통에 문제가 없다고 한다. 또한 임 씨가 일할 때는 장애 유무와 상관없이 업무에 임하고 있다며 텍스트와 수어로 소통하는 업무 방식은 비장애인과 차이가 있지만, 업무에 임하는 자세나 내용은 비장애인과 다르지 않다고 강조했다.

최근 필리핀에서 포 프로젝트가 잘 진행되고 있다는 긍정적인 피드백을 받은 임 씨. 그녀의 꿈은 ODA 사업이 실제로 이뤄지는 해외 현지에서 근무하는 것이다. 목표를 이루고자 퇴근 후나 주말에도 ODA 관련 책을 찾아 읽으며 전문성을 쌓기 위해 노력하고 있다.

"현지에서 NGO 사업이 어떻게 이뤄지고 있는지 두 눈으로 확인하고 경험하고 싶어요. 최종 목표는 청각장애인 최초로 국제개발협력 분야의 전문가가 되는 거예요. 장애인을 불쌍한 사람으로 생각하거나 동정의 시선으로 보기보다는 함께할 수 있는 사람으로 봐줬으면 합니다."

[그림 9-5] 청각장애인의 통합교육 및 사회통합 사례

출처: 연합뉴스(2020. 4. 19.) '청각장애인 개발협력 전문가 1호' 꿈꾼다, 밀알재단 임서희 씨. https://www.yna.co.kr/view/AKR20200419006900004?input=1195m

사소통에 문제를 지니기 때문에 성공적인 통합교육을 위해서는 아동뿐만 아니라 의사소통 상대방의 노력 또한 필요하다. 이러한 노력은 청각장애 아동이 통합되어 있는 학급은 물론이고 학교 전체 차원에서 이루어져야 한다. 특히 교사와 또래가 청각장애 아동을 좀 더 잘 이해하고 수용할 수 있도록 다양한 장애 이해 프로그램이 도움이 될 수 있다. 수어 통역사나 필기통역사를 통한 지원과 청각장애교육 전문가를 순회교사로 활용하는 방법은 통합교육 환경의 청각장애 학생을 지원하는 중요한 방법이다(최상배, 2012).

우리나라의 경우 통합된 청각장애 아동을 위한 수어 통역이나 대필 도우미는 주로 대학교에서 제공되고 있으며, 일부 초·중·고등학교에서는 희망자에 한해 제한적으로 제공되고 있고, 일부 교육청에서는 FM 송수신기와 청각장애인 대상의 문자통역 서비스(예: 소보로[SOVORO])를 통해 시·청각적인 지원을 제공한다. 각 지역 교육청에서는 청각장애 거점 특수교육지원센터(예: 서울 남부교육지원청 및 동부교육지원청의 특수교육지원센터)를 통해 통합된 청각장애 학생에 대한 지원을 제공한다. 여기에는 청각장애 이해교육 자료 제공, 통합된 청각장애 학생 학부모 및 학생 상담, 통합학교 컨설팅을 통한 교사 연수 및 상담, 수어 교육 등이 포함되어 있으며, 필요한 서비스와 보조기구가 무상으로 지원되고 있다. 이를 통해 청각장애 아동의 통합학급 적응 및 진학에 도움을 주고 있다. 이와 같이 청각장애 아동을 위한 통합학급 교사와 특수학급 교사 간의 협력적 자문과 지원이 학교 및 교육청 차원에서 시도되고 있으나 아직 언어치료 등의 치료적 서비스가 포함된 협력적 팀은 제도적으로 수립되지 않았으므로 개인적인 차원에서의 노력이 요구된다.

청각장애의 정도에 상관없이 모든 통합된 청각장애 아동의 교육을 위해서 교사가 고려해야 하는 점들은 다음과 같다(Smith et al., 2020).

- 아동의 수용언어와 표현언어 수준을 고려한다.
- 교육환경 내에 반드시 청각장애 아동과 상호작용할 수 있는 사람이 있어야 한다.
- 인쇄물(시각적 자료)을 가능한 한 많이 사용한다.
- 어휘학습을 미리 하도록 하고 체계적으로 제공한다.

학습 환경은 개별 장애 아동의 장애 정도와 특성에 따라 적절히 조정되어야 한다. 특수교사, 장애 아동의 부모 또는 다른 일반 학생들로부터도 좋은 아이디어를 얻을 수 있다. 교사는 청각장애 아동이 공부하는 교실의 모습을 관찰하는 경험을 통해서도 이들에게 필요한 학습 환경이 어떤 것인지에 대한 정보를 얻을 수 있다.

2. 통합교육을 위한 교수 방법

　청각장애 아동을 가르치기 위해서 일반학급 교사가 수어와 같은 특수한 언어를 반드시 익힐 필요는 없다. 그러나 장애 아동의 요구를 잘 파악할 수 있고, 특히 청각장애 아동을 위한 적절한 교수 방법을 고안할 수 있는 특수교육 전문가로부터 도움을 받는 것이 바람직하다. 대부분의 청각장애 아동은 적절한 도움과 교수 절차상의 수정이 이루어질 때 일반학급에서 교육을 받을 수 있다. 〈표 9-5〉에 제시된 여러 가지 구체적인 제안은 시각적 지원과 청각적 보완의 두 가지 유형으로 나누어 설명될 수 있다. 즉, 시각적 자료를 부가적으로 제시하거나(예: 칠판에 과제물 적기, 자막 제공, 노트 빌려주기) 독화나 보청기를 통하여 소리를 잘 들을 수 있도록 주변 환경과 교사의 행동을 조절하는 것이다(예: 소음 줄이기, 교사의 입이 가려지지 않도록 하기). 독화나 청음이 불가능하거나 비효율적인 경우에는 수어통역사가 필요하다. 난청 학생을 위해 동영상 자료에 자막을 제공하거나 구어를 문자로 통역해 주는 문자통역 서비스를 이용하는 것도 도움이 된다[2](Kim et al., 2023).

　미국의 경우에는 아동의 교육권 보장을 위해서 일반학급에서의 교육에 필요한 경우에는 국가에서 수어통역사를 제공해 준다. 우리나라에서는 아직 수어가 필요한 아동은 많이 통합되지 못하고 있는 실정이며, 독화와 구어 사용 능력이 통합의 전제조건처럼 생각되고 있다. 최근 공공기관이나 TV 프로그램, 각종 행사나 발표 등에서 수어통역을 제공하는 것은 매우 바람직한 현상이다. 한경국립대학교/평택캠퍼스(이 학교의 모체인 한국재활복지대학은 장애인 통합교육을 목적으로 설립됨)에서는 청각장애 학생을 위한 수어통역이나 속기 서비스를 개별 학생이 원하는 바에 따라 제공하고 있다. 여러 다른 대학에서도 장애학생지원센터를 통해 청각장애 학생을 위한 대필 도우미, 속기 서비스 등을 시행하고 있다. 미국의 경우 관련서비스의 하나로 필요할 경우 교육적 수어통역사(educational

---

2) (예) ① 다함노트(무료): 단말기 간 블루투스 통신 및 음성인식-합성기술을 적용하여 청각장애인이 속기사나 수어통역사 없이 회의(강연)에 참여할 수 있도록 돕는 서비스, ② 소보로(유료): 소리를 문자로 보여 주는 인공지능 음성인식 서비스, ③ SpeechBalloon(무료): 음성인식을 사용하여 회의에서 대화 내용을 화자 위치와 함께 실시간으로 보여 주는 서비스 등

interpreter)가 제공된다. 수어통역사에게도 교실에서의 수어통역은 낯선 경험인 경우가 많으며, 교사에게도 수어통역사와 함께 수업을 진행하는 것은 매우 드문 경험일 수 있다. 따라서 사전 준비와 상호 협력이 잘 이루어져야만 청각장애 학생에게 적절한 교육지원을 제공해 줄 수 있다. 그러므로 수어통역사가 있는 경우에는 교육의 주체가 교사라는 사실을 명확하게 해야 하며, 그에 따른 수어통역사의 역할도 명확하게 제시해야 한다. 수업 지원이나 개인 지도의 역할을 해야 하는지 또는 순수한 통역의 역할만 할 것인지 등은 교사와 사전에 협의하여 결정한다.

표 9-5 청각장애 아동의 통합교육을 위한 교수 방법상의 고려점

고려점	구체적인 방법
청각장애 아동을 수용하는 교실을 만든다.	• 학생을 환영한다. 청각장애 아동에 대한 교사의 긍정적인 태도는 학급의 학생들이 청각장애 아동을 수용하도록 돕는다. • 청각장애 아동을 위한 교수적 수정을 할 때는 가능한 한 자연스럽게 하여 너무 두드러지지 않게 한다. • 함께 이야기를 나누고 언제든지 교사가 도와줄 준비가 되어 있다는 것을 아동이 알게 해 준다.
보청기를 적절하게 사용할 수 있도록 유의한다.	• 보청기가 청력을 온전하게 해 주거나 소리를 명백하게 들리게 하는 것이 아니라 단순히 소리를 크게 만들어 주는 것임을 기억한다. • 매일 보청기를 점검하여 잘 착용하였는지, 잘 작동하는지 확인한다. • 아동이 여분의 배터리를 학교에 가지고 있도록 유의하고, 고장이 나면 누구에게 연락해야 하는지 알아둔다.
자리 배치를 조정한다.	• 교실 측면에 교사와 가까운 쪽에 청각장애 아동의 자리를 정하면 고개를 돌려서 학급의 대화를 따라가기가 용이하다. • 교사를 볼 때 너무 힘들게 얼굴을 들고 보지 않도록 앞에서 두 번째 혹은 세 번째 줄 정도에 앉도록 한다. • 복도, 에어컨 등 소음에서 떨어진 곳에 앉도록 하고 교육활동이 진행되는 곳과 가까워야 한다. • 불빛이 아동에게 향하지 않도록 하고, 시범을 보일 때나 학급토론 등의 활동에서 필요하면 자리를 옮겨서 말하는 사람의 입을 볼 수 있게 해 준다.

시각적 정보를 늘린다.	• 독화를 하기 위해서는 교사를 볼 수 있어야 함을 기억한다. • 가능하다면 한 장소에 머물러서 설명하고, 학생이 움직이는 교사를 보면서 독화하는 어려움을 겪지 않도록 한다. • 교사가 빛을 등지고 서지 않는다. 교사의 정면에 빛이 비치도록 한다. • 가능한 한 그림이나 도표 등의 시각적 보조자료를 사용한다. • 말하는 주제와 관련된 물건을 가리키거나 몸짓 등을 통해 교사의 설명을 명료화한다. • 과제물, 새로운 어휘, 핵심 단어 등을 칠판에 적어 준다. • 나이가 어린 청각장애 아동의 경우 교실 내의 물건에 이름을 써 붙여서 어휘 발달을 돕는다. 이러한 방법은 다른 일반 아동의 읽기 능력을 발달시키는 데도 유익하다.
교실의 소음을 최소화한다: 작은 소음도 청각장애 아동의 듣기와 교사의 설명을 이해하는 데 방해가 된다.	• 교실의 시끄러운 쪽에서 먼 곳에 학생의 자리를 지정한다. • 의자 다리에 덮개를 씌우거나 카펫이나 커튼 등을 사용하여 소음을 최소화한다. • 학생들이 조용해진 후에 설명을 시작한다.
교수 절차를 수정한다.	• 청각장애 아동에게 말할 때 학생이 교사를 바라보면서 듣고 있는지 확인한다. • 새로 배울 어휘를 미리 학습할 수 있게 해 준다. 특수교사나 학부모의 협조를 받을 수 있다. • 핵심어휘, 새로운 어휘나 주제 등을 칠판에 적어준다. • 학생이 교사의 설명을 듣도록 알려주고, 모든 정보를 바르게 이해했는지 확인하는 '또래친구' 시스템을 만들어 준다. • 학생이 잘 이해하지 못하면 반복하기보다는 다르게 설명해 준다.
현실적인 기대를 갖는다: 이러한 교사의 태도가 학생의 학급 적응을 돕는다.	• 청각장애 아동이 열심히 노력해도 모든 설명을 한 번에 다 이해하기 어려울 수 있음을 기억하고, 아동에게 언제든지 다시 말해 달라고 요청하게 한다. • 다시 물어볼 때 인내심을 가지고 반복해 준다. • 듣고 독화하기 위해 긴장하기 때문에 쉽게 피로해질 수 있다. 필요하면 듣는 일을 잠시 쉴 수 있게 해 준다.

출처: Gargiulo, R. M., & Bouck, E. C. (2021). *Special education in contemporary society: An introduction to exceptionality* (7th ed., pp. 385–386). Sage.

3. 청각장애 아동을 위한 특수교육적 중재

청각장애 아동의 교육에서 가장 중요하고 어려운 문제는 어떻게 효과적으로 다른 사람과 상호작용하는 데 필요한 의사소통 기술을 발달시키고 교육적 성취의 기본이 되는 국어, 즉 읽고 쓰는 능력을 발달시키는가 하는 것이다. 이를 위해서 오랜 시간 동안 수어교육과 구화교육 등 다양한 접근이 시도되어 왔으며, 어떤 방법이 효과적인가에 대해서는 지금까지도 지속적인 논의가 이루어지고 있다. 여기에서는 청각장애 아동의 교육을 위해서 가장 많이 사용되는 구화교육과 총체적 의사소통 방법에 대하여 설명하고, 이중언어-이중문화적 접근에 대해서도 간단히 소개하고자 한다.

1) 구화교육과 수어교육

청각장애인의 의사소통 수단으로 가장 먼저 생각나는 것은 수어일 것이다. 그러나 많은 청각장애인이 구화교육을 통해서 말로써 일반인과 의사소통을 할 수 있다. 구화법 (auditory-oral method) 또는 구화교육이란 청각장애 아동이 일반 사회의 언어, 즉 우리나라의 경우 한국어를 배워야 한다고 믿는 교육철학에 기초한다. 구화교육에서는 직접적이고 매우 엄격한 말소리 교육을 통해 전형적인 구어를 발달시키는 것을 강조한다. 적절한 보청기나 인공와우를 사용하여 소리를 확대하는 것이 중요시되며, 부족한 부분은 청능훈련을 집중적으로 실시함으로써 보완한다. 청능훈련이란 장애 아동의 잔존청력을 활용하도록 가르치는 절차로 먼저 소리의 존재에 대하여 인식하게 하고, 다음 단계에서는 여러 가지 환경음을 변별하도록 훈련하며, 마지막으로 말소리 변별을 목표로 한다.

구화교육에서는 또한 독화(speech reading)능력의 발달이 매우 중요하다. 독화란 화자(말하는 사람)의 입술 움직임을 보고 무슨 말을 하는지 아는 것이다. 독화를 하기 위해서는 입술의 빠른 움직임을 파악할 수 있는 예민한 시지각 능력이 필요하다. 또한 어떤 말소리는 입술의 움직임으로 보이지 않을 뿐만 아니라(예: 학교의 ㅎ), 말소리의 입술 모양이 같은 경우가 많아서 분별에 어려움을 겪을 수도 있다(예: 포도, 보도). 이와 같이 순수하게 입술 모양만으로 말소리를 판별하기 어려운 경우에는 전후 문맥에 근거해서 단어를 유추하게 된다. 따라서 잘못 알아들었을 때는 한두 단어만을 반복하기보다는 전체 문장을 반복해 주는 것이 더 도움이 된다.

구화교육을 위해서는 조기교육이 필수적이다. 조기에 적절히 훈련받지 못하면 잔존

청력과 조음 능력의 개발이 활용 가능한 수준까지 이루어지기가 어렵기 때문이다. 신생
아 청각선별검사와 인공와우 기술의 발달로 인해 청각장애의 조기 진단이 가능해지면서
조기에 청각 재활이 이루어진 청각장애 아동 중 전형적인 발달을 보이는 아동의 언어와
유사하게 듣기 및 구어 능력을 발달시키는 아동이 증가하고 있다. 최근에 개발된 구화교
육 방법인 청각구어법(auditory-verbal approach)은 인공와우와 보청기 기술이 발달하면
서 독화와 같은 시각적 단서를 사용하지 않고 듣기 능력에만 의존하여 말과 언어를 발달
시키고자 하는 방식이다. 마찬가지로 가능한 한 일찍 보청기나 인공와우와 같은 도구를
사용하도록 권하며, 말소리 훈련을 강조한다(Hallahan et al., 2023).

구화와는 달리 수어(sign language)는 손의 움직임과 비수지기호(nonmanual signs, 표
정과 몸짓)를 사용하여 표현하는 시각언어인 동시에 문법 체계를 갖춘 농인의 일차 언어
다(고은, 2017). 음성 언어와 마찬가지로 언어적 특성을 가지고 있으며, 음성 대신 손으로
표현하고 눈으로 인지한다는 점이 다르다. 나라마다 서로 다른 고유의 수어를 가지고 있
다(예: 한국수어[korean sign language: KSL], 미국수어[american sign language: ASL]).

수어의 종류에는 농인 사회에서 자연발생적으로 만들어진 자연수어(농수어)와 한국어
를 수어로 나타낸 문법수어가 있다. 자연수어는 국어와 다른 자체적 문법과 규칙이 있고
언어적 기능이 있으며 한국수어(KSL)로 인정된다. 문법수어는 국어대응식수어라고도 하
며 언어적 기능이 없는 반면, 한국어의 어순대로 표현하므로 읽기와 쓰기 지도에 도움이
될 수 있다. 미국의 경우에도 자연수어(ASL)와 구어 발화에 상응하는 표현이 가능한 문
법수어(Signed English)가 있다. 〈표 9-6〉은 한국수어와 문법수어의 특성을 비교하여 보
여 준다.

표 9-6 **한국수어와 국어대응식수어의 특성**

한국수어(자연수어)	국어대응식수어(문법수어)
• 축약하여 표현함	• 말이나 문장을 그대로 표현함
• 구조와 어순이 음성언어와 매우 다름	• 구조와 어순이 음성언어와 유사함
• 지문자를 거의 활용하지 않음	• 지문자를 적극 활용함
• 국어에 대한 이해가 필요 없음	• 국어 문법 지식을 필요로 함
• 문법형태소를 생략함	• 문법형태소를 지문자나 수어 어휘로 표현함

출처: 고은(2017). 청각장애아교육(p. 328). 학지사.

2) 다양한 의사소통 방법

1970년대 초까지는 거의 모든 청각장애학교에서 구화법에 의존하여 교육을 실시하였다. 그러나 1960년대부터 이러한 구화교육의 결과에 만족하지 못하는 사람들에 의해서 총체적 의사소통 방법(total communication)이 개발되기 시작하였다. 구화법만을 사용할 때 청각과 말을 통해 주고받을 수 있는 정보가 너무 제한된다는 것이 총체적 의사소통 방법을 주장하는 사람들의 근본적인 생각이다. 과거에 수어의 사용만을 주장했던 수어 사용론자와는 달리 이들은 독화, 말하기, 듣기, 수어, 지문자를 모두 함께 사용한다.

수어는 청력을 통한 의사소통에 장애가 심한 농아의 경우에 활용도가 높으며 지문자는 몸짓을 많이 사용하는 수어에 비해 손가락을 주로 사용하여 자음과 모음을 나타내는 것이다([그림 9-6] 참조). 구어와 달리 수어를 사용하게 되면 수어를 모르는 사람과의 의사소통에 어려움을 겪게 되는데, 최근 다양한 공공기관에서의 수어 특강이나 대학에서의 수어과목 개설 등은 매우 바람직한 변화로 생각된다.

구화교육은 가능한 한 조기에 실시할수록 구화 사용 능력을 많이 개발할 수 있다. 따라서 유치원이나 초등학교 저학년에서는 구화교육에 전념하는 경우가 많다. 그러나 점차 습득해야 할 정보의 분량이 많아지고 표현하고자 하는 내용도 복잡해짐에 따라 구화만으로는 충분히 효과적인 교육을 할 수 없다고 판단되면 수어를 사용하기 시작하는 것이 보편적이다.

1990년대 이후 이중언어-이중문화적 접근(bilingual-bicultural method)에 대한 관심이 높아졌는데, 이중언어-이중문화적 접근이란 청각장애 아동이 청각장애인의 언어와 일반 언어, 그리고 청각장애인의 문화와 일반 문화를 모두 습득하도록 해야 한다는 것이다. 즉, 이들의 문화와 언어(수어)가 있으므로 그 사실을 존중하면서 이중문화나 이중언어를 습득하는 것처럼 일반인의 사회와 모국어를 배우도록 해야 한다는 것이다. 따라서 일차적으로는 수어를 가르치면서 이중언어로서 모국어(예: 한국어, 영어)를 가르치는 방법을 사용한다. 그러나 이중언어-이중문화적 접근을 포함해서 어떤 한 가지 방법만이 청각장애 아동의 교육에 뚜렷하게 더 효과적이라고 결론짓기는 어렵다(Hallahan et al., 2023).

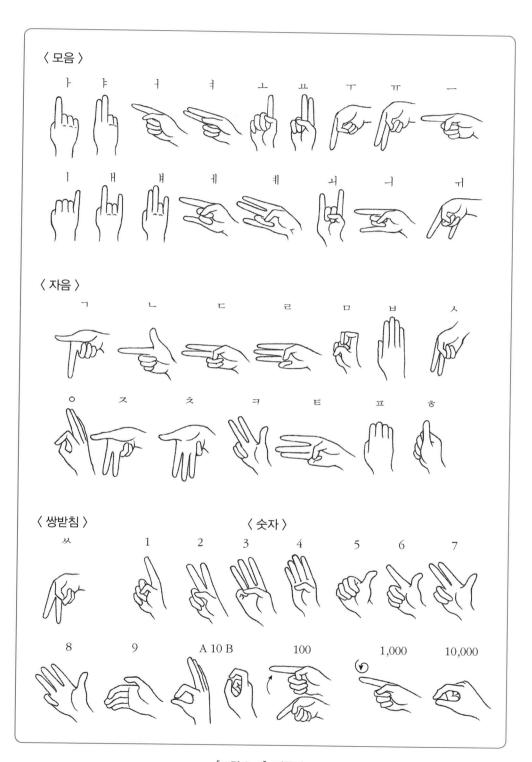

[그림 9-6] 지문자

3) 보청기와 인공와우

보청기는 소리의 강도를 증폭시켜서 좀 더 잘 들을 수 있도록 돕는 기구로 귀에 걸거나 귀속에 넣는 등 다양한 형태와 크기로 제작된다([그림 9-7] 참조). 보청기 기술은 계속 빠르게 발전하기 때문에 몇 년에 한 번씩 점검해 보는 것이 좋다. 최근에는 개인의 청력 손실 유형에 맞게 주파수대를 조절하여 소리를 확대할 수 있게 되었다. 보청기는 소리를 증폭시키는 역할을 할 뿐이며 소리를 더 명확하게 하는 것은 아니라는 사실을 기억할 필요가 있다. 따라서 소음이 많은 교실에서는 소음도 같이 크게 들리게 되므로 청각장애 아동이 수업을 따라가기 어려울 수 있다.

인공와우이식(cochlear implant)은 보청기를 써도 도움을 받지 못하는 고도의 감각신경성 난청 아동에게 유용한 청력을 제공함으로써 효과적인 재활의 방법으로 인정되고 있다(이광선, 2000). 와우이식은 외부의 음원으로부터 전달되어 온 소리 에너지를 내이를 대신하여 전기에너지로 변환시키고 달팽이관에 삽입된 전극을 통하여 청신경을 직접 자극하여 소리를 들을 수 있도록 하는 수술이다. 단순히 소리를 증폭시키는 보청기와는 달리 삽입된 전극이 와우에 주파수별로 다른 정보를 전달하여 자음의 분별에 필요한 정보를 얻을 수 있게 해 주며 환경음과 언어를 구별할 수 있게 해 준다(장선오, 2000). 1988년부터 국내에서 시행되기 시작하였으며, 수술 후 청각적 언어 이해 능력의 발달에 중점을 두는 특수

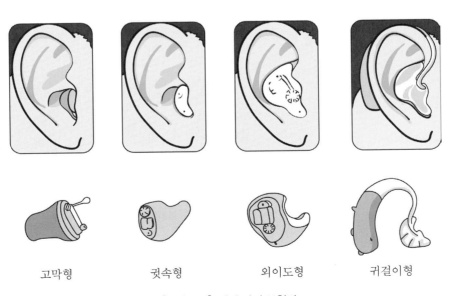

| 고막형 | 귓속형 | 외이도형 | 귀걸이형 |

[그림 9-7] 여러 가지 보청기

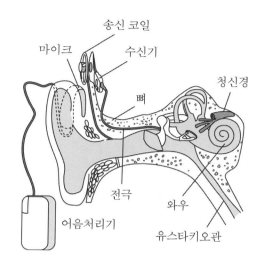

〈 인공와우의 구성 〉

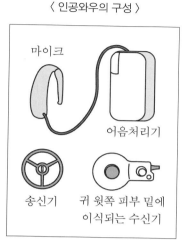

[그림 9-8] 인공와우의 체내 및 체외의 구성요소

출처: Heward et al. (2022). *Exceptional children: An introduction to special education* (12th ed., pp. 272). Pearson.

교육과 병행하여 단계별 집중적인 청능훈련 및 언어치료가 이루어지고 가정에서의 적절한 지도가 뒷받침될 때 인공와우를 통해서 얻는 청각적 정보를 사용하여 언어의 이해 및 표현 능력의 발달과 함께 발성 및 조음 능력의 향상까지 도달할 수 있다(장선오, 2000). 인공와우이식은 2005년 보험 급여 대상으로 선정된 이후 시술 수가 증가하고 있다.

　인공와우는 체내와 체외의 두 부분으로 되어 있다([그림 9-8] 참조). 체외에 있는 부분은 보청기처럼 착용하며, 마이크(외부의 소리를 모음), 어음처리기(모아진 소리를 선별하여 정리함), 송신용 코일(자극을 보냄)로 구성된다. 체내에는 보내진 자극을 수신하여 전기적 정보로 바꾸어 주는 수신기와 이를 청신경으로 보내는 전극이 수술로 삽입된다. 모든 청각장애인이 다 인공와우를 사용할 수 있는 것이 아니고 아직도 논의되어야 할 점들이 남아 있지만, 인공와우 삽입을 하지 않는 경우에 비해 수용 및 표현 언어/구어가 유의미하게 향상되었으며, 12개월 이전에 인공와우이식을 한 경우 최적의 말소리 지각과 산출, 언어 습득을 나타내는 것으로 보고된다(Deltman et al., 2016; Heward et al., 2022). 국내외적으로 인공와우를 통하여 혜택을 받는 수는 늘어가고 있다.

　인공와우이식 수술 대상을 선정할 때는 청각학적 기준 외에도 환자의 사회적 환경도 중요하게 고려해야 하는데, 우선 본인과 가족이 수술 후 재활치료에 적극적이고 와우이식술 및 수술 후 결과에 대해 충분히 이해하고 있어야 하며, 비현실적인 기대를 갖지 않

아야 한다(김희남, 2009). 수술 후에는 언어합성기에 프로그래밍을 하는 매핑 과정이 필요한데, 이는 이식된 전극이 편하고 적절한 음 자극을 할 수 있도록 여러 가지 변수를 조절하여 주파수별 역치와 최대치를 찾아주는 것이다. 선천성 청각장애로 소리의 감지나 크기에 대한 개념 자체가 부족한 소아의 경우는 이러한 매핑 과정에 어려움이 많은 것으로 지적된다(유은정 외, 2013). 최근에는 인공와우 시술을 받은 청각장애 유아를 대상으로 초기 문해 지도 프로그램을 실시하여 효과를 보인 연구(원성옥 외, 2009), 인공와우이식 후 청각장애 특수학교 중등부에 재학 중인 15~17세의 학생들에게 듣기 중심 언어 중재를 통하여 말 지각과 명료도에 긍정적인 효과를 보여준 연구(이현주, 박은혜, 2013), 인공와우 착용 아동의 의사소통 활용에 따른 사회역량 변화(허명진, 2014) 등 다양한 측면에서 인공와우 착용 아동에 대한 연구가 이루어지고 있다.

4) 보조공학

청각장애 아동을 위한 보조기구 중 대표적인 것은 보청기다. 그러나 그 외에도 다양한 보조공학 도구가 개발되어 청각장애 아동의 학습과 일상생활에 도움을 주고 있다. 그중 중요한 몇 가지에 대해서 살펴보면 다음과 같다.

먼저 특수보청기는 교실이나 식당처럼 소음이 많은 곳에서는 단순한 일반 보청기만으로는 말소리를 이해하기 어렵거나 양쪽 귀의 청력 편차가 심해서 일반 보청기로 충분한 도움을 받기 어려운 경우에 사용할 수 있다(고은, 2017). FM 송수신기는 학급에서 많이 사용하는 도구다. 교사가 작은 마이크(송신기)를 착용하고 말하면 FM 신호로 변환되어 아동이 귀에 착용하고 있는 보청기나 인공와우의 수신기에서 신호를 받아서 아동이 들을 수 있도록 확대된 음성이 전달된다. 교사가 교실 내에서 자리를 옮겨도 동일하게 음성이 전달되고, 목소리 외의 소음이 상대적으로 감소되는 장점이 있으므로, 교육환경에서의 FM 송수신기 지원은 매우 중요하다. 대부분의 특수교육지원센터에서 지원하는 보조공학기기 목록에 FM 송수신기가 포함되어 있다. 최신의 보청기나 인공와우에는 FM 송수신기의 수신기가 내장되어 있어서 별도의 수신기를 장착하지 않아도 된다. FM 송수신기 외에도 좌우의 청력 차이가 큰 경우에 잘 들리는 귀에서 다른 쪽 방향의 소리까지 듣도록 해 주는 크로스 보청기, 진동을 이용한 촉각 보청기, 적외선을 이용한 보청기 등이 있다.

청각장애인용 전화기(telecommunication devices for the deaf: TDD)는 문자전화기(text telephone: TT)와 골도전화기의 두 종류가 개발되어 있다. 문자전화기는 한글 문자판과 액정화면, 문자 전송 기능 단추 등을 추가로 설치하고 통화내용을 상대방의 전화기로 문자로 보낼 수 있도록 만들어졌다. 골도전화기는 유선 수화기 부분에 특수진동자를 부착하여 귀에 대지 않고 머리에 대어 뇌에 진동을 전달함으로써 소리를 들을 수 있도록 한 것이다. 그러나 최근에는 문자전화기보다 SNS를 통한 문자메시지나 파일 전송 등을 사용하여 개인 간 또는 그룹 의사소통을 하는 경우가 훨씬 더 많다(Gargiulo & Bouck, 2021).

일상생활 중에 나타나는 청각장애로 인한 어려움을 보완하기 위하여 다양한 기기들이 개발되어 알림 장치로 사용되고 있다. 예를 들어, 출입문의 벨소리, 화재경보, 자명종, 전화벨 등의 소리를 듣지 못하는 청각장애인이 소리 대신 신호를 전달받을 수 있도록 불빛이 깜빡이는 시각적인 단서를 사용하는 알림 장치가 사용될 수 있다. 자명종같이 불빛만으로 효과가 불충분한 경우에는 진동 베개 등을 이용하기도 한다.

컴퓨터는 일반적인 사용 외에도 다양한 교육용 소프트웨어나 앱을 통해 발음 연습, 청능훈련, 수어교육, 독화 연습, 언어 보충학습, AI 기반 문자통역 시스템 등 여러 가지 방법으로 청각장애 아동을 위해서 활용될 수 있다.

요약

이 장에서는 청각장애의 정의, 원인, 특성 등을 통하여 청각장애에 대한 전반적인 이해를 돕고, 나아가 청각장애 아동의 통합을 위한 교육적 중재에 대하여 알아보았다. 청각장애를 정의하는 데에는 소리의 강도를 중심으로 어느 정도의 소리를 들을 수 있는지를 기준으로 하는 생리학적인 관점과 청력 손실이 아동의 능력에 얼마나 영향을 미치는지를 기준으로 하는 교육적 관점이 있다. 「장애인 등에 대한 특수교육법」에서는 교육적 관점에 따라 청각장애를 정의한다. 청각장애를 일으키는 원인은 다양하지만 일반적으로 손상된 귀의 구조에 따라 전음성 청각장애, 감각신경성 청각장애 등으로 나눌 수 있으며 순음청력검사를 비롯한 여러 검사방법으로 청력의 손상 정도를 측정할 수 있다.

청각장애 아동은 청력의 손상으로 인하여 말과 언어의 발달뿐만 아니라 사회적, 정서적인 적응에도 어려움을 겪게 되는 경우가 많으며, 자신들만의 문화가 형성되기도 한다. 청각장애 아동의 통합교육 배치는 계속 증가하고 있다. 청각장애 아동의 통합교육을 위하여 교사는 학습 환경을 이들의 특성에 맞게 수정하고 시각적인 자료를 제시하거나 청음을 도울 수 있는 주변 환경이 되도록 유의해야 한다. 또한 청각장애 학생의 개별적인 필요에 맞도록 구화교육, 수어교육, 총체적 의사소통 방법의 활용, 보조공학적 기자재 도입 등 특수교육적인 중재 또한 적절하게 제공할 수 있어야 한다.

참고문헌

고은(2017). 청각장애아교육. 학지사.

교육부(2023). 특수교육연차보고서. 교육부.

김희남(2009). 와우이식. 대한이비인후과학회 편. 이비인후과학–두경부외과학(pp. 845-875). 일조각.

원성옥, 김지숙, 장은숙, 김선영, 이윤선, 이현정, 김병아(2009). 청각장애유아의 초기문해 지도프로그램 효과 연구. 특수교육저널: 이론과 실천. 10(1), 181-205.

유은정, 백무진, 안성우, 최상배, 서중현, 이광렬, 서유경, 허민정(2013). 청각장애아동교육: 이론과 교과지도. 학지사.

이광선(2000). 고도난청환자에서 보청기와 인공와우이식술의 controversy. 임상이비인후과, 11(1), 11-22. https://doi.org/10.35420/jcohns.2000.11.1.11

이동화, 김자경(2022). 통합교육 환경에 배치된 청각장애 중고등학생의 학교생활 만족도와 교육적 요구. 한국청각·언어장애교육연구. 13(3), 21-46. https://doi.org/10.24009/ksehli.2022.13.3.002

이현주, 박은혜(2013). 듣기중심의 언어중재가 특수학교 인공와우 이식 중등부 학생의 말 지각과 말 명료도에 미치는 영향. 특수교육학연구, 48(3), 39-66.

이현주, 박은혜(2018). 청각장애 초등학생을 담당한 통합학급 교사의 인식과 경험 연구. 특수교육, 17(3), 127-155. https://doi.org/10.18541/ser.2018.08.17.3.127

이현주, 이소현(2015). 자폐 범주성 장애를 동반한 청각중복장애 아동 관련 연구 활성화를 위한 연구 동향 및 과제. 특수교육, 14(3), 141-161. https://doi.org/10.18541/ser.2015.10.14.3.141

장선오(2000). 와우이식의 술전 평가, 적응증 및 Coding strategy. 2000 언어청능장애연수회 자료집(pp. 408-419). 한국언어청각임상학회.

정웅섭, 정은희(2015). 통합교육의 만족도에 대한 청각장애학생, 학부모, 교사의 인식비교. 한국청각·언어장애교육연구, 6(1), 167-190. https://doi.org/10.24009/ksehli.2015.6.1.009

최상배(2012). 청각장애학생 통합교육 실태와 개선방안: 교육 수화통역을 중심으로. 특수아동교육연구, 14(3), 55-77. https://doi.org/10.21075/kacsn.2012.14.3.55

최상배, 조성하(2023). 청각장애학교 교사의 청각중복장애 학생 교육에 대한 인식과 요구. 특수교육저널:이론과 실천, 24(2), 51-76.

허명진(2014). 인공와우를 착용한 청각장애아동의 의사소통 활용에 따른 사회역량 변화: 부모설문을 기초로. 특수아동교육연구, 16(1), 85-101. https://doi.org/10.21075/kacsn.2014.16.1.85

Deltman, S. J., Dowell, R. C., Choo, D., Arnott, W., Abrahams, Y., Davis, A., Dornan, D., Leigh, J., Constantinescu, G., Cowan, R., & Briggs, R. J. (2016). Long-term communication outcomes for children receiving cochlear implants younger than 12 months: A multicenter study. *Otology & Neurotology*, 37(2), 82-95. https://doi.org/10.1097/MAO.0000000000000915

Gargiulo, R. M., & Bouck, E. C. (2021). *Special education in contemporary society: An introduction to exceptionality* (7th ed.). Sage.

Hallahan, D. P., Pullen, P., & Kauffman, J. M. (2023). *Exceptional learners: Introduction to special education* (15th ed.). Pearson.

Heward, W. L., Alber-Morgan, S. R., & Konrad, M. (2022). *Exceptional Children: An introduction to*

special education (12th ed.). Pearson.

Kim, D., Yoon, S., Seo, J., Jeong, S., & Lee, B. (2023). SpeechBalloon: A New Approach of Providing User Interface for Real-Time Generation of Meeting Notes. In M. Antona & C. Stephanidis (Eds.), *Universal Access in Human-Computer Interaction*. HCII 2023. Lecture Notes in Computer Science, vol 14020. Springer, Cham. https://doi.org/10.1007/978-3-031-35681-0_16

Lewis, R. B., Wheeler, J. J., & Carter, S. L. (2017). *Teaching students with special needs in general education classrooms* (9th ed.). Pearson.

Mahshie, J., Moseley, M., J., Lee, J., & Scott, S. M. (2006). *Enhancing communication skills of deaf and hard of hearing children in the mainstream*. Thomson Delmar Learning.

Reiman, J. W., & Bullis, M. (1989). Integrating students with deafness into mainstream public education. In R. Gaylord-Ross (Ed.), *Integration strategies for students with handicaps* (pp. 105-128). Brookes.

Schirmer, B. R. (2001). *Psychological, social, and educational dimensions of deafness*. Allyn and Bacon.

Smith, D. D., & Tyler, N. C. (2010). *Introduction to special education: Making a difference* (7th ed.). Pearson.

Smith, T. E. C., Polloway, E. A., Taber-Doughty, T. (2020). *Teaching students with special needs: In inclusive settings* (8th ed.). Pro-Ed.

U.S. Department of Education, Office of Special Education and Rehabilitative Services, & Office of Special Education Programs (2023). 44th annual report to Congress on the implementation of the Individuals with Disabilities Education Act, 2022. https://sites.ed.gov/idea/2022-individuals-with-disabilities-education-act-annual-report-to-congress/

제 **10** 장

시각장애

I. 시각장애 아동의 이해

1. 시각장애의 정의

시각장애는 저출현 장애로 다른 장애에 비해서 시각장애 아동의 수는 적은 편이다. 그러나 모든 아동이 그러하듯이 시각장애 아동 역시 하나의 획일적인 집단이 아니라 개인마다 다양한 특성과 능력을 지닌 아동으로 먼저 인식되어야 한다. 시각장애 자체를 놓고보더라도 그 유형과 정도는 다양하며, 장애 유형이나 정도가 같은 경우에도 성장 및 교육환경 또는 개인적 성향 등에 따라 서로 다른 특성을 나타내므로 이들에 대한 정확한 이해가 필요하다. 아직도 시각장애에 대한 이해가 부족하여 시각장애인에게 이야기할 때 큰 소리로 말해야 한다거나, 시각장애가 있는 아동이 당연히 지능에 문제가 있는 것으로 생각하는 등의 잘못된 생각을 하는 경우가 있다. 이러한 잘못된 생각은 시각장애 아동의 교육에 큰 영향을 미칠 수 있으므로, 교사는 시각장애에 대한 정확한 이해를 기반으로 적절한 교육을 제공할 수 있어야 한다. 시각장애 아동이 시각의 어려움이 있는 것 외에는 일반 아동과 동등한 능력과 감정, 권리를 가진 아동이라는 기본적인 사실을 잊지 말아야 한다(Holbrook & Koenig, 2000).

시각은 시력과 시야에 의해서 결정된다. 대부분의 경우 시야에는 문제가 없지만 시력이 낮아서 시각장애를 일으키게 된다. 그러나 터널비전과 같이 시야가 극도로 부분적이기 때문에 시각장애를 초래하는 경우도 있다. 시각장애의 법적 정의를 살펴보면, 미국에서는 실명(또는 맹)과 저시력으로 나누어 구분한다. 법적 실명은 시력 교정 후 잘 보이는 눈의 시력이 20/200 이하이거나 시야가 20도 이하인 경우를 말한다. 이것은 일반적인 시력을 가진 사람이 200피트(약 60m)의 거리에서 볼 수 있는 것을 안경이나 콘택트렌즈를 착용하고 20피트(약 6m)의 거리에서 볼 수 있음을 의미한다. 시력이 20/200 이상이더라도 시야가 20도 이하이면 법적 실명에 해당한다. 즉, 일반적인 시력을 가진 사람은 고개를 돌리지 않고 180도 범위의 사물을 볼 수 있으나 시야가 20도 이하인 사람은 주변시력이 매우 약하므로 좁은 터널을 통해 보는 것과 같다. 저시력은 과거에는 약시라고 불리던 용어로 하나의 통일된 법적 정의는 없으나(Corn & Erin, 2010), 일반적으로 교정 후 더 잘 보이는 눈의 시력이 20/200 이상이더라도 20/70 이하이면 저시력에 해당한다(Holbrook, &

시야가 좁은 사람이 보는 거리의 모습　　시력이 낮은 사람이 보는 거리의 모습

[그림 10-1] 시야나 시력에 문제가 있는 시각장애인이 보는 거리의 모습

출처: Smith, D. D., & Tyler, N. C. (2010). *Introduction to special education: Making a difference* (7th ed.). Pearson.

Koenig, 2000). [그림 10-1]은 시야와 시력에 문제가 있는 경우에 나타나는 현상을 비교하여 보여 준다.

　우리나라는 「장애인복지법」과 「장애인 등에 대한 특수교육법」을 통하여 시각장애의 정의를 제시한다(〈표 10-1〉 참조). 「장애인복지법」은 시력과 시야에 있어 잔존시력의 정도에 따라 장애를 정의하며, 이를 통하여 시각장애인의 사회복지 혜택을 제공한다. 반면에, 특수교육 적격성을 결정하기 위해서 사용되는 「장애인 등에 대한 특수교육법」에서 제시하는 정의는 「장애인복지법」의 생리학적인 관점과는 달리 좀 더 기능적이고 교육적인 관점에서의 정의를 제시한다. 이것은 생리학적인 관점의 법적 정의가 아동의 잔존시력 활용 능력(시기능)이 이들의 시력이나 원인질환과는 별개로 교육환경이나 성장배경에 따라 달라질 수 있다는 사실을 고려하지 않는다는 점에서 문제가 될 수 있음을 반영한 것이다. 즉, 동일한 시력과 원인질환인 경우에도 이들의 잔존시력 활용은 다르게 나타날 수 있다는 것이다(Corn & Erin, 2010). 예를 들어, 어떤 사람은 익숙한 장소에서는 잔존시력을 이용하여 쉽게 이동할 수 있지만 타인의 얼굴 표정이나 의사소통의 단서가 될 수 있는 몸짓 등을 인식하는 데는 어려움을 느낄 수 있는 반면에, 다른 사람은 청각적인 수단이나 타인의 도움이 없이는 익숙한 장소에서의 독립적인 이동이 불가능하지만 잔존시력을 활용하여 다른 사람의 얼굴 표정이나 몸짓 등을 쉽게 인식할 수 있다. 결과적으로, 시각장애의 교육적 정의를 따르게 되면 시각장애 아동은 시각장애로 인하여 학업 성취에 영향을 받

표 10-1 현행법에 따른 시각장애의 정의

출처	용어	정의
장애인 등에 대한 특수교육법	시각장애를 지닌 특수교육대상자	시각계의 손상이 심하여 시각기능을 전혀 이용하지 못하거나 보조공학기기의 지원을 받아야 시각적 과제를 수행할 수 있는 사람으로서 시각에 의한 학습이 곤란하여 특정의 광학기구 · 학습매체 등을 통하여 학습하거나 촉각 또는 청각을 학습의 주요 수단으로 사용하는 사람
장애인복지법	시각장애인	가. 나쁜 눈의 시력(공인된 시력표에 따라 측정된 교정시력을 말한다)이 0.02 이하인 사람 나. 좋은 눈의 시력이 0.2 이하인 사람 다. 두 눈의 시야가 각각 주시점에서 10도 이하로 남은 사람 라. 두 눈의 시야 2분의 1 이상을 잃은 사람 마. 두 눈의 중심 시야에서 20도 이내에 겹보임(복시)이 있는 사람
장애인교육법 (IDEA 2004)	시각장애(맹 포함) [visual impairment (including blindness)]	교정을 한 후에도 교육적 성취에 부정적인 영향을 미치는 시각 손상으로 저시력과 맹을 모두 포함함

기 때문에 교육에 있어서 특별한 자료와 교육환경을 필요로 하는 아동을 의미한다.

미국 「장애인교육법(IDEA 2004)」의 시각장애 정의에서 볼 수 있듯이(〈표 10-1〉 참조) 시각장애는 맹 또는 실명과 저시력을 모두 포함한다. 교육을 위한 목적으로 촉각(예: 점자)이나 청각(예: 녹음도서)을 사용해야 하는 아동을 실명(또는 맹) 상태에 있다고 보며 (Hallahan et al., 2023), 심각한 시각장애가 있으나 어느 정도의 사용 가능한 잔존시력을 보유하고 있는 경우를 저시력(또는 저시각)이라고 한다. 즉, 시각을 학습에 필요한 감각 매체로 활용할 수 있는가를 기준으로 교육적 맹과 저시력을 구분할 수 있다.

저시력 아동은 시력을 교정한 후에도 심한 시각장애가 남아 있기는 하지만 교정렌즈, 확대경, 망원경 등을 사용하여 인쇄물을 읽을 수 있는 경우를 말하며, 이러한 저시력 아동에게 맹 아동과 동일한 방법을 적용하여 교육하는 것은 적절하지 않다(Barraga & Erin, 1992). 학습과 독립생활 등 과제를 수행하기 위해 필요한 시각 활용 능력, 즉 시각과 관련된 여러 기능이 주변 환경과 상호작용할 수 있는 능력을 기능시력(functional vision) 이라

고 한다(American Foundation for the Blind, 2020).

2. 시각장애의 원인

1) 눈의 구조

눈은 주위 환경으로부터 시각적 상을 받아들여 뇌에서 해석할 수 있도록 전달하는 복잡한 기관이다. 시야에 있는 물건에서 반사된 빛은 우선 각막(눈의 투명한 부분, 창)을 통과한다. 그리고 방수(각막 뒤의 물 같은 액체)와 동공을 지난다. 이때 홍채의 근육이 동공의 크기를 확장하거나 축소시킴으로써 눈에 들어오는 빛의 양을 조절한다. 빛은 다음으로 수정체(투명하고 수축성이 있는 부분)를 통과한다. 수정체를 지난 빛은 초자체(눈의 모양을 유지하는 젤리 같은 물질)를 지나 망막(눈의 내막으로 시신경세포가 있음)에 도달한다. 망막은 원추체와 간상체라고 하는 빛의 수용체를 갖고 있다. 원추체 세포는 망막의 황반 부분에 있으며 색깔에 민감하고 명도가 높을 때 민감하기 때문에 독서를 하거나 먼 거리의 물체를 식별하거나 색깔을 변별하는 등의 세부적인 시각적 과제를 가능하게 한다. 반면, 간상체 세포는 망막의 주변부에 있으며 움직임과 명도가 낮을 때 민감하여 야간시력에 필요하다. 이와 같이 망막의 세포가 빛에 의해 자극되면 전기적 자극으로 바뀌어 시신경을 따라 시각을 담당하는 뇌의 후두엽에 도달한다. 이러한 눈의 구조 중 어느 한 부분에라도 결함이 생기면 시각장애를 초래하게 된다. [그림 10-2]는 눈의 구조를 그림으로 보여 준다.

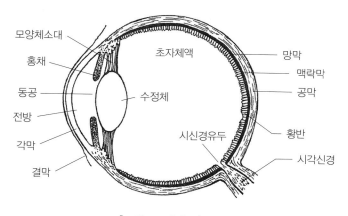

[그림 10-2] 눈의 구조

2) 시각 손상의 원인

시각이 손상되는 원인은 매우 다양하다. 교사가 이러한 원인을 정확히 알면 시각장애 아동의 교육환경과 교수 방법을 적절하게 조정할 수 있고, 학부모나 관련 전문가와의 협력에도 도움이 된다. 가장 흔한 시각의 문제는 근시, 원시 등의 굴절이상이다. 시각의 상이 망막보다 앞에 맺히는 근시, 뒤에 맺히는 원시, 각막이나 수정체의 표면이 균일하지 않아 발생하는 난시는 모두 안경이나 콘택트렌즈를 사용하여 어느 정도 교정이 가능하다. 그러나 심한 경우 교정 후에도 시각장애를 초래할 수 있다. 굴절이상 이외에 시각장애를 초래하는 대표적인 원인을 살펴보면 다음과 같다.

(1) 피질 시각장애

피질 시각장애(cortical visual impairment: CVI)는 뇌성 시각장애(cerebral visual impairment)라고도 하며, 아동 시각장애의 주요 원인이다(Hallahan et al., 2023). 안구 또는 시신경과 같은 눈 자체에는 이상이 없으나 뇌의 시각피질의 이상으로 시각장애가 발생한다. 뇌성마비, 뇌전증, 발작 등의 다양한 신경학적 장애를 동반한다. 기존의 시력이나 시야 등의 시기능이 아닌, 시각적 정보처리 과정에서 어려움을 겪는다(National Eye Institute, 2020).

(2) 선천성 백내장

선천성 백내장(congenital cataract)은 수정체가 혼탁해지거나 불투명해져서 빛이 망막에 도달하지 못하게 되어 시각적 상이 왜곡되고 희미하게 보이게 된다. 백내장이 시력에 미치는 영향은 혼탁한 부위의 크기, 위치, 농도 등에 따라 다르다. 수술로 수정체를 제거하고 콘택트렌즈나 안경을 착용하거나 인공수정체를 삽입한다. 참고로 노인성 백내장은 주로 50~60대에 후천적으로 나타나며, 수술 후 인공수정체를 삽입하면 예후가 좋은 편이다.

(3) 선천성 녹내장

선천성 녹내장(congenital glaucoma)은 선천적으로 방수의 배출이 원활하게 이루어지지 않음으로 인해 안압이 높아지는 병이다. 적절한 치료가 뒤따르지 않으면 시신경이 손상되고 영구적인 시력 손실을 초래하게 된다. 만 3세 이후에 녹내장 증세가 생기는 경우는 안압이 증가함으로 인한 통증, 메스꺼움, 두통 등의 증세를 보인다. 시력 손상을 최소화하기 위해서는 조기 치료가 필수적이다.

(4) 백색증

백색증(albinism)은 신체 전반의 색소가 부족하거나 없는 병으로 유전적이고 선천적이다. 남자에게 더 많은 안구백색증은 시력저하, 난시, 광선공포증, 안구진탕증 등의 증상을 포함한다.

(5) 안구진탕증

안구진탕증(nystagmus)은 한쪽 혹은 양쪽 눈 모두에서 불수의적인 움직임을 보인다. 빠르게 나타나기도 하고 느리기도 하며, 빙글빙글 돌거나 좌우 방향으로만 움직이기도 한다. 안구가 움직여도 아동은 물체를 고정되어 있는 것으로 인식한다. 주로 다른 안과적 질병과 함께 나타난다.

(6) 망막박리 및 망막 색소 변성

망막박리(retinal detachment)는 망막이 맥락막으로부터 떨어져서 망막의 감각기능이 저하됨으로써 심각한 시각장애를 초래하는 상태를 말한다. 원인은 외상이나 고도근시, 백내장 수술 후 무수정체안 등을 들 수 있으나 원인을 알지 못하는 경우도 많은 것으로 알려져 있다.

망막 색소 변성(retinitis pigmentosa)은 청소년기에 나타나는 경우가 많으며 유전적인 질환으로 망막을 점진적으로 퇴화시킨다. 처음에는 간상체 세포에 먼저 영향을 미침으로써 주변시력이 약화되고 야간시력이 저하되지만, 진행됨에 따라 터널시력이나 시각장애를 초래한다. 선천성 농을 초래하는 어셔증후군(Usher's syndrome)과도 관련되어 있다.

(7) 사시

사시(strabismus)는 두 눈이 동시에 같은 물체에 초점을 맞추지 못하는 상태를 말한다. 근육의 불균형에 의하여 생기며, 두 안구가 모두 안쪽으로 몰리는 경우, 모두 바깥쪽으로 몰리는 경우, 한쪽에 비해 다른 한쪽이 위로 향하는 경우 등이 있다. 특히 다른 한쪽에 비해 안구 한쪽이 위로 향하는 경우에는 사시로 인한 이중 시각상을 피하기 위해서 주로 더 나은 쪽의 시력을 사용하고 다른 쪽 눈을 가리는 경우가 많다.

(8) 시신경 위축

시신경 위축(optic nerve atrophy)은 시신경 섬유가 손상되는 것을 말하며, 전기적 자극이 망막에서 두뇌의 시각중추로 전달되지 않게 된다. 이러한 경우 시각장애의 정도는 손상된 부위와 정도에 따라 달라지며, 시력이나 시야 손상, 색깔 지각의 어려움 등이 나타난다.

(9) 미숙아 망막증

미숙아 망막증(retinopathy of prematurity: ROP)은 인큐베이터 내의 미숙아에게 산소가 지나치게 공급되는 경우 눈 속의 신생혈관에 섬유조직이 동반되어 나타나며 망막박리와 실명을 초래하게 된다. 최근에는 산소 농도를 적절히 조정하여 미숙아 망막증의 발생이 많이 감소하였으나 완전히 없어진 것은 아니다. 미숙아로 출생하는 신생아는 눈의 혈관이 충분히 발달하지 않은 상태이기 때문에 미숙아 망막증 발생 위험이 있다(Hallahan et al., 2023).

(10) 레베르 선천성 흑암시

레베르 선천성 흑암시(leber congenital amaurosis: LCA)는 출생 시 혹은 출생 직후에 실명을 일으킬 수 있는 주요 유전성 망막이상증 중 하나이다(서울대학교병원 희귀질환센터, 2021; 황준서 외, 2007). 흑내장(amaurosis fugax)이라고도 불리며, 출생할 때부터 실명 상태인 경우가 많고 시각적 자극에 대한 반응 감소가 첫 증상으로 나타나며, 눈을 찌르는 증상(eye poking)을 흔히 보인다(질병관리청 희귀질환 헬프라인, https://helpline.kdca.go.kr).

이 외에도 임산부가 임신 초기에 풍진에 감염되면 시각, 청각, 지적장애 등의 장애가 있는 아동이 태어날 가능성이 매우 높으며, 태내에 있을 때 안구 형성에 문제가 생겨 소안구증, 무수정체안, 홍채결손증 등이 나타날 수도 있다.

학령기 이후에 시각에 문제가 생기게 되는 경우 미처 가정에서 깨닫지 못하고 지나칠 수 있다. 이러한 경우에는 학교생활에서도 동일한 징후를 보이게 되므로 이를 발견하기 위한 교사의 세밀한 관심과 주의 깊은 관찰이 요구된다. 〈표 10-2〉는 미국 시각장애예방협회(Prevention Blindness America)에서 제시한 자료로 아동이 시각에 문제가 있을 때 보일 수 있는 징후를 보여 준다. 아동이 일정 시간 동안 이러한 문제를 계속 보인다면 보

표 10-2 시각 이상을 의심해 볼 수 있는 징후

분류	증상
외모	• 두 눈이 일렬로 정렬되지 않거나, 두 눈의 시선이 모이지 않고 한쪽 눈의 시선이 다른 곳을 향한다. • 눈가가 빨갛게 되거나 외피가 덮여 있거나 부어 있다. • 눈물이 고이거나 충혈되어 있다.
행동	• 눈을 지나치게 문지른다. • 한쪽 눈을 감거나 가린다. • 고개를 기울이거나 앞으로 내민다. • 읽기에 문제를 보이거나, 눈을 가까이 쓰는 작업을 어려워하거나, 사물을 눈 가까이에 대고 본다. • 눈을 가까이 쓰는 작업을 할 때 눈을 자주 깜빡거리거나 신경질을 낸다. • 원거리 사물을 분명하게 보지 못한다. • 눈을 가늘게 뜨거나 찡그린다.
불평	• "눈이 가려워요." "눈이 화끈거려요." "눈에 상처가 난 것 같아요." "잘 볼 수가 없어요."라고 말한다. • 눈을 가까이 쓰는 작업 후에 "어지러워요." "머리가 아파요." "아파요/메스꺼워요."라고 말한다. • "모든 것이 희미해요." 또는 "이중으로 보여요."라고 말한다.
학급 행동	• 책을 읽는 중에 위치를 놓친다. • 페이지 전체를 읽을 때 머리를 돌린다. • 글자를 쓸 때 크기와 간격이 불규칙하다. • 같은 줄을 반복해서 읽거나 건너뛰어 읽는다. • 책상에서 작업할 때 머리를 지나치게 기울인다. • 읽기나 쓰기 과제 시 집중 시간이 짧다. • 교실에서 과잉행동 또는 무기력함을 보인다.

출처: 이소현(2020). 유아특수교육(2판, p. 122). 학지사.

건교사나 다른 해당 전문가에게 의뢰하도록 하며, 특별한 증상이 나타나지 않는 안과 질환도 있으므로 정기적인 안과 검진을 받는 것이 좋다.

3. 시각장애 아동의 특성

시각 손상의 유형과 정도는 아동의 발달과 학습에 영향을 미친다. 예를 들어, 만 5세

전에 시력이 손상된 아동은 시각적 상(visual image)을 갖지 못하고, 개념에 대한 학습도 다른 방법으로 이루어지게 된다. 시각장애인이 보이는 특성은 여러 가지로 분류될 수 있으나 이 책에서는 주로 학령기 아동과 관련된 특성으로 발달에 미치는 영향을 중심으로 서술하였다.

1) 운동기능 발달

시각장애 유아는 능동적으로 주변 환경을 탐색하는 데 어려움을 겪기 때문에 기기, 앉기, 걷기 등의 운동기능 발달이 지연되는 경우가 많다(Hallahan et al., 2023). 전형적인 시력을 지닌 유아는 흥미 있는 물체를 보기 위해 고개를 들고 좌우로 돌리는 등의 운동을 계속하면서 목 가누기와 돌리기 등의 매우 중요한 운동 발달을 이루게 된다. 그러나 시각장애가 있는 경우에는 이와 같은 움직임에 대한 동기가 부족하여 운동 발달이 지체될 수 있다. 또한 이들은 시각적 자극의 결핍으로 주변 환경 내에 물체가 존재한다는 사실을 자연스럽게 알 수가 없으며, 따라서 물체를 향해 손을 뻗거나 움직여 가고자 하는 시도를 하지 않는다. 그러므로 시각장애 아동의 운동 발달을 촉진하기 위해서는 주변에서 촉각이나 청각 등의 자극을 통하여 움직이도록 격려하고 동기를 유발해야 한다(Wheeler et al., 1997).

시각장애 아동은 근긴장도가 낮고 고유수용감각(proprioception: 공간에서의 자신의 신체 위치에 대한 지각)이 낮기 때문에 자세가 나쁘고 보행 패턴도 어색한 경우가 많다. 어려서부터 시각 자극을 대신할 수 있는 다양한 유형의 자극을 통해 운동기능 발달을 촉진하고, 자연스러운 자세와 걸음걸이를 습득할 수 있도록 지도하는 것이 매우 중요하다.

2) 개념 발달

선천적이거나 영아기에 시각장애가 생긴 아동은 정보 수집 체계에 손상을 입게 되므로 개념 형성에 큰 영향을 받게 된다. 이들은 시각 이외의 다른 감각을 이용하여 정보를 얻게 되는데 종종 잘못된 개념을 갖게 되기도 한다. 촉각을 활용하면 구체적 개념의 발달을 촉진할 수는 있으나 촉각적 탐색으로 알 수가 없는 부분도 있다. 예를 들어, 산이나 강은 만져서 알기에는 너무 크고, 파리나 개미는 너무 작다. 또한 거미줄 등은 손상되기가 쉽고, 끓는 물은 만지기 위험하다. 촉각은 또한 팔이 닿는 거리 안에 있는 것만 지각할 수 있으므로 주위 환경을 멀리 둘러보며 지식을 얻을 수가 없다.

시각장애 아동의 지능은 일반 아동에 비해 낮지 않다. 그러나 시각의 손상으로 인해서 다른 감각에 의존하여 학습하게 되므로 사물의 영속성, 인과관계, 목적과 수단의 관계 등과 같은 개념을 습득하는 시기가 늦어지는 경우가 많다. 일반 아동에게 반복적으로 많이 제공되는 모방과 관찰의 기회가 없는 것도 시각장애 아동이 같은 연령의 일반 아동에 비해 개념 발달이 늦어질 수 있는 요인이다. 그러나 이러한 지체는 아동이 언어를 통해 정보를 얻기 시작하면 곧 해소된다(Hallahan et al., 2023).

3) 사회-정서적 특성

사회성 기술의 발달은 시각과도 많은 관련이 있으므로 시각장애 아동은 일반 아동과 다른 몇 가지 특성을 보인다. 첫째, 부모나 친구의 눈 맞춤이나 미소와 같은 시각적 신호를 보지 못하므로 이러한 행동을 배우지 못하고, 따라서 이들의 사회적 상호작용이 제한되거나 잘못 해석되는 경우가 생긴다(Warren, 1994). 이로 인하여 시각장애 아동에 대한 부정적인 태도가 형성되기도 하고, 결과적으로 시각장애 아동이 사회적으로 고립되는 결과를 초래하기도 한다. 이들은 나이가 들어감에 따라 얼굴 표정을 적절하게 사용하지 못하는 등 비구어적인 신호를 사용하는 데 결함을 보이게 되므로 일반인에게 무관심한 것으로 오해를 받기도 한다.

둘째, 시각장애로 인하여 사회적 상호작용을 시작하는 것과 유지하는 것이 어려워진다. 시각장애를 지닌 아동은 또래의 관심이 어디를 향하고 있는지 알기 어려울 뿐만 아니라, 누군가가 자신에게 말하고 있는지 다른 사람에게 말하고 있는지, 또한 친구가 옆에 왔는지 떠났는지도 잘 알 수 없다. 따라서 주위에 아무도 없을 때 말을 걸게 되기도 하고, 어떤 시각장애 아동은 눈 맞춤 대신 팔을 툭툭 치는 신체적 접촉을 사용하기도 한다. 이와 같은 시각을 대신하는 신체적 접촉은 일반 아동에게 거부감을 줄 수도 있다(Kekelis & Sacks, 1992).

셋째, 시각장애 아동은 일반 아동이 시각적 관찰과 모방을 통하여 자연스럽게 습득하는 사회성 기술을 잘 학습하지 못하기 때문에 구체적인 기술 습득을 위한 교수가 계획되어야 한다. 특히 성공적인 통합교육을 위해서는 이러한 사회적 기술이 중요하게 교수되어야 한다(Kekelis & Sacks, 1992). 시각장애 아동에게 교수해야 하는 사회적 기술에는 대화 중 상대방 쳐다보기, 머리를 똑바로 들고 바른 자세 유지하기, 말할 때 또래나 교사로부터 적절한 거리 유지하기(너무 가깝거나 멀지 않도록), 적절한 방법으로 대화 시작하기 등이 있다.

마지막으로, 시각장애 아동 중에는 몸을 앞뒤 또는 좌우로 흔들거나 눈을 누르는 등의 행동을 지속적으로 보이는 경우가 있다. 이러한 자기 자극적인 행동과 매너리즘은 사회적으로 수용되기에는 부적절한 행동이다. 또한 이러한 행동은 발생 초기에는 스트레스나 무료함에 대한 반응으로 시작되었다고 하더라도 습관화되기 쉬우므로 적절한 교수를 필요로 한다. 이와 같은 부적절한 행동은 이 책의 제6장에서 설명한 행동 지원의 방법을 통하여 감소하거나 사라질 수 있다.

최근에는 시각장애 이외에 다른 장애를 중복으로 보이는 시각중복장애 학생도 늘어나고 있다. 지적장애를 중복으로 보이는 경우가 가장 많으며, 청각장애, 지체장애 등을 각각 중복으로 보이거나 여러 장애를 함께 보이는 경우도 있다(김덕주, 홍재영, 2023; 박순희, 2022; 홍재영 외, 2014). 이들은 다른 장애를 보완하는 방법으로 시각을 사용하기 어렵고 (예: 청각장애를 보완하기 위한 시각적 지원) 지적장애나 지체장애로 인해 점자학습에 어려움을 겪는 등 교수-학습에서 많은 추가적인 노력과 지원을 필요로 한다.

Ⅱ. 시각장애 아동 교육

1. 통합교육을 위한 일반적 지침

다른 장애 영역과는 달리 과거 우리나라의 시각장애 아동은 통합교육보다는 특수학교에서 고등학교까지 교육을 받는 경우가 많았다. 이것은 많은 시각장애 아동이 일반학교에서 교육받는 미국의 경우와는 대조적인 현상이다. 미국 교육부의 2022년도 통계에 따르면 만 5~21세 시각장애 학생의 89.8% 가 일반학교에서 교육받고 있다. 69.4%는 학교생활의 80% 이상을 일반학급에서 교육받고 있다(U.S. Department of Education, 2023). 다시 말해서 대부분의 시각장애 학생이 일반학급에서 교육을 받고 있으며, 기타 장애를 중복으로 보이는 경우에는 좀 더 보호적인 환경에서 교육을 받기도 한다. 우리나라의 경우는 이와는 대조적으로 많은 시각장애 학생이 특수학교인 맹학교에 다니고 있다. 2023년 기준으로 우리나라의 시각장애를 지닌 특수교육대상자 중 일반학교에서 통합교육을 받고 있는 학생은 665명(일반학급 458명, 특수학급 207명)으로 약 38.1%에 해당한다(교육부, 2023).

전체 특수교육대상자 중 일반학교에서 교육받는 학생의 비율이 약 70%인 데 비하면 시각장애 학생의 통합교육 비율은 매우 낮으며, 대학에 입학할 정도의 시각장애 학생도 맹학교에서 고등학교까지 교육을 받는 경우가 많다. 이러한 현상에 대해서는 그 원인에 대한 파악과 개선이 필요하다. 시각장애 아동이 통합교육을 받기 위해서는 저시력용 보조기기 사용이나 점자 교육을 위한 시각장애 교육 전문가의 지원이 필요할 수도 있다 (Lewis et al., 2017). 해외의 경우 이러한 지원은 시각장애 전문교사가 통합학급을 방문하여 자문과 직접교수를 제공하는 형식으로 이루어진다. 우리나라에서는 통합된 시각장애 학생을 위해 지역마다 시각 거점 특수교육지원센터가 운영되고 있다. 현재 서울에는 강북권과 강남권에 각각 서울특별시중부교육지원청과 서울특별시강서양천교육지원청 2개소가 있고, 경기도에는 경기북부와 경기남부에 각각 수원교육지원청과 구리남양주교육지원청 2개소가 있다. 국립으로는 서울맹학교 내에 국립시각장애교육지원센터(https://bl.sen.sc.kr/6629/subMenu.do)가 있는데, 이곳은 전국 대상이므로 시각장애 학생이라면 지역과 상관없이 누구나 서비스를 받을 수 있다. 지방의 경우 주로 사립 시각장애 특수학교에 센터를 설치하여 통합교육을 받는 시각장애 학생을 순회 형태로 지원하고 있다.

시각장애 아동은 지적장애나 뇌성마비 등 기타 장애를 중복으로 보이는 경우를 제외하고는 인지 능력에 장애가 없으므로 시각장애를 보완할 수 있는 보조기기를 사용하거나 일반교사의 적절한 교육과정 운영과 지원이 있다면 비교적 통합교육이 용이하다고 말할 수 있다. 일반학급에 통합된 시각장애 아동을 위해서는 교육과정, 즉 교육내용 자체를 많이 수정해야 하는 경우보다는 학습 환경이나 교수 방법에서의 수정이 필요한 경우가 많다. 따라서 여기서는 시각장애 아동을 위하여 학습 환경을 조성하는 구체적인 방법과 이들에게 사용할 수 있는 일반적인 교수 방법 수정에 대하여 설명하였다.

1) 학습 환경의 조성

시각장애 아동을 위해서는 조명, 자리 배치 등에 있어서 적절한 학습 환경을 제공할 필요가 있다. 이들에게 적절한 학습 환경을 조성하기 위해서 교사는 다음과 같은 내용을 고려할 수 있다.

첫째, 점자정보단말기(휴대용 컴퓨터와 같은 기능을 하는 점자단말기)나 기타 학습 도구를 놓을 수 있도록 책상이 충분히 넓어야 한다. 둘째, 독서대나 책상 표면의 각도 조절이 가능한 책상을 이용하면 가까운 거리에서 책을 보아야 하는 경우 자세를 바르게 유지해 줄 수 있다. 셋째, 저시력 아동이 조명이 반사되는 위치에 앉지 않도록 배려한다. 또한 충분한 밝기의 조명이 제공되어야 하므로 부분조명이 필요할 수도 있다. 넷째, 교수 자료를 크게 확대 복사해 주거나 확대도구를 사용하게 해 준다. 최근에 확대경이나 독서확대기가 발달함에 따라 점차 확대복사보다 확대도구의 사용이 권장되고 있다(Smith & Erin, 2002). 학생에 따라서는 확대복사본이 너무 커서 불편해할 수 있고, 확대경이나 독서확대기를 사용하는 경우는 일반 텍스트도 배율을 조정하여 읽을 수 있으므로 학생의 선호하는 바를 확인할 필요가 있다. 다섯째, 교실에 익숙해질 때까지 탐색할 수 있도록 배려한다.

시각장애 아동의 삶에 있어서 주변 환경을 올바로 인식하는 방향정위(orientation)와 안전하게 혼자 다닐 수 있는 이동성(mobility)은 매우 중요하다. 이렇게 자신의 주위 환경에 익숙해져서 안전하고 독립적으로 다닐 수 있는 능력은 일반학급의 시각장애 아동에게 특히 중요하다. 시각장애 아동이 다치지 않고 스스로 교실을 다닐 수 있도록 하기 위해서는 교실의 구조와 책상의 배치 등을 미리 알려주어야 한다. 교사는 교실 곳곳을 데리고 다니며 책상이나 교탁의 위치 등을 알려주어야 하며, 적절한 자리를 배정해 주는 것도 중요하다.

2) 교수 방법의 수정

일반학급의 시각장애 아동을 위한 교수 방법의 수정은 아동의 개인적인 필요와 능력에 따라 수정의 정도가 달라진다. 많은 경우에 시각장애로 인하여 인쇄물을 보지 못하는 문제를 해결하기 위하여 점자 및 녹음자료를 사용해야 하며, 저시력 아동을 위하여 확대자료를 제작하는 등 대안적인 교수 자료의 활용이 필요하다. 이 외에도 시각장애 아동의 특성을 고려하여 가능한 한 또래와 동일한 경험을 할 수 있도록 노력이 요구된다. [그림 10-3]은 저시력 아동을 위하여 사용될 수 있는 확대자료의 예를 보여 준다. 또한 교사는 시각장애 아동이 사용할 수 있는 다양한 보조기기에 대한 지식도 숙지하여 적절히 지도할 수 있어야 한다. 구체적으로 살펴보면 〈표 10-3〉에서 보는 바와 같다(Gargiulo & Bouck, 2021). 학생에게 학습 내용을 제시하는 방법과 학생이 학습활동에 참여하고 자신의 성취를 표현하는 방법을 계획할 때 시각장애 학생이 포함될 수 있도록 다양하고 유연하게 제공하는 보편적 학습설계 접근이 필요하다.

통합된 시각장애 아동을 위하여 고려해야 할 사항을 좀 더 알아보면 다음과 같다. 우

자연 3단원 제 5학년 (　)반 (　)번 이름(　　　　)

※ 다음 문제를 잘 읽고 물음에 답하세요.

1) 물체의 위치를 나타내려고 할 때 가장 먼저 알아야 할 것은 무엇인가?…(　)
  ① 기준을 정한다.
  ② 앉은 사람의 위치를 알아본다.
  ③ 물체의 특징을 살핀다.
  ④ 물체의 개수를 세어본다.

7) 다음 운동하는 물체 중에서 곧바로 가는 것은 어느 것인가?…(　)
  ① 시계바늘의 진행
  ② 빛의 진행
  ③ 그네
  ④ 강물의 흐름

〈 일반 시험지 〉

자연 3단원 제 5학년 (　)반 (　)번 이름(　　　)

※ 다음 문제를 잘 읽고 물음에 답하세요.

1) 물체의 위치를 나타내려고 할 때 가장 먼저 알아야 할 것은 무엇인가?…(　)
  ① 기준을 정한다.
  ② 앉은 사람의 위치를 알아본다.
  ③ 물체의 특징을 살핀다.
  ④ 물체의 개수를 세어본다.

〈 저시력 아동을 위한 시험지 〉

[그림 10–3] 저시력 아동을 위한 확대자료의 예

표 10-3 통합된 시각장애 아동을 위한 교수지침

분류		교수를 위한 지침
일반적인 지침		• 교수 방법은 꼭 필요한 때만 수정하도록 하고, 교육 목표는 시각장애 학생을 포함한 모든 학생에게 동일하게 적용한다. • 시각장애 학생에게도 강도 높은 운동이 필요하다. 가능한 한 일반 학생들과 경쟁할 수 있게 해 준다. • 시각장애 학생이 이용하는 다양한 보조공학기기에 익숙해지도록 한다.
교수 영역별 수정	읽기	• 책을 읽을 때 충분한 시간을 준다. 시각장애 학생은 읽기 시작할 곳을 찾는 데 시간이 걸릴 수 있고, 저시력 학생은 눈이 쉽게 피로해질 수 있다. • 읽기 자료를 미리 시각장애 전문교사에게 전달해서 확대, 스캔, 점자화 또는 녹음할 수 있도록 한다.* • 교과서나 학교에서 많이 보는 책은 전자책으로 볼 수 있다. 전자책은 소리로 듣거나 확대해서 보기에 편리하다.
	쓰기	• 저시력 아동 중에는 볼록하거나 진한 색의 줄이 있는 종이가 도움이 된다. • 쓰기 과제를 위해 전자도구가 도움이 될 수 있다. • 점자 사용 아동은 쓰기 과제를 위해 점자정보단말기를 사용할 수 있다. 점자로 작성한 후 교사를 위해 묵자로 변환하여 출력해서 제출한다.
	필기하기	• 시각장애 아동은 필기를 위해 점자정보단말기나 컴퓨터, 점필을 사용할 수 있다. • 칠판에 적는 내용은 모두 크게 읽어준다. • 정보를 시각적으로 간단하게 구조화하여 제시한다. • 칠판이나 전자칠판을 사용할 때 고대비색의 분필(펜)을 사용한다.

* 우리나라의 경우, 교과서와 보조교과서는 국립특수교육원에서 대체학습자료 보급사업을 통해 제공하고 있다. 학생 추가자료는 시각장애인복지관에 설치된 [학습지원센터]에서 자료를 제공한다(예: 한국시각장애인복지관 학습지원센터, http://www.hsb.or.kr/client/program/program_n09.asp).

선 확대복사나 점자 자료를 만들기 위해서는 시간이 필요하므로 미리 준비할 수 있도록 유의해야 한다. 또한 시험을 보는 방법도 수정이 필요하다. 확대시험지를 만들어 주거나, 시험 시간을 연장해 주거나 다른 사람이 문제를 읽어줄 수도 있다. 다른 학생과의 형평성을 해친다고 생각하여 이러한 수정을 해 주지 않는 경우를 가끔 볼 수 있는데, 이는 시각장애 아동의 당연한 권리를 존중하지 않는 처사로 아동의 학습 의욕을 저하시키는 비교육적인 일이다. 현재 대입 수능시험과 같은 중요한 시험에서도 시각장애인을 위한 시험 방법의 수정이 제공되고 있다.

인터넷에서 e-text를 사용하거나 내려받는 방법도 활용되고 있으며(Edyburn, 2003),

다른 아동이 손으로 글씨를 쓸 때 시각장애 아동은 컴퓨터나 점자정보단말기로 작성할 수 있도록 허용하는 것도 좋은 방법이다. 시험지를 점역 또는 확대하거나 시간을 연장하는 등의 기존에 사용되던 검사조정 방법만으로는 시각장애 아동의 능력을 발휘할 수 있게 하는 데 충분하지 않으며, 문항을 대독해 주는 방법을 함께 사용하는 것이 공정하고 타당성 있는 보완책이 될 수 있는 것으로 강조된다(김정숙 외, 2007). 국립특수교육원 (2016)의 장애 학생 평가조정 매뉴얼에는 시각장애를 포함한 다양한 장애에 필요한 평가조정 방법에 대한 상세한 설명과 체크리스트 등이 포함되어 있다. 〈표 10-4〉는 평가조정 방법의 몇 가지 예를 보여 준다.

　　이상의 방법 외에도 시각장애 아동과 상호작용할 때 유의할 사항은 다음과 같다 (Bishop, 2004; Gargiulo & Bouck, 2021). 첫째, 시각장애 아동과 이야기할 때 '보는 것'과 관련된 단어(예: TV를 본다, 빨간색)를 사용해도 된다. 시각장애나 저시력이라는 말을 사용해도 된다. 시각장애 아동도 이러한 단어를 모두 사용한다. 둘째, 말할 때 누구에게 말하

표 10-4　시각장애 학생을 위한 평가조정

조정 영역	조정 내용
평가 운영 방식 조정	• 환경 조정 　－넓은 책상 　－조도 조절 　－선호하는 자리 배치 • 소그룹 또는 개별 평가 • 시간 조정 　－시험 시간 연장(1.5배 또는 2배) 　－중간 휴식시간을 제공하여 여러 개의 짧은 시험 시간으로 나눔
평가 구성 방식 조정	• 제시 형태 조정 　－시험지 및 자료 확대 　－자료의 대독(인쇄물 및 기타 자료에 대한 대독자의 보조) 　－화면확대 프로그램이나 점자정보단말기 사용 • 반응 형태 조정 　－확대 답안지 제공 　－점자정보단말기로 답안 작성 　－답안지 이기 요원 배치

출처: (1) 국립특수교육원 (2016). 장애학생 평가조정 매뉴얼, (2) Gargiulo, R. M. & Bouck, E. C. (2021). *Special education in contemporary society: An introduction to exceptionality* (7th ed., p. 428). Sage.

는 것인지를 모두 알 수 있도록 아동의 이름을 부르고 말한다. 여러 사람이 있는 상황에서는 반드시 말하는 상대방을 알려주어야 한다. 특히 시각장애 아동이 교실이나 방에 들어왔을 때 바로 인사하거나 말을 건네어서 누가 있는지 알게 한다. 셋째, 아동의 얼굴을 쳐다보며 직접 아동에게 말한다. 넷째, 시각장애 아동에게 다가갈 때와 떠날 때 이를 알려주어서 혼자서 아무도 없는데 이야기하는 일이 없게 한다. 다섯째, 필요한 보조기기를 사용하도록 권장하고 이에 대해 다른 학생들에게 설명하게 한다. 이 외에도 칠판에 쓸 때는 반드시 소리 내어 읽어주고, '여기' '저기'와 같이 불분명한 어휘를 사용하지 않도록 하며, 최대한 독립적으로 교육 활동에 참여할 수 있도록 독려하고 충분한 탐색 시간을 주는 것이 좋다.

촉진을 제공할 때는 촉각 모델링에서 시작하여 구어 촉진의 순서로 제공한다. 촉각 모델링은 교사나 부모 등 성인이 시각장애 아동의 손 위에 자신의 손을 얹고 움직여서 사물의 모양이나 이동 방향을 안내하는 손-위-손 기법이나 교사의 손을 아동의 손 아래에 넣어서 도와주는 손-아래-손 기법으로 제공한다(Allman & Lewis, 2014; Lieberman et al., 2013).

교사가 시각장애 아동에 대하여 올바로 이해하고 지도방법을 숙지하여 교육할 때 이들의 학습 효과가 증진될 뿐만 아니라 학급의 다른 아동에게도 긍정적인 영향을 미치게 된다. 시각장애 아동을 위한 교과별 수정의 구체적인 방법에 대해서는 박순희(2022)와 강혜경 외(2015)를 참고하기 바란다.

2. 시각장애 아동을 위한 특수교육적 중재

시각장애 아동은 특별한 교수방법을 필요로 한다. 예를 들어, 가능한 한 실제 사물을 직접 조작하게 하여 모양, 크기, 무게, 표면 등에 관한 정보를 얻을 수 있도록 해 주어야 하며, 저시력 아동의 경우에는 잔존시력을 최대한 활용할 수 있도록 학습자료를 준비해 주는 것이 좋다. 국어, 수학 등의 교과는 시각장애 아동도 일반 아동과 다름없이 교육받는 부분이지만, 시각장애로 인해 일반 아동과는 다른 교육을 받아야 하는 부분도 있다. 이 절에서는 그러한 특별한 교육적 중재에 대하여 설명하고자 한다.

1) 평가

시각장애에 특화된 평가로는 기능시력 평가, 학습매체 평가, 보조공학 평가가 있다. 첫째, 기능시력(functional vision) 평가는 가정 및 학교 환경에서 현재 학생이 기능시력을 어느 정도 사용할 수 있는지에 대한 정보를 수집하기 위해 개별 시각기능에 대한 평가를 진행하는 것으로 기본적인 시력과 시야 평가 외에도 조명, 대비, 사물인지 및 식별, 안구 운동기능 등과 같은 평가 요소를 포함한다(Lueck, 2004). 둘째, 학습 매체 평가는 학생의 주요 학습 감각에 대한 정보를 수집하여 읽기, 쓰기, 학습에 필요한 '적합한 학습 자료 및 도구'의 유형을 결정하기 위한 평가이다. 촉각(점자 자료), 시각(확대자료), 청각(오디오 자료)의 사용을 분석한다. 셋째, 보조공학 평가에서는 학생의 기능시력과 학습 매체를 고려한 보조공학 요구와 현재 보조공학기기 활용 능력을 종합적으로 평가한다. 감각 매체별 보조공학기기의 예는 다음과 같다.

- 촉각: 점자정보단말기, 점자 디스플레이, 디지털 촉각그래픽 등
- 시각: 독서확대기, 스마트폰 확대 애플리케이션 등
- 청각: 화면 읽기 프로그램, 데이지(도서), 스마트폰 화면 읽기 기능 등

2) 점자 교육

점자는 맹인이나 인쇄물을 의사소통 도구로 사용하기에 너무 시력이 약한 사람들이 읽고 쓰기 위해 사용하는 촉각적 체계다. 1829년에 프랑스의 시각장애인인 Louis Braille에 의해 창시되었으며, 가로 2줄, 세로 3줄의 6점을 이용한 다양한 조합으로 이루어져 있다. 우리나라에서는 박두성이 1926년에 [훈맹정음](한글판 점자)을 만들었다([그림 10-4] 참조). 점자에는 한글점자 외에도 음악, 수학, 과학 기호의 점자도 있다. 점자는 [그림 10-5]와 같은 점판과 점필을 사용하여 일반용지보다 두꺼운 종이에 튀어나오게 하여 촉각으로 판별한다. 최근 점자정보단말기와 같은 보조공학기기의 개발로 점자를 읽고 쓰는 속도가 빨라졌지만, 일반 아동이 인쇄된 활자를 읽거나 쓰는 것보다 30%(소리 내어 읽을 때)에서 60%(묵독할 때) 정도 느리다는 제한점이 있다(Wetzel & Knowlton, 2000).

점자는 시각장애 아동에게 매우 중요하므로 충분히 학습할 수 있도록 도와주어야 한다. 현재 점자는 시각장애 특수학교 초등부 과정에서 교수하는데, 점자를 배우기 위해서는 고도의 양손 및 손가락 협응 능력, 촉지각 능력이 필요하다. 일반적으로 맹학교 초등

속소리	ㅏ ㅑ ㅓ ㅕ ㅗ ㅛ ㅜ ㅠ ㅡ ㅣ
첫소리	ㄱ ㄴ ㄷ ㄹ ㅁ ㅂ ㅅ ㅇ ㅈ ㅊ ㅋ ㅌ ㅍ ㅎ
받침소리	ㄱ ㄴ ㄷ ㄹ ㅁ ㅂ ㅅ ㅇ ㅈ ㅊ ㅋ ㅌ ㅍ ㅎ

[그림 10-4] 한글 자모의 점자 표시

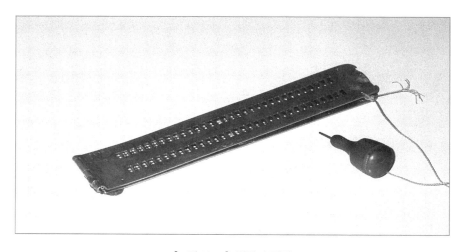

[그림 10-5] 점판과 점필

부 1학년에서 점자를 읽기 위한 감각훈련을 실시하는데, 이때 시각장애 학생용 점자 익히기 교과서를 활용한다. 읽기와 쓰기 능력이 갖추어지면 2학년에서 약자와 약어를 가르치게 되며, 이때에는 일반 교과서를 점자교과서로 지도할 수 있게 된다(박순희, 2022). 전반적으로 점자를 잘 사용하고 가르칠 수 있는 특수교사 및 일반교사의 수가 부족한 것이 시각장애 학생 교육에서의 문제점으로 지적된다(Smith & Tyler, 2010). 점자에 대한 정보 및 학습을 위한 사이트로는 국립국어원과 하상장애인복지관이 함께 구축한 [점자세상](http://www.braillekorea.org/main.asp)과 국립국어원 특수언어진흥과에서 구축한 [점자종합정보 누리집](https://korean.go.kr/braille/common/greeting.do)이 있다.

3) 글자 교육

일반인이 사용하는 글자는 점자와 구별하여 묵자라고도 부른다. 흔히 시각장애 아동에게는 점자만 교육하는 것으로 생각하기 쉬우나, 일반 워드프로세서의 사용법도 익히도록 지도하는 것이 좋다. 워드프로세서의 사용은 일반 글자의 읽기와 쓰기에 도움을 준다. 입력한 글자를 음성으로 읽어주는 프로그램을 사용하면 시각장애 아동이 자신이 옳게 입력했는지를 점검할 수 있다. 이는 일반학급에 통합된 시각장애 아동에게 더욱 절실히 요구되는 기술이라고 할 수 있다. 이들은 일반 아동처럼 워드프로세서를 사용하여 점자가 아닌 일반 글자로 자신의 학업 성과물을 제출할 수 있다. 확대자료를 제작할 때는 18~22포인트의 맑은고딕체, 영어는 San Serif, APHont 등 꾸밈획이 없는 글자체로 수정하는 것이 좋으며, 화살표와 선을 굵고 진하게 하고, 수학에서는 숫자와 문자의 간격을 넓히는 것이 좋다(김영일 외, 2021).

4) 방향정위와 이동성

방향정위와 이동성 훈련은 시각장애 아동의 교육에 있어서 매우 중요한 관련서비스에 속한다. 방향정위란 시각 외의 잔존 감각기관을 통해서 자신과 주위 환경과의 관계를 이해하는 능력을 말한다. 이동성이란 물리적 환경에서 안전하고 독립적으로 다닐 수 있는 능력으로 가동성 혹은 보행훈련이라고도 불린다. 외국의 경우에는 시각장애 보행교사, 학급담임교사, 물리치료사, 작업치료사, 시각장애 아동의 가족 등이 함께 팀을 이루어 시각장애 아동의 방향성과 이동훈련의 필요에 대한 평가를 한다. 우리나라에서는 보행지도를 위한 '보행지도사'가 2021년에 국가공인 민간자격이 되었으며, 맹학교나 시각장애인복지관에서 주로 이러한 방향정위과 이동훈련에 필요한 평가와 훈련이 이루어진다.

이동성 훈련 및 이동방법으로는 안내인, 따라가기, 안내견, 흰 지팡이, 전자보행기구 등이 많이 사용된다. 먼저 이동훈련은 주로 안내인을 활용하는 방법에서부터 시작한다. 시각장애 아동은 안내인의 팔꿈치 바로 윗부분을 잡고 반보 정도 뒤에서 걸어간다([그림 10-6] 참조). 이러한 자세는 팔로 전달되는 근육감각적인 지각을 통해서 안내인의 움직

 10장 시각장애

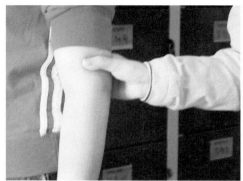

안내인의 팔을 잡는 법 　　　　　　　　　　기본 안내법

[그림 10-6] 안내인의 팔을 잡는 법과 시각장애인을 위한 기본 안내법

출처: 박순희(2022). 시각장애 아동의 이해와 교육(4판, p. 389). 학지사.

임을 안전하게 따라갈 수 있게 해 준다. 일반교사나 또래 아동의 경우 시각장애 아동의 손을 잡고 끄는 방법을 손쉽게 떠올릴 수 있지만, 이는 바람직한 방법이 아니다. 즉, 안내인이 시각장애인을 잡는 것이 아니라, 시각장애인이 안내인의 팔꿈치를 편안하게 잡을 수 있도록 팔을 자연스럽게 내리고 걸어가야 한다. 둘째, 따라가기는 선반이나 벽 등을 따라서 이동하는 방법이다. 편안하게 따라가는 표면과의 거리를 유지하며 팔을 뻗쳐 넷째와 다섯째 손가락으로 만져간다. 셋째, 독립적인 이동을 위해서 안내견을 사용하기도 하는데, 모든 시각장애인이 안내견을 이용하는 것은 아니다. 안내견을 사용하기 위해서는 16세 이상이어야 하며, 개를 돌볼 수 있어야 하고, 무엇보다도 좋은 방향성 능력이 있어야 한다. 안내견을 사용하더라도 방향을 잡는 것은 시각장애인 본인이기 때문이다. 넷째, 흰 지팡이의 사용은 보편적인 방법이다. 보행자는 지팡이를 반원 모양으로 흔들며 앞에 장애물이 출현하는지 보행 표면의 변화가 있는지 등을 파악한다. 지팡이를 사용하는 경우에는 위에 매달린 물체를 찾아내기가 어렵다는 제한점이 있다. 마지막으로 최근에는 GPS를 활용한 보행 내비게이션도 개발되었으며(예: 블라인드스퀘어, https://www.blindsquare.com), 레이저 지팡이나 소닉가이드와 같은 전자보행보조도구도 시판되고 있다. 이러한 전자보행보조도구를 단독으로 사용하기보다는 흰 지팡이나 안내견과 함께 사용하는 것이 안전한 것으로 권장된다(박순희, 2022).

5) 사회적 기술

일반적으로 사회적 기술은 시각적인 관찰을 통하여 학습되곤 한다. 그러나 시각장애 아동은 이와 같은 시각적인 관찰을 통해서 사회적 기술을 학습할 수 있는 기회가 제한되기 때문에 어릴 때부터 다양한 환경에서 직접교수, 코칭 및 연습을 통해 이를 습득하도록 도와주어야 한다. 단순히 통합학급에 배치하는 것만으로는 충분하지 않으며, 또래 아동들도 시각장애 아동을 만나는 일이 흔하지 않기 때문에 서로 잘 이해하지 못할 수 있다(Gallagher et al., 2023). 시각장애 아동을 위한 구체적인 교육내용으로는 말이나 몸짓을 이용하여 먼저 인사하기, 표정을 통해서 친구의 관심 유지하기, 적절한 신체 위치와 몸짓 사용하기, 손을 사용한 신호 익히기, 다른 사람의 대화 방해하지 않기, 습관화된 부적절한 매너리즘 감소시키기 등을 들 수 있다(Halten & Curry, 1987). 또래 교수자나 짝을 잘 이용하여 사회적 상호작용 기술을 증진하는 것도 좋은 방법이다. 시각장애 학생의 사회성 기술을 지도하는 효과적인 방법으로는 구어 교수 또는 피드백, 촉진, 역할놀이, 모델링, 또래 중개 교수 등이 있다(Caron et al., 2023).

3. 교수 보조도구의 선택과 수정

교수를 위한 보조도구/자료를 적절히 선택하고 수정하는 일은 효과적인 시각장애 아동 교육에 있어서 매우 중요한 부분이다. 시각적, 청각적, 촉각적 도구를 다양하게 사용할 수 있으며 최근에는 컴퓨터공학의 발달로 다양한 보조공학적 도움도 받을 수 있다. 그러나 보조도구의 제공이 시각장애 아동 교육의 어려움을 모두 해소하는 것은 아님을 인식하고, 아동의 기능 수준, 교육적 필요, 연령, 장단기 교수목표 등을 고려하여 적절한 보조도구와 자료를 제공하도록 노력해야 한다.

1) 시각적 보조도구

많은 저시력 아동이 잔존시력을 보다 효율적으로 사용하기 위해서 비광학 보조도구를 활용할 수 있다. 이러한 보조도구는 특별한 훈련이 필요 없으며, 좀 더 쉽게 인쇄된 활자를 읽고 눈의 피로를 감소시키고자 사용된다. 많이 사용되는 보조도구에는 다음과 같은 것들이 있다.

- 독서대: 책을 올리거나 각도를 조절하고 눈에 가깝게 하기 위해 사용된다. 독서대를 사용하면 책상 위의 책을 가까이 보기 위해 몸을 구부릴 때 생기는 피로를 줄일 수 있다.
- 사인펜: 다양한 굵기의 사인펜을 사용하여 글씨나 그림 등을 진하고 굵게 표시한다. 일반적으로 검은색을 사용한다.
- 큰 활자를 이용한 교재: 대개 활자 크기가 18에서 22 사이인 경우를 말한다([그림 10-7] 참조). 일반적인 활자를 확대 복사하거나, 확대하여 출력하는 소프트웨어를 사용하는 방법을 사용하여 제작할 수 있다. 큰 활자를 사용하는 것은 광학적 보조도구를 사용해서도 가까운 거리에서 일반적인 크기의 활자를 읽을 수 없는 경우에 도움이 된다. 아동에 따라서는 수학이나 과학 시간의 읽기 힘든 특정 수식어나 기호의 경우에만 이러한 큰 활자가 필요할 수 있다. 줄 간격, 활자의 농도, 종이의 질과 색깔 등도 시각장애 아동의 읽기 능력에 영향을 미친다.
- 광학 보조도구: 확대경, 단안 망원경 등이 있다. 확대경은 손잡이형, 스탠드형, 안경식 등 다양한 형태가 있으며, 단안 망원경은 한쪽 눈에 대고 사용하는데 주로 원거리 확대를 위해 활용된다.

시각장애 (활자 크기 10)

시각장애 (활자 크기 18)

시각장애 (활자 크기 22)

[그림 10-7] 여러 가지 활자 크기의 예

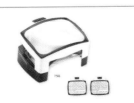

[그림 10-8] 광학 보조도구의 예

출처: 핸디 인터내셔널(https://www.hendi.org/goods/goods_list.php?cateCd=022)

2) 촉각적 보조도구

맹 아동은 대부분의 학습을 촉각적 보조도구에 의존하게 된다. 저시력 아동은 시각적 또는 청각적 보조도구와 함께 촉각적 보조도구를 사용할 수 있다. 많이 사용되는 촉각적 보조도구에는 다음과 같은 것들이 있다.

- 점자도서: 점자도서는 자원봉사자, 컴퓨터, 점역교정사, 교재 출판사 등에 의해서 제작된다. 일반학급에서 맹 아동이 일반 학생과 함께 읽기 활동에 참여할 수 있기 위해서는 점자를 배우고 점자도서를 쉽게 구할 수 있어야 한다.
- 점판과 점필: 공책에 필기를 하기 위해서 시각장애 아동이 사용하는 도구로, 구멍이 뚫린 금속판인 점판과 점판에 해당 점자를 찍을 수 있게 해 주는 뾰족한 점필로 구성된다. 점을 찍을 때는 오른쪽에서 왼쪽으로 찍으며, 읽을 때는 뒤집어서 왼쪽에서 오른쪽으로 튀어나온 점을 읽어간다([그림 10-4], [그림 10-5] 참조). 최근에는 종이 없이 점자를 쓰고 읽을 수 있는 제품도 개발되었다(예: 버사 슬레이트).
- 촉각 그래픽: 시각장애 아동이 시각적 정보를 촉각으로 접근할 수 있도록 변환하여 제시하는 대체학습 자료이다. 3D 프린터를 사용하여 입체 자료를 만들거나 지도, 도형, 그림 등은 손으로 만져볼 수 있도록 변환해 준다(참고: 도서출판 점자, https://www.kbraille.com/Store/?bmode=view&idx=16008010&back_url=&t=board&page=1)

3) 청각적 보조도구

촉각적 또는 시각적 보조도구와 함께 청각적 보조도구도 사용할 수 있다. 청각적 보조도구 중 뒷부분에서 소개할 보조공학적인 도구에 해당하는 것들은 여기에서 제외하였다. 시각장애인용 녹음기(또는 핸드폰)를 사용하면 필기하는 대신에 녹음할 수 있으며, 숙제나 시험답안을 녹음할 수도 있다. 오디오북을 통해 음성으로 듣거나 책의 전자파일을 사용하면 시각장애인을 위한 음성출력 프로그램을 통해 들을 수도 있다. 보조자료에 해당하지는 않지만, 누군가가 읽어줄 수도 있다. 이때 지원인력을 활용할 수 있으며, 또래를 활용할 수도 있다(Peterson & Hittie, 2003). 그 외에도 음성 전자계산기, 음성 시계 등의 시각장애인을 위한 도구도 있다.

4) 보조공학적 접근

테크놀로지의 급속한 발전은 시각장애인의 교육과 재활에도 많은 도움이 되고 있다. 시각장애 아동이 다양한 정보를 좀 더 신속하게 접할 수 있고 일반 또래와 함께 학습할 수 있도록 하는 데 도움을 주는 대표적인 보조공학적 기자재의 유형을 살펴보면, 점자의

표 10-5 시각장애 학생을 위한 보조공학기기

유형	보조공학기기	
촉각 보조공학기기	점자정보단말기	• 정보 접근 인터페이스에 기반하여 쉽게 사용할 수 있는 도구로, 점자 키보드 입력 및 점자 출력을 통하여 일반인이 컴퓨터를 사용하듯이 사용할 수 있으며(예: 한소네), 워드프로세서, 일정 관리, 음성 녹음, 계산기 등의 기능과 인터넷, 이메일, 메신저 등도 가능함([그림 10-9] 참조)
	디지털 촉각 그래픽 기기	• 그림이나 차트 등 시각 자료를 점자로 구현하여 촉각적으로 인식할 수 있게 해 줌([그림 10-9] 참조)
청각 보조공학기기	화면 읽기 프로그램 (스크린 리더)	• 컴퓨터 화면 내용을 읽어주는 음성합성 프로그램으로 (예: 센스리더) 이 외에도 시각장애인을 위한 음성변환 바코드인 '보이스아이' 앱도 있음
	음성 독서기	• 문자 인식 및 음성 합성 기능이 있어 복사기처럼 책의 문자를 인식하여 음성으로 읽어줌
시각 보조공학기기	독서확대기	• 탁상형이나 휴대용 등 다양한 형태로 사용자가 설정한 배율로 글자를 확대해 주며 확대된 글자는 모니터를 통해서 볼 수 있음([그림 10-9] 참조)
	화면 확대 솔루션	• 컴퓨터 화면을 확대해 주는 프로그램으로 많이 사용되는 플로위 프로그램(오버플로우 사)은 손가락을 따라 이동하면서 화면이 자동으로 확대되는 인공지능 기반의 독서 확대 프로그램이며 배율 조정이나 고대비 모드 등 독서 확대 프로그램의 일반적 기능도 모두 수행할 수 있음(참고: https://www.youtube.com/watch?v=1HX-MjyhHZY&t=18s)
	AI 기반 시각보조 음성안내 어플리케이션	• '설리번 플러스'는 사물, 문자 등 스마트폰 카메라를 통해 인지된 정보를 음성으로 알려주는 서비스로 안드로이드와 iOS에서 모두 사용 가능함(참고: https://www.youtube.com/watch?v=7aX5f3xtygY)

입력과 출력이 가능한 점자정보단말기, 독서확대기, 화면확대용 소프트웨어 등이 있다. 〈표 10-5〉는 촉각, 청각, 시각을 활용한 다양한 보조공학기기를 보여 준다.

지금까지 설명한 다양한 보조도구는 시각장애 전문교사를 통하여 도움을 얻거나 다양한 시각장애 관련 단체를 통해 구입할 수 있다. 우리나라에서는 시각장애 전문 순회교사 제도 등이 아직 없으므로, 맹학교나 시각장애 관련 기관, 시각장애 거점 특수교육지원센터에 문의하는 방법을 통해 정보를 얻을 수 있다.

디지털 촉각그래픽 기기(닷패드)

다목적 독서확대기

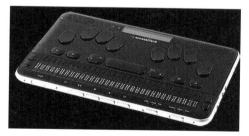

점자정보단말기(한소네 6)

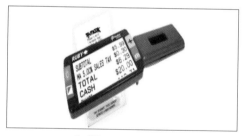

휴대용 독서확대기

[그림 10-9] 시각장애인을 위한 보조공학기기의 예

출처: (1) 데일리굿뉴스(2023. 1. 14.)(https://www.goodnews1.com/news/articleView.html?idxno=415143)
      (2) 힘스 인터내셔널(https://himsintl.com/kr/blindness/list.php)
      (3) 핸디 인터내셔널(https://www.hendi.org/goods/goods_list.php?cateCd=022)

··· 요약 ···

　　이 장에서는 시각장애의 정의, 원인, 특성 등을 통하여 시각장애에 대한 전반적인 이해를 돕고 나아가 시각장애 아동의 통합을 위한 교육적 중재에 대하여 살펴보았다. 시각장애는 크게 생리학적인 관점과 교육적인 관점에서 정의할 수 있는데, 교육현장에서는 시각장애인의 잔존시력 사용 여부와 지원의 필요성에 관심을 두는 교육적 정의를 주로 사용한다. 시각장애를 유발하는 원인은 다양하지만 크게 원시, 근시, 난시 등의 굴절이상과 녹내장, 망막질환, 피질시각장애 등의 구조적인 문제를 보이는 경우로 나눌 수 있다.

　　시각장애 아동은 시력 손상으로 인하여 운동기능 발달, 개념 발달, 사회성 발달 등에 어려움을 보이는 경우가 많다. 따라서 이들의 통합교육을 위해서는 시각장애의 특성을 고려하여 학습환경과 교수 방법을 적절하게 수정해 주고, 시력의 손실을 보완할 수 있도록 점자 교육, 글자 교육, 방향정위와 이동성 훈련, 사회적 기술 교수 등을 병행하면서 적절한 교육적 배치를 해야 한다. 특히 교사는 시각장애 학생의 학습에 직접적인 도움을 줄 수 있는 시각적, 촉각적, 청각적 보조도구나 점자프린터, 독서확대기와 같은 다양한 보조공학적 도구를 적절히 활용할 수 있어야 한다. 최근 시각중복장애 아동이 늘어나고 있으나, 대부분의 시각장애 아동은 인지적인 문제가 없으므로 적절한 교육적 지원이 제공되면 통합교육 상황에서 자신의 잠재력을 충분히 발휘할 수 있다. 이를 위해 시각장애 거점 특수교육지원센터가 전국적으로 운영되고 있다.

참고문헌

강혜경, 김미선, 김수진, 김은숙, 김정연, 박은혜, 이명희, 임장현(2015). 장애 학생을 위한 미술교육(2판). 학지사.

교육부(2023). 특수교육연차보고서. 교육부.

국립특수교육원(2016). 장애학생 평가조정 매뉴얼.

김덕주, 홍재영(2023). 국내ㆍ외 시각중복장애 관련 연구 동향분석(2018~2022). 시각장애연구, 39(3), 25-48. https://doi.org/10.35154/kjvi.2023.39.3.25

김정숙, 박은혜, 김은숙(2007). 검사조정으로서의 문항대독이 시각장애 중학생의 교과 성취에 미치는 영향. 특수교육학연구, 42(3), 75-97.

김영일, 강성주, 송지숙, 이민진, 허병훈(2021). 시각장애 학생용 대체교과서 및 교수ㆍ학습자료 제작 지침(pp. 213-248). 국립특수교육원. https://www.nise.go.kr/boardCnts/view.do?boardID=137&boardSeq=719918&lev=0&searchType=S&statusYN=W&page=1&s=nise&m=0101&opType=N

데일리굿뉴스(2023. 1. 14). 손 끝으로는 보는 세상… 시각장애인용 '닷패드' 눈길. https://www.goodnews1.com/news/articleView.html?idxno=415143

박순희(2022). 시각장애 아동의 이해와 교육(4판). 학지사.

서울대학교병원 희귀질환센터(2021). 레베르 선천성 흑암시. Retrieved from https://raredisease.snuh. org/rare-disease-info/eye-disease/%EB%A0%88%EB%B2%A0%EB%A5%B4-%EC%84%A0% EC%B2%9C%EC%84%B1-%ED%9D%91%EC%95%94%EC%8B%9C/

이소현(2020). 유아특수교육(2판). 학지사.

질병관리청 희귀질환 헬프라인. https://helpline.kdca.go.kr

한국 시각장애인복지관 학습지원센터. http://www.hsb.or.kr/client/program/program_n09.asp

힘스 인터내셔널. https://himsintl.com/kr/blindness/list.php

핸디 인터내셔널. https://www.hendi.org/goods/goods_list.php?cateCd=022

홍재영, 김두영, 김호연(2014). 학령기 시각중복장애학생 교육 실태 및 요구. 특수교육학연구, 49(2), 1-22. https://doi.org/10.15861/kjse.2014.49.2.1

황준서, 김정훈, 정호경, 허장원, 김성준, 유영석(2007). 한국인 레베르선천흑암시 환자의 임상 양상. 대한안 과학회지, 48(9), 1257-1262. https://doi.org/10.3341/jkos.2007.48.9.1257

Allman, C. B., & Lewis, S. (2014). *ECC essentials: Teaching the expanded core curriculum to students with visual impairments*. AFB Press.

American Foundation for the Blind (2020). *Low vision and legal blindness terms and descriptions*. Retrieved from https://www.afb.org/blindness-and-low-vision/eye-conditions/low-vision-and-legal-blindness-terms-and-descriptions#VisualImpairment

Barraga, N. C., & Erin, J. N. (1992). *Visual handicaps and learning* (3rd ed.). Pro-Ed.

Batshaw, M. L., Roizen, N. J., & Lotrecchiano, G. R. (2019). *Children with disabilities* (8th ed.). Paul Brookes.

Bishop, V. E. (2004). *Teaching visually impaired children*. Charles C Thomas.

Caron, V., Barras, A., van Nispen, R. M., & Ruffieux, N. (2023). Teaching social skills to children and adolescents with visual impairments: A systematic review. *Journal of Visual Impairment & Blindness, 117*(2), 128-147. https://doi.org/10.1177/0145482X231167150

Corn, A. L., & Erin, J. N. (2010). *Foundations of low vision: Clinical and functional perspectives*. American Foundation for the Blind.

Edyburn, D. L. (2003). Learning from text. *Special Education Technology Practice, 5*(2), 16-27.

Gallagher, J., Coleman, M. R., & Kirk, S. (2023). *Educating exceptional children* (15th ed.). Cengage.

Gargiulo, R. M. & Bouck, E. C. (2021). *Special education in contemporary society: An introduction to exceptionality* (7th ed.). Sage.

Hallahan, D. P., Kauffman, J. M., & Pullen, P. (2023). *Exceptional learners: Introduction to special education* (15th ed.). Pearson.

Halten, P. H., & Curry, S. A. (1987). In support of specialized programs for blind and visual impaired children: The impact vision loss on learning. *Journal of Visual Impairment and Blindness, 81*(1), 7-13. https://doi.org/10.1177/0145482X87081001

Holbrook, M. C., & Koenig, A. J. (2000). *Foundations of education*: 1. American Foundation for the Blind.

Kekelis, L. S., & Sacks, S. Z. (1992). The effect of visual impairment on children's social interaction in regular education programs. In S. Z. Sacks, L. S. Kelelis, & R. J. Gaylord-Ross (Eds.), *The development of social skills by blind and visually impaired students* (pp. 59-82). American Foundation for the Blind.

Lewis, R. B., Wheeler, J. J., & Carter, S. L. (2017). *Teaching students with special needs in general education classrooms* (9th ed.). Pearson.

Lieberman, L. J., Ponchillia, P. E., & Ponchillia, S. K. V. (2013). *Physical education and sports for people with visual impairments and deafblindness: Foundations of instruction*. AFB Press.

Lueck, A. H. (2004). *Functional vision: A practitioner's guide to evaluation and intervention*. AFB Press.

National Eye Institute (2020). *Cerebral Visual Impairment (CVI)*. Nih.gov. https://www.nei.nih.gov/learn-about-eye-health/eye-conditions-and-diseases/cerebral-visual-impairment-cvi

Peterson, J. M., & Hittie, M. M. (2003). *Inclusive teaching: Creating effective schools for all learners*. Allyn and Bacon.

Smith, J. K., & Erin, J. N. (2002). The effects of practice with prescribed reading glasses on students with low vision. *Journal of Visual Impairment & Blindness, 96*(11), 765-782. https://doi.org/10.1177/0145482X0209601102

Smith, D. D., & Tyler, N. C. (2010). *Introduction to special education: Making a difference* (7th ed.). Pearson.

U.S. Department of Education, Office of Special Education and Rehabilitative Services, & Office of Special Education Programs (2023). *44th annual report to Congress on the implementation of the Individuals with Disabilities Education Act, 2022*. https://sites.ed.gov/idea/2022-individuals-with-disabilities-education-act-annual-report-to-congress/

Warren, D. H. (1994). *Blindness and children*. Cambridge University Press.

Wetzel, R., & Knowlton, M. (2000). A comparison of print and braille reading rates on three reading tasks. *Journal of Visual Impairment & Blindness, 94*(3), 146-154. https://doi.org/10.1177/0145482X0009400303

Wheeler, L. C., Floyd, K., & Griffin, H. C. (1997). Spatial organization in blind children. *Review, 28*, 177-181.

제**11**장

지체장애 및 건강장애

I. 지체장애 및 건강장애 아동의 이해

1. 지체장애 및 건강장애의 정의

1) 지체장애

지체장애 영역은 신체에 이상이 있다는 공통점만으로 다양한 특성의 아동이 함께 묶여 있다(Best et al., 2010). 지체장애는 크게 신경계 이상으로 인한 경우, 근골격계 이상으로 인한 경우, 선천성 기형의 세 가지로 분류된다. 신경계 이상이 있는 경우는 뇌성마비가 대표적이며 뇌전증도 여기에 해당한다. 근골격계 이상으로 인한 경우에는 진행성 근이영양증, 왜소증, 소아류머티즘관절염 등이 포함된다. 선천적 기형의 예로는 사지결손 등이 있다(Bowe, 2000). 미국의 「장애인교육법(IDEA 2004)」에서 정의하는 장애 영역을 살펴보면 정형외과적 손상(orthopedic impairment)이 지체장애에 해당한다고 볼 수 있으며, 외상성 뇌손상(traumatic brain impairment)과 중복장애(multiple disabilities)도 지체장애를 포함하는 집단으로 볼 수 있다.

「장애인 등에 대한 특수교육법」과 「장애인복지법」에서도 각각 지체장애를 규정하고 있으나 약간의 차이를 보인다. 「장애인 등에 대한 특수교육법」에서 의미하는 지체장애의 개념에는 뇌성마비와 같이 신경계 이상으로 인해 인지적 장애 등의 기타 장애를 수반하는 경우를 모두 포함한다. 〈표 11-1〉에서 보는 바와 같이, 이 법에서는 지체장애를 지닌 특수교육대상자를 "기능·형태상 장애를 가지고 있거나 몸통을 지탱하거나 팔다리의 움직임 등에 어려움을 겪는 신체적 조건이나 상태로 인해 교육적 성취에 어려움이 있는 사람"으로 정의하며, 장애의 원인이나 정도를 구분하지 않고 여러 가지 신체적 어려움으로 인하여 교육적 성취에 어려움이 있는 사람으로 포괄적으로 정의한다.

반면, 「장애인복지법」에서는 별도로 뇌병변장애라는 용어를 두어 "뇌성마비, 외상성 뇌손상, 뇌졸중 등 뇌의 기질적 병변으로 인하여 발생한 신체적 장애로 보행이나 일상생활의 동작 등에 상당한 제약을 받는 것"으로 구분하고 있으며, 지체장애는 단순히 "주요 외부 신체 기능의 장애를 가진 경우"만을 지칭함으로써 한 팔이나 한 다리 또는 몸통의 기능에 영속적인 장애가 있는 사람, 두 발의 발가락을 모두 잃은 사람, 왜소증으로 키가 심하게 작거나 척추에 현저한 변형 또는 기형이 있는 사람 등을 포함한다(박은혜 외,

2023). 즉, 교육현장에서도 흔히 사용하는 용어인 '뇌병변장애'는 「장애인복지법」의 분류이며, 교육적으로 '지체장애를 지닌 특수교육대상자'로 구분되는 학생은 「장애인복지법」상의 뇌병변장애와 지체장애의 경우를 모두 포함한다고 보면 된다. 〈표 11-1〉은 우리나라 「장애인 등에 대한 특수교육법」 및 「장애인복지법」과 미국 「장애인교육법(IDEA 2004)」에서의 지체장애 및 건강장애의 정의를 보여 준다.

표 11-1 우리나라와 미국의 현행법에 따른 지체장애 및 건강장애의 정의

	용어	정의
장애인 등에 대한 특수교육법	지체장애를 지닌 특수교육대상자	기능·형태상 장애를 가지고 있거나 몸통을 지탱하거나 팔다리의 움직임 등에 어려움을 겪는 신체적 조건이나 상태로 인해 교육적 성취에 어려움이 있는 사람
	건강장애를 지닌 특수교육대상자	만성질환으로 인하여 3개월 이상의 장기입원 또는 통원치료 등 계속적인 의료적 지원이 필요하여 학교생활 및 학업 수행에 어려움이 있는 사람
장애인복지법	지체장애	주요 외부 신체 기능의 장애를 가진 경우
	뇌병변장애	뇌성마비, 외상성 뇌손상, 뇌졸중 등 뇌의 기질적 병변으로 인하여 발생한 신체적 장애로 보행이나 일상생활의 동작 등에 상당한 제약을 받는 것
장애인교육법 (IDEA, 2004)	지체장애 (orthopedic impairment)	교육적 성취에 부정적인 영향을 미치는 심각한 정형외과적인 손상으로 선천적 기형, 질병에 의한 손상(예: 소아마비, 골결핵), 기타 원인에 의한 손상(예: 뇌성마비, 절단, 근육수축을 일으키는 골절이나 화상)을 포함함
	기타 건강상의 장애 (other health impairment)	환경 자극에 대한 지나친 각성 수준 등 제한된 강도, 체력, 각성으로 인하여 교육적 환경에 제대로 반응하지 못함 (i) 천식, 주의력결핍장애 또는 주의력결핍 과잉행동장애, 당뇨, 뇌전증, 심장 상태, 혈우병, 납중독, 백혈병, 신장염, 류머티즘성 열병, 겸상적혈구빈혈증, 뚜렛증후군 등의 만성 또는 급성 건강 문제로 인함 (ii) 교육적 성취에 부정적인 영향을 미침

2) 건강장애

건강장애는 2005년 「특수교육진흥법」이 개정되면서 새로 추가된 장애로 미국 「장애인 교육법」의 기타 건강상의 장애(other health impaired)와 유사한 개념이다. 그러나 미국과 같이 주의력결핍 과잉행동장애(ADHD)나 급성 건강문제가 포함되지는 않으며, 주로 소아암 등의 만성질환으로 인해 학업에 지장을 받는 경우로 정의된다. 치료를 위해 병원에 장기 입원하거나, 면역력이 회복될 때까지 학교에 가지 못하고 집에 있어야 하는 경우 또는 학교에 다닐 때 지속적으로 별도의 건강관리(예: 혈액 투석 등)가 필요한 경우 등이 해당한다. 건강장애 아동에 대한 교육은 과거에는 주로 소수의 병원학교에서만 관심을 가져왔을 뿐 일반적으로 교육현장에서 소외되어 왔으나, 특수교육대상자로 포함된 이후 2023년 기준 전국에 37개 병원학교가 운영되고 있으며 1,956명의 학생이 교육받고 있다(교육부, 2023).

「장애인 등에 대한 특수교육법」에서는 건강장애를 "만성질환으로 인하여 3개월 이상의 장기입원 또는 통원치료 등 계속적인 의료적 지원이 필요하여 학교생활 및 학업 수행에 어려움이 있는 사람"으로 규정한다. 그러나 만성질환에 걸렸다고 모두 건강장애가 되는 것은 아니다. 장기간의 교육 결손으로 인하여 특별한 교육적 지원이 필요한 경우에 건강장애로 판별하여 지원을 제공하게 되며, 지원이 필요 없게 된다면 더는 건강장애가 아니다. 이와 같이 건강장애는 그 정의에서부터 다른 장애와 다른 점이 많고 교육대상과 그 가족의 특수교육에 대한 인식 및 특수교육과 일반교육 간의 역할의 명료화 등 지속적인 연구와 교육적 관심이 필요한 영역이다.

2. 지체장애 및 건강장애의 원인

지체장애나 건강장애에 해당하는 질병이나 장애는 그 원인이 매우 다양하다. 따라서 여기서는 비교적 출현율이 높은 특정 장애를 설명함으로써 다양한 원인을 알아보고자 한다.

1) 뇌성마비

뇌성마비는 국내 지체장애 특수학교 아동에게서 가장 높은 비율로 나타나며, 인지 능력이 크게 손상되지 않은 아동의 경우 일반학교에서 교육을 받기도 한다. 따라서 특수교사뿐만 아니라 일반교사에게도 뇌성마비의 특성에 대한 지식은 매우 중요하다. 한 가지 예를 들면 뇌성마비는 전염되는 질병이 아니지만, 이에 대한 지식이 없다면 겉으로 드러나는 뒤틀린 근육과 얼굴 모습(특히 말할 때)만 보고 다른 아동이나 학부모들이 막연한 두려움이나 거부감을 느낄 때 교사가 자신 있게 설명해 주기 어렵다. 또한 그러한 근육의 움직임이나 어눌한 발음을 보인다고 해서 지적장애가 있는 것은 아니라는 것도 알고 있어야 한다.

뇌성마비란 출생 전, 출생 시, 출생 후에 뇌에 손상을 입음으로 인해서 신체 여러 부위의 마비와 자세 및 운동능력 장애를 가져오는 것을 말한다. 신생아 및 영아 시기의 뇌손상까지도 포함하며 주로 만 2세 이전에 발생하는 경우를 말한다. 이 시기에는 뇌막염 등으로 인한 고열 때문에 뇌성마비가 되는 경우가 많다. 뇌성마비의 정의에서 말하는 중요한 진단 근거 중 하나는 비진행성이라는 것이다. 예를 들어, 뇌종양은 결과적으로 뇌성마비와 유사한 운동 특성을 보이지만 뇌성마비로 분류되지는 않는다.

뇌성마비의 형태는 아동에 따라 매우 다양하게 나타나기 때문에 일반화하기 어렵지만, 몇 가지 유형으로 분류할 수 있다. 경직형(spastic) 뇌성마비는 가장 일반적인 유형으로 근육이 뻣뻣하거나 움직임이 둔하다는 특징을 갖는다. 한쪽 팔이나 다리에만 마비가 있을 수도 있고, 팔다리 모두, 즉 사지가 모두 마비되어 잘 움직이지 못할 수도 있다. 경직성의 특성을 보이는 아동은 관절을 굽히고 펴기가 어려우므로 움직일 때 충분한 시간을 주고 적절한 관절 운동을 할 수 있도록 기회를 마련해 주는 것이 좋다(예: 체육시간).

불수의운동형(athetoid, 무정위운동형이라고도 함) 뇌성마비는 갑작스럽고 불수의적인 움직임의 결과로 몸이 뒤틀리는 양상을 보인다. 의도적으로 움직이려고 할 때(예: 글씨 쓰기) 신체의 균형과 안정감이 깨지는 경우가 많으므로 신체의 주요 부분(예: 골반, 몸통, 어깨)을 고정해서 안정감을 주는 것이 아동의 움직임을 도울 수 있다. 교사가 직접 손으로 잡아줄 수도 있으나 필요할 때마다 항상 교사가 도울 수 있는 것이 아니므로 적절한 자세보조기구를 사용하는 것이 바람직하다. 운동실조형(ataxic) 뇌성마비는 균형감이나 거리감에 문제를 보이며, 혼합형(mixed) 뇌성마비는 앞에서 언급한 몇 가지 유형의 특징을 함께 보인다.

〈표 11-2〉는 이상의 상태를 포함해서 운동장애 유형 및 마비 부위에 따른 분류를 보여 준다. 발생 시기에 따라 살펴보면, 뇌성마비는 선천적(출생 전이나 출생 당시 발생)일 수도 있고 후천적(출생 후 3세 이전)일 수도 있는데, 선천적 뇌성마비가 훨씬 더 많다.

표 11-2 운동장애 유형과 마비 부위에 따른 뇌성마비의 분류

분류	유형	특성
운동장애 유형에 따른 분류	경직성 (spastic type)	가장 보편적인 형태로 근긴장도가 높아서 움직이기 어렵고, 움직인다고 해도 속도가 느림
	불수의운동형 (athetoid type)	사지가 떨리거나 근긴장도가 수시로 변함으로 인해 의도한 행동 이외에 과도한 흔들림이 자주 나타나며, 이러한 불필요한 흔들림은 의도적인 움직임을 시도할 때 많이 나타나서 기능적인 동작을 방해함
	강직성 (rigid type)	경직성이 더 심화된 상태처럼 보이며 대개 사지마비를 보임
	진전형 (tremor type)	사지가 쉬고 있을 때에도 계속 흔들리는 유형으로 매우 드물게 나타남
	운동실조형 (ataxic type)	균형감각과 위치 감각이 없고 협응이 잘 이루어지지 않음
	혼합형 (mixed type)	위의 여러 유형이 함께 나타남
마비 부위에 따른 분류	단마비 (monoplegia)	사지 중 한 부분의 마비
	하지마비 (paraplegia)	양다리의 마비
	양마비 (diplegia)	주된 마비는 하지에 나타나고 상지는 경도 마비
	편마비 (hemiplegia)	같은 쪽의 팔과 다리가 마비
	삼지마비 (triplegia)	한쪽 팔과 양다리의 마비
	사지마비 (quadriplegia)	팔과 다리 모두의 마비

뇌성마비 아동은 장애 정도에 따라 휠체어를 사용하기도 하고 목발이나 워커를 사용하기도 한다. 말할 수 있는(구어 사용) 능력도 조음에 관련된 근육의 마비 상태에 따라서 어눌한 발음을 내거나 말을 못 할 수도 있다. 그러나 이러한 구어 사용 능력의 결함이 곧 지능의 이상을 의미하는 것은 아니다. 실제로 말하기나 쓰기 능력이 부족해서 제대로

지능검사를 받지 못하거나, 주변의 편견 때문에 지적장애로 오해받는 경우가 많다. 하지만 뇌성마비 아동은 지적장애를 함께 보이는 경우도 있지만 지적 능력이 평균이거나 그 이상일 수도 있다. 약 절반 정도의 뇌성마비 아동이 어느 정도의 지적장애를 함께 보이는 것으로 보고되며, 뇌성마비의 정도가 심할수록 지적장애가 나타날 가능성도 높다 (Batshaw et al., 2019), 지적장애 외에도 시각장애, 청각장애, 발작, 언어장애 등을 동반장애로 함께 보이는 경우가 많다. 따라서 뇌성마비 아동의 교육을 위해서는 장애로 인하여 가려지기 쉬운 지적 능력이나 기타 동반장애에 대하여 정확히 알아보고 그에 따른 교육을 실시해야 한다.

2) 근이영양증

근이영양증(muscular dystrophy)은 근디스트로피, 진행성 근위축증이라고도 하며 점진적으로 근육의 힘을 잃어가는 질병이다. 이 장에서 설명한 다른 질병과는 달리 이 병은 진행성, 즉 시간이 흐름에 따라 병세가 악화되는 질병으로 아직은 완치를 위한 치료 방법이 없는 실정이다. 근이영양증은 신경계 이상으로 인하여 근육세포가 위축되는 소아마비나 뇌성마비와는 달리 근육세포 자체가 지방질로 바뀌어 감에 따라 점차 기능을 상실하게 되며, 이러한 현상이 심장이나 폐 근육에까지 미치면 사망하게 된다. 여러 가지 유형이 있으나 가장 많이 볼 수 있는 것은 듀셴(duchenne) 타입으로 근육이 발달하지 않아도 지방섬유로 대치되기 때문에 건강한 것처럼 보이는 의사성장(false growth)을 보이므로 가성비대형(pseudohypertrophic form)이라고도 불린다.

근이영양증에 걸린 아동은 걷기나 다른 활동적인 운동을 하기가 점점 힘들어지고 점차 서 있기도 힘들어져서 휠체어를 사용하게 된다. 또한 점점 더 쉽게 피로를 느끼게 된다. 그러므로 교사는 아동의 질병 상태와 진전 속도에 따라 학교생활을 잘할 수 있도록 배려해야 한다. 신체 운동의 부족과 과식으로 인하여 비만이 되지 않도록 조절해야 하며 심장근육 약화로 인한 문제나 호흡기 감염도 주의해야 한다. 이를 위해서는 정기적인 스트레칭 운동, 악기 연주나 수영, 자전거 타기 등을 통해 남아 있는 힘을 효과적으로 사용하도록 지도해야 한다. 특히 이들에 대한 과보호는 아동을 고립시키고 의존적으로 만들기 때문에 지양해야 하며, 단순하게 보호하기보다는 긍정적인 기대와 실제로 할 수 있는 과제를 부여하는 것이 좋다(Bowe, 2000).

이들에게 어떤 내용을 어떻게 가르치느냐 하는 문제보다 아동을 심리적으로 돕는 일이 어렵고 중요한 일이 되는 경우가 많다. 즉, 자포자기하여 학교생활(또는 가정에서도)에서 전혀 동기유발이 되지 않는다거나 죽음에 대한 공포감 등이 문제가 될 수 있기 때문에 교사의 상담자적 역할이 매우 중요하다. 또한 컴퓨터나 각종 보조기기를 적절히 활용하여 운동 능력이 감소되어도 예전에 하던 학업 및 여가활동을 계속할 수 있도록 미리 계획하는 것이 바람직하다. 예를 들어, 연필을 잡고 글씨를 쓸 힘이 없는 경우 키가드(key guard)를 부착한 컴퓨터 자판이나 태블릿 PC의 화상 키보드를 이용하여 필기할 수 있도록 미리 준비해 줄 수 있다. 근이영양증 아동을 위한 지도 전략은 신체적 발달, 심리사회적 발달 및 개인자율성 증진 차원에서 접근해야 한다(박은혜 외, 2023).

3) 이분척추

이분척추(spina bifida)는 출생 시 척추뼈의 뒷부분이 완전히 닫히지 않은 채 태어나는 선천적 결함이다. 심하지 않은 이분척추(예: spina bifida occulta, meningocele)의 경우에는 분리된 척추뼈 사이로 신경이 돌출되지 않아서 심한 마비가 오지 않고 조기에 외과적 수술로 치료를 할 수 있다. 그러나 신경이 돌출되어 손상된 이분척추(예: myelomeningocele)는 손상된 신경이 관장하는 신체 부위 하단으로 마비 현상이 나타난다. 이러한 마비는 주로 허리 밑으로, 또는 양다리에서 나타나곤 한다.

이분척추가 있는 아동은 신체가 마비되었어도 인지 능력과 상지 사용에 이상이 없거나 약간의 지적장애만을 수반하는 경우가 많으므로 일반학급에서 교육받기에 무리가 없다. 마비가 심한 경우 화장실에 가고 싶은 욕구를 느끼지 못하기 때문에 문제가 발생할 수 있고, 상처를 입어도 피부의 통증을 잘 느끼지 못하므로 이에 대한 주의도 필요하다. 이와 같은 문제가 있는 경우에는 일반교사 및 특수교사, 부모, 의사 등 관련인이 함께 협의하여 적절한 방법을 마련하도록 한다.

4) 경련장애

경련(발작, seizure)은 두뇌의 전기에너지가 비정상적으로 방출될 때 일어난다. 일회성이 아니라 지속적으로 경련이 반복될 때 경련장애(발작장애, seizure disorder)라고 하며 뇌전증(epilepsy)이라고도 한다. 경련장애가 일어나면 의식을 잃고 많은 경우에 통제할 수 없는 사지의 움직임이 나타난다. 뇌에 손상을 입으면 경련이 일어날 가능성이 높은 것은 사실이나 그 원인에 대해서는 특별히 밝혀지지 않은 경우가 많다. 지적장애나 뇌성마비와 같은 발달장애[1] 아동의 경련장애 발생 비율은 일반 아동보다 더 높게 나타난다 (Best et al., 2010). 경련장애는 일반적으로 대발작, 소발작, 심리운동적 발작으로 분류되어 왔지만, 최근에는 두뇌에서 방전이 일어나는 부위에 따라 부분발작과 전신발작으로 분류한다. 일반인이 흔히 연상하는 경련은 과거에 대발작으로 불리던 전신 긴장성-간대성 발작이다. 전신 긴장성-간대성 발작이 일어났을 때 교사는 침착하게 대처함으로써 장애 아동과 일반 아동 모두가 적절한 행동을 취할 수 있도록 도와주어야 한다. 특히 침착한 태도로 경련을 일으킨 아동을 도와주고 다른 학생들에게 친구의 경련이 오래 지속되지 않을 것이라고 안심시키는 것이 좋다. 〈표 11-3〉은 아동이 경련을 일으킬 때 교사가 취할 수 있는 대처 행동을 보여 준다. 과거에 소발작으로 불렸던 부재발작(absence seizure)의 경우 약 1~30초 정도의 짧은 시간 동안 의식을 잃으며 멍하니 한 곳을 바라보거나 눈을 깜박거리는 등 일정한 행동을 반복하기도 한다.

표 11-3 아동이 경련을 보일 때 교사가 취해야 할 행동

해야 하는 일	• 아동이 발작 후 깨어나서 정신이 들 때까지 옆에 같이 있는다. 　a. 발작 시간을 잰다. 　b. 침착함을 유지한다. 　c. 의학적 문제가 있는지 살핀다. • 아동이 안전하도록 확인한다. 　a. 다칠 만한 것으로부터 아동을 옮긴다. 　b. 상해를 입힐 수 있는 것들을 모두 치운다. • 옆으로 눕게 한다. 　a. 기도를 확보한다. 　b. 목 근처의 옷을 헐렁하게 해 준다. 　c. 부드러운 것을 머리 밑에 받쳐 준다.
하지 말아야 하는 일	• 아동을 누르거나 움직임을 제한하면 안 된다. • 어떤 것도 입 안에 넣으면 안 된다.

출처: Hallahan et al. (2023). *Exceptional learners: An introduction for special education* (15th ed., p. 344). Pearson.

---

[1] 우리나라는 「장애인복지법」에서 발달장애를 지적장애와 자폐성장애로 한정하고 있지만, 국제적으로는 발달 시기에 발달을 저해하는 경우를 모두 포함하는 용어로 사용한다. 따라서 뇌성마비와 같은 장애도 발달장애에 포함된다.

많은 장애 아동이 경련장애를 동반한다. 그러나 경련을 일으키는 아동 중에는 다른 장애를 동반하지 않을 뿐만 아니라 경련이 없을 때는 다른 아동과 차이가 없는 경우가 많다. 따라서 경련장애가 있다고 해서 모두 학업 성적이 떨어지는 지적장애 아동으로 간주해서는 안 된다. 경련장애는 발작을 억제하는 약을 복용함으로써 대부분 통제할 수 있다. 그러나 심한 경우 약을 복용해도 발작이 일어나기도 하며, 장기간의 약물복용에 따른 부작용도 발생한다. 특히 약물 부작용으로 인하여 수업 중에 집중하지 못하고 졸거나 멍하게 보이는 경우 등은 문제행동으로 오인되기 쉬우므로 교사의 주의가 요구된다.

5) 외상성 뇌손상

외상성 뇌손상(traumatic brain injury: TBI)은 교통사고 등으로 인한 뇌의 손상을 의미한다. 과거에는 회복되지 못할 정도의 심한 뇌손상도 최근에는 의학의 발달로 인해 치료되고 학교로 돌아오는 경우가 많다. 외상성 뇌손상은 교통사고나 높은 곳에서 떨어지는 경우, 머리에 큰 충격을 받는 경우 등 여러 가지 원인으로 발생한다.

뇌손상 아동이 많이 보이는 특성으로는 중도의 인지 및 언어 능력 결손, 문제해결과 정보처리 능력의 손상, 기억력과 주의집중력뿐만 아니라 판단력에서의 어려움 등이 있다. 행동 특성으로는 충동성, 안절부절못함, 자기인식의 부족, 사회적 관계 형성의 어려움 등을 들 수 있다. 또한 대부분의 뇌손상 아동이 신체적 장애를 동반하여 뇌성마비와 유사한 동작 특성을 보이기도 한다. 따라서 뇌손상 아동은 손상 부위와 정도에 따라 지체장애, 학습장애, 정서·행동장애 아동에게 요구되는 교육적 접근을 모두 필요로 할 수도 있다. 이 책의 제1장에서 설명하였듯이, 미국 「장애인교육법(IDEA 2004)」에서는 외상성 뇌손상을 별도의 장애 유형으로 분류한다(〈표 1−3〉 참조).

일반적으로 교사는 뇌손상 아동의 학업적인 면이나 신체적 능력의 결함에 대해서는 예상하지만, 사회−정서적 행동 문제에 대해서는 잘 이해하지 못하는 경우가 많다. 그러나 뇌손상 아동은 학업적인 면에서뿐만 아니라 사회−정서적인 측면에서도 다음과 같은 행동 특성을 보이곤 한다(Heward et al., 2022; Turnbull et al., 2024).

- 불안, 짜증, 위축 또는 무관심
- 내재적 또는 외현적 행동 문제
- 친구 관계 형성의 어려움

특수학급에 소속되지 않았다는 점 때문에 특수교사로부터의 지원을 원하지 않는 경우가 많다. 이러한 경우 통합학급 교사는 지체장애 학생이 학교 수업에 잘 참여하고 학교생활을 잘하기 위해서 어떤 지원이 필요한지 주의 깊게 살펴보아야 하며, 필요하면 특수교사와의 협력을 요청할 수 있다.

2. 정보 수집 및 교수 환경 수정

1) 정보 수집

통합된 지체장애 아동을 위한 정보 수집은 다음과 같이 두 단계로 나누어질 수 있다(McCoy, 1995). 첫 단계는 교육적으로 적절한 기초 정보를 수집하는 것이며, 두 번째는 좀 더 구체적인 정보를 수집하고 정리하는 단계다. 아동의 교육적, 사회적 필요에 대한 이러한 정보는 부모나 의사 또는 직전 학년 담임교사나 담당 특수교사 등 아동과 관련된 사람들에게 물어봄으로써 가장 쉽게 얻을 수 있으며, 이는 아동의 교육 프로그램을 작성하는 데 도움이 된다. 특히 병원에서 장기간의 치료를 마치고 복귀하거나 수시로 외래진료 등으로 결석이 잦은 건강장애 아동의 경우에는 병원 관계자(예: 병원학교 교사나 의료사회복지사, 간호사, 주치의)와 협조하여 필요한 정보를 주고받도록 하는 것이 중요하다(박은혜 외, 2005). 지체장애 및 건강장애 아동의 성공적인 통합교육을 위하여 수집해야 하는 기초 정보에는 다음과 같은 내용이 포함된다(McCoy, 1995).

- 예상되는 인지 능력 정도
- 구어를 사용하여 의사소통할 수 있는 능력 정도
- 장애로 인한 시력과 청력의 손상 여부
- 장애가 있는 신체 부위
- 학교생활에 대한 예후
- 이동 능력 정도
- 일반학급에서 알아야 할 유의사항

이상의 기초 정보는 교사가 아동의 신체적, 교육적 필요에 맞는 교육 프로그램을 작성하고 교실의 물리적 환경을 수정하고자 할 때 기본적인 자료가 될 수 있다. 또한 이러한

정보만으로도 아동을 위한 적절한 교육을 계획할 수 있는 경우도 많다. 예를 들어, 골형
성부전증[2]으로 진단받은 성진이가 학급에 들어온다고 하자. 앞의 질문에 해당하는 정보
를 찾아본 결과 성진이의 지능, 시력, 청력, 말하는 능력은 모두 이상이 없으나 뼈가 쉽게
부러진다는 것을 알 수 있었다. 따라서 학교생활에서 가장 주의할 점은 뼈에 손상을 가
져올 가능성이 있는 활동을 하지 않도록 유의하는 것이다. 이를 위해서 교사로서 달리기
나 철봉 등 체육 수업의 활동을 제한할 수 있다. 또한 일단 교사가 잘 알고 난 후에는 학
급의 다른 학생들에게도 이러한 사실을 설명하여 성진이와 함께 생활할 수 있도록 준비
시킬 수 있다.

장애의 정도가 심하고 복잡한 아동의 경우라면 기초 정보만으로는 적절한 교육을 계
획하기가 어려울 수도 있다. 예를 들어, 구체적으로 쓰기 활동을 위해 연필을 잡을 수 있
는지, 아니면 대신 컴퓨터를 사용하여 과제를 하게 해야 하는지가 궁금할 수 있다. 〈표
11-4〉에서는 지체장애 및 건강장애 아동이 통합되는 경우 교사가 파악해야 하는 다양

표 11-4 지체장애 및 건강장애 아동 통합 시 교사가 수집해야 할 정보

영역	수집해야 할 정보의 내용
의학적 필요	• 주요 장애 외에 발작이나 당뇨 등의 추가적인 문제가 있는가? 시각이나 청각의 문제가 있는가? • 약을 복용하는가? 한다면 어느 정도의 양을 얼마나 자주 복용하는가? • 학교에 있는 동안 약을 복용해야 하는가? • 복용하는 약의 부작용에는 어떤 것이 있는가? • 발작이나 인슐린 쇼크 또는 그 외의 응급상태가 생기면 어떻게 해야 하는가? • 아동의 활동이 어떤 형태로 제한받는가?
통학/이동	• 어떻게 통학할 것인가? • 등교 시 자동차에서 내려 휠체어에 타게 해 주는 등의 도움이 필요한가? • 학교 건물이나 교실 내에서 이동할 때 특별한 조치가 필요한가? • 휠체어에서 다른 의자나 교실 바닥으로 옮길 때 유의할 사항이나 아동이 선호하는 방법이 있는가? • 어느 정도의 도움이 필요한가?(무조건 모든 것을 도와주기보다는 가능하다면 스스로 할 수 있도록 필요로 하는 도움의 양을 알아둔다.)

---

2) 뼈가 약하여 다발성 골절이 발생하는 질환. 뼈가 부러지기 쉽고 운동 발달이 늦기 때문에 이동할 때 안전에
특히 유의해야 한다. 지적장애가 있는 경우는 거의 없다.

의사소통	• 말이나 언어의 문제가 있는가? • 글씨를 따라 쓰거나 타이핑을 할 수 있는가? 할 수 있다면 어떤 방법으로 하는가? • 말로 의사소통을 할 수 없다면 어떤 방법을 사용하는가? • 전자 의사소통 기기를 사용하는가? 관련해서 아동이나 교사가 꼭 알아야 할 사항은 무엇인가? • 자신의 요구사항을 교사에게 어떤 방법으로 알릴 수 있는가? • 교사가 알아야 할 다른 기자재가 있는가?
자기관리	• 식사나 화장실 사용 등의 신변처리에 어떤 도움이 필요한가? 누가 도와줄 것인가? • 어떤 기자재를 사용하는가?(예: 특별한 급식판, 수저)
자세잡기	• 어떤 자세잡기 보조도구를 사용하는가?(예: 받침대, 하지보조기) • 쉴 때, 수업할 때, 화장실에서, 식사할 때 각기 어떤 자세가 가장 좋은가? • 교사가 알아야 할 다른 기자재가 있는가?
교육적 필요	• 아동의 강점과 약점은 무엇인가? • 지체장애로 인해 학교에서의 성취에 어느 정도 영향을 받는가? • 학급 환경이 어떻게 수정되어야 하는가? • 어떤 기자재를 구비해야 하는가? • 어떤 관련서비스가 제공되어야 하는가?

한 영역과 구체적인 정보의 내용을 보여 준다(Lewis & Doorlag, 2011).

국내에서도 일반학급 교사와 특수학급 교사가 함께 초등학교 지체장애 학생의 통합교육을 위해 (1) 대상학생에 대한 기초정보, (2) 통합학급 적응기간에 점검해야 할 사항, (3) 세부 지원 영역(의료 및 건강지원, 물리적 환경, 교수적 수정, 일상생활 지원, 의사소통 지원, 자세 및 운동 지원, 또래 지원, 외부활동 지원, 위급상황 대처, 관련인과의 협력)에 대한 구체적인 사항을 점검해 볼 수 있는 체크리스트가 개발되었다(조아라 외, 2021).

2) 물리적 시설

지체장애 아동은 보행이 불편한 경우가 많다. 따라서 학교 건물의 구조가 이들이 다니기에 어려움이 없는지가 매우 중요하다. 경사로나 엘리베이터가 없다면 휠체어를 이용하는 아동이 4층에 있는 교실에 가기 위해서는 누군가가 휠체어를 들어주거나 아동을 업고 가야 하며, 장애인용 화장실이 없으면 화장실 사용에 어려움을 겪게 된다. 이러한 건축상의 장애물에 대해 점검하고 문제가 있는 경우 이를 미리 학교 관계자와 상의하는 것이 좋다.

지체장애 아동의 가장 기본적인 요구 중 하나는 시설상의 장애물을 제거해 주고 나아가서는 좀 더 편리한 보조 시설을 설치해 주는 것이다. 지체장애 아동 중에서도 특히 뇌성마비 아동은 지적장애가 심하지 않은 경우에도 엘리베이터나 장애인 화장실, 휠체어가 다닐 수 있는 경사로 등이 갖추어진 학교를 찾아서 집에서 먼 곳으로 가야 하거나 입학이 완곡히 거부되는 경우가 아직도 발생하고 있다. 반면, 이러한 학생의 입학이 결정되면 입학하기 전에 물리적 환경을 개선하는 공사를 적극적으로 시행하는 학교들도 많다.

국내에서도「장애인 · 노인 · 임산부 등의 편의증진보장에 관한 법」(일부개정 2023. 3. 28)이 제정되었고, 장애 아동의 통합보육이 증가하면서 장애아 보육환경 표준시설 모형(이소현 외, 2004)도 개발되었다. 또한「장애인차별금지 및 권리구제 등에 관한 법률」(일부개정 2021. 7. 27)도 제정되어 교육기관에 재학 중인 장애 아동의 교육 활동에 불이익이 없도록 시설물에 대한 접근과 높낮이 조절용 책상, 휠체어의 접근을 위한 여유 공간 확보 등을 보장하도록 규정하고 있다.

교실 내에서도 휠체어나 목발을 이용하는 아동이 다닐 수 있도록 공간을 확보해 주어야 한다. 또한 칠판, 책장, 사물함 등도 지체장애 아동이 사용하는 데 어려움이 없는지 확인해야 한다. 예를 들어, 휠체어를 사용하는 아동이 위쪽의 사물함을 배정받으면 사용하기가 어렵다. 장애 아동이 사용하는 기구는 쉽게 손이 닿는 곳에 있어야 한다.

책상과 의자는 학습에 있어서 능률상의 문제뿐만 아니라 자세 교정에도 중요한 역할을 한다. 체격에 맞지 않는 책상과 의자를 오랫동안 사용하면 여러 가지 신체장애 요인을 악화시키고 성장발육을 저해하기도 한다. 책상은 신체적인 개인차를 고려하여 높낮이를 조절할 수 있게 하고 발 받침을 부착하여 자세가 안정되게 해 준다. 아동에 따라서는 특수한 책상과 걸상이 필요할 수도 있다. 특정한 높이나 각도의 책상이 필요한 경우도 있고 책상 가장자리에 홈이 파여 있거나 테두리가 올라와 있어서 지우개나 연필 등이 잘 떨어지지 않게 만들어진 것도 있다. 휠체어를 탄 아동에게는 칠판이 너무 높을 수도 있다. 휠체어용 책상은 윗몸이 들어갈 정도의 둥근 홈을 만들어 주고 서랍을 없애 다리가 편하게 하며 책상 양옆에 가방걸이를 부착하고 학습 시 자세의 불균형으로 상체가 불안정한 아동을 위해서는 책상 면에 사용하지 않는 손의 손잡이를 부착하는 것이 도움이 된다. 이와 같이 책상과 의자는 지체장애 아동에게 적합한 학습 조건을 만들어 줄 뿐만 아니라 자세 교정에도 영향을 미치므로 아동 개개인의 특성에 맞게 제작되어야 한다. [그림 11-1]은 지체장애 아동을 위한 시설의 예를 보여 준다.

경사로

화장실

높낮이 조절 책상

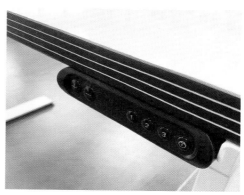

높낮이 조절 책상의 조절 버튼

휠체어 버스 리프트

[그림 11-1] 지체장애 아동을 위한 시설의 예

3) 교수 환경 수정

지체장애 아동을 교육할 때 교사는 (1) 사물이나 도구의 위치 바꾸어 주기, (2) 책상의 표면 수정해 주기, (3) 사용하기 쉽게 물건을 수정해 주기 등 교수 환경을 수정할 수 있다(Best et al., 2010). 먼저, 아동이 일반 책상을 이용하든 휠체어 책상을 이용하든 가능한 한 스스로 그들 자신의 물건을 사용하고 정리할 수 있게 하는 것이 중요하다. 만일 지체장애 아동이 교실에 비치된 서랍형 책상을 사용하여 스스로 정리하지 못한다면 책상 옆에 칸을 만들어서 책을 넣고 꺼낼 수 있도록 수정해 줄 수 있다. 교사는 이동장비를 보관할 수 있는 장소를 제공해 주고, 아동이 스스로 책임감을 가지고 안전하게 보관하도록 지도해야 한다.

둘째, 책상의 표면은 아동의 팔 사용과 머리 움직임에 영향을 미친다. 책상 표면의 크기, 위치, 기울임, 높이 등은 아동에 따라 수정되어야 한다. 불수의운동형 뇌성마비 아동은 보통 팔꿈치를 지지할 수 있도록 책상을 높여주고, 경직형 뇌성마비 아동에게는 낮은 책상을 제공하는 것이 이들의 제한적인 움직임을 방해하지 않기 때문에 유익하다. 지체장애 아동을 위한 책상은 팔꿈치 뒤도 지지해 주는 U자 형태의 책상이 팔의 움직임을 지원하므로 도움이 된다. 책상 높이를 조절하는 것만으로 충분하지 않은 경우 책상의 경사 또는 표면의 각도를 조절해 줄 수 있으며, 여러 각도로 움직일 수 있는 독서대 등을 이용한 경사판을 활용하면 쉽게 조절할 수 있다.

셋째, 지체장애 아동이 사용하기 쉽게 사물을 수정해 주어야 한다. 지체장애 아동이 비전형적인 반사운동패턴을 보이지 않으면서도 원하는 활동을 할 수 있도록 지원하기 위해서는 활동 대상인 사물을 수정하는 다양한 방법이 사용될 수 있다. 〈표 11-5〉는 지

표 11-5 **지체장애 아동 교육을 위한 사물 수정의 예**

환경 수정	방법	수정의 예
대상 물체 고정하기	조작하고자 하는 대상 물체를 책상 위에 고정하는 방법이다. 예를 들어, 손 사용이 어려운 아동의 경우 글씨를 쓰려다가 공책을 떨어뜨리면 다시 줍기가 어려울 수가 있다. 또한 글씨를 쓰지 않는 다른 손으로 공책을 잡고 있기가 힘들 수도 있다. 이때 조작하고자 하는 대상을 책상에 고정해 주면 과제 수행이 훨씬 더 쉬워진다.	• 물건에 벨크로나 테이프를 붙여 책상 표면에 고정하기 • 물건 밑에 접착력이 있는 종이나 다른 재료(미끄러지지 않는 재질) 사용하기 • 책상 위에 클립보드를 붙인 뒤 사용하기 • 논슬립 매트 사용하기

경계 만들기	움직임이 자유롭지 못한 아동은 자신의 손이 미치지 않는 곳으로 물체가 벗어나면 다시 가져오기 힘들 수 있으므로 사물이 조작 가능한 범위를 벗어나지 않도록 경계를 만들어 주는 방법이다.	• 움직이는 놀잇감/교재를 사용할 경우 끈을 달아 당길 수 있게 하기 • 놀잇감/교재를 낮은 테두리가 있는 상자 안에 넣어주기 • 책상이나 휠체어 트레이의 가장자리에 경계선 만들기
잡기 보조도구 사용하기	사물을 잡기 쉽게 해 주고 놓치지 않도록 해 주기 위하여 적절한 보조도구를 사용하는 방법이다.	• 연필에 고무 등을 덧끼우기 • 손가락에 연필이 고정될 수 있도록 고안된 보조대 사용하기
조작을 도와주는 도구 사용하기	조작에 필요한 손가락 움직임(예: 엄지와 검지만을 사용하여 물체를 집는 집게 쥐기)이나 손목 움직임이 부족하여 원하는 조작을 하기 어려운 경우 이를 돕기 위한 간단한 보조물을 부착하는 방법이다. [그림 11-3]은 이러한 도구의 다양한 예를 보여 준다.	• 쉽게 잡을 수 있도록 잡는 부분을 크게 만들기 • 움직임의 범위를 확장하기 위해 물건에 더 긴 손잡이를 붙이기 • 놀잇감/교재를 들어 올리거나 잡을 수 있도록 벨크로가 부착된 장갑 끼워주기 • 잡기가 수월하도록 물건을 포장하거나 테이프를 붙여 크게 만들기

체장애 아동을 위한 다양한 수정 방법을 보여 주며(Best et al., 2010), [그림 11-2]와 [그림 11-3]은 이와 같은 수정의 예를 보여 준다.

지체장애 아동을 위하여 교수전략을 수정하는 대표적인 방법은 아동이 수업시간에 반응하는 방법(예: 쓰기, 읽기, 말하기)과 학습과제를 연습하는 방법을 수정하는 것이다. 말

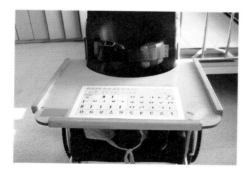
책상의 경계 만들기

논슬립 매트로 대상물 고정하기

[그림 11-2] 지체장애 아동을 위한 교수 환경 수정의 예

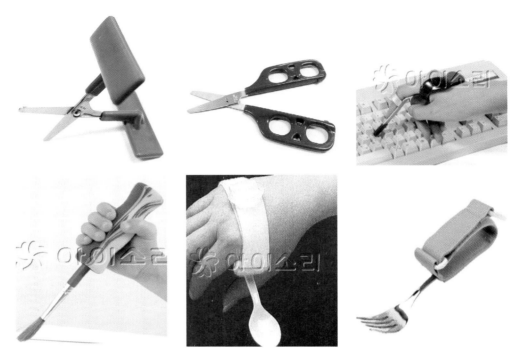

[그림 11-3] 다양한 조작 보조도구의 예

출처: 아이소리몰(www.isorimall.com)

하기나 읽기가 어려운 경우 다른 의사소통 수단을 활용한다. 소리 내어 읽기가 어려운 경우에는 이해 정도를 측정함으로써 간접적인 평가를 하도록 한다. 쓰기가 어려운 아동을 위해서는 잡기 보조도구를 사용하거나 확대키보드나 태블릿 pc 등을 활용하여 쓰게 할 수 있다. 골반과 어깨가 잘 고정된 좋은 자세도 쓰기를 잘하기 위한 기본 조건이다.

3. 학습 자세의 중요성

지체장애 아동의 신체적 필요를 만족시키기 위한 다양한 방법은 교수적인 성격과 관리적인 성격의 두 가지로 나눌 수 있으며, 운동성 장애가 있는 아동을 위한 프로그램은 이 두 가지를 모두 포함해야 한다(박은혜, 1996). 이 중 특정 운동반응을 발달시키기 위한 적극적 치료의 성격을 지닌 교수적 프로그램은 물리치료 및 작업치료사와 같은 전문 치료사의 역할을 강조한다. 물리치료 및 작업치료는 대부분의 지체장애 아동에게 필수적이며, 특히 조기에 치료를 받을수록 그 효과가 높게 나타난다. 물리치료는 주로 대근육운동과 보행능력 발달에 중점을 두는데, 주로 신경발달적 방법(neurodevelopmental approach: NDT)과 보이타법(vojta method)을 많이 사용한다. 작업치료는 상지 사용 능력을 집중적으로 다루며, 따라서 유아기에는 식사하기나 일상생활 훈련 등도 담당한다.

「장애인 등에 대한 특수교육법」에서는 특수교육대상자에게 물리치료와 작업치료 등 치료지원을 제공할 것을 명시하고 있다. 이 법은 2007년도에 제정되면서 과거의 치료교육 개념이 치료지원의 개념으로 변화되었는데, 주로 학교 밖에서 치료 서비스를 받을 수 있는 바우처를 제공하는 경우가 많고, 소수의 교육청을 중심으로 특수교육지원센터에서 또는 순회치료사가 치료지원을 제공하기도 한다. 외국에서는 교육청에 소속된 치료사가 각 학교를 순회하며 통합된 장애 아동을 위한 치료와 자문을 제공하는 경우가 많으며(박은혜, 임장현, 2010), 국내에서도 치료사와 교사 간 협력을 통해 학교의 교육 활동 내에서 치료지원을 제공하는 것이 효과적이라는 연구가 보고된 바 있다(표윤희, 2020). 그러나 실제로 국내 통합교육 환경에서 지체장애 학생을 위한 치료지원이 이루어지는 경우는 매우 드물기 때문에 적절한 자세 지원과 신체 관리 방법에 대한 교사 컨설팅과 같은 지원이 요구된다(김주혜 외, 2020).

장애 정도가 심한 지체 및 복합장애 아동의 효과적인 교육과 삶의 질을 위해서는 적절한 신체 관리가 우선되어야 하는 것으로 인식된다(Fraser et al., 1990). 적절한 자세를 잡

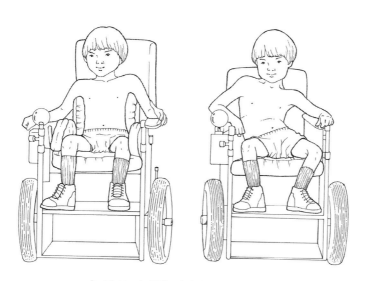

[그림 11-4] 좋은 자세와 나쁜 자세의 예

출처: Best, S. J., Heller, K. W., & Bigge, J. (2010). *Teaching Individuals with Physical and Multiple Disabilities* (6th ed., p. 194). Pearson.

프론 스탠더
(www.imir.co.kr)

코너체어
(www.isorimall.com)

웻지를 이용하여 엎드리기

[그림 11-5] 대안적 자세를 위한 보조도구 사용의 예

아주고 유지하도록 도와주는 것은 중도 지체장애 아동의 효과적인 교육을 위한 필수조건이다(박은혜 외, 2023). 예를 들어, 지체장애 아동의 몸이 지나치게 긴장되어 뻣뻣하고 글씨를 쓰려고 할 때마다 의자에 잘 고정되지 않고 자꾸 미끄러진다면 학습에 지장을 초래할 것이다. 이러한 경우 학습을 할 수 있도록 보조기구 등을 이용하여 좋은 자세를 잡아주는 것이 선행되어야 한다([그림 11-4] 참조).

지체장애 아동의 자세를 잡아줄 때 교사는 이들의 골반이 안정되게 고정해 주고, 팔과 다리가 뻗치거나 공중에 뜨지 않도록 지지하며, 몸통에 힘이 없는 경우 똑바로 세울 수 있게 지지하고, 목의 힘이 부족하여 머리를 잘 가누지 못하는 경우 머리 지지대를 이용하여 고정하는 등을 유의해야 한다(Best et al., 2010; Fraser et al., 1990). 허리 벨트나 가슴 벨트, 그 외에 몸에 맞는 지지 도구를 휠체어에 삽입하여 이러한 자세잡기를 도울 수 있다.

여러 가지 자세잡기 방법을 사용하여도 앉기 자세를 취하기 어렵거나 장시간 이를 유지하기가 어려운 아동의 경우에는 대안적 자세를 취해 주어야 한다. 이렇게 대안적 자세가 필요한 경우에는 주로 스스로 자신의 자세를 바꿀 능력이 없는 아동이므로 혈액순환 및 관절, 근육의 무리 등을 고려하여 적어도 2~3시간마다 자세를 바꾸어 주어야 한다(Campbell, 1990). 이때 아동의 활동 내용, 사회적 환경 등을 고려하여 교육적, 사회적 활동에 적합한 자세를 취할 수 있도록 배려해야 한다. 즉, 특정 대안적인 자세를 취함으로써 참여 중이던 활동을 더는 할 수 없게 되거나 또래와의 사회적 상호작용이 감소한다면 이는 바람직한 자세라고 할 수 없다. 보조도구의 사용이나 자세의 결정은 신체적인 요인뿐만 아니라 아동의 생활연령과 기술 수준, 그 자세에서 수행할 활동의 종류 등을 고려

하여 가능한 한 신체적으로 고립되거나 부정적인 낙인이 찍히지 않고 사회적 상호작용을 저해하지 않는 범위에서 이루어져야 한다. [그림 11-5]는 대안적 자세를 위한 자세 보조도구와 그 사용의 예를 보여 준다.

4. 컴퓨터 공학의 활용

영국의 유명한 물리학자 스티븐 호킹 박사는 몸을 움직이지 못할 뿐만 아니라 말을 하지도 못했지만 지금까지도 위대한 과학자로 존경받는다. 그가 내한했을 때 어느 인터뷰에서 컴퓨터가 없었더라면 오늘과 같은 영광은 누리지 못했을 것이라고 컴퓨터와 연결된 입력장치를 통해 말한 적이 있다. 지체장애 아동을 위하여 컴퓨터를 사용할 때 장애를 보완하는 가장 큰 역할을 하는 것은 여러 가지 대체 입력기구의 활용이다. 일반적인 키보드나 마우스를 사용하기 어려운 경우가 많기 때문에 이들을 위한 다양한 대안적인 입력기구와 방법이 고안되었다.

지체장애 아동의 교육과 생활을 지도하기 위해서는 보행이나 이동, 언어, 물리적 접근권을 보장할 수 있는 공학을 이용할 필요가 있다. 환경 참여를 위한 물리적인 접근을 가능하게 하고 학습과 생활을 지원하기 위한 수정된 학습 도구 및 보조공학은 이들을 위한 교육을 용이하게 해 준다. 지체장애 아동 교육은 이러한 보조공학과의 접목으로 더욱 희망적이고 적극적인 관점으로 바뀌고 있다. 장애 아동을 위한 보조공학은 보조공학 기기와 보조공학 서비스로 나누어 개념화되며, 단순히 기기만 제공하는 것이 아니라 적절한 서비스가 함께 제공되어야 함을 강조한다. 보조공학 기기란 장애 아동의 기능을 유지하거나 향상하기 위해 구입하거나, 수정 또는 주문제작한 아이템이나 장비, 생산시스템을 의미하며, 보조공학 서비스란 보조공학 장치를 선택하고 구입하고 사용하도록 장애 아동을 직접적으로 돕는 진단, 처방, 훈련 및 사후관리와 같은 서비스를 의미한다. 미국 「장애인교육법(IDEA 2004)」은 이를 관련서비스에 포함시켜 특수교육에 필요하다고 판단될 경우에 제공하도록 규정하고 있다.

공학기술은 지체장애 아동의 또래와의 의사소통 기회 및 상호작용을 촉진하고, 다른 사람과의 상호작용이나 정보 수집 및 접근을 가능하게 한다(Bowe, 2000). 최근에는 중앙보조기기센터(http://knat.go.kr), 경기도재활공학서비스연구지원센터(http://atrac.or.kr), 국립재활원 재활연구소(https://www.nrc.go.kr/research/main.do) 등 장애인의 교육 및 재활을 공학적으로 돕는 기관이 정보 제공 및 대여 프로그램 등을 운영하고 있으며, 특수교육지원센터에서도 해당 지역을 위한 보조공학 대여 프로그램을 운영하는 경우가 많다. 지체장애 아동의 학습과 생활을 도울 수 있는 보조공학 기자재는 사용 기능별로 다음과 같이 분류된다.

- 학업 및 교과(예: 쓰기, 읽기, 수학) 활동: 교육용 앱, 컴퓨터 기기, 주변장치(예: 스위치, 마우스 스틱), 대안적인 입력장치
- 일상생활 활동: 일상생활 훈련 보조도구(예: 식사 또는 옷 입기 보조도구)
- 환경과의 상호작용: 편의시설, 환경 조절 장치
- 의사소통: 보완대체의사소통 도구, 음성인식기, 음성합성기
- 자세잡기와 다루기: 일상생활의 자세 유지, 앉기, 서기, 걷기, 어깨 가슴 벨트, 방석, 허리 벨트, 다리 분리대
- 보장구와 보철: 신체기능 개선 보장구, 자세잡기 보장구, 브레이스
- 이동성: 수동휠체어, 전동휠체어, 스트롤러, 스쿠터, 리프트
- 여가 및 레저: 외발 스키, 스포츠용 휠체어

일반학급에서 사용할 수 있는 컴퓨터 접근 도구는 〈표 11-6〉에서 보는 바와 같다. 아

표 11-6   일반학급에서 사용할 수 있는 컴퓨터 접근 도구의 예

도구	사용법
간단한 도구 사용 및 수정	손가락 대신 막대기를 쥐고 자판을 누르거나 머리띠 같은 것에 연결된 막대기를 사용하여 자판을 누르게 할 수 있다. 또한 한 번에 여러 개의 키를 누르게 되는 것을 방지하기 위해 키가드를 씌우는 것도 도움이 된다([그림 11-6] 참조).
대체자판	대체자판에는 확대자판과 축소자판, 화상키보드 등이 있어 아동의 운동능력에 맞는 것을 사용할 수 있다. 확대자판의 경우에는 손가락 사용이 어려운 때에도 누르는 부분이 넓어서 정확히 입력할 수 있다.
태블릿 PC	자판이 필요 없이 직접 컴퓨터 화면을 만져서 프로그램을 조작할 수 있기 때문에 (예: 현금자동인출기) 인지 능력이 떨어지는 어린 아동이 쉽게 배울 수 있다. 아이패드나 갤럭시탭 또는 다른 태블릿 PC 등이 터치스크린을 적용하고 있다.
스위치	운동 능력 장애가 심한 지체장애 아동의 경우에 신체 능력에 맞는 스위치를 사용하여 각종 기자재(예: 컴퓨터, 의사소통 도구)를 조절할 수 있다([그림 11-7] 참조).

동이 신체의 어느 부위라도 일관성 있게 의도적으로 움직일 수 있으면 스위치 사용이 가능하다. 대부분 손을 가장 많이 사용하며, 머리, 턱, 발, 눈썹 움직임을 사용하기도 하고, 들이쉬고 내쉬는 숨으로 조절하는 들숨-날숨(sip-and-puff) 스위치 등 지체장애인의 운동 능력을 고려한 다양한 스위치가 개발되어 있다. 스위치는 컴퓨터뿐만 아니라 의사소통 도구, 전동휠체어 등의 다른 기자재 조작에도 사용될 수 있으므로, 장애가 심한 지체장애 아동에게 활용도가 매우 높다. 스위치를 사용하기 위해서는 스위치용으로 개발된 소프트웨어와 스위치를 컴퓨터에 연결하는 인터페이스가 필요하다.

또한 아이패드나 갤럭시탭, 그 외의 많은 태블릿 PC는 터치스크린과 손쉬운 화면 확대 기능이 있어서 운동성 및 인지 능력의 장애를 보완할 수 있는 도구로서의 잠재성을 지닌다. 그뿐만 아니라 컴퓨터 사용 시 입력을 지원하는 보조공학기기인 대체키보드 및 아이트래커를 사용하여 지체장애 학생의 정보 접근성을 높일 수 있다([그림 11-8] 참조). 아이트래킹은 눈의 초점이 정확히 어디에 있는지 기기가 감지하여 눈의 움직임만으로 화면의 커서를 움직이도록 돕는 기술이다(박은혜 외, 2023).

마우스 스틱　　　키가드　　　손가락(손바닥) 지지용 타이핑 막대

[그림 11-6] 간단한 도구사용과 수정

출처: (1) 서울신문(https://www.seoul.co.kr/news/seoulPrintNew.php?id=20070122009012)
　　　(2) 에이빙(https://kr.aving.net/news/articleView.html?idxno=50730)
　　　(3) 에이블라이프(https://www.ablelife.co.kr/m/product.html?branduid=337)

[그림 11-7] 스위치의 예

출처: 아이소리몰(www.isorimall.com), 에이블넷(www.ablenetinc.com)

[그림 11-8] 대체 키보드 및 아이트래커

출처: (1) 왕성상(2007. 4. 9). https://www.sisajournal.com/news/articleView.html?idxno=120248
　　　(2) 소찬혁(2017. 8. 3). https://kbench.com/?q=node/180861

5. 의사소통

　지체장애 아동의 대부분을 차지하는 뇌성마비 아동은 인지 능력의 결함이 없어도 구
강 주변의 근육조절 및 협응의 문제로 인해 표현언어의 어려움을 보일 수 있다. 즉, 교사
나 친구의 말을 듣고 이해하거나 책을 읽고 이해하는 능력에는 문제가 없으나 자신의 의
견을 말로 표현하거나 글로 써서 나타내지 못하기 때문에 다른 사람과 의사소통을 하기
어려운 경우가 많다. 이러한 표현언어상의 어려움으로 인하여 사회적 상호작용에 방해
를 받으며 통합된 환경에서의 적응에 문제를 보일 수 있다.

　말이나 글을 통해 독립적으로 의사표현을 할 수 없는 사람의 표현능력을 증진하기 위
해 몸짓이나 발성, 표정, 머리 끄덕임, 가리키기 등의 비구어적인 방법을 사용하거나, 그
림, 사진 낱말판 등의 의사소통판이나 의사소통 도구와 같은 보완대체의사소통 방법을
사용할 수 있다. 간단한 손짓 표현으로 중도중복장애 아동이 기본적인 표현을 할 수 있
도록 국내에서 개발된 손담(국립특수교육원, 2018)이 있다([그림 11-9] 참조).

　보완대체의사소통에 사용되는 보조기구는 각각의 장단점을 지니고 있으므로 아동의
잔존능력과 요구에 따라 충분한 능력을 발휘할 수 있도록 활용해야 한다. 즉, 아동에게
효율적인 표현 수단을 선정하고 의사소통 기술을 촉진하는 환경을 조성하여 다음의 사
항에 유의하여 지도해야 한다.

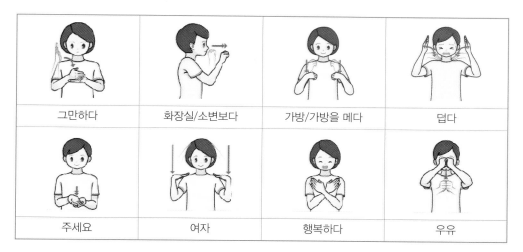

[그림 11-9] 손담 표현의 예

출처: 국립특수교육원(2018). 중도·중복장애 학생 의사소통을 위한 「손담」 교수학습자료집.

- 바람직한 언어모델 제공
- 수용적인 학습 환경 조성
- 발달 수준 및 기능적인 기준에 근거한 교수목표 설정
- 자연적인 환경에서의 기능성 강조
- 다른 사람과의 상호적 의사소통 촉진
- 의사소통 상대의 교육을 통한 아동의 표현력 증진

　과거에는 보완대체의사소통을 지도하면 구어 발달을 저해할지도 모른다는 오해 때문에 뒤늦게 적용하는 사례가 많았지만, 최근에는 유아기에도 언어 발달 및 상호작용을 촉진하고자 도입하는 경우가 늘고 있다. 즉, 주변과의 의사소통 및 상호작용에 참여할 수 있는 수단을 제공함으로써 언어 발달을 촉진하고, 학습 활동 및 사회적 관계에서의 참여도를 높이는 효과를 기대하는 것이다. 아동이 구어를 전혀 사용하지 못하는 경우는 구어를 대신해 주며, 구어를 사용은 하지만 자신의 의사소통 요구를 충족하지 못하는 경우 보완적인 의사소통의 기능을 해 준다. 국내에서 시판되는 의사소통 도구의 예는 제8장 의사소통장애의 [그림 8-5]를 참조하기 바란다.

1) 말하기에 어려움이 있는 아동

말로 의사를 표현하는 데 어려움이 있는 지체장애 아동을 가르칠 때 다음과 같은 점을 기억하면 도움이 된다(Best et al., 2010; McCoy, 1995). 첫째, 신호체계를 사용한다. 이것은 말하는 사람과 듣는 사람이 서로 약속하고 이해할 수 있는 간단한 신호를 만들어 사용하는 것을 의미한다(예: 고개를 숙이면 "네"라는 의미인 것으로 약속함). 교사는 아동을 대하면서 어떤 신호가 필요한지 결정할 수 있다. 간단할수록 사용하기가 쉬우나 필요에 따라서는 그림이나 글씨를 이용하여 의사소통판을 만들 수도 있다. 국내에서 개발된 간단한 손짓기호인 손담은 공통적이고 쉬운 표현이므로 이러한 초기 소통 방법으로 활용될 수 있다. 손담은 지체장애 학생의 신체 능력에 맞도록 수정하여 사용할 수 있다(국립특수교육원, 2019).

둘째, 말할 수 있는 시간을 충분히 준다. 지체장애 아동은 대개 말소리를 만드는 데 시간이 오래 걸리며, 그 정도는 개인에 따라 다르다. 그러나 천천히 말하는 것이 사고의 속도가 느린 것을 의미하는 것은 아니며 대답을 하지 않으려는 것도 아니다. 아동과 어느 정도 접해 보면 대답하는 데 필요로 하는 시간을 알 수 있다.

셋째, 의사소통이 중단되는 때를 파악하고 대처한다. 가끔 의사소통이 막힐 때가 있다(예: 아동이 한 가지 대답만 계속함). 아동이 표현하고자 하는 의도를 이해하기가 어려운 경우다. 이러한 경우 다른 의사소통 수단을 사용해 보도록 한다.

넷째, 다른 아동에게도 의사소통하는 법을 가르쳐 준다. 학급 내 일반 아동은 지체장애 아동과 대화하는 법을 스스로 익히게 될 수도 있지만, 교사가 이들에게 약속된 신호나 의사소통판의 사용 등을 알려주고 지체장애 아동이 말할 때 기다려 주어야 한다는 것도 가르쳐 줌으로써 좀 더 빨리 지체장애 아동과 대화할 수 있도록 도울 수 있다. 의사소통은 상대방이 장애 아동의 의사소통 방법을 이해하고 수용하며 적절히 반응해 줄 때 잘 이루어질 수 있으므로 또래를 위한 대화상대자 교육이 중요하다(이명희, 박은혜, 2006; 민경심, 임장현, 2019). 이렇게 또래 학생이 장애 학생과 의사소통을 할 수 있게 되면 이들의 장애 이해가 높아지고 장애 학생의 학급적응도 쉬워진다.

보다 적극적으로 보완대체의사소통을 적용하기 위해서는 의사소통 환경에 맞는 어휘와 그림상징을 활용한 의사소통판이나 도구를 활용할 수 있다. 예를 들어, 친구와의 대화를 위한 어휘나 구절을 모아서 휠체어 트레이에 부착해 줄 수도 있고, 과목별로 필요한 어휘를 선정하여 넘길 수 있도록 클리어 파일 노트에 정리해 줄 수도 있다. 또한 자신

선생님	1학년 1반	가요.	듣고 싶어요.
놀이	놀이터	주세요.	하고 싶어요.
간식	장난감	좋아요.	싫어요.
노래	연필, 지우개	힘들어요.	그만하고 싶어요.

오늘	기분	좋아요.	최고예요.
별로예요.	슬퍼요.	기뻐요.	얼마나
모르겠어요.	나빠요.	행복해요.	많이
우울해요.	화나요.	괜찮아요.	조금

[그림 11-10] 말하기 지도를 위한 의사소통판의 예

을 소개하는 내용이나 여러 상황에서 공통으로 쓸 수 있는 구절 등의 필요한 내용을 녹음하여 간단하게 재생할 수 있는 의사소통 도구(예: 빅맥, 칩톡 등)에 입력하여 편리하게 사용하게 할 수도 있다. [그림 11-10]은 수업시간에 사용할 수 있는 기본적인 요구하기 및 감정 표현을 위해 사용할 수 있는 의사소통판의 예를 보여 준다.

교사가 간단한 의사소통판을 만들어 줄 수도 있으며, 간편한 녹음 의사소통 도구나 보다 다양한 표현이 가능한 하이테크 의사소통 도구 또는 앱을 사용할 수도 있다. 마이토키 스마트, 보이스탭과 같은 최근의 의사소통 보조도구는 글자를 입력하면 한국어 음성합성이 되는 기능을 탑재하고 있어 표현의 폭이 넓다. 중요한 것은 어떤 도구나 방법을 사용하든지 교사의 관심과 준비가 있어야 의사소통 상황과 대상 아동의 필요에 맞는 어휘와 상징이 적절히 제공되고 활용될 수 있다는 것이다. 지체장애 아동이 또래와 관계를 형성하고 의미 있는 학습에 참여하기 위해서는 의사소통 능력이 기초가 되기 때문에 이러한 교사의 노력은 매우 중요하다. 이와 관련된 상세한 내용은 박은혜, 김정연, 표윤희(2023)와 김정연, 김경양, 박은혜(2023)를 참조하기 바란다.

2) 쓰기에 어려움이 있는 아동

지체장애 아동은 어깨, 팔, 손의 운동 능력이 부족해서 글씨를 잘 쓰지 못하는 경우가 많다. 전혀 쓰지 못하거나 연필을 잡고 쓰기는 해도 매우 느리고 힘들어서 쉽게 피로해지기도 한다. 이러한 경우 간단한 보조도구(예: 연필 끼우개)를 사용하여 쓰기를 도울 수 있으며, 직접 쓰기가 어려우면 컴퓨터를 이용하여 쓰기 활동을 하게 할 수도 있다. 글씨쓰기가 학교 활동에서 차지하는 비중이 크기 때문에 가능하다면 직접 쓸 수 있도록 지도하는 것이 좋지만, 가능성이 희박한 경우에 아동에게 힘든 일을 계속 요구하기보다는 교사의 판단에 따라 컴퓨터를 활용하는 쪽으로 지도 방향을 바꾸는 것이 현재의 교육뿐 아니라 미래의 생활에도 바람직하다. 글씨를 쓸 수 없어서 컴퓨터를 이용하는 경우 대부분 일반 자판을 사용하기가 어려우므로, 앞부분에서 설명한 대체입력 도구를 활용하는 것이 좋다. 또한 보완대체의사소통 상징을 선택하여 문장을 완성하게 하는 등의 대안적인 쓰기가 필요할 수도 있다([그림 11-11] 참조).

▶ 나의 장래 희망은 ☐ 입니다.

[그림 11-11] 중도·중복장애학생을 위한 기능적 쓰기 자료의 예

출처: 박은혜, 김정연, 표윤희(2023). 지체장애 학생 교육(2판, p. 487). 학지사.

6. 이동성

이동성이란 아동이 움직일 수 있는 능력을 말한다. 아동이 잘 움직이게 하기 위해서는 휠체어나 목발 등 아동이 사용하는 기구가 통과할 수 있을 만큼의 여유 있는 교실 공간이 필요하다. 출입문이나 복도의 폭도 충분하게 확보되어야 하며, 엘리베이터나 경사로가 있어야 한다.

건물의 구조로 인하여 지체장애 아동이 독립적으로 다닐 수 없고 누군가의 도움을 받아야 한다면 이는 건축물적 또는 물리적 배리어(architectural barrier)가 있다고 말할 수 있다. 미국의 경우에는 1990년 「미국장애인법(Americans with Disabilities Act: ADA)」이 통과된 후 공공건물(학교를 포함하여)은 물론이고 직원 15인 이상의 사업체도 모두 물리적 배리어를 없애도록 법적으로 규정하고 있다. 우리나라에서도 과거에는 일반학교에 다닐 수 있게 허락해 준 것만으로 학교 측은 장애 아동에게 특혜를 베풀어 준 것처럼 생각하기도 하였지만, 최근에는 공공기관에서의 편의시설 관련 법(예: 「장애인·노인·임산부 등의 편의증진 보장에 관한 법률」)과 장애인 차별금지 관련 법(예: 「장애인차별금지 및 권리구제 등에 관한 법률」)이 제정되어 장애 학생의 교육권과 이동권에 대한 인식도 점차 개선되고 있다.

이렇게 시설에 대한 고려사항이 필요한 이유는 지체장애 아동이 워커, 목발, 휠체어 등 여러 가지 보행 보조기구를 사용하는 경우가 많기 때문이다. 워커는 보행할 때 가장 지지력이 좋은 보행기구지만 걸을 때 속도가 느리고 거북한 것이 단점이다. 평지가 아닌 계단 등에서 사용할 때 특히 더 어렵다. 휠체어는 혼자서 걷지 못하거나 걷기 힘든 환자 혹은 장애인이 이동할 때 필요하다. 사용자의 체형에 따라 성인용과 소아용이 있으며 개별적인 필요(예: 체형의 특이성, 몸통 지지 능력 결여)에 맞추어 제작하기도 한다. 사용자가 직접 바퀴 손잡이를 밀어 이동하는 유형인 수동휠체어와 전기의 힘으로 작동하는 전동휠체어가 있다.

휠체어를 장시간 사용해야 하는 아동의 경우에는 단순한 이동 수단 이상으로 휠체어에 의존하게 되므로 사용자의 몸에 잘 맞고 몸의 약한 부분을 적절히 지지해 줄 수 있어야 한다. 성장기 아동의 경우 오래 사용하기 위해서 너무 큰 휠체어를 구입하게 되면 몸통 지지 능력이 부족해서 올바로 몸을 지탱할 수 없어 척추가 휠 수 있고, 작아진 휠체어에 억지로 의지하고 다니는 것도 바람직하지 않다. 그러므로 휠체어를 사용하는 아동을 가르치는 교사는 휠체어에 대한 기본적인 지식과 작동법을 잘 알고 있어야 하며, 휠체어를 사용하는 아동이 바른 자세를 유지하고 있는지 자주 확인해야 한다. 〈표 11-7〉은 휠체어의 기본 구성과 사용법을 설명하고 있으며(Bryant & Bryant, 2012), 〈표 11-8〉은 휠체어를 타는 아동이 바른 자세를 유지하고 있는지를 확인하기 위한 점검사항을 보여 준다.

표 11-7 휠체어의 기본 구성 및 사용법

구성	사용법
의자	휠체어를 접을 때 제거할 수 있거나 접을 수 있도록 특별히 고안된 장치의 의자가 사용된다. 의자의 깊이가 얕으면 사용자의 다리가 의자 앞으로 너무 멀리 나오게 되므로 몸의 연약한 조직을 누르고 압박감을 느끼게 된다. 또한 얕은 의자는 발이 발 받침에 적절하게 놓이는 것을 막는다. 반면에, 의자의 깊이가 너무 깊으면 사용자의 원활한 혈액순환을 방해한다. 의자 높이는 사용자의 키에 따라 달라진다.
등받침	등받이 역시 수납 목적을 위해 의자와 함께 접어서 사용할 수 있다. 등받이의 재질은 잘 접어지면서도 단단한 틀의 형태가 좋다.
팔걸이	전동휠체어는 대부분 팔걸이가 있으며 수동휠체어는 사용자의 요구에 따라 다르다. 팔걸이는 척추의 기형을 예방하도록 도울 수 있으며, 팔걸이에 팔 무게를 놓을 때 척추에 주는 부담을 덜 수 있다. 또한 상체의 균형을 잡기 어렵거나 균형이 무너질 때도 팔걸이에 팔을 올려놓으면 안정성을 확보할 수 있는 등의 장점이 있다.

브레이크 및 조절 장치	일반적인 전동휠체어는 손으로 조작하는 조이스틱으로 조절된다. 운전 조이스틱은 사용자가 의자의 이동 속도와 방향을 조절할 수 있게 해 준다. 수동휠체어의 경우 정지상태에서 반드시 브레이크를 걸어 고정하는 것이 안전하다.
발 받침	발 받침을 사용하는 목적은 휠체어를 탈 때 발이 바닥에 끌리는 것을 방지하며 허벅지 뒷부분을 지지해 준다. 또한 무릎 인대를 원하는 각도로 구부릴 수 있도록 도와준다.
뒷바퀴	휠체어에는 보통 두 개의 뒷바퀴가 있는데 바퀴의 크기가 커질수록 기동력은 감소하는 경향을 보인다. 공기 타이어는 바닥의 날카로운 물건(예: 깨진 유리나 날카로운 금속)에 의해 터질 수 있으므로 사용하는 지역에 따라서 주의를 기울여야 한다.
앞바퀴	앞바퀴는 휠체어가 앞으로 나가게 해 주는 작은 바퀴다. 큰 앞바퀴는 충격 흡수 면에서 더 좋지만 작은 앞바퀴는 방향 전환 시 간편하다는 장점이 있다.
손 조절 바퀴	손 조절 바퀴는 보통 운전 바퀴에 부착되어 의자 조절을 가능하게 하는 원 모양의 둥근 손잡이다. 쥐는 데에 문제가 있는 사용자는 튜브를 부착할 때 손잡이나 다른 돌출 부분을 이용하기도 한다. 이러한 부착물은 사용자가 손바닥이나 손의 살이 많은 부분을 사용해서 운전 바퀴를 조종하도록 돕는다.

표 11-8 휠체어 자세와 관련된 질문

휠체어를 사용하는 아동의 자세 점검을 위한 질문

1. 자세 지지대가 적절히 설치되어 있는가?
2. 의자 깊이가 적절한가?
3. 의자 넓이가 적절한가?
4. 등 높이가 사용자의 활동 수준을 고려할 때 적절한가?
5. 발 받침의 높이가 적절한가?
6. 정면을 향한 채 골반 높이에서 볼 때 어깨와 눈높이가 수평이고 코는 수직인가?
7. 측면에서 볼 때 골반이 평평하게 유지되고 어깨와 머리의 균형이 적절한가?
8. 사용자가 뒷바퀴를 쉽게 밀어서 이동할 수 있는가?
9. 끈과 벨트의 위치가 적당한가?
10. 가슴 벨트나 끈이 목 주변을 조이지 않는가?
11. 무릎을 꼬지 않고 양쪽으로 안정되게 벌린 채 양 다리를 적절히 벌릴 수 있는가?
12. 겨드랑이가 지지대와 몸의 옆 선 사이에 적당한 공간이 있어서 팔에 압박이 가지 않는가?
13. 휠체어용 책상과 복부 사이에 적당한 공간이 있어서 옷을 편안하게 하고 호흡이 불편하지 않은가?
14. 아동이 휠체어를 사용하는 동안 휠체어가 안정적인가?

출처: Bryant, D. P., & Bryant, B. R. (2012). *Assistive technology for people with disabilities* (2nd ed., p. 100). Pearson.

7. 수업 참여 및 자기결정

지금까지 살펴본 내용은 모두 지체장애 아동이 학교생활에 참여하도록 지원하는 방법과 관련되어 있다. 통합교육 현장에서는 통합학급에서의 수업 참여뿐만 아니라, 현장학습이나 학교 행사 등도 참여할 수 있도록 계획 단계부터 유의해야 한다(김주혜 외, 2020). 휠체어 접근성이 좋은 현장학습 장소 정하기, 의사소통 도구를 사용하여 교사의 질문에 대답/질문하기 또는 친구와 대화하기, 컴퓨터 대체입력 도구를 사용하여 인터넷 정보를 검색하거나 활동 과제 작성하기, 평가 조정을 통하여 자신의 성취를 공정하게 평가받기 등 지체장애 아동의 장애 정도와 특성에 따라 적절한 지원을 제공하여 수업이나 기타 학교생활에서 소외되는 일이 없도록 하는 것이 중요하다.

이러한 학교에서의 다양한 교육지원을 통해 학교생활에 참여하는 경험은 졸업 후 사회에서 일반인과 함께 생활하는 데 중요한 기초가 된다. 지체장애 아동은 이동이 자유롭지 못하기 때문에 다양한 지역사회 경험이 부족하고, 다른 사람이 대신 말해 주거나 신체적인 지원을 해 주는 경우가 많다 보니 자신의 의견을 표현하고 주장하는 경험이 부족할 수 있다. 이를 보완하기 위해 다양한 방법으로 자기결정력을 교수하고 관련 경험을 할 수 있도록 지원하고 있다. 예를 들어, 메타버스에서 보완대체의사소통을 활용하여 다양한 지역사회 환경에서 자기옹호를 할 수 있도록 중재하거나(조아라 외, 2023) 활동지원사에게 보완대체의사소통 사용을 중재함으로써 뇌성마비 성인의 자기결정 행동을 증가시키는(조아라, 박은혜, 2016) 등의 연구가 이루어지고 있으며, 구어 의사표현이 어려운 지체장애인의 자기결정권에 대한 관심도 확대되고 있다.

지체장애 아동을 대할 때 이들의 외견적인 장애에 압도되어 자칫하면 여러 복잡한 문제의 복합체로 아동을 바라보기 쉽다. 그러나 지체장애 아동도 장애인이기 이전에 다른 아동과 같은 감정과 인격을 지닌 아동이며, 교사의 사랑과 교육을 필요로 하는 평범한 아동이라는 사실을 인식하고 학교생활의 모든 부분에 최대한 참여하여 바람직한 학교생활을 할 수 있도록 교사의 세심한 배려와 지식이 요구된다.

요약

지체장애 아동은 장애 정도와 유형이 다양하며 신체적 장애뿐 아니라 인지 능력의 장애와 기타 감각적인 장애도 수반하는 중복장애를 보이는 경우가 많다. 소아암과 같은 만성질환으로 인해 학교생활에 어려움을 겪는 건강장애 아동도 2005년부터 특수교육대상자에 포함되었다. 이들은 병원학교와 원격교육을 통해 교육을 받을 수 있으며, 잦은 결석과 치료과정으로 인한 학업 결손 및 정서적 어려움 때문에 학교로 다시 돌아올 때 적응을 돕기 위한 교사의 관심이 필요하다.

지체장애 및 건강장애 아동을 교육할 때는 신체적, 인지적, 사회적인 면에서 아동의 능력을 정확하게 파악하고 그에 따라 학교생활을 지원하기 위한 방법을 모색하는 것이 중요하다. 장애 정도에 따라 별다른 지원 없이도 통합교육이 가능한 경우도 있는가 하면, 휠체어 접근을 위한 건물 구조 조정, 손의 사용 능력이나 말하는 능력의 부족을 보완하기 위한 여러 가지 의사소통이나 컴퓨터 활용을 위한 보조기기 활용, 학업 결손이나 친구 관계를 위한 도움 등이 필요한 경우도 있으므로 교사의 세심한 배려가 필요하다. 현재 많은 지체장애 및 건강장애 아동이 일반학교에 완전통합 또는 시간제 통합의 형태로 성공적으로 적응하고 있으며, 중도의 지체중복장애 아동을 위한 특수학급도 시작되어 보다 많은 지체장애 학생이 통합교육 상황에서 자신에게 적합한 교육을 받는 미래를 기대하게 한다.

참고문헌

교육부(2023). 특수교육연차보고서.

국립특수교육원(2018). 중도·중복장애학생 의사소통을 위한 「손담」교수학습자료집.

국립특수교육원(2019). 지체중복장애학생을 위한 손담 가이드북.

김정연(2020). 건강장애학생 부모의 초기 교육지원 경험에 관한 질적 연구. 특수교육학연구, 55(2), 61-83. https://doi.org/10.15861/kjse.2020.55.2.61

김정연, 김경양, 박은혜(2023). 보완대체의사소통교육. 학지사.

김정연, 박은혜, 김유리(2015). 건강장애학생 교육지원 실태 및 개선방안에 관한 질적 연구. 특수교육학연구, 50(1), 53-77. https://doi.org/10.15861/kjse.2015.50.1.002

김주혜, 강혜경, 박은혜(2020). 지체장애학생 통합교육과 관련된 특수교사의 어려움과 지원요구 탐색. 통합교육연구, 15(2), 89-113. https://doi.org/10.26592/ksie

노찬혁(2017. 8. 3.). 눈으로만 PC를? 마이크로 소프트 '아이 트래킹'기능 추가예정. 케이벤치. https://kbench.com/?q=node/180861

민경심, 임장현(2019). 통합학급 차원의 AAC 중재가 일반학생의 장애인식과 자폐성장애학생의 의사소통 행동에 미치는 효과. 보완대체의사소통연구, 7(1), 47-75. https://doi.org/10.14818/aac.2019.6.7.1.47

박은혜(1996). 지체부자유 학생들을 위한 자세잡기와 다루기 전략에 관한 고찰. 인간발달연구, 24, 145-162.

박은혜, 김영태, 김정연(2008). 파라다이스 보완대체의사소통 기초능력검사. 파라다이스 복지재단.

박은혜, 김정연, 표윤희(2023). 지체장애 학생 교육(2판). 학지사.

박은혜, 이희란, 김주혜(2005). 건강장애 학생의 교육에 대한 부모의 요구조사. 특수교육학연구, 39(4), 175-193.

박은혜, 임장현(2010). 지체장애 학생의 통합교육에 대한 연구동향 및 지원방안. 특수교육, 9(3), 5-24.

안영주, 김수연(2014). 인천지역 초등학교 중도·중복장애학급 학생들의 통합교육 실태 및 특수교사, 통합학급교사, 학부모의 만족도 조사. 교육논총, 34(2), 23-51.

왕성상(2007. 4. 9.). 손 없는 자의 손이 되니 날개 돋친 듯 팔리네. 시사저널. https://www.sisajournal.com/news/articleView.html?idxno=120248

이명희, 박은혜(2006). 또래중재를 위한 보완대체 의사소통 대화상대자 훈련이 중도 지체장애 유아의 또래와의 상호작용에 미치는 영향. 유아특수교육연구, 6(1), 109-127.

이소현, 강병근, 최성호, 배융호, 조윤경, 김종호, 홍은주(2004). 장애아 보육환경 개선을 위한 표준시설 모형 개발. 보건복지부.

조병수(1998). 소아 신장병 가이드. 우용출판사.

조아라, 박은혜(2016). 활동보조서비스 상황에서의 AAC 중재가 뇌성마비 성인의 자기결정행동에 미치는 영향. 보완대체의사소통연구, 4(1), 1-17. https://doi.org/10.14818/aac.2016.6.4.1.1

조아라, 김지영, 홍경, 박은혜(2021). 지체장애 학생의 통합 지원을 위한 협력적 체크리스트 개발 연구. 지체·중복·건강장애연구, 64(2), 271-300. https://doi.org/10.20971/kcpmd.2021.64.2.271

조아라, 이영선, 박은혜(2023). 메타버스 플랫폼을 활용한 상황 중심 AAC 중재가 중도 뇌병변장애인의 자기옹호기술에 미치는 영향. 지체·중복·건강장애연구, 66(2), 43-63. https://doi.org/10.20971/kcpmd.2023.66.2.43

표윤희(2020). 통합 환경에서의 특수교사와 작업치료사의 협력적 팀 접근 중재 경험과 지원방안 탐색. 지체·중복·건강장애연구, 63(2), 141-169. https://doi.org/10.20971/kcpmd.2020.63.2.141

Batshaw, M. L., Roizen, N. J., & Pellegrino, L. (2019). *Children with disabilities* (8th ed.). Brookes.

Best, S. J., Heller, K. W., & Bigge, J. (2010). *Teaching Individuals with Physical, or Multiple disabilities* (6th ed.). Pearson.

Bowe, F. (2000). *Physical, sensory, and health disabilities.* Merrill.

Brown, R. T., & Madan-Swain, A. (1993). Cognitive, neuropsychological, and academic sequelae in children with leukemia. *Journal of Learning Disabilities, 26*(2), 74-90. https://doi.org/10.1177/002221949302600201

Bryant, D. P., & Bryant, B. R. (2012). *Assistive technology for people with disabilities* (2nd ed). Pearson.

Campbell, P. (1990). Physical management and handling procedures with students with movement dysfunction. In M. E. Snell (Ed.), *Systematic instruction of persons with severe handicaps* (3rd ed.). Merrill.

Fraser, B. A., Hensinger, R. N., & Phelps, J. A. (1990). *Physical management of multiple handicaps: A Professional's guide* (2nd ed.). Paul H. Brookes.

Hallahan, D. P., Kauffman, J. M., & Pullen, P. C. (2023). *Exceptional Learners: An introduction for*

special education (15th ed.). Pearson.

Heward, W. L., Alber-Morgan, S. R., & Konrad, M. (2022). *Exceptional Children: An introduction to special education* (12th ed.). Pearson.

Lewis, R. B., & Doorlag, D. H. (2011). *Teaching students with special needs in general education classrooms* (8th ed., p. 289). Pearson Education, Inc.

Lewis, R. B., Wheeler, J. J., & Carter, S. L. (2017). *Teaching students with special needs in general education classrooms* (9th ed.). Pearson.

Lightfoot, J., Wright, S., & Sloper, P. (1999). Supporting pupils in mainstream school with an illness or disability: young people's views. *Child: Care, Health and Development, 25*(4), 267-283. https://doi.org/10.1046/j.1365-2214.1999.00112.x

McCoy, K. M. (1995). *Teaching special learners in the general education Classroom* (2nd ed.). Love.

Mukherjee, S., Lightfoot, J., & Sloper, P. (2000). The inclusion pupils with a chronic health condition in mainstream school: What does it mean for teachers? *Educational Research, 42*(1), 59-72. https://doi.org/10.1080/001318800363917

Norris, C., & Closs, A. (1999). Child and parent relationship with teachers I schools responsible for the education of children with serious medical conditions. *British Journal of Special Education, 26*(1), 29-33. https://doi.org/10.1111/1467-8527.t01-1-00097

Turnbull, A., Wehmeyer, M. L., Shogren, K. A., Burke, M.M., & Turnbull, R. (2024). *Exceptional lives: Special education in today's schools* (10th ed.). Pearson.

제12장

명재

Teaching Exceptional Children and Youth

I. 영재 아동의 이해

1. 영재의 정의 및 판별

1) 영재의 정의

영재 아동(gifted and talented child)의 특수한 교육적 필요에 대해서는 교사와 부모가 잘 이해하지 못하는 경우가 많다. 우수한 아동이기 때문에 특별한 교육적 배려가 없이도 자신의 능력을 최대한 발휘할 수 있을 것이라고 생각하는 경우도 많으며, 교육적 자원이 부족한 현실 여건을 고려할 때 영재 아동을 위한 특별한 교육적 조치는 모든 아동을 위한 평등한 교육 제공의 원리에 반한다고 보기도 한다. 그러나 개별화교육을 강조하는 특수교육적 입장에서는 영재의 특성을 배려한 영재교육의 필요성을 간과할 수 없다. 따라서 영재 아동의 특성과 교육적 필요에 따라 개별 아동에게 적합한 교육과 지원을 제공하는 것은 매우 중요하다. 이 장에서는 영재에 대한 개념을 설명하고 이들이 교실에서 보일 수 있는 특성과 함께 교실 안팎에서 이들을 도울 수 있는 여러 가지 방안에 대하여 설명하였다.

영재에 대한 관심은 기원전 그리스 시대부터 시작되어 그 역사가 매우 길다. 19세기 말과 20세기 초에 여러 심리학자에 의해 지능이론 및 심리, 지능검사가 개발되기 전까지 사용되었던 용어(예: 천재)에서도 알 수 있듯이 신으로부터 능력을 받은 사람이라고 생각하거나, 몸이 약하고 감정적으로 문제가 있는 신경증적인 경향이 있는 사람이라고 생각하는 등의 비과학적인 편견을 많이 가지고 있었다(Gargiulo, 2006). 20세기 초 프랑스의 Binet와 Simon, 미국의 Cattell과 Terman 등의 심리학자가 지능검사를 개발함에 따라 영재 아동을 판별하는 과학적인 기준이 IQ 이론에 의해 제시되었으며, 이에 따라서 학령기 아동의 약 2%를 영재 아동으로 추정하는 Terman의 2% 기준이 형성되었다(Houseman, 1987). 또한 Guilford나 Torrence와 같은 학자들은 지능의 다양한 측면, 특히 창의성의 개념을 발달시켜 영재의 개념을 확장하였다.

영재의 정의를 내리기 전에 먼저 우수성의 개념에 대한 논의와 우수성을 판별하려고 하는 이유를 확실히 해야 하는데, 이는 영재의 의미가 한 사회에서 그 사회를 위하여 필요하다고 판단되는 문화적 가치에 의해 좌우될 수 있기 때문이다(Heller et al., 2000;

Plucker & Callahan, 2017). 그러나 어떤 부분에서의 우수성을 장려할 것인지, 어떻게 측정할 것인지, 얼마나 잘해야 우수하다고 볼 것인지, 영재 아동을 왜 판별하려고 하는지 등의 여러 가지 질문에 대해서 지금까지 전문가들의 완전한 동의가 이루어지지 않고 있다. 미국의 경우 주마다 다양한 정의에 따라 영재 아동을 위한 프로그램을 실시하고 있는데, 주별로 적용하는 영재의 정의에 공통으로 포함된 요소는 (1) 우수한 지적 능력, (2) 창의성 또는 창의적 사고 능력, (3) 재능(talent), (4) 리더십이다(Hallahan et al., 2023).

영재의 정의와 관련해서 대표적인 학자들의 의견을 몇 가지 더 살펴보면 다음과 같다. 먼저 Renzulli의 세 고리 모델(Three-Ring conception model)을 살펴보면, [그림 12-1]에 나타난 바와 같이 우수성을 개념화하는 방법으로 영재성에 필요한 세 가지 요소의 상호작용을 제안하였다. 여기서 세 가지 요소는 (1) 특정 영역에서의 평균 이상의 높은 능력(인지적 혹은 특정한 재능), (2) 열심히 그리고 오랫동안 일에 집중하는 과제집중력, (3) 새로운 생각이나 제품을 만들어 내는 창의성을 말한다(Renzulli, 1986). Renzulli 이론의 특이한 점은 처음으로 '과제집중력'이라는 비인지적인 요인을 영재성의 한 요소에 포함하였다는 것이다. 세 고리 모델은 또한 학교 차원의 심화모델(schoolwide enrichment model: SEM)로도 불린다(Hallahan et al., 2023). 이 심화모델은 학교에서 실패 위험이 있는 아동을 위해 다차원적인 지원 체계를 제공하는 것과 유사하게, 세 종류의 서비스모델을 제시한다: (1) 일반학급에서 모든 학생을 위한 심화활동 삽입, (2) 특별한 학급과 심화 그룹, (3) 비교과 활동이나 특별활동(https://gifted.uconn.edu/).

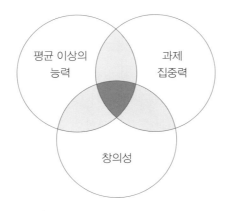

[그림 12-1] Renzulli의 영재성의 세 고리 모델

출처: Renzulli, J. S. (2005). The three-ring conception of giftedness: A developmental model for creative productivity. In R. J. Sternberg & J. E. Davidson (Eds.), *Conceptions of giftedness* (2nd ed.). Cambridge University Press.

Sternberg(2000)에 의한 이론도 널리 받아들여지고 있는데 이 이론에서는 우수성을 다음과 같이 세 가지로 나누어 언급한다: (1) 분석적 우수성(예: 문제를 분석하고 각 부분을 이해하는 능력), (2) 창의적 우수성(예: 통찰력, 직감적 창의성, 새로운 상황에 적응하는 능력), (3) 실제적 우수성(예: 분석적이고 종합적인 강점을 매일의 실생활에 적용하는 능력). 사람들은 모두 어느 정도 이러한 능력을 혼합적으로 가지고 있는 것이 사실이지만 우수한 사람은 하나 혹은 그 이상의 영역에서 높은 능력을 나타낸다고 본다.

다중지능(multiple intelligence)이론으로 널리 알려진 Gardner와 Hatch(1989)의 관점에 의하면 우수성은 언어, 논리−수학, 공간, 음악, 신체운동, 인간관계, 개인 내적 지능, 자연 친화의 여덟 가지 유형의 지능으로 세분화된다. Gardner의 이론이 관심을 받는 이유는 첫째, 간과되기 쉬운 영역에 대한 능력을 인정한다는 점과 둘째, 서로 다른 영역의 지능에 대한 중요성을 인식하고 동등한 기초를 제공한다는 점 때문이다. 그러나 한편으로는 다중지능이론으로 인해 모든 사람이 동등한 능력을 지닌다고 잘못 이해될 수 있다는 지적도 제기되고 있으며(White & Breen, 1998), 신뢰할 만한 적용연구가 부족하다는 의견과 실증적 근거가 있다고 주장하는 의견이 공존한다(Plucker & Callahan, 2017).

영재 아동 중에는 지적 능력은 우수해도 학교에서의 학습에 어려움을 겪는 경우도 있는데, 이러한 미성취 아동에 대해서는 교사의 특별한 관심과 교육적 배려가 필요하다. 영재 아동이 항상 긍정적인 모범생의 모습으로만 존재하는 것은 아니며, 이들의 우수성으로 인해 동전의 뒷면과 같은 부정적인 행동이 나타날 수도 있는 것으로 지적된다(Heward et al., 2022). 또한 장애 아동 중에도 영재가 있을 수 있는데 미국의 경우 장애 아동이 영재성을 보이는 경우 특수교육 서비스를 제공하도록 규정하고 있다(Yell, 2016).

우리나라의 영재 아동에 대한 교육은 영재교육이라는 용어와 개념으로 널리 알려져 있으며, 주로 특수 고등학교나 영재교육원 및 영재학급을 통해 이루어지고 있다. 「교육기본법」 제19조에 영재교육 관련 규정을 두어 "국가 및 지방자치단체는 학문, 예술 또는 체육 등의 분야에서 재능이 뛰어난 자의 교육에 관하여 필요한 정책을 수립, 실시하여야 한다."고 밝히고 있다. 이에 따라 2000년과 2002년에 각각 「영재교육진흥법」과 그 시행령이 제정 · 공포되었고 제4차 영재교육진흥종합계획(2018~2022)을 수립하는 등 지속적인 영재교육 진흥계획 수립을 통해 영재교육의 발전을 이루어 오고 있다(이신동 외, 2019).

우리나라에서 적용하고 있는 영재성의 개념은 「영재교육진흥법」(2000)에 제시된 정의에서 찾아볼 수 있다. 이 법에 의하면 '영재'란 재능이 뛰어난 사람으로 타고난 잠재력을

계발하기 위하여 특별한 교육을 필요로 하는 자를 말하며, 영재교육대상자는 다음의 사항에 대하여 뛰어나거나 잠재력이 우수한 사람 중 영재판별기준에 의거 판별된 사람으로 정의된다: (1) 일반 지능, (2) 특수 학문 적성, (3) 창의적 사고능력, (4) 예술적 재능, (5) 신체적 재능, (6) 그 밖의 특별한 재능. 그러나 영재의 비율이나 판별 기준이 구체적으로 설정되어 있지는 않으며, 단위 영재교육기관에서 판별 기준을 정하여 영재를 선발하도록 하고 있다.

2) 영재의 판별

영재 아동의 판별은 일반적으로 생각하듯이 일정 기준 이상의 IQ 등으로 단순히 규정할 수 있는 문제가 아니다. 앞에서도 설명하였듯이, 인지 능력 외에도 창의성, 과제집중력 등이 영재의 중요한 특성이므로 이러한 특성을 적절히 판단하기 위해서는 표준화된 지능검사만으로는 부적절하며, 창의성을 비롯한 다양한 특성에 대한 검사가 필요하다. 그러나 장애 아동을 판별한 후에 그 표찰로 인한 부정적인 영향을 경계해야 하듯이, 영재 아동의 경우에도 영재라는 이름 때문에 부모나 본인이 스트레스를 받는 경우도 있을 수 있다는 사실을 고려해야 한다. 또한 영재의 판별도 판별 자체가 목적이 아니라 그에 적절한 교육을 제공하는 것이 목적이기 때문에 영재인가 아닌가보다는 어떤 우수한 특성이 있는지를 정확하게 파악하고 개별적으로 판별된 특성을 최대한 개발할 수 있도록 노력하는 것이 중요하다.

영재 아동의 우수성을 판별하기 위해서는 아동의 흥미, 학업 성취, 동기, 행동 및 수행 능력(예술적 수행, 작업 샘플 등) 등을 알아보는 여러 가지 방법을 사용하는 것이 좋다(Gallagher et al., 2023). 과거의 지능검사나 성취 검사 위주의 판별 방법은 사회경제적으로 어려운 계층이나 소수인종과 같은 사회적 약자에게 불공평할 수 있기 때문에 다양한 평가자료를 활용해야 하는데, 이때 각 평가자료의 장단점을 잘 이해하는 것이 중요하다. 교사와 부모의 관찰, 교사 추천, 지능검사나 학업 성취 검사, 영재성 체크리스트, 창의성과 리더십 및 예술성에 대한 평가 등이 이러한 다양한 평가자료 유형에 포함된다(Turnbull et al., 2024).

국내에서는 기관에 따라 서로 다른 방법이 사용되고 있는데, 대학 부설 영재교육원이나 교육청 부설 영재교육원에서는 과거 한국교육개발원 판별검사와 학문적성 검사 등을 순차적으로 적용하는 것이 일반적인 영재 판별 방법이었지만, 2009년부터는 영재성 검사와 같은 공식적 검사에 의존하기보다는 장시간에 걸친 교사의 관찰에 근거한 교사

관찰 추천 방법이 본격적으로 도입되었으며, 현재 가장 많이 사용되고 있다(이신동 외, 2019). 과학영재학교에서는 서류평가, 영재성 및 잠재성 평가, 심층면접의 3단계를 거쳐서 판별한다.

2. 우수성의 기원

일반적으로 사람들은 우수한 부모 밑에서나 좋은 환경에서 우수한 학생이 배출될 가능성이 높은 것으로 생각할 수 있다. 현재까지도 영재 아동의 출현에 대한 정확한 이유를 설명할 수는 없지만 크게 유전적인 요인과 환경적인 요인으로 설명되고 있으며, 이 외에도 부가적으로 사회문화적인 요인을 추가하기도 한다(Hallahan et al., 2023). 물론 환경이 열악하거나 부모가 우수한 경우가 아니더라도 우수한 자녀가 태어날 수 있지만, 생물학적 요인과 환경적 요인은 우수성의 기원을 이해하는 두 가지의 큰 요인으로 간주된다.

1) 생물학적 요인

부모와 자녀의 지능이 완전히 상관관계를 보이지는 않지만, 생물학적 요인으로서의 유전은 환경적 요인과 마찬가지로 지적 능력을 결정하는 데 영향을 미치는 것으로 알려져 있다. IQ만으로 우수성을 판단하던 과거에 비해 최근에는 다양한 실제적 지능의 개념이 도입되고 있기 때문에 상대적으로 유전의 중요성이 덜 강조되기도 한다. 영재성을 결정하는 데 있어서 유전적인 요인이 영향을 미치는 것은 분명한 사실이지만, 지능 혹은 재능 자체가 유전되는 것이 아니라 출생 후의 경험에 따라 지능과 기타 능력의 한계를 결정해 주는 일련의 유전자를 가지고 태어나는 것이라고 볼 수 있다. 완전히 환경적인 요인에만 우수성의 기원을 의존하기에는 평균 이상으로 탁월한 우수성을 보이는 경우를 설명하기가 어렵다.

2) 환경적 요인

가족과 부모의 역할이 중요하게 인식되기 시작하면서 영재와 관련된 환경적 요인의 중요성이 강조되고 있다. 자녀의 잠재력을 충분히 개발시키는 부모 또는 가족은 아동에게 적절한 자극을 제공하고, 방향을 올바르게 제시해 주며, 지지적이고, 아동의 능력을 찾아 바르게 칭찬하고 보상해 주는 것으로 보고된다(Silverman, 1991). 특별히 학업 성취나 사회적 신분 상승 등에 큰 가치를 두는 사회문화적 배경에서 성장하는 경우 우수한 특성이 많이 개발된다고 보기도 한다.

3. 영재 아동의 특성

1) 일반적 특성

영재 아동은 집단으로 공통적인 특성을 보이기도 하지만 동시에 다양한 개인적인 차이도 보이므로 일반화된 특성을 제시하기가 쉽지 않다. 〈표 12-1〉과 〈표 12-2〉에서는 이들이 비교적 공통적으로 보이는 특성을 정의적인 면과 인지적인 면으로 나누어 설명하였다. 또한 각각의 특성으로 인하여 교실에서 나타날 수 있는 긍정적인 행동과 부정적

표 12-1 영재 아동의 정의적인 특성

정의적 특성	특성의 긍정적인 표출	특성의 부정적인 표출
옳고 그름에 대한 인식이 빠르다.	• 개인적 행동에 대한 기준이 높다. • 좀 더 높은 연령수준의 윤리적 문제에 대한 토론을 할 수 있다. • 자신이 한 행동의 결과를 이해한다.	• 부당하다고 생각되는 행동에 대해 반항한다. • 지나치게 비판적이거나 완벽주의자가 된다.
모험심이 있으며, 목표를 이루거나 답을 얻기 위해서 실패 위험을 감수한다.	• 실패를 두려워하지 않는다. • 생각을 증명하거나 답을 얻기 위해 틀릴 위험을 무릅쓴다.	• 사실이나 증거에 기초하지 않고 무작정 추측을 남발한다.
에너지가 많다 (힘과 열정이 많다.).	• 열정적이다. • 과제나 프로젝트에 오랫동안 열심히 매달린다.	• 교사나 부모 및 친구들을 지치게 할 수 있다.
직관력이 있다.	• 비언어적 단서로부터 추론한다. • 과제를 어떻게 수행해야 하는지 잘 파악한다. • 표면에 드러나지 않은 문제들을 잘 파악한다.	• 결론을 혼자 빨리 내린다. • 자신의 직관을 이용해 남을 통제하거나 일을 조작할 수 있다.
독립적이고 자율적이다.	• 스스로 목표를 세운다. • 교사의 지시를 별로 필요로 하지 않는다. • 과제를 이루기 위한 계획을 세운다.	• 고집이 세다. • 권위에 대항한다. • 자신의 방법만이 옳다고 생각한다.

표 12-2　영재 아동의 인지적인 특성

인지적 특성	특성의 긍정적인 표출	특성의 부정적인 표출
주의집중하는 시간이 길고 주제에 집중하는 능력이 뛰어나다.	• 학습이나 흥미 있는 분야에 깊이 몰두한다.	• 방해받으면 화를 낸다. • 자신이 하던 주제를 바꾸고 다른 일을 해야 할 때 자신의 일을 고집한다.
논리적인 답을 추구하며, 논리적으로 자신과 남을 평가하고자 한다.	• 인과관계를 인식하고 행동의 결과를 파악한다. • 비판적 사고와 문제해결 능력이 뛰어나다.	• 비논리적이거나 증거가 없다고 생각되면 반박한다.
독창적인 생각이나 답을 낸다.	• 학급토론이나 과제물 작성에 창의성을 보인다.	• 다른 사람들의 전형적인 생각에 대해 비판적이다.
언어나 읽기 능력이 나이에 비해 뛰어나다.	• 어휘력이 뛰어나다. • 유창하게 더 높은 학년 수준의 어휘를 읽는다. • 학급 토론에서 의견을 잘 말한다.	• 자신의 주장을 세우거나 우월성을 보이기 위해 어려운 어휘를 잘 사용한다. • 다른 일을 피하기 위해 읽기 활동을 한다. • 대화나 토론을 혼자서 장악한다.
매우 넓은, 다양한 흥미를 보인다.	• 새로운 주제에 대해 기꺼이 탐구한다. • 다양한 흥미 영역에 열심을 쏟는다.	• 한 주제에 오래 집중하지 못하고 쉽게 흥미를 잃는다.
매우 특수화된 흥미를 보인다.	• 특별한 흥미 분야에 열심을 쏟고 뛰어난 발전을 보인다.	• 한 가지에만 집착한다. • 다른 활동이나 주제에 대해서 관심이 없고 따분해한다.
기초기술을 쉽게 습득한다.	• 시험을 잘 치른다. • 교재를 빠르게 숙달해 간다.	• 학급에서의 수업 속도에 지루해한다. • 연습문제 풀기를 싫어한다.

인 행동을 소개하였다. 교사와 부모는 이들의 다양한 행동 특성을 올바로 파악하여 이들의 능력을 개발하는 방향으로 지원해 줄 수 있어야 한다. 대부분의 영재 아동은 또래에게 잘 수용되며 정서적으로 안정되고 흥미의 폭이 넓으며 타인을 긍정적으로 바라보는 경향이 있다(Coleman & Cross, 2000). 그러나 지적 능력이 높은 학생이 불안, 우울, 낮은 자존감, 자신의 기대를 충족하지 못할 것이라는 생각 등의 위험요인을 지니고 있다는 보고도 있다(Kermarrec et al., 2020).

영재 아동은 인지적 발달이 빠른 것과는 달리 신체적, 정의적 발달은 같은 나이 또래와 비슷하기 때문에 겪는 스트레스가 있을 수 있다. 그러나 많은 영재 아동은 자신과 타인의 감정과 도덕적 문제에 민감성을 보이는 등 연령에 비해 높은 수준의 사회—정서적 능력을 보인다(Ogurlu, 2020). 반면, 자신에 대한 높은 기대 수준을 가지며 이를 성취하기 위한 완벽주의적 성향이 있을 때 불안감이 높아질 수 있기에 적절한 지도와 상담이 필요하다. 창의적 사고 능력과 리더십 능력도 많은 영재 아동이 보이는 특성에 포함된다(Gallagher et al., 2023; Hallahan et al., 2023).

대부분의 영재 아동은 자신에게 적합한 과제가 주어지면 학교생활을 지루해하거나 적대시하지 않는다(Gallagher & Gallagher, 1994). 그러나 학교에 흥미를 잃거나 자퇴하는 경우도 있는데(Baker et al., 1998) 이는 학교에서 차별을 받거나 자신의 잠재력을 충분히 발휘하지 못하게 될 때 부적응 행동을 보이게 되는 것이므로, 영재 아동에게서만 나타나는 현상이기보다는 모든 학생에게 해당하는 것이라고 할 수 있다. 일반적으로 아동은 할 수 있는 기회와 지원이 제공될 때 자신의 우수성을 드러내고 발달시켜 갈 수 있으므로 이들의 우수성이 받아들여지고 강화되는 적절한 교육 환경이 매우 중요하다.

모든 영재 아동이 자신의 능력을 제대로 발휘하면서 성공적인 학교생활을 하는 것은 아니다. 정서적 부적응, 바람직하지 못한 가정환경 등 학습 부진을 일으키는 일반적인 요인의 영향을 받을 수 있으며, 또한 부적절한 학교 교육 프로그램도 미성취 영재 아동이 발생하는 요인으로 지적된다(Hallahan et al., 2023). 예를 들어, 이미 알고 있는 내용을 계속 배우게 될 때 학교에서의 교과 활동이 지루하고 충분한 지적 도전을 받지 못할 수 있다. 다시 말해서, 아동의 수준에 맞는 교육 프로그램의 내용과 방법이 적절하게 제공되지 못하는 데 기인한다는 것이다. 또한 우수성으로 인한 특성이 교사에 의해 긍정적인 평가를 받지 못할 때(예: 잦은 질문에 대한 꾸중) 위축될 수도 있고, 또래와 같아지고자 하는 마음 때문에 우수성을 발휘하지 못하는 경우도 있다. 본인이나 주위의 지나친 기대 때문에 탈진하는 사례도 있는 것으로 지적된다(조석희, 1996).

2) 공평한 접근이 필요한 영재 아동

영재 아동 판별이나 영재교육 프로그램 제공에서 소외되기 쉬운 아동 그룹에 대해서는 공평한 접근(equitable practice)이 이루어지도록 유의해야 한다(Hallahan et al., 2023). 사회경제적 수준이 높은 가정의 아동은 교육기회나 지적 자극이 충분하고 다양한 경험을 하게 되며 영재교육 프로그램에 추천될 가능성도 높은 반면에, 경제적 어려움이 있거나 장애가 있는 아동은 차별을 받거나 무시되기 쉽다. 또한 인종에 대한 무의식적인 편견도 이들의 영재교육 필요성을 간과하게 할 수 있다. 여러 민족과 인종이 함께 있는 사회의 경우에는 민족 및 문화적 배경에 따른 차별도 미성취 영재 아동이 나타나는 이유가 될 수 있다(Meyen & Bui, 2007). 우리나라도 최근에 다문화 가정이 증가하면서 학교 현장에서의 민족 및 문화적 다양성 문제를 고려하게 되었다. 사회경제적 지위나 인종 또는 문화적 배경과 상관없이 영재 아동을 판별하고 적절한 교육 프로그램을 제공할 수 있도록 주의 깊은 관심을 기울여야 한다(Gallagher et al., 2023).

(1) 장애 영재

장애 아동 중에도 지금까지 언급한 영재에 해당하는 아동이 있다. 그러나 이들은 장애로 인하여 우수한 특성이 발견되거나 개발되지 않는 경우가 많다. 일반적으로 장애 아동을 가르치는 교사나 부모는 이들을 볼 때 장애에만 주의를 기울이고 우수성을 찾으려는 노력을 기울이지 않는 경우가 많기 때문이다. 예를 들어, 말을 잘하지 못한다거나 침을 흘리는 등의 특성을 보이는 뇌성마비 아동의 경우에는 아동의 잠재적인 능력에 대하여 알아보고자 하는 노력을 하지 않은 채 지적장애일 것이라고 단정하는 경우가 많다.

뇌성마비 외에도 의사소통장애, 시각 및 청각장애, 정서 및 행동장애, 자폐 범주성 장애 등의 경우에도 장애 자체로 인한 어려움에 더해서 낮은 자아개념, 친구 관계의 문제, 주변 친구나 교사의 오해와 편견, 올바로 교육할 수 있는 교사의 부재 등의 요인으로 인하여 영재성을 드러내지 못할 가능성이 높다. 특히 자폐 범주성 장애 아동은 영재성이 있는 경우에도 의사소통의 어려움 때문에 영재성을 파악하지 못할 수 있다(Coleman & Roberts, 2015). 또한 학습장애 또는 주의력결핍 과잉행동장애(ADHD) 아동 중에도 매우 우수한 인지 능력을 보이는 경우가 있지만, 적합한 평가를 받지 못하면 이러한 우수성은 간과될 수 있다(Kaufmann & Castellanos, 2000). 장애와 특수한 영재성을 함께 보이는 아동을 이중으로 특수한(twice-exceptional) 아동으로 표현하며, 이들에 대한 판별과 교육의 중요성이 강조된다(Turnbull et al., 2024). [그림 12-2]는 예술에 뛰어난 재능을 보이는 장애 영재의 국내 사례를 보여 준다.

2006년 2월 한 대학교의 졸업식장. 자폐성 발달장애인으로는 최초로 4년제 대학교를 졸업하는 김지훈(가명) 씨는 자신이 작곡한 밀레니엄 소나타를 연주하고 뜨거운 박수갈채를 받고 있다. 발달장애 1급인 자폐성 장애인이 4년제 정규 대학교를 졸업한다는 사실뿐 아니라 고도의 집중력과 창의력이 요구되는 음악에서 뛰어난 재능을 보이며 활동하는 그에 대한 대중적 관심이 높아 졸업식장에는 취재진의 열기가 뜨거웠다. 그는 현재 대학원에 진학하여 피아노 연주와 작곡을 계속 공부하고 있는데, 그는 2006년 개봉한 영화 〈호로비츠를 위하여〉의 동기가 된 모델이기도 하다.

김지훈 씨는 생후 2년 6개월에 자폐성 장애 진단을 받고 특수학교 유치부에 입학하였다. 학교에서 교사로부터 피아노를 조금씩 배우기 시작한 후 우연히 아버지가 차에서 틀어놓았던 곡을 그대로 연주하는 것을 보고 음악적 재능을 발견하게 되었다. 가정형편이 넉넉지 않기 때문에 특수학교 교사에게 개별지도를 받고, 농업고등학교에 진학한 후에는 음악교사가 개별지도하거나, 음악대학원에 다니는 다른 교사를 소개하여 지도받게 해 주었다. 사교육 레슨이 불가능한 상황에서 헌신적이고 정열적인 음악교사의 지도만으로 음악교육을 받았던 것이다. 발달장애인의 입학이 가능한 대학에 진학한 김지훈 씨는 학교생활에도 잘 적응하고, 음악 수준에 대한 교수들의 평가도 긍정적이었다. 김지훈 씨가 작곡한 20여 곡은 서정성이 있고 체계가 잘 갖추어진 음악으로 교수들의 평가를 받았으며, 졸업식장에서도 본인이 작곡한 밀레니엄 소나타를 직접 연주하였다. 2009년 9월부터 장애인과 일반인이 함께 교육받는 다다예술학교에서 피아노를 가르치고 있다.

[그림 12-2] 장애 예술 영재의 사례

출처: 김동일(2009). 또 하나의 영재: 장애를 넘어 드러난 예술재능(pp. 84-89). 학지사에서 발췌하여 수정 요약함.

(2) 사회-경제적 어려움 및 다문화 배경

가정의 사회-경제적인 어려움으로 인한 환경적 요인 때문에 자신의 능력을 충분히 발휘하지 못하게 될 가능성도 있다. 놀잇감이나 읽기 자료, 여행이나 탐색 경험, 영양과 의료 지원 등 기본적인 필요와 학습 기회가 부족한 경우에는 지적 능력과 창의성을 가로막게 될 수 있으며, 또한 아동 자신이나 가족이 교육에 별로 가치를 두지 않거나, 자아개념이 낮거나, 결석을 많이 하는 것 등도 문제로 지적된다. 이들이 주로 거주하는 도시의 빈곤 지역이나 외진 시골 지역일수록 영재교육이나 양질의 교육 서비스가 부족한 경우가 많다(Hallahan et al., 2023).

미국의 경우에는 아프리카 또는 중남미계의 아동이 영재교육 프로그램에 포함되는 비율이 낮다는 사실이 지속적으로 보고되면서, 문화적으로나 인종적으로 소수에 해당하는 집단이 미성취 영재가 될 수 있음에 유의해야 한다고 강조한다(Moore et al. 2005). 따라서 문화·인종적으로 다양한 배경을 지닌 아동에게도 지적 자극이 주어지고 또한 안전한 교육 환경이 형성되어야 하며, 우수한 아동에게는 동등한 자기계발의 기회가 주어져야 한다(Ford & Moore, 2006). 이것은 점차 다문화 가정이 증가하고 있는 우리나라에서도 영재교육의 방향 수립 시 반드시 참조해야 할 시사점이라 할 수 있다.

Ⅱ. 영재 아동 교육

1. 일반학급에서의 영재교육을 위한 지침

일반학급에서 교육받는 영재 아동을 위해서 교사가 고려해야 할 가장 중요한 것은 아동의 능력을 최대한 발휘할 수 있도록 학습 환경을 만들어 주는 것이다. 어느 한 분야에서 뛰어나다는 것이 또래에게 수용되기 어렵게 만든다거나, 교재에서 이야기하는 답이 아닌 내용에 대해서는 생각하지 못하도록 하는 등의 심리적 환경이 되지 않도록 유의할 필요가 있다. 특히 교사는 모든 교육계획에 우수한 아동을 포함한 다양한 능력 수준의 아동에 대한 계획이 잘 이루어졌는지 확인해야 한다. 아동이 자신의 재능을 충분히 발휘하기 위해서는 도전이 되고 적합한 교수가 이루어져야 한다(Plucker & Callahan, 2017).

영재 아동은 일반학급에서 다양한 문제를 경험할 수 있다. 일반학급의 전체적인 교육과정 운영이 영재 아동에게 적절하지 않아서 지루하거나 부정적인 또래 압력을 경험하기도 한다(Hallahan et al., 2023). 그 외에도 영재 아동에게 보조교사의 역할을 지나치게 많이 부여하거나, 높은 수준의 비판적 사고나 문제해결 전략 등을 사용할 기회가 부족하거나, 주어진 과제를 일찍 마친 아동이 유사한 과제를 반복하게 하거나, 다른 사람의 과제를 대신해 주게 하는 경우가 빈번하게 발생하곤 한다(Clark, 2013).

이러한 문제를 해소하기 위하여 교사는 다음 부분에서 설명하게 될 일반학급 이외의 다양한 프로그램에 영재 아동을 참여시키기도 하고, 일반학급 내에서 이들의 필요에 맞는 교육을 하기 위한 노력을 기울이기도 한다. 학급 내에서 개별 아동의 필요에 맞도록 '차별화된 교육'을 시행하기 위해서는 다양한 심화활동과 부분적 속진 등을 사용할 수 있으며, 교육내용과 교수 자료, 교수 절차 및 성과물의 유형 등을 학생의 수준에 맞게 다르게 해 줄 수 있다. 또한 작은 소그룹 활동이나 독립적인 학습시간, 인턴십이나 멘토링 등을 활용할 수도 있고 아동의 관심 영역을 교육과정에 접목하여 교수할 수도 있다. 영재 아동을 위해서 일반학급에서 사용할 수 있는 전략의 예를 살펴보면 다음과 같다(Smith et al., 2020).

- 웹기반 탐색이나 문제해결 등 인터넷 기반 활동을 사용한다.
- 교사용 지도서에서 심화활동 자료를 찾아본다.
- 교과서 외에도 잡지, 소프트웨어, 디지털 자료 등 다양한 학습자료를 사용한다.
- 다양한 소프트웨어나 앱 등 테크놀로지를 활용할 수 있게 한다.
- 학습 내용과 관련된 통합형 주제를 사용한다. 이러한 교과학습 방향은 일반학급의 모든 학생에게 적용할 수 있으며, 영재 아동을 위한 특별한 활동을 마련해 주기에도 용이하다.
- 독립적인 학습 능력을 기를 수 있도록 연구 방법(예: 자료 수집, 탐구방법)을 가르친다.

2. 교육적 배치

영재 아동을 위한 교육적 배치는 다양하다. 이들은 대부분 일반학급에서 교육받으며, 정규교육 외에 추가로 집중적인 단기 프로그램이나 교과 외 활동을 하기도 한다. 적절한 교육 프로그램을 선택하기 위한 중요한 기준 중 하나는 아동의 교육적 필요와 프로그램 목표를 동시에 잘 고려해야 한다는 것이다.

영재 아동을 위한 특별한 학급이나 학교를 만들 경우 대중은 이에 대한 정서적 거부감을 보일 수 있으며, 영재 아동은 특별한 교육 없이도 스스로 잘할 것이라고 생각하여 이러한 지원이 불필요하다는 견해가 나올 수도 있다. 그러나 영재 아동도 자신의 능력에 맞지 않는 학급에서 학업 및 정서적으로 잘 적응하지 못하는 경우가 있으며, 학생이 우수하다고 교사가 아무런 특별한 노력을 하지 않는 것은 무책임한 일이다(Hallahan et al., 2023).

영재 아동을 위한 다양한 교육 배치 모형을 제시한 Clark(2013)에 따르면 영재 아동은 개별적인 특성에 따라 다양한 배치 형태가 고려되어야 한다. 공립학교에서는 특별한 소집단 구성, 독립 학습, 다양한 별도 프로그램(예: 멘토 프로그램, 인턴십 제공), 아동의 능력에 따른 팀티칭이나 속진 등을 적용할 수 있다. 또 다른 방법으로는 영재 아동을 위한 특수학급이나 특수학교를 신설하는 것으로 특수학급의 경우에는 유사한 능력의 아동을 모아서 집중적인 지도를 하는 프로그램을 적용할 수 있고, 특정 교과를 중심으로 학습 진도나 학급 운영에 차별화를 두는 특수학교 배치도 고려할 수 있다(Clark, 2013). 가장 중요한 것은 아동의 필요에 적합한 형태를 찾는 것이며, 대부분 일반학급 프로그램이 매우 우수한 아동을 위한 교육과정이나 교수 방법에서는 충분하지 않을 수 있으므로 학교 체계 내에서 여러 다양한 교육 프로그램이 제공되어야 한다(Smith et al., 2020). 일반학급에 있으면서 영재 아동을 위한 특수학급이나 특별한 외부 프로그램에 참여하는 경우에도 학급의 담임교사는 이들의 교육에 대한 관리와 책임을 맡게 된다.

현재 우리나라 영재교육은 [그림 12-3]과 같은 체계로 추진되고 있다. 그림의 내용을 살펴보면, 영재교육은 「영재교육진흥법」에 의거하여 '영재학교' '영재교육원' '영재학급'의 세 가지 형태로 운영된다. 이들 각각을 살펴보면 다음과 같다(이신동 외, 2019).

첫째, 영재학교는 전문 분야 영재를 대상으로 하는 전일제 학교를 말하는 것으로 우리나라의 경우 고등학교 단계에서 운영한다. 학생 선발 및 교육과정의 자율화, 무학년 졸업학점제, R&E 프로그램 운영 등 영재 아동을 위한 속진 및 심화 프로그램을 제공한다.

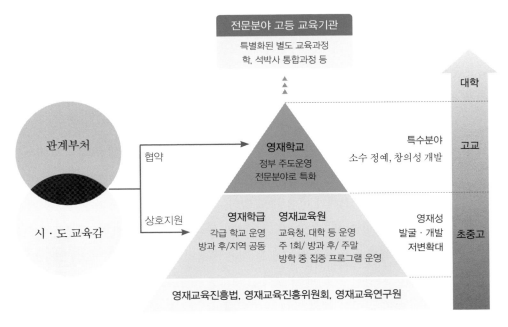

[그림 12-3] 우리나라 영재교육 체계

출처: 한국교육개발원 영재교육 종합데이터베이스(https://ged.kedi.re.kr/intro/ged/intro1s3.do)

우리나라 최초의 영재학교로는 2003년에 지정된 한국과학영재학교가 있고 점차 확대되고 있다. 영재학교의 운영 주체는 시·도 교육청이다.

둘째, 영재교육원과 영재학급은 '영재교육의 기회 확대와 활성화'를 목적으로 방과 후나 주말 등을 이용한 특별 프로그램 형태로 운영된다. 예산 지원과 운영 주체에 따라 (1) 시·도 교육청 지원 영재교육원(수학, 과학을 중심으로 인문사회, 정보, 발명, 예술, 체육 등 다양한 영역의 영재교육)과 (2) 대학 부설 과학영재교육원(수학과 과학, 정보 중심 영재교육)으로 구분된다. 영재학급은 학교 특성과 규모에 따라 (1) 단위학교 내의 영재학급과 (2) 지역 내 하나의 중심학교를 선정하여 주변 학교의 영재교육 대상자를 모아서 교육하는 중심학교 영재학급이 있다.

교육부(2018)의 제4차 영재교육진흥종합계획에서는 이러한 다양한 영재교육기관의 역할에 대해 다음과 같이 정리하고 있다.

- 영재학급: 잠재력 발굴을 위한 분야 간 연계 중심 기초과정 운영
- 영재교육원: 특수분야 재능 계발을 위한 심화 및 사사 과정 운영
- 영재학교: 정규 교육과정에서 창의인재 육성을 위한 학교 운영

3. 영재 아동을 위한 교수 방법

영재 아동을 위한 교수 방법의 기본 개념은 아동의 서로 다른 교육적 필요에 따라 차별적인 교육 프로그램과 교수 방법을 사용해야 한다는 차별화된 교육 프로그램의 적용이다. 이들을 위한 교육 프로그램은 아동의 필요에 따라 학습 내용의 제한을 없애고 매일의 학습에 있어서 필요한 만큼의 깊이와 속도를 낼 수 있어야 한다(Gargiulo & Bouck, 2021). 교사가 영재 아동을 위해 수업 내용을 차별화할 때는 속도, 복잡성, 깊이, 도전성, 창의성, 추상성 등과 같은 부분에서 차별화할 수 있다(강현석 외, 2007). 영재 아동을 위한 교수 방법으로 대표적인 것들을 소개하면 다음과 같다.

1) 속진 프로그램

속진(acceleration)이란 일반학급의 정규 교육과정을 다른 아동보다 빠른 속도로 학습하는 것을 말한다. 학년별 속진은 학년 월반으로, 예를 들어 초등학교 4학년 학생이 5학

년을 거치지 않고 바로 6학년이 되어 1～2년 더 일찍 졸업하는 것을 말한다. 상급학교에 조기 입학하거나, 고등학교와 대학에 이중으로 등록하여 수업을 듣는 것도 학년별 속진에 포함된다. 특정 교과만을 상위 학년에서 공부할 수 있도록 하는 것은 과목별 속진이며, 이 외에도 초등학교 6년 과정을 4～5년 안에 모두 학습하게 하는 이수과정 압축 방법도 있다. 과목별 속진은 대학에서의 학점제와 유사하다. 우리나라에서는 아직 이러한 프로그램을 시행하는 학교가 거의 없으나, 특수목적학교인 과학고등학교에서는 3년의 교육과정을 2년에 마칠 수 있도록 압축하여 운영하고 있다.

외국의 연구에 의하면 이와 같은 속진 프로그램에 참여한 영재 아동이 참여하지 않은

아홉 살에 대학에 들어간 미국의 천재소년이 3년 만에 수석 졸업하고 시카고대 의대 겸 박사과정에 장학생으로 입학하게 되었다. 한국인 어머니 진경혜 씨와 일본인 아버지 야노 가스라 사이에서 태어난 쇼 티모시 야노는 시카고 로욜라대를 이달 말 졸업하고 다음 달부터 시카고대에서 암 전문가가 되기 위한 과정에 들어간다고 시카고 트리뷴 지가 1일 보도했다.

사상 최연소 의과대 진학생 중 한 명인 야노 군이 예정대로 의과대학을 마치면 사상 최연소인 18세의 의사가 탄생할 전망이다. 로욜라대에서 생물학을 전공하고 화학을 부전공한 야노 군이 나무랄 데 없는 학점과 교수 추천서를 받았지만 시카고대 의대측은 다른 학생의 2배에 이르는 면접관들에게 그를 면밀히 평가하도록 했고 아동심리 청소년심리학자의 평가를 거쳐 입학을 허가했다. 로욜라대의 그레고리 도브로브 교수는 "야노 군이 대단히 사려 깊고 생각하는 것도 성숙했다."고 평가했지만 시카고대 의대측은 야노 군이 18세가 될 때까지는 환자진료나 회진에 참여시키지 않고 학문적 연구에만 몰두하도록 할 계획이다.

대학입학 전 지능지수(IQ)가 200으로 나왔다는 야노 군은 대학 신입생 시절 한 TV와의 인터뷰에서 "어머니한테 들었는데 어려서 IQ 220인 사람이 나중에 아무런 일도 하지 못했다고 한다."며 "나는 그렇게 되지 않을 것이며 목표가 있다."고 말하기도 했다. 그는 또 "나는 남보다 많은 재능이 있으며 이것을 낭비하지 않을 것"이라고 말했다.

야노 군은 여덟 살 때 미국 대학수학능력시험(SAT)에서 1,600점 만점에 1,500점을 받았다. 야노 군의 여동생 사유리(6)도 영재 특성을 보여 일반학교에 입학하지 않고 집에서 교육시키는 홈스쿨링으로 공부를 하고 있으며, 현재 수학은 7학년(한국의 중 1년 과정), 나머지 과목은 6학년 과정을 공부하고 있다.

[그림 12-4] 9세에 대학에 입학한 쇼 티모시 야노의 사례

출처: 동아일보(http://news.donga.com/3/all/20030502/7940499/1)

영재 아동보다, 그리고 속진 프로그램에 참여한 일반 아동보다 학업 성취 수준이 높았으며, 적절히 실행되는 경우 사회−정서적 발달에서도 부정적인 영향을 미치지 않는 것으로 보고되었다(Plucker & Callahan, 2017). 속진 프로그램이 영재 아동에게 필요한 교육과정을 잘 제공할 수 있다는 연구보고에 따라 최근 많은 미국의 학교들은 영재 아동의 연령보다는 지능 및 학업 수준에 맞는 교육을 받을 수 있도록 속진 프로그램 관련 정책을 마련하여 적용하고 있다(Heward et al., 2022).

[그림 12−4]는 12세에 시카고 의대 및 박사과정에 입학하게 된 학생의 사례를 소개하고 있다. 사례에서도 알 수 있듯이 학업 성적이 매우 우수하지만 의과대학 입학에서는 그 외에도 면밀한 면담과 심리학자의 평가를 거치는 등 영재 학생의 전반적인 성숙에 대한 주의를 기울이고 있다.

2) 심화 프로그램

영재교육이 속진만으로 다 이루어질 수 있는 것은 아니다. 빨리 가르치고 빨리 배우는 것뿐 아니라 아동의 사고력, 탐구력, 창의력을 길러주는 방법이 중요하기 때문이다. 심화(enrichment) 프로그램이란 영재 아동이 상급 학년으로 가지 않고도 추가적인 교육 경험을 하게 하는 방법으로 하나 혹은 여러 과목에서 시행할 수 있다. 특별한 교과나 흥미 있는 분야를 일반교육과정에서 다루는 것보다 더 넓고 깊게 학습하도록 하며, 독립 연구나 멘토와 같은 방법이 많이 사용된다. 심화 프로그램은 우수한 아동이 또래와 같은 주제로 학습하면서도 좀 더 심도 있는 학습을 할 수 있기 때문에 일반학급에서 영재 아동을 위한 차별화된 교육을 할 때 가장 많이 사용하는 방법이다(Heward et al., 2022).

심화 프로그램의 가장 큰 장점은 영재 아동이 일반학급에서 같은 나이 또래의 친구들과 함께 공부할 수 있다는 것이다. 또한 속진과 비교해 볼 때 더 많은 영재 아동을 대상으로 활용할 수 있다. 심화학습은 일반학급에서 내용을 빨리 습득하는 아동을 위해 사용하는 경우가 많으나, 영재학급이나 영재교육원과 같이 특화된 프로그램에서도 많이 활용된다. 심화학습 활동에 속진의 성격이 추가될 수도 있으므로, 교사는 교사용 지도서에서 제시하는 심화활동 내용이 단순히 해당 내용에 대한 다양한 경험을 주는 활동인지 아니면 선행학습이나 기술을 필요로 하는 활동인지 구분할 필요가 있다.

3) 특별한 소집단 구성

특별한 소집단 구성이란 하루 중 일정한 시간만이라도 비슷한 흥미를 보이는 아동을 함께 소집단으로 모아서 지도하는 방법이다. 예를 들어, 일반학급 내에서 수학이나 과학 등을 잘하는 아동을 소집단으로 모아서 속진 또는 심화학습을 하게 하는 것이다. 이렇게 함으로써 흥미 분야가 유사한 아동 간의 상호작용과 인지적, 창의적 사고를 서로 자극하는 효과를 가져올 수 있다(Smith et al., 2020). 이와 같은 소집단 프로그램을 사용하는 경우에는 소집단 수업만 하기보다는 심화나 속진 프로그램을 함께 제공하는 것이 더 효과적인 것으로 보고된다(Kulik, 2003). 〈표 12-3〉은 영재 아동을 위한 여러 가지 교수전략을 보여 준다.

표 12-3 영재 아동의 교육적 필요를 위한 교수전략

유형	기회의 포커스	예시
심화	해당 학년 수준에서 일반적으로 제공하는 것보다 더 깊이 있고 폭넓게 배울 수 있는 기회	• 심화연구 • 문제해결 프로그램 • 학제적 세미나 • 프로젝트 기반 학습
속진	관심과 성취 수준에 맞는 속도로 배울 수 있는 기회	• 과목 속진 • 조기입학(유치원, 대학) • 학년 속진(월반)
차별화	관심과 성취 수준에 맞는 교육과정을 배울 수 있는 기회	• 내용, 절차, 결과물을 다르게 한 수준별 과제물 제시
집단 구성	성취 수준이 같은 학생들과 함께 배울 수 있는 기회	• 소그룹 • 동질적 그룹(풀아웃 또는 전일제) • 수학, 과학 또는 예술 중심의 거점학교

출처: Gargiulo, R. M., & Bouck, E. C. (2021). *Special education in contemporary society* (7th ed., p. 522). Sage.

4) 문제중심학습

문제중심학습(problem-based learning: PBL)은 주어진 문제 상황을 이해하고 정의하며 이를 해결하기 위한 정보를 수집하여 자신이 세운 가설을 검증해 가는 일련의 과정을 통하여 실제 생활에서의 문제 파악과 해결 능력을 기르도록 하는 전략이다. 아동은 답을 찾아가는 과정에서 실제 삶에서 부딪히는 것과 같이 난관에 부딪히기도 하고 재조사를 하기도 하며 윤리적 문제를 고민하기도 한다. 교사는 일반학급에서 이러한 문제중심 학습 방법을 활용할 수 있으며, 영재 아동을 위해 문제의 내용과 복잡성 및 요구되는 상위 사고능력의 수준을 조정하여 적용할 수 있다. 문제의 파악과 개념적 사고에 능숙한 영재 아동에게 문제중심학습은 매우 유용한 전략으로 활용될 수 있다(Gargiulo & Bouck, 2021).

5) 창의성 개발

창의성은 영재교육에 있어서 매우 중요시되는 부분이다. 창의성이란 아동이 자신이 가진 자료나 정보를 가지고 독특한 결과물을 만들어 내는 것, 또는 어떤 상황에 대해서 새로운 해결책을 생각해 내는 능력 등을 의미한다. 창의성을 기르기 위해서는 아동이 자신의 재능을 안심하고 개발할 수 있도록 심리적으로 안전한 교실 분위기를 제공해 주어야 한다(Davis, 2003). 다시 말해서, 교사는 창의성에 대하여 인식하고, 상상적 사고를 독려하며, 긍정적이고 건설적인 평가를 제공하고, 특히 또래와 같아지려고 하는 태도를 막아주어야 한다. 또한 질문이나 독창적인 반응을 독려하는 것도 창의성을 강조하는 교실 분위기 형성에 기여할 수 있다. 아동이 창의적 사고를 할 수 있도록 정기적인 시간을 허용하는 것도 중요하다. 창의성은 기초기술 습득이 끝난 후 대부분의 교과목에 통합해서 적용할 수 있다. 그러나 철자법 익히기와 같이 정확성이 요구되는 학습인 경우에는 독창성을 용납해서는 안 된다.

확산적 사고(divergent thinking)는 창의성의 중요한 구성요소로 인식된다. 확산적 사고에서는 한 가지 문제에 대하여 여러 가지 해결책이 제안된다. 유창성(fluency), 유연성(flexibility), 독창성(originality), 정교화(elaboration)의 네 가지 요인이 확산적 사고의 중요한 요소이다. 유창성이란 반응을 많이 만들어 낼 수 있는 능력이며, 유연성은 반응의 형태를 바꾸거나, 내용을 수정하거나, 관점을 변화시킬 수 있는 능력을 말한다. 독창성은 새로운 반응을 산출하는 능력을 말하며, 정교화는 어떤 아이디어에 관하여 세밀한 부분까지 생각할 수 있는 능력을 의미한다. 〈표 12-4〉는 통합된 영재 아동이 창의적인 사고를 발달시킬 수 있도록 지도하기 위한 구체적인 방법을 보여 준다.

표 12-4 영재 아동의 창의적 사고 발달을 촉진하기 위한 교수 방법

사고의 요소	지도 방법
유창성	브레인스토밍 시간을 정해서 사고의 유창성을 발달시킨다. 문제를 주고 일정한 시간 내에 가능한 한 여러 가지의 방안을 생각해 내도록 한다. 이때에는 제시되는 방안들의 내용에 대해서는 평가하지 말고 빨리 많이 만들도록 격려한다.
유연성	사고의 유연성을 갖도록 지도한다. 한 가지 방법만 생각하고 거기에 집착하는 경우에는 두 가지를 생각하도록 한다. 학생이 여러 가지를 생각해 낼 때까지 요구하는 반응의 수를 차차 늘려간다. 사고의 유연성은 여러 관점에서 생각할 수 있는 능력도 의미한다. 예를 들어, 학교의 어떤 문제에 대하여 우선 학생의 입장에서 생각해 보도록 하고, 다음으로 교사, 교장, 부모의 입장에서 차례로 생각해 보도록 할 수 있다.
독창성	사고의 독창성을 키울 수 있도록 하기 위해서는 독창적인 생각을 할 수 있는 기회를 많이 만들어 주도록 노력한다. 문제를 제시하고 학생들에게 새로운 해결책을 찾아보라고 할 수도 있다. 나아가서는 스스로 문제를 만들고 답을 구해 보도록 할 수도 있다. 지체장애나 시각 또는 청각장애 학생들이 학교에서 겪는 어려움을 덜어 주기 위한 방법이나 도구를 만들어 보도록 하는 것도 좋은 방법이다.
정교화	사고의 정교화는 생각을 확장하고 더 세부적인 사항들에 대해서까지 생각해 가는 것이다. 단순한 문장(예: 모든 사람은 평등하게 태어났다. 모로 가도 서울만 가면 된다)을 주고 학생들에게 이를 확장시키도록 연습시킨다. 속담이나 인용문 혹은 학생들이 위의 아이디어 개발 시간에 생각해 낸 제안들을 이용하여 실행 지침을 세운다거나 효과의 평가 방법을 계획한다거나 장단점을 예측해 본다거나 할 수 있다.

6) 미성취 영재 아동을 위한 교육

영재 아동이 자신의 능력을 제대로 발휘하지 못하는 데에는 학교, 가정, 학생 자신, 또래 등 여러 가지 요인이 영향을 미칠 수 있다(Peters et al., 2000). 우리나라도 다문화 배경의 학생이 증가하고 있으며, 앞에서 설명한 장애가 있거나 여학생인 경우, 또는 사회경제적으로 어려운 가정의 아동 중 교사의 무관심으로 미성취 영재 아동이 되는 경우가 있을 수 있다. 그러므로 교사는 학급에서 성적이 좋고 모범생인 학생만 영재라고 생각해서는 안 되며, 모든 학생을 대상으로 개별 아동의 강점과 약점을 충분히 파악하고 이를 고려하여 교육을 개별화하고자 하는 세심한 주의를 기울임으로써 자신도 모르는 사이에 미성취 영재 아동을 만드는 일이 없어야 할 것이다.

미성취 영재 아동이 되는 또 하나의 원인은 학습에 대한 동기 부족이다. 공부에 관심이 없거나 학교 활동을 따분하게 느낀다면, 학업 성취가 낮을 수밖에 없다. 영재 아동에게 일반 학생과 같은 교육과정을 강요하게 되면 학습에 대한 흥미를 잃을 뿐만 아니라 오히려 학교생활에 적응하지 못하게 될 가능성이 높다. 일반적으로 학생의 학습 동기는 다음과 같은 방법을 통하여 높일 수 있다(Kennedy, 1995).

- 주어진 과제를 쉽게 빨리 수행하는 학생이 더 많은 일을 하게 되지 않도록 유의한다.
- 그 대신 더 어렵거나 추상적인 과제를 찾아서 하게 한다. 교육과정 축약 등의 방법을 사용한다.
- 단순히 교과 내용을 반복적으로 강화하는 것보다는 확장해 줄 수 있는 자료나 주제를 찾아준다.
- 상위 수준의 사고를 요구하는 통합형 단원이나 학습활동을 개발해 주고, 이미 충분히 내용을 이해하고 있는 학생에게 반복적으로 이해를 묻는 질문이나 활동에 머물러 있지 않도록 주의를 기울인다.
- 인지적, 학업적 모험을 독려한다.
- 모든 학생이 서로 관계를 잘 형성할 수 있도록 사회성 기술을 발달시킨다.
- 영재 아동은 다른 사람의 관점에서 사물을 보는 것이 어려울 수 있다. 다른 사람의 마음을 이해하고 정확한 구어 및 비구어 메시지를 전달하는 방법을 훈련하는 것도 유용하다. 엘리트적인 태도나 영재 아동에 대한 배척 분위기는 모두 교실에서 배제되어야 한다.
- 흥미를 보이는 영역에 대해서는 독립적으로 탐구할 수 있게 한다.
- 영재 아동은 특정 주제에 매우 강도 높은 호기심을 보일 수 있다. 필요하다면 연구 방법을 가르치고, 자료 수집 및 계획 수립과 결과물을 완성하는 단계 전반에 걸쳐 지원을 제공한다.
- 우수한 여학생의 특별한 필요에 대해 민감하게 반응한다.

요약

영재 아동은 학업이나 기타 다양한 영역에서 뛰어난 능력을 지님으로써 전형적인 아동과는 다른 특별한 관심과 교육을 필요로 하는 아동이다. 이들의 잠재력을 발견하고 자신이 지닌 각 영역에서의 우수성을 개발하기 위해서는 개별 아동의 능력과 자질에 적합한 교육이 이루어져야 하므로 교사의 직접적인 관심과 체계적인 교육 접근이 필요하다. 이 장에서는 영재의 개념과 판별방법에 대해서 알아보고, 영재 아동의 특성 및 교육 방법, 한국 영재교육의 추진체계에 대해 알아보았다.

일반적으로 영재 아동은 정의적인 측면과 인지적인 면에서 독특한 특성을 보이는데 이러한 특성이 모든 영재 아동에게 해당하는 것은 아니며, 장애가 있거나 사회경제적으로 어려운 가정의 아동, 사회적 편견으로 불이익을 받을 수 있는 아동은 자신의 잠재력과 우수성을 제대로 개발하지 못하는 경향이 있다. 영재 아동을 위한 프로그램으로는 속진과 심화 프로그램이 대표적인 예이며, 그 밖에도 특별한 소집단 구성, 차별화된 교수 등 다양한 교육적 배치와 교수 방법을 통해 창의성을 계발하고 우수성을 충분히 발휘할 수 있도록 지도해야 한다.

참고문헌

강현석, 정정희, 박창언, 박은영, 황윤세, 장사형, 이신동, 이경화, 최미숙, 이순주, 이효녕, 문병상 공역 (2007). 최신 영재교육과정론. 시그마프레스.

교육부(2018). 제4차 영재교육진흥종합계획.

김동일(2009). 또 하나의 영재: 장애를 넘어 드러난 예술재능. 학지사.

이신동, 이정규, 박춘성(2019). 최신영재교육학개론(3판). 학지사.

조석희(1996). 우리 아이는 어느 분야의 영재일까? 사계절.

한국교육개발원 영재교육 종합데이터베이스(https://ged.kedi.re.kr/intro/ged/intro1s3.do)

Baker, J. A., Bridger, R., & Evans, K. (1998). Models of under-achievement among gifted preadolescents: The role of personal, family, and school factors. *Gifted Child Quarterly, 42*, 5-15.

Clark, B. (2013). *Growing up gifted* (8th ed.). Pearson.

Coleman, L. J., & Cross, T. L. (2000). Social-emotional development and the personal experience of giftedness. In K. A. Heller, F. J. Monks, R. J. Sternberg, & R. F. Subotnik (Eds.), *International handbook of giftedness and talent* (2nd ed., pp. 203-212). Pergamon.

Coleman, M. R., & Roberts, J. L. (2015). Defining Twice Exceptional "2e". *Gifted Child Today, 38*(4), 204-205. https://doi.org/10.1177/1076217515597273

Davis, G. A. (2003). Identifying creative students, teaching for creative growth. In Colange, N., & Davis,

G. A. (Eds.), *Handbook of gifted education* (3rd ed., pp. 311-324). Allyn and Bacon.

Ford, D. Y., & Moore, J. L. (2006). Being gifted and adolescent: Issues and needs of students of color. In F.A. Dixon & M. Moon (Eds.), *The Handbook of secondary gifted education* (pp. 113-136). Prufrock Press.

Gallagher, J. J., Coleman, M.R., & Kirk, S. (2023). *Educating exceptional children* (15th ed.). Cengage.

Gallagher, J. J., & Gallagher, S. A. (1994). *Teaching the gifted child* (4th ed.). Allyn and Bacon.

Gardner, H., & Hatch, T. (1989). Multiple intelligences go to school: Educational implications of the theory of multiple intelligence. *Educational Researcher, 18*(8), 4-9.

Gargiulo, R. M. (2006). *Special education in contemporary society: An introduction to exceptionality* (2nd ed.). Wadsworth Publishing.

Gargiulo, R. M., & Bouck, E. C. (2021). *Special education in contemporary society* (7th ed.). Sage.

Hallahan, D. P., Pullen, P., & Kauffman, J. M.(2023). *Exceptional learners: Introduction to special education* (15th ed.). Pearson.

Heller, K. A., Monks, F. J., Sternberg, R. J., & Subotnik, R. F. (Eds.). (2000). *International handbook of giftedness and talent* (2nd ed.). Pergamon.

Heward, W. L., Alber-Morgan, S. R., & Konrad, M. (2022). *Exceptional Children: An introduction to special education* (12th ed.). Pearson.

Houseman, W. (1987). *The 1987 state of the states gifted and talented education report.* Council of State Directors of Program for the gifted.

Kaufmann, F. A., & Castellanos, F. X. (2000). Attention deficit/hyperactivity disorder in gifted students. In K. A. Heller, F. J., Monks, R. J. Sternberg, & R. F. Subotnik (Eds.), *International handbook of giftedness and talent* (2nd ed., pp. 621-632). Pergamon.

Kermarrec, S., Attinger, L., Guignard, J., & Tordjman, S. (2020). Anxiety disorders in children with high intellectual potential. *British Journal of Psychiatry, 6,* E70. https://doi.org/10.1192/bjo.2019.104

Kennedy, D. M. (1995). Plain talk about a creating a gifted-friendly classroom. *Roeper Review, 17,* 232-234. https://doi.org/10.1080/02783199509553669

Kulik, J. (2003). Grouping and tracking. In N. Colangelo & G. Davis (Eds.), *Handbook of gifted education* (3rd ed., pp. 268-281). Allyn and Bacon.

Meyen, E. L., & Bui, Y. N. (2007). *Exceptional children in today's schools* (4th ed.). Love.

Moore, J. L., Ford, D. Y., & Milner, H. R. (2005). Recruitment is not enough: Retaining African American students in gifted education. *Gifted Child Quarterly, 49,* 51-67. https://doi.org/10.1177/001698620504900106

Ogurlu, U. (2020). Are gifted students perfectionistic? A meta-analysis. *Journal for the Education of the Gifted, 43,* 227-251. https://doi.org/10.1177/0162353220933006

Peters, W. A. M., Grager-Loidl, H., & Supplee, P. (2000). Underachievement in gifted children and adolescents: Theory and practice. In K. A. Heller, F. J., Monks, R. J., Sternberg, & R. F. Subotnik (Eds.), *International handbook of giftedness and talent* (2nd ed., pp. 609-620). Elsevier Science Ltd.

Plucker, J. A., & Callahan, C. M. (2017). Special gifts and talents. In J. M. Kauffman, D. P. Hallahan, & P.

C. Pullen (Eds.), *Handbook of special education* (2nd ed., pp. 428–444). Routledge.

Renzulli, J. S. (2005). The three-ring conception of giftedness: A developmental model for creative productivity. In R. J. Sternberg & J. E. Davidson (Eds.), *Conceptions of giftedness* (2nd ed.). Cambridge University Press.

Silverman, L. K. (1991). Family counseling. In N. Colangelo & G. A. Davis (Eds.), *Handbook of gifted education* (pp. 307–320). Allyn and Bacon.

Smith, T. E. C., Polloway, E. A., Patton, J. R., Dowdy, C. A., & Doughty, T. T. (2020). *Teaching students with special needs: In inclusive settings* (7th ed.). Pearson.

Sternberg, R. J. (2000). The concept of intelligence. In R. J. Sternberg (Ed.), *Handbook of intelligence* (pp. 3–15). Cambridge University Press.

Turnbull, A., Wehmeyer, M. L., Shogren, K. A., Burke, M.M., & Turnbull, R. (2024). *Exceptional lives: Special education in today's schools* (10th ed.). Pearson.

White, D. A., & Breen, M. (1998). Edutainment: Gifted education and the perils of misusing multiple intelligence. *Gifted Child Today, 21*(2), 12–17.

Yell, M. L. (2016). *Law and special education* (4th ed.). Pearson.

찾아보기

내용

저자 소개

이소현

이화여자대학교 사범대학 특수교육과 졸업
샌프란시스코 주립대학교 대학원 졸업(MA)
밴더빌트 대학교 대학원 졸업(Ph.D.)
사회적기업 (주)오티스타 설립
현 이화여자대학교 사범대학 특수교육과 교수

박은혜

이화여자대학교 사범대학 특수교육과 졸업
오리건 대학교 대학원 졸업(MA)
오리건 대학교 대학원 졸업(Ph.D.)
현 이화여자대학교 사범대학 특수교육과 교수

특수아동교육 ^{4판}

Teaching Exceptional Children and Youth (4th ed.)

1998년 2월 28일 1판 1쇄 발행
2005년 9월 15일 1판 15쇄 발행
2006년 2월 28일 2판 1쇄 발행
2010년 6월 25일 2판 12쇄 발행
2011년 2월 25일 3판 1쇄 발행
2023년 10월 20일 3판 27쇄 발행
2024년 3월 10일 4판 1쇄 발행

지은이 • 이소현 · 박은혜
펴낸이 • 김진환
펴낸곳 • ㈜ 학지사

　　　　　04031 서울특별시 마포구 양화로 15길 20 마인드월드빌딩
대표전화 • 02-330-5114　　팩스 • 02-324-2345
등록번호 • 제313-2006-000265호

홈페이지 • http://www.hakjisa.co.kr
인스타그램 • https://www.instagram.com/hakjisabook

ISBN 978-89-997-3072-6 93370

정가 27,000원

출판미디어기업 학지사

간호보건의학출판 학지사메디컬 www.hakjisamd.co.kr
심리검사연구소 인싸이트 www.inpsyt.co.kr
학술논문서비스 뉴논문 www.newnonmun.com
교육연수원 카운피아 www.counpia.com
대학교재전자책플랫폼 캠퍼스북 www.campusbook.co.kr